소프트웨어 아키텍처 이론과 실제 4/e

최신 아키텍처 설계의 명확한 지침

소프트웨어 아키텍처
이론과 실제 4/e

렌 베스·폴 클레멘츠·릭 캐즈먼 지음   김무항 옮김

i!i
에이콘

에이콘출판의 기틀을 마련하신 故 정완재 선생님 (1935-2004)

지은이 소개

렌 베스^{Len Bass}

렌 베스 Len Bass

전 세계 여러 곳에서 강의를 해왔고 수상 경력이 있다. 소프트웨어 아키텍처에 관한 그의 책은 업계 표준으로 여겨지며, 소프트웨어 아키텍처에 관한 책 외에 사용자 인터페이스 소프트웨어와 데브옵스DevOps에 관한 책도 썼다. 50년 넘게 소프트웨어 개발을 해왔고, 그중 25년은 카네기 멜론Carnegie Mellon의 SEISoftware Engineering Institute에서 일했다. 호주의 NICTA에서 3년간 근무했으며, 현재는 카네기멜론대학교에서 겸임 교수로 데브옵스를 가르친다.

폴 클레멘츠 Dr. Paul Clements

빅레버 소프트웨어BigLever Software Inc.의 고객 성공 부서 부사장이다. 이전에는 워싱턴 DC의 미국 해군 연구소The U.S. Naval Research Laboratory에서 컴퓨터 과학자로 일하면서 고급 소프트웨어 엔지니어링 원칙들을 실시간 임베디드 시스템에 적용하는 업무를 수행했다. 그 후에 카네기 멜론대학교 SEI의 기술 부서 수석 구성원으로서 소프트웨어 제품 라인 엔지니어링과 소프트웨어 아키텍처 설계, 문서화, 분석에 관한 프로젝트를 이끌었다.

이 책 외에도 『소프트웨어 아키텍처 문서화』(에이콘, 2016)와 『소프트웨어 아키텍처 평가』(에이콘, 2009)를 공저했다. 까다로운 소프트웨어 시스템의 설계와 명세화에 오랜 관심을 두고 있으며, 소프트웨어 엔지니어링에 관한 100여 개의 논문을 썼다.

릭 캐즈먼 Rick Kazman

하와이대학교University of Hawaii의 교수이자 카네기멜론대학교 SEI의 방문 연구원이다. 주요 연구 관심 분야는 소프트웨어 아키텍처와 설계 및 분석 툴, 소프트웨어 가시화, 소프트웨어 엔지니어링 경제다. 영향력이 매우 높은 여러 아키텍처 분석 방법과 툴을 만드는 데 참여했으며 ATAMArchitecture Tradeoff Analysis Method(아키텍처 절충점 분석 방법)과 CBAMCost-Benefit Analysis Method(비용-이익 분석 방법), Dali, Titan 등이 대표적이다. 이 책 외에도 200개가 넘는 출간물을 작성했고, 세 개의 특허와 여덟 권의 책을 공저했다. 저서로는 『Technical Debt』(MIT Press, 2021), 『Designing Software Architectures』(Addison-Wesley, 2016), 『소프트웨어 아키텍처 평가』(에이콘, 2009), 『Ultra-Large-Scale Systems』(Carnegie Mellon University, 2006)가 있다. 구글 스칼라에 따르면, 그의 연구는 25,000번 넘게 인용됐다. 현재 IEE TACTechnical Activities Committee(기술 활동 위원회)의 의장이자 IEEE Transactions on Software Engineering의 부편집자이며, ICSE Steering Committee의 회원이다.

감사의 글

이 책을 위해 많은 도움을 준 모든 사람에게 깊은 감사를 표한다.

우선 각 장의 공동 저자에게 감사를 표한다. 해당 분야에서의 지식과 통찰력은 가치를 매길 수 없을 만큼 의미가 있다.

체사르 파우타소Cesare Pautasso(루가노대학교University of Lugano), 야지드 함디Yazid Hamdi(지멘스 모바일 시스템Siemens Mobile Systems), 그렉 하트만Greg Hartman(구글Google), 움베르토 세르반테스Humberto Cervantes(오토노마 메트로폴리타나대학교Universidad Autonoma Metropolitana), 위안팡 카이Yuanfang Cai(드렉셀대학교Drexel University), 에드워드 미란다Eduardo Miranda(카네기멜론대학교의 소프트웨어 연구 기관Carnegie Mellon University's Institute for Software Research)

좋은 책을 위해 시간과 재능을 할애해준 리뷰어 분들께도 감사를 전한다.

존 후닥John Hudak, 마리오 베니테즈Mario Benitez, 그레이스 루위스Grace Lewis, 로버트 노드Robert Nord, 댄 저스티스Dan Justice, 크리쉬나 구루Krishna Guru

'SEI Series in Software Engineering'[1]의 관점에서 이 책을 감독해준 제임스 아이버스James Ivers와 이펙 오즈카야Ipek Ozkaya에게도 감사드린다.

수년간 동료들과 나눈 대화들이 이 책을 만드는 데 큰 도움을 줬다. 동료들에게도 감사의 말을 전한다.

데이비드 갈란David Garlan, 리드 리틀Reed Little, 파울로 머슨Paulo Merson, 주디스 스태포드Judith Stafford, 마크 클라인Mark Klein, 제임스 스캇James Scott, 칼로스 파라디스Carlos Paradis, 필 비안코Phil Bianco, 정우 류Jungwoo Ryoo, 필 라플란테Phil Laplante

특히나 이 책의 여러 장에 큰 도움을 준 존 클라인John Klein에게 감사드린다.

그리고 이 책이 완성될 수 있도록 도움을 준 피어슨Pearson의 모든 임직원에게도 감사드린

---

1 책 시리즈의 이름이다. – 옮긴이

다. 특히 이러한 과정을 감독한 헤이즈 험버트^{Haze Humbert}에게 깊은 감사를 전한다.

마지막으로, 수년간 소프트웨어 아키텍처를 하나의 좋은 아이디어에서 하나의 엔지니어링 지식 분야로 탈바꿈시키고자 노력해온 많은 연구자와 교사, 저자, 실천가에게 감사드린다. 이 책은 여러분을 위한 것이다.

옮긴이 소개

김무항(niceggal1@naver.com)

위치 기반 서비스, 증강현실, 보안 등 다양한 분야에서 연구하고 개발했으며 기술 번역에 관심이 많다. 에이콘출판사에서 펴낸 『프로그래머처럼 생각하기』(2014), 『PHP와 MariaDB를 활용한 웹 애플리케이션 개발』(2016), 『파이썬으로 처음 시작하는 코딩』(2018), 『자바스크립트로 하는 자료 구조와 알고리즘』(2019) 등을 번역했다.

옮긴이의 말

이 책은 소프트웨어 아키텍처 분야에서 최고로 꼽히는 명저 중 하나로, 1판이 1990년대 후반에 출간된 이래로 약 25년에 걸쳐 4판까지 출간됐다. 1990년대 후반의 소프트웨어는 지금과 완전히 다른 모습이었지만, 좋은 소프트웨어가 갖춰야 할 본질적인 속성은 그때나 지금이나 크게 다르지 않다고 생각한다. 과거 1판이 출간될 당시에도 큰 반향을 불러일으켰던 이 책은 시간이 흐름에 따라 저자들의 축적된 경험과 클라우드 컴퓨팅이나 모빌리티와 같은 현대 컴퓨팅에 관한 내용이 추가돼 4판으로 출간됐다.

이 책은 소프트웨어 아키텍트뿐만 아니라 소프트웨어 개발에 관련된 모든 이해관계자가 알아야 할 내용을 체계적으로 다룬다. 좋은 소프트웨어가 갖춰야 할 품질 속성들을 중심으로 아키텍트, 고객, 개발자 등 각 역할을 맡은 사람들이 품질 속성을 달성하기 위해 무엇을 해야 할지 깨닫게 해준다. 아키텍트 입장에서는 좋은 소프트웨어 아키텍처를 구성하기 위한 길잡이가 될 것이고, 다른 역할을 맡은 사람들 역시 좋은 소프트웨어 아키텍처를 위한 요소들은 무엇이고 그 요소들이 어떤 식으로 절충점을 만들어야 할지 잘 이해할 수 있으므로 좋은 소프트웨어 아키텍처를 만드는 데 기여할 수 있다.

역자로서 느끼는 이 책의 가장 큰 교훈은 우리는 모든 것을 가질 수 없고 언제나 선택을 해야 한다는 점이다. 여기서 선택은 A 아니면 B와 같은 이분법적 선택이 아니라, 언제나 절충점tradeoff을 고려해야 하는 것이다. 좋은 소프트웨어를 위한 많은 품질 속성 모두를 만족시킬 수는 없다. 어떤 품질 속성을 강조하기 위해서는 다른 품질 속성이 어느 정도 희생될 수밖에 없기 때문이다. 이 책을 길라잡이 삼아 여러분 소프트웨어의 특성에 맞춰 품질 속성 간의 절충점을 잘 찾아내고, 이로써 좋은 소프트웨어 아키텍처를 구성할 수 있길 바란다.

차례

들어가며

이 책을 쓰기 시작할 때 스스로 든 첫 번째 질문은 '아키텍처가 여전히 중요한가?'였다. 거의 모든 도메인과 품질 속성quality attribute에 있어 클라우드 인프라와 마이크로서비스, 프레임워크와 참조 아키텍처가 부상하고 있는 가운데, 과연 아키텍처에 관한 지식이 아직도 필요한지에 대한 의문이 들 수 있다. 오늘날 아키텍트는 다양한 종류의 툴과 인프라 옵션 중에서 필요한 부분을 선택한 다음, 이를 인스턴스화하고 설정하기만 하면 만들어진다.

과거에도 그랬고 현재도 우리는 이게 사실이 아니라고 생각한다. 이것이 어느 정도 편견이 있다는 점은 인정한다. 따라서 우리는 헬스케어와 자동차, 소셜 미디어, 항공, 국방, 금융, 전자 상거래 분야에서 일하고 있는 아키텍트 동료와 이야기를 나눴다. 결과적으로 우리는 아키텍처가 1판을 썼던 20년 전만큼 여전히 중요하다는 믿음에 확신을 얻을 수 있었다.

동료 아키텍트들이 여전히 아키텍트가 중요하다고 이야기한 이유 중 일부를 자세히 살펴보겠다. 첫째, 새로운 요구 사항의 비율이 수년간 점점 더 많아지고 있고 심지어 지금도 계속 증가하고 있다. 오늘날 아키텍트는 고객과 비즈니스의 니즈, 경쟁 압박이 끊임없이 쏟아내는 엄청난 양의 기능 요청과 수정해야 할 버그에 직면한다. 아키텍트가 시스템의 모듈성에 신경을 쓰지 않는다면 해당 시스템을 이해하고 변경하고 디버깅하고 수정하기 어려워지므로 해당 시스템은 걸림돌이 돼 비즈니스 수행에 방해가 될 것이다.

둘째, 시스템의 추상화 수준이 올라가고 있긴 하지만, 우리가 만들어야 할 시스템의 복잡도 역시 그만큼 빠르게 증가하고 있다. 우리는 많은 복잡한 서비스를 사용하고 있지만 해당 서비스들이 어떻게 구현됐는지는 알 필요가 없다. 이는 마치 군비 경쟁과 유사하며 아키텍트에게 유리한 상황이 아니다. 아키텍처는 언제나 복잡도를 다스리는 것이 목적이었고 이는 금세 쉽게 사라지지는 않을 것이다.

복잡도를 높이는 것에 관해 이야기하자면, 모델 기반 시스템 엔지니어링MBSE, Model-Based

Systems Engineering이 지난 10년간 엔지니어링 분야에서 강력한 존재로 떠올랐다. MBSE는 시스템 디자인을 지원하기 위해 모델링을 형식에 맞춰 적용하는 것이다. INCOSE^The International Council On Systems Engineering는 시스템 엔지니어링 전 분야의 근간이 되는 '혁신을 가능케 하는 것들transformational enablers' 중 MBSE에 높은 순위를 부여했다. 모델은 추론 가능한 개념이나 구조를 그래픽적으로나 수학적으로 혹은 물리적으로 나타낸 것이다. INCOSE는 엔지니어링 분야를 문서 기반 사고방식에서 모델 기반 사고방식으로 변화시키려 노력 중이다. 모델 기반 사고방식의 경우 시스템을 더 좋고 더 빠르고 더 적은 비용으로 만들기 위해 구조적 모델structural model, 동작 모델behavioral model, 성능 모델performance model 등을 모두 일관되게 사용한다. MBSE 그 자체만으로는 이 책의 범위를 넘어서지만, 이를 잠깐 언급하자면 모델링되는 대상이 바로 아키텍처다. 그렇다면 누가 모델을 만드는가? 아키텍트다.

셋째, IT 분야는 매우 급격하게 성장했기 때문에(게다가 IT 분야의 높은 이직률 때문에) 사용 중인 시스템의 모든 것을 이해하고 있는 사람은 없다. 단순히 열심히 일하는 것만으로는 시스템의 모든 것을 이해하기에는 충분치 않다.

넷째, 예전에 우리가 직접 수행해야 했던 것들 중 상당 부분을 자동화하는 툴이 있긴 하지만(예를 들어 오케스트레이션orchestration, 배포, 관리 기능 전체가 쿠버네티스Kubernetes로 통합), 우리는 여전히 우리가 의존하고 있는 시스템의 품질 속성이 지닌 특성을 이해해야 하고, 시스템들을 결합할 때 발생하는 품질 속성의 특성을 이해해야 한다. 성능, 보안, 가용성, 안전 등과 같은 대부분의 품질 속성은 '가장 약한 고리' 문제에 취약하고 이러한 가장 약한 고리는 시스템들을 구성할 때야 비로소 등장해서 우리를 괴롭힐 수 있다. 문제를 해결하기 위한 전문가의 손길 없이는 시스템 구성이 실패할 확률이 매우 높다. 이러한 전문가의 손길은 아키텍트의 직함이 무엇이든 간에 아키텍트에 속한다.

이러한 점들을 고려할 때 이 책에 대한 수요가 실제 존재한다는 점에서 안도감을 느낀다.

하지만 4판에 대한 수요가 있었는가? 고민 끝에 다시 한 번 우리는 확실히 수요가 존재한다고 결론을 내렸다. 3판이 나온 이후로 IT 환경은 많이 변했다. 예전에 고려하지 않았던 일부 품질 속성은 많은 아키텍트에게 중요해졌다. 또한 소프트웨어가 우리 사회의 모든 측면에 계속해서 스며들고 있어 안전safety 고려 사항이 많은 시스템에서 매우 중요해졌다. 이는 소프트웨어가 오늘날 우리가 모는 자동차를 어떤 방식으로 제어하는지 생각해보면 쉽게 알 수 있다. 마찬가지로 에너지 효율성energy efficiency은 10년 전에는 아키텍트들이 별로 생각지 못했던 속성이었지만 지금은 반드시 관심을 가져야 하는 속성이다. 엄청난 양의 에너지를 필요로 하는 대규모 데이터 센터부터 우리를 둘러싼 배터리로 동작하는 작은 크기의 모바일 장치와 IoT 장치까지 에너지 효율성을 생각해야 한다. 지금은 그 어느 때보다도 기존에 이미 만들어져 있는 컴포넌트들을 활용해 시스템을 만들고 있다는 점을 생각할 때 통합성integrability이라는 품질 속성은 점점 더 중요해지고 있다.

마지막으로, 우리는 10년 전과는 다른 종류의 시스템을 만들고 있으며 이러한 시스템 역시 10년 전과는 다른 방식으로 만들고 있다. 오늘날의 시스템은 클라우드에 존재하는 가상화된 리소스 위에 만들어지는 경우가 많다. 따라서 시스템은 명시적인 인터페이스를 제공하고 명시적인 인터페이스에 의존해야 한다. 또한 이동성으로 인한 모든 기회와 도전 과제로 인해 시스템은 점점 더 이동성이 좋아지고 있다. 따라서 이번 4판에서는 가상화와 인터페이스, 이동성, 클라우드에 관한 장들을 추가했다.

이번 4판이 여러분의 서재 한 켠에 유용한 책으로 자리 잡기를 기대한다.

문의

한국어판에 관한 질문이 있다면 에이콘출판사 편집 팀(editor@acornpub.co.kr)이나 옮긴이의 이메일로 문의하길 바란다. 한국어판의 정오표는 에이콘출판사 도서정보 페이지 http://www.acornpub.co.kr/book/swarchitect-4e에서 찾아볼 수 있다.

1부

소개

1장

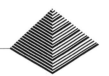

소프트웨어
아키텍처 정의

우리는 미래의 희생자가 아닌 미래의 설계자(아키텍트)가 되도록 요구받는다.
– 리처드 버크민스터 풀러(R. Buckminster Fuller)

많은 사람의 경험이 정제돼 있는 소프트웨어 아키텍처 책을 쓰는 입장과 읽는 입장 모두에서는 다음 두 가지 사항을 가정한다.

1. 합리적인 소프트웨어 아키텍처가 소프트웨어 시스템의 성공적인 개발에 중요하다.

2. 한 권의 책을 채울 만큼 소프트웨어 아키텍처에 관한 지식이 충분히 존재한다.

이러한 두 가지 가정 모두 정당화가 필요했던 시절도 있다. 이 책의 이전 판들에서는 이러한 가정이 모두 사실이라는 점을 독자들에게 납득시키려 노력했다. 그리고 납득된 독자들이 아키텍처 실천법을 스스로 적용할 수 있도록 기본 지식을 제공하려 노력했다. 오늘날에는 위의 가정에 대해 의문을 표하는 이는 거의 없으므로 이 책은 설득보다는 지식 제공에 집중한다.

소프트웨어 아키텍처의 기본 원칙은 모든 소프트웨어 시스템이 조직의 비즈니스 목표를 달성하기 위해 구성되고, 시스템의 아키텍처는 이러한 (대개 추상적인) 비즈니스 목표와 최종 (명확한) 결과로 나타나는 시스템 간의 가교 역할을 한다는 것이다. 추상적인 목표로부터 명확한 시스템으로 가는 길은 복잡할 수 있지만, 한 가지 좋은 소식은 이러한 비즈니스 목표 달성을 지원하는 이미 알려진 기법을 사용해 소프트웨어 아키텍처를 설계하고 분석하고 문서화할 수 있다는 것이다. 덕분에 복잡도를 다스려 다루기 쉽게 만들 수 있다.

아키텍처의 설계와 분석, 문서화가 이 책의 주제이며, 주로 비즈니스 목표의 형태로 영향력을 조사할 것이다. 여기서 말하는 영향력은 품질 속성 요구 사항으로 이어지고 설계, 분석, 문서화와 같은 활동에 영향을 미치는 것을 말한다.

이번 장에서는 철저히 소프트웨어 엔지니어링 관점에서 아키텍처에 집중할 것이다. 즉, 소프트웨어 아키텍처가 개발 프로젝트에 가져다주는 가치를 자세히 살펴볼 것이다. 다음 장에서는 비즈니스와 조직적 관점에서 아키텍처를 바라볼 것이다.

1.1 소프트웨어 아키텍처의 올바른 정의와 오해

소프트웨어 아키텍처에 관한 많은 정의가 있다. 이러한 정의는 웹 검색을 통해 쉽게 찾을 수 있다. 그중 우리가 좋아하는 정의는 다음과 같다.

> 시스템의 소프트웨어 아키텍처는 해당 시스템에 관해 추론하는 데 필요한 구조들의 집합이다. 이러한 구조들은 1) 소프트웨어 요소, 2) 소프트웨어 요소들 간의 관계, 3) 이 둘(소프트웨어 요소, 소프트웨어 요소들 간의 관계)의 속성이라는 세 가지 요소로 구성된다.

이러한 정의는 시스템의 '초기' 혹은 '주요' 혹은 '중요' 결정에 관해 이야기하는 다른 정의와 대비된다. 많은 아키텍처 결정이 초기에 이뤄지는 것은 맞지만, 모든 결정이 그런 것은 아니다. 특히나 애자일^{Agile}과 나선형 개발 프로젝트에서는 더욱 그렇다. 초기에 이뤄진 많은 결정은 우리가 아키텍처와 관련된 것이라고 생각하는 것들이 아니다. 또한 어떤 결정을 보고 해당 결정이 '주요' 결정인지 판단하기 어렵다. 대체로 오직 시간만이 해당 결정이 주요 결정이었는지 말해줄 수 있다. 그리고 아키텍처에 관해 결정하는 것이 아키텍트의 가장 중요한 업무 중 하나이므로 아키텍처가 어떤 결정들로 구성됐는지 알아야 한다.

반면에 구조는 소프트웨어에서 식별하기 꽤 쉽고, 구조는 시스템 설계와 분석을 위한 강력한 도구 역할을 한다. 따라서 아키텍처는 추론을 가능케 하는 구조들에 관한 것이라 할 수 있다.

우리의 정의가 내포한 의미에 대해 살펴보자.

아키텍처는 소프트웨어 구조 집합이다

이는 우리의 아키텍처 정의가 내포한 의미 중 가장 우선적이면서 당연한 의미다. 구조structure는 관계relation에 의해 묶인 요소element들의 집합이다. 소프트웨어 시스템은 많은 구조로 구성되고, 그중 어떤 하나의 구조를 아키텍처라고 할 수는 없다. 구조들이 그룹화돼 카테고리category가 되고, 카테고리 자체는 아키텍처에 관해 생각할 수 있는 유용한 방법들을 제공한다. 아키텍처의 구조들은 세 가지 유용한 카테고리로 나눌 수 있다. 이는 아키텍처의 설계와 문서화, 분석에 중요한 역할을 한다.

1. 컴포넌트-커넥터 구조component-and-connector structure

2. 모듈 구조module structure

3. 할당 구조allocation structure

다음 절에서 이러한 종류의 구조에 관해 더 자세히 알아볼 것이다.

소프트웨어가 아주 많은 구조로 이뤄져 있지만, 구조가 전부 아키텍처와 관련된 것은 아니다. 예를 들어 길이순으로 정렬된 문자 'z'를 포함하는 소스 코드 라인 집합은 소프트웨어 구조다. 하지만 이는 흥미롭지도 않고 아키텍처와 관련된 것도 아니다. 어떤 구조를 통해 시스템과 시스템의 속성에 관한 추론을 할 수 있다면 해당 구조는 아키텍처와 관련된 것이다. 이러한 추론은 일부 이해관계자에게 중요한 시스템의 속성에 관한 것이어야 한다. 여기에는 시스템이 달성하고자 하는 기능과, 장애나 공격 시에도 시스템이 제대로 운영되는 시스템의 능력, 시스템에 특정한 변경을 만드는 것이 쉬운 정도, 사용자의 요청에 대한 시스템의 반응성 등과 같은 속성이 포함된다. 이 책에서는 아키텍처와 이러한 품질 속성quality attribute 간의 관계를 살펴보는 데 많은 시간을 할애할 것이다.

따라서 아키텍처와 관련된 구조의 집합은 고정돼 있지도 않고 제한돼 있지도 않다. 무엇이 아키텍처와 관련된 것인지는 여러분의 시스템에 관해 여러분의 맥락에서 추론하는 데 유용한 것이 무엇인지에 따라 달라진다.

아키텍처는 추상화다

아키텍처가 구조들로 구성되고, 구조들은 요소[1]들과 관계들로 구성되기 때문에 아키텍처는

---

1 이 책에서는 모듈(module)이나 컴포넌트(component)를 의미하기 위해 요소(element)라는 용어를 사용한다. 또한 모듈과 컴포넌트를 구분하지 않는다.

소프트웨어 요소와 이러한 요소들이 서로 어떤 식으로 연관됐는지로 구성된다. 즉, 시스템에 관해 추론하는 데 유용하지 않은 요소에 관한 특정 정보를 명확하게 그리고 의도적으로 생략한다. 따라서 아키텍처의 가장 주요한 목적은 어떤 시스템을 추상화abstraction하는 것인데, 이때 특정 세부 사항만을 선택하고 나머지는 숨긴다. 모든 현대 시스템에서 요소들은 인터페이스를 통해 서로 상호 작용한다. 이때 인터페이스는 요소에 관한 세부 정보들을 공개public 부분과 비공개private 부분으로 구분한다. 아키텍처는 이러한 구분의 공개 부분에 관여한다. 요소의 비공개 세부 사항들(오직 내부적인 구현에만 관련된 세부 사항들)은 아키텍처와 관련이 없다. 이러한 추상화는 아키텍처의 복잡도를 다스리는 데 필수적이다. 아키텍처의 복잡도 전부를 계속해서 다룰 수도 없고 다루고 싶지도 않기 때문이다. 우리가 원하고 필요로 하는 것은 시스템에 관한 모든 세부 사항을 이해하는 대신에 시스템 아키텍처의 복잡도가 어느 수준인지 수치로 이해하는 것이다. 심지어 일반적인 규모의 시스템조차도 모든 세부 사항을 기억하고 있을 수는 없다. 아키텍처의 핵심은 어떤 시스템의 세부 사항을 여러분이 기억하지 않아도 되게끔 만드는 것이다.

아키텍처 vs. 설계

아키텍처는 설계다. 하지만 모든 설계가 아키텍처는 아니다. 즉, 많은 설계 결정은 아키텍처와 무관하다는 것이다. 결국 아키텍처는 추상화이기 때문이다. 따라서 많은 설계 결정은 각 부분을 설계하는 사람 혹은 심지어 이를 구현하는 사람의 판단을 따라간다.

모든 소프트웨어 시스템에는 소프트웨어 아키텍처가 있다

모든 시스템에는 아키텍처가 있다. 모든 시스템에는 요소와 관계가 존재하기 때문이다. 하지만 그렇다고 해서 아키텍처를 누구나 알고 있는 것은 아니다. 어쩌면 해당 시스템을 설계했던 사람들이 전부 그만두고 문서가 사라지거나(혹은 문서를 만든 적이 없거나) 소스 코드가 없어지거나(혹은 배포된 적이 없거나) 우리가 가진 것이 실행 파일뿐일 수도 있다. 이를 통해 시스템의 아키텍처와 아키텍처의 표현representation의 차이를 알 수 있다. 아키텍처가 해당 아키텍처의 기술이나 명세와 독립적으로 존재할 수 있다는 점을 고려할 때 아키텍처 문서화architecture documentation가 얼마나 중요한지 알 수 있다. 이와 관련된 내용은 22장에서 다룰 것이다.

모든 아키텍처가 좋은 아키텍처인 것은 아니다

우리의 아키텍처에 대한 정의는 시스템의 아키텍처가 좋은 아키텍처인지 혹은 나쁜 아키텍처인지에 관해서는 관심이 없다. 아키텍처는 시스템의 중요한 요구 사항을 달성하는 데 도움이 될 수도 있고 방해가 될 수도 있다. 시스템의 아키텍처를 선택하기 위한 최선의 방법으로 시행 착오 방식$^{trial\ and\ error}$을 선택하지 않을 것이므로 아키텍처 설계$^{architecture\ design}$가 얼마나 중요한지 알 수 있다(시행 착오 방식은 아무 아키텍처나 임의로 선택한 다음, 해당 아키텍처를 사용해 시스템을 만들고 나서 계속 시도하면서 상황을 낙관하는 것이다). 아키텍처 설계는 20장과 21장에서 다룰 것이다.

아키텍처는 동작을 포함한다

각 요소의 동작^{behavior}은 해당 동작이 시스템에 관해 추론하는 데 도움이 되는 한, 아키텍처의 일부분이다. 요소의 동작은 요소가 요소 간에 그리고 환경과 어떤 식으로 상호 작용하는지 구체화한다. 이는 우리의 아키텍처에 관한 정의의 일부분이고, 시스템의 런타임 성능과 같은 시스템이 나타내는 특성에도 영향을 줄 것이다.

동작의 일부 측면은 아키텍트의 관심 밖이다. 그럼에도 불구하고 요소의 동작이 시스템의 적합성 전체에 영향을 미치는 정도까지는 이러한 동작을 시스템의 아키텍처 관련 설계의 일부로 간주해야 하고 관련 내용을 문서화해야 한다.

시스템과 엔터프라이즈 아키텍처

소프트웨어 아키텍처와 관련된 두 가지 분야는 시스템 아키텍처와 엔터프라이즈 아키텍처다. 두 분야 모두 소프트웨어보다 더 큰 부분을 관장하고 있으며, 소프트웨어 시스템과 소프트웨어 아키텍트가 지켜야 할 제약 사항을 만듦으로써 소프트웨어 아키텍처에 영향을 준다.

시스템 아키텍처

시스템 아키텍처는 시스템을 표현한 것이다. 이러한 표현을 통해 기능(functionality)을 하드웨어 컴포넌트와 소프트웨어 컴포넌트에 대해 연결 짓고, 소프트웨어 아키텍처를 하드웨어 아키텍처에 대해 연결 짓고, 이러한 컴포넌트와 사람이 어떤 식으로 상호 작용하는지에 관해 관여한다. 즉, 시스템 아키텍처는 하드웨어와 소프트웨어, 사람을 총체적으로 관장한다.

예를 들어 시스템 아키텍처는 다양한 프로세서(processor)에 할당된 기능과 해당 프로세서를 연결하는 네트워크의 종류에 영향을 미친다. 소프트웨어 아키텍처는 이러한 기능이 어떤 식으로 구성되는지와 다양한 프로세서에 위치한 소프트웨어 프로그램이 서로 어떤 식으로 상호 작용하는지를 결정한다.

소프트웨어 아키텍처는 하드웨어 컴포넌트와 네트워크 컴포넌트에 연관 지어져 있기 때문에 소프트웨어에 관한 기술을 통해 성능과 신뢰성 같은 속성에 관해 추론할 수 있다. 또한 시스템 아키텍처에 관한 기술을 통해 전력 소비와 무게, 물리적 크기와 같은 추가적인 속성을 추론할 수 있다.

특정 시스템을 설계할 때는 기능 배포와 결과적으로 소프트웨어 아키텍처에 가해진 제약 사항들에 관해 시스템 아키텍트와 소프트웨어 아키텍트 간에 협상이 자주 일어난다.

엔터프라이즈 아키텍처

엔터프라이즈 아키텍처는 조직의 프로세스와 정보 흐름, 인력, 부서에 관한 구조와 동작을 기술한 것이다. 엔터프라이즈 아키텍처는 컴퓨터화된 정보 시스템을 포함하지 않아도 된다. 컴퓨터가 등장하기 전에도 조직들은 예전 엔터프라이즈 아키텍처 정의에 맞는 아키텍처를 갖고 있었기 때문이다. 하지만 오늘날에는 아주 작은 회사를 제외하고는 정보 시스템 지원이 없는 엔터프라이즈 아키텍처를 상상하기 힘들다. 따라서 현대 엔터프라이즈 아키텍처는 소프트웨어 시스템이 기업의 비즈니스 프로세스와 목표를 어떤 식으로 지원하는지와 관련 있다. 기업이 어떤 기능을 지닌 어떤 시스템을 지원해야 하는지 결정하는 프로세스는 현대 엔터프라이즈 아키텍처의 일반적인 내용이다.

예를 들어 엔터프라이즈 아키텍처는 다양한 시스템이 상호 작용하기 위해 사용하는 데이터 모델을 지정한다. 또한 엔터프라이즈 아키텍처는 기업의 시스템이 외부 시스템과 어떤 방식으로 상호 작용해야 하는지에 관한 규칙을 지정한다.

엔터프라이즈 아키텍처는 소프트웨어에 관여할 뿐 아니라 다음 두 가지 사항에도 관여한다. 사람이 비즈니스 프로세스를 수행하기 위해 소프트웨어를 사용하는 방식과 컴퓨터 환경을 결정하는 표준에도 관여한다.

어떤 경우에는 시스템 간의 통신을 지원하고 외부 세계와의 통신을 지원하는 소프트웨어 인프라는 엔터프라이즈 아키텍처의 일부분으로 간주한다. 또 어떤 경우에는 이러한 인프라를 기업 내에 존재하는 시스템 중 하나로 간주한다(두 가지 경우 모두 해당 인프라의 아키텍처는 소프트웨어 아키텍처다). 이러한 두 가지 관점으로 인해 해당 인프라와 관련된 인력에 관한 각기 다른 관리 구조와 영향권이 탄생하게 됐다.

엔터프라이즈 아키텍처 분야와 시스템 아키텍처 분야가 이 책에서 다루는 범위에 포함되는가? 그럴 수도 있고 아닐 수도 있다

시스템 아키텍처와 엔터프라이즈 아키텍처는 소프트웨어 아키텍처의 환경과 제약 사항을 제공한다. 소프트웨어 아키텍처는 시스템 아키텍처와 엔터프라이즈 아키텍처 내에 존재해야 하며, 조직의 비즈니스 목표를 달성하는 데 점점 더 중점을 두고 있다. 엔터프라이즈 아키텍처와 시스템 아키텍처는 소프트웨어 아키텍처와 공통점이 많다. 세 가지 아키텍처 모두 설계하고 평가하고 문서화할 수 있다. 또한 세 가지 아키텍처 모두가 요구 사항에 대한 답을 제시한다. 모두 다 이해관계자를 만족시키기 위한 의도다. 세 가지 아키텍처 모두 다 구조로 구성되며, 모든 구조는 요소와 관계로 구성된다. 각 아키텍처 모두가 각각의 아키텍트가 마음대로 할 수 있는 패턴 목록을 지닌다. 따라서 이러한 아키텍처(시스템 아키텍처, 엔터프라이즈 아키텍처)에서 소프트웨어 아키텍처와 공통된 부분은 이 책의 범위에 속한다고 할 수 있다. 하지만 모든 기술 분야가 그렇듯, 각 분야에는 자신만의 특화된 용어와 기법이 존재한다. 하지만 이에 대한 내용은 방대한 자료가 따로 존재하기 때문에 모두 다루지는 않을 것이다.

1.2 아키텍처 구조와 뷰

아키텍처 구조는 소프트웨어 아키텍처에 관한 우리의 정의와 소프트웨어 아키텍처를 다루는 방식의 중심에 위치하므로 이번 절에서는 아키텍처 구조에 관한 개념을 더 자세히 알아볼 것이다. 이러한 개념은 22장에서 훨씬 더 자세히 다룰 것이다. 22장에서는 아키텍처 문서화에 관해 살펴본다.

아키텍처 구조는 본질적으로 대응 관계에 있는 것들(상대방)이 존재한다. 예를 들어 그림 1.1에서 보듯이 신경과 의사와 정형외과 의사, 혈액병 전문의, 피부과 의사는 인간의 다양한 구조에 대해 다른 관점(뷰)을 지닌다. 안과 의사와 심장병 전문의, 족병 전문의는 특정 하위 시스템에 집중한다. 운동 요법 전문가와 정신과 의사는 전체 구성의 동작을 다양한 측면에서 관여한다. 이러한 관점(뷰)이 다르게 그림으로 표현되고 매우 다른 속성을 지니지만, 모든 것은 본질적으로 관련 있고 연관 관계를 갖는다. 즉, 이 모든 것이 모여서 인간 신체의 아키텍처를 기술한다.

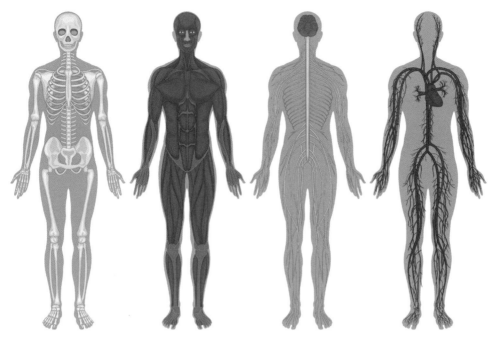

그림 1.1 생리학적 구조

　건축 구조들 또한 대응되는 것(상대방)이 존재한다. 예를 들어 전기 기술자와 배관공, 냉난방 전문가, 지붕 수리 전문가, 틀 짜기 전문가가 각각 빌딩의 다른 구조에 관여한다. 각 구조물의 주요 대상이 되는 자질은 쉽게 알 수 있다.

　소프트웨어 역시 마찬가지다.

세 가지 종류의 구조

아키텍처 구조는 아키텍처 구조가 나타내는 요소들의 전반적인 속성과 해당 요소들이 지원하는 추론 종류에 따라 크게 세 가지로 분류할 수 있다.

1. 컴포넌트-커넥터 구조^{component-and-connector(C&C) structure}는 요소들이 시스템의 기능을 수행하기 위해 런타임(실행 시간)에 서로 상호 작용하는 방식에 중점을 둔다. 컴포넌트-커넥터 구조는 시스템을 런타임 동작(컴포넌트)과 상호 작용(커넥터)하는 요소들의 집합으로 보는 관점에서 시스템이 구조화되는 방식을 기술한다. 컴포넌트는 계산^{computation}의 주요한 단위이고 서비스, 피어^{peer}, 클라이언트, 서버, 필터 등 다양한 종류의 런타임 요소가 될 수 있다. 커넥터는 컴포넌트 중에 통신을 담당하는 것에 해당한

다. 예를 들어 호출-반환^{call-return}과 프로세스 동기화 연산자, 파이프 등이 있다. 컴포넌트-커넥터 구조는 다음과 같은 질문의 답을 구하는 데 유용하다.

- 실행 중인 주요 컴포넌트가 무엇이고 해당 컴포넌트들은 런타임에 어떤 식으로 상호 작용하는가?
- 주요 공유 데이터 저장소가 무엇인가?
- 시스템의 어떤 부분이 복제되는가?
- 데이터가 시스템에서 어떤 식으로 흐르는가?
- 시스템의 어떤 부분이 병렬로 실행될 수 있는가?
- 시스템의 구조가 시스템이 실행될 때 변하는가? 그렇다면 어떤 식으로 변하는가?

더 나아가 컴포넌트-커넥터 구조는 성능과 보안, 가용성 같은 시스템의 런타임 속성에 관한 질문을 하는 데 있어 매우 중요하다.

컴포넌트-커넥터 구조는 우리가 가장 흔히 볼 수 있는 구조이지만, 나머지 두 가지 구조 역시 중요하기 때문에 간과해서는 안 된다.

그림 1.2는 일반적인 표기법을 사용해 시스템의 컴포넌트-커넥터 구조를 묘사한 것이다. 각 표기법이 의미하는 바는 그림 내의 기호 설명표에서 확인할 수 있다. 그림 1.2의 시스템은 서버와 관리^{administrative} 컴포넌트가 사용하는 공유 저장소를 포함한다. 클라이언트 텔러^{client teller}들은 계정 서버^{account server}와 상호 작용하고 발행-구독^{publish-subscribe} 커넥터를 사용해 클라이언트 텔러 간에 통신할 수 있다.

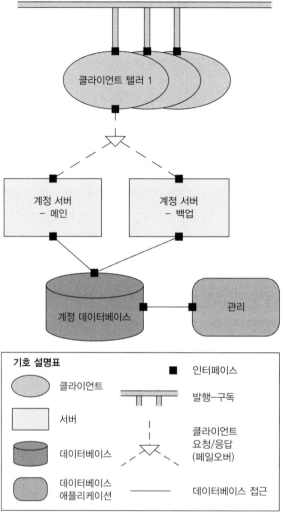

그림 1.2 컴포넌트-커넥터 구조

2. 모듈 구조^{module structure}는 시스템을 구현 단위로 나눈다. 이 책에서는 이러한 구현 단위를 모듈^{module}이라고 부른다. 모듈 구조는 시스템을 만들거나 구매해야 하는 코드 단위 혹은 데이터 단위의 집합으로 보는 관점에서 시스템이 구조화되는 방식을 기술한다. 모듈은 특정 계산 책임을 부여받고 프로그래밍 팀에게 할당되는 작업의 기반이 된다. 모든 모듈 구조에서 요소는 모듈의 한 종류에 해당한다(클래스나 패키지, 레이어 혹은 기능의 단순한 구분이 될 수 있고, 이 모든 것은 구현 단위다). 모듈은 시스템을 자세히 살펴보기 위한 정적인 방식을 나타내며, 기능적으로 어떤 부분을 책임져야 할지가 모

듈에 할당된다. 모듈 구조는 최종적으로 완성된 소프트웨어가 런타임 시에 자신을 어떤 식으로 나타내는지에 관해 별로 강조하지 않는다. 모듈 구현에는 패키지와 클래스, 레이어가 포함된다. 모듈 구조에서 모듈 간의 관계에는 '사용한다use', 일반화(혹은 '~이다is-a'), '~의 일부다is part of'가 포함된다. 그림 1.3과 그림 1.4는 UML^{Unified Modeling} Language 표기법을 사용해 모듈 요소와 관계의 예를 각각 나타낸다.

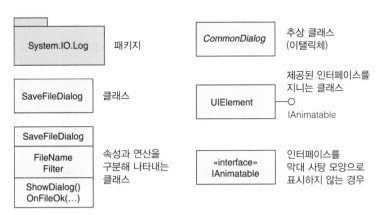

그림 1.3 UML로 표현한 모듈 요소

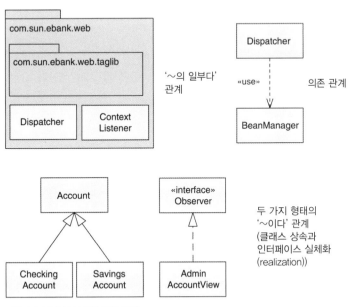

그림 1.4 UML로 표현한 모듈 관계

모듈 구조를 통해 다음과 같은 질문에 답할 수 있다.

- 각 모듈이 어떤 기능을 주요하게 책임져야 하는가?
- 모듈이 사용할 수 있는 다른 소프트웨어 요소는 어떤 것이 있는가?
- 모듈이 실제 사용하고 의존하는 다른 소프트웨어는 어떤 것이 있는가?
- 일반화 혹은 상세화specialization(예: 상속) 관계에 의해 어떤 모듈이 다른 모듈과 관계되는가?

모듈 구조는 이러한 정보를 직접 전달한다. 더구나 각 모듈에 할당된 책임이 변경됐을 때 시스템에 미치는 영향을 파악하는 데 모듈 구조를 사용할 수 있다. 모듈 구조는 시스템의 변경 용이성modifiability을 추론하기 위한 주요 도구다.

3. 할당 구조allocation structure는 소프트웨어 구조를 시스템의 비소프트웨어nonsoftware 구조와 연관 짓는다. 비소프트웨어 구조에는 소프트웨어 조직이나 소프트웨어의 개발, 테스트, 실행 환경 등이 있다. 할당 구조를 통해 다음과 같은 질문에 답할 수 있다.

- 각 소프트웨어 요소가 어떤 프로세서에서 실행되는가?
- 개발 기간, 테스트 기간, 시스템 구축 기간 동안 저장된 각 요소는 어떤 디렉터리와 파일에 저장되는가?
- 개발 팀이 수행해야 할 각 소프트웨어 요소의 과제는 무엇인가?

기타 유용한 모듈 구조

유용한 모듈 구조로는 다음과 같은 구조가 있다.

- **분할 구조**decomposition structure: 기본 단위는 '~의 하위 모듈이다is-a-submodule-of' 관계를 갖는 모듈들로, 모듈을 쉽게 이해할 수 있을 정도로 모듈의 크기가 충분히 작아질 때까지 모듈을 더 작은 모듈로 재귀적으로 분할하는 방식을 나타낸다. 아키텍트가 소프트웨어의 기본 단위가 무엇을 수행해야 하는지 나열할 수 있고 추가적인(좀 더 자세한) 설계와 최종적인 구현을 위해 각 항목을 모듈에 할당할 수 있기 때문에 분할 구조의 모듈들은 일반적인 설계 시작점을 나타낸다. 모듈은 대개 해당 모듈과 연관된 산출물(예: 인터페이스 명세, 코드, 테스트 계획)을 지닌다. 분할 구조는 시스템의 변경 용이성을 상당 부분 결정한다. 즉, 변경 사항이 일부 모듈(가급적 적은 수의 모듈)에 국한된 것인지 확인할 수

있다. 분할 구조는 대개 개발 프로젝트 조직의 기반으로 사용된다. 이러한 기반에는 문서화의 구조와 프로젝트의 통합 및 테스트 계획 등이 포함된다. 그림 1.5는 분할 구조의 예를 나타낸다.

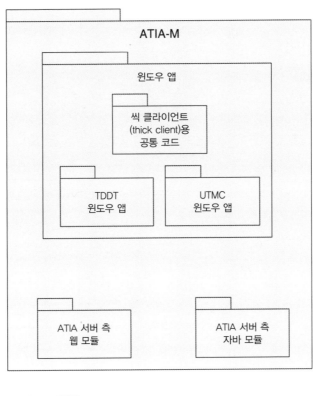

그림 1.5 분할 구조

- **사용 구조**^{uses structure}: 사용 구조는 중요하지만 대개 간과되는 구조로, 기본 단위는 모듈과 클래스다. 기본 단위는 특별한 형태의 의존 관계인 '~을 사용한다^{use}' 관계를 갖는 모듈이다. 첫 번째 모듈이 제대로 동작하기 위해 두 번째 모듈의 제대로 동작하는 버전이 필요하면(이는 스텁^{stub}과는 반대됨), 첫 번째 모듈은 두 번째 모듈을 '사용한다'라고 할 수 있다(사용 관계를 갖는다). 사용 구조를 사용해 기능을 추가하기 위해 확장 가능한 시스템을 설계해 만들 수 있다. 혹은 사용 구조를 사용해 시스템으로부터 유용한 기능

하위 집합을 추출함으로써 해당 기능 하위 집합으로 구성된 시스템을 설계해 만들 수 있다. 사용 구조에서는 시스템의 하위 집합을 쉽게 생성할 수 있으므로 점증적인 개발이 가능하다. 또한 사용 구조는 어떤 팀이 어떤 팀과 소통해야 하는지 정의하기 때문에 사회적 부채social debt를 측정하는 기반이 될 수 있다. 사회적 부채는 단순히 팀 간에 이뤄져야 하는 의사소통의 양을 의미하는 것이 아니라 실제 팀 간에 발생하는 의사소통의 양을 의미한다.

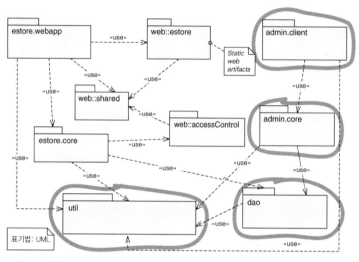

그림 1.6 사용 구조

- **레이어 구조**layer structure: 레이어 구조에서는 모듈을 레이어라고 부른다. 레이어는 추상 '가상 머신VM, Virtual Machine'으로 매니지드 인터페이스managed interface를 통해 관련된 서비스들을 잘 모아놓은 서비스 집합을 제공한다. 레이어는 다른 레이어를 매니지드managed2 방식으로 사용할 수 있다. 엄격하게 레이어가 구분된 시스템의 경우 하나의 레이어는 다른 레이어 하나만을 사용할 수 있다. 레이어 구조는 시스템의 이식성을 보장한다. 즉, 근간이 되는 가상 머신을 변경할 수 있다. 그림 1.7은 UNIX System V 운영체제의 레이어 구조를 나타낸다.

---

2 자동화된 메커니즘을 통해 데이터나 시스템을 보호하기 위한 경계를 정해 놓은 방식을 의미한다. 따라서 정해진 규칙을 따르지 않는 방식으로 매니지드 인터페이스에 접근하면 매니지드 인터페이스는 시스템을 보호하는 방식으로 해당 접근을 처리한다. - 옮긴이

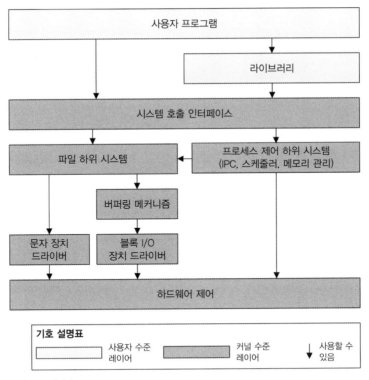

그림 1.7 레이어 구조

- **클래스(혹은 일반화) 구조**^{class (or generalization) structure}: 클래스 구조에서는 모듈을 클래스라 부르고, '~로부터 상속한다^{inherits-from}' 혹은 '~의 인스턴스다^{is-an-instance-of}' 관계를 갖는다. 이러한 관점 덕분에 어떤 동작들이나 기능들이 비슷한지 추론하거나 차이점을 매개변수화할 수 있다. 클래스 구조를 사용하면 기능의 재사용이나 점증적인 추가에 관해 추론할 수 있다. 객체지향 분석 및 설계 프로세스를 따르는 프로젝트의 경우 문서는 대개 클래스 구조로 돼 있다. 그림 1.8은 아키텍처 전문가 툴에서 생성한 클래스 구조를 나타낸다.

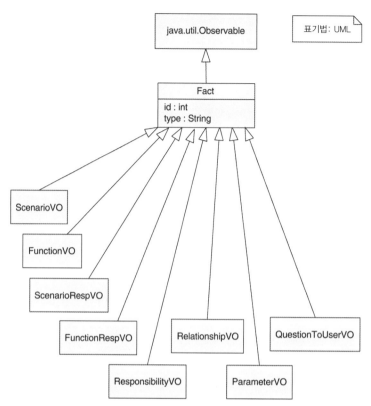

그림 1.8 클래스 구조

- **데이터 모델**^{data model}: 데이터 모델은 데이터 엔티티^{data entity}와 데이터 엔티티 간의 관계를 통해 정적인^{static} 정보 구조를 기술한다. 예를 들어 은행 시스템의 경우 엔티티에는 대개 계좌, 고객, 대출이 있다. 계좌에는 계좌번호, 종류(보통 예금, 당좌 예금), 상태, 잔액과 같은 여러 속성이 존재하며, 엔티티 간의 관계로는 '한 고객이 하나 이상의 계좌를 보유하고 있다' 혹은 '하나의 계좌가 여러 고객과 연관된다' 등이 있을 수 있다. 그림 1.9는 데이터 모델의 예를 나타낸다.

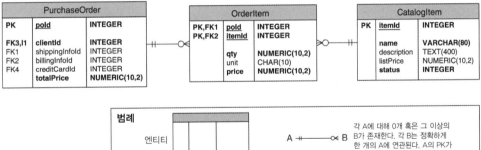

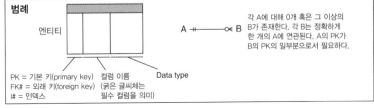

그림 1.9 데이터 모델

기타 유용한 컴포넌트-커넥터 구조

컴포넌트-커넥터 구조는 시스템의 런타임 관점을 나타낸다. 컴포넌트-커넥터 구조에서 모듈은 실행 가능한 형태로 모두 컴파일된 것이다. 따라서 모든 컴포넌트-커넥터 구조는 모듈 기반 구조와 무관하고 실행 중인 시스템의 동적인 측면을 다룬다. 예를 들어 하나의 코드 단위(모듈)는 실행 환경에서 수천 번 복제되는 단일 서비스로 컴파일될 수 있다. 또는 1,000개의 모듈이 컴파일되고 함께 링크돼 하나의 런타임 실행 파일(컴포넌트)을 생성할 수도 있다.

모든 컴포넌트-커넥터 구조에서 관계는 결합attachment으로, 컴포넌트와 커넥터가 어떤 식으로 서로 연결되는지 나타낸다(커넥터 자체는 '호출invoke'과 같은 일반적인 요소가 될 수 있다). 다음과 같은 유용한 컴포넌트-커넥터 구조가 있다.

- **서비스 구조**service structure: 서비스 구조의 기본 단위는 서비스 조정 메커니즘을 통해 상호 운영되는 서비스들이다. 서비스 구조는 컴포넌트들(서로 무관하게 개발됐을 수도 있는 컴포넌트들)로 구성된 시스템을 고안하는 데 도움이 되는 중요한 구조다.

- **동시성 구조**concurrency structure: 동시성 구조를 통해 아키텍트는 병렬 실행이 가능한 부분과 리소스 경쟁이 발생할 수 있는 부분을 식별할 수 있다. 기본 단위는 컴포넌트이고 커넥트는 컴포넌트들의 통신 메커니즘이다. 컴포넌트들은 '논리 스레드logical thread'에 배열된다. 논리 스레드는 연속적으로 수행되는 계산들을 모아놓은 것으로, 이후 설계 과정에서 별도의 물리 스레드에 할당될 수 있다. 동시성 구조는 동시 실행concurrent

^{execution}과 관련된 문제를 식별하고 관리하기 위해 설계 단계 초기에 사용된다.

기타 유용한 할당 구조

할당 구조는 컴포넌트-커넥터 구조 혹은 모듈 구조의 요소들을 소프트웨어가 아닌 것들(대개 하드웨어(가상화된 하드웨어도 포함)나 팀, 파일 시스템 등)과 어떻게 연관 관계를 지을지 정의한다. 다음과 같은 유용한 할당 구조가 있다.

- **배포 구조**^{deployment structure}: 배포 구조는 소프트웨어를 하드웨어 처리 및 통신 요소에 어떤 식으로 할당하는지 나타낸다. 배포 구조의 요소로는 소프트웨어 요소(대개 컴포넌트-커넥터 구조에서 하나의 프로세스)와 하드웨어 엔티티(프로세서), 통신 경로가 있다. 관계는 소프트웨어 요소들이 위치하는 물리적 단위들을 나타내는 '~에 할당된다^{allocated-to}'가 있다. 이때 할당이 동적이면 관계는 '~로 이동한다^{migrates-to}'가 된다. 할당 구조는 성능과 데이터 무결성, 보안, 가용성에 관해 추론할 때 사용된다. 배포 구조는 분산 시스템에서 특히 중요하고 품질 속성 중 하나인 배포 용이성^{deployability}을 달성하는 데 중요한 역할을 하는 구조다(5장 참고). 그림 1.10은 간단한 배포 구조를 UML로 나타낸 것이다.

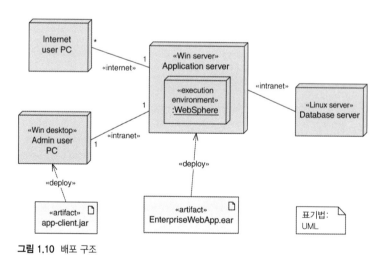

그림 1.10 배포 구조

- **구현 구조**^{implementation structure}: 구현 구조는 소프트웨어 요소(주로 모듈)가 시스템 개발, 통합, 테스트 혹은 형상 제어 환경에서 파일 구조와 어떤 식의 연관 관계를 맺는지 나타

낸다. 이는 개발 활동과 빌드 프로세스 관리에 중요하다.

- **작업 할당 구조**work assignment structure: 작업 할당 구조는 모듈을 구현하고 통합할 책임을 해당 작업을 수행할 팀에게 할당한다. 작업 할당 구조가 아키텍처의 일부로 존재하는 경우 누가 해당 작업을 수행할지에 관한 결정이 관리적인 의미뿐만 아니라 아키텍처적인 의미를 지닌다는 것을 분명히 알 수 있다. 아키텍트는 각 팀에 필요한 전문성을 알수 있다. 예를 들어 하나의 팀은 하나의 마이크로서비스에 전념할 수 있도록 한 아마존Amazon의 결정을 통해 아마존이 작업 할당 구조에 관해 어떤 식으로 생각하는지 알수 있다. 대규모 개발 프로젝트에서는 팀들이 공통적으로 필요로 하는 기능을 식별하고 이를 하나의 팀에 할당하는 것이 좋다. 각 팀이 각자 필요한 기능을 구현하는 것보다 더 효율적이다. 또한 작업 할당 구조를 통해 팀들이 주로 어떤 식으로 의사소통해야하는지 결정할 수 있다. 예를 들어 정기적인 웹 콘퍼런스, 위키wiki, 이메일 리스트 등이 있다.

표 1.1은 지금까지 살펴본 기타 유용한 구조들을 요약한 것이다. 각 구조의 요소와 관계의 의미를 나열하고 각각이 무엇에 사용될 수 있는지 설명한다.

구조 간의 연관 관계 만들기

지금까지 살펴본 각 구조는 시스템에 대한 다른 관점과 설계 접근법을 제공하며, 각 구조는 그 자체로 유효하고 유용하다. 각 구조는 다른 시스템 관점을 제공하지만 각 구조가 독립적이지는 않다. 한 구조의 요소들은 다른 구조의 요소들과 연관되며, 우리는 이러한 관계를 추론해야 한다. 예를 들어 분할 구조의 한 모듈이 컴포넌트-커넥터 구조에서 하나의 컴포넌트로 나타나거나, 하나의 컴포넌트의 일부분으로 나타나거나, 여러 컴포넌트로 나타날 수도 있다. 이는 해당 모듈이 실행 시간에는 다른 면모를 지닐 수 있기 때문이다. 대체로 구조 간의 연관 관계는 다대다many to many 관계다.

그림 1.11은 두 개의 구조가 서로 어떤 식으로 연관될 수 있는지 나타내는 간단한 예다. 왼쪽의 그림은 간단한 클라이언트-서버 시스템의 모듈 분할 관점을 나타낸다. 이 시스템의 경우, 두 가지 모듈인 클라이언트 소프트웨어와 서버 소프트웨어가 구현돼야 한다. 우측의 그림은 동일한 시스템을 컴포넌트-커넥터 관점에 나타낸 것이다. 런타임 시에 열 개의 클라이언트가 실행 중이며 서버에 연결돼 있다. 따라서 이 시스템은 두 개의 모듈과 11개의 컴포넌트(그리고 열 개의 커넥터)를 지닌다.

표 1.1 유용한 아키텍처 구조

소프트웨어 구조	요소 유형	관계	활동	영향받는 품질 속성
모듈 구조	분해	모듈	~의 하위 모듈이다	리소스 할당과 프로젝트 구조화 및 계획, 캡슐화	변경 용이성
	사용	모듈	~을 사용한다(예: ~이 올바르게 존재해야 한다)	부분 집합 생성과 확장 설계	부분 집합 생성 용이성, 확장성
	레이어	레이어	~의 서비스를 사용하도록 허용된다, ~에 대한 추상화를 제공한다	점증적 개발, '가상 머신' 위에 시스템을 구현	이동성, 변경 용이성
	클래스	클래스, 객체	~의 인스턴스다, ~의 일반화다	객체지향 시스템에서 공통점 뽑아내기, 기능의 확장 계획	변경 용이성, 성능
	데이터 모델	데이터 엔티티	{하나, 다수} 대 {하나, 다수}, ~를 일반화한다, ~를 특수화한다.	일관성과 성능을 위한 전역 자료 구조 설계	변경 용이성, 성능
컴포넌트-커넥터 구조	서비스	서비스, 서비스 레지스트리	결함(메시지) 전달을 통해	스케줄링 분석, 성능 분석, 견고성(robustness) 분석	상호 운영성, 가용성, 변경 용이성
	동시성	프로세스, 스레드	결함(통신 및 동기화 메커니즘을 통해)	리소스 경쟁이 존재하는 부분과 병렬 실행 가능성이 존재하는 부분 식별	성능
할당 구조	배포	컴포넌트, 하드웨어 요소	~에 할당된다, ~로 이동한다	소프트웨어 요소를 시스템 요소와 연관 짓기	성능, 보안, 에너지, 가용성, 배포 용이성
	구현	모듈, 파일 구조	~에 저장된다	형상 제어, 통합, 테스트 활동	개발 효율성
	작업 할당	모듈, 조직 단위	~에 할당된다	프로젝트 관리, 전문성과 가용 리소스 최대 활용, 공통점 관리	개발 효율성

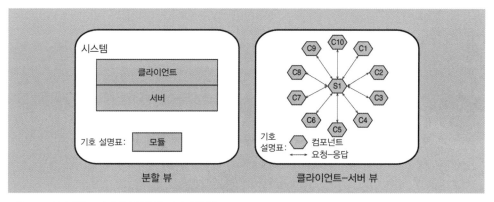

그림 1.11 클라이언트-서버 시스템의 두 가지 다른 뷰

　분할 구조와 클라이언트-서버 구조에서 요소들 간의 유사성이 명백한 반면, 이 두 가지 뷰는 서로 매우 다른 것을 위해 사용된다. 예를 들어 우측의 뷰는 성능 분석과 병목 지점 예상, 네트워크 트래픽 관리에 사용될 수 있다. 이는 왼쪽 뷰를 갖고 하기에는 매우 어렵거나 불가능할 것이다(9장에서 맵-리듀스^map-reduce 패턴에 관해 배울 것이다. 맵-리듀스 패턴에서는 간단하면서 동일한 기능의 복사본이 수백 혹은 수천 개의 프로세싱 노드에 분산돼 있다. 전체 시스템 관점에서는 하나의 노드이지만 노드별로는 하나의 컴포넌트다).

　때때로 어떤 프로젝트는 하나의 구조가 다른 구조보다 더 나은 우세한 구조라 보고, 가능하면 다른 구조들도 우세한 구조 관점에서 보려 한다. 대개 우세한 구조는 모듈 분할 구조다. 그리고 우세한 구조가 모듈 분할 구조라 생각하는 이유는 모듈 분할 구조가 개발의 팀 구조를 나타내므로 프로젝트 구조를 만들기 쉽기 때문이다. 다른 프로젝트에서 우세한 구조는 시스템의 기능이나 주요 품질 속성이 런타임 시에 어떤 식으로 달성되는지 나타내는 컴포넌트-커넥터 구조가 될 수도 있다.

적을수록 좋다

모든 시스템이 여러 아키텍처 구조에 대해 고려해야 하는 것은 아니다. 시스템이 클수록 아키텍처 구조 간의 차이점은 분명해진다. 하지만 작은 규모의 시스템인 경우 적은 수의 아키텍처 구조로도 문제없다. 예를 들어 여러 컴포넌트-커넥터 구조를 다루는 대신에 대개 하나의 컴포넌트-커넥터 구조이면 충분할 것이다. 하나의 프로세스만 존재한다면, 프로세스 구조는 단일 노드가 될 것이고 설계에서 명시적으로 표현할 필요가 없다. 분산이 일어나지 않는다면(즉, 시스템이 단일 프로세서 기반으로 구현됐다면) 배포 구조는 무의미할 것이고 추가적으로 고려하지 않아도 된다. 대개 어떤 구조를 설계하고 문서화하는 것은 투자 대비 수익이 있을 때만 수행해야 한다. 여기서 투자 대비 수익은 대개 개발 비용이나 유지 보수 비용이 줄어드는 관점에서의 수익을 의미한다.

어떤 구조를 선택해야 할까?

지금까지 많은 유용한 아키텍처 구조를 간단하게 기술했다. 물론 이외에도 많은 구조가 존재한다. 그럼 아키텍트는 어떤 구조에서 작업해야 할까? 또 아키텍트는 어떤 구조를 문서화해야 할까? 물론 모든 구조를 다 작업하고 문서화해야 하는 것은 아니다. 정답을 말하자면, 여러분이 사용할 수 있는 다양한 구조가 여러분에게 어떤 식으로 깨달음을 제공하고 시스템의 가장 중요한 품질 속성을 어떤 식으로 이용할지 여러분 스스로 생각해봐야 한다는 것이다. 그러고 나서 이러한 품질 속성을 가장 잘 전달하는 구조를 선택해야 한다.

아키텍처 패턴

일부의 경우, 아키텍처 요소들은 특정 문제를 해결하는 방식으로 구성된다. 이러한 구성은 시간이 지남에 따라 많은 다양한 분야에서 유용하다고 밝혀졌다. 따라서 이러한 구성은 문서화됐고 널리 전파됐다. 아키텍처 요소의 이러한 구성은 시스템이 직면한 문제의 일부를 해결하기 위한 잘 정돈된 전략을 제공하는데, 이러한 구성을 패턴이라고 한다. 아키텍처 패턴에 관해서는 2부에서 자세히 알아볼 것이다.

1.3 무엇이 좋은 아키텍처를 만드는가?

아키텍처는 좋은 아키텍처와 나쁜 아키텍처로 구분 지을 수 없다. 어떤 목적이 있을 때, 그 목적에 좀 더 잘 맞는 아키텍처와 그다지 맞지 않는 아키텍처가 있을 뿐이다. 3단계로 구성된 서비스 중심 아키텍처는 대기업의 웹 기반 B2B 시스템에는 적합하지만 항공 전자 기기 애플리케이션에는 전혀 적합하지 않다. 변경 용이성을 최대한 확보하기 위해 세심하게 만들어진 아키텍처는 한 번 쓰고 마는 프로토타입에는 적합하지 않다(반대 역시 마찬가지다). 이 책이 전달하고자 하는 내용 중 하나는 아키텍처는 평가할 수 있지만(아키텍처를 평가할 수 있다는 점이 아키텍처에 관심을 갖는 주요 이유 중 하나임) 그러한 평가는 구체적으로 기술된 목표 관점에서만 의미가 있다는 것이다.

그럼에도 불구하고 대부분의 아키텍처를 설계할 때 따라야 할 대략적인 규칙이 있다. 이러한 규칙을 적용하지 않는다고 해서 무조건 아키텍처에 심각한 문제가 있는 것은 아니지만, 이를 위험 신호로 받아들이고 이에 관해 자세히 알아봐야 한다. 이러한 규칙을 기존 시스템 없이 완전히 새롭게 개발하는 시스템에 적용하면 해당 시스템을 올바르게 빌드하는 데 도움이 된다. 또는 기존 시스템의 잠재적인 문제 영역을 이해하고 해당 시스템의 진화 방향을 정하는 데 도움이 될 수 있도록 이러한 규칙을 휴리스틱 분석 방식^{analysis heuristics}으로 적용할 수 있다.

이러한 규칙은 크게 두 가지로 나눌 수 있다. 하나는 프로세스 권고 사항이고, 다른 하나는 제품(또는 구조적) 권고 사항이다. 프로세스 권고 사항은 다음과 같다.

1. 소프트웨어(또는 시스템) 아키텍처는 한 명의 아키텍트 또는 기술 리더가 명확히 지정된 소규모 아키텍트 그룹의 제품이어야 한다. 이러한 접근법은 아키텍처가 개념적으로 무결하고 기술적으로 일관되기 위해 중요하다. 이는 전통적인 프로젝트뿐만 아니라 애자일 프로젝트와 오픈소스 프로젝트에도 잘 통한다. 현실과 동떨어진 비현실적인 설계를 피하기 위해 아키텍트와 개발 팀 사이에는 강한 결속이 있어야 한다.

2. 아키텍트(혹은 아키텍처 팀)는 아키텍처를 우선순위가 부여된 잘 명세된 품질 속성 요구 사항 목록에 기반해야 한다. 이는 일회성으로 끝나면 안 되고 지속적으로 관리해야 한다. 이렇게 함으로써 품질 속성 사이에 언제나 발생할 수밖에 없는 절충점을 알 수 있다. 기능은 상대적으로 덜 중요하다.

3. 아키텍처를 뷰^{view}를 사용해 문서화해야 한다(뷰는 하나 이상의 아키텍처 구조를 나타낸 것이다). 뷰는 프로젝트 일정을 지원하기 위해 가장 중요한 이해관계자의 관심 사항을 다뤄야 한다. 이는 처음에는 문서화를 최소화하고 이후에 계속적으로 상세화하는 것을 의미할 수도 있다. 대개 관심 사항은 새로운 이해관계자에 대한 교육뿐만 아니라 시스템의 구성과 분석, 유지 보수에 관련된다.

4. 아키텍처를 평가할 때는 아키텍처가 시스템의 중요한 품질 속성을 잘 전달할 능력이 있는지 살펴봐야 한다. 이러한 평가는 가장 큰 이득을 가져다줄 수 있는 프로젝트 생애주기 초기에 이뤄져야 하고, 아키텍처에 대한 변경(혹은 아키텍처의 환경에 대한 변경)이 설계를 쓸모없어지게 만들지 않게끔 아키텍처 평가가 적절히 반복돼야 한다.

5. 아키텍처는 점증적 개발에 적합해야 한다. 이로써 문제를 초기에 발견할 수 있을 뿐

아니라 막판에 모든 것을 한 번에 통합해야 하는 상황을 피할 수 있다(한 번에 통합하는 것이 제대로 되는 경우는 거의 존재하지 않는다). 아키텍처가 점증적 개발에 적합하도록 하기 위한 방법 중 하나는 뼈대가 되는 시스템을 만드는 것이다. 뼈대가 되는 시스템은 최초에는 최소한의 기능만을 지녔지만 통신 경로는 시험 가능하다. 이러한 뼈대가 되는 시스템은 필요하면 리팩터링을 수행하면서 시스템을 점증적으로 키워가는 데 사용할 수 있다.

구조적 권고 사항은 다음과 같다.

1. 모듈에 기능 책임을 할당할 때(모듈이 어떤 기능을 담당해야 하는지), 정보 은닉^{information hiding}과 관심사의 분리^{separation of concerns}라는 원칙을 기반으로 해야 하며, 아키텍처는 이러한 잘 정의된 모듈들을 특징으로 해야 한다. 정보 은닉 모듈은 변경 가능성이 있는 것들을 캡슐화해 이러한 변경의 영향으로부터 소프트웨어를 보호해야 한다. 각 모듈은 다른 소프트웨어의 변경 가능한 측면들을 캡슐화하거나 은닉하는 잘 정의된 인터페이스를 지녀야 한다. 이러한 인터페이스는 각 인터페이스를 개발하는 팀이 서로 독립적으로 대규모로 작업할 수 있도록 해야 한다.

2. 요구 사항이 이전에 존재하지 않았던 완전히 새로운 것이 아니라면 잘 알려진 아키텍처 패턴과 각 품질 속성에 특화된 전술을 사용해 품질 속성을 달성할 수 있다(요구 사항이 완전히 새로운 것일 수도 있지만 그럴 가능성은 희박하다). 이러한 아키텍처 패턴과 각 품질 속성에 특화된 전술은 4장부터 13장에 걸쳐 다룰 것이다.

3. 아키텍처는 특정 버전의 상용 제품이나 툴에 의존해서는 절대 안 된다. 어쩔 수 없이 특정 버전에 의존해야 한다면, 이후에 다른 버전으로 변경하는 것이 간단하면서도 비용이 많이 들지 않는 구조로 아키텍처를 만들어야 한다.

4. 데이터를 생성하는 모듈은 데이터를 소비하는(이용하는) 모듈로부터 분리해야 한다. 이렇게 분리함으로써 변경이 데이터를 생성하는 쪽이나 데이터를 소비하는 쪽에 국한되도록 할 수 있기 때문에 변경 용이성이 좋아진다. 새로운 데이터가 추가되면 데이터를 생성하는 쪽과 소비하는 쪽 모두 변경해야 할 것이다. 하지만 두 모듈을 분리함으로써 단계적인(점증적인) 업그레이드가 가능하다.

5. 모듈과 컴포넌트 간의 일대일(1:1) 관계를 기대하지 말라. 예를 들어 동시성을 지닌 시

스템에서 한 컴포넌트에 대한 여러 인스턴스가 병렬로 실행될 수도 있다. 이때 각 컴포넌트는 동일한 모듈로부터 만들어졌을 수도 있다. 동시성이 필요한 다중 스레드를 지닌 시스템의 경우 각 스레드는 여러 컴포넌트의 서비스를 사용할 수도 있다. 이때 각 컴포넌트는 다른 모듈로부터 만들어졌을 수도 있다.

6. 어떤 프로세서에 할당된 프로세스를 다른 프로세서에 할당하는 것이 쉽고 심지어 런타임 시에도 가능하도록 프로세스를 작성해야 한다. 이는 가상화와 클라우드 배포라는 최근 주목받는 트렌드의 원동력이 된다. 이에 관해서는 16장과 17장에서 알아볼 것이다.

7. 아키텍처는 소수의 간단한 컴포넌트 상호 작용 패턴을 특징으로 삼을 수 있어야 한다. 즉, 시스템은 전체에 걸쳐 동일한 방식으로 동일한 것들을 수행해야 한다. 이러한 방식은 시스템에 대한 이해도를 제고하고 개발 시간을 단축시키고 신뢰성을 높이고 변경 용이성을 향상시킨다.

8. 아키텍처에서는 리소스 경쟁 영역이 명확해야 하고 영역의 크기가 작아야 하며, 이러한 리소스 경쟁 해결 방법이 명확히 명시돼야 하고 유지돼야 한다. 예를 들어 네트워크 활용이 관심 영역이라면 아키텍트는 각 개발 팀이 허용할 만한 수준의 네트워크 트래픽을 발생할 수 있도록 지침을 만들고 개발 팀에게 강제해야 한다. 성능이 관심이라면 아키텍트는 리소스에 대한 시간 할당time budget을 생성하고 강제해야 한다.

1.4 요약

시스템의 소프트웨어 아키텍처는 해당 시스템에 관해 추론하는 데 필요한 구조들의 집합이다. 이러한 구조들은 1) 소프트웨어 요소, 2) 소프트웨어 요소 간의 관계, 3) 소프트웨어 요소와 관계의 속성들로 구성된다.

구조는 세 가지로 분류할 수 있다.

- 모듈 구조는 직접 만들거나 구매해야 할 코드 혹은 데이터 단위 집합으로 시스템을 나타낸다.
- 컴포넌트-커넥터 구조는 런타임 동작(컴포넌트)과 상호 작용(커넥터)을 지니는 요소들의 집합으로 시스템을 나타낸다.

- 할당 구조는 모듈 구조와 컴포넌트-커넥터 구조의 요소들이 비소프트웨어 요소들(예: CPU, 파일 시스템, 네트워크, 개발 팀)과 어떤 식으로 연관되는지 나타낸다.

구조는 아키텍처의 주요 엔지니어링 활용 포인트를 나타낸다. 각 구조는 하나 이상의 품질 속성을 다루는 데 유용하다. 전체적으로 구조는 아키텍처를 생성하기 위한 강력한 접근법을 제공한다(이후에 아키텍처를 분석하고 이를 이해관계자에게 설명하기 위한 접근법이다). 또한 아키텍트가 엔지니어링 활용 포인트로 선택한 아키텍처는 아키텍처 문서화의 기반이 될 가능성이 높다(22장 참고).

모든 시스템은 소프트웨어 아키텍처를 지닌다. 하지만 이러한 아키텍처는 문서화되고 배포될 수도 있으며, 그렇지 않을 수도 있다.

본질적으로 좋은 아키텍처와 나쁜 아키텍처는 존재하지 않는다. 어떤 목적에 좀 더 부합하는 아키텍처와 그다지 잘 맞지 않는 아키텍처가 있을 뿐이다.

1.5 참고 문헌

소프트웨어 아키텍처에 연구 분야로서 관심이 있다면 일부 초창기 연구를 들여다볼 필요가 있다. 대부분의 초창기 연구는 '소프트웨어 아키텍처'를 전혀 언급하지 않는다. '소프트웨어 아키텍처'라는 용어가 1990년대 중반이 돼서야 발전됐기 때문이다. 따라서 초창기 연구를 볼 때 행간의 의미를 파악해야 한다.

에즈거 다익스트라$^{Edsger\ Dijkstra}$의 T.H.E. 운영체제에 대한 1968년 논문은 레이어^{layer}라는 개념을 소개했다[Dijkstra 68]. 데이빗 파르나스$^{David\ Parnas}$의 초기 연구는 정보 은닉[Parnas 72], 프로그램 패밀리[Parnas 76], 소프트웨어 시스템에 내재된 구조[Parnas 74], 시스템의 부분 집합과 상위 집합을 만들기 위한 사용 구조[Parnas 79]를 포함해 많은 개념적인 토대를 쌓았다. 파르나스의 모든 논문은 좀 더 쉽게 이용할 수 있는 그의 주요 논문집[Hoffman 00]에서 찾을 수 있다. 현대 분산 시스템은 협조 순차 프로세스 개념 덕분에 존재할 수 있는 것이다. 이 개념은 C. A. R (토니) 호어 경$^{Sir\ C.\ A.\ R.\ (Tony)\ Hoare}$이 개념화하고 정리하는 데 중요한 역할을 했다[Hoare 85].

1972년에 다익스트라와 호어는 올레 요한 달$^{Ole-Johan\ Dahl}$과 함께 프로그램은 작고 간단한 인터페이스를 지닌 독립적인 컴포넌트로 분할할 수 있어야 한다고 주장했다. 이들은 자신들의 접근법을 구조화된 프로그래밍이라고 불렀다. 이는 명백히 소프트웨어 아키텍처의 첫 등장이라 할 수 있다[Dijkstra 72].

메리 쇼Mary Shaw와 데이빗 갈란David Garlan은 함께 그리고 개별적으로 우리가 소프트웨어 아키텍처라고 부르는 학문 분야를 만드는 데 큰 업적을 남겼다. 소프트웨어 아키텍처의 근간이 되는 원칙을 세우고, 중요한 초기 아키텍처 스타일(패턴과 유사한 개념)에 대해 나열했다[Garlan 95]. 그중 일부는 아키텍처 구조라는 이름으로 이번 장에서 다뤘다.

소프트웨어 아키텍처 패턴은 『Pattern Oriented Software Architecture』(Wiley) 시리즈에서 광범위하게 소개됐다[Buschmann 96 등]. 이 책의 2부에서는 아키텍처 패턴을 다룰 것이다.

산업 개발 프로젝트에서 사용된 아키텍처 뷰에 관한 초기 논문은 [Soni 95]와 [Kruchten 95]이다. [Soni 95]는 개발과 분석에서 뷰를 사용하는 종합적인 그림을 제시하는 한 권의 책으로 발전했다[Hofmeister 00].

많은 책이 아키텍처와 관련해 실전에서 발생하는 개발 이슈에 집중했다. 이러한 책으로 조지 페어뱅크스George Fairbanks의 『적정 소프트웨어 아키텍처』(한빛미디어, 2022)[Fairbanks 10], 닉 로잔스키Nick Rozanski와 오언 우즈Eóin Woods의 『소프트웨어 시스템 아키텍처』(에이콘출판, 2015)[Woods 11], 로버트 마틴Robert C. Martin의 『Clean Architecture: A Craftsman's Guide to Software Structure and Design』(Pearson, 2017)[Martin 17]이 있다.

1.6 토론 질문

1. 여러분에게 친숙한 소프트웨어 아키텍처의 다른 정의가 있는가? 그렇다면 이를 이번 장에서 소개한 정의와 비교하고 대조해보자. '이유(근거)'(왜 아키텍처를 그렇게 정의하는지를 설명하면서)나 아키텍처가 시간이 지남에 따라 어떤 식으로 발전했는지 등의 고려 사항을 포함한 정의가 많다. 여러분은 이러한 고려 사항이 소프트웨어 아키텍처 정의의 일부가 돼야 한다고 생각하는가?

2. 아키텍처가 어떤 식으로 분석을 위한 기반 역할을 하는지 논의해보자. 의사 결정은 어떠한가? 아키텍처가 어떤 종류의 의사 결정을 가능케 하는가?

3. 프로젝트 위험 감소에 있어 아키텍처의 역할은 무엇인가?

4. 시스템 아키텍처에 관해 통용되는 정의를 찾아보고 시스템 아키텍처와 소프트웨어 아키텍처의 공통점을 논의해보자. 엔터프라이즈 아키텍처에 대해서도 통용되는 정의를

찾아보고 공통점을 논의해보자.

5. 소프트웨어 아키텍처의 공개된 예를 찾아보자. 어떤 구조가 보이는가? 해당 아키텍처의 목적을 고려할 때 어떤 구조가 보여야 했는가? 해당 아키텍처가 지원하는 분석은 무엇인가? 해당 아키텍처가 답하지 못하는 질문에는 어떤 것들이 있을까?

6. 범선은 아키텍처를 지닌다. 이는 선박이 해당 선박의 성능과 다른 품질 속성에 관해 추론하는 데 도움이 되는 '구조'들을 지닌다는 것을 의미한다. barque, brig, cutter, frigate, ketch, schooner, sloop과 같은 기술 용어들의 정의를 찾아보자. 선박 구조를 구분하고 추론하기 위한 유용한 '구조'들의 집합을 제안해보자.

7. 항공기들은 엔진 위치, 날개 위치, 착륙 기어 레이아웃 등과 같은 주요 설계 문제들을 어떤 식으로 해결했는지에 따라 특징지어지는 아키텍처를 지닌다. 수십 년 동안 승객 운반용으로 설계된 대부분의 제트기는 다음과 같은 특징을 지닌다.

- 엔진은 날개 아래쪽에 매달린 엔진실에 위치한다. 이는 날개 쪽에 위치한 엔진이나 기체의 뒤쪽에 위치한 엔진과 대조된다.
- 날개가 기체의 바닥 부분과 연결된다. 이는 기체의 상부나 중간 부분과 연결되는 것과 대조된다.

우선 위의 사례를 보잉^{Boeing}, 엠브라에르^{Embraer}, 투폴레프^{Tupolev}, 봄바르디어^{Bombardier}와 같은 제조사에서 찾아보자. 그리고 나서 '이러한 설계가 제공하는, 항공기에 중요한 품질은 무엇인가?'라는 질문에 답하기 위해 온라인 검색을 해보자.

2장

소프트웨어 아키텍처가
중요한 이유

무언가를 짓는 것(build)은 예술 중에서 가장 고귀한 것이다.
– 헨리 워즈워스 롱펠로우(Henry Wadsworth Longfellow)

어떤 질문에 대한 대답이 아키텍처가 될 수 있을까?

이번 장은 기술적 측면에서 아키텍처가 중요한 이유를 집중적으로 살펴본다. 가장 중요한 이유 13가지를 살펴볼 것이다. 여러분은 이러한 이유를 활용해 새로운 아키텍처를 만들거나 기존 시스템의 아키텍처를 분석하고 진화시켜볼 수 있다.

1. 아키텍처는 시스템의 영향력이 큰 품질 속성을 가능케 할 수도 있고 억제할 수도 있다.

2. 아키텍처에서 내린 결정 덕분에 시스템이 진화함에 따라 발생하는 변경 사항을 추론하고 관리할 수 있다.

3. 아키텍처 분석은 시스템의 속성을 조기에 예측할 수 있도록 해준다.

4. 문서화된 아키텍처는 이해관계자 간의 의사소통을 향상시킨다.

5. 아키텍처는 가장 초기의, 따라서 가장 기본적이면서 변경하기 가장 어려운 설계 결정들을 담고 있다.

6. 아키텍처는 이후의 구현에 어떤 제약 사항이 있는지 정의한다.

7. 아키텍처는 조직의 구조에 큰 영향을 미친다.

8. 아키텍처는 점증적 개발의 기반을 제공할 수 있다.

9. 아키텍처는 아키텍트와 프로젝트 관리자가 비용과 일정에 관해 추론할 수 있도록 하는 핵심 산출물이다.

10. 아키텍처는 제품군의 핵심이 되는 이전 가능한 재사용 모델^{transferable, reusable model}이 될 수 있다.[1]

11. 아키텍처 기반 개발은 컴포넌트 자체를 만드는 것보다 컴포넌트들의 조립에 집중한다.

12. 설계 대안에 제약을 둠으로써 아키텍처는 개발자의 창의성을 장려하고 설계 및 시스템 복잡도를 줄인다.

13. 아키텍처는 신규 팀원의 교육을 위한 기반이 될 수 있다.

여러분이 이미 아키텍처가 중요하다고 믿고 있어서 아키텍처의 중요성을 13번이나 강조할 필요가 없다고 할지라도, 위의 13가지 이유를 프로젝트에서 아키텍처를 활용하는 13가지 유용한 방식 혹은 아키텍처에 전념하는 리소스를 정당화하는 13가지 유용한 방식이라고 생각해보자.

2.1 시스템의 품질 속성 억제 또는 보장

시스템의 필수 품질 속성을 달성하는 시스템의 능력은 해당 시스템의 아키텍처에 의해 좌지우지된다. 이 책에서 배웠던 내용이 하나도 기억나지 않는다 할지라도 이 점은 반드시 기억하자.

이러한 관계는 너무나 중요해서 이 책의 2부를 위의 메시지를 자세히 설명하는 데 할애했다. 2부에서 자세히 배우기 전까지는 다음 예를 시작점으로 삼아보자.

- 시스템이 고성능을 요구한다면 요소들의 시간 기반 동작과 요소들의 공유 리소스 사용, 요소들 간의 통신 빈도와 양을 관리하는 데 신경 써야 한다.

- 변경 용이성이 중요하다면 책임을 요소들에게 할당하고 이러한 요소들 간의 상호 작용(결합)을 제한해 시스템에 발생하는 변경 사항 대다수가 작은 수의 요소들에 국한될 수 있도록 해야 한다. 이상적으로 각 변경 사항은 단 하나의 요소에만 영향을 미칠 것이다.

---

1   이전 가능한 재사용 모델은 제품군 내의 여러 제품에 반복적으로 적용 가능하다는 의미다. – 옮긴이

- 시스템에 고도의 보안성이 요구되면 요소들 간의 통신을 관리하고 보호해야 하며 어떤 요소가 어떤 정보에 접근할 권한이 있는지 제어해야 한다. 또한 아키텍처에 특화된 요소(예: 인증 메커니즘)를 도입해 침입을 방지하기 위한 강력한 '경계'를 칠 수도 있다.
- 여러분의 시스템이 안전하고 보안성이 좋길 원한다면 설계 시 보호 장치와 회복 메커니즘을 고려해야 한다.
- 성능의 확장성이 시스템의 성공에 중요하다고 생각한다면 리소스 사용을 지역화해야 한다. 이는 더 큰 용량(능력)을 지닌 대체물을 도입하기 쉽게 해준다. 또한 리소스를 추정하거나 제한하는 내용을 구현할 때 하드 코딩을 해서는 안 된다.
- 시스템을 부분으로 나눠 점차적으로 배포하는 경우 컴포넌트 간 사용 방식(어떤 식으로 한 컴포넌트가 다른 컴포넌트를 사용할 수 있는지)을 관리해야 한다.
- 시스템의 요소를 다른 시스템에서도 재사용하려면 요소 간 결합을 제약해, 현 시스템에서 어떤 요소를 추출해 다른 시스템에서 사용하려 할 때 현 시스템의 다른 많은 요소까지 함께 적용해야 하는 상황을 피해야 한다.

이러한 품질 속성을 위한 전략은 아키텍처와 밀접한 연관이 있다. 하지만 아키텍처만으로는 시스템에 필요한 기능이나 품질을 보장할 수 없다. 잘못된 세부 설계나 구현 결정은 적절한 아키텍처 설계의 기반을 약화시킨다. 우리는 농담 삼아 '아키텍처께서 주신 것을 구현께서 앗아가버리실 수 있다What the architecture giveth, the implementation may taketh away.'라고 말한다.[2] 시스템 개발 생애주기의 모든 단계(아키텍처 설계부터 코딩, 구현, 테스트에 이르기까지)에서 발생하는 결정이 시스템 품질에 영향을 미친다. 따라서 품질을 완전히 아키텍처 설계의 기능이라 할 수는 없다. 하지만 품질의 출발점이 아키텍처 설계인 것은 분명하다.

2.2 변경 사항 추론 및 관리

시스템에 변경을 가하는 것이 얼마나 쉬운지를 나타내는 변경 용이성은 품질 속성 중 하나다. 하지만 변경 용이성은 너무나 중요한 품질 속성이므로 변경 용이성 자체가 13가지 이유 목록에서 한 가지 이유로 등장했다. 소프트웨어 개발 커뮤니티는 전형적인 소프트웨어 시스템에 요구되는 전체 비용의 약 80퍼센트가 초기 배포 이후에 발생한다는 사실을 알고 있

---

2 'the Lord giveth, and the Lord taketh away(주께서 주시고 주께서 가져가셨다).'라는 성서에 등장하는 문구를 응용한 표현이다. – 옮긴이

다. 사람들이 작업 중인 대부분의 시스템이 바로 이러한 단계에 있다. 많은 프로그래머와 소프트웨어 설계자가 신규 개발에 착수하지 못하고 기존 시스템과 기존 코드의 제약 아래에서 일하고 있다. 사실상 모든 소프트웨어 시스템은 신규 기능을 받아들이고 새로운 환경에 적응하고 버그를 수정하기 위해 소프트웨어 시스템이 돌아가는 동안 변화한다. 하지만 현실은 이러한 변경 사항들이 대개 어려움투성이라는 것이다.

어떤 아키텍처든 간에 모든 아키텍처는 변경 사항을 다음과 같이 세 가지로 분류할 수 있다.

- 지역 변경^{local change}은 단 하나의 요소만 변경하면 달성할 수 있는 변경이다. 예를 들어 가격 책정 로직 모듈에 새로운 비즈니스 규칙을 추가하는 것이 있다.
- 비지역 변경^{nonlocal change}은 여러 요소를 변경해야 하지만 근간이 되는 아키텍처 접근법은 건드리지 않는다. 예를 들어 가격 책정 로직 모듈에 신규 비즈니스 규칙을 추가한 다음, 해당 신규 비즈니스 규칙이 필요로 하는 신규 필드를 데이터베이스에 추가하고 규칙을 적용한 결과를 사용자 인터페이스에 나타내는 것이 있다.
- 아키텍처 변경^{architectural change}은 요소들이 서로 상호 작용하는 근간이 되는 방식에 영향을 주고 전반적인 시스템에 걸쳐 변경을 필요로 한다. 예를 들어 시스템을 단일 스레드 시스템에서 다중 스레드 시스템으로 변경하는 것이 있다.

지역 변경이 바람직하다는 것은 명백하다. 따라서 효과적인 아키텍처는 가장 흔히 발생하는 변경이 지역 변경이어서 쉽게 변경할 수 있는 아키텍처다. 비지역 변경은 바람직하지는 않지만 변경을 단계별로 수행할 수 있다는 것이 장점이다. 즉, 시간이 지남에 따라 순차적인 방식으로 변경을 가할 수 있다. 예를 들어 우선 새로운 가격 책정 규칙을 추가하는 변경을 수행한 다음, 해당 신규 규칙을 실제 배포하는 변경을 수행한다.

언제 변경이 필요한지 결정하고 어떤 변경 경로가 가장 적은 위험을 수반하는지 결정하고 제안된 변경의 결과(영향)를 평가하고 요청된 변경의 순서와 우선순위를 조정하는 것은 시스템 소프트웨어 요소들의 관계와 성능, 동작에 대한 폭넓은 이해를 요한다. 이러한 작업은 아키텍트 직무의 일부에 해당한다. 아키텍처에 관해 추론하고 아키텍처를 분석하는 것은 예상되는 변경에 관한 결정을 내리는 데 필요한 통찰력을 제공한다. 여러분이 이러한 단계를 밟지 않는다면 그리고 여러분이 아키텍처의 개념적 무결성을 유지하는 데 신경을 쓰지 않는다면 아키텍처 부채^{architecture debt}를 쌓아갈 가능성이 매우 높다. 이 주제는 23장에서 다룬다.

2.3 시스템 품질 예측

시스템 품질 예측은 앞의 두 가지 이유로부터 이어지는 내용이다. 아키텍처는 시스템의 품질을 보장할 뿐 아니라 예측 가능한 방식으로 보장한다.

이는 당연해 보일 수도 있지만 반드시 그런 것은 아니다. 아키텍처를 설계할 때 거의 무작위에 가까운 설계 결정을 마구 내린 다음, 시스템을 만들고 품질 속성에 대해 테스트하면서 그저 문제가 없기를 바랄 수도 있다. 이렇게 하면 시스템이 충분히 빠르지 않거나 해킹 등의 공격에 취약할 수 있다.

다행히도 시스템의 아키텍처에 대한 평가만으로 시스템에 관한 품질 예측이 가능하다. 시스템에서 특정 품질 속성을 달성하기 위해서는 특정 유형의 아키텍처 결정을 내려야 한다는 사실을 알고 있다면, 해당 결정을 내리고 이후에 해당 결정과 연관된 품질 속성이 달성될 것이라고 기대할 수 있다. 이런 식으로 아키텍처를 조사할 때는 해당 결정이 내려졌는지 여부를 살펴본 다음, 아키텍처가 관련된 속성을 확보할 것이라고 자신 있게 기대할 수 있다.

이렇게 볼 때, 아키텍처는 시스템 품질을 대체로 결정한다고 할 수 있다. 게다가 더 좋은 점은 어떤 식으로 아키텍처가 시스템 품질을 결정하는지 그리고 어떻게 하면 아키텍처가 시스템 품질을 달성할 수 있도록 하는지를 우리가 알고 있다는 것이다.

아키텍처가 해당 아키텍처가 달성하고자 하는 목표를 제대로 달성했는지 확인하기 위해서는 정량 분석 모델링이 필요하다. 하지만 정량 분석 모델링을 수행하지 않더라도 품질 속성의 영향을 기반으로 결정을 평가하는 이러한 원칙은 적어도 잠재적인 문제를 조기에 발견하는 데 매우 중요하다.

2.4 이해관계자 간의 의사소통

1장에서 언급한 핵심 중 하나는 아키텍처는 추상화된 것이고 아키텍처가 전체 시스템을 단순화된 모델로 표현하기 때문에 유용하다는 것이다. 따라서 전체 시스템의 엄청난 세부 사항과 달리 여러분은 전체 시스템을 단순화된 모델 형태로 기억할 수 있고, 팀의 다른 팀원들 역시 이를 염두에 두고 일을 할 수 있다. 아키텍처는 시스템의 일반적인 추상화를 나타내는데, 이러한 일반적인 추상화는 시스템의 이해관계자 대부분이 공통의 이해를 형성하고 협상하고 공감대를 형성하며 의사소통하기 위한 기반으로 사용할 수 있다. 아키텍처(혹은 적어도 아키텍처의 일부)는 충분히 추상화돼 있어 기술을 모르는 사람들이 아키텍트의 코칭을 통해 아키텍처를 그들(기술을 모르는 사람들)이 필요한 만큼 이해할 수 있다. 또한 이러한 추상화를 구현과 통합, 테스트, 배포에 지침이 될 정도로 충분히 풍부한 기술 사양서로 정제할 수 있다.

소프트웨어 시스템의 각 이해관계자(고객, 사용자, 프로젝트 관리자, 코더, 테스터 등)는 해당 시스템의 아키텍처에 의해 영향을 받는 다양한 시스템 특성에 관심을 갖는다.

- 사용자는 시스템의 속도, 신뢰성, 가용성에 관심이 있다.
- 고객(시스템의 비용을 지불하는 이해관계자)은 아키텍처가 일정과 예산에 맞게 구현될 수 있는지에 관심이 있다.
- 프로젝트 관리자는 비용과 일정에 대한 관심뿐 아니라 해당 아키텍처 사용 시 팀이 규율 있고 잘 통제된 방식으로 독립적이면서 대규모로 일할 수 있는지에 관심이 있다.
- 아키텍트는 이러한 모든 목표를 달성하기 위한 전략에 관심이 있다.

아키텍처는 다양한 관심 사항을 대규모의 복잡한 시스템에 대해서도 지적으로 관리 가능한 수준으로 표현하고 협상하고 해결할 수 있는 공통의 언어를 제공한다. 이러한 공통의 언어가 없다면 품질과 유용성 모두에 영향을 주는 초기 결정을 내릴 정도로 충분히 대규모 시스템을 이해하기가 쉽지 않다. 21장에서 살펴볼 아키텍처 분석은 이러한 수준의 의사소통에 의존할 뿐 아니라 이러한 의사소통을 향상시킨다.

아키텍처 문서화에 관한 22장은 이해관계자와 각 이해관계자의 관심 사항을 매우 깊게 다룬다.

'이 버튼을 누르면 무슨 일이 일어나는가?': 이해관계자들의 의사소통을 돕기 위한 아키텍처

프로젝트 리뷰 회의가 지루하게 이어졌다. 정부 지원 개발은 일정 대비 지연됐고 예산도 초과했다. 또한 프로젝트 규모가 커서 미국 의회가 이러한 잘못된 사항들에 관심을 갖고 있다. 이제 정부가 모든 관계자가 빠짐없이 참석하는 마라톤 회의를 개최해 이러한 과거의 잘못된 사항들을 바로잡으려 하고 있다. 개발 계약 업체는 최근에 기업을 인수했지만 문제를 해결하는 데 도움이 되지 않았다. 프로젝트 리뷰 회의의 두 번째 날 오후에는 소프트웨어 아키텍처에 대한 리뷰가 진행됐다. 젊은 아키텍트(시스템 수석 아키텍트의 부하 직원)는 해당 대규모 시스템의 소프트웨어 아키텍처가 어떻게 매우 달성하기 어려운 실시간, 분산, 고신뢰성 요구 사항들을 만족시킬 수 있는지 용감하게 설명하고 있었다. 발표는 명확했고 제시한 아키텍처도 명확했다. 발표는 논리적이고 합리적이었다. 하지만 해당 프로젝트의 다양한 관리 및 감독 역할을 맡은 약 30명의 정부 관계자인 청중들은 지쳤다. 일부는 이렇게 지루한 끝장내기식 회의를 견디고 있느니 부동산을 알아보는 편이 낫겠다고 생각하고 있다.

발표 자료가 표시됐다. 발표 자료 안에는 시스템의 런타임 뷰에 어떤 주요 소프트웨어 요소들이 있는지 박스와 선을 사용해 표시했지만, 해당 요소들의 이름이 전부 약자로 표기돼 있어 설명 없이는 어떤 의미인지 이해할 수 없었다. 발표 중인 아키텍트가 그 의미를 설명하는 중이었다. 줄은 데이터 흐름과 메시지 전달, 프로세스 동기화를 나타냈다. 요소들은 내부적으로 중복이었고, 아키텍트가 줄들 중 하나를 레이저 포인터로 가리키며 "실패가 있는 경우, 재시작 메커니즘이 이 경로를 따라 시작됩니다."라고 설명하는 중이었다.

"모드 선택 버튼을 누르면 무슨 일이 일어나나요?"라고 한 청중이 물었다. 그 청중은 현재 개발 중인 시스템의 사용자 커뮤니티를 담당하는 정부 쪽 참석자였다.

"죄송하지만 뭐라고 하셨죠?"라고 아키텍트가 되물었다.

"모드 선택 버튼 말이에요. 모드 선택 버튼을 누르면 무슨 일이 일어나나요?"라고 해당 청중이 다시 물었다.

"모든 선택 버튼을 누르면 여기 위의 장치 드라이버에 이벤트를 발생시키고요."라고 아키텍트가 대답하며 레이저 포인터로 가리켰다. "그러고 나서 레지스터를 읽은 다음, 이벤트 코드를 해석합니다. 그리고 해당 이벤트 코드가 모드 선택인 경우 블랙보드에 신호를 보내고, 그다음으로 해당 이벤트를 구독하고 있는 객체에 신호를 보냅니다."라고 아키텍트가 이야기하는 중이었다.

"아니오. 제 말은 시스템이 실제 무엇을 하는지가 궁금하다는 뜻입니다."라고 해당 청중이 아키텍트가 설명하는 중에 끼어들며 말했다. "디스플레이를 리셋시키나요? 그리고 시스템 재설정 중에 모드 설정 버튼을 누르면 무슨 일이 일어나나요?"라고 물었다.

아키텍트는 약간 놀란 표정을 지으며 레이저 포인터를 껐다. 비록 아키텍처 관련 질문은 아니었지만, 발표자는 아키텍트이므로 요구 사항에 대해 잘 알고 있어서 해당 질문에 대한 답을 알고 있었다. "명령줄이 설정 모드라면 디스플레이는 리셋됩니다. 만약 설정 모드가 아니라면 에러 메시지가 제어 콘솔에 표시되고 해당 신호는 무시될 것입니다."라고 아키텍트는 말하며 레이저 포인터를 다시 켰다. 이어서 그는 "이제 아까 이야기하던 재시작 메커니즘으로 돌아가서…"라고 말했다.

"음… 그냥 궁금했습니다. 보여주신 차트를 보면 디스플레이 콘솔이 목표 위치 모듈로 신호를 보내기 때문입니다."라고 청중이 말했다.

다른 청중이 첫 번째 질문자에게 말을 걸며 "무슨 일이 일어나야 할까요? 사용자가 재설정하는 동안 모드 데이터를 얻을 수 있도록 하는 것이 맞을까요?"라고 말했다.

그리고 그 순간 이후부터 아키텍트는 45분 동안 청중들이 시스템이 어떤 상태에서 어떤 식으로 동작하는 것이 맞는지 논쟁하느라 자신의 발표 시간을 소모하는 걸 지켜봐야만 했다. 물론 이러한 논쟁은 요구 사항을 정할 때 충분히 거쳤어야 했던 필수적인 대화다. 하지만 어떤 이유에서인지 요구 사항을 정할 때는 충분히 논의되지 못했다.

이러한 논쟁은 아키텍처에 관한 것은 아니지만 아키텍처(그리고 아키텍처를 그래프화한 것)는 이러한 논쟁을 일으켰다. 아키텍처가 아키텍트와 개발자 외의 이해관계자들 간에 의사소통하기 위한 기반 역할을 한다고 생각할 수 있다. 예를 들어 관리자는 아키텍처를 사용해 팀을 만들고 팀 간에 리소스를 할당한다. 사용자는 어떨까? 결국 사용자에게 아키텍처는 보이지 않는다. 그럼 왜 사용자는 시스템 이해를 위한 도구로 아키텍처를 사용해야 할까?

사실은 아키텍처가 사용자가 시스템을 이해하는 데 도움이 되기 때문이다. 위의 사례를 보면, 질문자는 기능과 운영, 사용자 인터페이스, 테스트에 관한 뷰 그래프를 이틀 내내 지켜봤다. 그러다 질문자가 자신이 무언가를 이해하고 있지 못하다는 사실을 깨달은 건 아키텍처에 관한 발표 자료의 첫 번째 슬라이드에서였다(심지어 질문자는 너무 피곤해서 집에 가고 싶었다). 많은 아키텍처 리뷰 회의에 참석해보면, 시스템을 새로운 방식으로 바라볼 경우 새로운 질문이 떠오른다는 것을 알 수 있다. 사용자 입장에서 아키텍처는 대개 이러한 새로운 방식으로 시스템을 바라보기 위한 도구로 동작한다. 그리고 사용자가 하는 질문은 당연히 동작과 관련된 것일 수밖에 없다. 수년 전에 인상적인 아키텍처 평가 활동을 수행한 적이 있었는데, 그 당시 사용자 대표들은 시스템이 무언가를 어떤 식으로 수행하는지보다는 시스템이 무엇을 수행하는지에 훨씬 더 관심이 있었다. 아키텍처 평가 연습 전에는 사용자 대표들이 해당 제품과 관련해서 만난 사람들이라고는 마케팅 관련 담당자들뿐이었다. 아키텍트는 사용자 대표들이 먼저 만난 첫 번째 시스템 전문가였다. 따라서 사용자 대표들은 그러한 기회를 최대한 활용하고자 했다.

물론 주의 깊고 철저한 요구 사항 명세서는 이러한 상황을 개선시킬 수 있다. 하지만 여러 가지 이유로 주의 깊고 철저한 요구 사항 명세서가 만들어지지 못할 때도 있다. 이 경우 아키텍처 명세서는 질문을 촉진하고 명확성을 높인다. 이러한 가능성을 무시하는 것보다는 이러한 가능성을 인식하는 것이 더 신중한 선택일 것이다.

때때로 이러한 아키텍처 평가 활동을 통해 불합리한 요구 사항을 알아낼 수 있다. 그리고 나서 이러한 요구 사항들의 유용성에 관해 더 자세히 알아볼 수 있다. 요구 사항과 아키텍처 간의 시너지를 강조하는 이러한 종류의 검토를 통해 전체 검토 회의에 걸쳐 아키텍트의 자리를 따로 마련함으로써 이러한 유형의 정보에 대응할 수 있다. 이렇게 함으로써 앞서 살펴본 이야기에 등장하는

젊은 아키텍트를 당혹스러운 상황에서 구해줄 수 있을지도 모른다. 마찬가지로 사용자 대표들도 명백히 부적절한 순간(아키텍처에 관한 시간)에 아키텍처와 무관한 질문을 하는 데 따르는 불편한 기분을 느끼지 않았을 것이다.

– PCC

2.5 초기 설계 결정

소프트웨어 아키텍처는 시스템에 관한 가장 최초의 설계 결정들을 나타낸 것이다. 그리고 초기에 결정된 이러한 사항들은 시스템의 남은 개발과 시스템의 배포, 유지 보수에 큰 영향을 미친다. 또한 소프트웨어 아키텍처는 시스템에 영향을 미치는 이러한 중요한 설계 결정을 상세히 조사할 수 있는 최초의 지점이다.

어떤 분야든 모든 설계는 연속적인 결정들의 모음이라고 할 수 있다. 화가는 그림을 그릴 때 우선 어떤 재질의 캔버스를 사용할지 결정하고, 그림을 그리기 위한 매개체(유성 물감, 수성 물감, 크레파스 등)를 결정한다. 그림을 그리기 시작하면 다른 결정들을 즉시 내려야 한다. 첫 번째 줄을 어디에 그을지, 두께는 어느 정도로 할지, 모양은 어떻게 할지 등이다. 이러한 초기 설계 결정들은 모두 그림의 최종 모습에 큰 영향을 미치고, 각 결정 사항은 그 이후에 이뤄지는 결정에 제약 사항으로 작용한다. 각 결정을 별도로 보면 단순해 보이지만, 특히나 초기에 내린 결정들은 그 이후에 내려지는 결정들의 너무나 많은 부분에 영향을 미치고 제약을 가하기 때문에 엄청난 무게를 지닌다.

아키텍처 설계도 마찬가지다. 아키텍처 설계도 결정들의 집합으로 볼 수 있다. 이러한 초기 결정을 변경하는 것은 파급 효과를 야기해 추가적으로 변경해야 하는 결정들이 생긴다. 물론 아키텍처를 리팩터링하고 재설계해야 하지만, 이는 가볍게 볼 문제가 아니다. '잔물결'이 '산사태'로 변할 수도 있기 때문이다.

소프트웨어 아키텍처가 구체화하는 이러한 초기 설계 결정에는 어떤 것이 있을까? 다음 사항들을 생각해보자.

- 시스템이 하나의 프로세서 위에서 동작할 것인가? 아니면 다중 프로세서 기반으로 동작할 것인가?

- 소프트웨어가 레이어 구조를 가질 것인가? 그렇다면 몇 개의 레이어가 존재할 것인가? 각 레이어는 무엇을 수행할 것인가?
- 컴포넌트의 통신 방식이 동기식일 것인가? 비동기식일 것인가? 컴포넌트들이 제어를 전달하며 상호 작용할 것인가? 데이터를 전달하며 상호 작용할 것인가? 아니면 둘 다 전달하며 상호 작용할 것인가?
- 시스템을 통해 전달되는 정보가 암호화될 것인가?
- 어떤 운영체제를 사용할 것인가?
- 어떤 통신 프로토콜을 선택할 것인가?

이러한 결정들 중 하나라도 변경해야 하거나 연관된 다른 수많은 결정을 변경해야 하는 끔찍한 악몽 같은 상황을 상상해보자. 이러한 결정들은 아키텍처의 일부 구조와 해당 구조들 간의 상호 작용을 구체화하기 시작한다.

2.6 구현에 대한 제약

여러분의 구현이 아키텍처를 준수하길 원한다면 구현은 아키텍처가 기술한 설계 결정들을 준수해야 한다. 구현은 아키텍처가 기술한 요소들의 집합을 포함해야 하고, 이러한 요소들은 아키텍처가 기술한 방식으로 서로 상호 작용해야 하며, 각 요소는 아키텍처가 기술한 대로 다른 요소들에 대한 책임을 다해야 한다. 이러한 각 기술은 구현하는 사람 입장에서는 제약 사항이다.

각 요소를 구현하는 사람은 개별적인 요소의 사양을 잘 알아야 하지만 아키텍처의 절충점에 대해서는 몰라도 될 수 있다. 아키텍처(또는 아키텍트)는 절충점을 찾기 위한 방식으로 제약 사항을 걸어둔 것이다. 가장 대표적인 예가 큰 규모의 기능이 여러 소프트웨어 단위(부분)로 구성될 때, 아키텍트가 이러한 소프트웨어 단위들에 성능 예산을 할당한 경우다. 각 소프트웨어 단위가 해당 단위의 예산 내에 든다면 해당 기능의 전체 처리는 성능 요구 사항을 만족할 것이다. 각 부분들을 구현한 사람은 자신이 맡은 부분의 예산만 알고 전체 예산은 몰라도 된다.

마찬가지로 아키텍트는 알고리듬 설계의 모든 측면이나 프로그래밍 언어의 복잡한 부분들에 대해 전문가일 필요는 없다. 물론 구현하기 어려운 것을 설계하지 않을 정도는 알고 있어야 한다. 하지만 아키텍트는 아키텍처 결정과 절충점을 설정하고 분석하고 강제할 책임을 지닌 사람들이다.

2.7 조직 구조에 대한 영향

아키텍처는 개발 중인 시스템의 구조를 기술하고, 해당 구조는 개발 프로젝트의 구조(그리고 때때로 전체 조직의 구조)에 영향을 미친다. 일반적으로 대규모 프로젝트에서 노동력을 나눌 때는 만들어야 할 시스템을 여러 부분으로 구분하고 노동력을 여러 그룹으로 나눈 다음, 각 부분에 그룹을 할당한다. 이를 작업 분할 구조^{WBS, Work-Breakdown Structure}라고 하는데, 어떤 시스템의 작업 분할 구조는 1장에서 설명한 아키텍처의 작업 할당 구조로 표현할 수 있다. 아키텍처가 시스템 분할을 가장 폭넓게 표현하기 때문에 아키텍처는 작업 분할 구조의 기반으로 사용된다. 그리고 나서 작업 분할 구조는 계획과 일정, 예산의 단위를 정하고, 팀 간의 의사소통 채널과 설정 제어 및 파일 시스템 구성 방법, 통합 및 테스트의 계획과 절차를 정한다. 더구나 프로젝트 내부망이 어떤 식으로 구성되고 회사 소풍에서 누가 누구 옆에 앉는지 같은 세세한 부분까지 정한다. 팀은 다른 팀과 팀이 맡은 요소들의 인터페이스 사양서에 관해 의사소통한다. 시스템이 출시된 다음에는 유지 보수 활동 역시 아키텍처의 특정 요소들 (예: 데이터베이스, 비즈니스 규칙, 사용자 인터페이스, 장치 드라이버 등)을 유지하기 위해 구성된 팀과 함께 소프트웨어 구조를 반영한다.

작업 분할 구조를 세웠을 때의 부작용은 소프트웨어 아키텍처의 일부 측면이 고정된다는 것이다. 하위 시스템 중 하나에 책임이 있는 그룹은 다른 그룹에 자신의 책임이 분산되는 것에 반대할 수도 있다. 이러한 책임이 계약 관계에서 공식화됐다면, 책임을 변경하는 것은 비용이 많이 들고 심지어 법적인 절차를 불러일으킬 수도 있다.

따라서 아키텍처가 정해지고 난 다음에는 아키텍처를 관리적인 이유와 사업적인 이유로 인해 크게 수정하는 것은 매우 큰 비용이 따른다. 이것이 대규모 시스템에서 특정 선택을 확정하기 전에 소프트웨어 아키텍처를 분석해야 하는 이유 중 하나다.

2.8 점증적 개발 가능

아키텍처가 정의된 다음, 아키텍처는 점증적 개발을 위한 기반 역할을 할 수 있다. 아키텍처를 기반으로 첫 번째로 개발 가능한 것은 뼈대가 되는 시스템으로, 해당 시스템 내에는 일부 인프라(요소가 어떤 식으로 초기화되고 통신하고 데이터를 공유하고 리소스에 접근하고 오류를 보고

하고 활동을 기록하는지)가 존재하지만 시스템의 애플리케이션 기능 중 상당수는 존재하지 않는다.

인프라를 만드는 것과 애플리케이션 기능을 만드는 것은 밀접한 연관이 있으며, 종단 간의 간단한 기능을 지원하기 위한 간단한 인프라를 설계하고 만든다. 이를 완료될 때까지 계속 반복한다.

많은 시스템은 플러그인이나 패키지, 확장 등을 사용해 확장할 수 있는 뼈대가 있는 시스템 형태로 만든다. 예를 들어 R 언어와 비주얼 스튜디오 코드^{Visual Studio Code}, 대부분의 웹 브라우저가 이에 해당한다. 확장은 추가했을 때 추가적인 기능을 기존의 뼈대에 존재하는 기능 위에 더한다. 이러한 접근법은 시스템이 제품의 생애주기 초반에 실행 가능하도록 보장하기 때문에 개발 프로세스에 도움이 된다. 확장이 추가되거나 소프트웨어를 구성하는 부분의 초기 버전이 좀 더 완성된 버전으로 교체됨에 따라 시스템의 완성도가 증가한다. 어떤 경우에는 소프트웨어를 구성하는 부분이 최종 기능의 완성도가 낮은 버전이거나 프로토타입일 수도 있다. 또 어떤 경우에는 소프트웨어를 구성하는 부분이 실제 거의 아무 일도 수행하지 않으면서 적절한 속도로 데이터를 소비하고 생산하는 역할만 하는 대리자^{surrogate}일 수도 있다. 무엇보다도 이러한 대리자를 사용하면 제품의 생애주기 초기에 잠재적인 성능(혹은 기타) 문제를 식별해낼 수 있다.

이러한 접근법은 앨리스터 코오번^{Alistair Cockburn}과 그가 만든 '걸어 다니는 뼈대^{walking skeleton}'라는 개념을 통해 2000년대 초반에 관심을 끌었다. 최근에는 이러한 접근법이 MVP^{Minimum Viable Product, 최소 기능 제품}를 위험 감소 전략으로 사용하는 사람들에 의해 채택됐다.

점증적 개발의 장점으로는 프로젝트의 잠재적인 위험 감소가 있다. 아키텍처가 관련된 시스템군을 위한 것이라면 아키텍처를 해당 제품군에 재사용해 각 제품의 시스템당 비용을 낮출 수 있다.

2.9 비용 및 일정 추정

비용 및 일정 추정은 프로젝트 관리자에게 중요한 도구다. 비용 및 일정 추정을 통해 프로젝트 관리자는 프로젝트의 진행 상황을 모니터링할 수 있을 뿐 아니라 필요한 리소스를 획득할 수 있다. 아키텍트의 의무 중 하나는 프로젝트 관리자가 프로젝트 생애주기 초기에 비용 및 일정 추정치를 만들 수 있도록 돕는 것이다. 하향식 추정이 목표를 세우고 예산을 분배하는 데는 유용하지만, 시스템을 구성하는 부분들을 밑단부터 위쪽으로 이해해나가는 상향식 방식을 통한 비용 추정이 하향식 시스템 지식에만 근거한 비용 추정보다 일반적으로 더 정확하다.

앞에서 알아봤듯이 프로젝트의 조직적 구조와 작업 분할 구조는 거의 항상 아키텍처에 기반한다. 한 작업 항목을 맡은 각 팀이나 개인은 자신이 맡은 부분에 대해 프로젝트 관리자보다 더 정확한 추정을 할 수 있을 것이고, 이러한 추정치를 실현하는 데 있어 더 큰 주인 의식을 느낄 것이다. 하지만 최적의 비용 및 일정 추정치는 하향식 추정(아키텍트와 프로젝트 관리자의 추정치)과 상향식 추정(개발자의 추정치) 사이의 합의를 통해 대개 얻을 수 있을 것이다. 이 과정 중에 발생하는 논의와 협상 덕분에 상향식 추정 혹은 하향식 추정 하나만을 사용했을 때보다 더 정확한 추정치를 얻을 수 있다.

시스템의 요구 사항을 이전에 리뷰하고 검증했다면 이는 도움이 될 것이다. 프로젝트 범위에 대해 선수 지식이 더 많을수록 비용 및 일정 추정치가 더 정확해질 것이다.

24장에서는 프로젝트 관리에 아키텍처를 사용하는 방법을 자세히 알아볼 것이다.

2.10 이전 가능한 재사용 모델

재사용이 적용되는 시기가 제품의 생애주기 앞쪽이면 앞쪽일수록 재사용으로부터 얻는 이득은 커진다. 코드 재사용을 통해 얻는 이득도 있지만, 아키텍처를 재사용하면 비슷한 요구 사항을 지닌 시스템에 있어 엄청난 활용 기회가 생긴다. 아키텍처 결정을 여러 시스템에 걸쳐 재사용할 수 있다면, 우리가 앞에서 기술한 초기 결정의 모든 결과를 다른 여러 시스템에 전달 가능하다.

제품 라인product line이나 제품군product family은 동일한 공유 자산 집합을 사용해 만들어진 시스템들의 집합이다(여기서 공유 자산은 소프트웨어 컴포넌트, 요구 사항 문서, 테스트 케이스 등을 의미한다). 이러한 자산 중 주요한 자산은 전체 제품군이 필요로 하는 것을 다루도록 설계된 아키텍처다. 제품 라인 아키텍트는 제품 라인의 아직 구체화되지 않은 모든 제품에 적합한 아키텍처(또는 긴밀하게 연관된 아키텍처군family)를 선택한다. 아키텍처는 제품군 내 각 제품이 따라야 할 고정된 사항이 무엇이고 변경 가능한 사항이 무엇인지를 정의한다.

제품 라인은 다중 시스템 개발을 위한 강력한 접근법으로 제품 개발 기간과 비용, 생산성, 제품 품질에 있어 큰 성과를 냈다. 아키텍처의 강력함은 이러한 패러다임의 핵심이다. 다른 자본 투자와 마찬가지로 제품 라인의 아키텍처는 개발 조직의 공유 자산이 됐다.

2.11 독립적으로 개발된 요소들의 통합

초기 소프트웨어 패러다임이 프로그래밍을 주요 활동으로 보고 코드 줄 수를 진척도로 보는 반면, 아키텍처 기반 개발은 개별적으로 개발됐거나 심지어 서로 독립적으로 개발된 요소들을 구성하거나 조립하는 데 대개 초점을 맞춘다. 이러한 구성이 가능한 이유는 아키텍처가 시스템에 포함될 수 있는 요소가 무엇인지 정의하기 때문이다. 어떤 식으로 요소들이 환경과 상호 작용하는지, 어떤 식으로 요소들이 제어를 받고 넘겨주는지, 어떤 데이터를 요소들이 소비하고 생성하는지, 어떤 식으로 데이터에 접근하는지, 어떤 프로토콜을 요소들이 통신과 리소스 공유를 위해 사용하는지에 따라 아키텍처는 어떤 요소들을 교체할 수 있고 어떤 요소들을 추가할 수 있는지에 관해 제약 사항을 만든다. 이에 관한 내용은 15장에서 자세히 알아볼 것이다.

상용 컴포넌트와 오픈소스 소프트웨어, 공개적으로 사용 가능한 앱, 네트워크에 연결된 서비스가 독립적으로 개발된 요소의 예다. 독립적으로 개발된 많은 요소를 여러분의 시스템에 통합하는 작업이 너무 자주 발생하고 복잡하기 때문에 아파치 앤트^{Apache Ant}와 아파치 메이븐^{Apache Maven}, MSBuild, 젠킨스^{Jenkins}와 같은 소프트웨어 툴 산업이 생겨나게 됐다.

소프트웨어에 있어 독립적으로 개발된 요소들의 장점은 다음과 같다.

- 제품 출시(개발) 기간이 줄어든다. 직접 솔루션을 만드는 것보다 누군가가 미리 만들어 놓은 솔루션을 사용하는 것이 쉽다.
- 신뢰성이 높아진다. 폭넓게 사용되는 소프트웨어는 이미 버그를 수정했을 것이다.
- 비용이 낮아진다. 소프트웨어 공급업체는 개발 비용을 해당 소프트웨어를 판매한 여러 고객에게 분배한다.
- 유연성이 높아진다. 여러분이 구매하고자 하는 요소가 완전히 특정한 목적을 지니지 않는 이상, 여러 공급업체 중에서 선택할 수 있을 것이다. 덕분에 여러분의 구매력이 증가한다.

오픈 시스템^{open system}은 소프트웨어 요소의 표준 집합을 정의한 시스템이다. 이러한 표준으로는 어떤 식으로 요소들이 행동해야 하고, 어떤 식으로 요소들이 다른 요소들과 상호 작용해야 하고, 어떤 식으로 요소들이 데이터를 공유해야 하는지 등이 있다. 오픈 시스템의 목적은 많은 다양한 공급업체가 요소들을 생산할 수 있도록 장려하는 것이다. 이를 통해 '벤더 락인^{vendor lock-in}'을 피할 수 있다. 벤더 락인은 하나의 벤더가 어떤 요소를 제공할 수 있는 유일한 업체여서 해당 요소에 높은 가격을 청구하는 상황을 말한다. 오픈 시스템은 시스템의 요소들과 요소들의 상호 작용을 정의하는 아키텍처 덕분에 가능한 것이다.

2.12 설계 선택 사항 제한

유용한 아키텍처 해결책들을 모아놓고 보면, 소프트웨어 요소들을 조합할 수 있는 방법이 거의 무한하지만 선택 가능한 요소와 요소 간 상호 작용의 수를 자발적으로 제한함으로써 얻을 수 있는 것이 있다는 점이 분명해진다. 선택 가능한 수를 제한함으로써 우리가 만들고 자 하는 시스템의 설계 복잡도를 최소화할 수 있다.

소프트웨어 엔지니어는 창의력과 자유도가 엄청난 연예인이 아니다. 대신에 엔지니어링 은 규율(정해진 방식으로 표준을 따르며 작업하는 것)이 중요하며, 이러한 규율은 우리의 선택 대상을 검증된 해결책으로 제한함으로써 일부 얻을 수 있다. 이러한 검증된 설계 해결책으 로는 전술과 패턴이 있으며, 이는 2부에서 폭넓게 알아볼 것이다. 상용 제품들을 재사용하는 것도 설계 선택 대상을 제한하는 또 다른 접근법이다.

설계 선택 대상을 검증된 해결책으로 제한함으로써 얻을 수 있는 이점은 다음과 같다.

- 재사용성이 증가한다.
- 좀 더 일반화되고 좀 더 단순한 설계로 인해 이해와 의사소통이 쉬워져서 좀 더 안정 적으로 예측 가능한 결과가 나온다.
- 분석에 대한 자신감이 올라가고 분석이 쉬워진다.
- 선택 시간이 줄어든다.
- 상호 운용성이 증가한다.

기존에 없던 완전히 새로운 설계는 위험하다. 검증된 설계는 말 그대로 검증된 것이다. 소 프트웨어 설계가 절대 획기적일 수 없다거나 새로운 흥미로운 해결책을 제공할 수 없다는 이야기는 아니다. 획기적일 수도 있고 새로운 흥미로운 해결책을 제공할 수도 있다. 하지만 뭔가 새로운 것을 만들기 위한 목적으로 새로운 해결책을 만들어서는 안 된다. 새로운 해결책은 기존의 해결책이 현재 당면한 문제를 해결하기에 충분치 않을 때 고민해봐야 하는 것이다.

소프트웨어의 속성은 아키텍처 전술과 패턴 선택에 의해 결정된다. 특정 문제에 좀 더 적합한 전술과 패턴은 결과로 나타나는 설계 해결책을 향상시켜야 한다. 즉, 상충되는 설계 제약 사항을 중재하기 더 쉽고, 이해하기 어려운 설계 맥락을 좀 더 쉽게 이해할 수 있으며, 요구 사항 내 모순을 식별할 수 있도록 도와야 한다. 이러한 아키텍처 전술과 패턴은 2부에서 다룰 것이다.

2.13 훈련 기반

요소들이 요구되는 동작을 수행하기 위해 어떤 식으로 서로 상호 작용하는지에 관한 설명을 포함하기 때문에 새로운 프로젝트 구성원 입장에서는 아키텍처가 시스템에 대한 첫 번째 소개 역할을 수행한다. 이는 소프트웨어 아키텍처를 사용하는 주요 이유 중 하나가 다양한 이해관계자 간의 의사소통을 지원하고 장려하기 위함이라는 우리의 주장을 뒷받침한다. 아키텍처는 모든 프로젝트 관계자에 있어 공통의 참조점 역할을 수행한다.

모듈 뷰는 누군가에게 프로젝트의 구조를 보여주기 위한 훌륭한 수단이다. 누가 무엇을 하고 어떤 팀이 시스템의 어떤 부분을 할당받았는지 등을 보여준다. 컴포넌트-커넥터 뷰는 시스템이 어떤 식으로 동작해야 하고 어떤 식으로 작업을 수행하는지 설명하기에 좋은 수단이다. 할당 뷰는 새로운 프로젝트 구성원에게 해당 팀에 할당된 부분이 어느 지점에서 프로젝트의 개발이나 배포 환경에 맞아 들어가는지 나타낸다.

2.14 요약

소프트웨어 아키텍처는 기술적인 측면과 비기술적인 측면 모두에서 광범위하게 중요하다. 소프트웨어 아키텍처로부터 얻을 수 있는 13가지 이점은 다음과 같다.

1. 아키텍처는 시스템의 주요 품질 속성을 억제하거나 가능케 한다.
2. 아키텍처에서 내려진 결정들은 시스템이 진화함에 따라 발생하는 변화를 추론하고 관리할 수 있도록 해준다.
3. 아키텍처 분석을 통해 시스템의 품질을 조기에 예측할 수 있다.

4. 문서화된 아키텍처 덕분에 이해관계자 사이의 의사소통이 향상된다.

5. 아키텍처는 최초의 근간이 되는 가장 변경하기 힘든 설계 결정들을 담고 있다.

6. 아키텍처는 이후의 구현에 대한 제약 사항들을 정의한다.

7. 아키텍처는 조직의 구조를 결정한다. 반대로 조직의 구조가 아키텍처를 결정하기도 한다.

8. 아키텍처는 점증적 개발의 기반을 제공할 수 있다.

9. 아키텍처는 아키텍트와 프로젝트 관리자로 하여금 비용과 일정을 추론할 수 있게 해주는 핵심 산출물이다.

10. 아키텍처는 제품 라인의 핵심이 되는 이전 가능한 재사용 모델 형태로 생성할 수 있다.

11. 아키텍처 기반 개발은 컴포넌트의 생성보다는 컴포넌트의 조립에 초점을 둔다.

12. 설계 선택 사항을 제한함으로써 아키텍처는 설계 및 시스템 복잡도를 감소시켜 개발자들의 창의성을 장려한다.

13. 아키텍처는 신규 팀원의 훈련을 위한 기반이 될 수 있다.

2.15 참고 문헌

그레고르 호페[Gregor Hohpe]의 『The Software Architect Elevator』(O'Reilly, 2020)는 조직 내외부의 모든 단계에 있는 사람들과 상호 작용하고 이해관계자 간의 의사소통을 원활하게 하는 아키텍트의 독특한 능력을 기술한다[Hohpe 20].

아키텍처와 조직에 관한 연구 중 가장 뛰어난 것은 [Conway 68]의 연구다. 콘웨이[Conway]의 법칙에 따르면 '시스템을 설계하는 조직은 해당 조직의 의사소통 구조를 복제한 듯한 설계를 만들도록 제약받는다.'

앨리스터 코오번[Alistair Cockburn]의 걸어다니는 뼈대 개념은 『Agile Software Development』 (Addison-Wesley, 2006)에 기술돼 있다[Cockburn 60].

오픈 시스템 아키텍처 표준의 좋은 예로 AUTOSAR가 있다. 이는 자동차 산업을 위해 개발된 것이다(autosar.org).

소프트웨어 제품 라인을 만들기 위한 종합적인 논의는 [Clements 16]을 참고한다. 특징 기반 제품 라인 엔지니어링은 현대의 자동화 중심 접근법으로, 범위를 소프트웨어에서 시스템 엔지니어링으로 확장하는 제품 라인을 만들기 위한 것이다. 이에 대한 요약은 [INCOSE 19]에서 확인할 수 있다.

2.16 토론 질문

1. 앞에서 '이 책에서 배웠던 내용이 하나도 기억나지 않는다 할지라도 이 점은 반드시 기억하자.'라고 말한 적이 있다. 여기서 이 점은 무엇일까? 앞부분을 찾아보지 말고 정답을 맞히도록 노력해보자.

2. 이번 장에서 설명한 아키텍처가 중요한 이유 13가지 각각에 대해 반대 입장을 취해보자. 아키텍처가 원하는 결과를 얻기에 필요하지 않은 경우를 제시해보자. 여러분의 주장을 정당화해보자(각 13가지 이유에 대해 다른 경우를 제시하도록 노력해보자).

3. 이번 장은 아키텍처가 실체가 있는 많은 이점을 제공한다고 주장하고 있다. 특정 프로젝트에 대해 아키텍처의 13가지 이점을 각각 어떤 식으로 측정할 수 있을까?

4. 여러분의 조직에 아키텍처 중심 실천법을 도입하려 한다고 가정해보자. 경영진은 아키텍처 중심 실천법을 도입하자는 의견에 긍정적이지만 그렇게 함으로써 얻을 수 있는 ROI를 알고자 한다. 여러분은 어떤 식으로 반응할 것인가?

5. 여러분에게 실제 의미가 있는 기준을 갖고 이번 장에서 소개한 13가지 이유의 우선순위를 정해보자. 여러분이 매긴 우선순위의 근거를 대보자. 만약 프로젝트에서 아키텍처를 사용해야 하는 이유로 두세 가지만 선택할 수 있다면, 어떤 이유를 선택할 것이고 그 선택의 근거는 무엇인가?

2부

품질 속성

3장

품질 속성 이해하기

품질은 우연히 이뤄지는 것이 아니다.
품질은 큰 관심과 진정한 노력과 지적인 방향과 능숙한 실행의 결과다.
– 윌리엄 포스터(William A. Foster)

시스템 아키텍처에서 제공돼야 하는 품질을 결정 짓는 많은 요소가 있다. 시스템의 능력과 서비스, 동작을 기본적으로 기술한 것을 기능성^{functionality}이라 하는데, 품질은 기능성을 넘어서는 것이다. 기능성과 품질은 긴밀하게 연관돼 있지만, 대개 기능이 개발 계획에서 앞자리를 차지한다. 하지만 이렇게 기능성을 선호하는 것은 근시안적이다. 시스템을 자주 재설계해야 하는 이유는 시스템이 기능적으로 부족하기 때문이 아니라(대개 재설계한 시스템은 기존 시스템과 기능적으로 동일함), 시스템을 유지하거나 이식하거나 확장하기가 어렵거나, 시스템이 너무 느리거나, 시스템이 해커에 의해 공격을 받았기 때문이다. 2장에서 아키텍처가 소프트웨어를 만드는 데 있어 첫 번째 단계라고 이야기했다. 이러한 아키텍처 단계에서는 품질 요구 사항 달성을 다룰 수 있다. 품질에 대한 아키텍처의 지원을 결정하는 것이 바로 시스템의 기능성을 소프트웨어 구조에 연결 짓는 것이다. 4장부터 14장까지는 아키텍처 설계 결정이 얼마나 다양한 품질을 지원하는지 알아볼 것이다. 20장에서는 품질 속성 결정을 포함한 모든 결정을 하나의 일관성 있는 설계에 통합하는 방법을 알아볼 것이다.

'품질 속성'이라는 용어는 조금은 넓은 의미로 사용돼 왔다. 하지만 품질 속성을 좀 더 명확하게 정의할 때가 됐다. 품질 속성^{QA, Quality Attribute}은 측정 가능하거나 테스트가 용이한 시스템 속성으로, 시스템이 기본 기능을 넘어서서 이해관계자의 요구를 얼마나 잘 만족시키는지 나타내는 데 사용된다.

이번 장에서 다음 내용을 집중적으로 알아볼 것이다.

- 아키텍처에게 바라는 품질 속성을 어떻게 표현할 것인가?
- 아키텍처를 통해 품질 속성을 어떤 식으로 달성할 것인가?
- 품질 속성과 관련된 설계 결정을 어떤 식으로 정할 것인가?

이번 장은 4장부터 14장까지에서 다룰 각각의 품질 속성에 관한 논의를 위한 기반 지식을 제공한다.

3.1 기능성

기능성은 시스템을 만든 목적에 해당하는 작업을 시스템이 얼마나 잘 수행하는지 나타낸다. 모든 요구 사항 중에서 기능성은 아키텍처와 가장 이상한 관계에 있다.

무엇보다도 기능성은 아키텍처를 결정하지 않는다. 즉, 기능성 요구 사항들이 있을 때 아키텍처가 이러한 기능성 요구 사항들을 만족시키는지 여부를 판단할 기준이 모호하다. 기능성을 아무 방식으로 나눈 다음, 하위 기능성들을 다른 아키텍처 요소에 할당하기만 해도 된다.

기능성이 유일하게 중요한 것이라면 시스템을 나누지조차 않아도 된다. 시스템을 내부 구조가 존재하지 않는 하나로 구성된 모놀리식monolithic 덩어리로 만들어도 충분할 것이다. 하지만 우리는 시스템을 이해하기 쉽고 다양한 다른 목적으로 사용할 수 있도록 시스템을 설계할 때 협조 관계에 있는 아키텍처 요소들(모듈, 레이어, 클래스, 서비스, 데이터베이스, 앱, 스레드thread, 피어peer, 티어tier 등)이 구조화돼 존재하는 형태로 설계한다. 여기서 '다른 목적'은 우리가 앞으로 살펴볼 다른 품질 속성을 말한다.

기능성은 특정 구조와 무관하지만, 아키텍처 요소에 책임을 할당함으로써 기능성을 달성할 수 있다. 결국 이러한 과정에 가장 적합한 구조는 가장 기본적인 아키텍처 구조 중 하나인 모듈 분할 구조다.

책임이 아무 모듈에나 임의로 할당될 수도 있지만, 다른 품질 속성이 중요한 경우 아키텍처는 이러한 할당에 제약을 가한다. 예를 들어 대개 시스템은 여러 사람이 협력해 시스템을 만들 수 있도록 분할된다. 이때 아키텍트의 기능성에 대한 관심은 기능성이 다른 품질 속성과 어떤 식으로 상호 작용하고 다른 품질 속성에 어떤 식으로 제약을 가하는지에 있다.

기능적 요구 사항

나는 기능적 요구 사항과 품질 요구 사항의 차이에 관해 30년간 글도 쓰고 논의도 해왔지만, 여전히 기능적 요구 사항에 대한 정의가 헷갈린다. 반면에 품질 속성 요구 사항은 잘 정의돼 있다. 성능은 시스템의 타이밍(timing)[1] 동작과 관련 있고, 변경 용이성은 초기 배포 이후에 동작 변경이나 다른 품질 속성 변경을 시스템이 얼마나 잘 지원하는지와 관련 있으며, 가용성은 실패가 발생했을 때 시스템이 얼마나 잘 견디는지와 관련 있다.

하지만 기능은 훨씬 파악하기 힘든 개념이다. 국제 표준(ISO 25010)은 기능적 적합성을 '소프트웨어가 명시된 조건하에 운영될 때 명시적 요구와 암시적 요구를 만족시키는 기능을 제공하는 소프트웨어의 능력'이라고 정의한다. 즉, 기능성은 기능을 제공하는 능력이다. 이러한 정의를 기능성은 시스템이 무엇을 수행하는지 기술하고 품질은 시스템이 기능을 얼마나 잘 수행하는지 기술한다는 것으로 해석하기도 한다. 즉, 품질은 시스템의 속성이고, 기능은 시스템의 목적이다.

하지만 이러한 구분은 일부 기능 속성에 있어 맞지 않는 경우가 있다. 어떤 소프트웨어의 기능이 엔진의 동작을 제어하는 것이라면, 이 기능은 품질 속성 요구 사항인 타이밍 동작을 고려하지 않고는 올바르게 구현될 수 없을 것이다. 사용자 ID와 비밀번호를 요구함으로써 접근을 제어하는 능력은 기능이지만 시스템의 목적은 아니다.

나는 어떤 시스템이 수행해야 하는 계산을 '책임(responsibility)'이라는 용어로 표현하는 것을 선호한다. '이러한 책임에 대한 타이밍 제약 사항은 무엇일까?', '이러한 책임과 관련해 어떤 변경 용이성이 기대되는가?', '어떤 등급의 사용자가 이러한 책임을 실행할 권한이 있는가?'와 같은 질문은 타당하고 조치 가능하다.

품질 달성을 위해서는 책임이 필요하다. 앞에서 언급한 사용자 ID와 비밀번호의 예를 생각해보자. 더 나아가 책임을 특정 요구 사항 집합과 연관된 것으로 볼 수 있다.

그렇다면 지금까지 설명한 내용이 '기능적 요구 사항'이라는 용어를 쓰면 안 된다고 이야기하는 것일까? 사람들은 기능적 요구 사항이라는 용어를 이해하고 있지만, 세밀하게 들어가야 할 때는 기능적 요구 사항 대신 구체적인 책임에 관해 이야기해야 한다.

폴 클레멘츠(Paul Clements)는 '비기능적(nonfunctional)'이라는 용어를 부주의하게 사용하는 것에 대해 오랫동안 반대해왔다. 이제 나는 '기능적'이라는 용어를 부주의하게 사용하는 것에 대해 반대하고자 한다. 아마도 폴 클레멘츠가 '비기능적'이라는 용어를 부주의하게 사용하는 것을 막지

---

1 시스템이 원활히 동작할 수 있도록 속도를 맞추는 것을 의미한다. – 옮긴이

못했듯이, 나 역시 '기능적'이라는 용어를 부주의하게 사용하는 것을 막지는 못할 것으로 예상
된다.

– LB

3.2 품질 속성 고려 사항

시스템의 기능이 품질 속성에 대한 충분한 고려 없이는 소용없듯이 품질 속성 역시 시스템
의 기능과 관련 있다. 기능적 요구 사항이 '사용자가 초록색 버튼을 누르면 옵션 대화 상자
가 표시된다.'라면 성능 품질 속성 주석에는 대화 상자가 얼마나 빨리 사라져야 하는지 기술
돼 있을 수 있다. 가용성 품질 속성 주석에는 해당 기능이 얼마나 자주 실패해도 되고 얼마
나 빨리 고쳐져야 하는지 기술돼 있을 수 있다. 사용성 품질 속성 주석에는 해당 기능을 배
우는 게 얼마나 쉬운지 기술돼 있을 수 있다.

소프트웨어 커뮤니티는 적어도 1970년대 이후로 품질 속성을 별도의 주제로 연구해왔다.
다양한 분류 체계와 정의가 공개됐고(14장 참고), 이러한 분류 체계와 정의 중 상당수는 연구
및 실천 커뮤니티가 형성돼 있다. 하지만 시스템 품질 속성 논의의 대부분에는 세 가지 문제
가 존재한다.

1. 어떤 속성을 위해 제공된 정의는 맞다 틀리다 이야기할 수 없다(테스트가 용이하지 않
   다). 시스템이 '변경 용이하다'고 말하는 것은 무의미하다. 모든 시스템은 어떤 종류의
   변경에 대해서는 변경 용이할 것이고 어떤 종류의 변경에 대해서는 변경 용이하지 않
   을 것이다. 다른 품질 속성 역시 이러한 면에서는 마찬가지다. 어떤 시스템은 일부 오
   류에 대해서는 견고할 것이고 일부 오류에 대해서는 취약할 것이다.

2. 대개 논의는 특정 문제가 어떤 품질에 속하는지에 집중한다. 시스템에 대한 서비스 거
   부 공격은 가용성 측면으로 봐야 할까, 성능 측면으로 봐야 할까, 보안 측면으로 봐야
   할까, 사용성 측면으로 봐야 할까? 네 가지 속성(가용성, 성능, 보안, 사용성)과 관련된 커
   뮤니티들은 전부 자신들이 서비스 거부 공격에 대한 소유권이 있다고 주장할 것이다.
   어느 정도까지는 모두 맞는 말이다. 하지만 이러한 분류에 대한 논쟁은 아키텍트로서
   우려가 되는 품질 속성을 실제 관리하기 위한 아키텍처 해결책을 이해하고 만드는 데

도움이 되지 않는다.

3. 각 속성 커뮤니티는 자신만의 어휘를 발달시켜왔다. 성능 커뮤니티는 시스템에 도달하는 '이벤트'가 있고, 보안 커뮤니티는 시스템에 도달하는 '공격'이 있고, 가용성 커뮤니티는 시스템에 도달하는 '오류'가 있고, 사용성 커뮤니티는 시스템에 도달하는 '사용자 입력'이 있다. 이들 모두는 실제 동일한 존재를 가리키는 것일 수도 있다. 하지만 각 커뮤니티마다 다른 용어를 사용한다.

위의 첫 번째와 두 번째 문제에 대한 해결책은 품질 속성 시나리오$^{quality attribute scenario}$를 품질 속성의 특징을 묘사하기 위한 수단으로 사용하는 것이다(3.3절 참고). 세 번째 문제에 대한 해결책은 해당 속성 커뮤니티에 근간이 되는 개념을 공통의 형태로 나타내는 것이다(4~14장 참고).

두 가지 품질 속성 분류에 초점을 맞출 것이다. 첫 번째 분류에는 가용성, 성능, 사용성과 같이 런타임 시의 시스템과 관련된 품질 속성이 있다. 두 번째 분류에는 변경 용이성, 테스트 용이성, 배포 용이성과 같은 시스템의 개발과 관련된 품질 속성이 있다.

품질 속성은 단독으로 절대 달성할 수 없다. 어떤 품질 속성의 달성은 긍정적이든 부정적이든 다른 품질 속성을 달성하는 데 영향을 미친다. 예를 들어 거의 대부분의 품질 속성은 성능에 부정적인 영향을 미친다. 이식성의 경우, 이식 가능한 소프트웨어를 달성하기 위한 주요한 기법은 시스템 의존성을 없애는 것이다. 하지만 이는 시스템 실행 시 프로세스나 프로시저 경계에서 큰 오버헤드를 일으킬 것이고, 결국 성능 저하로 이어진다. 품질 속성 요구 사항을 만족시킬 수 있는 설계를 결정하는 것은 적절한 절충점을 찾는 것과 관련 있다. 설계에 관해서는 21장에서 알아볼 것이다.

지금부터 등장할 세 개의 절을 통해 품질 속성을 어떻게 구체화할 수 있고, 어떤 아키텍처 결정이 특정 품질 속성 달성을 가능케 하며, 품질 속성에 관한 어떤 질문이 아키텍트로 하여금 올바른 설계 결정을 내리도록 하는지에 초점을 맞출 것이다.

3.3 품질 속성 요구 사항 명세: 품질 속성 시나리오

모든 품질 속성 요구 사항을 시나리오로 구체화하기 위해 공통 양식을 사용한다. 공통 양식을 사용함으로써 앞에서 식별했던 어휘 문제를 해결할 수 있다. 공통 양식은 테스트가 용이하고 모호하지 않다. 공통 양식은 분류에 영향을 받지 않기 때문이다. 따라서 공통 양식은 다양한 품질 속성을 다루는 데 있어 규칙성을 제공한다.

품질 속성 시나리오는 여섯 가지 부분으로 구성된다.

- **자극**^{stimulus}: 시스템이나 프로젝트에 도착하는 이벤트를 기술하기 위해 '자극^{stimulus}'이라는 용어를 사용한다. 자극은 성능 커뮤니티 입장에서는 이벤트^{event}이고, 사용성 커뮤니티 입장에서는 사용자 조작^{user operation}이며, 보안 커뮤니티 입장에서는 공격^{attack}이다. 우리는 개발 품질에 대한 원동력을 기술하기 위해 동일한 용어(자극)를 사용한다. 따라서 변경 용이성에 대한 자극은 변경 요청이고, 테스트 용이성에 대한 자극은 단위(유닛^{unit}) 개발 완료를 말한다.
- **자극원**^{stimulus source}: 자극에는 반드시 공급원^{source}이 존재한다. 자극은 어딘가로부터 온 것이다. 일부 엔티티^{entity}(사람, 컴퓨터 시스템 혹은 다른 모든 행위자^{actor})는 자극을 생산할 수 있다. 자극의 공급원은 시스템이 해당 자극을 다루는 방식에 영향을 미칠 수 있다. 신뢰할 수 없는 사용자로부터의 요청은 철저한 조사 단계를 거치겠지만, 신뢰할 수 있는 사용자로부터의 요청은 이보다 덜한 조사 단계를 거칠 것이다.
- **응답**^{response}: 응답은 자극 도착의 결과로서 발생하는 활동이다. 응답은 해당 자극이 도착했을 때 해당 자극을 전송한 엔티티가 기대하는 것이다(아키텍트는 해당 자극을 발생시킨 엔티티가 응답으로 돌아왔을 때 만족할 것이라고 생각하는 것을 응답으로 결정한다). 응답은 시스템(런타임 품질 측면) 혹은 개발자(개발 품질 측면)가 해당 자극에 대한 응답으로 수행해야 할 책임들로 구성된다. 예를 들어 성능 시나리오에서 이벤트가 도착하고(자극 발생), 시스템은 해당 이벤트를 처리하고 응답을 발생시킨다. 변경 용이성 시나리오에서 변경에 대한 요청이 도착하고(자극 발생), 개발자는 수정을 부작용 없이 구현한 다음, 수정한 내용을 테스트하고 배포한다.
- **응답 측정**^{response measure}: 응답이 발생했을 때, 응답은 시나리오가 테스트 가능한 방식으로 측정할 수 있어야 한다. 즉, 측정을 통해 아키텍트가 원하는 바가 달성됐는지 확인할 수 있어야 한다. 성능의 경우 지연율이나 처리량이 이에 해당할 것이고, 변경 용이성의 경우 해당 변경을 구현하고 테스트하고 배포하는 데 들어간 노동력이나 시간이 이에 해당할 수 있다.

시나리오의 이러한 네 가지 특성은 품질 속성 명세서의 핵심이다. 하지만 이외에도 간혹

간과되지만 중요한 두 가지 특성인 환경과 산출물이 있다.

- **환경**environment: 환경은 시나리오가 일어나는 상황circumstance들의 집합이며, 런타임 상태 runtime state라고도 부른다. 시스템이 과부하 상태일 수도 있고 정산 운영 중일 수도 있으며 다른 적절한 상태일 수도 있다. 많은 시스템에 있어 '정상normal' 운영은 많은 모드 중 하나를 나타낼 수 있다. 이러한 종류의 시스템의 경우 환경은 해당 시스템이 어떤 모드로 실행 중이어야 하는지 명시해야 한다. 하지만 환경은 시스템이 전혀 동작 중이지 않은 상태 역시 나타낼 수 있다. 시스템이 개발 중이거나 테스트 중이거나 데이터를 다시 채우는 중이거나 실행 간에 배터리를 충전 중일 수 있다. 환경은 시나리오의 나머지 부분에 대한 정황context을 설정한다. 예를 들어 코드 출시를 위한 코드 프리즈code freeze 이후에 변경 요청이 도착하는 것과 코드 프리즈 이전에 변경 요청이 도착하는 것은 서로 다르게 취급될 것이다. 어떤 컴포넌트가 연속으로 다섯 번 실패한 경우와 처음 실패한 경우도 서로 다르게 취급될 것이다.
- **대상물**artifact: 자극은 어떤 대상물(목표물)에 도착한다. 대개 해당 대상물을 뭉뚱그려 시스템 혹은 프로젝트라고 기술하기도 하지만, 가급적 구체적으로 기술하는 것이 좋다. 대상물은 시스템들의 집합이 될 수도 있고, 하나의 시스템이 될 수도 있으며, 시스템의 일부분이 될 수도 있다. 실패나 변경 요청은 시스템의 일부분에만 영향을 미칠 수 있다. 데이터 저장 실패와 메타데이터 저장 실패는 다르게 취급될 것이다. 사용자 인터페이스 수정 요청은 미들웨어 수정 요청보다 빠르게 응답을 받을 것이다.

요약하자면, 품질 속성 요구 사항을 여섯 부분으로 구성된 시나리오 형태로 담는다. 이러한 여섯 가지 부분 중 하나 이상을 생략하는 것은 흔한 일이지만(품질 속성을 고려하는 초기 단계에는 특히 흔한 일이지만), 아키텍트는 시나리오가 여섯 부분으로 구성된다는 사실을 주지하고 각 부분이 관련이 있는지 파악해야 한다.

구체적인 시나리오를 떠올리고 도출하는 것을 돕기 위해 4장에서 13장에 걸쳐 각 품질 속성의 일반적인 시나리오를 알아본다. 우리는 일반적인general 품질 속성 시나리오(시스템 독립적이고 어떤 시스템이든 관련 있음)와 구체적인 품질 속성 시나리오(고려 중인 특정 시스템에 특화됨)를 구분한다.

이러한 일반화된 품질 속성 기술을 특정 시스템을 위한 요구 사항으로 바꾸기 위해서는 일반 시나리오를 시스템마다 특화시킬 필요가 있다. 지금까지의 경험으로 볼 때, 이해관계자가 아무것도 없는 상태에서 시나리오를 만드는 것보다 일반 시나리오를 자신의 시스템에 맞게 변경하는 것이 훨씬 쉽다.

그림 3.1은 위에서 알아본 품질 속성 시나리오가 어떤 부분으로 구성됐는지 나타낸다. 그림 3.2는 가용성 측면에서 일반 시나리오의 예를 나타낸다.

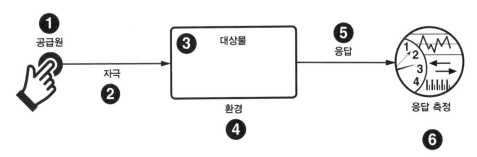

그림 3.1 품질 속성 시나리오의 구성

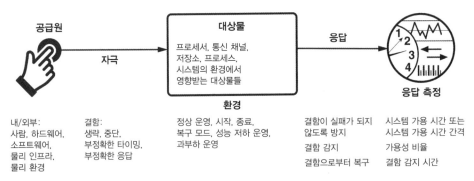

그림 3.2 가용성 일반 시나리오

"내가 알 바 아니에요."

한때 나는 로렌스 리버모어 내쇼널 래버러토리(Lawrence Livermore National Laboratory)에서 만든 복잡한 시스템에 대해 아키텍처 분석을 수행했다. 여러분이 해당 기관의 웹 사이트(llnl.gov)를 방문해 리버모어 랩(Livermore Labs)이 무슨 일을 하는지 찾아보면 '보안'이라는 단어가 계속해서 언급되는 것을 확인할 수 있다. 리버모어 랩은 핵 보안과 국내외 보안, 환경 및 에너지 보안 등에 초점을 맞춘다. 한마디로 굉장히 중대한 일들을 한다.

이러한 점을 고려해 고객들에게 내가 분석 중인 시스템에서 우려되는 품질 속성을 기술해달라고 요청했다. 하지만 고객들이 단 한 번도 보안을 언급하지 않아 꽤 놀랐다. 해당 시스템 이해관계자들은 성능과 변경 용이성, 진화 용이성, 상호 호환성, 설정 용이성, 이식성 등을 언급했지만 '보안'이라는 단어는 단 한 번도 나오지 않았다.

나는 좋은 분석가가 되고 싶었기에 보안이 생략됐다는 점에 의문을 던졌다. 하지만 돌아온 대답은 간단하고 돌이켜보면 매우 솔직했다. "우리는 보안을 신경 쓰지 않습니다. 우리 시스템은 외부 네트워크에 연결돼 있지 않고, 주위에 철조망이 처져 있으며, 기관총을 든 보안 요원들이 곳곳에 배치돼 있습니다."라고 대답했다.

물론 리버모어 랩의 누군가는 보안에 매우 관심이 많았다. 하지만 소프트웨어 아키텍트는 보안에 관심이 없었다. 여기서 얻을 수 있는 교훈은 소프트웨어 아키텍트라고 해서 모든 품질 속성 요구 사항을 책임지지 않는다는 점이다.

– RK

3.4 아키텍처 패턴과 전술을 통한 품질 속성 달성

필요한 품질 속성을 달성하기 위해 아키텍트가 사용할 수 있는 기법을 알아보자.

전술tactic은 어떤 품질 속성 응답을 달성하는 데 영향을 미치는 설계 결정을 말하며, 어떤 자극에 대한 시스템의 반응에 직접적으로 영향을 미친다. 전술은 어떤 설계에 있어서는 이식성을 부여하고, 어떤 설계에는 고성능을, 어떤 설계에는 통합 용이성을 부여한다.

아키텍처 패턴은 특정 설계 상황에서 계속 발생하는 특정 설계 문제를 기술하고, 해당 문제의 검증된 아키텍처 해결책을 기술한다. 해당 시스템을 구성하는 요소들의 역할과 해당 요소들의 책임과 요소들 간의 관계를 기술함으로써 이러한 해결책을 구체화한다. 전술 선택과 마찬가지로 아키텍처 패턴 선택 역시 품질 속성에 큰 영향을 미친다(주로 하나 이상의 품질 속성에 영향을 미친다).

패턴은 주로 여러 설계 선택으로 구성되며, 실질적으로는 여러 품질 속성 전술로 이뤄진다. 패턴이 보통 여러 전술을 하나로 묶기 때문에 결과적으로 품질 속성들 사이에 절충점을 만드는 것이라고들 한다.

앞으로 여러 장에 걸쳐 각 품질 속성을 들여다볼 것인데, 각 장에서 전술과 패턴 사이의 관계에 대한 예를 살펴볼 것이다. 14장에서는 모든 품질 속성에 적용 가능한 전술들의 집합을 구성하는 방법을 설명한다. 사실, 그러한 전술들은 이 책에서 소개하는 각 품질 속성을 위한 전술 집합을 만드는 데 사용한 기반이다.

우리가 패턴과 전술에 대해 논의할 때 패턴과 전술이 근간이 되는 설계 결정인 것처럼 보이지만, 실제로 아키텍처는 수많은 작은 결정과 사업적 요인들의 결과로 만들어지고 진화돼 나간다. 예를 들어 예전에는 그럭저럭 변경이 가능했던 시스템도 개발자들이 기능을 추가하고 버그를 수정한 조치들로 인해 시간이 지남에 따라 변경 용이성이 악화됐을 수 있다. 마찬가지로 시스템의 성능, 가용성, 보안과 기타 다른 품질 역시 당장의 작업에 집중해 아키텍처 무결성을 보존하지 못한 프로그래머들의 악의 없는 조치에 의해 시간이 지남에 따라 악화됐을 수 있다.

이렇게 작지만 반복적으로 해가 발생해 걷잡을 수 없게 되는 것은 소프트웨어 프로젝트에서 흔하다. 개발자들은 시스템 구조에 대한 이해 부족과 일정 압박으로 인해서나 애초에 아키텍처가 명확하지 않아서 차선의 결정을 내렸을 수 있다. 이러한 종류의 악화는 아키텍처 부채라고 알려진 기술 부채의 일종이다. 아키텍처 부채는 23장에서 논의할 것이다. 이러한 아키텍처 부채를 없애기 위해서는 주로 리팩터링을 한다.

리팩터링을 하는 여러 이유가 있다. 예를 들어, 시스템의 보안을 개선하기 위해 모듈의 보안 속성에 따라 모듈을 각기 다른 하위 시스템에 배치해 시스템을 리팩터링할 수도 있다. 또는 시스템의 성능을 개선하기 위해 병목 지점을 제거하고 코드에서 성능이 떨어지는 부분을 재작성해 시스템을 리팩터링할 수도 있다. 또는 시스템의 변경 용이성을 개선하기 위해 리팩터링할 수도 있다. 예를 들어 두 가지 모듈이 계속해서 동일한 종류의 변경에 영향을 받는 경우(두 모듈이 완전히 중복됐거나 부분적으로 중복된 경우) 공통 기능을 별도의 모듈로 뽑아냄으로써 시스템의 응집도^{cohesion}를 개선하고 다음 변경 요청이 도착했을 때 수정해야 하는 부분의 수를 줄일 수 있다.

코드 리팩터링은 애자일 개발 프로젝트의 주요 실천법 중 하나로, 개발 팀이 중복된 코드나 지나치게 복잡한 코드를 만들지 않도록 하기 위해 정리하는 단계다. 하지만 해당 개념은 아키텍처 요소에도 적용할 수 있다.

성공적으로 품질 속성을 달성하기 위해서는 보통 아키텍처 관련 결정뿐만 아니라 프로세스와 관련된 결정도 내려야 한다. 예를 들어 아무리 아키텍처의 보안성이 뛰어나도 근무자가 피싱 공격에 취약하거나 보안성이 약한 비밀번호를 설정하면 소용없다. 이 책에서 프로세스 측면은 다루지 않지만, 프로세스 역시 중요하다는 사실은 숙지해야 한다.

3.5 전술을 활용한 설계

시스템 설계는 결정들의 집합으로 구성된다. 이러한 결정들 중 일부는 품질 속성 응답을 제어하는 데 도움이 되고, 또 다른 일부는 시스템 기능성을 달성하는 데 도움이 된다. 그림 3.3은 이러한 관계를 나타낸다. 패턴과 같이 전술은 아키텍트가 수년간 사용해온 설계 기법이다. 이 책에서는 전술을 별도로 분류하고 목록을 만들고 전술에 대해 기술한다. 이 책에서 새로운 전술을 만들자는 것이 아니라 실전에서 훌륭한 아키텍트들이 사용하는 전술을 소개하고자 한다.

왜 전술에 관심을 가져야 할까? 다음과 같이 세 가지 이유가 있다.

1. 패턴은 많은 아키텍처에 있어 근간이 된다. 하지만 여러분이 지닌 문제를 완전히 해결해주는 패턴이 없는 경우도 있다. 예를 들어 책에서 접할 수 있는 간단한 브로커^{broker} 패턴이 아니라 가용성과 보안성이 뛰어난 브로커 패턴이 필요할 수도 있다. 아키텍트들은 자신의 특정 상황에 맞춰 패턴을 수정하고 조정해야 하는 경우가 빈번하게 발생한다. 그리고 전술은 이러한 격차를 메우기 위해 기존 패턴을 개선하기 위한 체계적인 수단을 제공한다.

2. 아키텍트의 설계 목표를 달성하기 위한 패턴이 존재하지 않는다면 아키텍트는 전술을 사용해 '기본 원칙들^{first principles}'[2]을 기반으로 설계 조각^{fragment}들을 구성할 수 있다. 따라서 전술은 아키텍트가 이렇게 탄생한 설계 조각들에 대한 통찰력을 가질 수 있도록 해준다.

3. 전술은 설계를 어떤 제한 내에서 더 체계적으로 만들기 위한 방법을 제공한다. 이와 관련된 내용은 다음 절에서 자세히 알아볼 것이다.

---

2 제1원칙 사고법(first principle thinking)이라고도 하며, 기존 방식으로 문제를 해결할 수 없을 때 가장 근본적인 명제를 기반으로 새로운 문제 해결 방식을 도출하는 것을 말한다. - 옮긴이

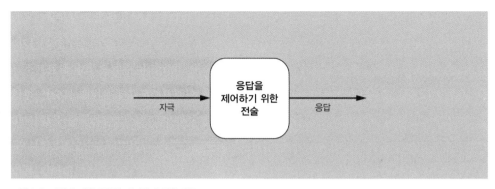

그림 3.3 자극에 대한 응답을 제어하기 위한 전술

설계 개념과 마찬가지로 여기서 소개하는 전술들을 시스템을 설계하기 위해 적용할 때는 시스템에 맞게 개량해야 한다. 성능을 생각해보자. '리소스를 스케줄링하라^{schedule resources}' 전술은 성능을 향상시키기 위한 일반적인 전술이다. 하지만 리소스 스케줄링 전술은 특정 스케줄링 전술에 맞게 개량해야 한다. 예를 들어 최단 작업 우선 스케줄링^{shortest-job-first}, 라운드 로빈^{round-robin} 등이 있다. '중개자를 사용하라^{use an intermediary}' 전술은 변경 용이성 전술이다. 여러 종류의 중개자들(레이어^{layer}, 브로커^{broker}, 프록시^{proxy}, 티어^{tier} 등)이 존재하고 여러 방식으로 구현할 수 있다. 따라서 설계자는 각 전술을 구체화하기 위해 전술을 개량해야 한다.

또한 어떤 전술의 적용은 상황에 따라 달라진다. 다시 한 번 성능을 생각해보자. '샘플링 레이트를 관리하라^{manage sampling rate}' 전술은 일부 실시간 시스템에서는 중요하지만, 모든 실시간 시스템에서 중요한 것은 아니다. 게다가 데이터베이스 시스템이나 주식 거래 시스템과 같이 단 하나의 이벤트라도 놓치면 큰 문제가 생기는 시스템에서는 해당 전술을 사용할 수 없다.

전술들 중에는 근간이 되고 폭넓게 영향을 미치기 때문에 특별히 주목해야 하는 '슈퍼 전술^{super-tactic}'이 있다. 예를 들어 변경 용이성 전술인 캡슐화와 의존성 제한, 중개자 사용, 공통 서비스 추상화는 거의 모든 패턴 구현에 사용된다. 게다가 성능 전술인 스케줄링 전술과 같은 다른 전술들도 쉽게 접할 수 있다. 예를 들어 로드 밸런서^{load balancer}는 스케줄링을 수행하는 중개인이다. 모니터링이 많은 품질 속성에 등장하는 것을 볼 수 있으며, 에너지 효율성과 성능, 가용성, 안전성을 달성하기 위해 시스템의 여러 측면을 모니터링한다. 전술은 설계 기초 요소이므로 설계의 다양한 측면에서 반복적으로 발견된다. 이는 전술이 왜 이렇게 강력하고 주목받을 가치가 있는지를 뒷받침하는 근거다. 전술에 대해 알려고 노력하라. 그러면 전술은 여러분의 친구가 될 것이다.

3.6 품질 속성 설계 결정 분석: 전술 기반 질문지

이번 절에서는 아키텍처를 설계하는 여러 단계에서 잠재적인 품질 속성 동작을 이해하기 위해 분석가가 사용할 수 있는 도구인 전술 기반 질문지를 소개한다.

품질 속성이 얼마나 잘 달성됐는지 분석하는 것은 아키텍처 설계 작업의 중요한 부분이다. 그리고 당연한 이야기지만, 품질 속성 달성 여부에 대한 분석을 설계가 완료될 때까지 미뤄서는 안 된다. 품질 속성 분석 기회는 소프트웨어 개발 생애주기 중 여러 다른 부분에서 등장한다. 심지어 생애주기 매우 초기에 등장하기도 한다.

어떤 시점이든 분석가(아마도 아키텍트)는 분석이 가능한 대상에 맞게 반응해야 한다. 분석의 정확도와 분석 결과에 대한 확신 정도는 분석 가능한 대상의 성숙도에 따라 달라질 것이다. 하지만 설계 상태가 어떻든 간에 전술 기반 질문지가 필요한 품질 속성을 제공하기 위해 필요한 아키텍처의 능력에 대한 통찰력을 얻는 데 도움이 된다는 사실을 알았다.

4장부터 13장에 걸쳐 각 장이 다루는 각 품질 속성에 대한 전술 기반 질문지를 살펴볼 것이다. 질문지의 각 질문에 대해 분석가는 다음 정보를 기록해야 한다.

- 각 전술이 시스템 아키텍처의 지원을 받는지 여부를 기록해야 한다.
- 해당 전술을 사용하거나 사용하지 않는 데 있어 분명한 위험이 존재하는지 여부를 기록해야 한다. 전술을 사용하는 경우 해당 전술이 시스템에서 어떤 식으로 구현될 수 있는지 혹은 해당 전술이 어떤 식으로 구현될 의도를 지녔는지 기록해야 한다(예: 커스텀 코드나 범용 프레임워크, 외부에서 만든 컴포넌트를 통해).
- 해당 전술 실현을 위한 특정한 설계 결정들을 기록하고 해당 구현이 코드 베이스 어디에 위치하는지 기록해야 한다. 이는 감사와 아키텍처 재구성 시 유용하다.
- 해당 전술을 구현할 때 내린 근거나 추정을 기록해야 한다.

이러한 질문지를 사용하기 위해 다음 네 가지 단계를 따라야 한다.

1. 각 전술 질문에 대해 해당 전술이 아키텍처에서 지원되면 '지원' 열에 'Y'라 기록하고 지원되지 않으면 'N'이라 기록한다.

2. '지원' 열의 내용이 'Y'이면 '설계 결정 및 위치' 열은 해당 전술을 지원하기 위해 내린 특정 설계 결정을 기술하고 해당 결정들의 위치를 나열한다(혹은 해당 결정들이 아키텍처의 어디에 위치할 것인지 나열한다). 예를 들어 어떤 코드 모듈과 프레임워크 혹은 패키지가 해당 전술을 구현했는지 나타낸다.

3. '위험' 열은 단계(H = 고위험, M = 중위험, L = 저위험)를 사용해 해당 전술 구현의 위험을 나타낸다.

4. '근거' 열은 설계 결정을 내린 근거를 기술한다(해당 전술을 사용하지 않기로 한 결정도 포함). 또한 해당 결정의 영향도를 간단하게 설명한다. 예를 들어 비용과 일정, 개선 등에 얼마나 노력이 들어가는지를 기준으로 결정의 근거와 영향을 설명한다.

질문지 기반 접근법은 단순해 보일 수 있지만, 실제로는 매우 강력하고 통찰력이 있다. 질문들에 답하다 보면 아키텍트는 한 발짝 물러서서 더 큰 그림을 볼 수 있을 것이다. 또한 이러한 과정은 꽤나 효율적일 수 있다. 하나의 품질 속성에 대한 일반적인 질문지 하나를 완성하는 데 30~90분이 걸린다.

3.7 요약

기능적 요구 사항은 설계 내에 적절한 책임들을 포함시킴으로써 만족시킬 수 있다. 품질 속성 요구 사항은 아키텍처의 구조와 동작에 의해 만족시킬 수 있다.

아키텍처 설계에서 한 가지 어려운 점은 이러한 요구 사항들이 제대로 포착되지 않는다는 점이다. 품질 속성 요구 사항을 포착하고 표현하기 위해서는 품질 속성 시나리오 사용을 권장한다. 각 시나리오는 다음과 같이 여섯 가지 부분으로 구성된다.

1. 자극원

2. 자극

3. 환경

4. 대상물

5. 응답

6. 응답 측정

아키텍처 전술은 품질 속성 응답에 영향을 미치는 설계 결정이다. 하나의 전술은 하나의 품질 속성 반응에 집중한다. 아키텍처 패턴은 특정 설계 상황에서 계속 발생하는 특정 설계 문제를 기술하고 해당 문제에 대한 검증된 해결책을 제시한다. 아키텍처 패턴을 전술들의 묶음으로 볼 수 있다.

분석가는 전술 기반 체크리스트를 사용해 아키텍처에서 내린 결정들을 이해할 수 있다. 경량 아키텍처 분석 기법은 매우 짧은 시간 내에 아키텍처의 강점과 약점에 대한 통찰력을 제공할 수 있다.

3.8 참고 문헌

전술과 패턴이 설계에서 어떤 식으로 사용되는지 나타내는 심화 사례 연구를 [Cervantes 16]에서 확인할 수 있다.

프랭크 부쉬먼Frank Buschmann 등이 저술한 다섯 권으로 구성된 『패턴 지향 소프트웨어 아키텍처』(지앤선, 2008)는 상당한 양의 아키텍처 패턴을 정리해놨다.

여러 다른 아키텍처가 결국 동일한 기능성을 제공할 수 있다는 주장(즉, 아키텍처와 기능성은 대체로 독립된 관계라는 주장)을 [Shaw 95]에서 확인할 수 있다.

3.9 토론 질문

1. 사용 사례와 품질 속성 시나리오 사이에는 어떤 관계가 있는가? 사용 사례에 품질 속성 정보를 추가하고 싶다면 어떻게 추가할 것인가?

2. 하나의 품질 속성을 위한 전술들이 무한하다고 생각하는가, 혹은 유한하다고 생각하는가? 또 그렇게 생각하는 이유는 무엇인가?

3. 현금 자동 인출기ATM가 지원하는 책임들을 나열하고 해당 책임들을 수용하기 위한 설계를 제안해보자. 제안한 내용의 근거를 대보자.

4. 여러분이 친숙한 아키텍처를 선택한 다음(또는 3번 질문에서 여러분이 제안한 ATM 아키텍처를 선택한 다음), 성능 전술 질문지(9장)에 답해보자. 이러한 질문들이 설계 결정을 내리는 데 어떤 통찰력을 제공했는가?

4장

가용성

기술이 항상 완벽 및 신뢰성과 잘 맞는 것은 아니다.
현실에서는 그와 거리가 멀다.
– 장-미쉘 자르(Jean-Michel Jarre)

가용성은 소프트웨어의 한 가지 속성으로, 해당 대상이 존재하고 여러분이 원할 때 작업을 수행할 준비가 돼 있는 것을 말한다. 이는 가용성을 넓은 관점에서 본 것이고, 신뢰성이라 부르는 것을 가용성 내에 포함한다(물론 정기적인 유지 보수 때문에 다운타임^{downtime}이 발생하는 것과 같은 추가적인 고려 사항도 포함할 수 있다). 가용성은 신뢰성 개념 위에 복구 개념을 추가한 것이다. 즉, 시스템이 오류를 발생시켰을 때 시스템이 <u>스스로</u> 수리한다. 수리^{repair}는 다양한 수단으로 달성될 수 있다. 자세한 내용은 이번 장에서 다룰 것이다.

또한 가용성은 시스템이 결함^{fault}을 가리거나 수리해 해당 결함이 고장^{failure}이 되지 않도록 하는 시스템의 능력을 포함한다. 이렇게 함으로써 특정 기간 동안의 누적 서비스 중단 기간이 요구되는 시간을 초과하지 않도록 보장한다. 이러한 정의는 신뢰성, 견고성 개념뿐만 아니라 허용 가능하지 않은 고장 개념을 포함하는 다른 품질 속성들을 포함한다.

고장은 시스템이 설계 명세서를 시스템의 외부에서 보일 정도로 벗어나는 것(어기는 것)을 말한다. 고장이 발생했다고 결정하기 위해서는 해당 환경 내에 외부 관찰자가 있어야 한다.

고장의 원인을 결함이라고 한다. 결함은 해당 시스템의 내부에 존재할 수도 있고 외부에 존재할 수도 있다. 결함 발생과 고장 발생 사이의 중간 상태를 오류^{error}라고 한다. 결함은 미연에 방지할 수도 있고 견딜(허용할) 수도 있고 제거할 수도 있고 예측할 수도 있다. 이러한 능력(결함 방지 견딤, 제거, 예측)을 통해 시스템은 결함에 대해 회복력을 갖는다. 우리가 관심을 갖는 분야로는 시스템 결함 감지 방법과 시스템 결함 발생 빈도, 결함 발생 시 일어나는 일, 시스템 운영 중단 허용 기간, 결함이나 고장 방지 방법, 고장 발생 시 요구되는 통지 종류 등이 있다.

가용성은 보안과 긴밀하게 연관되지만 분명히 구분된다. 서비스 거부 공격은 시스템 고장을 명시적인 목표로 삼는다. 즉, 시스템이 가용하지 않도록 만드는 것이다. 또한 가용성은 성능과도 긴밀한 관계를 지닌다. 시스템이 고장 났을 때와 시스템이 단순히 너무 느리게 응답하고 있을 때를 구분하기가 어렵기 때문이다. 마지막으로 가용성은 안전성과 긴밀하게 연관돼 있다. 안전성은 시스템이 위험한 상태로 들어가지 못하게 하고, 시스템이 위험한 상태로 들어갔을 때 시스템을 복구하거나 시스템의 피해를 제한하는 것과 관련 있다.

높은 가용성을 지니고 결함 허용성이 높은 시스템을 만드는 데 있어 가장 어려운 작업 중 하나는 운영 중에 발생할 수 있는 고장의 속성을 이해하는 것이다. 이러한 고장의 속성을 이해한 다음에는 완화 전략을 시스템 내에 구축할 수 있다.

시스템 고장은 사용자가 관측 가능하기 때문에 복구 시간은 고장이 더 이상 관측 가능하지 않을 때까지 걸리는 시간을 말한다. 복구 시간은 사용자 입장에서 인지하지 못할 정도로 짧은 지연일 수도 있고, 누군가가 저 먼 지역의 광산에 직접 방문해 석탄 채굴 기계를 직접 손봐서 고치는 데까지 걸리는 시간일 수도 있다(실제 채굴 기계 엔진용 소프트웨어를 복구했던 사람이 했던 이야기다). 여기서 '관측 가능함observability'이라는 개념이 중요하다. 고장이 관측 가능할 수 있었다면, 실제 해당 고장이 관측됐는지 여부와 상관없이 이는 고장이다.

또한 고장이 발생했을 때는 시스템의 능력 수준이 얼마나 저하되는지에 관심이 쏠린다. 이를 성능 저하 모드degraded operation mode라고 부른다.

결함과 고장을 구분하는 것은 복구 전략을 세우는 데 도움이 된다. 결함을 포함한 코드가 실행됐음에도 시스템이 관측 가능할 정도로 정상 동작에서 벗어나지 않고 해당 결함을 극복할 수 있다면, 고장이 발생하지 않았다고 말할 수 있다.

시스템 가용성은 시스템이 특정 기간 동안 요구된 기간만큼 지정된 서비스를 제공할 확률 형태로 측정할 수 있다. 가용성을 측정하기 위한 공식으로 다음과 같은 안정 상태 가용성steady-state availability을 도출하는 공식이 유명하다(하드웨어 쪽 가용성을 측정하기 위해 사용됐던 공식이다).

$$MTBF/(MTBF + MTTR)$$

여기서 *MTBF*는 한 고장에서 다음 고장이 발생할 때까지 걸리는 시간의 평균 값이고, *MTTR*은 수리하는 데 걸리는 시간의 평균 값이다. 소프트웨어에서 가용성에 위 공식을 적용할 때 시스템이 고장 나는 원인은 무엇이고, 고장이 일어날 가능성은 얼마나 되며, 고장을 복구하는 데 얼마나 시간이 걸리는지를 고려해야 한다.

위 공식을 통해 확률을 계산한 다음, '이 시스템의 가용성은 99.999퍼센트다.' 혹은 '0.001퍼센트의 확률로 시스템이 필요할 때 동작하지 않을 수 있다.'라고 말할 수 있다. 가용성을 계산할 때 예정된 다운타임(시스템이 의도적으로 서비스 중이 아닌 경우)을 포함해서는 안 된다. 다운타임 중에는 시스템이 '필요하지 않음' 상태이기 때문이다. 물론, 이는 시스템의 특정 요구 사항에 따라 달라질 수 있다. 이러한 요구 사항들은 대개 서비스 수준 협약[SLA, Service Level Agreement]에 포함된다. 이로 인해 시스템이 중단 중이고 사용자들이 시스템이 복구되길 기다리는 겉보기에는 이상한 상황이 연출될 수도 있지만, 다운타임은 예정된 것이므로 가용성 요구 사항에 불리하게 간주돼서는 안 된다.

결함을 감지한 다음, 해당 결함을 보고하고 복구하기 전에 분류할 수 있다. 분류는 보통 결함의 심각도(심각[critical], 높음[major], 보통[minor])와 서비스에 미치는 영향(서비스에 영향을 미침 혹은 서비스에 영향을 미치지 않음)에 기반한다. 이렇게 분류함으로써 시스템 운영자는 적시의 정확한 시스템 상태를 알 수 있고 적절한 복구 전략을 활용할 수 있다. 복구 전략은 자동화될 수도 있고 사람의 개입이 필요할 수도 있다.

앞에서 언급했듯이 시스템이나 서비스에 기대되는 가용성은 SLA로 많이 표현된다. SLA는 보장된 가용성 수준과 SLA를 어겼을 때 서비스나 시스템 공급업체가 겪게 될 불이익을 명시한다. 예를 들어 아마존[Amazon]은 아마존의 EC2 클라우드 서비스에 대해 다음과 같은 SLA를 제공한다.

> AWS의 매월 청구 주기 동안에 모든 AWS 지역에서 Included 서비스(Included Services)가 매월 최소 99.99%의 가용성을 제공할 수 있도록 상업적으로 합리적인 노력을 기울입니다('서비스 약속(Service Commitment)'). Included 서비스가 서비스 약정을 충족하지 않는 경우 귀하는 아래에 설명된 서비스 크레딧(Service Credit)을 받을 수 있습니다.

표 4.1은 시스템 가용성 요구 사항과 허용 가능한 시스템 다운타임에 대한 관련 임계 값의 예를 제공한다. 이는 각각 90일과 1년 동안 측정한 것이다. 고가용성[high availability]은 주로 99.999% 이상의 가용성(9가 다섯 개)을 목표로 하는 설계를 말한다. 앞에서 언급했듯이 예정

되지 않은 중단만 시스템 다운타임에 포함된다.

표 4.1 시스템 가용성 요구 사항

가용성	다운타임/90일	다운타임/1년
99.0%	21시간 36분	3일 15.6시간
99.9%	2시간 10분	8시간 0분 46초
99.99%	12분 58초	52분 34초
99.999%	1분 18초	5분 15초
99.9999%	8초	32초

4.1 가용성 일반 시나리오

가용성 일반 시나리오의 각 부분에 대한 요약을 표 4.2에서 확인할 수 있다.

표 4.2 가용성 일반 시나리오

부분	설명	가능한 값
공급원	결함이 어디로부터 오는지 명시한다.	내부/외부: 사람, 하드웨어, 소프트웨어, 물리 인프라, 물리 환경
자극	가용성 시나리오에 대한 자극은 결함이다.	결함: 생략, 시스템 중단, 잘못된 타이밍, 잘못된 응답
대상물	시스템의 어떤 부분이 해당 결함에 대한 책임이 있고 해당 결함의 영향을 받는지 명시한다.	프로세서, 통신 채널, 저장소, 프로세스, 시스템 환경에서 영향받는 대상물들
환경	시스템이 '정상' 환경에서 어떤 식으로 동작하는지뿐만 아니라 시스템이 결함으로부터 이미 회복했을 때와 같은 상황에서 어떤 식으로 동작하는지에 대해서도 관심이 있을 수 있다.	정상 운영, 시작, 종료, 복구 모드, 성능 저하, 과부하 운영
응답	가장 이상적인 응답은 결함이 고장이 되지 않도록 방지하는 것이다. 하지만 사람들에게 결함을 통지하고 이후에 분석을 위해 결함을 기록하는 것과 같은 다른 응답들도 중요하다. 시나리오의 응답 부분은 이상적인 시스템 응답을 명시한다.	결함이 고장이 되는 것을 방지한다. 결함을 기록한다. • 결함을 기록으로 남긴다. • 적절한 엔티티(사람 혹은 시스템)에게 통지한다. • 결함으로부터 복구된다. • 결함을 일으키는 이벤트의 공급원을 비활성화한다. • 복구가 진행 중인 동안 일시적으로 가용하지 않은 상태가 된다. • 결함 또는 고장을 수정하거나 마스킹(masking) 처리한다. 또는 해당 결함이나 고장이 일으킨 피해를 억제한다. • 복구가 진행 중인 동안에는 성능 저하 모드로 동작한다.

(이어짐)

부분	설명	가능한 값
응답 측정	제공 중인 서비스의 심각도에 따라 많은 수의 가용성 조치를 취할 수 있다.	• 시스템이 반드시 가용해야 하는 시간 혹은 시간 간격 • 가용성 퍼센트(예: 99.999%) • 결함을 감지하는 데 걸리는 시간 • 결함을 복구하는 데 걸리는 시간 • 시스템이 성능 저하 모드로 동작해도 괜찮은 시간 혹은 시간 간격 • 시스템이 고장을 방지하거나 고장 없이 처리하는 비율(예: 99%) 혹은 처리량(초당 최대 100건)

표 4.2의 일반 시나리오에서 도출한 구체적인 가용성 시나리오의 예를 그림 4.1에서 확인할 수 있다. 시나리오는 다음과 같다. 서버 팜server farm의 한 서버가 정상 운영 중에 고장 나며, 해당 시스템은 운영자에게 고장 사실을 알리고 다운타임 없이 계속 운영된다.

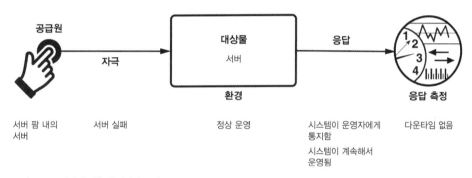

그림 4.1 구체적인 가용성 시나리오 예

4.2 가용성 전술

시스템이 더 이상 해당 시스템 명세에 맞게 서비스를 제공하지 못할 때 고장이 발생하며, 이러한 고장은 시스템의 행위자에 의해 관측 가능하다. 결함(혹은 결함들의 조합)은 고장을 일으킬 가능성이 있다. 따라서 가용성 전술은 시스템이 시스템 결함을 방지하거나 견뎌내도록 설계돼 시스템이 제공하는 서비스가 명세를 준수할 수 있도록 한다. 이번 절에서 논의하는 전술은 결함이 고장이 되지 않도록 방지하거나 적어도 결함의 영향을 제한해 복구가 가능하도록 만드는 것이다(그림 4.2 참고).

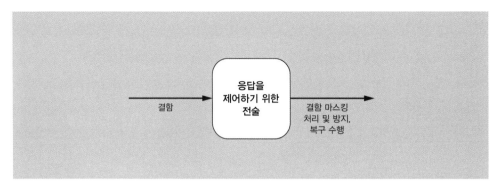

그림 4.2 가용성 전술의 목표

가용성 전술은 세 가지 목표(결함 감지, 결함 복구, 결함 방지) 중 하나를 지닌다. 가용성 전술은 그림 4.3에서 확인할 수 있다. 이러한 전술은 대개 미들웨어 패키지와 같은 소프트웨어 인프라에 의해 제공된다. 따라서 아키텍트는 올바른 가용성 전술과 전술들의 조합을 (구현하는 대신) 선택하고 평가하면 된다.

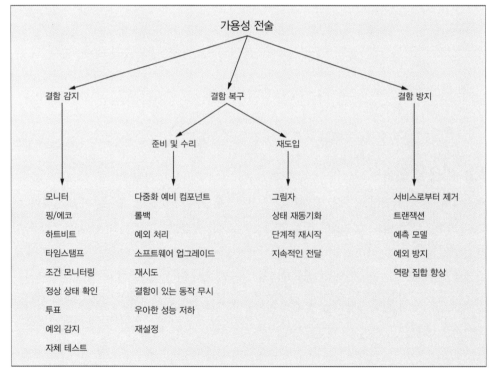

그림 4.3 가용성 전술

결함 감지

시스템이 결함에 관해 조치를 취하기 위해서는 결함의 존재가 먼저 감지되거나 예상돼야 한다. 결함 감지와 관련된 전술은 다음과 같다.

- **모니터**[monitor]: 모니터는 시스템의 다양한 다른 부분(예: 프로세서, 프로세스, 입출력, 메모리)의 상태를 모니터링하는 데 사용된다. 시스템 모니터링은 네트워크나 다른 공유 리소스에서 발생하는 고장이나 정체를 감지할 수 있다(예를 들어 서비스 거부 공격으로 인해 발생하는 고장이나 정체). 모니터는 오동작하는 컴포넌트를 감지하기 위해 결함 감지 카테고리의 다른 전술을 사용하는 소프트웨어를 활용할 수 있다. 예를 들어 시스템 모니터는 자체 테스트[self-test]를 시작하거나 시스템 모니터 자체가 잘못된 타임스탬프[timestamp] 또는 놓친 하트비트를 감지하는 컴포넌트일 수도 있다.[1]

- **핑/에코**[ping/echo]: 핑/에코 전술의 경우 비동기 요청/응답 메시지 쌍이 노드 간에 교환된다. 해당 메시지 쌍을 사용하면 관련 네트워크 경로를 통해 도달 가능한지 여부와 왕복 지연(메시지가 왕복하는 데 얼마나 지연이 발생하는지)을 알 수 있다. 핑은 대개 시스템 모니터에 의해 전송된다. 핑/에코에는 시간 한계값(임계값)이 설정돼야 한다. 이러한 한계값을 통해 핑을 전송하는 컴포넌트가 핑을 보낸 대상 컴포넌트가 핑에 응답하는 데 실패했다(타임아웃)고 간주하기 전에 에코를 얼마나 오래 기다려야 할지 알 수 있다. 표준 핑/에코 구현은 인터넷 프로토콜[IP, Internet Protocol]을 통해 연결된 노드 간에 사용 가능하다.

- **하트비트**[heartbeat]: 하트비트 결함 감지 메커니즘은 시스템 모니터와 모니터링 대상 프로세스 간에 주기적으로 메시지를 교환한다. 하트비트를 활용하는 사례 중 하나로, 모니터링 대상인 프로세스가 주기적으로 감시 타이머[watchdog timer]를 초기화해서 감시 타이머가 만료돼 고장 신호를 보내는 것을 방지한다. 확장성이 중요한 시스템의 경우 전송과 처리 오버헤드를 줄이기 위해 하트비트 메시지를 교환 중인 다른 제어 메시지에 얹을 수도 있다. 하트비트와 핑/에코의 차이점은 건강 상태 확인을 시작할 책임이 누구에게 있는지에 달려 있다. 핑/에코는 모니터에게 책임이 있고 하트비트는 컴포넌트 자

---

1 감지 메커니즘을 주기적으로 초기화되는 카운터나 타이머를 사용해 구현한 경우 이러한 시스템 모니터를 감시자(감시견(watchdog))라고 부른다. 정상적으로 동작되는 동안에는 모니터링 대상인 프로세스가 감시자 카운터/타이머를 주기적으로 초기화한다. 이는 해당 프로세스가 올바르게 동작 중이라는 것을 알리기 위함이다. 이러한 과정을 '감시자(감시견) 어루만지기(petting the watchdog)'라고도 부른다.

체에 책임이 있다.

- **타임스탬프**^{timestamp}: 타임스탬프 전술은 주로 분산 메시지 전달 시스템에서 잘못된 이벤트 순서를 감지하기 위해 사용한다. 이벤트의 타임스탬프를 구성하기 위해 이벤트가 발생한 바로 직후에 이벤트에 로컬 시계의 상태를 할당한다. 이러한 목적으로 순서 번호를 사용할 수 있다. 분산 시스템의 타임스탬프가 프로세서마다 다를 수 있기 때문이다. 분산 시스템에서의 시간을 주제로 17장에서 더 자세한 내용을 알아볼 것이다.

- **조건 모니터링**^{condition monitoring}: 조건 모니터링 전술에는 프로세스나 장치의 상태를 확인하거나 설계 중에 세운 가정을 검증하는 것이 포함된다. 조건을 모니터링함으로써 조건 모니터링 전술은 시스템이 결함이 있는 동작을 하는 것을 방지한다. 체크섬^{checksum} 계산이 조건 모니터링 전술의 대표적인 예다. 하지만 모니터링이 새로운 소프트웨어 오류를 일으키지 않도록 보장하기 위해 조건 모니터링 자체는 단순해야 한다(이상적으로는 모니터링이 옳다는 것을 입증할 수 있어야 한다).

- **정상 상태 확인**^{sanity checking}: 정상 상태 확인 전술은 어떤 컴포넌트의 특정 작업이나 결과가 타당한지 여부를 확인한다. 정상 상태 확인 전술은 주로 내부 설계에 대한 지식과 시스템의 상태, 조사 중인 정보의 성질에 기반한다. 정상 상태 확인 전술은 특정 정보 흐름을 조사하기 위해 인터페이스에서 가장 흔히 사용된다.

- **투표**^{voting}: 공급원이 여럿이더라도 동일한 계산 결과를 내야 하는 경우가 있다. 투표 전술은 이러한 경우에 여러 공급원의 계산 결과를 비교해 동일한 결과인지 확인한다. 결과가 동일하지 않은 경우 어떤 결과를 사용해야 할지 결정한다. 투표 전술은 투표 로직에 크게 의존한다. 투표 로직은 대개 간단하면서도 철저하게 검토되고 테스트된 싱글톤^{singleton} 형태로 구현하기 때문에 오류 가능성이 낮다. 투표 전술은 또한 평가할 공급원을 다수 지녔다는 점에 의존한다. 투표 전술의 전형적인 동작 방식은 다음과 같다.

  - 복제^{replication}는 투표의 가장 간단한 형태다. 복제의 경우 컴포넌트가 서로의 완벽한 복제품이다. 동일한 컴포넌트의 복사본을 여럿 지녔다는 점은 하드웨어의 무작위 실패로부터 보호하는 데 효과적일 수 있다. 하지만 이는 하드웨어 또는 소프트웨어의 설계나 구현 오류로부터는 보호할 수 없다. 복제 전술에는 어떤 형태의 다양성도 존재하지 않기 때문이다.

  - 반면에 기능적 다중화^{functional redundancy}는 설계 다양성을 구현함으로써 하드웨어나

소프트웨어 컴포넌트의 공통 형태 고장common-mode failure 문제(복제품들이 동일한 구현을 공유하기 때문에 동시에 동일한 고장이 발생하는 문제)에 대응하기 위한 것이다. 기능적 다중화 전술은 다중화에 다양성을 추가함으로써 설계 결함의 시스템적인 성질을 다룬다. 기능적으로 다중화된 컴포넌트들의 결과는 입력이 같은 경우 같아야 한다. 여전히 기능적 다중화 전술은 명세 오류에는 취약하다. 게다가 기능적 복제품들은 개발하고 검증하는 데 더 큰 비용이 들 것이다.

- 분석적 다중화analytic redundancy는 컴포넌트들의 비공개 영역에서의 다양성뿐만 아니라 컴포넌트들의 입력과 출력의 다양성도 허용한다. 분석적 다중화 전술은 별도의 요구 사항 명세서를 사용함으로써 명세서 오류를 견딜 수 있도록 돼 있다. 임베디드 시스템에서 때때로 일부 입력 공급원이 가용하지 않을 가능성이 높을 때 분석적 다중화는 유용하다. 예를 들어 항공 프로그램에는 비행기 고도를 계산하기 위한 여러 방법이 있다. 레이더 고도계와 기압계를 사용하면서 기하학적으로는 앞쪽에 있는 지상의 점의 직선거리와 내려다보는 각도를 사용할 수 있다. 분석적 다중화에 사용되는 투표 메커니즘은 다수결이나 단순 평균 계산보다는 더 정교해야 한다. 어떤 센서가 현재 신뢰할 수 있고 어떤 센서가 현재 신뢰할 수 없는지 알아야 할 수 있다. 또한 시간이 지남에 따라 개별적인 값들을 조합하고 평활화smoothing해서 어떤 개별적인 컴포넌트가 할 수 있는 것보다 더 높은 신뢰성을 지닌 값을 생성해야 할 수도 있다.

- 예외 감지exception detection: 전술은 정상적인 실행 흐름을 변경하는 시스템 조건을 감지하는 데 초점을 둔다. 예외 감지를 다음과 같이 세분화할 수 있다.

  - 시스템 예외system exception는 사용된 프로세서 하드웨어 아키텍처에 따라 다양하다. 시스템 예외에는 0으로 나누기divide by zero와 버스bus 및 주소address 결함, 잘못된 프로그램 명령어illegal program instruction 같은 것들이 있다.

  - 매개변수 펜스parameter fence 전술은 객체의 가변 길이 매개변수 바로 뒤에 위치하는 알려진 데이터 패턴(예: 0xDEADBEEF)을 포함한다. 덕분에 해당 객체의 가변 길이 매개변수에 할당된 메모리를 덮어 쓰는 것을 런타임 시에 감지할 수 있다.

  - 매개변수 형 부여parameter typing 전술은 형-길이-값TLV, Type-Length-Value 형식의 메시지 매개변수에 대해 추가와 검색, 반복을 수행하는 함수를 정의하는 기반 클래스를 활

용한다. 파생 클래스는 기반 클래스 함수를 사용해 메시지를 만들고 파싱하는 함수를 제공한다. 매개변수 형 부여 전술을 사용함으로써 메시지를 송신하는 측과 수신하는 측이 내용물의 형식에 동의했음을 보장할 수 있고 형식이 일치하지 않는 경우를 감지할 수 있다.

- 타임아웃timeout 전술은 컴포넌트가 해당 컴포넌트 또는 다른 컴포넌트가 타이밍 제약을 만족시키는 데 실패했음을 감지했을 때 예외를 일으킨다. 예를 들어 다른 컴포넌트로부터 응답을 기다리는 컴포넌트가 대기 시간이 특정 값을 초과했을 때 예외를 일으킬 수 있다.

- **자체 테스트**self-test: 컴포넌트들(혹은 전체 하위 시스템들)이 스스로 올바른 동작을 하는지 테스트하기 위한 프로시저를 실행할 수 있다. 자체 테스트 프로시저는 컴포넌트에 의해 시작될 수도 있고 시스템 모니터에 의해 가끔 호출될 수도 있다. 체크섬과 같이 조건 모니터링condition monitoring에서 쓰였던 기법들이 활용될 수 있다.

결함 복구

결함 복구recover from faults 전술은 준비 및 수리preparation and repair 전술과 재가동reintroduction 전술로 세분화할 수 있다. 재가동 전술은 고장 났다가 복원된 컴포넌트가 정상 운영 상태로 돌아갈 수 있도록 하는 것과 관련 있다.

준비 및 수리 전술은 다음과 같이 계산 재시도나 다중화 도입 전술을 다양하게 조합해 사용한다.

- **다중화 예비 컴포넌트**redundant spare: 다중화 예비 컴포넌트 전술은 주요 컴포넌트가 고장 난 경우 하나 이상의 복제 컴포넌트가 개입해서 작업을 이어받는 형태의 설정을 말한다. 이 전술은 핫 스페어hot spare, 웜 스페어warm spare, 콜드 스페어cold spare 패턴의 핵심이다. 핫 스페어, 웜 스페어, 콜드 스페어의 차이점은 예비 컴포넌트spare가 작업을 이어받을 때 예비 컴포넌트가 얼마나 최신 상태인지에 달려 있다.

- **롤백**rollback: 롤백 덕분에 시스템은 고장을 감지했을 때 문제가 없다고 알려진 이전 상태('롤백 라인rollback line'이라고도 함)로 돌아갈 수 있다. 문제없는 상태에 도달한 이후에는 실행이 계속될 수 있다. 이 전술은 롤백이 일어난 이후에 고장 난 컴포넌트의 준비된 버전이 대기standby 상태로 승격될 수 있도록 주로 트랜잭션transaction 전술 및 다중화 예

비 컴포넌트 전술과 조합해 사용한다. 롤백은 롤백 중인 컴포넌트가 사용할 이전의 문제없는 상태(검사점checkpoint)의 복사본에 의존한다. 검사점은 고정된 위치에 정기적으로 저장되거나, 고정된 위치에 복잡한 연산이 완료된 시점과 같이 처리 과정 중의 중요한 시점에 저장될 수 있다.

- **예외 처리**exception handling: 시스템은 예외를 감지한 다음, 해당 예외를 어떤 방식으로 처리할 것이다. 예외를 처리하기 위한 가장 간단한 방법은 단순히 시스템이 다운되는 것이다. 하지만 가용성과 사용성, 테스트 용이성 관점뿐 아니라 상식적으로 보면 시스템 다운은 끔찍한 생각이며, 이보다 훨씬 생산적인 예외 처리 방법들이 존재한다. 예외 처리를 위해 활용되는 방식은 프로그램 환경에 크게 영향을 받는다. 이러한 방식에는 간단한 함수 반환 코드(에러 코드)부터 결함과 상관관계에 있는 유용한 정보(예: 예외 이름, 예외 발생 출처, 예외 원인) 등이 있다. 소프트웨어는 이후에 이러한 정보를 사용해 결함을 마스킹 처리하거나 복구한다.

- **소프트웨어 업그레이드**software upgrade: 이 전술의 목적은 서비스에 영향을 미치지 않는 방식으로 실행 가능한 코드 이미지를 서비스 중에 업그레이드하는 것이다. 이를 위한 전략은 다음과 같다.

  - **함수 패치**function patch: 이러한 종류의 패치는 절차적 프로그래밍procedural programming에서 사용되는데, 업데이트된 소프트웨어 함수를 대상 메모리의 미리 할당된 세그먼트에 저장하기 위해 점증적인 링커linker/로더loader를 사용한다. 소프트웨어 함수의 새로운 버전은 이전 함수의 진입점과 출구점을 사용할 것이다.

  - **클래스 패치**class patch: 이러한 종류의 패치는 객체지향 코드를 실행하는 대상에 적용 가능하다. 객체지향 코드의 경우 클래스 정의가 멤버 데이터와 멤버 함수를 런타임 시에 추가할 수 있도록 하는 백도어backdoor 메커니즘을 포함한다.

  - **성능 저하 없는 서비스 중 소프트웨어 업그레이드**hitless ISSU(in-service software upgrade): 소프트웨어와 관련 스키마schema를 서비스에 영향을 주지 않는 방식으로 업그레이드하기 위해 다중화 예비 전술을 활용한다.

실전에서 함수 패치와 클래스 패치는 버그를 수정하기 위해 사용되고, 성능 저하 없는 서비스 중 소프트웨어 업그레이드는 새로운 기능을 배포하기 위해 사용된다.

- **재시도**[retry]: 이 전술은 고장을 야기한 결함이 일시적이고 실패한 작업을 재시도하면 성공할 수도 있다고 가정한다. 고장이 예측 가능하고 흔한 네트워크와 서버 팜에서 사용된다. 영구적인 고장을 선언하기 전에 재시도를 몇 번 해야 하는지 한계를 설정해야 한다.
- **결함이 있는 동작 무시**[ignore faulty behavior]: 이 전술은 어떤 메시지가 잘못됐다고 판명할 때 특정 공급원으로부터 전송된 메시지는 무시한다(제외한다). 예를 들어 어떤 센서가 보내는 생명 신호 전송 실패 메시지는 무시하길 원할 수 있다.
- **우아한 성능 저하**[graceful degradation]: 이 전술은 컴포넌트 고장이 존재할 때 덜 중요한 기능을 버리면서 가장 중요한 시스템 기능을 유지한다. 개별적인 컴포넌트 고장이 완전한 시스템 고장 대신 시스템의 기능성을 우아하게 감소시킬 것이다.
- **재설정**[reconfiguration]: 재설정은 최대한 많은 기능성을 유지하면서, 여전히 동작 중인 리소스나 컴포넌트에 책임을 재할당함으로써 고장으로부터 복구를 시도한다(이러한 동작 중인 리소스나 컴포넌트는 잠재적으로 제한 가능성이 있다).

고장 난 컴포넌트가 복구된 이후에 재시동될 때 재가동[reintroduction]이 일어난다. 다음은 재가동 전술들이다.

- **그림자**[shadow]: '그림자 모드'로 운영한다는 것은 이전에 실패한 컴포넌트나 서비스 중 업그레이드된 컴포넌트가 활성화되기 전에(서비스에 배치되기 전에) 해당 컴포넌트들이 정상적으로 동작하는지 미리 정의된 기간만큼(주로 짧은 시간 동안) 확인하는 것을 의미한다. 이 기간 동안 해당 컴포넌트의 동작이 올바른지 모니터링할 수 있고, 해당 컴포넌트는 자신의 상태를 점증적으로 다시 채울 수 있다.
- **상태 재동기화**[state resynchronization]: 이 전술은 다중화 예비 전술과 함께 사용된다. 활성 다중화와 함께 사용될 때 활성 컴포넌트와 대기 컴포넌트가 각각 동일한 입력을 병렬로 받기 때문에 상태 재동기화가 유기적으로 일어난다. 실제로, 동기화를 보장하기 위해 활성 컴포넌트의 상태와 대기 컴포넌트의 상태를 주기적으로 비교한다. 이러한 비교는 주기적인 다중화 확인 계산(체크섬)에 기반할 수 있다. 또는 안전성이 매우 중요한 서비스를 제공하는 시스템의 경우 메시지 다이제스트 계산[message digest calculation](일방향 해시 함수)에 기반한다. 상태 재동기화 전술을 다중화 예비 컴포넌트 전술의 비활성 다중화 버전과 함께 사용하는 경우 상태 재동기화는 체크포인팅[checkpointing]을 통해 활성 컴

포넌트로부터 대기 컴포넌트로 전송된 주기적인 상태 정보에만 기반한다.

- **단계적 재시작**escalating restart: 이 전술은 재시작되는 컴포넌트의 기본 단위를 달리해 서비스 영향 수준을 최소화함으로써 시스템을 결함으로부터 복구할 수 있다. 예를 들어 단계 0부터 3까지 4단계의 재시작을 지원하는 시스템이 있다고 해보자. 가장 낮은 수준의 재시작(단계 0)은 서비스에 가장 적은 영향을 미치고 비활성 다중화(웜 스페어)를 사용한다. 비활성 다중화에서는 결함이 있는 컴포넌트의 모든 지식 스레드가 강제 종료되고 재생성된다. 다음 재시작 수준인 단계 1에서는 모든 보호되지 않은 메모리를 해제하고 다시 초기화한다. 보호된 메모리는 건드리지 않는다. 다음 재시작 단계인 단계 2는 모든 메모리(보호된 메모리와 보호되지 않은 메모리 모두)를 해제하고 다시 초기화해 모든 애플리케이션이 재로딩되고 재초기화되도록 강제한다. 마지막 재시작 단계인 단계 3은 실행 가능한 이미지와 관련 데이터 세그먼트를 완전히 재로딩하고 재초기화한다. 단계적 재시작 전술에 대한 지원은 우아한 성능 저하 개념에 있어 특히 유용하다. 우아한 성능 저하 개념의 경우, 시스템은 매우 중요하거나 안전성이 중요한 애플리케이션을 유지하면서 자신이 제공하는 서비스의 성능을 저하시킬 수 있기 때문이다.

- **지속적인 전달**nonstop forwarding: 지속적인 전달 개념은 라우터 설계로부터 나왔고, 기능을 두 가지로 분류한다. 하나는 감독 혹은 제어 평면supervisory or control plane(연결과 라우팅 정보를 관리)이고, 다른 하나는 데이터 평면data plane(패킷을 송신자로부터 수신자로 라우팅하는 실질적인 일을 수행)이다. 만약 라우터에서 현재 제어 기능이 고장 나는 경우 라우터는 라우팅 프로토콜 정보가 복구되고 검증되는 동안 알려진 경로를 따라 이웃하는 라우터를 통해 패킷을 계속해서 포워딩한다. 제어 평면이 재시작될 때 데이터 평면이 계속 동작 중임에도 불구하고 라우터는 '우아한 재시작graceful restart'을 구현해 자신의 라우팅 프로토콜 데이터베이스를 점증적으로 다시 만들어간다.

결함 방지

결함을 감지하고 해당 결함으로부터 회복하려 노력하는 대신, 시스템이 애초에 결함이 발생하는 것을 막을 수 있다면 어떨까? 마치 예지력이 있어야 할 것처럼 들리지만, 많은 경우에 애초에 결함을 방지할 수 있다는 것이 입증됐다.[2]

---

2 이러한 전술은 결함이 발생하는 것을 방지하기 위해 런타임 수단을 다룬다. 물론, 결함을 방지하기 위한 좋은 방법으로 고품질의 코드를 생성하는 것이 있다(여러분의 시스템이 상호 작용하는 시스템의 결함을 방지하지 못할지라도, 최소한 여러분이 직접 만들고 있는 시스템의 결함만큼은 방지할 수 있다).

- **서비스로부터 제거**removal from service: 이 전술은 잠재적인 시스템 고장의 영향을 줄이기 위한 목적으로 일시적으로 시스템 컴포넌트를 서비스 중단 상태로 만든다. 예를 들어 결함 누적이 서비스에 영향을 미치는 수준에 도달해 시스템 고장을 야기하기 전에, 잠재 결함(예: 메모리 누수, 메모리 파편화, 보호되지 않은 캐시의 소프트 오류soft error)을 미연에 방지하기 위해 시스템의 컴포넌트를 중단한 후 리셋시킬 수도 있다. 이 전술을 소프트웨어 재활software rejuvenation 또는 치료 목적의 재부팅therapeutic reboot이라고도 부른다. 여러분이 컴퓨터를 매일 밤마다 재부팅한다면 여러분은 서비스로부터 제거 전술을 실천 중인 것이다.

- **트랜잭션**transaction: 고가용성 서비스를 목표로 하는 시스템은 분산 컴포넌트 간에 교환된 비동기 메시지의 원자성atomicity, 일관성consistency, 독립성isolation, 지속성durability을 보장하기 위해 트랜잭션 시맨틱스transaction semantics를 활용한다. 원자성, 일관성, 독립성, 지속성, 이 네 가지 속성을 모아서 'ACID 속성'이라고 부른다. 트랜잭션 전술의 가장 일반적인 구현으로 '2단계 커밋two-phase commit'(2PC) 프로토콜이 있다. 이 전술은 두 개의 프로세스가 동일한 데이터 항목을 동시에 업데이트하려고 할 때 발생하는 경쟁 조건을 방지한다.

- **예측 모델**predictive model: 모니터와 조합해 예측 모델은 시스템이 정상 작동 매개변수 내에서 운영 중임을 보장하고 시스템이 임계치에 가까워졌을 때 수정 조치를 취하기 위해 시스템 프로세스의 건강 상태를 모니터링한다. 모니터링 중인 운영 성능 지표를 사용해 결함 시작을 예측할 수 있다. 이러한 예로 세션 수립률(HTTP 서버의 경우)과 임계값 교차(일부 제약이 있는 공유 리소스에 대해 최고 수위와 최저 수위를 모니터링), 프로세스 상태 통계(예: 서비스 중, 서비스 중지, 유지 보수 중, 유휴 상태idle), 메시지 대기열 길이 통계 등이 있다.

- **예외 방지**exception prevention: 이 전술은 시스템 예외가 발생하는 것을 방지하기 위한 목적으로 사용한다. 예외 클래스를 사용하면 시스템이 시스템 예외로부터 명확하게 복구될 수 있는데, 예외 클래스 사용은 앞에서 알아본 적이 있다. 예외 방지의 다른 예로 허상 포인터dangling pointer나 세마포어 접근 위반과 같은 오류를 방지하기 위한 오류 수정 코드(이동통신에서 사용)와 스마트 포인터smart pointer 같은 추상 데이터 타입, 래퍼wrapper 사용 등이 있다. 스마트 포인터는 예외 방지를 위해 포인터에 대해 경계 확인을 수행하고, 해당 포인터를 참조하는 데이터가 없는 경우 리소스를 자동 해제해 리소스 누수를

방지한다.

- **역량 집합 향상**increase competence set: 어떤 프로그램의 역량 집합competence set은 해당 프로그램이 문제없이 잘 운영될 수 있는 상태들의 집합을 말한다. 예를 들어 분모가 0인 경우는 대부분의 나눗셈 프로그램의 역량 집합을 벗어난다. 컴포넌트가 예외를 일으켰다는 것은 해당 컴포넌트가 자신이 자신의 역량 집합 밖에 있음을 발견했다고 신호를 보내고 있는 것이다. 본질적으로 해당 컴포넌트는 무엇을 해야 할지 몰라서 수건을 던지며 항복 선언을 하는 것이다. 컴포넌트의 역량 집합을 증가시킨다는 것은 더 많은 경우(더 많은 결함)를 해당 컴포넌트의 정상 운영의 일환으로 다룰 수 있도록 해당 컴포넌트를 설계한다는 의미다. 예를 들어 자신이 공유 리소스를 접근할 수 있다고 가정하는 컴포넌트는 접근이 막힌 경우 예외를 던질 수도 있다. 어떤 컴포넌트는 이렇게 접근이 막힌 경우에 그냥 접근할 수 있을 때까지 기다리거나 다음 번에 자신이 접근할 수 있을 때 요청받은 작업을 자동으로(스스로) 완료하겠다고 알림을 띄운 다음 즉시 반환될 수도 있다. 이때 접근이 막힌 경우 예외를 던지는 첫 번째 컴포넌트보다 두 번째 컴포넌트가 더 큰 역량 집합을 지닌 것이다.

4.3 가용성 전술 기반 질문지

4.2절에서 기술한 전술들에 기반해 표 4.3과 같은 가용성 전술 기반의 질문 집합을 만들 수 있다. 가용성을 지원하기 위해 내린 아키텍처 선택들에 관한 전반적인 개요를 이해하기 위해 분석가는 각 질문을 물어본 다음, 대답을 표에 기록한다. 그리고 나서 해당 질문들에 대한 답변을 기반으로 향후에 어떤 활동에 집중해야 할지 결정할 수 있다. 문서를 조사하거나 코드 또는 기타 산출물을 분석하거나 코드를 리버스 엔지니어링하는 등의 활동을 할 수 있다.

표 4.3 가용성 전술 기반 질문지

전술 그룹	전술 질문	지원? (Y/N)	위험	설계 결정 및 위치	근거와 가정
결함 감지	시스템이 **핑/에코**를 사용해 컴포넌트 실패나 연결 실패 혹은 네트워크 혼잡을 감지하는가?				
	시스템이 시스템의 다른 부분의 건강 상태를 **모니터링**하기 위해 컴포넌트를 사용하는가?				
	시스템이 **하트비트**(시스템 모니터와 프로세스 간에 주기적으로 주고받는 메시지)를 사용해 컴포넌트 고장이나 연결 실패 혹은 네트워크 혼잡을 감지하는가?				
	시스템이 분산 시스템에서의 잘못된 이벤트 순서를 감지하기 위해 **타임스탬프**를 사용하는가?				
	시스템이 **투표**를 사용해 복제된 컴포넌트가 동일한 결과를 내는지 확인하는가?				
	복제된 컴포넌트는 동일한 복제물이거나 기능적으로 중복이거나 분석적으로 중복일 수 있다.				
	시스템이 **예외 감지**를 사용해 정상적인 실행 흐름을 변경하는 시스템 문제(예: 시스템 예외, 매개변수 펜스(parameter fence), 매개변수 형 부여(parameter typing), 타임아웃)를 감지하는가?				
	시스템이 **자체 테스트**를 사용해 올바르게 운영 중인지 자신을 테스트할 수 있는가?				
결함 복구 (준비 및 수리)	시스템이 **다중화 예비 컴포넌트**를 사용하는가?				
	컴포넌트의 역할(활성 vs. 예비)이 고정인가 혹은 컴포넌트의 역할이 결함이 있는 가운데 변경되는가? 스위치오버(switchover) 메커니즘이 무엇인가? 예비 컴포넌트가 업무를 맡을 때까지 얼마나 오래 걸리는가?				
	시스템이 **예외 처리**를 사용해 결함을 처리하는가?				
	일반적으로 예외 처리는 보고와 수정 또는 결함 마스킹 처리 중 하나를 포함한다.				
	시스템이 결함이 발생했을 때 이전에 문제가 없을 때 저장된 상태(롤백 라인)로 돌아가기 위해 **롤백**을 사용하는가?				
	시스템이 서비스에 영향을 주지 않는 방식으로 실행 가능한 코드 이미지에 **서비스 중 업그레이드**를 수행하는가?				
	시스템이 컴포넌트 고장이나 연결 실패가 일시적일 수 있는 경우에 체계적으로 **재시도**하는가?				
	시스템이 결함이 있는 동작을 무시할 수 있는가? 예를 들어 메시지가 말이 안 된다고 판단했을 때 해당 메시지를 무시할 수 있는가?				
	리소스가 위태로운 상태일 때 시스템에 성능 저하 정책이 있는가? 컴포넌트 고장이 존재하는 가운데 가장 중요한 시스템 기능을 유지하면서 덜 중요한 기능은 중단시킨다.				
	시스템이 고장 이후의 **재설정**에 관한 일관성 있는 정책과 메커니즘을 지녔는가? 최대한 기능을 유지하면서 아직 동작 중인 남은 리소스에 책임을 재할당한다.				

(이어짐)

전술 그룹	전술 질문	지원? (Y/N)	위험	설계 결정 및 위치	근거와 가정
결함 복구 (재가동)	시스템이 컴포넌트를 활성화 역할로 되돌리기 전에 미리 정의된 기간만큼 '**그림자 모드**'로 운영할 수 있는가?				
	시스템이 활성 다중화 혹은 비활성 다중화를 사용하는 경우 시스템이 **상태 재동기화**를 사용해 정보를 활성 컴포넌트로부터 대기 컴포넌트로 전송하는가?				
	시스템이 **단계적 재시작**을 사용해 재시작되는 컴포넌트의 기본 단위를 달리해 서비스 영향 수준을 최소화함으로써 결함으로부터 복구할 수 있는가?				
	시스템의 메시지 처리 부분과 라우팅 부분이 기능을 감독 평면과 데이터 평면으로 나누는 **지속적인 전달**을 사용할 수 있는가?				
결함 방지	시스템이 잠재적인 시스템 고장의 영향을 줄이기 위한 목적으로 일시적으로 시스템 컴포넌트를 서비스 중단 상태로 만들면서, **서비스로부터 컴포넌트를 제거**하는가?				
	시스템이 **트랜잭션**을 사용하는가? 상태 업데이트를 묶어서 분산 컴포넌트 간에 교환되는 비동기 메시지의 원자성, 일관성, 독립성, 지속성을 보장하는가?				
	시스템이 **예측 모델**을 사용해 컴포넌트의 건강 상태를 모니터링하는가? 이는 정상적인 매개변수 내에서 운영 중임을 보장하기 위함이다.				
	향후에 오류의 가능성이 예측되는 조건이 감지됐을 때 예측 모델은 수정 조치를 가동시킨다.				

4.4 가용성 패턴

이번 절에서는 가용성에 대한 가장 중요한 아키텍처 패턴 몇 가지를 살펴볼 것이다.

우선 알아볼 세 가지 패턴은 모두 다중화 예비 컴포넌트 전술과 관련되기 때문에 하나의 그룹으로 기술할 것이다. 세 가지 패턴의 차이는 백업 컴포넌트의 상태가 활성 컴포넌트의 상태와 일치하는 정도다(컴포넌트가 상태 없음일 때 두 가지 패턴이 동일해지는 특수한 경우가 발생한다).

- **활성 다중화**(핫 스페어): 상태가 있는 컴포넌트의 경우 활성 다중화는 보호 그룹[3]의 모든 노드가 동일한 입력을 병렬로 받아서 처리하는 설정을 말한다. 덕분에 다중화 예비 컴포넌트들은 활성 노드와 동기화 상태를 유지할 수 있다. 다중화 예비 컴포넌트가 활성 프로세서와 동일한 상태를 지니기 때문에 실패한 컴포넌트로부터 수 밀리초 안에 작

---

3 보호 그룹은 하나 이상의 노드가 '활성' 상태이고 나머지 노드들은 다중화 예비 노드 역할을 하는 처리 노드들의 집합을 말한다.

업을 넘겨받을 수 있다. 하나의 활성 노드와 하나의 다중화 예비 노드가 있는 간단한 사례를 일반적으로 1+1 다중화^{one-plus-one redundancy}라고 부른다. 또한 설비 보호를 위해 활성 다중화를 사용할 수 있다. 이때 네트워크 연결의 가용성을 높게 보장하기 위해 활성 네트워크 링크와 대기 네트워크 링크가 사용된다.

- **비활성 다중화**(웜 스페어): 상태가 있는 컴포넌트의 경우 보호 그룹의 활성 멤버들만이 입력 트래픽을 처리하는 설정을 말한다. 활성 멤버들은 다중화 예비 멤버들에게 주기적으로 상태 업데이트를 제공한다. 다중화 예비 멤버들에 의해 유지되는 상태는 보호 그룹의 활성 노드의 상태와 느슨하게 결합돼 있기 때문에 이러한 중복 노드를 웜 스페어라고 부른다. 비활성 다중화는 가용성은 더 높지만 계산량이 더 많은(비용이 높은) 활성 다중화 패턴과 가용성은 더 낮지만 훨씬 덜 복잡한(훨씬 비용이 낮은) 콜드 스페어 패턴 사이에서 균형을 맞추기 위한 해결책을 제공한다.

- **스페어**(콜드 스페어): 콜드 스페어는 다중 스페어가 페일오버^{failover}가 발생하기 전에는 서비스 중단 상태인 설정을 말한다. 페일오버가 발생하면 다중 스페어가 서비스 상태가 되기 전에 파워 온 리셋^{power-on-reset4} 프로시저가 다중 스페어에 대해 실행된다. 콜드 스페어는 복구 성능이 떨어져서 수리하는 데 걸리는 평균 시간이 길기 때문에 고가용성 요구 사항을 지닌 시스템에는 적합하지 않다.

장점:

- 다중화 예비 컴포넌트의 장점은 시스템에 고장이 발생하더라도 약간의 지연만 된 후에 시스템이 계속해서 정상적으로 동작한다는 것이다. 대안으로 고장 난 컴포넌트가 수리될 때까지 시스템이 정상적으로 동작하지 않거나 동작 자체를 멈추는 경우가 있다. 이러한 수리는 수 시간 또는 수일이 걸릴 수 있다.

절충점:

- 이러한 패턴의 단점은 스페어(예비 컴포넌트)를 제공하는 데 추가적인 비용이 들고 복잡도가 높아진다는 것이다.

- 위에서 살펴본 세 가지 패턴(활성 다중화, 비활성 다중화, 스페어)은 고장 복구 시간이 중요한지 혹은 스페어를 최신 상태로 유지하는 데 드는 런타임 비용이 중요한지에 관한 것이다. 예를 들어 핫 스페어가 가장 비용이 높지만 복구 시간은 가장 빠르다.

---

4 파워 온 리셋은 장치가 알려진 상태에서 운영하기 시작하도록 보장한다.

가용성 관련 다른 패턴으로 다음과 같은 패턴이 있다.

- **3중 모듈 다중화**^{TMR, Triple Modular Redundancy}: 투표 전술을 구현한 것으로 널리 사용된다. TMR은 동일한 것을 수행하는 세 개의 모듈을 사용한다. 각 컴포넌트는 동일한 입력을 수신하고 계산 결과를 투표 로직에 전달한다. 이때 투표 로직은 세 개의 결과 상태가 일치하는지 여부를 감지한다. 결과 상태가 일치하지 않는 경우 투표 로직은 결함을 보고한다. 이때 어떤 결과 값을 사용할지 결정해야 하고 TMR 패턴을 어떤 식으로 구현했는지에 따라 결정 방식(규칙)이 달라진다. 일반적으로는 다수결을 사용하거나 다른 결과 값들의 평균 값을 계산해 해당 평균 값을 사용한다.

  물론, TMR 패턴의 다른 버전으로 다섯 개 혹은 19개 혹은 53개의 다중화 컴포넌트를 사용하는 경우도 있다. 하지만 대부분의 경우 세 개의 다중화 컴포넌트만 있어도 신뢰성 있는 결과를 보장하기에 충분한다.

  장점:

  - TMR은 이해하기도 쉽고 구현하기도 쉽다. 상이한 결과를 야기하는 것이 무엇인지에 무관하며, 시스템이 계속해서 동작할 수 있도록 이치에 맞는 선택을 내리는 데만 관심이 있다.

  절충점:

  - 복제 수준을 높이는 것(비용이 증가)과 이로 인한 결과로 얻는 가용성 사이에 절충점을 찾아야 한다. TMR을 활용하는 시스템의 경우 두 개 이상의 컴포넌트가 고장 날 통계적 가능성은 극히 낮다. 따라서 세 개의 컴포넌트가 가용성과 비용 간의 가장 적절한 절충점이 될 수 있다.

- **서킷 브레이커**^{circuit breaker}: 일반적으로 사용하는 가용성 전술로 재시도가 있다. 서비스 호출 시 타임아웃이 발생하거나 결함이 발생하면 호출한 쪽에서는 계속해서 반복적으로 재시도한다. 서킷 브레이커는 호출하는 쪽이 영원히 오지 않을 응답을 기다리며 무한대로 시도하는 것을 막는다. 이런 식으로 서킷 브레이커는 시스템이 결함을 다루고 있는 중이라고 판단했을 때 끊임없는 재시도 사이클을 끊는다. 이것은 바로 시스템이 결함 처리를 시작해야 할 때라는 신호가 된다. 서킷 브레이커가 '초기화'될 때까지 이후의 호출은 서비스 요청을 더 이상 전달하지 않고 즉시 반환될 것이다.

장점:

- 서킷 브레이커 패턴의 경우 개별적인 컴포넌트들이 실패를 선언하기 전에 얼마만큼의 재시도를 해야 하는지에 관한 정책을 개별적으로 관리할 필요가 없다.
- 최악의 경우 호출하는 쪽이 무한대로 의미 없는 재시도를 해서 호출을 당하는 고장난 컴포넌트만큼 쓸모없어질 수 있다. 특히나 분산 시스템의 경우 이 문제는 심각하다. 반응이 없는 컴포넌트를 호출하는 호출자가 많을 수 있고, 이로 인해 시스템 전체에 걸쳐 고장이 이어져 시스템 전체가 사실상 서비스 중단 상태가 될 수 있다. 이러한 상황을 모니터링하고 복구 절차를 시작하는 소프트웨어와 함께 서킷 브레이커를 사용함으로써 이러한 문제를 방지할 수 있다.

절충점:

- 타임아웃(또는 재시도) 값을 결정하는 데 있어 주의를 기울여야 한다. 타임아웃이 너무 길면 불필요한 지연이 발생할 수 있다. 하지만 타임아웃이 너무 짧으면, 서킷 브레이커가 개입하지 않아도 될 때도(거짓 양성false positive) 서킷 브레이커가 개입해 해당 서비스의 가용성과 성능을 저하시킬 수 있다.

다음과 같이 흔히 사용되는 다른 가용성 패턴들이 있다.

- **프로세스 짝**process pair: 프로세스 짝 패턴은 검사점과 롤백을 활용한다. 실패가 발생하면 백업은 검사점 관련 작업을 수행하고 필요한 경우 안전한 상태로 롤백된다. 따라서 백업은 고장 발생 시에 작업을 이어서 수행할 준비가 된다.
- **전진 오류 복구**forward error recovery: 전진 오류 복구 패턴은 바람직한 상태로 전진함으로써 바람직하지 않은 상태로부터 빠져나오는 방법을 제공한다. 이는 대개 데이터 다중화와 같은 내장된 오류 수정 기능에 의존하기 때문에 이전 상태로 돌아가거나 재시도하지 않아도 오류가 수정될 수 있다. 전진 오류 복구는 오류 발생 시에 안전하면서도 성능이 저하된degraded 상태를 찾아 해당 상태로 이동한다.

4.5 참고 문헌

가용성 패턴:

- [Hanmer 13]에서 결함 허용성fault tolerance 패턴에 관해 확인할 수 있다.

일반 가용성 전술:

- 이번 장에서 다룬 일부 가용성 전술에 관해 자세히 알고 싶다면 [Scott 09]를 참고하자. 이번 장에서 다룬 내용 중 상당 부분이 해당 자료에 기반한다.
- IETF[The Internet Engineering Task Force]는 가용성 전술을 지원하는 많은 표준을 공포했다. 이러한 표준에는 지속적인 전달[Non-Stop Forwarding][IETF 2004]과 핑/에코(ICMP[IETF 1981] 또는 ICMPv6[RFC 2006b] 에코 요청/응답[Echo Request/Response])와 MPLS(LSP Ping) 네트워크[IETF 2006a]가 있다.

가용성 전술 - 결함 감지:

- 3중 모듈 다중화[TMR]는 라이언스[Lyons]에 의해 1960년대 초에 개발됐다[Lyons 62].
- 투표 전술의 결함 감지는 폰 노이만[Von Neumann]의 오토마타[automata] 이론의 근간이 되는 내용에 기반한다. 폰 노이만은 신뢰할 수 없는 컴포넌트들로부터 어떻게 규정된 신뢰성을 지니는 시스템을 만들 수 있는지 보여줬다[Von Neumann 56].

가용성 전술 - 결함 복구:

- OSI[Open Systems Interconnection] 7계층 모델[Bellcore 98, 99; Telcordia 00]의 물리 계층과 네트워크/링크 계층 모두에 네트워크 링크(예: 설비)를 보호하고자 표준 기반으로 활성 다중화를 구현했다[IETF 2005].
- 어떤 식으로 시스템이 사용을 통해 성능이 저하될 수 있는지에 관한 예를 [Nygard 18]에서 확인할 수 있다.
- 매개변수 형 부여에 관한 수많은 자료가 있다. 하지만 다른 자료들이 버그 방지 관점에서 매개변수 형 부여를 바라보고 있는 반면, [Utas 05]는 가용성 관점에서 매개변수 형 부여에 관해 기술했다. 또한 [Utas 05]는 점진적 재시작에 관해서도 기술했다.
- 하드웨어 엔지니어들은 대개 준비 및 수리 전술을 사용한다. 이러한 예로 오류 감지 및 수정[EDAC, Error Detection And Correction] 코딩과 전진 오류 수정[FEC, Forward Error Correction], 시간적 다중화(중복성)[temporal redundancy]가 있다. EDAC 코딩은 주로 고가용성 분산 실시간 임베디드 시스템에서 제어 메모리 구조를 보호하기 위해 사용된다[Hamming 80]. 반대로 FED 코딩은 주로 외부 네트워크 링크에서 발생하는 물리 계층 오류로부터 복구하기 위해 사용된다[Morelos-Zaragoza 06]. 시간적 다중화는 공간적으로 중복되는 시간 혹은 데이터 라인을 감내(허용)해야 하는 모든 일시적인 펄스의 펄스 폭을 초과하는 주기로 샘플링

해서 감지된 결함을 투표 방식을 통해 제거한다[Mavis 02].

가용성 전술 – 결함 방지:

- 파나스Parnas와 매디Madey는 요소의 역량 집합을 향상시키는 것에 관해 기술했다[Parnas 94].

- 트랜잭션 전술에서 중요한 ACID 속성은 1970년대에 그레이Gray에 의해 소개됐고 [Gray 93]에서 자세히 다룬다.

재난 복구:

- 재난은 지진, 홍수, 허리케인과 같이 데이터 센터 전체를 파괴하는 사건을 말한다. NISTThe U.S. National Institute of Standards and Technology는 재난이 발생했을 때 고려해야 하는 다른 종류의 여덟 가지 계획을 제시한다. NIST 특별 출간Special Publication 800-34의 2.2절 '연방 정보 시스템용 비상 계획 지침Contingency Planning Guide for Federal Information Systems'을 살펴보자(https://nvlpubs.nist.gov/nistpubs/Legacy/SP/nistspecialpublication800-34r1.pdf).

4.6 토론 질문

1. 표 4.2에서 살펴본 가용성 일반 시나리오의 응답에 가능한 값들을 각각 사용해 구체적인 가용성 시나리오를 작성한다.

2. 운전자가 필요 없는 자동 운전 자동차가 있다고 가정해보자. 이어서 자동 운전 자동차용 소프트웨어에 대한 구체적인 가용성 시나리오를 작성한다.

3. 마이크로소프트 워드와 같은 프로그램에 대한 구체적인 가용성 시나리오를 작성한다.

4. 다중화는 고가용성 달성을 위한 핵심 전략이다. 이번 장에서 제시한 패턴과 전술을 살펴보고, 다중화를 활용하는 것이 몇 개이고 다중화를 활용하지 않는 것이 몇 개인지 구분해보자.

5. 가용성을 달성하면서도 변경 용이성과 배포 용이성을 달성하기 위한 절충점은 무엇일까? 24/7 가용성(예를 들어 미리 예정된 다운타임 외에는 시스템이 계속 운영되는 경우)을 확보해야 하는 시스템을 어떤 식으로 변경할 수 있을까?

6. 결함 감지 전술(핑/에코, 하트비트, 시스템 모니터, 투표, 예외 감지)의 사용이 성능에 미치는 영향은 무엇일까?

7. 로드 밸런서가 인스턴스 고장을 감지할 때 어떤 전술을 사용할까(17장 참고)?

8. 복구 목표 시점^{RPO, Recover Point Objective}과 복구 목표 시간^{RTO, Recovery Time Objective}을 찾아보고, 롤백 전술을 사용할 때 검사점 간격을 설정하는 데 있어 RPO와 RTO가 어떤 식으로 사용될 수 있는지 설명해보자.

5장

배포 용이성

우리가 이 행성에 도착해 눈을 깜빡이고 햇빛을 받은 그날부터 봐야 할 것도 많고 해야 할 것도 많았지.
– 라이온 킹(The Lion King)

우리 모두와 마찬가지로 소프트웨어 역시 집을 떠나 세상에 뛰어들면서 현실을 경험해야 하는 날을 맞이하게 된다. 하지만 우리와 달리 일반적으로 소프트웨어는 변경과 업데이트가 발생하면서 이러한 세상으로 뛰어드는 여정을 여러 번 반복한다. 이번 장에서는 이러한 이행 과정을 최대한 질서 있고 효과적이고 신속하게 하는 법을 알아볼 것이다. 이는 지속적인 배포에 관한 내용이며, 지속적인 배포를 가능케 하는 가장 중요한 요소는 배포 용이성이라는 품질 속성이다.

왜 변경 용이성이 품질 속성 세상에서 맨 앞자리를 차지하고 있을까?

예전에 어렵던 시절에는 소프트웨어가 자주 배포되지 않았다. 수많은 변경 사항을 릴리스로 묶고 일정을 잡아서 배포했다. 하나의 릴리스에는 신규 기능과 버그 수정이 포함되곤 했다. 한 달에 한 번 혹은 분기에 한 번, 심지어 일년에 한 번 배포하는 것이 일반적이었다. 그러나 많은 영역에서 경쟁이 심해지면서 훨씬 더 짧은 배포 주기가 필요해졌다(특히나 전자 상거래가 큰 영향을 미쳤다). 이러한 상황에서 릴리스는 언제든 일어날 수 있다. 하루에 수백 번의 릴리스가 일어날 수도 있고, 각 릴리스가 조직 내의 다른 팀에 의해 일어날 수도 있다. 자주 배포할 수 있다는 것은 다음 번 예정된 릴리스까지 버그 수정을 기다릴 필요 없이 버그가 발견돼 수정되는 즉시 버그 수정이 이뤄지고 배포될 수 있다는 의미다. 또한 신규 기능 역시 릴리스로 묶일 필요 없이 언제든 실제 환경에 배포될 수 있다.

이렇게 언제든 자주 배포하는 것이 모든 영역에서 바람직한 것은 아니다. 심지어 일부 영역에서는 이런 식의 배포가 불가능하다. 소프트웨어가 많은 의존 관계를 지닌 복잡한 환경에서 존재한다면 어떤 부분의 릴리스를 다른 부분과 조율하지 않고 배포하는 것은 불가능할 수도 있다. 게다가 많은 임베디드 시스템, 접근이 어려운 위치의 시스템, 네트워크 기능이 없는 시스템의 경우 지속적인 배포를 도입하기에 적합하지 않을 것이다.

이번 장에서는 적시 기능 릴리스가 중요한 경쟁 우위 요소가 되고 적시 버그 수정이 안전성이나 보안 혹은 지속적인 운영에 필수적인 수많은(그리고 점점 증가하고 있는) 시스템에 초점을 맞출 것이다. 이러한 시스템은 대개 마이크로서비스 형태이고 클라우드에 기반한다. 그렇다고 이번 장에서 다룰 기법들이 이러한 마이크로서비스와 클라우드 기술에 국한된 것은 아니다.

5.1 지속적인 배포

배포는 코딩으로 시작해 실제 운영 환경에서 해당 시스템을 사용하는 실제 사용자들로 마무리된다. 이러한 과정이 완전히 자동화된다면(사람의 개입이 없다면) 이를 지속적인 배포^{continuous deployment}라 부른다. 배포 과정이 시스템(시스템의 일부분)을 실제 운영 환경에 배치하지만 최종적인 단계에서 정책이나 규제로 인해 인간의 개입이 필요하다면, 이러한 과정을 지속적인 서비스 제공^{continuous delivery}이라고 한다.

릴리스 속도를 높이기 위해 배포 파이프라인^{deployment pipeline}이라는 개념을 도입해야 한다. 배포 파이프라인은 일련의 툴과 활동을 가리키는데, 이들 툴과 활동을 여러분의 코드를 버전 관리 시스템에 반영할 때 사용하기 시작해서 애플리케이션이 사용자들이 요청을 보낼 수 있도록 배포됐을 때 끝난다. 이 두 지점(시작 지점과 끝 지점) 사이에서 여러 툴이 새롭게 반영된 코드를 통합한 후 자동으로 테스트하고, 통합된 코드의 기능성을 테스트하며, 부하 시에 성능과 보안, 라이선스 컴플라이언스 등의 관심사에 대해 애플리케이션을 테스트한다.

배포 파이프라인의 각 단계는 다른 단계와 분리돼 해당 단계에 적절한 조치를 수행할 수 있는 환경에서 일어난다. 주요 환경은 다음과 같다.

- 코드 개발 시 하나의 모듈에 대해서만 개발하며 개발 환경에서 개발된다. 개발 환경에서 해당 코드는 독립적인 단위 테스트를 수행할 수 있다. 해당 코드가 테스트를 통과하고 나면 적절한 리뷰를 거친 후 버전 관리 시스템에 반영(커밋)되고, 버전 관리 시스템

은 통합 환경에서의 빌드 활동을 개시한다.

- 통합 환경^{integration environment}은 서비스의 실행 가능한 버전을 빌드한다. 지속적인 통합 서버는 신규 코드나 변경된 코드를 서비스[1]의 다른 부분에 해당하는 코드의 최신 호환 버전과 함께 컴파일[2]해서 실행 가능한 서비스 이미지를 만든다. 통합 환경에서의 테스트는 전체 시스템을 위해 특별히 설계된 통합 테스트뿐 아니라 다양한 모듈로부터의 단위 테스트(빌드된 시스템에 대해 실행됨)도 포함한다. 다양한 테스트를 통과한 다음, 빌드된 서비스는 스테이징 환경으로 승격된다.

- 스테이징 환경^{staging environment}은 전체 시스템의 다양한 품질 속성을 테스트한다. 여기에는 성능 테스트, 보안 테스트, 라이선스 준수 테스트가 포함될 뿐만 아니라 사용자 테스트까지 포함될 수 있다. 임베디드 시스템의 경우 물리 환경의 시뮬레이터(시스템에 가상 입력을 제공)가 사용된다. 모든 스테이징 환경 테스트(필드 테스트도 포함될 수 있음)를 통과한 애플리케이션은 블루/그린 모델^{blue/green model}이나 롤링 업그레이드^{rolling upgrade}(5.6절 참고)를 사용해 실제 운영 환경에 배포된다. 일부의 경우, 품질 통제나 새로운 변경 사항 또는 기능에 대한 시장 반응을 테스트하기 위해 부분 배포를 사용한다.

- 실제 운영 환경^{production environment}에 일단 서비스가 배포되면 모든 당사자가 해당 서비스의 품질에 어느 정도 수준의 자신감을 가질 때까지 해당 서비스를 긴밀하게 모니터링한다. 이 시점에서는 배포된 서비스를 시스템의 정상적인 부분으로 간주하고 시스템의 다른 부분과 동일한 양의 관심을 쏟는다.

각 환경별로 다른 테스트 집합을 수행한다. 즉, 개발 환경에서는 단일 모듈의 단위 테스트를 수행하고, 통합 환경에서는 서비스를 구성하는 모든 컴포넌트에 대한 기능적 테스트를 수행하며, 스테이징 환경에서는 전반적인 품질 테스트를 수행하고, 실제 운영 환경에서는 사용 모니터링을 수행하면서 테스트 범위를 확장한다.

하지만 언제나 모든 것이 계획대로 되는 것은 아니다. 소프트웨어가 실제 운영 환경에 배포되고 나서 문제를 발견한 경우 대개 해당 결함을 처리하는 동안 소프트웨어가 이전 버전으로 롤백돼야 한다.

아키텍처 관련 선택은 배포 용이성에 영향을 미친다. 예를 들어 마이크로서비스 아키텍처

---

1 이번 장에서 '서비스(service)'라는 용어는 독립적으로 배포 가능한 단위를 가리킨다.

2 파이썬이나 자바스크립트와 같은 인터프리터 언어를 사용해 소프트웨어를 개발하는 중이라면 컴파일 단계가 불필요하다.

패턴을 활용함으로써(5.6절 참고) 각 마이크로서비스를 책임지는 각 팀은 자신들만의 기술 선택들을 내릴 수 있다. 마이크로서비스 아키텍처 패턴을 채택함으로써 예전 같으면 통합 시에 발견됐을 법한 호환성 문제가 사라진다(예를 들어 각 팀이 동일한 라이브러리를 사용하지만 다른 버전을 선택함으로써 발생하는 호환성 문제가 있다). 마이크로서비스는 독립적인 서비스이 므로 이러한 선택들이 문제를 일으키지 않는다.

마찬가지로 지속적인 배포를 추구함으로써 개발 프로세스의 초기에 테스트 인프라에 관 해 고민할 수밖에 없다. 지속적인 배포를 위한 설계를 위해서는 지속적인 자동화된 테스트 가 필요하므로 테스트 인프라에 대한 고민은 필수다. 또한 롤백이 가능해야 하거나 특정 기 능들을 비활성화할 수 있어야 한다는 점은 기능을 켜고 끄는 스위치나 인터페이스의 하위 호환성과 같은 메커니즘에 관한 아키텍처 결정들로 이어진다. 이러한 결정들은 초기에 내릴 때 가장 좋다.

다양한 환경에서 가상화가 미치는 영향

가상화 기술이 널리 사용되기 이전에 우리가 앞서 기술한 환경은 실제 장비를 사용해 구성해야 했 다. 대부분의 조직에서 개발 환경과 통합 환경, 스테이징 환경은 다른 그룹의 사람이 조달하고 운 영하는 하드웨어와 소프트웨어로 구성됐다. 개발 환경은 개발 팀이 서버 용도로 구성한 데스크톱 컴퓨터 몇 대로 구성되곤 했다. 통합 환경은 테스트 팀 혹은 품질 보증 팀이 운영했고, 데이터 센 터에서 사용하던 구형 장비들로 채워진 랙들로 구성되곤 했다. 스테이징 환경은 운영 팀에 의해 운영됐고, 실제 운영 환경에서 사용하는 것과 유사한 하드웨어로 구성되곤 했다.

따라서 하나의 환경에서 통과된 테스트가 다른 환경에서 실패하는 이유를 찾기 위해 수많은 시 간을 소비해야 했다. 가상화를 활용하는 환경의 장점 중 하나는 환경 패리티(environment parity) 를 가질 수 있다는 점이다. 환경 패리티를 갖는다는 말은 환경이 규모 면에서는 다를 수 있지만 하 드웨어나 근간이 되는 구조의 유형에서는 동일하다는 의미다. 다양한 프로비저닝(provisioning) 툴 덕분에 각 팀이 쉽게 공통 환경을 구축할 수 있고, 이러한 공통 환경은 실제 운영 환경과 최대한 유사하다는 것을 보장함으로써 환경 패리티를 지원한다.

배포 파이프라인의 품질을 측정하기 위한 세 가지 중요한 방법은 다음과 같다.

- **사이클 타임**^cycle time: 사이클 타임은 배포 프로세스에서 진척 속도를 나타낸다. 실제 운영

환경으로의 배포를 하루에 여러 번 혹은 심지어 수백 번 수행하는 조직들이 많다. 사람의 개입이 필요하다면 이렇게 빠르게 배포할 수는 없을 것이다. 또한 어떤 팀이 서비스를 실제 운영 환경에 배포하기 위해 배포 전에 다른 팀과 조율해야 한다면 빠른 배포는 불가능할 것이다. 이번 장의 뒤에서 다른 팀과의 조율 없이 지속적인 배포를 수행할 수 있는 아키텍처 기법들을 알아볼 것이다.

- **추적성**traceability: 추적성은 시스템의 어떤 요소에 문제가 발생했을 때 문제 발생의 원인이 되는 모든 대상물artifact을 복구하는 능력이다. 여기에는 해당 요소에 포함되는 모든 코드와 의존 요소들이 포함된다. 또한 해당 요소에 대해 실행하는 테스트 케이스와 해당 요소를 만들기 위해 사용했던 툴도 포함된다. 배포 파이프라인에서 사용된 툴에서의 오류는 실제 운영 환경에서 문제를 일으킬 수 있다. 일반적으로 추적성 정보는 대상물 데이터베이스artifact database에 보관된다. 대상물 데이터베이스는 코드 버전 넘버와 시스템이 의존하는 요소들(예: 라이브러리)의 버전 넘버, 테스트 버전 넘버, 툴 버전 넘버를 저장한다.

- **반복성**repeatability: 반복성은 동일한 대상물을 갖고 동일한 동작을 수행했을 때 동일한 결과를 얻는 것을 말한다. 이렇게 동일한 결과를 얻는 것은 말처럼 쉽지 않다. 예를 들어 여러분이 만든 모듈의 빌드 프로세스를 실행하면 해당 빌드 프로세스가 어떤 라이브러리의 최신 버전을 가져와서 빌드한다고 해보자. 다음 번에 빌드 프로세스를 실행했을 때 해당 라이브러리의 신규 버전이 출시됐을 수도 있다. 다른 예로 어떤 테스트가 데이터베이스에 저장된 값들을 변경한다고 해보자. 테스트가 끝난 이후에 원래 값으로 복원하지 않는다면 이후에 발생하는 테스트는 동일한 결과를 내지 못할 수 있다.

데브옵스

데브옵스(DevOps)는 '개발(development)'과 '운영(operations)'으로 구성된 것으로, 지속적인 배포와 긴밀하게 연관된 개념이다. 데브옵스는 운동(movement)이고(애자일 운동과 마찬가지로), 실천법과 툴 집합을 기술한 것이며(다시 한 번 애자일 운동과 마찬가지로), 이러한 툴들을 판매하는 벤더들이 홍보하는 마케팅 공식이다. 데브옵스의 목표는 시장에 출시되는 데 걸리는 시간(time to market)(배포에 걸리는 시간(time to release))을 줄이는 것이다. 이러한 목표는 기존 시스템을 변경(기능 구현이나 버그 수정)하는 개발자와 최종 사용자가 직접 사용하는 시스템 사이의 시간을 극적으로 줄이는 것이다. 이는 전통적인 소프트웨어 개발 실천법과 비교되는 부분이다.

데브옵스의 공식적인 정의는 출시 빈도와 실시간 버그 수정 능력을 모두 담고 있다.

데브옵스는 고품질을 유지하는 가운데 시스템에 변경을 가하는 것과 해당 변경이 정상적인 실제 운영 환경에 반영되는 것 사이의 시간을 줄이기 위한 실천법들의 집합이다[Bass 15].

데브옵스 구현은 프로세스 개선 노력이다. 데브옵스는 프로세스 개선 노력의 문화적 요소와 조직적 요소를 포함할 뿐 아니라 툴들과 아키텍처 설계에 큰 의존성을 지닌다. 물론 모든 환경은 각기 다르다. 하지만 우리가 기술하는 툴들과 자동화는 데브옵스를 지원하기 위해 만들어진 일반적인 툴 체인(tool chain)에서 볼 수 있다.

여기서 기술하는 지속적인 배포 전략은 데브옵스의 개념적 중심에 있다. 따라서 자동화된 테스트는 지속적인 배포의 매우 중요한 요소이고, 대개 이를 위한 툴 구성은 데브옵스에서 가장 큰 기술적 어려움이 된다. 일부 데브옵스의 경우 '홈 오피스'에서 오류를 자동으로 감지하거나 사용자 경험을 이해하기 위한 모니터링 목적으로 로그 생성(logging)과 배포 이후의 로그 모니터링이 포함된다. 물론 이를 위해서는 시스템에 '폰 홈(phone home)' 또는 로그 전달 기능이 있어야 하는데, 일부 시스템에서는 가능하지 않거나 허용되지 않을 수도 있다.

데브섹옵스(DevSecOps)는 전체 프로세스에 보안 접근법(인프라와 데스옵스가 생성하는 애플리케이션에 대한 보안)을 포함시킨 데브옵스다. 데브섹옵스는 항공 및 국방 분야 애플리케이션에서 빠르게 인기를 얻고 있지만, 데브옵스가 유용하고 보안 침해 방지가 중요한 모든 애플리케이션 분야에서도 유용하다. 이러한 분야에 해당하는 IT 애플리케이션이 많다.

5.2 배포 용이성

배포 용이성^{deployability}은 소프트웨어가 예측 가능하고 허용 가능한 시간과 노력 범위 내에서 배포될 수 있음을 나타내는 소프트웨어 속성이다(여기서 배포될 수 있음은 실행을 위한 환경에 소프트웨어가 배치됨을 의미한다). 게다가 새롭게 배포한 소프트웨어가 소프트웨어의 명세를 만족시키지 않는 경우 해당 배포는 예측 가능하고 허용 가능한 시간과 노력 범위 내에서 롤백될 수 있다. 가상화와 클라우드 인프라가 점점 더 일반화됨에 따라, 배포된 소프트웨어 중심 시스템의 규모가 불가피하게 커짐에 따라 전체 시스템 위험을 최소화[3]하면서 효율적이고

---

3 품질 속성 중 하나인 테스트 용이성(12장 참고)은 지속적인 배포에서 분명히 중요한 역할을 한다. 따라서 아키텍트는 시스템의 테스트가 용이하도록 보장함으로써 지속적인 배포를 위한 중요한 지원을 제공할 수 있다. 하지만 여기서 우리가 관심을 갖는 대상은 지속적인 배포와 테스트 용이성보다 좀 더 직접 관련된 품질 속성인 배포 용이성이다.

예측 가능한 방식으로 배포할 수 있도록 보장하는 것은 아키텍트의 역할 중 하나가 됐다.

이러한 목표를 달성하기 위해 아키텍트는 호스트 플랫폼에서 실행 파일이 어떤 식으로 업데이트되는지, 그 뒤에 실행 파일이 어떤 식으로 호출되고 측정되고 모니터링되고 제어되는지 고려해야 한다. 특히 모바일 시스템은 대역폭 문제로 인해 업데이트 방식에 있어 변경 용이성을 확보하기 쉽지 않다. 소프트웨어를 배포하는 데 발생할 수 있는 문제 중 일부는 다음과 같다.

- 업데이트가 호스트 플랫폼에 어떤 식으로 도달하는가? 예를 들어 업데이트 배포가 알아서 일어나는 푸시push 방식 또는 사용자나 관리자가 명시적으로 업데이트를 요청해야 하는 풀pull 방식이 있다.
- 업데이트가 기존 시스템에 어떤 식으로 통합되는가? 기존 시스템이 실행되는 동안 업데이트가 완료될 수 있는가?
- 전달 매체는 무엇인가? 예를 들면 DVD 또는 USB 드라이브, 인터넷을 통한 업데이트가 있다.
- 패키지화packaging는 무엇인가? 예를 들면 실행 파일, 앱, 플러그인 등이 있다.
- 기존 시스템에 통합된 결과는 무엇인가?
- 프로세스 실행 효율성은 어떻게 되는가?
- 프로세스 제어 능력은 어떻게 되는가?

이러한 점들을 고려해 아키텍트는 관련 위험을 평가할 수 있어야 한다. 아키텍트는 다음과 같이 아키텍처가 어느 수준으로 배포 용이성을 지원하는지에 주로 관심이 있다.

- **세분화 수준**granularity: 배포는 시스템 내에서 전체 시스템에 대한 배포이거나 일부 요소에 대한 배포가 될 수 있다. 아키텍처가 배포의 단위를 좀 더 세밀하게 조정할 수 있다면 특정 위험을 줄일 수 있다.
- **제어 용이성**controllability: 아키텍처는 다양한 세분화 수준으로 배포하고, 배포된 항목들의 운영을 모니터링하고, 성공적이지 못한 배포를 롤백할 수 있는 기능을 제공해야 한다.
- **효율성**efficiency: 아키텍처는 합리적인 수준의 노력으로 빠른 배포가 가능하도록 지원해야 한다.

이러한 특성들은 배포 용이성 일반 시나리오의 응답 측정에 반영될 것이다.

5.3 배포 용이성 일반 시나리오

표 5.1에는 배포 용이성을 특징짓는 일반 시나리오 항목들이 열거돼 있다.

표 5.1 배포 용이성 일반 시나리오

부분	설명	가능한 값
공급원	배포를 시작하는 주체는 누구인가?	최종 사용자, 개발자, 시스템 관리자, 운영 인력, 컴포넌트 마켓 플레이스, 제품 소유자
자극	무엇이 배포를 시작하게 만드는가?	배포 가능한 새로운 요소가 생겼다. 이는 소프트웨어 요소를 새로운 버전으로 교체하기 위한 요청이 발생하는 전형적인 경우다. 예를 들어 결함을 수정하거나 보안 패치를 적용하거나 컴포넌트나 프레임워크의 최신 릴리스로 업그레이드하거나 내부적으로 생성된 요소를 최신 버전으로 업그레이드하는 등의 경우가 있다. 새로운 요소가 통합하도록 승인됐다. 기존 항목 혹은 기존 항목 집합이 롤백돼야 한다.
대상물	무엇이 변경되는가?	특정 컴포넌트 혹은 모듈, 시스템의 플랫폼, 사용자 인터페이스, 환경, 해당 시스템이 상호 운영되는 다른 시스템 등이 있다. 따라서 대상물은 단일 소프트웨어 요소일 수도 있고, 다중 소프트웨어 요소일 수도 있으며, 전체 시스템일 수도 있다.
환경	스테이징 환경, 실제 운영 환경(또는 스테이징 환경이나 실제 운영 환경의 특정 부분 집합)	전체 배포 사용자, 가상 머신, 컨테이너, 서버, 플랫폼의 특정 부분에 부분 배포
응답	무엇이 발생하는가?	새로운 컴포넌트가 포함된다(통합된다). 새로운 컴포넌트가 배포된다. 새로운 컴포넌트를 모니터링한다. 이전 배포로 롤백된다.
응답 측정	배포에 대한 비용 또는 시간, 프로세스 효과성 측정 시간이 흐름에 따른 일련의 배포들에 대한 비용 또는 시간, 프로세스 효과성 측정	다음 사항에 대한 비용을 측정한다. • 영향받는 대상물의 숫자, 크기, 복잡도 • 평균/최악의 경우 노력 • 경과 시간 • 돈(직접 경비 또는 기회 비용) • 새롭게 발생한 결함 배포/롤백이 다른 기능이나 품질 속성에 영향을 미치는 정도 실패한 배포의 개수 프로세스의 반복성 프로세스의 추적 용이성 프로세스의 사이클 타임

그림 5.1은 다음과 같은 구체적인 배포 용이성 시나리오를 나타낸다.

'인증 및 권한 부여 서비스의 신규 릴리스가 컴포넌트 마켓플레이스에서 사용 가능해졌고 제품 소유자가 해당 버전을 릴리스에 포함시키기로 결정한다. 새로운 서비스에 대한 테스트와 실제 운영 환경으로의 배포는 시간이 40시간 이내로 걸리고 노력이 120시간 맨아워[man-hour] 이내로 들어간다. 배포로 인해 어떤 결함도 발생하지 않았고 SLA도 준수한다.'

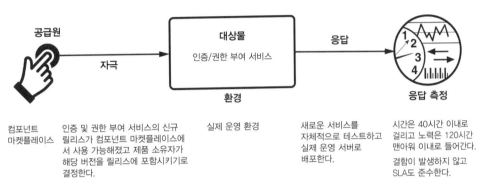

그림 5.1 구체적인 배포 용이성 시나리오 예시

5.4 배포 용이성 전술

배포는 새로운 소프트웨어나 하드웨어 요소에 의해 촉진된다. 새로운 요소가 합리적인 시간과 비용, 품질 제약 조건 내에 배포되면 배포는 성공적인 것이다. 이러한 관계, 즉 배포 용이성 전술의 목표를 그림 5.2에서 확인할 수 있다.

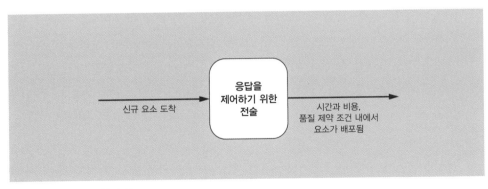

그림 5.2 배포 용이성 전술의 목표

배포 용이성 전술을 그림 5.3에서 확인할 수 있다. 많은 경우에 이러한 전술은 여러분이 직접 구축하기보다는 구매하게 될 CI/CD(지속적인 통합/지속적인 배포) 인프라에 의해 제공될 것이다. 이러한 경우 아키텍트로서 여러분의 역할은 올바른 배포 용이성 전술과 이러한 전술들의 올바른 조합을 (직접 구현하기보다는) 선택하고 평가하는 것이 된다.

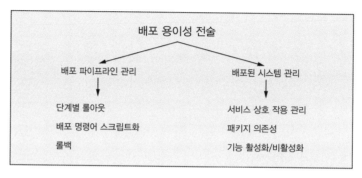

그림 5.3 배포 용이성 전술

다음으로는 위의 여섯 가지 배포 용이성 전술을 좀 더 자세히 기술한다. 배포 용이성 전술의 첫 번째 분류는 배포 파이프라인을 관리하기 위한 전술에 초점을 맞추고, 두 번째 분류는 시스템이 배포되고 있을 때 그리고 시스템이 배포된 이후의 시스템 관리를 다룬다.

배포 파이프라인 관리

- **단계별 롤아웃**scale rollout: 단계별 롤아웃은 전체 사용자에게 배포하는 대신에 사용자 중 일부(부분 집합)를 선정해 해당 부분 집합을 대상으로 별도의 통지 없이 서비스의 신규 버전을 점증적으로 배포한다(나머지 사용자들은 해당 서비스의 이전 버전을 계속해서 사용한다). 점증적으로 배포함으로써 신규 배포의 결과를 모니터링하고 측정할 수 있으며, 필요한 경우 롤백할 수 있다. 이 전술은 결함이 있는 서비스를 배포할 때 발생하는 잠재적인 부정적 영향을 최소화한다. 이 전술은 사용자로부터의 요구를 사용자의 신원에 따라 신규 서비스 또는 이전 서비스로 전달하는 아키텍처 메커니즘을 필요로 한다(즉, 이러한 요청 전달이 배포되는 서비스의 일부가 돼서는 안 된다).
- **롤백**rollback: 배포에 결함이 있거나 배포가 사용자의 기대치에 맞지 않다는 것을 알게 되면 해당 배포를 이전 상태로 롤백할 수 있다. 배포 시에 배포하는 서비스만 배포되는

것이 아니라 관련된 여러 서비스와 해당 서비스들의 데이터도 같이 업그레이드될 수 있으므로, 롤백 메커니즘은 이러한 세부 사항들을 전부 추적할 수 있어야 하고 배포에 의해 이뤄진 모든 업데이트 결과를 (이상적으로는) 완전히 자동화된 방식으로 되돌릴 수 있어야 한다.

- **배포 명령어 스크립트화**: 배포는 대개 복잡하고 여러 단계를 필요로 하며 이러한 단계들이 정확하게 조율돼야 한다. 이러한 이유로 배포를 대개 스크립트로 만든다. 이러한 배포 스크립트는 코드처럼 취급돼야 한다. 문서화해야 하고 리뷰해야 하고 테스트해야 하고 버전을 관리해야 한다. 스크립트 엔진은 배포 스크립트를 자동으로 실행해 시간을 아끼고 사람이 실수할 수 있는 여지를 최소화한다.

배포된 시스템 관리

- **서비스 상호 작용 관리**: 이 전술의 경우 배포와 시스템 서비스의 여러 버전 실행이 동시에 이뤄진다. 어떤 클라이언트로부터 오는 여러 요청은 순서에 상관없이 어떤 버전으로 전달된다. 하지만 동일한 서비스의 여러 버전이 운영 중이기 때문에 버전 호환성 문제가 생길 수 있다. 이러한 경우 버전 호환성 문제를 선제적으로 피하기 위해 서비스 간에 상호 작용이 중재돼야 한다. 이 전술은 리소스 관리 전략으로, 이전 버전과 신규 버전을 개별적으로 배포하기 위해 리소스를 완전히 복제해야 할 필요가 없어진다.
- **패키지 의존성**: 이 전술은 어떤 요소를 종속 요소들(해당 요소가 의존하는 요소들)과 함께 패키지화한다. 이렇게 함으로써 요소를 배포할 때 종속 요소들이 함께 배포될 수 있고, 해당 요소가 개발 환경에서 실제 운영 환경으로 이동할 때 종속 요소들의 버전이 일관되게 유지될 수 있다. 종속 요소들에는 라이브러리와 운영체제 버전, 유틸리티 컨테이너(예: 사이드카sidecar, 서비스 메시service mesh) 등이 있다. 이에 관해서는 9장에서 알아볼 것이다. 종속 요소를 패키지화하는 세 가지 방법으로 컨테이너continaer와 팟pod, 가상 머신이 있다. 이에 관해서는 16장에서 자세히 알아볼 것이다.
- **기능 활성화/비활성화**feature toggle: 코드를 완전히 테스트했다고 하더라도 신규 기능을 배포한 이후에 문제가 생길 수 있다. 이러한 이유로 신규 기능에 대한 '비상 정지 스위치kill switch'를 통합할 수 있는 것이 편리하다. 비상 정지 스위치를 사용하면 새롭게 기능을 배포하지 않더라도 실행 시간에 시스템의 기능을 자동으로 비활성화할 수 있다. 이

로 인해 실제로 서비스를 재배포함으로써 발생하는 비용과 위험 없이 배포된 기능들을 제어할 수 있다.

5.5 배포 용이성 전술 기반 질문지

5.4절에서 기술한 전술들에 기반해 표 5.2와 같은 배포 용이성 전술 기반의 질문 집합을 만들 수 있다. 배포 용이성을 지원하기 위해 내린 아키텍처 선택들에 관한 전반적인 개요를 이해하고자 분석가는 각 질문을 물어본 다음, 대답을 표에 기록한다. 그리고 나서 해당 질문들에 대한 답변을 기반으로 향후 어떤 활동에 집중해야 할지 결정할 수 있다. 문서를 조사하거나 코드 또는 기타 산출물을 분석하거나 코드를 리버스 엔지니어링하는 등의 활동을 할 수 있다.

표 5.2 배포 용이성 전술 기반 질문지

전술 그룹	전술 질문	지원?(Y/N)	위험	설계 결정 및 위치	근거와 가정
배포 파이프라인 관리	신규 릴리스를 점증적으로 출시하는 방식의 **단계적 롤아웃**을 수행하는가(모 아니면 도 식으로 릴리스를 출시하는 것과는 반대)?				
	새롭게 배포한 서비스가 제대로 동작하지 않는다고 판단됐을 때 해당 서비스를 자동으로 **롤백**할 수 있는가?				
	복잡한 배포 명령어들을 자동으로 실행하기 위해 **배포 명령어들을 스크립트**로 만드는가?				
배포된 시스템 관리	서비스들의 여러 버전이 동시에 안전하게 배포될 수 있도록 **서비스 상호 작용**을 관리하는가?				
	서비스가 의존하는 모든 라이브러리, 운영체제 버전, 유틸리티 컨테이너와 함께 배포될 수 있도록 모든 **종속 요소를 패키지화**하는가?				
	새롭게 출시된 기능이 문제가 있는 것으로 판단될 때 해당 기능을 자동으로 비활성화하기 위해 **기능 활성화/비활성화**를 사용하는가?				

5.6 배포 용이성 패턴

배포 용이성 패턴은 두 가지로 분류할 수 있다. 첫 번째 분류에는 배포될 서비스들을 구조화하기 위한 패턴들이 포함된다. 두 번째 분류에는 서비스를 배포하는 방법에 관한 패턴들이 포함된다. 서비스를 배포하는 방법은 다시 두 가지(전체 배포, 부분 배포)로 분류할 수 있다. 첫 번째 분류인 배포될 서비스 구조화를 위한 패턴과 두 번째 분류인 서비스 배포 방법은 서로 완전히 독립적이지 않다. 특정 배포 패턴들이 서비스의 특정한 구조적 속성에 의존하기 때문이다.

서비스를 구조화하기 위한 패턴

마이크로서비스 아키텍처

마이크로서비스 아키텍처 패턴은 시스템을 독립적으로 배포 가능한 서비스의 집합으로 구조화한다. 이때 해당 서비스들은 서비스 인터페이스를 통해 메시지로만 통신한다. 그 외에는 어떤 형태의 프로세스 간 통신도 허용되지 않는다. 직접적인 링크나 다른 팀의 데이터 저장소에 대한 직접적인 읽기, 공유 메모리 모델, 백도어를 활용한 통신 등 어떤 것도 허용되지 않는다. 서비스는 대개 상태가 없고 (상대적으로 크기가 작은 단일 팀에 의해 개발됐기 때문에[4]) 크기가 상대적으로 작다. 이로 인해 '마이크로서비스microservice'라고 부르는 것이다. 서비스 종속 요소들은 순환 구조가 아니다(비순환acyclic 구조다). 마이크로서비스 아키텍처 패턴의 필수적인 부분은 디스커버리 서비스discovery service로 메시지를 알맞은 경로로 전달하는 역할을 한다.

장점:

- 시장에 출시되는 데 걸리는 시간이 줄어든다. 각 서비스의 규모가 작고 각 서비스를 독립적으로 배포할 수 있기 때문에 서비스에 대한 수정은 다른 서비스를 소유한 팀들과의 조율 없이 배포될 수 있다. 따라서 팀이 서비스 신규 버전에 대한 작업을 완료하고 해당 버전의 테스트가 완료되면 해당 서비스는 즉시 배포될 수 있다.

- 각 팀은 자신의 서비스에 대한 기술을 해당 기술이 메시지 전달을 지원하는 한 스스로 선택할 수 있다. 라이브러리 버전이나 프로그래밍 언어에 관한 조율은 필요하지 않다. 이로 인해 통합 과정에서 발생하는 호환성 문제로 인한 오류가 줄어든다. 호환성 문제

---

4 아마존의 경우 서비스 팀의 규모는 이른바 '피자 두 판 규칙'에 의해 제약받는다. 서비스 팀은 피자 두 판으로 충분한 규모여야 한다.

오류는 통합 과정에서 발생하는 오류 중 주요한 문제다.

- 서비스는 세분화되지 않고 큼직한 부분들로 구성된 애플리케이션에 비해 더 쉽게 확장할 수 있다. 각 서비스가 독립적이기 때문에 동적으로 서비스 인스턴스를 추가하는 것이 간단하다. 이런 식으로 서비스 공급은 수요에 더 쉽게 대응할 수 있다.

절충점:

- 서비스 간의 모든 통신이 네트워크를 거쳐 메시지를 통해 일어나기 때문에 인메모리$^{in-}$ ^{memory} 통신에 비해 오버헤드가 증가한다. 이러한 오버헤드는 서비스 메시 패턴(9장 참조)을 사용하면 다소 줄일 수 있다. 서비스 메시 패턴은 네트워크 트래픽을 줄이기 위해 서비스 배포 시 일부 서비스는 동일한 호스트에 배포하도록 강제한다. 더 나아가 마이크로서비스 배포의 동적인 속성으로 인해 디스커버리 서비스가 많이 사용돼 오버헤드가 증가한다. 궁극적으로 이러한 디스커버리 서비스는 성능에 있어 병목점이 될 수도 있다.

- 마이크로서비스는 분산 시스템에 걸쳐 있는 활동들을 동기화하기 어려우므로 복잡한 트랜잭션에 덜 적합하다.

- 각 팀이 자신만의 기술을 선택할 수 있다는 자유가 비용이 된다. 조직은 이러한 기술들을 유지하고 필수 경험 기반$^{experience base}$을 유지해야 한다.

- 마이크로서비스의 개수가 너무 많아 전체 시스템에 대한 지능적인 제어가 어려울 수 있다. 이로 인해 지능적인 제어 유지를 돕기 위해 인터페이스의 카탈로그와 데이터베이스가 필요하다. 게다가 원하는 결과를 얻기 위해 서비스들을 올바르게 조합하는 과정이 복잡하고 민감할 수 있다.

- 서비스가 적절한 책임과 적절한 세분화 수준을 지니도록 서비스를 설계하는 것은 만만찮은 설계 작업이 된다.

- 버전들을 독립적으로 배포하기 위해서는 서비스의 아키텍처가 독립적인 배포 전술을 허용하도록 아키텍처를 설계해야 한다. 5.4절에서 기술한 서비스 상호 작용 관리 전술을 사용하는 것이 이 목표를 달성하는 데 도움이 된다.

마이크로서비스 아키텍처 패턴을 아주 많이 사용하는 조직으로는 구글, 넷플릭스, 페이팔, 트위터, 페이스북, 아마존 등이 있다. 다른 많은 조직도 마이크로서비스 아키텍처 패턴을 도입했다. 어떤 식으로 조직이 자신의 필요에 맞게 마이크로서비스 아키텍처 패턴을 도입할 수 있을지에 관한 여러 책과 학회가 존재한다.

서비스 완전 교체 패턴

서비스 A의 인스턴스가 *N*개 존재하고 기존 버전의 인스턴스를 하나도 남기지 않으면서 새로운 버전의 서비스 A로 교체하고 싶다고 해보자. 또한 여러분은 서비스를 사용하는 고객들이 서비스의 품질 저하를 겪지 않길 바라므로 항상 *N*개의 인스턴스가 실행 중이어야 한다고 가정해보자.

서비스 완전 교체 전략에는 두 가지 패턴이 있을 수 있으며, 두 전략 모두 단계별 롤아웃 전술을 구현한 것이다.

1. **블루/그린**^{blue/green}: 블루/그린 배포에서 해당 서비스의 *N*개의 새로운 인스턴스가 생성되고 각 인스턴스는 새로운 서비스 A로부터 만들어진다(이를 그린 인스턴스라 하자). *N*개의 새로운 서비스가 설치된 이후에 DNS 서버 혹은 디스커버리 서비스는 신규 버전의 서비스 A를 가리키도록 변경된다. 새로운 인스턴스가 잘 동작한다고 판단된 이후에 *N*개의 기존 서비스 A가 제거된다. 이 제거 시점 이전에는 신규 버전에서 문제가 발견되면 쉽게 기존 버전(블루 인스턴스)으로 돌아갈 수 있다.

2. **롤링 업그레이드**^{rolling upgrade}: 롤링 업그레이드는 서비스 A의 인스턴스를 한 번에 하나씩 서비스 A의 신규 버전의 인스턴스로 교체한다(실제로는 한 번에 하나 이상의 인스턴스를 교체할 수 있지만, 어쨌든 한 번에 일부분만 교체할 수 있다). 롤링 업그레이드의 과정은 다음과 같다.

   a. 서비스 A의 신규 인스턴스를 위한 리소스(예: 가상 머신)를 할당한다.
   b. 서비스 A의 신규 버전을 설치하고 등록한다.
   c. 서비스 A의 신규 버전으로 요청을 전달하기 시작한다.
   d. 기존 서비스 A의 인스턴스를 선택해 처리 중인 계산을 완료하도록 허용한 다음, 완료되면 해당 인스턴스를 제거한다.
   e. 기존 버전의 모든 인스턴스가 교체될 때까지 위의 과정을 반복한다.

그림 5.4에서는 아마존의 EC2 클라우드 플랫폼에서 넷플릭스의 아스가르드^{Asgard} 툴에 의해 구현된 롤링 업그레이드 과정을 확인할 수 있다.

장점:

- 서비스 완전 교체 패턴의 장점은 시스템의 서비스를 중단하지 않고도 배포된 서비스 버전을 완전히 교체할 수 있어 시스템의 가용성을 높일 수 있다는 점이다.

절충점:

- 블루/그린 접근법에서 필요한 리소스 최대치는 $2N$ 인스턴스다. 반면에 롤링 업그레이드에서 필요한 리소스 최대치는 $N+1$ 인스턴스다. 두 경우 모두 이러한 인스턴스를 호스팅하기 위한 리소스가 확보돼야 한다. 클라우드 컴퓨팅이 널리 확산되기 전에 리소스 확보는 추가적인 구매를 의미했다. 평상시에는 업그레이드를 진행하지 않기 때문에 추가로 구매한 컴퓨터들은 대개 활용되지 않는다. 이로 인해 재정적인 단점이 분명했고 롤링 업그레이드는 표준이었다. 이제는 컴퓨팅 리소스를 필요한 만큼 빌릴 수 있으므로 재정적인 단점은 예전보다 나아졌지만 여전히 존재하기는 한다.

- 서비스 A의 신규 버전을 배포했을 때, 그 버전에서 오류를 감지했다고 해보자. 개발 환경과 통합 환경, 스테이징 환경에서 했던 모든 테스트에도 불구하고 서비스가 실제 운영 환경에 배포됐을 때 여전히 드러나지 않은 오류가 존재한다. 블루/그린 배포를 사용하는 경우, 신규 버전에서 오류를 발견할 때 즈음에는 이미 기존 인스턴스가 모두 삭제돼 이전 버전으로 롤백하는 데 상당한 시간이 걸릴 수 있다. 반면에 롤링 업그레이드를 사용하면 신규 버전에서 오류를 발견했을 때 기존 버전의 인스턴스가 여전히 가용할 수 있다.

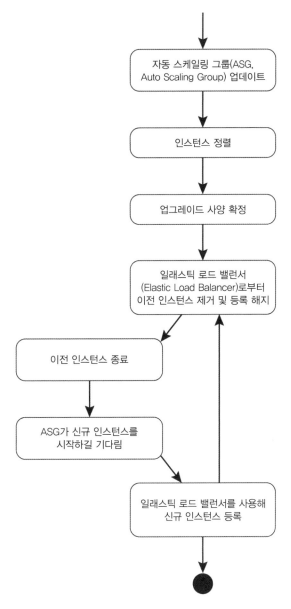

그림 5.4 넷플릭스의 아스가르드 툴이 구현한 롤링 업그레이드 패턴 흐름도

- 클라이언트 관점에서 볼 때, 블루/그린 배포 모델을 사용하면 신규 버전과 기존 버전 중 하나만 활성화돼 있고 둘 다 활성화돼 있는 경우는 없다. 반면에 롤링 업그레이드 패턴을 사용하면 두 버전 모두 동시에 활성화돼 있다. 이로 인해 두 가지 문제가 발

생할 수 있다. 바로 일시적 일관성 결여^{temporal inconsistency}와 인터페이스 불일치^{interface mismatch}다.

- **일시적 일관성 결여**: 서비스 A에 대한 클라이언트 C의 요청들 중 일부는 서비스의 이전 버전에 의해 처리되고 일부는 신규 버전에 의해 처리될 수도 있다. 두 버전이 다르게 동작한다면 이로 인해 클라이언트 C는 오류가 있는 결과를 내거나 일관되지 않은 결과를 낼 수 있다(이는 서비스 상호 작용 관리 전술을 사용해 방지할 수 있다).
- **인터페이스 불일치**: 서비스 A의 신규 버전에 대한 인터페이스가 서비스 A의 기존 버전에 대한 인터페이스와 다르다면, 신규 인터페이스를 반영하도록 업데이트되지 않은 클라이언트에 의한 서비스 A에 대한 호출은 예기치 못한 결과를 낳을 수 있다. 이러한 문제는 기존 인터페이스를 수정하는 대신 기존 인터페이스를 확장하고 중재자 패턴(7장 참고)을 사용해 확장된 인터페이스를 올바른 동작을 생성하는 내부 인터페이스로 변환함으로써 방지할 수 있다. 이 내용은 15장에서 좀 더 자세히 살펴볼 것이다.

서비스 부분 교체 패턴

서비스의 모든 인스턴스를 교체해서는 안 되는 경우가 있을 수 있다. 부분 배포 전술은 다른 사용자 그룹에게 서비스의 여러 버전을 동시에 제공하는 것을 목표로 한다. 이러한 전술은 품질 관리(카나리아 테스트)와 마켓팅 테스트(A/B 테스트) 같은 목적으로 사용된다.

카나리아 테스트

새로운 릴리스를 출시하기 전에 제한된 사용자 수를 대상으로 하더라도 이를 실제 운영 환경에서 테스트할 수 있다면 더 확실할 것이다. 카나리아 테스트^{canary testing}는 지속적인 배포에서 사용되며 베타 테스트와 유사하다.[5] 카나리아 테스트는 신규 릴리스를 테스트할 작은 규모의 사용자들을 지정한다. 이러한 테스터들은 이른바 파워 유저^{power user} 또는 프리뷰-스트림 유저^{preview-stream user}로, 조직 외부에서 일반적인 사용자들이 잘 사용하지 않을 것 같은 코드 경로^{code path}와 엣지 케이스^{edge case}를 사용할 가능성이 높다. 사용자들은 자신들이 기니

---

5 카나리아 테스트라는 이름은 19세기에 석탄 광산에 카나리아를 데려가던 관습으로부터 온 것이다. 석탄 광산은 폭발성이 있고 독성이 있는 가스를 분출한다. 카나리아가 인간보다 이러한 가스에 더 민감하기 때문에 광부들은 카나리아를 광산에 두고 카나리아의 반응을 통해 가스의 존재 유무를 판단했다. 카나리아는 광부들에게 조기 경보 장치 역할을 하면서 안전하지 않은 환경임을 알렸다.

피그 혹은 카나리아 역할을 한다는 것을 알 수도 있고 모를 수도 있다. 예를 들어 구글 직원들은 외부 사용자들이 사용하는 릴리스를 거의 사용하지 않고 대신에 앞으로 출시될 릴리스의 테스터 역할을 한다. 테스트의 초점이 신규 기능이 얼마나 잘 받아들여질지를 결정하는 것이라면 카나리아 테스트의 변종인 다크 출시^{dark launch}가 사용된다.

두 경우 모두 사용자는 카나리아 역할을 하고 DNS 설정 또는 디스커버리-서비스 설정을 통해 서비스의 적절한 버전이 제공된다. 테스트가 완료된 이후에 사용자들 모두에게 신규 버전 혹은 기존 버전이 제공되며 쓸모없어진 버전의 인스턴스들이 파괴된다. 롤링 업그레이드 배포 혹은 블루/그린 배포가 신규 버전을 배포하는 데 사용될 수 있다.

장점:

- 카나리아 테스트의 경우 일반적인 모조 테스트가 할 수 없는 방식으로 실제 사용자들이 소프트웨어를 사용해볼 수 있다. 이로 인해 서비스를 배포하는 조직은 실제 사용되는 데이터를 수집하고 상대적으로 낮은 위험도로 제어된 실험을 수행할 수 있다.
- 카나리아 테스트는 추가적인 개발 비용을 최소한으로 필요로 한다. 어찌 됐건 테스트 중인 시스템이 결국에는 실제 운영 환경에 배포될 것이기 때문이다.
- 카나리아 테스트는 신규 시스템에서 심각한 결함에 노출될 수도 있는 사용자의 수를 최소화한다.

절충점:

- 카나리아 테스트는 계획을 미리 세우고 리소스를 미리 확보해야 한다. 또한 테스트 결과를 평가할 전략을 공식화해야 한다.
- 카나리아 테스트가 파워 유저를 대상으로 한다면 해당 파워 유저를 식별하고 신규 버전을 해당 파워 유저에게 제공해야 한다.

A/B 테스트

A/B 테스트^{A/B testing}는 마케터들이 어떤 대안이 최상의 비즈니스 결과를 낳는지 알아보기 위해 실제 사용자를 대상으로 실험을 수행할 때 사용한다. 작지만 의미 있는 수의 사용자들이 나머지 사용자와는 다른 취급을 받는다. 여기서 이야기하는 다른 점은 폰트 크기나 폼 레이아웃과 같은 작은 차이일 수도 있고 좀 더 큰 차이일 수도 있다. 예를 들어 현재는 Vrbo인 홈어웨이^{HomeAway}는 A/B 테스트를 사용해 자신들의 전 세계 웹 사이트의 포맷과 내용, 모양

을 다양화하고 어떤 에디션이 가장 많은 렌탈을 이끌어내는지 추적한다. '승자'는 계속 유지하고 '패자'는 버려지며, 또 다른 후보를 설계하고 배포한다. 또 다른 예로 은행들은 신규 계좌를 열기 위한 다양한 프로모션을 제공한다. 자주 인용되는 이야기로, 구글은 어떤 색조가 검색 결과를 보고할 때 가장 좋은지 결정하기 위해 41가지의 다양한 파란색 색조를 테스트했다고 한다.

카나리아 테스트 때와 마찬가지로 DNS 서버와 디스커버리-서비스 설정은 클라이언트 요청을 다른 버전으로 전송하도록 설정한다. 어떤 버전이 비즈니스 관점에서 가장 좋은 응답을 제공하는지 보기 위해 A/B 테스트에서 다양한 버전을 모니터링한다.

장점:
- A/B 테스트를 사용해 마케팅 팀과 제품 개발 팀은 실제 사용자를 대상으로 실험을 수행하고 실제 사용자로부터 데이터를 수집한다.
- A/B 테스트를 사용하면 임의의 특성들을 기반으로 하는 사용자들을 대상으로 테스트할 수 있다.

절충점:
- A/B 테스트는 테스트 후보군(대안)을 구현해야 한다. 테스트 결과에 따라 그중 하나는 버림받을 것이다.
- 다양한 계층의 사용자와 해당 사용자의 특성들을 우선 식별해야 한다.

5.7 참고 문헌

이번 장의 자료 중 많은 부분이 렌 베스[Len Bass]와 존 클렌[John Klen]이 작성한 '소프트웨어 엔지니어를 위한 배포와 운영[Deployment and Operations for Software Engineers]'[Bass 19]과 [Kazman 20b]를 참고했다.

데브옵스 관점에서의 배포 용이성과 아키텍처에 관한 논의는 [Bass 15]에서 확인할 수 있다.

배포 용이성 전술은 마틴 파울러[Martin Fowler]와 그의 동료들이 이룬 성과 덕분에 탄생할 수 있었다. 이는 [Fowler 10]과 [Lewis 14], [Sato 14]에서 확인할 수 있다.

배포 파이프라인에 대한 매우 자세한 설명을 [Humble 10]에서 확인할 수 있다.

마이크로서비스와 마이크로서비스로 마이그레이션하는 과정은 [Newman 15]에서 확인할 수 있다.

5.8 토론 질문

1. 표 5.2에서 살펴본 배포 용이성 일반 시나리오의 응답에 가능한 값들을 각각 사용해 구체적인 배포 용이성 시나리오를 작성한다

2. 테슬라^{Tesla}와 같은 자동차용 소프트웨어를 위한 구체적인 배포 용이성 시나리오를 작성한다.

3. 스마트폰 앱을 위한 구체적인 배포 용이성 시나리오를 작성한다. 그리고 나서 스마트폰 앱과 통신하는 서버 측 인프라를 위한 배포 용이성 시나리오도 작성해보자.

4. 검색 작업 결과를 표시해야 한다면 A/B 테스트를 수행하겠는가, 아니면 구글이 선택한 색상을 그냥 사용하겠는가? 왜 그런 선택을 했는지 설명한다.

5. 1장에서 기술한 구조들을 참조해 패키지 의존성 전술을 구현하는 데 어떤 구조가 필요할까? 사용 구조를 사용하겠는가? 왜 그렇게 결정했는가? 고려해봐야 할 다른 구조도 있을까?

6. 1장에서 기술한 구조들을 참조해 서비스 상호 작용 관리 전술을 구현하는 데 어떤 구조가 필요할까? 사용 구조를 사용하겠는가? 왜 그렇게 결정했는가? 고려해봐야 할 다른 구조도 있을까?

7. 어떤 경우에 이전 버전으로 롤백하는 대신에 새로운 버전으로 롤 포워드$^{roll\ forward}$해야 할까? 어떤 경우에 롤 포워드가 안 좋은 선택일까?

6장

에너지 효율성

에너지는 돈과 비슷하다.
잔고가 있으면(에너지가 남아 있으면) 다양한 방식으로 이를 나눠줄 수 있다.
하지만 세기 초(1900년대 초)에 믿었던 고전 법칙(고전 물리학)에 따르면 에너지는 초과 인출할 수 없다.
– 스티븐 호킹(Stephen Hawking)

과거에는 컴퓨터가 사용하는 에너지는 무료이고 무제한이었다. 또는 적어도 우리는 마치 그런 것처럼 행동했다. 과거에 아키텍트는 소프트웨어가 소비하는 에너지에 대해 거의 신경 쓰지 않았다. 하지만 이제 그런 시절은 지났다. 대부분의 사람에게 모바일 장치는 주요 컴퓨팅 수단이고, 산업계와 정부에서 IoT를 채택하는 속도가 증가하고 있으며, 또 클라우드 서비스는 컴퓨팅 인프라의 근간이 되면서 에너지는 더 이상 아키텍트가 무시할 수 있는 문제가 아니다. 더 이상 전력은 공짜가 아니고 무제한도 아니다. 모바일 장치의 에너지 효율성은 우리 모두에게 영향을 미친다. 마찬가지로 클라우드 공급업체들은 자신들의 서버 팜의 에너지 효율성에 점점 더 많은 신경을 쓴다. 2016년에는 전 세계적으로 데이터 센터가 소비하는 에너지가 영국이 소비하는 전체 에너지보다 약 40퍼센트 더 많다고 보고됐다. 전 세계에서 소비하는 에너지 소비량의 3퍼센트는 데이터 센터가 차지한 것이다. 좀 더 최근 예측치에 따르면, 데이터 센터의 에너지 소비량은 전 세계 에너지 소비량의 10퍼센트에 달한다고 한다. 대규모 데이터 센터가 돌아가도록 하고 더 중요하게는 냉각하는 데 드는 에너지 비용으로 인해 사람들은 전체 데이터 센터를 우주에 짓는 비용을 계산하기 시작했다. 우주에서는 냉각 비용이 들지 않고 태양이 무제한 전력을 공급한다. 무엇보다 오늘날의 우주선 발사 비용을 고려해보면, 경제적으로 우주에 데이터 센터를 짓는 것도 가능해 보인다. 특히 물속이나 극지방에 서버 팜을 구축하는 것은 이미 현실이 됐다.

고가든 저가든 컴퓨팅 장치의 에너지 소비는 무시할 수 없는 문제가 됐다. 이는 아키텍트로서 우리가 이제 에너지 효율성을 시스템을 설계할 때 고려해야 할 품질 속성 목록에 추가해야 한다는 의미다. 다른 품질 속성과 마찬가지로 절충점을 찾아야 한다. '에너지 사용 vs. 성능, 가용성, 변경 용이성 또는 적시 시장 공급 등'과 같이 에너지 사용과 다른 품질 속성과의 절충점을 찾아야 한다. 에너지 효율성을 매우 중요한 품질 속성으로 고려해야 하는 이유는 다음과 같다.

1. 아키텍처적인 접근법은 중요한 시스템 품질 속성에 대한 통제를 확보하기 위해 필요하다. 이는 에너지 효율성도 마찬가지다. 에너지를 모니터링하고 관리하는 시스템 전반에 걸친 기법이 부재하다면, 개발자는 스스로 이러한 기법을 개발해야 하는 처지에 놓인다. 최상의 경우에 이는 에너지 효율성에 대한 즉석에서 마련된 접근법으로 이어져, 관리와 측정과 개선이 어려운 시스템이 탄생할 것이다. 최악의 경우에는 원하는 에너지 목표를 너무나 명백하게 달성할 수 없는 접근법으로 이어질 것이다.

2. 대부분의 아키텍트와 개발자는 에너지 효율성이 고려해야 할 품질 속성이라는 것을 모르고 있다. 따라서 에너지 효율성을 위한 엔지니어링과 코딩을 어떻게 시작해야 할지도 모른다. 좀 더 근본적으로는 에너지 효율성 요구 사항을 이해하지 못한다. 에너지 효율성 요구 사항을 어떻게 수집해서 어떻게 분석해야 할지 모른다. 오늘날 프로그래머를 위한 교과 과정에서는 대개 에너지 효율성에 대해 언급조차 하지 않는다. 그 결과, 학생들은 에너지 효율성 문제에 한 번도 노출되지 않은 채 엔지니어링이나 컴퓨터 과학 학위를 딴다.

3. 대부분의 아키텍트와 개발자는 에너지 효율성을 실행 시간에 관리하고 모니터링하는 데 적합한 설계 개념뿐만 아니라 에너지 효율성을 위한 설계를 하는 데 적합한 설계 개념도 갖고 있지 못하다. 게다가 에너지 효율성이 소프트웨어 엔지니어링 커뮤니티에 등장한 지 상대적으로 얼마되지 않았기 때문에 에너지 효율성 설계 개념은 여전히 걸음마 단계이고 아직까지 정해진 분류 체계가 없다.

일반적으로 클라우드 플랫폼은 (재난 시를 제외하고는) 에너지가 부족한 경우를 고민할 필요가 없다. 반면에 모바일 장치와 IoT 장치 사용자들에게 있어 에너지 부족은 일상적인 고민이다. 클라우드 환경에서 규모를 확장하거나 축소하는 것은 핵심 역량이다. 따라서 최적의 리소스 할당에 관해 정기적으로 결정을 내려야 한다. IoT 장치의 경우 크기와 형태, 열 발산으로 인해 설계가 제한된다. 예를 들어 덩치가 큰 배터리를 설치할 공간이 없다. 추가적으로 향후 10년간 배포될 것으로 예상되는 IoT 장치의 수를 고려할 때 에너지 사용은 문제가 된다.

이러한 맥락을 모두 고려할 때 에너지 효율성은 성능 및 가용성과 균형을 맞춰야 한다. 이는 엔지니어로 하여금 의식적으로 절충점을 찾도록 만든다. 클라우드 관점에서 리소스를 더 많이 할당하는 것(서버와 저장소 등을 늘리는 것)은 성능과 개별 장치 실패에 대한 저항성을 향상시키지만, 에너지와 돈 지출이 늘어난다. 모바일과 IoT의 관점에서 보면 일반적으로 리소스를 더 많이 할당하는 것은 불가능하다(다만, 컴퓨팅 부담을 모바일 장치에서 클라우드 백엔드로 옮기는 것은 가능하다). 따라서 '에너지 효율성 vs. 성능과 사용성'에서 절충점을 찾아야 한다. 마지막으로 모든 관점에서 '에너지 효율성 vs. 구축 용이성과 변경 용이성'에는 절충점이 있다.

6.1 에너지 효율성 일반 시나리오

이러한 점들을 고려해 표 6.1과 같이 에너지 효율성 일반 시나리오의 다양한 부분을 결정할 수 있다.

표 6.1 에너지 효율성 일반 시나리오

부분	설명	가능한 값
공급원	누가 혹은 무엇이 에너지 절약이나 관리를 요청하는지 명시한다.	최종 사용자, 관리자, 시스템 관리자, 자동 에이전트
자극	에너지 절약 요청	전체 사용량, 순간 최대 사용량, 평균 사용량 등
대상물	무엇을 관리해야 할지 명시한다.	특정 장치, 서버, VM, 클러스터 등
환경	에너지는 일반적으로 런타임 시에 관리된다. 하지만 시스템 특징에 따라 흥미로운 특별 사례가 많이 존재한다.	런타임, 네트워크 통신이 가능함, 배터리로 동작, 배터리 부족 모드, 저전력 모드
응답	시스템이 에너지 사용량을 절약하거나 관리하기 위해 어떤 동작을 취해야 하는지 명시한다.	다음 중 하나 이상이 해당한다. • 서비스 비활성화 • 런타임 서비스 할당 해제 • 서비스의 서버 할당 변경 • 더 낮은 전력 모드로 서비스 실행 • 서버 할당/할당 해제 • 서비스 수준 변경 • 스케줄링 변경

(이어짐)

부분	설명	가능한 값
응답 측정	측정치는 주로 절감된 에너지양이나 소비된 에너지양 그리고 다른 기능이나 품질 속성에 대한 영향을 중점적으로 다룬다.	다음 관점에서 에너지를 관리하거나 절약한다. • 절약된 에너지의 최대/평균 값(킬로와트 단위) • 절약된 에너지의 평균/전체 양 • 사용된 전체 킬로와트시(kilowatt hour) • 시스템이 반드시 전원이 켜져 있어야 하는 기간 단, 에너지 절약 시 요구된 기능성 수준과 다른 품질 속성의 허용 수준을 유지해야 한다.

그림 6.1은 구체적인 에너지 효율성 시나리오를 나타낸다. 관리자는 피크 타임이 아닐 때 사용하지 않는 리소스를 해제함으로써 런타임 시에 에너지를 절약하길 원한다. 시스템은 데이터베이스 질의에 대한 최소 응답 시간 요건인 2초를 유지하면서 리소스를 해제해, 필요한 전체 에너지의 50퍼센트를 평균적으로 절약한다.

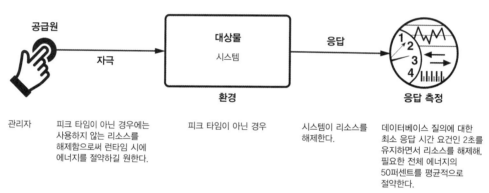

그림 6.1 에너지 효율성 시나리오 예시

6.2 에너지 효율성 전술

에너지 효율성 시나리오는 필수 기능성을 여전히 제공하는 가운데(기능성을 완전히 제공하지 못할지라도) 에너지를 절약하거나 관리하고자 하는 욕구에 의해 촉진됐다. 이러한 시나리오는 에너지 응답(예: 리소스 해제)이 시간과 비용, 품질에 관해 허용할 수 있는(받아들일 만한) 제약 조건 내에서 달성된다면 성공적이다. 이러한 관계(에너지 효율성 전술 목표)를 그림 6.2에 나타냈다.

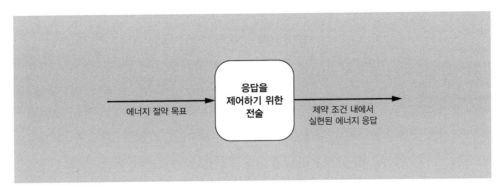

그림 6.2 에너지 효율성 전술 목표

에너지 효율성의 중심에는 효율적인 리소스 활용이 있다. 이러한 전술을 크게 리소스 모니터링, 리소스 할당, 리소스 채택 등 세 가지로 분류할 수 있다(그림 6.3). 여기서 '리소스'라 함은 기능성을 제공하면서 에너지를 소비하는 컴퓨팅 장치를 의미한다. 이는 9장에서 알아볼 하드웨어 리소스의 정의와 유사하다. 하드웨어 리소스는 CPU와 데이터 저장소, 네트워크 통신, 메모리를 포함한다.

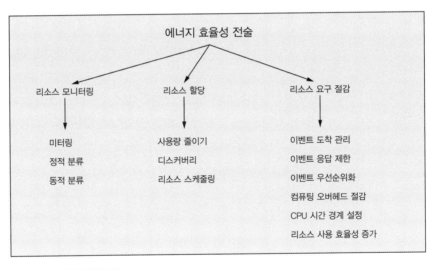

그림 6.3 에너지 효율성 전술

리소스 모니터링

측정할 수 없는 것은 관리할 수 없다. 따라서 리소스 모니터링부터 알아보겠다. 리소스 모니터링을 위한 전술로는 미터링, 정적 분류, 동적 분류가 있다.

- **미터링**metering: 미터링 전술에는 센서 인프라를 통해 거의 실시간으로 컴퓨팅 리소스의 에너지 소비에 관한 데이터를 수집하는 것이 포함된다. 가장 크게 보면, 전체 데이터 센터의 에너지 소비는 데이터 센터의 전력량계를 통해 측정할 수 있다. 개별적인 서버나 하드 드라이브의 에너지 소비는 전류계나 전력계와 같은 외부 툴이나 계측 랙 PDU^{Power Distribution Unit, 전원 분배 장치}와 ASIC^{Application-Specific Integrated Circuit, 애플리케이션별 직접 회로} 등과 같은 내장 툴을 사용해 측정할 수 있다. 배터리로 운영되는 시스템의 경우 배터리에 남아 있는 에너지는 배터리 관리 시스템(최신 배터리의 구성 요소 중 하나)을 통해 알 수 있다.
- **정적 분류**static classification: 실시간 데이터 수집이 불가능한 경우도 있다. 예를 들어 조직이 원격 클라우드를 사용한다면 실시간 에너지 데이터를 직접 접근할 수 없을 것이다. 정적 분류를 사용하면 사용된 컴퓨팅 리소스와 해당 리소스의 알려진 에너지 특성을 분류함으로써 에너지 소비량을 예측할 수 있다. 예를 들어 페치fetch당 메모리 장치에 의해 사용된 에너지량이 있다. 이러한 특성들은 벤치마크 데이터 형태나 제조사의 사양에서 확인할 수 있다.
- **동적 분류**dynamic classification: 컴퓨팅 리소스의 정적 모델이 불충분한 경우에는 동적 모델이 필요할 수도 있다. 정적 모델과 달리 동적 모델은 작업량과 같은 일시적인 조건에 대한 지식을 기반으로 에너지 소비를 예측한다. 동적 모델은 간단한 조회 테이블 형태일 수도 있고 이전에 실행했을 때의 데이터나 시뮬레이션 데이터를 기반으로 한 회귀regression 모델일 수도 있다.

리소스 할당

리소스 할당은 에너지 소비에 유의하는 방식으로 작업을 수행하기 위해 리소스를 할당하는 것을 의미한다. 리소스 할당 전술은 사용량 줄이기와 디스커버리, 스케줄링이 있다.

- **사용량 줄이기**: 사용량은 화면 재생 빈도 줄이기나 백그라운드 어둡게 하기 등과 같은 장치에 특화된 조치들로 장치 수준에서 줄일 수 있다. 에너지 소비를 줄이기 위한 또

다른 방법으로, 리소스가 더 이상 필요하지 않을 때 리소스를 제거하거나 비활성화할 수 있다. 예를 들어 하드 드라이브의 회전 속도를 줄이거나, CPU 또는 서버를 끄거나, CPU를 느린 클럭 속도로 실행하거나, 사용 중이 아닌 프로세서의 블록에 공급되는 전류를 끄는 것 등이 있다. 또한 서버 통합consolidation을 통해 놀고 있는 컴퓨팅 리소스를 끄는 방식을 활용하면서 가상 머신들을 최소 개수의 물리적 서버에 배치하는 형태를 취할 수도 있다. 모바일 애플리케이션의 경우 컴퓨팅의 일부를 클라우드에 넘김으로써 에너지를 절약할 수 있다. 이는 클라우드와 통신하는 데 드는 에너지 소비가 컴퓨팅에 들어가는 에너지 소비보다 작은 경우에 가능하다.

- **디스커버리**discovery: 7장에서 알아볼 내용으로, 디스커버리 서비스는 클라이언트로부터의 서비스 요청을 서비스 공급자와 매칭하는 역할을 하며 이러한 서비스의 식별과 원격 호출을 지원한다. 기존에 디스커버리 서비스는 이러한 매칭을 서비스 요청의 설명을 기반으로 수행했다(대개 API). 에너지 효율성 관점에서 이러한 요청은 에너지 정보를 포함하는 경우 요청자가 자신의 에너지 특징을 기반으로 서비스 공급자(리소스)를 선택할 수 있다. 클라우드의 경우 이러한 에너지 정보는 '그린 서비스 디렉터리'에 저장할 수 있다. 그린 서비스 디렉터리는 리소스 모니터링 전술인 미터링으로부터 나온 정보와 정적 분류, 동적 분류에 의해 채워진 디렉터리다. 스마트폰의 경우 이러한 정보는 앱 스토어에서 얻을 수 있다. 현재 이러한 정보는 기껏해야 필요한 경우에만 마련돼 있고 대개 서비스 API에는 존재하지 않는다.

- **리소스 스케줄링**: 스케줄링은 작업을 컴퓨팅 리소스에 할당하는 것이다. 9장에서 알아볼 내용이지만 리소스 스케줄링 전술은 성능을 향상시킬 수 있다. 에너지 관점에서 리소스 스케줄링을 사용해 작업 제약 사항 내에서 작업 우선순위를 지키면서도 에너지 사용량을 효과적으로 관리할 수 있다. 스케줄링은 하나 이상의 리소스 모니터링 전술을 사용해 수집한 데이터에 기반할 수 있다. 클라우드 관점에서 에너지 디스커버리 서비스를 사용하거나 멀티 코어 관점에서 컨트롤러를 사용해, 컴퓨팅 작업은 더 나은 에너지 효율성이나 더 낮은 에너지 비용을 제시하는 컴퓨팅 리소스를 선택하면서 어떤 컴퓨팅 리소스(서비스 제공자)를 사용할지 동적으로 변경할 수 있다. 예를 들어 어떤 서비스 제공자는 다른 서비스 제공자보다 경량이기 때문에 앞에서 언급했던 에너지 효율성 전술을 사용해 에너지 사용량을 조정함으로써 평균적으로 작업 단위당 더 적은 에너지를 소비할 수 있다.

리소스 요구 줄이기

리소스 요구 줄이기로 분류되는 전술들은 9장에서 자세히 알아볼 것이다. 해당 분류의 전술들은 모두 일을 덜 함으로써 에너지 효율성을 직접 향상시킨다. 해당 분류에 속하는 전술로는 이벤트 도착 관리, 이벤트 응답 제한, 이벤트 우선순위화(우선순위가 낮은 이벤트는 서비스되지 못할 가능성이 높음), 컴퓨팅 오버헤드 절감, CPU 시간 경계 설정, 리소스 사용 효율성 향상 등이 있다. 이 전술은 사용량을 줄이기 위한 보충적인 전술이다. 사용량 줄이기 전술이 리소스 요구가 동일하게 유지된다고 추정하는 반면, 리소스 요구 줄이기 전술은 명시적으로 리소스 요구를 관리하고 줄이기 위한 수단이기 때문이다.

6.3 에너지 효율성 전술 기반 질문지

3장에서 설명했듯이 전술 기반 질문지의 목표는 아키텍처가 에너지 효율성을 관리하기 위한 전술들을 활용하는 정도(수준)를 매우 빠르게 이해하는 것이다.

6.2절에서 기술한 전술들에 기반해 표 6.2와 같은 가용성 전술 기반의 질문 집합을 만들수 있다. 에너지 효율성을 지원하기 위해 내린 아키텍처 선택들에 관한 전반적인 개요를 이해하기 위해 분석가는 각 질문을 물어본 다음, 답변을 표에 기록한다. 그리고 나서 해당 질문들에 대한 답변을 기반으로 향후 어떤 활동에 집중해야 할지 결정할 수 있다. 문서를 조사하거나 코드 또는 기타 산출물을 분석하거나 코드를 리버스 엔지니어링하는 등의 활동을 할수 있다.

표 6.2 에너지 효율성 전술 기반 질문지

전술 그룹	전술 질문	지원? (Y/N)	위험	설계 결정 및 위치	근거와 가정
리소스 모니터링	시스템이 **에너지 사용을 측정**하는가? 즉, 시스템이 컴퓨팅 장치의 실제 에너지 소비에 관한 데이터를 센서 인프라를 통해 거의 실시간으로 수집하는가? 시스템이 장치와 컴퓨팅 리소스를 **정적으로 분류**하는가? 즉, 시스템이 장치나 리소스의 에너지 소비를 예측하기 위한 참조 값을 갖고 있는가? 정적 분류는 실시간 측정이 불가능하거나 계산 비용이 너무 비싼 경우에 사용한다.				

(이어짐)

전술 그룹	전술 질문	지원?(Y/N)	위험	설계 결정 및 위치	근거와 가정
	시스템이 장치나 컴퓨팅 리소스를 **동적으로 분류**하는가? 부하나 환경적 조건이 다양해서 정적 분류가 정확하지 않은 경우에 시스템이 장치나 리소스의 다양하게 변하는 에너지 소비를 런타임 시에 예측하기 위해 이전에 수집한 데이터를 기반으로 한 동적 모델을 사용하는가?				
리소스 할당	시스템이 리소스 사용량의 규모를 줄이기 위해 **사용량을 줄이는가**? 즉, 에너지를 절약하기 위해 리소스가 더 이상 요구되지 않을 때 해당 리소스를 비활성화할 수 있는가? 이는 하드 드라이브의 회전 속도를 늦추거나, 화면을 어둡게 하거나, CPU나 서버를 끄거나, CPU를 더 느린 클럭 속도로 실행하거나, 현재 사용하지 않는 프로세서의 메모리 블록을 끄는 등의 활동이 포함될 수 있다. 에너지를 좀 더 효율적으로 활용하기 위해 시스템이 작업 제약 사항 내에서 작업 우선순위를 고려해 **리소스를 스케줄링**하는가? 리소스 스케줄링은 서비스 제공자와 같은 컴퓨팅 리소스를 더 나은 에너지 효율성이나 더 낮은 에너지 비용을 제공하는 컴퓨팅 리소스로 전환함으로써 이뤄진다. 스케줄링이 (하나 이상의 리소스 모니터링 전술을 사용해) 시스템의 상태에 관해 수집된 데이터를 기반으로 하는가? 시스템이 서비스 요청을 서비스 제공자에 매칭하기 위해 **디스커버리 서비스**를 활용하는가? 에너지 효율성 관점에서 서비스 요청에 에너지 요구 사항 정보를 추가할 수 있다. 덕분에 서비스 요청자는 자신의 에너지 특성을 기반으로 서비스 제공자를 선택할 수 있다.				
리소스 요구 줄이기	지속적으로 **리소스 요구를 줄이려고** 시도하는가? 9장의 성능 전술 기반 질문지로부터 이번 분류에 해당하는 질문들을 가져다 여기에 넣을 수 있다.				

6.4 패턴

에너지 효율성을 위해 사용된 패턴들의 일부 예로 센서 융합과 비정상 작업 종료, 전원 모니터링이 있다.

센서 융합

모바일 앱과 IoT 시스템은 대개 여러 센서를 사용해 주변 환경으로부터 데이터를 수집한다. 센서 융합 패턴의 경우 저전력 센서로부터 오는 데이터를 사용해 고전력 센서로부터 데이터를 수집해야 할지 여부를 추론할 수 있다. 모바일 폰 관점에서의 일반적인 예로는 가속도계를 사용해 사용자가 이동 중인지 여부를 확인함으로써 사용자가 이동 중인 경우 GPS 위치를 업데이트한다. 센서 융합 패턴은 에너지 소비 관점에서 고전력 센서에 접근하는 것보다 저전력 센서에 접근하는 것이 훨씬 저렴하다고 가정한다.

장점:

- 센서 융합 패턴의 명확한 장점으로는 에너지를 많이 사용하는 센서를 확인하는 횟수를 단순히 줄이는 방법 대신 좀 더 지능적인 방식으로 에너지를 많이 소비하는 장치의 사용을 줄일 수 있다는 것이다.

절충점:

- 여러 센서를 확인하고 비교하는 것은 초기 복잡도를 증가시킨다.
- 더 많은 에너지를 소비하는 센서는 전력 소비가 늘어나는 대신 품질이 더 높은 데이터를 제공한다. 또한 부차적인 센서(에너지 소비가 적은 센서)를 우선 확인하는 것보다 에너지 소비가 많은 센서만을 사용하는 것이 시간이 덜 걸리기 때문에 이러한 고품질 데이터를 더 빨리 얻을 수 있다.
- 에너지 소비가 적은 센서를 확인한 결과(추론 결과)가 에너지를 많이 소비하는 센서를 확인해야 한다는 결론으로 이어지는 빈도가 많은 경우 센서 융합 패턴은 오히려 전반적으로 에너지를 많이 소비하게 된다.

비정상적인 작업 종료

모바일 시스템은 대개 출처가 알려지지 않은 앱들을 실행하기 때문에 전원을 엄청나게 많이 소비하는 앱을 자신도 알지 못한 채 실행 중일 수 있다. 비정상적인 작업 종료 패턴은 그러한 앱들의 에너지 사용량을 모니터링해 에너지를 많이 소비하는 작업들을 중단하거나 종료할 방법을 제공한다. 예를 들어 앱이 소리가 나는 알람을 발생시키면서 진동을 일으키는데, 사용자가 이러한 알람에 반응하지 않으면 일정 시간이 지난 후에 해당 작업을 종료할 수 있다.

장점:

- 비정상적인 작업 종료 패턴은 알려지지 않은 에너지 속성을 지닌 앱들의 에너지 소비를 관리할 수 있는 '오동작 시에도 안전을 보장하는[fail-safe]' 옵션을 제공한다.

절충점:

- 모니터링 프로세스로 인해 시스템 연산에 약간의 오버헤드가 발생한다. 이는 성능에 영향을 미칠 수 있고 작긴 하지만 에너지 사용량에도 영향을 미칠 수 있다.
- 비정상적인 작업 종료 패턴의 사용성을 고려해야 한다. 에너지를 많이 소비하는 작업을 종료하는 것은 사용자의 의도에 반할 수도 있다.

전원 모니터링

전원 모니터링 패턴은 시스템 장치를 모니터링하고 관리해 시스템 장치가 활성화돼 있는 시간을 최소화한다. 전원 모니터링 패턴은 애플리케이션이 적극적으로 사용하고 있지 않은 장치와 인터페이스를 자동으로 비활성화하려 시도한다. 전원 모니터링 패턴은 직접 회로에서는 오랫동안 사용돼 왔다. 직접 회로의 경우 에너지를 절약하기 위해 사용 중이지 않은 회로 블록들을 차단한다.

장점:

- 전원 모니터링 패턴은 차단된 장치들은 실제 필요한 장치가 아니라는 가정하에 최종 사용자에게 거의 영향을 주지 않으면서 지능적인 방법으로 전원을 절약한다.

절충점:

- 일단 어떤 장치의 전원이 꺼지면 해당 장치를 다시 켜야 하므로 해당 장치가 반응하는데 약간의 지연이 발생한다. 일부 장치의 경우 해당 장치를 일정 시간 동안 정적 상태로 두는 것이 전원을 껐다 켰다 하는 것보다 에너지가 덜 소비된다.
- 전원 모니터링을 하기 위해서는 각 장치에 대한 지식과 해당 장치의 에너지 소비 특성에 대한 지식이 필요하다. 이로 인해 시스템 설계 시에 복잡도가 증가한다.

6.5 참고 문헌

[Procaccianti 14]에서 에너지 전술이 최초로 출간됐다. 해당 전술들은 이 책에서 소개한 전술들에 부분적으로 영향을 미쳤다. 또한 [Procaccianti 14]는 이후 [Paradis 21]에도 영향을 미쳤다. 이번 장에서 소개한 전술들 중 상당 부분이 두 논문([Procaccianti 14], [Paradis 21])으로부터 많은 영향을 받았다.

소프트웨어 개발의 에너지 사용량에 관해 전반적으로 잘 소개한 자료(그리고 개발자들이 뭘 모르고 있는지)를 보고 싶다면 [Pang 16]을 읽어보자.

에너지 소비에 관한 설계 선택의 결과를 조사한 연구 논문이 여럿 있다([Kazman 18], [Chowdhury 19]).

'에너지를 신경 쓰는' 소프트웨어를 만드는 것이 중요한 이유에 대한 논의는 [Fonseca 19]에서 확인할 수 있다.

모바일 장치에 대한 에너지 패턴은 [Cruz 19]와 [Schaarschmidt 20]이 분류했다.

6.6 토론 질문

1. 표 6.1에서 살펴본 에너지 효율성 일반 시나리오의 응답에 가능한 값들을 각각 사용해 구체적인 에너지 효율성 시나리오를 작성한다.

2. 스마트폰 앱을 위한 구체적인 에너지 효율성 시나리오를 작성한다.

3. 데이터 센터의 데이터 서버 클러스터를 위한 구체적인 에너지 효율성 시나리오를 작성한다. 2번 질문에서 작성한 시나리오와 이번 시나리오의 가장 중요한 차이점은 무엇인가?

4. 여러분의 노트북 컴퓨터나 스마트폰이 현재 사용하고 있는 에너지 효율성 기법을 나열한다.

5. 스마트폰에서 와이파이를 사용하는 것과 이동통신망을 사용하는 것 간에는 에너지 측면에서 어떤 장단점이 있는가?

6. 여러분이 평생 동안 살면서 대기에 내뿜는 이산화탄소의 양을 계산해보자. 이를 계산하기 위해 구글을 몇 번이나 검색했는가?

7. 구글이 한 번의 검색에 필요한 에너지양을 1퍼센트 줄였다고 가정해보자. 1년에 얼마나 많은 에너지가 절약될까?

8. 7번 질문에 답하기 위해 얼마나 많은 양의 에너지를 사용했는가?

7장

통합 용이성

> 통합은 삶의 기본 법칙이다.
> 통합에 대한 저항은 자연스레 우리 내외부 모두의 분열로 이어진다.
> 따라서 우리는 통합을 통한 조화라는 개념에 이르게 된다.
> – 노먼 커즌스(Norman Cousins)

메리엄-웹스터$^{Merriam-Webster}$ 사전에 따르면 형용사 integrable은 '통합 가능한'이라는 의미다. 잠시 여유를 갖고 숨을 고르면서 이 심오한 말의 진정한 의미를 파악해보자. 실제 소프트웨어 시스템의 경우 소프트웨어 아키텍트는 단순히 별도로 개발된 컴포넌트들이 서로 동작하도록 만드는 것 이상으로 신경을 써야 한다. 소프트웨어 아키텍트는 예상되거나 (다양한 수준으로) 예상치 못한 향후 통합 작업들의 비용^{cost}과 기술적 위험$^{technical risk}$ 역시 고려해야 한다. 이러한 위험은 일정과 성능, 기술 등과 연관될 수도 있다.

통합 문제를 일반적으로 그리고 추상적으로 표현해보면 다음과 같다. 어떤 프로젝트가 소프트웨어의 단위인 C 또는 소프트웨어 단위들의 집합인 C_1, C_2, $\cdots$, C_n을 시스템 S에 통합해야 한다. S는 우리가 $\{C_i\}$를 통합시켜야 하는 대상이 되는 플랫폼일 수도 있고, S가 이미 $\{C_1$, C_2, $\cdots$, $C_n\}$을 포함하는 기존 시스템이므로 우리는 $\{C_{n+1}$, $\cdots$, $C_m\}$을 해당 시스템에 통합하기 위한 설계 작업을 수행해야 하며, 통합 시 발생하는 비용과 기술적 위험을 분석해야 할 수도 있다.

S에 대해 통제할 수 있지만 $\{C_i\}$는 우리의 통제 밖일 수도 있다. 예를 들어 $\{C_i\}$가 외부 벤더에 의해 공급되기 때문에 각 C_i에 대한 우리의 이해도가 다양할 수도 있다. C_i를 더 명확히 이해할수록 설계가 더 좋아질 것이고 분석은 더 정확해질 것이다.

물론 S는 정적이지 않고 진화할 것이며, 이러한 진화는 재분석을 요할 수도 있다. 변경 용이성과 같은 다른 품질 속성과 마찬가지로 통합 용이성은 쉽지 않다. 이유는 실제 통합이 이뤄지는 시점이 통합 용이성을 계획하는 시점보다 미래이므로 계획 단계에서는 불완전한 정보를 갖고 있기 때문이다. 간단히 말해 아키텍처에서 통합을 제대로 예상하고 이를 수용할 수 있도록 만들어졌다면 통합은 쉬울 것이고, 반면에 아키텍처에서 통합을 제대로 예상치 못했다면 통합은 복잡해질 것이다.

간단하게 비유해보자. 북미 규격 전원 플러그(C_i에 해당)를 북미 규격 소켓(전기 시스템 S가 제공하는 인터페이스)에 꽂는다면 '통합'은 간단하다. 하지만 북미 규격 플러그를 영국 규격 소켓에 꽂기 위해서는 어댑터가 필요할 것이다. 그리고 북미 규격 플러그를 지닌 장치는 110볼트 전원에서만 동작할 수도 있다. 이로 인해 영국 규격 220볼트 소켓에서 동작하기 위해서는 추가적인 수정이 필요할 수 있다. 더 나아가 부품이 60Hz에서 동작하도록 설계됐고 시스템이 70Hz를 제공한다면, 플러그와 소켓이 맞더라도 해당 부품은 제대로 동작하지 않을 수 있다. S와 C_i를 만든 사람들이 내린 아키텍처 선택(예: 플러그 어댑터 또는 볼트 어댑터를 제공하거나 컴포넌트가 다른 주파수에서도 동일하게 동작하도록 만드는 것)은 통합의 비용과 위험에 영향을 미칠 것이다.

7.1 아키텍처의 통합 용이성 평가

통합 난이도(비용과 기술적 위험)는 $\{C_i\}$의 인터페이스와 S의 인터페이스 간 크기와 거리의 함수로 생각해볼 수 있다.

크기는 $\{C_i\}$와 S 간의 잠재적인 의존 관계 수다.

거리는 각 의존 관계에서 차이를 해결하는 것의 난이도다.

의존 관계는 대개 구문적으로 측정한다. 예를 들어 A가 B를 호출하거나 A가 B로부터 상속을 받거나 A가 B를 사용하면, 모듈 A는 컴포넌트 B에 의존한다고 할 수 있다. 하지만 구문적 의존 관계가 중요하고 미래에도 계속 중요하지만, 의존 관계는 구문적 관계로는 감지되지 않는 형태로 존재할 수도 있다. 두 컴포넌트가 런타임 시에 유한한 리소스(예: 메모리, 대역폭, CPU)를 공유하고 경쟁하거나 어떤 외부 장치에 대한 제어를 공유하거나 타이밍 의존 관계를 지닐 수 있기 때문에 두 개의 컴포넌트가 임시로 혹은 리소스를 통해 연결될 수도 있다. 또는 두 컴포넌트가 동일한 프로토콜, 파일 포맷, 측정 단위나 메타데이터 등에 대한 지식을 공유하기 때문에 두 컴포넌트가 의미론적으로 연결될 수도 있다. 지식이 빠졌거나 명확하게 표현돼 있지 않으면(묵시적이면) 대규모의 장기 프로젝트에서 위험 요소가 되고, 이러한 지식 차이는 통합과 통합 테스트의 비용 및 위험을 불가피하게 증가시킨다.

오늘날 컴퓨터 분야의 트렌드가 서비스와 마이크로서비스 쪽을 향하고 있다는 점을 고려하자. 이러한 접근법의 기반이 되는 개념은 의존 관계의 수와 거리를 줄이기 위해 컴포넌트를 분리해야 한다는 것이다. 서비스들은 각 서비스가 공개한 인터페이스를 통해서만 서로를 알 수 있고, 이러한 인터페이스가 적절하게 추상화된 것이라면 하나의 서비스에 대한 변경이 시스템의 다른 서비스에 대해 파급 효과를 일으킬 가능성은 적어진다. 컴포넌트를 계속해서 분리하는 것은 수십 년간 지속돼 온 산업 분야 전반에 걸친 트렌드다. 서비스 중심 그 자체는 의존 관계의 구문적인 측면만을 다룬다. 따라서 서비스 중심은 일시적이거나 의미론적인 측면은 다루지 못한다. 컴포넌트들이 분리돼 있음에도 컴포넌트들이 서로에 대한 세부적인 지식을 갖고 있으며 서로에 대해 어떤 가정을 세우고 있다면, 이는 사실상 긴밀하게 연결돼 있는 것이다. 따라서 향후에 이러한 컴포넌트를 변경하는 것은 비용이 많이 들 것이다.

변경 용이성을 위해서는 '인터페이스'를 단순한 API보다 훨씬 더 복잡한 것으로 봐야 한다. 인터페이스는 항목들 간의 모든 연관된 의존 관계가 지닌 특성을 기술해야 한다. 컴포넌트 간의 의존 관계를 이해하려 노력할 때 '거리'라는 개념이 도움이 된다. 컴포넌트들이 상호 작용할 때 상호 작용을 성공적으로 수행하기 위해 컴포넌트들이 어떤 식으로 협력해야 할지에 관해 컴포넌트들이 잘 조율돼 있어야 한다. 거리는 다음 사항들을 의미할 수 있다.

- **구문적 거리**^{syntactic distance}: 협력하는 요소들은 공유 중인 데이터 요소들의 개수와 형식에 서로 동의해야 한다. 예를 들어 한 요소가 정수를 전송하고 다른 요소가 부동 소수점을 기대하거나 데이터 필드 내의 비트가 서로 다르게 해석된다면, 이러한 차이로 인해 메워야 할 구문적 거리가 발생할 것이다. 데이터 형식의 차이는 쉽게 관찰하고 예측할 수 있다. 예를 들어 컴파일러가 이러한 형식 불일치를 잡아낼 수 있다. 비트 마스크에서의 차이는 대개 감지하기가 더욱 어려우므로 분석가들은 이러한 불일치를 식별하기 위해 문서나 코드 파악에 의존해야 할 수도 있다.
- **데이터 의미론적 거리**^{data semantic distance}: 협력하는 요소들은 데이터 의미론에 동의해야 한다. 즉, 두 요소가 동일한 데이터 형식을 공유한다고 하더라도 해당 데이터 값들이 다르게 해석된다. 예를 들어 한 데이터 값이 고도를 미터 단위로 나타내고 다른 데이터 값은 고도를 피트 단위로 나타낸다면, 두 요소 사이에는 데이터 의미론적 거리가 존재

하므로 가교를 통해 연결해야 한다. 관련된 요소들이 메타데이터를 활용한다면 분석가 입장에서는 분석이 다소 쉬워질 수 있겠지만, 이러한 불일치는 대개 관측하고 예측하기 어렵다. 인터페이스 문서나 메타데이터 기술을 비교하거나 코드를 비교함으로써 데이터 의미론에 있어 불일치를 발견할 수 있을 것이다.

- **동작적 의미론적 거리**behavioral semantic distance: 협력하는 요소들은 동작에 대해 동의해야 한다. 특히나 시스템의 상태나 모드에 관해 동의가 이뤄져야 한다. 예를 들어 한 데이터 요소는 시스템 시작 모드와 종료 모드, 복구 모드에서 매번 다르게 해석될 수도 있다. 일부의 경우 이러한 상태와 모드는 프로토콜 형태로 명시적으로 표현될 수 있다. 또 다른 예로 C_i와 C_j는 제어와 관련해 다른 가정을 할 수도 있다. 예를 들어 각자가 상대방이 상호 작용을 먼저 개시할 것이라고 기대할 수 있다.

- **시간적 거리**temporal distance: 협력하는 요소들은 시간에 관한 가정에 동의해야 한다. 시간적 거리의 예로, 다른 비율로 동작하거나 다른 타이밍 가정을 하는 경우가 있다. 다른 비율로 동작하는 예로, 한 요소는 값을 10Hz로 발산하고 다른 요소는 60Hz로 값이 올 것이라고 기대할 수 있다. 다른 타이밍 가정을 하는 예로, 한 요소는 이벤트 B 다음에 이벤트 A가 발생할 것이라 기대하고 다른 요소는 이벤트 B가 발생하고 나서 50ms 이내에 이벤트 A가 발생할 것이라고 기대할 수 있다. 이러한 시간적 거리를 동작적 의미론적 거리에 속하는 것으로 볼 수도 있지만, 시간적 거리가 너무 중요하고 대개 눈에 띄지 않기 때문에 이를 별도로 소개하는 것이다.

- **리소스 거리**resource distance: 협력하는 요소들은 공유 리소스에 관한 가정에 동의해야 한다. 리소스 거리의 예로는 장치나 컴퓨팅 리소스가 있다. 장치의 예로 한 요소가 어떤 장치에 대한 독점 접근 권한을 필요로 하는 반면, 다른 요소는 공유 접근 권한을 기대할 수 있다. 컴퓨팅 리소스의 예로 한 요소가 최적으로 실행되기 위해서는 12GB의 메모리를 필요로 하고 다른 요소는 10GB의 메모리를 필요로 하지만, 대상 CPU는 물리 메모리가 16GB밖에 없을 수 있다. 또 다른 예로, 세 개의 요소가 각각 3Mbps의 속도로 동시에 데이터를 생성하고 있지만 통신 채널은 5Mbps의 최대 용량을 제공할 수도 있다. 시간적 거리와 마찬가지로 리소스 거리 역시 동작적 의미론적 거리와 관련 있다고 볼 수 있지만 별도로 분석하는 편이 낫다.

이러한 세부 사항들은 프로그래밍 언어 인터페이스 기술에서는 대개 언급되지 않는다. 하지만 조직적 관점에서 볼 때 명확히 표현되지 않은 이러한 묵시적 인터페이스들로 인해 통합 작업(그리고 변경과 디버깅 작업)에 대한 시간과 복잡도가 증가한다. 이것이 바로 인터페이스가 아키텍처에서 신경 써야 할 부분인 이유다. 이에 관해서는 15장에서 더 자세히 다룰 것이다.

본질적으로 통합 용이성은 잠재적 의존 관계를 지닌 요소들 간의 거리를 알아차리고 이 거리를 메우기 위해 가교를 놓는 것에 관한 속성이다. 이는 변경 용이성을 위한 계획을 세우는 것의 한 형태다. 이 주제는 8장에서 다시 다룰 것이다.

7.2 통합 용이성 일반 시나리오

표 7.1은 통합 용이성 일반 시나리오를 나타낸다.

표 7.1 통합 용이성 일반 시나리오

부분	설명	가능한 값
공급원	자극이 어디에서 온 것인가?	다음 중 하나 이상이 가능하다. • 미션/시스템 이해관계자 • 컴포넌트 마켓플레이스 • 컴포넌트 벤더
자극	자극이 무엇인가? 즉, 어떤 종류의 통합을 기술 중인가?	다음 중 하나가 가능하다. • 새로운 컴포넌트 추가 • 기존 컴포넌트의 신규 버전 통합 • 기존 컴포넌트들을 새로운 방법으로 통합
대상물	시스템의 어떤 부분이 통합에 포함되는가?	다음 중 하나가 가능하다. • 전체 시스템 • 특정 컴포넌트 집합 • 컴포넌트 메타데이터 • 컴포넌트 환경 설정
환경	자극이 발생할 때 시스템이 어떤 상태에 있는가?	다음 중 하나가 가능하다. • 개발 • 통합 • 배포 • 런타임

(이어짐)

부분	설명	가능한 값
응답	'통합 가능한' 시스템은 어떤 식으로 자극에 반응하는가?	다음 중 하나 이상이 가능하다. • 변경이 {완료, 통합, 테스트, 배포} 됐다. • 컴포넌트들이 새로운 환경 설정에서 성공적이면서 올바르게(구문적으로, 의미론적으로) 정보를 교환하고 있다. • 컴포넌트들이 새로운 환경 설정에서 성공적으로 협업하고 있다. • 컴포넌트들이 새로운 환경 설정에서 어떤 리소스 제한도 위반하지 않는다.
응답 측정	응답을 어떤 식으로 측정하는가?	다음 중 하나 이상이 가능하다. • 다음 중 하나 이상의 관점에서 비용을 측정한다. • 변경된 컴포넌트의 수 • 변경된 코드의 퍼센트 • 변경된 코드의 줄 수 • 노력 • 돈 • 실제 걸린 시간 • 다른 품질 속성 응답 측정치에 대한 영향(허용 가능한 절충점을 찾기 위함)

그림 7.1은 다음과 같은 일반 시나리오에 기반한 통합 용이성 시나리오의 예를 나타낸다. 새로운 데이터 필터링 컴포넌트를 컴포넌트 마켓플레이스에서 구매할 수 있게 됐으며, 해당 컴포넌트를 한 달 안에 시스템에 통합하고 배포해야 한다. 이때 1MM$^{\text{Man-Month}}$ 이상의 노력이 들어가서는 안 된다.

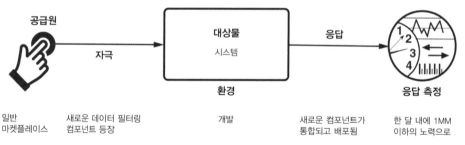

그림 7.1 통합 용이성 시나리오 예

7.3 통합 용이성 전술

통합 용이성 전술의 목표는 계속해서 변화하는 요구 사항에 대응하기 위해 새로운 컴포넌트를 추가하고 변경된 컴포넌트를 재통합하고 컴포넌트 집합들을 통합하는 데 드는 비용과 위험을 줄이는 것이다(그림 7.2 참고).

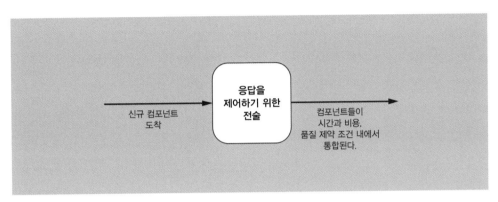

그림 7.2 통합 용이성 전술의 목표

통합 용이성 전술은 컴포넌트 간의 잠재적인 의존 관계의 수를 줄이거나 컴포넌트 간의 예측되는 거리를 줄임으로써 이러한 목표를 달성한다. 그림 7.3은 통합 용이성 전술의 개요를 나타낸다.

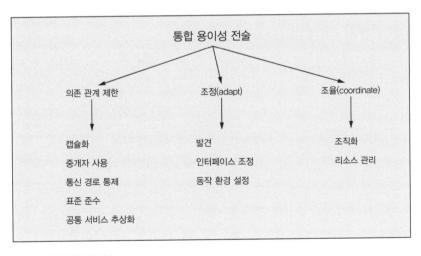

그림 7.3 통합 용이성 전술

의존 관계 제한

캡슐화

캡슐화는 다른 모든 통합 용이성 전술을 만드는 데 근간이 되는 것이다. 따라서 캡슐화 자체만 사용하는 경우는 거의 없고, 캡슐화 전술은 이 책에서 기술한 다른 전술에서 묵시적으로 사용된다.

캡슐화는 어떤 요소에 대한 명시적인 인터페이스를 정의하고 해당 요소에 대한 모든 접근이 해당 인터페이스를 통해 이뤄지도록 보장한다. 모든 의존 관계는 인터페이스를 통해 흘러야 하기 때문에 요소 내부 사항에 대한 의존성이 제거된다. 캡슐화는 의존 관계의 수를 줄이거나 요소 간의 거리를 줄임으로써 어떤 요소에 대한 변경이 다른 요소로 전파될 가능성을 줄인다. 하지만 인터페이스가 외부의 객체가 해당 요소와 상호 작용할 수 있는 방법을 제한한다는 단점도 있다. 결과적으로 외부의 객체는 노출된 인터페이스를 통해 해당 요소와 직접적으로만 상호 작용할 수 있다(서비스의 품질에 대한 의존과 같은 간접적인 상호 작용은 변경되지 않을 가능성이 높다).

또한 캡슐화는 특정 통합 작업과 무관한 인터페이스는 숨길 수도 있다. 예로 어떤 서비스가 사용하는 라이브러리가 있다고 할 때, 해당 라이브러리는 해당 서비스를 사용하는 쪽으로부터 완전히 숨길 수 있고, 해당 서비스를 사용하는 쪽에 영향을 미치지 않고 해당 라이브러리를 변경할 수 있다.

따라서 캡슐화는 C와 S 사이의 구문적 거리와 데이터 거리, 동작적 의미론적 거리를 줄일 뿐만 아니라 의존 관계의 수도 줄일 수 있다.

중개자 사용

중개자[intermediary]는 컴포넌트 C_i 간의 혹은 컴포넌트 C_i와 시스템 S 간의 의존 관계를 깨기 위한 용도로 사용된다. 중개자는 다양한 유형의 의존 관계를 해결하기 위해 사용할 수 있다. 예를 들어 발행–구독 버스[publish-subscribe bus]와 공유 데이터 저장소, 동적 서비스 디스커버리 같은 중개자들은 모두 데이터 생성자와 데이터 소비자가 상대방의 신원을 알 필요가 없도록 함으로써 데이터 생성자와 데이터 소비자 사이의 의존 관계를 줄인다. 데이터 변환자와 프로토콜 해석자 같은 다른 중개자들은 구문적 거리와 데이터 의미론적 거리 같은 것들을 해결함으로써 의존 관계를 줄인다.

특정 중개자의 구체적인 장점이 무엇인지 결정하기 위해서는 해당 중개자가 실제로 무엇을 수행하는지 알아야 한다. 분석가는 해당 중개자가 컴포넌트와 시스템 간의 의존 관계 수를 줄이는지 여부를 결정해야 하고, 해당 중재가 어떤 차원의 거리를 처리하는지 결정해야 한다.

중개자들은 대개 구체적인 의존 관계를 해결하기 위해 통합 과정 중에 도입된다. 하지만 예상 시나리오에 대한 통합 용이성을 증진하기 위해 중개자들을 아키텍처에 포함할 수도 있다. 발행-구독 버스와 같은 통신 중개자를 아키텍처에 포함한 다음, 해당 버스와 센서 간의 통신 경로를 제한하는 것이 센서의 통합 용이성을 증진하기 위한 목적으로 중개자를 사용하는 예다.

통신 경로 제한

통신 경로 제한 전술은 대상이 되는 요소가 어떤 요소들과 통신할 수 있는지 제한한다. 실전에서 통신 경로 제한은 요소의 가시성 제한(개발자에게 인터페이스가 노출돼 있지 않으면 개발자는 해당 요소를 활용할 수 없음)과 권한 부여(예: 오직 권한이 있는 요소들만 접근할 수 있도록 제한)를 통해 구현된다. 통신 경로 제한 전술은 서비스 중심 아키텍처SOA, Service Oriented Architecture에서 볼 수 있다. 서비스 중심 아키텍처의 경우 지점 간에 요청을 주고받는 대신, 라우팅과 전처리가 일관되게 수행될 수 있도록 모든 요청이 엔터프라이즈 서비스 버스enterprise service bus를 통해 이뤄져야 한다.

표준 준수

시스템 구현에 있어 표준화는 다양한 플랫폼과 벤더에 걸쳐 변경 용이성과 상호 호환성을 가능케 하는 주요 요소다. 표준은 표준이 무엇을 규정하는지에 있어 상당히 다양하다. 어떤 표준들은 구문과 데이터 의미론을 정의하는 데 집중한다. 또 어떤 표준들은 풍부한 설명을 포함한다. 이러한 풍부한 설명의 예로 동작적 의미론과 시간적 의미론을 포함하는 프로토콜 기술이 있다.

표준은 적용 가능 범위나 채택 범위에 있어 비슷하게 다양하다. 예를 들어 IEEEInstitute of Electrical and Electronics Engineers와 ISOInternational Organization for Standardization, OMGObject Management Group와 같은 널리 인정받는 표준 제정 기관들에 의해 발표된 표준들은 폭넓게 채택될 가능성이 높아진다. 어떤 조직에 국한된 규약들이 문서화가 잘돼 있고 잘 실행되고 있다면 '지역local 표준'으로 비슷한 장점을 제공할 수 있다. 하지만 해당 지역 표준의 채택 범위 밖에 있는 컴포넌트들을 통합할 때는 그러한 장점을 기대하기 어려울 것이다.

어떤 표준을 채택하는 것은 효과적인 통합 용이성 전술이 될 수 있다. 하지만 해당 표준의 효과성은 해당 표준이 어떤 측면의 차이점들을 다루는지와 향후에 컴포넌트 공급사들이 해당 표준을 준수할 가능성에 달려 있다. 해당 표준의 사용을 강제하기 위해 시스템 S와의 통신을 제한하는 것은 보통 잠재적인 의존 관계의 수를 줄인다. 표준에 무엇이 정의돼 있는지에 따라 표준 준수 전술은 구문적 거리와 데이터 의미론적 거리, 동작적 의미론적 거리, 시간적 거리와 같은 다양한 차원의 거리를 해결할 수도 있다.

공통 서비스 추상화

두 개의 요소가 비슷한 서비스를 제공하는 경우 좀 더 범용적인 서비스를 위한 공통 추상화 뒤에 해당되는 구체적인 요소를 숨기는 것이 유용할 수도 있다. 이러한 추상화는 해당 요소들 모두에 의해 구현된 공통 인터페이스 형태가 될 수도 있고, 혹은 이러한 추상화가 요청들을 추상화 뒤에 숨겨진 요소들을 위한 좀 더 구체적인 요청들로 변환하는 중개자를 포함할 수도 있다. 이렇게 구현된 캡슐화는 요소들의 세부 사항을 시스템의 다른 컴포넌트로부터 숨긴다. 통합 용이성 관점에서 이는 향후에 컴포넌트들을 통합할 때 각각의 요소와 개별적으로 통합할 필요 없이 단 하나의 추상화된 요소와 통합하면 됨을 의미한다.

공통 서비스 추상화 전술이 중개자(예: 래퍼wrapper나 어댑터adapter)와 결합됐을 때 해당 전술은 특정 요소들 간의 구문적 그리고 의미론적 차이점들을 정규화할 수 있다. 이를 확인할 수 있는 좋은 예로 시스템이 유형은 동일하지만 제조사가 다른 센서들을 많이 사용하는 경우가 있다. 제조사가 다르기 때문에 각 센서는 자신만의 장치 드라이버와 정확도 혹은 타이밍 특성을 지닌다. 하지만 시스템의 아키텍처는 센서들에게 공통 인터페이스를 제공한다. 또 다른 예로 웹 브라우저가 다양한 종류의 광고 차단 플러그인을 포함할 수도 있다. 플러그인 인터페이스 덕분에 브라우저 입장에서는 여러분이 어떤 광고 차단 플러그인을 선택했는지 알 필요가 없다.

공통 서비스 추상화 전술을 사용하면 공통 인프라 문제(예: 변환, 보안 메커니즘, 로깅)를 다룰 때 일관성을 유지할 수 있다. 이러한 공통 기능들이 변경되거나 이러한 공통 기능들을 구현한 컴포넌트의 신규 버전으로 변경됐을 때, 많은 부분을 변경할 필요 없이 특정 부분만 변경하면 된다. 추상 서비스는 특정 요소들 간의 구문적 그리고 데이터 의미론적 차이점을 감추기 위한 처리를 수행하는 중개자와 대개 짝을 이룬다.

조정

디스커버리

디스커버리 서비스는 관련 주소들의 카탈로그(분류 체계)로, 한 형태의 주소를 다른 형태로 변환할 필요가 있거나 대상 주소가 동적으로 바인딩될 수도 있거나 대상이 여럿인 경우에 유용하다. 디스커버리 서비스는 애플리케이션들과 서비스들이 서로의 정확한 위치를 찾아내기 위해 사용하는 메커니즘이다. 디스커버리 서비스는 다양한 제품에서 사용되는 특정 요소의 파생물^{variant}들을 나열하는 데 사용할 수도 있다.

디스커버리 서비스의 항목들은 등록해야 한다. 등록은 정적으로 일어날 수도 있고, 서비스가 인스턴스화됐을 때 동적으로 일어날 수도 있다. 디스커버리 서비스의 항목들이 더 이상 관련이 없을 때는 해당 항목들이 디스커버리 서비스로부터 등록 해지돼야 한다. 마찬가지로 등록 해지 역시 DNS 서버와 같이 정적으로 일어날 수도 있고 동적으로 일어날 수도 있다. 디스커버리 서비스 자체가 자신에게 등록된 항목들의 건강 상태 확인을 수행하면서 더 이상 관련이 없는 항목들을 동적으로 등록 해지할 수도 있고, 외부 소프트웨어가 카탈로그 내의 특정 항목이 더 이상 관련이 없어질 때를 감지해 해당 항목을 동적으로 등록 해지할 수도 있다.

디스커버리 서비스는 디스커버리 서비스들을 항목으로 포함할 수도 있다. 마찬가지로 디스커버리 서비스의 항목들은 질의가 참조할 수 있는 추가적인 속성들을 지닐 수도 있다. 예를 들어 날씨 디스커버리 서비스는 '예측 비용' 속성을 지닐 수도 있는데, 이 경우 여러분은 날씨 디스커버리 서비스에게 무료 날씨 예측 서비스를 제공하는지 여부를 확인(질의)할 수 있다.

이러한 디스커버리 전술은 협력 서비스들 간의 의존성을 낮춤으로써 동작한다. 각 협력 서비스는 서로에 대한 지식 없이 작성돼야 한다. 이로 인해 서비스 간에 바인딩할 때뿐만 아니라 바인딩이 발생하는 시점에 있어서도 유연성이 높아진다.

인터페이스 맞춤화

인터페이스 맞춤화는 API나 구현을 변경하지 않고도 기존 인터페이스에 기능을 추가하거나 기존 인터페이스의 기능을 감추는 전술이다. 변환과 버퍼링, 데이터 평활화^{smoothing}와 같은 기능은 인터페이스 변경 없이 인터페이스에 추가할 수 있다. 기능을 제거하는 예로 신뢰할 수 없는 사용자에게는 특정 함수나 매개변수를 숨기는 것이 있다. 이러한 전술의 흔한 동적 적용 예로 SQL 인젝션^{injection} 공격 방지를 돕거나 데이터 포맷 간의 변환을 돕기 위해 데이터 검증과 같은 기능을 추가하는 가로채기^{intercepting} 필터가 있다. 또 다른 예로 관점 지향 프로그래밍^{aspect-oriented programming}에서 사용하는 전처리 기능과 후처리 기능을 컴파일 타임에 엮어 수행하는 기법들이 있다.

인터페이스 맞춤화 전술을 사용하면 많은 서비스가 사용하는 기능들을 상황에 따라 추가하거나 감출 수 있고 해당 기능들을 독립적으로 관리할 수 있다. 또한 인터페이스 맞춤화 전술을 사용하면 구문적 차이를 지닌 서비스들이 수정 없이 다른 서비스와 상호 운영될 수 있다.

인터페이스 맞춤화 전술은 주로 통합 과정 중에 적용된다. 하지만 아키텍처 설계 시에 인터페이스 맞춤화를 지원하도록 아키텍처를 설계하면 통합 용이성이 좋아진다. 인터페이스 맞춤화는 통합 과정 중에 주로 구문적 거리와 데이터 의미론적 거리를 해결하기 위해 사용된다. 또한 동작적 의미론적 거리의 일부 유형을 해결하기 위해 인터페이스 맞춤화 전술을 적용할 수 있다. 하지만 이 경우에는 예를 들어 프로토콜 차이를 수용하기 위해 복잡한 상태를 관리해야 하는 등 너무 복잡할 수 있고, 이를 중개자 도입으로 분류하는 것이 더 정확할 것이다.

동작 환경 설정

소프트웨어 컴포넌트 구현 시, 해당 컴포넌트의 환경 설정을 통해 어떤 범주의 컴포넌트들과 더욱 쉽게 상호 작용할 수 있도록 규정된 방식으로 동작하게 구현할 수 있다. 동작 환경 설정 전술은 이러한 방식으로 구현된 소프트웨어 컴포넌트들에 의해 사용된다. 어떤 컴포넌트의 동작은 빌드 단계에서 혹은 시스템 초기화 중이나 런타임 중에 환경 설정될 수 있다(빌드 단계인 경우 다른 플래그^{flag} 값을 사용해 재컴파일할 수 있고, 시스템 초기화 중인 경우 환경 설정 파일을 불러오거나 데이터베이스로부터 데이터를 가져올 수 있으며, 런타임 중인 경우 프로토콜 버전을 요청의 일부로 지정할 수 있다). 간단한 예로 컴포넌트의 인터페이스에 어떤 표준의 여러 버전을 지원하도록 컴포넌트를 환경 설정할 수 있다. 여러 옵션이 사용 가능하도록 보장함으로써 향후에 컴포넌트(C)가 추가되더라도 시스템 S에서 여러 다양한 옵션을 미리 고려해뒀기 때문에 문제 발생 여지가 줄어든다.

환경 설정 가능한 동작을 시스템 S의 부분으로 추가하는 것은 시스템 S가 더 넓은 범위의 잠재적인 C들을 지원할 수 있도록 하는 통합 용이성 전술이다. 이러한 전술은 구문적 거리와 데이터 의미론적 거리, 동작적 의미론적 거리, 시간적 거리와 같은 다양한 차원의 거리를 해결할 수 있다.

조율

조직화

조직화^{orchestrate}는 서비스들이 서로를 알 필요가 없도록 특정 서비스들의 호출을 조율하고 관리하기 위한 제어 메커니즘을 사용하는 전술이다.

조직화는 새로운 요구 사항을 만족시키는 시스템을 만들기 위해 느슨하게 결합된 재사용 가능한 서비스들을 통합하는 데 도움이 된다. 통합 비용은 조직화가 향후에 통합될 가능성이 높은 서비스들을 지원하는 방식으로 아키텍처에 포함됐을 때 감소한다. 조직화 전술을 사용하면 통합 시에 여러 컴포넌트와 개별적으로 통합하는 대신에 조직화 메커니즘을 사용한 통합에 집중할 수 있다.

흔히 작업 흐름^{workflow} 엔진은 조직화 전술을 활용한다. 작업 흐름은 비즈니스 프로세스를 완성하기 위해 소프트웨어 컴포넌트들에게 명령을 내리고 소프트웨어 컴포넌트들을 조율하는 조직화된 활동들의 집합이다. 작업 흐름은 다른 작업 흐름들로 구성될 수도 있다. 이때 각 작업 흐름은 관련 서비스들로 구성될 수 있다. 작업 흐름 모델을 사용하면 재사용과 민첩성이 향상돼 좀 더 유연한 비즈니스 프로세스가 가능해진다. 비즈니스 프로세스 관리^{BPM,} $^{Business Process Management}$는 비즈니스 프로세스들을 관리해야 할 서로 경쟁하는 자산들의 집합으로 본다. 비즈니스 프로세스는 이러한 비즈니스 프로세스 철학을 기반으로 관리될 수 있다. 또한 복잡한 조직화는 BPEL$^{Business Process Execution Language}$과 같은 언어로 기술할 수 있다.

조직화는 시스템 S와 신규 컴포넌트 $\{C_i\}$ 간의 의존 관계의 수를 줄이고, 컴포넌트 $\{C_i\}$ 간의 명시적인 의존 관계를 제거하고, 이러한 의존 관계를 조직화 메커니즘으로 중앙화함으로써 동작한다. 또한 조직화 메커니즘이 표준 준수와 같은 전술과 결합해 사용되면 조직화 전술은 구문적 거리와 데이터 의미론적 거리 역시 줄일 수도 있다.

리소스 관리

리소스 관리자는 컴퓨팅 리소스에 대한 접근을 관장하는 데 특화된 형태의 중개자다. 리소스 관리 전술은 통신 경로 제한 전술과 비슷하다. 리소스 관리 전술을 사용하면 소프트웨어 컴포넌트는 일부 컴퓨팅 리소스(예: 스레드나 메모리 블록)에 직접 접근할 수 없고, 그 대신에 리소스 관리자에게 해당 리소스를 요청해야 한다. 대개 리소스 관리자는 일부 불변 요소를 보호하거나(예: 리소스 고갈이나 동시 사용을 피하기 위해) 공평한 접근 정책을 강제하거나 두 가지 모두(보존과 정책 강제)를 시행하는 방식으로 여러 컴포넌트에게 리소스 접근 권한을 할당하는 역할을 한다. 리소스 관리자의 예로 운영체제와 데이터베이스의 트랜잭션 메커니즘과 엔터프라이즈 시스템의 스레드 풀 사용과 안전성이 매우 중요한 시스템에서의 공간 및 시간 분할을 위한 ARINC 653 표준의 사용 등이 있다.

리소스 관리 전술은 시스템 S와 컴포넌트 C 사이의 리소스 거리를 줄이고, 리소스 요구 사항을 명확하게 노출하고 해당 리소스에 대한 사용을 관리함으로써 동작한다.

7.4 통합 용이성 전술 기반 질문지

7.3절에서 기술한 전술들에 기반해 표 7.2와 같은 통합 용이성 전술 기반의 질문 집합을 만들 수 있다. 통합 용이성을 지원하기 위해 내린 아키텍처 선택들에 관한 전반적인 개요를 이해하기 위해 분석가는 각 질문을 물어본 다음, 대답을 표에 기록한다. 그리고 나서 해당 질문들에 대한 답변을 기반으로 향후 어떤 활동에 집중해야 할지 결정할 수 있다. 문서를 조사하거나 코드 또는 기타 산출물을 분석하거나 코드를 리버스 엔지니어링하는 등의 활동을 할 수 있다.

표 7.2 통합 용이성 전술 기반 질문지

전술 그룹	전술 질문	지원? (Y/N)	위험	설계 결정 및 위치	근거와 가정
의존 관계 제한	시스템이 명시적인 인터페이스를 도입하고 요소들에 대한 모든 접근이 이러한 명시적인 인터페이스를 통해서만 이뤄지도록 함으로써 각 요소의 **기능을 캡슐화**하는가?				
	시스템이 컴포넌트 간의 의존 관계를 깨기 위해 폭넓게 **중개자를 사용**하는가? 예를 들어 데이터 생성자가 자신이 생성하는 데이터를 소비하는 쪽이 누구인지 알 필요가 없도록 만든다.				
	시스템이 **공통 서비스들을 추상화**해 비슷한 서비스들에게 일반화된 추상 인터페이스를 제공하는가?				
	시스템이 컴포넌트 간의 **통신 경로를 제한**하기 위한 수단을 제공하는가?				
	시스템이 컴포넌트들이 서로 상호 작용하고 정보를 공유하는 방식에 있어 **표준을 준수**하는가?				
조정	시스템이 정적으로(예: 컴파일 타임에) **인터페이스를 맞춤화**하는 기능을 제공하는가? 즉, 컴포넌트의 API나 구현을 변경하지 않고도 컴포넌트의 인터페이스 기능을 추가하거나 숨길 수 있는가?				
	시스템이 서비스에 관한 정보를 분류하고 전파하는 **디스커버리 서비스**를 제공하는가?				
	시스템이 빌드 시나 초기화 시에 혹은 실행 시간에 컴포넌트의 **동작을 환경 설정**할 수 있는 수단을 제공하는가?				
조율	시스템이 서비스들이 서로를 알 필요가 없도록 특정 서비스들의 호출을 조율하고 관리하기 위한 **조직화 메커니즘**을 포함하는가?				
	시스템이 컴퓨팅 리소스에 대한 접근을 관장하는 **리소스 관리자**를 제공하는가?				

7.5 패턴

처음 세 개의 패턴은 모두 인터페이스 맞춤화 전술에 관한 것이므로 이 세 개의 전술을 하나의 그룹으로 본다.

- **래퍼**^{wrapper}: 래퍼는 일부 컴포넌트를 해당 컴포넌트들을 나타낼 수 있는 추상화 내에 감싸는 형태의 캡슐화다. 이렇게 래퍼를 통해 캡슐화된 컴포넌트를 사용하기 위해서는 래퍼를 통해야만 한다. 소프트웨어의 다른 모든 부분은 해당 컴포넌트의 서비스를 사용하기 위해 래퍼를 통해야 한다. 래퍼는 자신이 감싸고 있는 컴포넌트를 위해 데이터

를 변환하거나 정보를 제어한다. 예를 들어 컴포넌트가 야드나 파운드를 사용하는 영국식 단위를 기대하고 있는데, 다른 모든 컴포넌트가 미터 단위를 사용하는 경우 래퍼가 해당 컴포넌트를 위해 데이터 단위를 변환할 수 있다. 래퍼는 다음과 같은 사항들을 수행할 수 있다.

- 컴포넌트 인터페이스의 요소를 대안이 되는 요소로 변환할 수 있다.
- 컴포넌트 인터페이스의 요소를 숨길 수 있다.
- 컴포넌트의 기반 인터페이스의 요소를 변경 없이 보존할 수 있다.

- **브릿지**bridge: 브릿지는 어떤 컴포넌트의 일부 '요구한다require' 가정들을 다른 컴포넌트의 일부 '제공한다provide' 가정들로 변환한다. 브릿지와 래퍼의 주요 차이점은 브릿지는 특정 컴포넌트와 무관하다는 것이다. 또한 브릿지는 외부 에이전트(꼭 그런 건 아니지만 대개 해당 브릿지의 범위에 속하는 컴포넌트들 중 하나)에 의해 명시적으로 호출돼야만 한다. 이는 브릿지가 대개 일시적이고 구체적인 변환은 브릿지 생성 시(예: 브릿지 컴파일 시)에 정의된다는 것을 의미한다. 이후에 중재자 패턴에 관해 논의할 때 이러한 두 가지 차이점의 중요성을 명확히 할 것이다.

  브릿지는 구체적인 가정을 처리할 수 있으므로 래퍼보다 좁은 범위의 인터페이스 변환에 집중한다. 브릿지가 더 많은 가정을 처리하려 할수록 브릿지가 적용될 수 있는 컴포넌트가 적어진다.

- **중재자**mediator: 중재자는 브릿지와 래퍼 모두의 특성을 나타낸다. 브릿지와 중재자 간의 가장 큰 차이는 중재자는 변환을 런타임 시에 결정할 수 있는 계획 기능을 포함하는 반면에 브릿지는 브릿지 생성 시에 해당 변환을 결정한다는 점이다.

  또한 중재자는 시스템 아키텍처에서 명시적인 컴포넌트가 된다는 점에서 래퍼와 유사하다. 즉, 의미론적인 부분이 약하고 대개 일시적인 브릿지는 부수적인 수리 메커니즘으로 볼 수 있으므로 설계에 있어 브릿지의 역할은 묵시적으로 남을 수 있다. 반면에 중재자는 의미론적 복잡도가 높고 런타임 자율성을 갖고 있으므로 소프트웨어 아키텍처에서 중요한 역할을 한다.

장점:
- 세 가지 패턴 모두 어떤 요소에 대한 접근을 허용할 때 해당 요소나 해당 요소의 인터페이스에 대한 변경을 강제하지 않을 수 있다.

절충점:

- 위의 패턴들을 구현하기 위해서는 초기의 개발 작업이 필요하다.
- 위의 패턴 모두 요소에 접근할 때 크진 않지만 일부 성능 오버헤드를 야기한다.

서비스 중심 아키텍처 패턴

서비스 중심 아키텍처^{SOA, Service-Oriented Architecture} 패턴은 서비스를 제공하거나 서비스를 소비하는 분산 컴포넌트들의 모음을 기술한다. SOA에서 서비스 제공자^{service provider} 컴포넌트와 서비스 소비자^{service consumer} 컴포넌트는 다양한 구현 언어와 플랫폼을 사용할 수 있다. 서비스는 대개 단독 엔티티다. 서비스 제공자 컴포넌트들과 서비스 소비자 컴포넌트들은 대개 독립적으로 배포되고 다양한 시스템에 속할 뿐 아니라 심지어 다양한 조직에 속하는 경우도 있다. 컴포넌트의 인터페이스는 해당 컴포넌트가 다른 컴포넌트에게 요청하는 서비스가 무엇이고 해당 컴포넌트가 제공하는 서비스가 무엇인지 기술한다. 서비스의 품질 속성은 서비스 수준 협약^{SLA}을 통해 구체화되고 보장된다. 때때로 서비스 수준 협약은 법적 효력을 지닌다. 컴포넌트는 다른 컴포넌트로부터 서비스를 요청함으로써 자신의 계산을 수행한다. 서비스들 간의 통신은 대개 WSDL^{Web Services Description Language}이나 SOAP^{Simple Object Access Protocol} 같은 웹 서비스 표준을 사용해 수행된다.

SOA 패턴은 마이크로서비스 아키텍처 패턴(5장 참조)과 관련 있다. 마이크로서비스 아키텍처는 단일 시스템을 구성하고 단일 조직에 의해 관리된다. 반면에 SOA는 여러 다른 종류로 이뤄져 있고 뚜렷이 다른 조직들에 의해 관리된다.

장점:

- 서비스는 다양한 클라이언트에 의해 사용되도록 만들어지기 때문에 좀 더 포괄적이다. 자신의 서비스가 폭넓게 받아들여지는 것을 목표로 서비스를 제공하고 홍보하는 기업이 많다.
- 서비스는 독립적이다. 서비스에 접근하기 위한 유일한 방법은 서비스의 인터페이스를 통하고 네트워크상에서 메시지를 통하는 것이다. 결과적으로 서비스와 시스템의 나머지 부분이 상호 작용하기 위한 유일한 수단은 인터페이스를 통하는 것이다.
- 서비스는 다양한 방식으로 구현될 수 있다. 어떤 언어나 기술이든 가장 적합한 것을 사용하면 된다.

- SOA는 여러 다른 종류로 구성돼 있고 소유권이 뚜렷이 구분돼 있기 때문에 WSDL과 SOAP처럼 상호 운영성을 지원하기 위한 기능을 포함한다. 이로 인해 복잡도와 오버헤드가 증가한다.

동적 디스커버리

동적 디스커버리는 런타임 시에 서비스 제공자를 발견하기 위한 디스커버리 전술을 적용한다. 결과적으로 런타임 바인딩이 서비스 소비자와 구체적인 서비스 간에 일어난다.

동적 디스커버리 기능을 사용하면 시스템은 향후 컴포넌트들과의 통합을 위해 사용 가능한 서비스들을 광고할 뿐 아니라 각 서비스가 사용 가능한 최소 정보를 광고한다. 사용 가능한 구체적인 정보는 다양하지만, 대개 디스커버리 단계와 런타임 통합 단계에서 기계적으로 검색 가능한 데이터로 구성된다. 예를 들어 문자열 매칭을 통해 인터페이스 표준의 구체적인 버전을 식별하기 위한 데이터가 있다.

장점:

- 동적 디스커버리 패턴은 서비스들을 엮어서 하나의 협력하는 덩어리로 만드는 데 있어 유연성을 제공한다. 예를 들어 서비스들을 가격 책정이나 가용성을 기반으로 시작 시나 실행 시간에 선택할 수 있다.

절충점:

- 동적 디스커버리 등록과 등록 해지는 자동화돼야 하고 이러한 목적의 툴들을 만들거나 구매해야 한다.

7.6 참고 문헌

이번 장에서 다룬 내용 중 상당 부분은 [Kazman 20a]로부터 영감을 받은 것이다.

통합 용이성 품질 속성에 관한 심도 있는 논의는 [Hentonnen 07]에서 확인할 수 있다.

[MacCormack 06]과 [Mo 16]은 아키텍처 수준의 결합 지표에 관한 실증적인 증거를 정의하고 제공한다. 이는 어떤 설계의 통합 용이성을 측정하는 데 유용하다.

『Design Patterns: Elements of Reusable Object-Oriented Software』[Gamma 94]는 브

릿지 패턴과 래퍼 패턴, 어댑터 패턴을 정의하고 구분한다.

7.7 토론 질문

1. 여러분이 예전에 수행한 통합에 관해 생각해보자. 아마도 라이브러리나 프레임워크를 여러분의 코드에 통합했을 것이다. 7.1절에서 논의했던 '거리' 가운데 여러분이 통합 과정 중에 어떤 거리들을 해결해야 했는지 찾아보자. 어떤 거리가 해결하는 데 가장 어려웠는가?

2. 여러분이 작업 중인 시스템의 구체적인 통합 용이성 시나리오를 작성해보자. 통합하고자 하는 컴포넌트를 정하고 해당 컴포넌트를 통합하는 시나리오를 탐사적인 관점에서 작성해보자.

3. 여러분이 실전에서 구현했던 통합 용이성 전술 중 어떤 전술이 가장 쉬웠고 그 이유는 무엇인가? 가장 어려웠던 전술은 무엇이고 그 이유는 무엇인가?

4. 통합 용이성 전술 중 많은 부분이 변경 용이성 전술과 유사하다. 여러분의 시스템을 변경 용이하도록 만드는 것만으로 다른 시스템으로의 통합이 쉬워질까?

5. SOA를 활용하는 대표적인 예로 전자 상거래 사이트에 쇼핑 카트 기능을 추가하는 것이 있다. 상업적으로 사용 가능한 SOA 플랫폼 중 어떤 플랫폼이 다양한 쇼핑 카트 서비스를 제공하는가? 해당 쇼핑 카트 서비스의 속성은 무엇인가? 이러한 속성을 런타임 시에 발견할 수 있는가?

6. 구글 플레이 스토어의 API를 사용해 구글 플레이 스토어에 접근한 다음, 날씨 예보 애플리케이션의 목록과 해당 애플리케이션의 속성을 반환하는 프로그램을 작성해보자.

7. 동적 디스커버리 서비스의 설계를 스케치해보자. 해당 서비스는 어떤 종류의 거리를 해결하는 데 도움이 되는가?

8장

변경 용이성

> 살아남는 것은 가장 강한 종이거나 가장 지적인 종이 아니다.
> 살아남는 것은 변화에 가장 잘 반응하는 종이다.
> – 찰스 다윈(Charles Darwin)

변화는 발생하기 마련이다.

수많은 연구에 따르면, 전형적인 소프트웨어 시스템 비용의 대부분은 해당 시스템이 처음 배포된 이후에 발생한다. 변화가 우주에서 유일하게 변하지 않는 것(상수)이라면, 소프트웨어 변화(변경)는 상수일 뿐 아니라 아주 흔한 것이다. 변경은 새로운 기능을 추가하기도 하고 기존 기능을 변경하거나 제거하기도 한다. 변경은 결함을 고치기도 하고, 보안을 강화하기도 하며, 성능을 향상시키기도 한다. 변경은 사용자 경험을 향상시키기도 한다. 변경은 새로운 기술과 새로운 플랫폼, 새로운 프로토콜, 새로운 표준을 받아들이기도 한다. 또한 변경은 시스템들이 서로 영향을 미치면서 함께 동작하도록 만들어지지 않았음에도 시스템들이 함께 동작하도록 만들기도 한다.

변경 용이성은 변경에 관한 것이고, 변경 용이성에 관심을 가짐으로써 변경을 만들 때 드는 비용이나 발생할 수 있는 위험을 낮출 수 있다. 변경 용이성을 계획하기 위해 아키텍트는 다음 네 가지 질문을 고려해야 한다.

- **무엇이 변경을 만드는가?** 변경은 시스템의 모든 측면에서 발생할 수 있다. 이러한 측면으로는 시스템이 계산하는 기능들, 플랫폼(하드웨어, 운영체제, 미들웨어), 시스템이 운영되는 환경(해당 시스템이 상호 운영해야 하는 시스템들과 해당 시스템이 외부와 통신하기 위해

사용하는 프로토콜), 해당 시스템이 나타내는 품질(성능, 신뢰성, 향후의 변경 용이성), 시스템 용량(지원 가능한 사용자 수, 동시 연산 수) 등이 있다.

- **변경이 일어날 확률은?** 시스템이 모든 잠재적인 변경에 대비할 수는 없다. 시스템에는 완료라는 것이 존재할 수 없다. 만약 완료가 존재한다고 하더라도 해당 시스템은 너무 비쌀 것이고 다른 차원에서 품질 속성 문제를 겪을 가능성이 높다. 비록 무엇이든 변할 수 있지만, 아키텍트는 어떤 변경이 발생할 가능성이 높고 어떤 변경을 지원해야 하며 어떤 변경을 지원하지 않을지 결정해야 한다.

- **변경은 언제 발생하고 누가 만드는가?** 과거에는 변경이 대개 소스 코드에서 발생했다. 즉, 개발자가 변경해야 했고, 해당 변경은 테스트를 거쳐 신규 릴리스에 포함돼 배포됐다. 하지만 이제 '변경이 언제 발생하는가?'라는 질문은 '누가 변경하는가?'라는 질문과 엮여 있다. 화면 보호기를 변경하는 최종 사용자는 시스템의 한 측면에 명확하게 변경을 만들고 있는 것이다. 이러한 변경은 시스템이 다른 데이터베이스 관리 시스템을 사용하도록 시스템을 변경하는 것과 같은 분류에 속하지 않는다는 점 역시 분명하다. 구현에 변경이 발생할 수도 있고(소스 코드 변경을 통해), 컴파일 시에 변경이 발생할 수도 있으며(컴파일 타임 스위치compile-time switch를 통해), 빌드 시에 변경이 발생할 수도 있고(라이브러리 선택을 통해), 실행 시에 변경이 발생할 수도 있다(매개변수 설정과 플러그인, 하드웨어 할당 등을 통해). 변경은 개발자에 의해 일어날 수도 있고 최종 사용자에 의해 일어날 수도 있으며 시스템 관리자에 의해 일어날 수도 있다. 학습하고 적응하는 시스템은 변경이 언제 일어나고 누가 변경하는지에 관한 질문에 대해 완전히 다른 차원의 답변을 제공한다. 변경에 있어 중요한 역할을 하는 것이 바로 시스템 자체다.

- **변경 비용이 어떻게 되는가?** 시스템의 변경 용이성을 높이기 위해서는 두 가지 비용이 수반된다.

  - 시스템의 변경 용이성을 높이기 위한 메커니즘을 도입하는 데 드는 비용
  - 해당 메커니즘을 이용해 변경하는 데 드는 비용

예를 들어 변경을 하기 위한 가장 간단한 메커니즘은 변경 요청이 들어오길 기다렸다가 해당 요청에 맞춰 소스 코드를 수정하는 것이다. 이러한 경우 메커니즘 도입 비용은 0일 것이다(별도의 메커니즘이 필요 없기 때문이다). 해당 메커니즘을 수행하는 비용은 소스 코드 수정 및 시스템 재검증 비용이다.

위와 같이 가장 간단한 메커니즘의 정반대 쪽에 있는 메커니즘으로 사용자 인터페이스 빌더builder와 같은 애플리케이션 생성기가 있다. 사용자 인터페이스 빌더는 직접 조작을 통해 생성된 UI 디자인을 입력으로 받아서 소스 코드를 생성한다. 이러한 메커니즘을 도입하기 위해서는 UI 빌더를 개발하거나 구매하기 위한 비용이 들어가며, 이러한 비용은 상당할 것이다. 이러한 메커니즘을 사용하는 비용에는 빌더에 원하는 요구 사항을 입력하는 데 드는 비용(이 비용은 상당할 수도 있고 매우 적을 수도 있음)과 빌더를 실행하는 데 드는 비용(거의 0에 가까움), 최종적으로 결과로 나온 애플리케이션에 테스트를 수행하는 데 드는 비용(대개 수작업으로 코딩 테스트하는 비용보다는 훨씬 적음)이 있다.

이보다 훨씬 더 진보된 방식으로는 자신의 환경 변화를 감지하고 해당 변화에 맞춰 스스로를 학습하고 수정하는 소프트웨어 시스템이 있다. 이러한 시스템의 경우 변경 비용은 0이지만, 이러한 기능을 구매할 때는 학습 메커니즘을 구현하고 테스트해야 한다. 이는 상당한 비용이 들어갈 것이다.

N개의 비슷한 수정에 대해 변경 메커니즘을 도입해야 할지 판단하는 것을 단순화하면 다음 공식과 같다.

$$N \times \text{메커니즘 없이 변경하는 데 드는 비용} \leq$$

$$\text{메커니즘 생성 비용} + (N \times \text{메커니즘을 사용해 변경하는 데 드는 비용})$$

여기서 N은 변경 용이성 메커니즘을 사용할 것으로 기대되는 수정의 개수다. 하지만 이 숫자는 예상이다. 예상보다 더 적은 변경이 필요한 경우 값비싼 수정 메커니즘이 정당화될 수 없을 수 있다. 게다가 변경 용이성 메커니즘을 만드는 데 드는 비용은 다른 곳에 사용될 수도 있었을 것이다(기회 비용). 예를 들어 새로운 기능 추가나 성능 개선과 같은 소프트웨어 부분뿐만 아니라 고용과 교육 같은 소프트웨어 외적인 투자에도 사용할 수 있었을 것이다. 또한 위의 공식은 시간을 고려하지 않는다. 장기적으로는 정교한 변경 처리 메커니즘을 만드는 것이 더 저렴할 수도 있지만, 이러한 메커니즘이 완성되길 기다리지 못할 수 있다. 하지만 코드가 자주 변경된다면, 어떤 아키텍처적인 메커니즘을 도입하지 않고 변경 위에 변경을 단순히 쌓는다면 엄청난 기술 부채로 이어질 가능성이 높다. 아키텍처 부채에 관한 내용은 23장에서 다룰 것이다.

변경은 소프트웨어 시스템의 생애주기 동안에 너무 흔하므로 특정 유형의 변경 용이성은 다음과 같이 특별한 이름을 붙인다.

- **확장성**scalability: 확장성은 무언가를 더 수용하는 것을 말한다. 성능 측면에서 확장성은 더 많은 리소스를 추가하는 것을 의미한다. 두 가지 성능 확장성 유형으로 수평적 확장성horizontal scalability과 수직적 확장성vertical scalability이 있다. 수평적 확장성(스케일 아웃 scaling out)은 서버 클러스터에 서버를 하나 더 추가하는 것과 같이 논리적인 단위에 더 많은 리소스를 추가하는 것을 말한다. 수직적 확장성(스케일 업scaling up)은 하나의 컴퓨터에 더 많은 메모리를 추가하는 것과 같이 물리적인 단위에 더 많은 리소스를 추가하는 것을 말한다. 어떤 스케일링 방식이 됐든 어떤 식으로 추가적인 리소스를 효과적으로 활용할 것인지라는 문제가 발생할 수 있다. 효과적effective이라는 말은 추가적인 리소스가 어떤 시스템 품질을 측정 가능한 방식으로 개선하고, 이를 위해 지나치게 노력할 필요가 없으며, 시스템의 동작을 지나치게 방해하지 않는다는 것을 의미한다. 클라우드 기반 환경에서 수평적 확장성은 탄력성elasticity이라고 부른다. 탄력성은 고객이 리소스 풀에 가상 머신을 추가할 수 있거나 리소스 풀로부터 가상 머신을 제거할 수 있도록 하는 속성을 말한다(이러한 환경에 관한 더 자세한 논의는 17장을 참고한다).

- **가변성**variability: 가변성은 미리 계획된 방식으로 각기 다른 변종들을 만들 수 있도록 지원하는 시스템과 해당 시스템을 지탱하는 산출물들(예: 코드, 요구 사항, 테스트 계획, 문서)의 능력을 말한다. 가변성은 특히나 제품 라인line에 있어 중요한 품질 속성이다. 제품 라인은 특징과 기능 면에서 비슷하면서도 다양한 시스템들의 군family을 말한다. 어떤 제품 라인(군)에 속하는 시스템들과 연관된 엔지니어링 자산들을 해당 제품 라인에 속하는 시스템들 간에 공유할 수 있다면 해당 제품 라인의 전체 비용은 크게 떨어진다. 이러한 비용 절감을 가능케 하기 위해서는 산출물들을 선택한 다음, 해당 산출물들을 해당 제품 라인의 범위 내에 있는 다른 제품의 상황에 맞도록 조정하는 메커니즘을 도입해야 한다. 소프트웨어 제품 라인에 있어 가변성의 목적은 해당 제품 라인에 속하는 제품을 정해진 시간 내에 만들고 유지하는 것을 쉽게 하는 것이다.

- **이식성**portability: 이식성은 어떤 플랫폼에서 실행되도록 만든 소프트웨어를 다른 플랫폼에서 실행되도록 만드는 것이 얼마나 어려운지를 나타낸다. 이식성을 좋게 하려면 플랫폼 의존 요소들을 잘 식별된 위치에 배치함으로써 다른 요소들과 분리하고, 소프트웨어가 모든 플랫폼 의존 요소를 캡슐화하는 '가상 머신' 위에서 동작하도록 소프트웨어를 설계함으로써 소프트웨어의 플랫폼 의존 요소들을 최소화해야 한다(가상 머신의 예로 자바 가상 머신Java Virtual Machine이 있다). 이식성에 관한 시나리오는 소프트웨어를 새

로운 플랫폼으로 옮기는 방법을 다룬다. 이때 어느 정도 수준 이상의 노력이 들어가지 않아야 하거나, 소프트웨어에서 수정해야 할 부분의 수를 센다. 이식성을 해결하기 위한 아키텍처적인 접근법은 5장에서 다룬 배포 용이성을 위한 아키텍처적인 접근법과 긴밀하게 관련돼 있다.

- **위치 독립성**location independence: 위치 독립성은 분산 소프트웨어의 두 부분이 상호 작용해 두 부분 중 하나 혹은 둘 다가 서로의 위치를 런타임 이전에는 알지 못하는 경우를 말한다. 대안으로 이러한 부분들의 위치는 런타임 동안에 변경될 수도 있다. 분산 시스템에서 서비스들은 대개 임의의 위치에 배포되고 이러한 서비스들의 클라이언트들은 해당 서비스들의 위치를 동적으로 발견해야 한다. 또한 분산 시스템에서 서비스가 어떤 위치에 배포되고 난 다음에는 해당 서비스가 자신의 위치를 발견 가능하도록 만들어야 한다. 위치 독립성을 위한 설계는 위치를 수정할 때 시스템의 다른 부분에 미치는 영향이 최소화됨을 의미한다.

8.1 변경 용이성 일반 시나리오

이러한 점들을 고려해 표 8.1과 같이 변경 용이성 일반 시나리오를 구성할 수 있다.

표 8.1 변경 용이성 일반 시나리오

부분	설명	가능한 값
공급원	변화를 발생시키는 역할을 하는 것. 대부분의 사람이 이에 해당한다. 하지만 시스템이 변화를 학습하거나 스스로 변경해 시스템 자체가 공급원이 될 수도 있다.	최종 사용자, 개발자, 시스템 관리자, 제품 라인 소유자, 시스템 자체
자극	시스템이 수용해야 할 변경(결함을 수정하는 것도 변경으로 간주한다.)	기능을 추가/삭제/수정하라는 지시나 품질 속성 또는 용량, 플랫폼, 기술을 변경하라는 지시 새로운 제품을 제품 라인에 추가하라는 지시 서비스의 위치를 다른 위치로 변경하라는 지시
대상물	수정되는 대상물. 특정 컴포넌트나 모듈, 시스템의 플랫폼, 시스템의 사용자 인터페이스, 시스템의 환경, 해당 시스템이 상호 운용되는 다른 시스템	코드, 데이터, 인터페이스, 컴포넌트, 리소스, 테스트 케이스, 환경 설정, 문서
환경	변경이 일어나는 시점 혹은 단계	런타임(runtime), 컴파일 타임(compile time), 빌드 타임(build time), 초기화 시간(initiation time), 설계 시간(design time)[1]

(이어짐)

부분	설명	가능한 값
응답	변경을 수행한 다음, 해당 변경을 시스템에 포함시킨다.	다음 중 하나가 이에 해당한다. • 변경 수행 • 변경 테스트 • 변경 배포 • 스스로 변경
응답 측정	변경을 만들기 위해 소비해야 할 리소스	다음 관점에서의 비용 • 영향받는 대상물의 수, 크기, 복잡도 • 노력 • 경과 시간 • 돈(직접 경비 또는 기회 비용) • 해당 변경이 다른 기능이나 다른 품질 속성에 영향을 미치는 정도 • 신규로 발견된 결함 • 시스템이 적응하는 데 걸리는 시간

그림 8.1은 구체적인 변경 용이성 시나리오를 나타낸다. 개발자가 사용자 인터페이스를 변경하려고 하며, 이러한 변경은 설계 시간에 코드에 반영될 것이다. 코드를 변경하고 해당 변경을 테스트하는 데 3시간 이하로 걸릴 것이며, 이로 인한 부작용은 발생하지 않을 것이다.

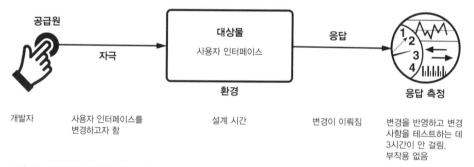

그림 8.1 구체적인 변경 용이성 시나리오 예시

8.2 변경 용이성 전술

변경 용이성을 제어하기 위한 전술들은 변경을 적용하는 데 드는 시간과 비용뿐만 아니라 변경 적용의 난이도까지 제어하는 것을 목표로 한다.

---

1 '실행 시간', '컴파일 시간', '빌드 시간'이라는 용어보다는 '런타임', '컴파일 타임', '빌드 타임'이 더 널리 쓰이므로 이와 같이 번역했지만, '이니시에이션 타임'이나 '디자인 타임'은 잘 쓰지 않기 때문에 풀어서 번역 후 영문을 병기했다. – 옮긴이

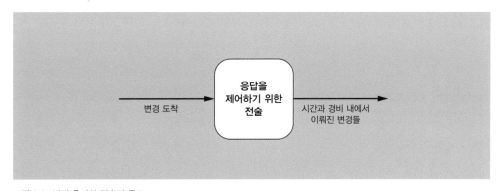

그림 8.2 변경 용이성 전술의 목표

변경 용이성을 이해하기 위해 소프트웨어 설계의 가장 근본적이면서 초기의 복잡도 측정치인 결합coupling과 응집cohesion을 우선 알아보자. 이 두 가지 측정치는 1960년대에 최초로 소개됐다.

대개 하나의 모듈에 영향을 주는 변경은 두 개 이상의 모듈에 영향을 주는 변경보다 쉽고 비용이 적게 들어간다. 하지만 두 모듈의 책임이 어떤 식으로든 중첩되는 경우 한 모듈에 대한 변경이 두 모듈 모두에 영향을 주는 것이 당연하다. 하나의 모듈에 대한 수정이 다른 모듈에 영향을 줄 가능성을 측정함으로써 이러한 모듈 간의 중첩을 정량화할 수 있다. 이러한 관계를 결합이라 하며, 높은 결합(결합이 높다는 것)은 변경 용이성에 매우 안 좋다. 두 모듈 간의 결합도를 줄임으로써 둘 중 하나에 영향을 주는 모든 수정의 예상 비용을 줄일 수 있다. 결합도를 줄이기 위한 전술들은 매우 긴밀하게 결합된 모듈 사이에 다양한 종류의 중개자들을 배치함으로써 결합도를 줄인다.

응집은 하나의 모듈 내 책임들이 얼마나 강한 연관 관계를 갖는지 측정한다. 비공식적으로 응집은 모듈의 '목적의 통일성'을 측정한다. 목적의 통일성은 모듈에 영향을 주는 변경 시나리오에 의해 측정될 수 있다. 모듈의 응집도는 하나의 책임에 영향을 주는 하나의 변경 시나리오가 다른 책임들에도 영향을 줄 가능성을 말한다. 모듈의 응집도가 높으면 해당 모듈 내에 변경이 발생하더라도 다른 여러 모듈에 영향을 줄 가능성이 낮아진다. 높은 응집도는 변경 용이성에 좋고 낮은 응집도는 변경 용이성에 안 좋다. 모듈 A의 응집도가 낮다면 예상되는 변경에 의해 영향받지 않는 책임들을 제거함으로써 응집도를 높일 수 있다.

변경의 비용과 복잡도에 영향을 미치는 세 번째 특성은 모듈의 크기다. 나머지가 다 동일하다고 할 때 모듈의 크기가 클수록 변경하기 더 어렵고 비용이 더 들게 되며, 버그가 발생할 가능성이 더 높다.

마지막으로, 소프트웨어 개발 생애주기에서 변경이 일어나는 시점에 주목할 필요가 있다. 수정이 용이하도록 아키텍처를 준비시키는 데 드는 비용을 무시한다면 변경은 최대한 늦게 바인딩되는 것이 좋다. 변경이 생애주기 후반부에 성공적으로 이뤄지기 위해서는(예: 빠르게, 낮은 비용으로) 아키텍처가 변경을 수용할 준비가 적절하게 돼 있어야 한다. 따라서 변경 용이성 모델의 네 번째이자 마지막 매개변수는 수정이 바인딩되는 시점이다. 수정을 생애주기 후반부에도 수용할 수 있도록 개발된 아키텍처는 동일한 수정이 초반에 일어나도록 강제하는 아키텍처에 비해 평균적으로 비용이 적게 든다. 시스템이 수정을 받아들일 준비가 돼 있으면 생애주기 후반부에 발생하는 수정의 경우 일부 비용이 아예 안 들거나 매우 낮을 것이다.

이제 우리는 변경 용이성과 관련해 크기 줄이기, 응집도 높이기, 결합도 줄이기, 바인딩 시점 지연과 같은 매개변수들이 있다는 점과 변경 용이성 전술과 전술의 결과는 이러한 매개변수들에 영향을 주는 것이라는 점을 이해할 수 있다. 그림 8.3은 이러한 전술을 일목요연하게 나타낸다.

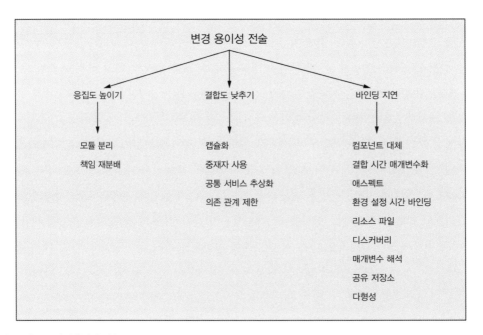

그림 8.3 변경 용이성 전술

응집도 높이기

모듈 간의 책임 재분배를 활용하는 여러 전술이 있다. 이는 하나의 변경이 여러 모듈에 영향을 미칠 가능성을 줄이기 위한 것이다.

- **모듈 분리**: 수정되는 모듈이 관련이 적은(응집도가 낮은) 책임들을 포함한다면, 수정 비용은 높아질 것이다. 해당 모듈을 좀 더 응집도가 높은 모듈 여러 개로 리팩터링함으로써 향후에 발생할 변경에 대한 평균 비용을 줄일 수 있다. 하나의 모듈을 분리할 때 기존 모듈의 소스 코드 절반을 떼어서 각 하위 모듈에 배치하면 안 된다. 각 하위 모듈이 하위 모듈 자체로 응집도가 있도록 현명하고 적절하게 모듈을 나눠야 한다.
- **책임 재분배**: 책임 A와 책임 A′, 책임 A″가 모두 비슷한 책임일 때, 해당 책임들이 여러 개별 모듈에 흩어져 있다면, 이러한 책임들은 한데 모아야 한다. 이러한 리팩터링으로 인해 새로운 모듈이 생성될 수도 있고, 해당 책임들을 기존 모듈에 배치할 수도 있다. 이동해야 할 책임들을 식별하기 위한 한 가지 방법으로 가능성 높은 변경들의 집합을 시나리오 형태로 추정할 수 있다. 해당 시나리오가 일관성 있게 하나의 모듈의 한 부분에만 영향을 미친다면, 해당 모듈의 다른 부분들은 관련성이 떨어지는 별도의 책임들을 포함하고 있는 것이고 이 부분은 이동돼야 한다. 반대로 어떤 시나리오 적용 시 여러 모듈을 수정해야 한다면, 영향받는 책임들을 하나의 새로운 모듈에 모두 모아서 배치해야 할 것이다.

결합도 줄이기

지금부터 모듈 간의 결합도를 줄이는 전술들을 알아볼 것이다. 이러한 전술들은 7장에서 기술한 통합 용이성 전술과 겹치는 부분이 있다. 통합 용이성을 위해 독립적인 컴포넌트들 간의 의존 관계를 줄이는 것은 변경 용이성을 위해 모듈들 간의 결합을 줄이는 것과 비슷하기 때문이다.

- **캡슐화한다.** 자세한 내용은 7장을 참고한다.
- **중개자를 사용한다.** 자세한 내용은 7장을 참고한다.
- **공통 서비스를 추상화한다.** 자세한 내용은 7장을 참고한다.
- **의존 관계를 제한한다.** 이 전술은 해당 모듈이 어떤 모듈과 상호 작용하는지 혹은 어떤 모듈에 의존하는지를 제한한다. 실전에서 이 전술은 모듈의 가시성을 제한함으로써(개발

자가 인터페이스를 볼 수 없다면 해당 모듈을 사용할 수 없음) 그리고 권한 부여를 통해(오직 권한이 있는 모듈에게만 접근 권한을 허용) 구현한다. 의존 관계 제한 전술은 계층화된(레이어) 아키텍처에서 확인할 수 있다. 계층화된 아키텍처에서 어떤 계층(레이어)은 자신보다 낮은 레이어만을 사용할 수 있다(바로 다음의 낮은 레이어만을 사용 가능한 경우도 있다). 또한 의존 관계 제한 전술은 래퍼를 사용하는데, 래퍼를 사용하는 경우 외부 엔티티는 오직 래퍼만을 볼 수 있고 해당 래퍼가 감싸고 있는 내부 기능은 볼 수 없기 때문에 외부 엔티티는 래퍼에 의존한다.

바인딩 지연

사람들이 수행한 작업은 컴퓨터가 수행한 작업보다 거의 언제나 값비싼 오류가 발생할 가능성이 높기 때문에 컴퓨터로 하여금 변경을 최대한 많이 처리하도록 함으로써 해당 변경을 적용하는 비용을 줄일 수 있을 것이다. 유연성이 내장된 대상물을 설계하는 경우 특정 변경을 직접 코딩하는 것보다는 해당 대상물이 지닌 유연성을 활용하는 것이 대개 비용이 더 낮다.

매개변수는 유연성을 도입하기 위한 가장 잘 알려진 메커니즘일 것이다. 그리고 매개변수 사용은 공통 서비스 추상화 전술을 떠오르게 한다. 매개변수화된 함수 $f(a, b)$는 $b = 0$이라고 추정하는 비슷한 함수 $f(a)$보다 더 범용적이다. 일부 매개변수의 값을 해당 매개변수를 정의한 소프트웨어 생애주기 단계가 아닌 다른 단계에서 바인딩할 때는 이를 바인딩 지연^{deferring binding}이라고 부른다.

일반적으로 소프트웨어 생애주기의 뒷 단계에서 값을 바인딩하는 것이 좋다. 하지만 이러한 늦은 바인딩을 지원하기 위한 메커니즘을 제대로 갖추기 위해서는 비용이 더 들어간다. 이는 늦은 바인딩의 잘 알려진 단점 중 하나다. 따라서 이번 장의 앞에서 소개한 공식을 적용해봐야 한다. 우리는 바인딩을 최대한 미루고 싶다. 하지만 이를 허용하는 메커니즘이 비용 효용성이 있을 때만 가능하다.

컴파일 타임이나 빌드 타임에 값들을 바인딩하기 위해 다음 전술들을 사용할 수 있다.

- 컴포넌트 교체(예를 들어 빌드 스크립트나 메이크파일^{makefile}에서)
- 컴파일 타임 매개변수화
- 애스펙트^{aspect}

배포나 시작 시간 혹은 초기화 시간에 값들을 바인딩하기 위한 전술은 다음과 같다.

- 환경 설정 시간 바인딩
- 리소스 파일

실행 시간에 값들을 바인딩하기 위한 전술은 다음과 같다.

- 디스커버리(7장 참고)
- 매개변수 해석
- 공유 저장소
- 다형성

변경 용이성을 위한 메커니즘을 만드는 것과 해당 메커니즘을 사용해 변경하는 것을 분리함으로써 다른 이해관계자들이 각기 다른 단계에서 다른 역할을 할 수 있다. 한 이해관계자(주로 개발자)는 변경 용이성을 위한 메커니즘을 제공하고 다른 이해관계자(관리자 혹은 설치자)는 이후에 해당 메커니즘을 사용할 수 있는데, 이 두 가지 작업은 소프트웨어 생애주기의 완전히 다른 단계에서 일어날 수 있다. 다른 누군가가 코드를 전혀 변경하지 않고 시스템에 변경을 적용할 수 있도록 하는 메커니즘을 설치하는 것을 해당 변경을 '외부화했다^{externalize}'고 말하기도 한다.

8.3 변경 용이성 전술 기반 질문지

8.2절에서 기술한 전술들에 기반해 표 8.2와 같은 변경 용이성 전술 기반의 질문 집합을 만들 수 있다. 변경 용이성을 지원하기 위해 내린 아키텍처 선택들에 관한 전반적인 개요를 이해하기 위해 분석가는 각 질문을 물어본 다음, 답변을 표에 기록한다. 그리고 나서 해당 질문들에 대한 답변을 기반으로 향후 어떤 활동에 집중해야 할지 결정할 수 있다. 문서를 조사하거나 코드 또는 기타 산출물을 분석하거나 코드를 리버스 엔지니어링하는 등의 활동을 할 수 있다.

표 8.2 변경 용이성 전술 기반 질문지

전술 그룹	전술 질문	지원? (Y/N)	위험	설계 결정 및 위치	근거와 가정
응집도 높이기	**모듈을 분리함**으로써 모듈들의 응집도를 높이는가? 예를 들어 크기가 크고 복잡한 모듈이 있다면 해당 모듈을 두 개 이상의 좀 더 응집도가 높은 모듈로 분 리할 수 있는가? **책임들을 재분배함**으로써 모듈의 응집도를 높이는 가? 예를 들어 어떤 모듈의 책임들의 목표가 다르다 면 해당 책임들은 다른 모듈에 배치돼야 한다.				
결합도 낮추기	기능을 일관성 있게 **캡슐화**하는가? 이를 위해서는 대 상이 되는 기능을 격리하고 해당 기능을 위한 명시적 인 인터페이스를 도입해야 한다. 모듈들이 너무 긴밀하게 결합되는 것을 방지하기 위 해 일관성 있게 **중개자를 사용**하는가? 예를 들어 A가 구체적인 기능 C를 호출하면 A와 C 사이를 중재하는 추상 레이어 B를 도입할 수 있다. 체계적으로 모듈 간의 **의존 관계를 제한**하는가? 혹은 시스템 모듈이 자유롭게 다른 모듈과 상호 작용할 수 있는가? 여러 비슷한 서비스를 제공하는 경우 **공통 서비스를 추상화**하는가? 예를 들어 여러분의 시스템이 여러 운 영체제나 하드웨어, 다양한 기타 환경적 요소에서 동 작하도록(이식 가능하도록) 만들고자 할 때 이 기법을 주로 사용한다.				
바인딩 지연	시스템이 규칙적으로 중요한 기능의 **바인딩을 지연**하 는가? 이는 해당 기능이 소프트웨어 생애주기의 후반 부에서 교체될 수 있도록 하기 위함이다. 예를 들어 시스템의 기능을 확장할 수 있는 플러그인이나 애드 온(add-on), 리소스 파일, 환경 설정 파일 등이 있는 가?				

8.4 패턴

변경 용이성 패턴은 시스템을 모듈들로 나눈다. 이때 시스템을 나누는 방식이 모듈 간의 상호 작용이 거의 없이 모듈을 개별적으로 개발하고 발전시킬 수 있도록 하는 방식이기 때문에 이식성과 변경 용이성, 재사용성이 지원된다. 다른 품질 속성보다도 변경 용이성을 지원하는 패턴들의 수가 더 많을 것이다. 그중 가장 널리 사용되는 패턴 일부를 여기서 소개한다.

클라이언트-서버 패턴

클라이언트-서버 패턴은 여러 분산된 클라이언트에게 동시에 서비스들을 제공하는 하나의 서버로 구성된다. 가장 흔한 예로는 웹 사이트의 여러 동시 사용자에게 정보를 제공하는 웹 서버가 있다.

서버와 해당 서버의 클라이언트들 간의 상호 작용은 다음 순서를 따른다.

- **디스커버리:**
  - 클라이언트에 의해 통신이 시작된다. 클라이언트는 디스커버리 서비스를 사용해 서버의 위치를 결정한다.
  - 해당 서버는 클라이언트와 합의된 프로토콜을 사용해 클라이언트에게 응답한다.
- **상호 작용:**
  - 클라이언트는 서버에게 요청을 전송한다.
  - 서버는 요청과 응답을 처리한다.

위의 순서와 관련해 몇 가지 주목할 부분이 있다.

- 클라이언트의 수가 단일 인스턴스의 수용 능력을 넘어서면 서버는 여러 인스턴스를 지닐 수도 있다.
- 서버가 각 클라이언트의 상태를 저장하지 않으면 클라이언트로부터의 각 요청은 독립적으로 처리된다.
- 서버가 클라이언트에 관해 상태를 유지하면 다음과 같다.

  - 각 요청은 어떤 방식으로든 클라이언트를 식별해야 한다.
  - 클라이언트는 서버가 해당 특정 클라이언트와 관련된 리소스를 제거할 수 있도록 '세션 종료' 메시지를 전송해야 한다.
  - 서버는 클라이언트가 해당 클라이언트와 관련된 리소스가 제거될 수 있도록 지정된 시간 내에 요청을 전송하지 않으면 타임아웃될 수도 있다.

장점:
- 서버와 해당 서버의 클라이언트들 간의 연결은 동적으로 수립된다. 서버는 클라이언트에 대해 미리 가정하지 않는다. 즉, 서버와 클라이언트 사이의 결합도가 낮다.
- 클라이언트 간의 결합이 존재하지 않는다.
- 클라이언트 수는 쉽게 확장될 수 있고 서버의 용량에 의해서만 제약된다. 서버의 용량

이 초과되면 서버 기능성 역시 확장될 수 있다.

- 클라이언트와 서버는 독립적으로 진화할 수 있다.
- 공통 서비스들은 다수의 클라이언트 간에 공유될 수 있다.
- 사용자와의 상호 작용은 클라이언트에 한정된다. 이러한 요인으로 인해 사용자 인터페이스를 관리하기 위해서는 특수한 언어와 툴의 개발이 필요하다.

절충점:

- 서버-클라이언트 패턴은 통신이 네트워크를 통해 일어나는 방식으로 구현된다(인터넷을 통해 일어나는 방식으로 구현되는 경우도 있을 수 있다). 따라서 메시지는 네트워크 혼잡에 의해 지연돼 성능 저하(혹은 적어도 예측 불가능성)로 연결될 수 있다.
- 다른 애플리케이션들과 공유하는 네트워크를 통해 서버와 통신하는 클라이언트의 경우 보안을 달성하고 무결성을 유지하기 위해 특별한 대비가 있어야 한다.

플러그인(마이크로커널) 패턴

플러그인 패턴에는 두 가지 유형의 요소가 있다. 하나는 핵심 기능을 제공하는 요소들이고, 다른 하나는 정해진 인터페이스를 통해 핵심 기능에 기능을 추가하는 특화된 변종들이다(이러한 기능을 추가하는 특화된 변종들을 플러그인이라고 한다). 두 가지 유형이 주로 바인딩되는 시점은 빌드 타임이나 빌드 타임 이후의 단계다.

사용 예로 다음 사례가 있다.

- 핵심 기능은 꼭 필요한 기능만 남긴 운영체제(마이크로커널microkernel)가 될 수 있으며, 저수준low-level 주소 공간 관리와 스레드thread 관리, 프로세스 간 통신IPC, InterProcess Communication 같은 운영체제 서비스를 구현하는 데 필요한 메커니즘을 제공한다. 플러그인은 장치 드라이버와 작업 관리, I/O 요청 관리와 같은 실제 운영체제 기능을 제공한다.
- 핵심 기능은 사용자들에게 서비스를 제공하기 때문에 제품이다. 플러그인은 운영체제 호환성이나 라이브러리 호환성 지원과 같은 이식성을 제공하며, 핵심 제품에 포함되지 않은 추가적인 기능을 제공할 수 있다. 추가적으로 플러그인은 외부 시스템과의 통합이 가능하도록 하는 어댑터 역할을 한다(7장 참고).

장점:

- 플러그인은 핵심 제품을 확장하고 핵심 제품이 다양한 상황에서 유용하게 사용될 수 있도록 지원하는 통제된 메커니즘을 제공한다.
- 플러그인은 마이크로커널 개발자들이 아닌 다른 팀이나 조직에 의해 개발될 수 있다. 덕분에 핵심 제품 시장과 플러그인 시장이라는 두 가지 다른 시장을 위한 개발이 가능하다.
- 플러그인은 마이크로커널과는 독립적으로 진화할 수 있다. 플러그인은 정해진 인터페이스를 통해 상호 작용하기 때문에 인터페이스가 변경되지 않는 한 플러그인과 마이크로커널은 결합되지 않는다.

절충점:

- 플러그인은 다른 조직에 의해 개발될 수 있기 때문에 보안 취약성과 사생활 위협 문제가 발생하기 쉽다.

레이어 패턴

레이어 패턴은 시스템을 모듈들로 나눈다. 이때 시스템을 나누는 방식은 모듈 간의 상호 작용이 거의 없이 모듈을 개별적으로 개발하고 발전시킬 수 있도록 하는 방식이므로 이식성과 변경 용이성, 재사용성이 지원된다. 이러한 분리를 달성하기 위해 레이어 패턴은 소프트웨어를 레이어$^{layer, 계층}$라고 부르는 단위로 나눈다. 각 레이어는 동일한 목표를 지니는 서비스들을 제공하는 모듈들을 그룹화한 것이다. 레이어 간에 사용 허용됨$^{allowed-to-use}$ 관계는 관계가 반드시 단방향이어야 한다는 제약 조건을 준수해야 한다.

레이어는 소프트웨어 집합을 완전히 분할하고, 각 분할은 공개 인터페이스를 통해 노출된다. 레이어들은 엄격한 명령 관계에 따라 상호 작용하기 위해 생성된다. 만약 (A, B)가 명령 관계에 있다면, 레이어 A에 할당된 소프트웨어는 레이어 B에 의해 제공되는 모든 공개 기능을 사용할 수 있도록 허용된다(레이어를 일반적으로 표현하는 방식인 수직 방향으로 표현하면 레이어 A가 레이어 B 위에 위치할 것이다). 일반적으로는 모듈들이 해당 모듈들이 속한 레이어의 바로 아래 레이어를 사용하는 것만 허용되지만, 일부의 경우에는 모듈들이 바로 아래 레이어가 아닌 다른 아래 레이어에 있는 모듈들을 직접적으로 사용해야 한다. 이런 식으로 상위 레이어의 소프트웨어가 바로 아래 레이어가 아닌 다른 아래 레이어의 모듈들을 사용하는 경우를 레이어 브릿징^{layer bridging}이라고 부른다. 레이어 패턴에서 아래 레이어의 모듈이 위 레이어의 모듈을 사용하는 상위 방향 사용은 허용되지 않는다.

장점:

- 레이어는 자신보다 하위 레이어만을 사용해야 하기 때문에 하위 레이어의 소프트웨어는 상위 레이어에 영향을 주지 않으면서도 변경될 수 있다(단, 인터페이스가 변하지 않아야 한다).

- 하위 레이어는 다양한 애플리케이션에 걸쳐 재활용될 수도 있다. 예를 들어 어떤 특정 레이어가 여러 운영체제에 이식될 수 있다고 가정해보자. 해당 레이어는 여러 다른 운영체제에서 동작해야만 하는 시스템에서 유용할 것이다. 가장 하위 레이어가 대개 사용 소프트웨어에 의해 제공된다. 이러한 예로 운영체제나 네트워크 통신 소프트웨어가 있다.

- 사용 허용됨 관계에는 제약이 존재하기 때문에 각 개발 팀이 이해해야 하는 인터페이스의 수는 감소한다.

절충점:

- 레이어 나누기가 제대로 설계되지 않으면 상위 레이어를 구현하는 프로그래머들이 필요로 하는 추상화를 하위 레이어에서 제대로 제공하지 못하기 때문에 오히려 방해가 될 수 있다.

- 레이어 나누기는 대개 시스템의 성능에는 좋지 못한 영향을 미친다. 어떤 호출이 최상위 레이어의 함수에 의해 이뤄진 경우 해당 호출이 하드웨어에 의해 실행되기 전에 수많은 하위 레이어를 순회해야만 할 수도 있다.

- 레이어 브릿징을 해야 하는 경우가 많다면 시스템은 이식성과 변경 용이성 목적을 달성할 수 없을 것이다.

발행-구독 패턴

발행-구독^{publish-subscribe} 패턴은 컴포넌트들이 주로 비동기 메시지를 통해 통신하는 아키텍처 패턴이다. 이러한 비동기 메시지는 '이벤트^{event}'나 '토픽^{topic}'이라고도 한다. 발행자는 구독자에 대한 지식이 전혀 없고 구독자는 메시지 유형만을 알 뿐이다. 발행-구독 패턴을 사용하는 시스템은 암묵적인 호출에 의존한다. 즉, 메시지를 발행하는 컴포넌트는 다른 컴포넌트를 직접적으로 호출하지 않는다. 컴포넌트들은 하나 이상의 이벤트나 토픽에 관한 메시지를 발행하고 다른 컴포넌트들은 해당 발행에 대한 관심을 등록한다. 런타임 시에 메시지가 발행되면 발행-구독(또는 이벤트) 버스는 해당 이벤트나 토픽에 관심을 등록했던 모든 요소에게 공지한다. 이런 식으로 메시지 발행은 다른 컴포넌트들의 암묵적인 호출(혹은 다른 컴포넌트들의 메소드들에 대한 암묵적인 호출)을 야기한다. 결과적으로 발행자와 구독자 간에 느슨한 결합이 발생한다.

발행-구독 패턴에는 다음과 같이 세 가지 유형의 요소가 있다.

- **발행자 컴포넌트**^{publisher component}: 메시지를 전송(발행)한다.
- **구독자 컴포넌트**^{subscriber component}: 메시지를 구독하고 이후에 메시지를 수신한다.
- **이벤트 버스**^{event bus}: 구독과 메시지 전달을 런타임 인프라의 일부로서 관리한다.

장점:
- 발행자와 구독자는 독립적이어서 느슨하게 결합돼 있다. 구독자를 추가하거나 변경하기 위해 이벤트를 등록하기만 하면 되고 발행자에는 어떤 변경도 일어나지 않는다.
- 발행 중인 메시지의 이벤트나 토픽을 변경해 결과적으로 어떤 구독자가 해당 메시지를 수신받고 조치를 취할지 변경함으로써 시스템 동작을 쉽게 변경할 수 있다. 이러한 겉보기에 작은 변경은 큰 결과를 지닐 수 있다. 메시지를 추가하거나 억제함으로써 기능들이 켜지거나 꺼질 수 있기 때문이다.
- 기록과 재생을 허용해 결과적으로 수작업으로 재현하기 어려운 오류 조건을 재현할 수 있도록 이벤트를 로그로 남길 수 있다(로깅할 수 있다).

절충점:
- 발행-구독 패턴의 일부 구현은 성능에 부정적인 영향을 미칠 수 있다(지연 발생). 또한 분산 조율 메커니즘을 사용해 성능 저하를 개선할 수 있다. 일반적으로 시스템 성능과 리소스 관리는 발행-구독 시스템에서 추론하기 더 어렵다.
- 일부의 경우, 컴포넌트는 발행된 메시지를 수신하는 데 얼마나 걸릴지 예측하기 어렵다. 일반적으로 시스템 성능과 리소스 관리에 대한 추론은 발행-구독 시스템에서 더 어렵다.
- 발행-구독 패턴 사용이 동기 방식으로 동작하는 시스템이 만들어내는 결정론^{determinism}

에 부정적인 영향을 미칠 수 있다. 이벤트의 결과로 인해 메소드들이 호출되는 순서는 구현마다 다양할 수 있다.

- 발행-구독 패턴 사용은 테스트 용이성에 부정적인 영향을 미칠 수 있다. 이벤트 버스에서의 겉보기에 작은 변경(예: 어떤 컴포넌트들이 어떤 이벤트들과 연관되는지에 관한 변경)이 시스템 동작과 서비스 품질에 전반적인 영향을 미칠 수 있다.

- 일부 발행-구독 구현은 보안(무결성)을 유연하게 구현하기 위해 사용 가능한 메커니즘들을 제한한다. 발행자가 자신의 구독자의 신원을 알지 못하고 구독자도 자신의 발행자의 신원을 알지 못하기 때문에 종단 간의 암호화는 제한된다. 발행자에서 이벤트 버스로의 메시지는 고유하게 암호화될 수 있고, 이벤트 버스로부터 구독자로의 메시지역시 고유하게 암호화될 수 있다. 하지만 종단 간의 암호화된 통신을 위해서는 모든 관련된 발행자와 구독자가 동일한 키를 공유해야 한다.

8.5 참고 문헌

소프트웨어 엔지니어링을 제대로 공부하려는 학생이라면 변경 용이성을 위한 설계에 관한 두 가지 초기 논문을 읽어봐야 한다. 첫 번째 논문은 T.H.E. 운영체제에 관한 에즈거 다익스트라[Edsger Dijkstra]의 1968년 논문이다. 이 논문은 레이어를 사용한 시스템 설계와 해당 접근법의 변경 용이성 장점에 관해 이야기한 첫 번째 논문이다[Dijkstra 68]. 두 번째 논문은 데이빗 파나스[David Parnas]의 1972년 논문으로, 정보 은닉 개념을 소개했다[Parnas 72]. [Parnas 72]는 기능에 따라 모듈을 정의하는 것이 아니라 변경의 영향을 내면화하는 능력에 따라 모듈을 정의한다.

변경 용이성을 위한 더 많은 패턴은 『소프트웨어 시스템 아키텍처』(에이콘, 2015)[Woods 11]에서 확인할 수 있다.

분리도 지표[decoupling level metric]는 아키텍처 수준의 결합 지표로, 아키텍처가 전역적으로 얼마나 결합돼 있는지 나타낸다[Mo 16]. 해당 지표를 사용해 시간이 지남에 따라 결합도가 어떻게 변하는지 추적할 수 있다. 이는 기술 부채를 조기에 알리는 경보 역할을 한다.

[Mo 19]는 모듈 구조 위반과 기타 설계 결함을 완전히 자동으로 감지하는 방식을 기술한다. 감지된 위반은 응집도를 높이고 결합도를 낮추기 위한 리팩터링의 지침으로 사용될 수 있다.

소프트웨어 제품 라인에서 사용될 의도로 만들어진 소프트웨어 모듈들은 대개 변형 메커니즘을 갖추고 있어 다른 애플리케이션(즉, 제품 라인의 다른 구성 제품)에 맞도록 빠르게 변경할 수 있다. 제품 라인에서 컴포넌트 변형 메커니즘 목록은 바흐만[Bachmann]과 클레멘츠[Clements]의 작업물[Bachmann 05], 제이콥슨[Jacobson]과 동료들의 작업물[Jacobson 97], 아나스타소포우로스[Anastasopoulos]와 동료들의 작업물[Anastasopoulos 00]에서 확인할 수 있다.

레이어 패턴은 다양한 형태와 변종이 존재한다. 예를 들어 '사이드카가 있는 레이어[layer with a sidecar]'이 있다. [DSA2]의 2.4절에서는 이러한 레이어 패턴의 다양한 형태와 변종들을 분류하고 대부분의 소프트웨어 레이어 다이어그램이 매우 애매모호한 이유를 살펴본다. 만약 해당 책에 돈을 쓰고 싶지 않다면 [Bachmann 00a]가 좋은 대안이 된다.

8.6 토론 질문

1. 변경 용이성은 다양한 형태를 띠고 많은 이름으로 알려져 있다. 이번 장의 시작부에서 몇 가지를 다뤘지만 깊게 다루지는 않았다. 품질 속성에 관한 IEEE나 ISO 표준 중 하나를 찾아서 변경 용이성의 어떤 형태와 관련 있는 품질 속성들의 목록을 취합해보자. 해당 품질 속성들의 차이점에 대해 논의해보자.

2. 질문 1에서 취합한 목록에서 어떤 전술과 패턴이 각 품질 속성에 특히나 도움이 되는가?

3. 질문 2의 결과로 알아낸 각 품질 속성에 대해 해당 품질 속성을 표현하는 변경 용이성 시나리오를 작성한다.

4. 많은 빨래방에서 세탁기와 건조기는 동전을 받지만 거스름돈을 주지 않는다. 대신에 별도의 동전 교환기가 있다. 일반적인 빨래방의 경우 동전 교환기 한 대당 세탁기와 건조기는 6~8대가 있다. 이러한 구성에서는 어떤 변경 용이성 전술이 작용하고 있는가? 가용성은 어떠한가?

5. 질문 4의 빨래방의 기계들(세탁기, 건조기, 동전 교환기)을 질문 4에서 기술한 바와 같이 구성하는 것을 목적으로 하는 듯이 보이는 구체적인 형태의 변경 용이성을 변경 용이성 시나리오를 사용해 기술한다.

6. 7장에서 소개한 래퍼는 변경 용이성을 돕기 위한 일반적인 아키텍처 패턴이다. 래퍼

는 어떤 변경 용이성 전술을 구체화한 것인가?

7. 시스템의 변경 용이성을 향상시킬 수 있는 다른 일반적인 아키텍처 패턴으로 블랙보드blackboard, 브로커broker, 피어-투-피어peer-to-peer, 모델-뷰-컨트롤러model-view-controller, 리플렉션reflection이 있다. 해당 패턴이 나타내는 변경 용이성 전술 관점에서 각 패턴을 논의해보자.

8. 중개자가 아키텍처에 도입되고 나면, 일부 모듈은 해당 중개자를 부주의로(중개자가 있는지 몰라서) 혹은 고의로(성능이나 편의를 위해 혹은 습관적으로) 피해가려 시도할 수도 있다. 이렇게 중개자를 피해가는 것을 방지하기 위한 아키텍처 수단에 관해 논의한다. 또한 아키텍처 외적인 수단에 관해서도 논의한다.

9. 공통 서비스 추상화 전술은 결합도를 낮추기 위한 목적을 지니지만 응집도도 낮출 수 있다. 이에 관해 논의한다.

10. '클라이언트-서버 패턴은 런타임 바인딩을 갖춘 마이크로커널 패턴이다.'라는 명제에 관해 논의한다.

9장

성능

아주 작은 성과는 엄청나게 큰 약속만큼의 가치가 있다.[1]
– 매 웨스트(Mae West)

성능은 시간에 관한 것이다.

성능performance은 시간과 타이밍 요구 사항을 만족시키기 위한 소프트웨어 시스템의 능력에 관한 것이다. 한 가지 우울한 사실은 컴퓨터에서 수행되는 작업은 시간이 걸린다는 점이다. 계산 작업은 약 수천 나노초가 걸리고 디스크 접근은 SSD든 HDD든 상관없이 약 수백 밀리초가 걸리며, 네트워크 접근은 동일한 데이터 센터 내에서는 수백 마이크로초가 걸리고 대륙 간 메시지 전달에는 100밀리초 이상이 걸릴 수 있다. 따라서 성능을 위해 시스템을 설계할 때는 시간을 고려해야 한다.

이벤트(인터럽트, 메시지, 사용자나 다른 시스템으로부터의 요청 혹은 시간의 흐름을 기록하는 클럭 이벤트)가 발생하면 시스템 혹은 시스템의 일부 요소는 늦지 않게 응답해야 한다. 발생 가능한 이벤트(그리고 언제 해당 이벤트들이 일어나는지)를 기술하고 해당 이벤트에 대한 시스템이나 요소의 시간 기반 응답을 기술하는 것은 성능을 논의하는 데 있어 필수적이다.

웹 기반 시스템 이벤트들은 웹 브라우저와 같은 클라이언트를 통해 사용자로부터의 요청 형태로 들어온다(사용자의 수는 수십에서 수천만까지 될 수 있다). 서비스들은 다른 서비스들로

---

1 원문은 'An ounce of performance is worth pounds of promises.'이다. 성과를 내겠다고 실컷 말만 하는 것보다 아주 작은 성과라도 실제 성과를 내는 것이 중요하다는 의미로 주로 금융 쪽에서 많이 인용된다. 영어에서는 '성과'와 '성능'을 모두 performance라는 단어로 나타낼 수 있기 때문에 9장의 제목인 'performance'에 어울리는 격언으로 가져온 것이다. – 옮긴이

부터 이벤트를 받는다. 내연 기관을 위한 제어 시스템에서 이벤트는 운전자의 조작과 시간의 흐름에 의해 발생한다. 해당 시스템은 실린더가 올바른 위치에 있을 때 점화되도록 하는 동시에 힘과 효율성을 최대화하고 공해를 최소화하기 위해 연료 혼합을 조절해야 한다.

웹 기반 시스템과 데이터베이스 중심 시스템 혹은 주변 환경으로부터의 입력 신호를 처리하는 시스템의 경우 원하는 응답을 단위 시간에 처리 가능한 요청의 수로 표현할 수 있을 것이다. 엔진 제어 시스템의 경우 응답은 점화 시간에 있어 허용 가능한 변화폭이 될 수 있을 것이다. 각 경우에 도착하는 이벤트의 패턴과 응답 패턴을 기술할 수 있고 이러한 기술을 통해 성능 시나리오를 구성하는 데 필요한 언어를 만들 수 있다.

소프트웨어 엔지니어링 역사의 상당 부분에 있어 성능은 아키텍처에서 원동력 역할을 했다(소프트웨어 엔지니어링의 역사는 컴퓨터가 느리고 비싸지만 수행해야 할 작업은 컴퓨터의 능력을 월등히 넘어서던 때 시작됐다). 따라서 다른 품질 속성의 달성을 희생하더라도 성능을 중요하게 여기는 경우가 빈번히 발생했다. 하드웨어의 가격 대비 성능이 크게 좋아지고 소프트웨어 개발 비용은 계속해서 증가함에 따라, 다른 품질 속성들도 성능만큼 관심을 갖기 시작했다.

하지만 성능은 여전히 매우 중요하다. 컴퓨터를 사용해 푸는 방법은 알지만 시간이 너무 오래 걸려서 소용이 없는 중요한 문제들이 여전히 있다(그리고 향후에도 계속 존재할 것이다).

모든 시스템에는 표현되지 않았더라도 성능 요구 사항이 있다. 예를 들어 워드 프로세서의 경우 명시적인 성능 요구 사항이 존재하지 않을 수 있지만, 입력한 문자가 화면에 나타나기까지 1시간(혹은 1분이나 1초)이 걸린다면 이는 받아들일 수 없을 것이다. 성능은 앞으로도 모든 소프트웨어에서 근본적으로 중요한 품질 속성이 될 것이다.

성능은 대개 확장성과 관련된다. 즉, 시스템이 작업을 잘 처리하면서도 시스템이 처리할 수 있는 양을 늘리고자 한다. 엄밀히 이야기하면, 8장에서 살펴본 바와 같이 확장성은 시스템을 특정한 방식으로 쉽게 변경할 수 있도록 하는 것이므로 변경 용이성의 일종이기는 하지만, 성능과 확장성은 분명히 연관돼 있다. 또한 클라우드에서의 서비스 확장성은 17장에서 살펴볼 것이다.

대개 성능 향상은 시스템을 만든 다음에 해당 시스템의 성능이 충분치 않다는 것을 발견했을 때 일어난다. 성능을 염두에 두고 시스템의 아키텍처를 설계함으로써 이를 미연에 대비할 수 있다. 예를 들어 확장 가능한 리소스 풀을 이용해 시스템을 설계했고 이후에 성능 측정 데이터로부터 해당 리소스 풀이 병목점이 된다는 것을 발견했다면, 해당 풀의 크기를 쉽게 늘릴 수 있다. 시스템을 이런 식으로 설계하지 않았다면 선택할 수 있는 옵션이 한정될 것이고 상당 부분 재작업을 해야 할 수도 있다.

전체 시간의 작은 부분만을 담당하는 시스템의 일부분을 최적화하느라 많은 시간을 소비하는 것은 유용하지 않다. 시간 정보를 로그로 남김으로써 시스템이 성능 측정을 할 수 있도록 하는 것이 어느 부분에서 실제 시간이 많이 소비됐는지 결정하고 시스템의 중요한 부분의 성능을 향상하기 위해 집중하는 데 도움이 될 것이다.

9.1 성능 일반 시나리오

성능 시나리오는 시스템에 이벤트가 도착하는 것으로 시작한다. 해당 이벤트에 올바르게 반응하기 위해서는 소비해야 할 리소스(시간 포함)가 필요하다. 이벤트 도착과 이에 대한 응답이 이뤄지는 동안에 시스템은 동시에 다른 이벤트를 처리할 수도 있다.

동시성

동시성은 아키텍트가 이해해야 하는 매우 중요한 개념 중 하나이지만 컴퓨터 공학 수업에서 가장 적게 다루는 주제 중 하나이기도 하다. 동시성은 병렬로 일어나는 연산을 말한다. 예를 들어 다음 구문들을 수행하는 스레드가 하나 있다고 해보자.

```
x = 1;
x++;
```

또한 위와 동일한 구문을 수행하는 스레드가 하나 더 존재한다고 해보자. 두 스레드 모두가 위의 구문들을 수행한 후에 x의 값은 어떻게 될까? 2나 3이 될 것이다. x 값이 어떻게 3이 될 수 있는지는 여러분 스스로 파악해보길 바란다.

동시성은 시스템이 새로운 스레드를 생성할 때마다 발생한다. 스레드는 정의에 따르면 독립적인 제어 흐름이다. 시스템에서 멀티태스킹은 독립적인 스레드들에 의해 지원된다. 스레드 사용을 통해 시스템에서 여러 사용자를 동시에 지원할 수 있다. 또한 동시성은 프로세서들이 별도로 패키징돼 있든 멀티 코어 프로세서로 돼 있든 상관없이 시스템이 두 개 이상의 프로세서에 대해 실행될 때마다 발생한다. 추가로 병렬 알고리듬을 사용하거나 다양한 동시 실행 스케줄링 알고리듬들 중 하나를 사용할 때 동시성을 고려해야 한다. 병렬 알고리듬은 맵-리듀스(map-reduce)나 NoSQL 데이터베이스와 같은 인프라를 병렬화한다. 즉, 동시성은 다양한 방식으로 사용 가능한 도구다.

CPU가 여러 개이거나 동시성을 활용할 수 있는 대기 상태가 존재할 때 동시성은 유용하다. 연산 작업들이 병렬로 일어나도록 함으로써 성능을 향상시킨다. 하나의 스레드에서 지연이 발생했을 때 프로세서가 다른 스레드에서 작업을 계속하도록 할 수 있기 때문이다. 하지만 방금 기술한 바와 같이 여러 스레드를 번갈아 수행하는 현상(경쟁 상태(race condition)라고도 함) 때문에 동시성은 조심스럽게 관리해야 한다.

위의 예에서 보여주듯이 경쟁 상태는 두 개의 스레드가 존재하고 공유 상태가 존재할 때 발생할 수 있다. 동시성 관리는 상태를 어떤 식으로 공유할지 관리하는 것으로 종종 귀결된다. 경쟁 상태를 방지하기 위한 기법 중 하나는 락(lock)을 사용해 상태에 순차적으로 접근하도록 강제하는 것이다. 또 다른 기법으로 코드를 수행하는 스레드를 기반으로 상태를 분할할 수 있다. 즉, x의 인스턴스가 두 개라면 x는 두 스레드에 의해 공유되지 않기 때문에 경쟁 상태가 발생하지 않는다.

경쟁 상태는 발견하기 가장 어려운 종류의 버그 중 하나다. 버그 발생이 산발적이고 타이밍 차이(아마도 분 단위)에 달려 있기 때문이다. 나 역시 운영체제에서 경쟁 상태가 발생하는 경험을 했었는데, 이를 제대로 추적할 수가 없었다. 그래서 코드에 테스트를 삽입해 다음 번에 경쟁 상태가 발생했을 때 디버깅 프로세스가 실행되도록 했다. 원인을 파악할 수 있도록 해당 버그가 재현되는 데는 1년이 넘게 걸렸다.

동시성과 관련된 어려움 때문에 동시성이라는 매우 중요한 기법을 활용하는 것을 주저하지는 말자. 여러분의 코드에서 중요 부분(critical section)을 주의 깊게 식별해 중요 부분에서는 경쟁 상태가 일어나지 않도록 보장해야 한다는 점을 염두에 두고 동시성을 사용하자.

– LB

표 9.1에서 성능 일반 시나리오를 확인할 수 있다.

표 9.1 성능 일반 시나리오

부분	설명	가능한 값
공급원	자극은 사용자(혹은 여러 사용자)나 외부 시스템, 해당 시스템의 일부분에서 올 수 있다.	외부: • 사용자 요청 • 외부 시스템으로부터의 요청 • 센서나 다른 시스템으로부터 오는 데이터 내부: • 컴포넌트는 다른 컴포넌트를 요청할 수도 있다. • 타이머가 통지를 생성할 수도 있다.

(이어짐)

부분	설명	가능한 값
자극	자극은 이벤트가 도착한 것이다. 해당 이벤트는 서비스에 대한 요청 혹은 해당 시스템의 특정 상태에 대한 통지 혹은 외부 시스템의 특정 상태에 대한 통지가 될 수 있다.	정기적이거나 산발적이거나 확률적인 이벤트의 도착: • 정기적인 이벤트는 예측 가능한 간격으로 도착한다. • 확률적인 이벤트는 어떤 확률 분포에 따라 도착한다. • 산발적인 이벤트는 정기적이지도 않고 산발적이지도 않은 패턴에 따라 도착한다.
대상물	자극된 대상물은 전체 시스템일 수도 있고 시스템의 일부분일 수도 있다. 예를 들어 전원 켜기 이벤트는 전체 시스템을 자극할 것이다. 사용자 요청은 사용자 인터페이스에 도착할 것이다 (사용자 인터페이스를 자극할 것이다).	• 전체 시스템 • 시스템 내 컴포넌트
환경	자극이 도착했을 때의 시스템 혹은 컴포넌트의 상태. 특이 모드(에러 모드, 과부하 모드)는 응답에 영향을 줄 것이다. 예를 들어 장치가 잠기기 전에 로그인 시도 실패는 연속 세 번까지 허용된다.	런타임. 시스템이나 컴포넌트는 다음 상태에서 동작할 수 있다. • 정상 모드 • 비상 모드 • 오류 교정 모드 • 피크 부하 • 과부하 모드 • 성능 저하 운영 모드 • 시스템에서 정의한 기타 모드들
응답	시스템은 자극을 처리할 것이다. 자극 처리에는 시간이 걸린다. 시간이 걸리는 이유는 계산 때문일 수도 있고 공유 리소스에 대한 경쟁에 의해 처리가 블록 상태일 수도 있다. 시스템이 과부하이거나 처리 과정의 어딘가에서의 실패로 인해 요청이 제대로 처리되지 않을 수 있다.	• 시스템이 응답을 반환한다. • 시스템이 오류를 반환한다. • 시스템이 응답 없음을 생성한다. • 시스템이 과부하일 때 요청을 무시한다. • 시스템이 서비스의 모드나 수준을 변경한다. • 시스템이 우선순위가 높은 이벤트를 처리한다. • 시스템이 리소스를 소비한다.
응답 측정	타이밍 측정에는 지연이나 산출량이 포함될 수 있다. 타이밍 마감 시한이 있는 시스템은 응답 시간 차이와 마감 시한 준수 능력도 측정한다. 얼마나 많은 요청이 제대로 처리되지 않는지 측정하는 것 역시 측정치의 한 종류다. 또한 컴퓨팅 리소스(예: CPU, 메모리, 스레드 풀, 버퍼)가 얼마나 활용되고 있는지 측정할 수도 있다.	• 응답에 걸리는 (최대, 최소, 평균, 중위) 시간(지연) • 특정 시간 간격 동안에(혹은 특정 처리량 대비나 수신한 이벤트 수 대비) 제대로 처리된 요청의 개수 혹은 퍼센트 • 제대로 처리되지 않은 요청의 수 혹은 퍼센트 • 응답 시간의 차이 • 컴퓨팅 리소스 사용 수준

그림 9.1은 구체적인 성능 시나리오의 예를 나타낸다. 시스템이 정상 운영 중일 때 500명의 사용자가 30초 동안에 2,000개의 요청을 했다. 시스템은 평균 2초의 지연으로 해당 요청 모두를 처리한다.

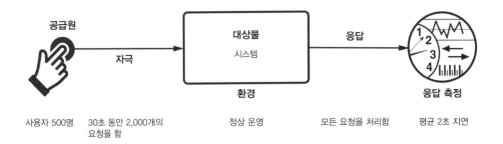

공급원		대상물 시스템	응답	응답 측정
	자극	환경		
사용자 500명	30초 동안 2,000개의 요청을 함	정상 운영	모든 요청을 처리함	평균 2초 지연

그림 9.1 성능 시나리오 예시

9.2 성능 전술

성능 전술들의 목표는 시스템에 도착하는 이벤트에 대한 응답을 시간 기반 제약 조건이나 리소스 기반 제약 조건 내에 생성하는 것이다. 해당 이벤트는 단일 이벤트일 수도 있고 스트림일 수도 있으며, 계산을 수행하기 위한 트리거 역할을 한다. 성능 전술들은 그림 9.2와 같이 응답을 생성하기 위해 사용되는 시간이나 리소스를 제어한다.

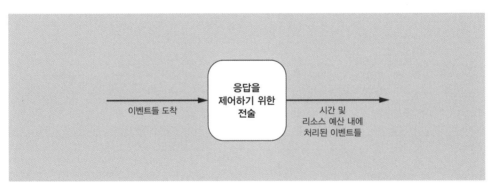

그림 9.2 성능 전술들의 목표

이벤트 도착 시점과 해당 이벤트에 대한 시스템 응답 완료 시점, 이 두 시점 사이에는 두 가지 상황이 있을 수 있다. 하나는 시스템이 해당 이벤트에 응답하기 위해 작업 중인 상태이고, 다른 하나는 이벤트 처리가 어떤 이유로 인해 중단된 상태다. 따라서 처리 시간(시스템이 응답을 위해 작업 중이고 리소스를 활발히 소비 중인 때)과 중단 시간(시스템이 응답할 수 없는 때)이 응답 시간과 리소스 사용을 결정 짓는 두 가지 기본 요소가 된다.

- **처리 시간과 리소스 사용**: 처리는 리소스를 소비하며, 이는 시간이 걸린다. 이벤트는 하나 이상의 컴포넌트 실행을 통해 처리된다. 이때 컴포넌트 실행에 쓴 시간을 리소스라 한다. 하드웨어 리소스에는 CPU와 데이터 저장소, 네트워크 통신 대역폭, 메모리가 포함된다. 소프트웨어 리소스에는 설계 중인 시스템에 의해 정의된 엔티티들이 포함된다. 예를 들어 스레드 풀과 버퍼를 관리해야 하고 중요 영역^{critical section}에 대한 접근은 순차적으로 이뤄져야 한다.

  예를 들어 어떤 컴포넌트에 의해 메시지가 생성됐다고 가정해보자. 그다음으로 해당 메시지를 네트워크에 위치시켜 네트워크를 통해 다른 컴포넌트에 도착한다. 이어서 해당 메시지는 버퍼에 위치하게 된 다음, 특정 방식으로 변환된다. 그리고 나서 이 변환된 메시지는 특정 알고리듬에 따라 처리되고, 처리된 결과가 출력을 위해 변환된다. 출력을 위해 변환된 결과가 출력 버퍼에 위치하게 된 다음, 다른 컴포넌트나 다른 시스템 혹은 어떤 행위자에게 전송된다. 각 단계는 해당 이벤트 처리에 있어 전반적인 지연과 리소스 소비의 원인이 된다.

  리소스 활용도가 수용 가능한 최대치에 도달함에 따라(즉, 리소스들이 점점 포화됨에 따라), 리소스들은 다른 방식으로 동작한다. 예를 들어 CPU의 부하가 심해질수록 대개 성능은 지속적으로 떨어진다. 반면에 메모리가 부족해지기 시작하면, 어느 순간부터는 페이지 스와핑^{page swapping}이 너무 심해져서 성능이 갑자기 곤두박질친다.

- **중단 시간과 리소스 경쟁**: 어떤 필요한 리소스에 대한 경쟁으로 인해, 혹은 리소스가 가용하지 않거나 아직 가용하지 않은 계산 결과에 의존성이 있어서 계산이 중단될 수 있다.

  - **리소스 경쟁**: 한 번에 하나의 클라이언트에 의해서만 사용할 수 있는 리소스가 많다. 결과적으로 다른 클라이언트들은 해당 리소스를 사용하기 위해 기다려야 한다. 그림 9.2는 시스템에 도착하는 이벤트들을 나타낸다. 이러한 이벤트들은 단일 스트림으로 들어올 수도 있고 여러 스트림으로 들어올 수도 있다. 동일한 리소스를 사용하기 위해 경쟁하는 여러 스트림이나 동일한 리소스를 사용하기 위해 경쟁하는 다른 이벤트들로 인해 지연이 발생한다. 어떤 리소스를 사용하기 위한 경쟁이 더 많이 발생할수록 지연은 더 커진다.

  - **리소스 가용성**: 심지어 경쟁이 없을 때도 리소스가 가용하지 않으면 계산은 진행될 수 없다. 리소스가 오프라인이기 때문에 혹은 어떤 이유로 컴포넌트가 실패했기 때

문에 리소스가 가용하지 않을 수 있다.

- 다른 계산에 대한 의존성: 계산이 다른 계산에 대한 의존성으로 인해 기다려야 하는 경우가 있는데, 다른 계산 결과와 동기화해야 하는 경우나 해당 계산이 시작시킨 계산의 결과를 기다려야 하는 경우가 있다. 어떤 컴포넌트가 다른 컴포넌트를 호출하고 호출된 해당 컴포넌트가 응답하길 기다려야 하거나(동일한 프로세서 내에 함께 존재하는 경우의 정반대) 호출된 컴포넌트의 부하가 심한 경우 호출된 컴포넌트가 네트워크의 다른 편에 있다면 시간이 오래 걸릴 수 있다.

원인이 무엇이든 간에 리소스 한계가 전반적인 지연에 상당한 영향을 미칠 수 있는 부분들을 아키텍처에서 식별해야 한다.

이러한 배경지식을 갖고 전술을 살펴보자. 리소스에 대한 수요를 줄이거나(리소스 수요 제어) 가용한 리소스가 해당 리소스에 대한 수요를 더 효과적으로 처리할 수 있도록 만들 수 있다(리소스 관리).

리소스 수요 제어

성능을 올리기 위한 방법 중 하나로 리소스 수요를 주의 깊게 관리하는 것이 있다. 처리된 이벤트의 수를 줄이거나 시스템이 해당 이벤트에 응답하는 속도를 제한함으로써 리소스 수요를 관리할 수 있다. 또한 가용한 리소스가 분별력 있게 적용될 수 있도록 보장하기 위해 다음과 같은 다양한 기법을 적용할 수 있다.

- 작업 요청 관리: 작업을 줄이기 위한 방법 중 하나로 시스템에 들어오는 요청의 수를 줄일 수 있다. 이를 위한 다음과 같은 방법들이 있다.

  - 이벤트 도착 관리: 외부 시스템으로부터 오는 이벤트의 도착을 관리하기 위한 일반적인 방법으로 시스템이 지원하고자 하는 최대 이벤트 도착률을 명시하는 서비스 수준 협약^{SLA}을 적용할 수 있다. SLA는 '시스템이나 컴포넌트가 응답 시간 Y 이내에 단위 시간당 X개의 이벤트를 처리할 것이다.'라는 형태의 협약이다. 이러한 협약은 시스템과 클라이언트 둘 다를 제약한다. 시스템은 응답을 제공해야 하고, 클라이언트는 단위 시간당 X번 이상 요청하면 응답을 보장받지 못한다. 따라서 클라이언트 관점에서 단위 시간당 X개 이상의 요청을 해야 한다면 요청을 처리하는 요소의 여러 인스턴스를 활용해야 한다. SLA는 인터넷 기반 시스템의 확장성을 관리하기 위

한 방법 중 하나다.

- **샘플링 속도 관리**: 시스템이 적절한 응답 수준을 유지할 수 없는 경우 해당 자극(수집 대상)에 대한 샘플링 빈도를 줄일 수 있다. 예를 들어 처리해야 할 어떤 센서로부터 수집되는 데이터의 속도(빈도)나 초당 비디오 프레임의 개수가 있을 수 있다. 물론 이렇게 샘플링 빈도를 줄이게 되면 비디오 스트림의 품질이 떨어지거나 센서 데이터로부터 얻을 수 있는 정보의 질이 떨어질 수 있다. 그럼에도 불구하고 결과가 '어느 정도 좋은 수준'이면 되는 경우 선택할 수 있는 전략이다. 이러한 접근법은 다양한 샘플링 속도와 데이터 포맷에 따라 선택 가능한 다양한 코덱이 존재하는 신호 처리 시스템에서 흔히 사용된다. 이러한 설계 선택은 지연을 예측 가능한 수준으로 유지하는 데 도움이 된다. 불규칙하게 지연이 발생하는 것보다 품질은 떨어지더라도 일관된 데이터 스트림을 유지하는 것이 나은지 여부를 선택해야 한다. 일부 시스템은 측정된 지연 수치나 원하는 정확도에 따라 동적으로 샘플링 속도를 관리한다.

- **이벤트 응답 제한**: 개별적인 이벤트들이 너무 빨리 도착해서 시스템(혹은 컴포넌트)이 이를 처리할 수 없는 경우 해당 이벤트들은 처리되거나 폐기되기(버려지기) 전까지 대기열(큐)에서 대기해야 한다. 최대 이벤트 처리율을 정해놓음으로써 이벤트 처리를 예측 가능하도록 만들 수 있다. 대기열 크기나 프로세서 활용이 경고 수준을 넘었을 때 이벤트 응답 제한 전술이 적용될 수 있다. 대안으로 이벤트 처리율이 SLA를 위반했을 때 이벤트 응답 제한 전술이 적용될 수도 있다. 이벤트 응답 제한 전술을 채택했지만 어떤 이벤트도 놓쳐서는 안 되는 경우, 최악의 경우를 처리할 수 있을 만큼 대기열 크기가 충분히 커야 한다. 반대로 이벤트를 놓쳐도 되는 경우, 이벤트를 놓쳤을 때의 정책을 선택할 수 있다. 예를 들면 다음과 같다. 놓친 이벤트를 기록할 것인가, 아니면 그냥 기록 없이 놓칠 것인가? 이벤트를 놓쳤을 때 시스템이나 사용자, 관리자에게 통지할 것인가?

- **이벤트 우선순위화**: 이벤트의 중요도가 동일하지 않다면 이벤트 처리 중요도에 따라 이벤트의 순위를 매기는 우선순위 전술을 적용할 수 있다. 이벤트들이 발생했을 때 해당 이벤트들을 처리하기에 리소스가 충분치 않은 경우 낮은 우선순위의 이벤트들은 무시될 수 있다. 이벤트 무시는 최소한의 리소스(시간 포함)를 소비하기 때문에 언제나 모든 이벤트를 처리하는 시스템과 비교할 때 성능이 향상된다. 예를 들어 빌딩 관리 시스템은 다양한 알람을 발생시킬 수 있다. 화재 알람과 같은 생명과 직결된 알람의 우선순위는

방의 온도가 너무 낮다와 같은 정보 성격 알람의 우선순위보다 높아야 한다.

- **계산 오버헤드 줄이기**: 시스템에 도착하는 이벤트들에 대해 각 이벤트를 처리하는 데 드는 일의 양을 줄이고자 다음과 같은 접근법을 구현할 수 있다.

  - **간접적인 방식 줄이기**: 중개자 사용은 이벤트 스트림 처리 시 계산 오버헤드computational overhead를 증가시키기 때문에 중개자를 제거하면 지연이 줄어든다(8장에서 확인했듯이 중개자 사용은 변경 용이성에 매우 중요하다). 성능과 변경 용이성 중 어느 쪽을 선택하느냐에 따라 각 품질 속성이 손해를 볼 수 있는 전형적인 예다. 주요 요소 분리는 변경 용이성을 위한 핵심이다. 하지만 주요 요소를 분리할 때(하나의 모듈에 있는 요소를 여러 모듈로 나누는 경우) 이벤트가 단일 컴포넌트에 의해 처리되는 것이 아니라 여러 컴포넌트에 의해 처리돼야 할 수 있다. 이렇게 되면 이벤트를 처리하는 데 필요한 처리 오버헤드가 증가할 수 있다. 하지만 성능과 변경 용이성 모두를 잡을 수 있는 방법도 있다. 똑똑한 코드 최적화를 통해 캡슐화를 지원하는 중개자와 인터페이스를 사용해 프로그래밍하는 동시에 런타임 시에는 비용이 많이 드는 간접적인 방식을 줄이거나 일부의 경우 완전히 없앨 수도 있다. 마찬가지로 일부 중개자는 클라이언트와 서버가 최초에는 해당 중개자를 통해 관계를 수립하고, 이후에는 클라이언트와 서버 간에 직접적인 통신을 허용한다. 이렇게 함으로써 이후 모든 요청에 대한 간접적인 단계가 없어진다.

  - **서로 통신해야 하는 리소스들을 한곳에 두기**: 컨텍스트 스위치 비용과 컴포넌트 간 통신 비용은 점점 증가한다. 특히나 컴포넌트들이 네트워크상에서 다른 노드에 존재하는 경우에 더욱 그렇다. 계산 오버헤드를 줄이기 위한 전략 중 하나는 리소스들을 한곳(같은 위치)에 두는 것이다. '한곳에 두기co-location'는 서로 통신이 필요한 컴포넌트들을 같은 프로세서에 둠으로써 네트워크 통신으로 인한 시간 지연을 피하는 것이다. 한곳에 두기는 리소스들을 동일한 런타임 소프트웨어 컴포넌트에 위치시킴으로써 서브루틴 호출 비용조차도 피하는 것을 의미할 수도 있다. 또는 한곳에 두기는 멀티티어multi-tier 아키텍처의 티어들을 데이터 센터에서 같은 랙 안에 위치시키는 것을 의미할 수도 있다.

  - **주기적인 청소**: 계산 오버헤드를 줄이기 위한 특이한 방법 중 하나로 비효율적으로 변해버린 리소스를 주기적으로 청소cleanup할 수 있다. 예를 들어 해시 테이블과 가상 메모리 맵은 재계산과 재초기화를 필요로 할 수도 있다. 많은 시스템 관리자와

심지어 일반적인 컴퓨터 사용자들은 정확히 이러한 이유로 자신의 시스템을 주기적으로 재부팅한다.

- **실행 시간 제한:** 이벤트에 응답하기 위해 얼마나 실행 시간이 많이 사용되는지에 제한을 둘 수 있다. 반복적이고 데이터 의존적인 알고리듬의 경우 반복 횟수 제한은 실행 시간을 제한하기 위한 방법 중 하나다. 하지만 실행 시간 제한으로 인해 계산 결과가 덜 정확해진다. 실행 시간 제한 전술을 채택한 경우 정확도에 대한 영향을 파악한 다음 결과가 '충분히 좋은지' 봐야 한다. 이러한 리소스 관리 전술은 샘플링 속도 관리 전술과 함께 사용되기도 한다.
- **리소스 사용 효율 증가:** 중요 영역에서 사용되는 알고리듬의 효율성을 향상시키는 것은 지연을 줄이고 처리량과 리소스 소비를 향상시킬 수 있다. 일부 프로그래머의 경우 알고리듬 효율성 향상이 바로 주된 성능 전술이다. 시스템이 충분히 성능을 내지 못하는 경우 해당 프로그래머들은 처리 로직을 개선하기 위해 노력한다. 여러분도 알다시피 이러한 접근법은 사용 가능한 많은 성능 전술 중 하나일 뿐이다.

리소스 관리

리소스 수요를 제어할 수 없는 경우에도 리소스 관리는 제어 가능하다. 하나의 리소스가 다른 리소스로 대체 가능한 경우가 종종 있다. 예를 들어 시간과 공간, 네트워크 대역폭 중 어떤 리소스가 좀 더 중요한지에 따라 중간 데이터를 캐시에 저장할 수도 있고 재생성할 수도 있다. 다음과 같은 리소스 관리 전술들이 있다.

- **리소스 증가:** 더 빠른 프로세서의 사용과 프로세서 추가, 메모리 추가, 더 빠른 네트워크의 사용은 모두 성능 향상에 도움이 된다. 리소스 선택 시 대개 비용을 고려해야 하지만, 많은 경우에 리소스 증가가 즉각적인 향상을 얻기 위한 가장 저렴한 방법이다.
- **동시성 도입:** 요청이 병렬로 처리될 수 있다면 중단 시간이 감소할 것이다. 여러 다른 이벤트 스트림을 여러 다른 스레드에서 처리함으로써 혹은 여러 다른 활동 집합을 처리하기 위한 추가적인 스레드를 생성함으로써 동시성을 도입할 수 있다(동시성이 도입된 이후에 스케줄링 정책을 선택해 리소스 스케줄 전술을 사용함으로써 원하는 목적을 달성할 수 있다).
- **여러 계산 복사본 유지:** 여러 계산 복사본 유지 전술은 서비스에 대한 모든 요청이 하나의

인스턴스에 할당될 때 발생할 수 있는 경쟁을 감소시킨다. 마이크로서비스 아키텍처에서 복제된 서비스들 또는 서버 풀에서 복제된 웹 서버들이 계산 복제의 예다. 로드 밸런서는 새로운 작업을 가용한 복제 서버들 중 하나에 할당하는 소프트웨어다. 할당 기준은 다양하지만, 라운드 로빈round-robin 방식처럼 단순할 수도 있고 새로운 요청을 가장 덜 바쁜 서버에 할당할 수도 있다. 로드 밸런서 패턴은 9.4절에서 자세히 알아볼 것이다.

- **여러 데이터 복사본 유지**: 여러 데이터 복사본을 유지하는 가장 일반적인 두 가지 예로는 데이터 복제data replication와 캐싱aching이 있다. 데이터 복제는 여러 동시적인 접근으로 인한 경쟁을 줄이기 위해 데이터의 개별적인 복사본들을 유지하는 것을 포함한다. 복제 중인 데이터는 대개 기존에 존재하는 데이터의 복사본이므로 복사본들을 일관되게 유지하고 동기화하는 것은 해당 시스템의 책임이다. 캐싱 역시 데이터 복사본을 유지하는 것을 포함하지만 복사본을 여러 다른 접근 속도를 지닌 저장소에 유지한다. 여러 다른 접근 속도가 발생하는 원인은 메모리와 보조 저장 장치의 속도 차이나 로컬과 원격 통신의 속도 차이 때문이다. 캐싱과 관련된 또 다른 주요 결정 사항은 어떤 데이터를 캐싱할 것인지 선택하는 것이다. 어떤 캐시들은 무엇이 됐든 가장 최근에 요청된 것들의 복사본을 유지하면서 동작하는 반면, 동작 패턴을 기반으로 사용자의 미래 요청을 예측해 사용자가 실제 어떤 요청을 하기 전에 해당 요청에 부합하는 데 필요한 계산이나 프리페치prefetch를 시작할 수도 있다.

- **대기열 크기 제한**: 대기열(큐) 크기 제한 전술은 대기열에 있는 요청의 최대 개수를 제어함으로써 결과적으로 요청을 처리하는 데 사용되는 리소스를 제어한다. 대기열 크기 제한 전술을 채택한 경우, 대기열이 넘쳤을 때 어떻게 할지에 관한 정책을 세우고 놓친 이벤트에 응답하지 않는 것이 허용 가능한지 결정해야 한다. 대기열 크기 제한 전술은 이벤트 응답 전술과 함께 사용되는 경우가 있다.

- **리소스 스케줄링**: 어떤 리소스에 대한 경쟁이 발생하면 리소스는 스케줄링돼야 한다. 프로세서가 스케줄링되고, 버퍼가 스케줄링되며, 네트워크가 스케줄링된다. 아키텍트는 각 리소스 사용의 특성을 이해하고 해당 리소스의 특성에 맞는 스케줄링 전술을 선택해야 한다(아래의 '스케줄링 정책' 설명 참고).

그림 9.3은 성능 전술들을 요약해 보여준다.

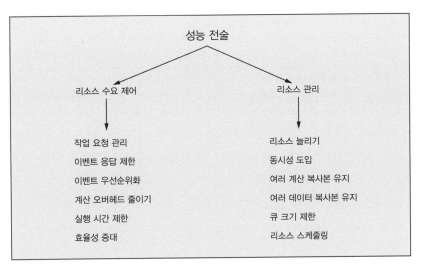

그림 9.3 성능 전술

스케줄링 정책

스케줄링 정책은 개념적으로 두 부분으로 구성된다. 하나는 우선순위 할당이고, 다른 하나는 디스패치(dispatch)다. 모든 스케줄링 정책은 우선순위를 할당한다. 우선순위 할당은 선입선출(FIFO, First-In/First-Out)과 같이 간단한 경우도 있고, 요청의 마감 시한에 따라 우선순위 할당이 결정될 수도 있으며, 요청의 의미론적 중요성에 따라 우선순위 할당이 결정될 수도 있다. 경쟁하는 스케줄링 기준에는 최적의 리소스 사용, 요청 중요도, 사용된 리소스 개수 최소화, 지연 최소화, 산출량 최대화, 공정성을 담보하기 위한 고갈(starvation) 방지 등이 있다. 이러한 서로 상충될 수도 있는 기준들을 잘 알고 있어야 하며, 선택한 스케줄링 정책이 시스템이 이러한 기준들을 만족시키는 데 미칠 수 있는 영향을 잘 알고 있어야 한다.

우선순위가 높은 이벤트 스트림은 디스패치될 수 있다(리소스에 할당될 수 있다). 단, 해당 리소스가 가용해야 한다. 이는 해당 리소스의 현재 사용자를 밀어내고 해당 리소스를 차지하는 것(preemption)[2]에 달려 있는 경우도 있다. 리소스를 강제로 차지할 수 있는 경우는 다음과 같이 세

---

2 preemption을 통상 '선점'으로 번역하는데, 리소스를 선점한다는 것은 다른 누군가가 리소스를 차지하기 전에 미리 차지한다는 의미로 들릴 수 있기 때문에 혼란스럽다. 원문에는 'preempt the current user of the resource'라고 돼 있는데, '리소스의 현재 사용자를 선점한다.'라는 의미보다는 '우선순위가 높은 이벤트가 리소스의 현재 사용자(현재 리소스를 차지하고 있는 프로세스)를 밀어내고 해당 리소스를 차지한다.'라는 의미다. 위키피디아(https://ko.wikipedia.org/wiki/선점_스케줄링)에서도 다음과 같이 기술하고 있다. '선점 스케줄링(preemptive scheduling)은 시분할 시스템에서 타임 슬라이스가 소진됐거나 인터럽트 또는 시스템 호출 종료 시에 더 높은 우선순위 프로세스가 발생됐음을 알았을 때, 현 실행 프로세스로부터 강제로 CPU를 회수하는 것을 말한다.' – 옮긴이

가지가 있다. 첫째, 리소스 강제 차지가 언제나 발생할 수 있다. 둘째, 리소스 강제 차지는 특정 시점에만 일어날 수 있다. 셋째, 실행 중인 프로세스가 차지한 리소스는 강제로 차지할 수 없다. 다음은 흔히 사용되는 스케줄링 정책들이다.

- **선입선출**(FIFO, First-In/First-Out): 선입선출 대기열은 리소스에 대한 모든 요청을 동등하게 처리하며 해당 요청을 순서대로 처리한다. 선입선출 대기열을 사용할 때 앞에 위치한 요청이 응답을 생성하는 데 너무 오래 걸려 뒤에 위치한 요청들이 처리되지 못하는 경우가 발생할 수 있다. 모든 요청이 진정으로 동등하다면 이는 문제가 안 된다. 하지만 일부 요청이 다른 요청보다 우선순위가 높다면 문제가 된다.

- **고정 우선순위 스케줄링**: 고정 우선순위 스케줄링은 리소스 요청의 각 공급원(해당 리소스를 요청한 요소)에 특정 우선순위를 할당하고 해당 우선순위 순서에 따라 리소스를 할당한다. 고정 우선순위 스케줄링 전략은 우선순위가 높은 요청에는 더 나은 서비스를 보장한다. 하지만 우선순위가 낮지만 여전히 중요한 요청은 처리되기까지 얼마나 오래 걸릴지 모른다는 단점이 있다. 우선순위가 낮은 요청이 연속적인 우선순위가 높은 요청들 뒤에 위치할 수 있기 때문이다. 흔히 사용하는 우선순위 전략 세 가지는 다음과 같다.

  - **의미론적 중요도**: 의미론적 중요도는 이벤트를 생성하는 작업의 특정 영역 특성에 따라 우선순위를 정적으로 할당한다.

  - **데드라인 모노토닉**(deadline monotonic): 데드라인 모노토닉은 마감 시한(데드라인)이 더 짧은 스트림에 더 높은 우선순위를 할당하는 정적인 우선순위 할당 정책이다. 데드라인 모노토닉 스케줄링 정책은 실시간 마감 시한을 지닌 여러 다른 우선순위를 지닌 스트림을 스케줄링할 때 사용한다.

  - **레이트 모노토닉**(rate monotonic): 레이트 모노토닉은 주기적인 스트림을 위한 정적 우선순위 할당 정책으로 반복 주기가 짧은 스트림에 더 높은 우선순위를 할당한다. 레이트 모노토닉 스케줄링 정책은 데드라인 모노토닉의 특수한 경우 중 하나이지만, 오히려 데드라인 모노토닉보다 더 알려져 있고 운영체제에 의해 지원될 가능성이 더 높다.

- **동적 우선순위 스케줄링**: 동적 우선순위 스케줄링에는 다음 전략들이 포함된다.

  - **라운드 로빈**(round-robin): 라운드 로빈 스케줄링 전략은 별도의 우선순위 없이 요청들의 순서를 정한 다음, 리소스 할당이 가능할 때마다 해당 순서대로 다음 요청에 리소스를 할당한다. 라운드 로빈의 특수한 형태로 리소스 할당 간격이 고정돼 있는 순환 실행이 있다.

- **최단 마감 우선**(earliest-deadline-first): 최단 마감 우선은 대기 중인 요청 중 가장 마감 시한이 빠른 요청들을 우선적으로 할당한다.
- **최소 여유 우선**(least-slack-first): 최소 여유 우선 전략은 가장 높은 우선순위를 가장 '여유 시간(slack time)'이 적은 작업에 부여한다. 여유 시간은 남은 실행 시간과 해당 작업의 마감까지 걸리는 시간 간의 차이다.

  단일 프로세서와 선점 가능한 프로세스들이 있는 경우, 최단 마감 우선 스케줄링 정책과 최소 여유 우선 스케줄링 정책이 최적의 선택이다. 즉, 프로세스들의 마감 시한을 모두 맞출 수 있도록 해당 프로세스들을 스케줄링할 수 있다면 최단 마감 우선과 최소 여유 우선 스케줄링 정책은 성공적으로 해당 프로세스 집합을 스케줄링할 수 있을 것이다.

- **정적 스케줄링**: 순환 실행 스케줄은 선점 지점과 해당 리소스에 대한 할당 순서를 오프라인으로 결정하는 스케줄링 전술이다. 따라서 해당 스케줄링 방식의 런타임 오버헤드는 존재하지 않는다.

도로 위의 성능 전술

전술은 일반적인 설계 원칙이다. 이 점을 고려해 우리 주변의 도로와 고속도로 시스템 설계를 살펴보자. 교통 엔지니어들은 복잡한 도로 및 고속도로 시스템의 성능을 최적화하기 위해 많은 설계 기법을 활용한다. 도로 위의 성능을 측정하기 위한 여러 측정치가 있는데, 산출량(시간당 얼마나 많은 차가 교외에서 축구 경기장까지 도착하는가?), 평균적인 경우의 지연(집에서 시내까지 가는 데 평균적으로 얼마나 걸리는가?), 최악의 경우의 지연(구급차가 병원까지 도달하는 데 얼마나 걸리는가?) 등이 있다. 이러한 기법들은 무엇인가? 우리가 앞에서 알아봤던 전술들과 다를 바 없다.

다음 예를 살펴보자.

- **이벤트 처리율 관리**: 고속도로 입구 램프의 신호등은 정해진 시간만큼만 차가 고속도로에 진입하도록 허용하고 차들은 램프에서 자신의 차례를 기다려야 한다.
- **이벤트 우선순위화**: 앰뷸런스와 경찰은 경광등과 사이렌을 울릴 때 일반 시민들보다 더 높은 우선순위를 갖는다. 일부 고속도로에는 버스전용 차로가 있어서 사람들이 많이 탄 차에 우선순위를 준다.
- **여러 복사본 유지**: 기존 도로에 차선을 추가하거나 복선화 도로를 만든다.

또한 도로 및 고속도로 시스템 사용자들은 자신만의 기법을 활용할 수 있다.

- **리소스 늘리기**: 예를 들면, 페라리(Ferrari)를 사는 경우다. 나머지 모든 사항이 동일할 경우, 뻥뚫린 도로에서 운전 경험이 충분한 운전자가 모는 가장 빠른 차가 목적지에 더 빨리 도착할 것이다.
- **효율성 높이기**: 현재 경로보다 더 빠르거나 짧은 신규 경로를 찾는다.
- **계산 오버헤드 줄이기**: 앞에 가는 차에 더 바짝 붙어 운전하거나 동일한 차에 더 많은 사람을 태운다(예: 카풀).

이 논의의 핵심은 무엇인가? 거트루드 슈타인(Gertrude Stein)의 말을 빌려 표현하면, 성능은 성능이고 성능이다(Performance is performance is performance).[3] 엔지니어들은 수세기 동안 복잡한 시스템의 성능을 개선하기 위해 해당 시스템을 분석하고 최적화해왔다. 또한 엔지니어들은 이를 위해 동일한 설계 전략들을 활용해왔다. 따라서 컴퓨터 기반 시스템의 성능을 개선하고자 할 때 여러분은 이미 철저하게 실전 검증된 전술들을 적용하고 있는 것이므로 안심해도 된다.

– RK

9.3 성능 전술 기반 질문지

9.2절에서 기술한 전술들에 기반해 표 9.2와 같은 성능 전술 기반의 질문 집합을 만들 수 있다. 성능을 지원하기 위해 내린 아키텍처 선택들에 관한 전반적인 개요를 이해하기 위해 분석가는 각 질문을 물어본 다음, 답변을 표에 기록한다. 그리고 나서 해당 질문들에 대한 답변을 기반으로 향후 어떤 활동에 집중해야 할지 결정할 수 있다. 문서를 조사하거나 코드 또는 기타 산출물을 분석하거나 코드를 리버스 엔지니어링하는 등의 활동을 할 수 있다.

---

3   거트루드 슈타인이 사용했던 표현은 'Rose is a rose is a rose is a rose.'로, 어떤 사물에 붙여진 여러 수식보다는 사물의 본질적인 의미에 집중하자는 의미다. – 옮긴이

표 9.2 성능 전술 기반 질문지

전술 그룹	전술 질문	지원? (Y/N)	위험	설계 결정 및 위치	근거와 가정
리소스 수요 제어	시스템에서 지원하고자 하는 최대 이벤트 도착률을 명시한 **서비스 수준 협약(SLA)**을 시행 중인가?				
	시스템에 도착하는 이벤트를 샘플링하는 **속도를 관리**할 수 있는가?				
	어떤 식으로 시스템이 이벤트에 대한 **응답(처리량)을 제한**하는가?				
	요청들을 다양한 카테고리로 정의하고 각 카테고리에 대한 **우선순위**를 정의했는가?				
	계산 오버헤드를 줄일 수 있는가? 예를 들어 한곳에 두 기나 리소스 청소, 간접 방식 줄이기 등을 통해 계산 오버헤드를 줄일 수 있는가?				
	알고리듬의 **실행 시간을 제한**할 수 있는가?				
	적절한 알고리듬 선택을 통해 **계산 효율을 증대**할 수 있는가?				
리소스 관리	시스템이나 시스템의 컴포넌트에 **더 많은 리소스를 할당**할 수 있는가?				
	동시성을 활용하고 있는가? 요청이 병렬로 처리될 수 있다면 중단 시간을 줄일 수 있다.				
	계산이 다른 프로세서로 **복제**될 수 있는가?				
	데이터가 캐시되거나(빠르게 접근 가능한 로컬 복사본을 유지하기 위해) 복제될 수 있는가(경쟁을 줄이기 위해)?				
	자극을 처리하는 데 필요한 리소스에 상한을 설정하기 위해 **대기열 크기를 제한**할 수 있는가?				
	사용 중인 **스케줄링 전술**들이 원하는 성능을 내는 데 적절한지 확신하는가?				

9.4 성능 패턴

성능 문제는 수십 년 동안 소프트웨어 엔지니어들을 괴롭혀왔다. 따라서 성능의 다양한 측면을 관리하기 위해 많은 다양한 패턴이 개발돼 왔다는 사실은 어쩌면 당연하다. 이번 절에서는 이러한 패턴 중 일부만을 살펴볼 것이다. 일부 패턴은 여러 용도로 사용된다는 점에 주목하자. 예를 들어 4장에서 가용성 패턴 중 하나인 서킷 브레이커^{circuit breaker} 패턴을 살펴봤는데, 서킷 브레이커 패턴은 응답이 없는 서비스를 기다리는 시간을 줄여주기 때문에 성능에도 적용될 수 있다.

여기서 소개할 패턴으로는 서비스 메시, 로드 밸런서, 스로틀링, 맵-리듀스가 있다.

서비스 메시

서비스 메시service mesh 패턴은 마이크로서비스 아키텍처에서 사용된다. 서비스 메시 패턴의 주요 특징으로는 사이드카sidecar가 있다. 사이드카는 각 마이크로서비스에 동반되는 일종의 대리자이며, 서비스 간 통신이나 모니터링, 보안 등과 같은 특정 애플리케이션에 구속되지 않는 애플리케이션 독립적인 문제를 처리하기 위한 폭넓고 유용한 기능을 제공한다. 사이드 카는 각 마이크로서비스와 함께 실행되며 모든 서비스 간 통신과 조율을 처리한다(이러한 요소들은 대개 팟pod으로 패키지화된다). 사이드카 및 마이크로서비스와 함께 배포돼 통신으로 인한 지연을 줄이기 때문에 결과적으로 성능을 향상시킨다.

이러한 접근법 덕분에 개발자들은 마이크로서비스의 기능(핵심 비즈니스 로직)을 공통 기능(예: 인증과 권한 부여, 서비스 디스커버리, 로드 밸런싱, 암호화, 관측 용이성)의 구현 및 관리, 유지 보수로부터 분리할 수 있다.

장점:

- 공통 문제를 관리하는 소프트웨어는 기성 제품을 구매하거나 전담 팀이 구현하고 유지 보수할 수 있어 개발자들이 비즈니스 로직에 집중할 수 있다.
- 서비스 메시는 유틸리티 기능들을 해당 유틸리티 기능들을 사용하는 서비스들과 동일한 프로세서에 배포하도록 강제한다. 이로 인해 서비스와 서비스가 사용하는 유틸리티 간의 통신이 네트워크 메시지를 사용할 필요가 없어지므로 통신 시간이 줄어든다.
- 통신이 상황에 따라 달라지도록 서비스 메시를 환경 설정해 3장에서 기술한 카나리아 테스트와 A/B 테스트 같은 기능들을 단순화할 수 있다.

절충점:

- 사이드카로 인해 실행 중인 프로세스가 늘어나고 각 프로세스는 처리 능력을 필요로 하기 때문에 시스템의 오버헤드가 증가한다.
- 사이드카는 일반적으로 여러 기능을 포함하지만, 모든 서비스에 있어 혹은 어떤 서비스를 호출할 때마다 해당 기능들이 모두 필요하지는 않다.

로드 밸런서

로드 밸런서load balancer는 어떤 클라이언트 집합으로부터 오는 메시지를 처리하고 해당 메시지에 서비스의 어떤 인스턴스가 응답해야 할지 결정하는 일종의 중개자intermediary다. 로드 밸런서 패턴의 핵심은 로드 밸런서가 수신 메시지들의 단일 연락점 역할을 하지만(예: 단일 IP 주소) 이후에 해당 요청들을 요청에 응답할 수 있는 제공자 풀(서버들이나 서비스들)에게 넘긴다는 점이다. 이런 식으로 부하가 제공자 풀 전반에 걸쳐 분산되며 균형을 이룬다. 로드 밸런서는 리소스 스케줄링 전술의 일종을 구현한 것이다. 스케줄링 알고리듬은 라운드 로빈처럼 매우 단순할 수도 있고, 각 제공자의 부하를 고려할 수도 있으며, 각 제공자에서 서비스를 받기 위해 대기 중인 요청의 수를 고려할 수도 있다.

장점:

- 일부 서버가 실패한다고 하더라도 리소스를 처리할 수 있는 서버들이 남아 있는 한 클라이언트 입장에서는 보이지 않는다(영향이 없다).
- 여러 제공자 사이에 부하를 공유함으로써 지연을 낮게 유지할 수 있고 클라이언트 입장에서 지연을 예측할 수 있다.
- 로드 밸런서의 풀에 더 많은 리소스(더 많은 서버들, 더 빠른 서버들)를 추가하는 것이 상대적으로 간단하고, 클라이언트는 이를 알 필요가 없다.

절충점:

- 로드 밸런싱 알고리듬은 속도가 매우 빨라야 한다. 그렇지 않으면 로드 밸런서 자체가 성능 문제를 일으킬 수 있다.
- 로드 밸런서는 잠재적으로 병목 지점이 될 수 있고 단일 실패점이 될 수도 있다. 따라서 대개 로드 밸런서 자체를 복제하거나 심지어 로드 밸런서들을 로드 밸런싱하기도 한다.

로드 밸런서는 17장에서 자세히 알아볼 것이다.

스로틀링

스로틀링^{throttling} 패턴은 작업 요청 관리 전술을 기반으로 한 패턴이다. 스로틀링 패턴은 일부 중요한 리소스나 서비스에 대한 접근을 제한하는 데 사용된다. 스로틀링 패턴에는 서비스와 서비스에 대한 요청을 모니터링하고 수신된 요청을 서비스할 수 있는지 여부를 결정하는 중개자가 있다.

장점:

- 수신되는 요청들을 조절[4]함으로써 수요 변화를 우아하게 처리할 수 있으며, 이렇게 함으로써 서비스들에 과부하가 걸리지 않는다. 또한 서비스들은 요청을 효과적으로 처리할 수 있는 성능 최적 상태로 유지될 수 있다.

절충점:

- 스로틀링 로직은 속도가 매우 빨라야 한다. 그렇지 않으면 스로틀링 자체가 성능 문제를 일으킬 수 있다.
- 클라이언트 요청이 처리 용량을 초과하는 경우가 흔하다면 버퍼가 매우 커야 한다. 그렇지 않으면 요청을 놓칠 가능성이 있다.
- 스로틀링 패턴은 클라이언트와 서버가 긴밀하게 결합된 기존 시스템에 추가하기 어려울 수 있다.

맵-리듀스

맵-리듀스[map-reduce] 패턴은 대규모 데이터 집합의 분산 병렬 정렬을 효율적으로 수행하고 프로그래머들이 수행하고자 하는 분석을 지정할 수 있는 간단한 수단을 제공한다. 적용 분야에 독립적인 다른 성능 패턴들과 달리, 맵-리듀스 패턴은 특정한 종류의 반복 문제(대규모 데이터 집합의 정렬 및 분석)에서 매우 높은 성능을 내도록 특화돼 있다. 이러한 반복 문제는 대규모 데이터를 다루는 조직들이 겪고 있는 문제다. 예를 들어 구글, 페이스북, 야후, 넷플릭스 등의 조직들은 실제 맵-리듀스를 사용한다.

맵-리듀스 패턴은 세 가지 부분으로 구성된다.

- 첫 번째 부분은 대규모 병렬 컴퓨팅 환경에서 소프트웨어를 하드웨어 노드에 할당하는 역할을 하고 필요한 경우 데이터 정렬을 처리하는 특화된 인프라다. 하나의 노드는 하나의 가상 머신, 하나의 독립된 프로세서, 또는 멀티코어 칩에서 하나의 코어다.
- 두 번째와 세 번째 부분은 프로그래머가 코딩한 두 가지 기능으로, 예상대로 맵[map]과 리듀스[reduce]라고 부른다.

- 맵 기능은 하나의 키^{key}와 하나의 데이터 집합^{data set}을 입력으로 받는다. 맵은 해당 키를 사용해 데이터를 해시^{hash} 처리함으로써 버킷^{bucket} 형태로 분류한다. 예를 들어 데이터 집합이 포커용 카드(52장으로 구성된 트럼프 카드)로 구성돼 있다면, 여기서 키는 스위트^{suit5}가 될 수 있다. 맵 기능은 데이터를 필터링하는 데도 사용할 수 있다. 즉, 어떤 데이터 레코드가 추가적인 처리를 필요로 하는지 혹은 버려질 것인지 여부를 결정한다. 카드 예로 다시 돌아가면, 조커나 문자 카드(A, K, Q, J)를 버리고 숫자 카드만을 유지할 수 있다. 그러고 나서 각 카드를 해당 카드의 스위트에 따라 같은 버킷에 매핑한다. 맵-리듀스 패턴의 맵 단계의 성능은 여러 맵 인스턴스를 통해 향상시킬 수 있다. 각 맵 인스턴스는 데이터 집합의 각기 다른 부분을 처리할 수 있다. 입력 파일이 부분들로 나눠진 다음, 여러 맵 인스턴스들을 생성해 각 맵 인스턴스가 각 부분을 처리한다. 카드 예로 돌아와서, 포커용 카드가 한 짝(52장)이 아니라 10억 장 있다고 해보자. 각 카드를 독립적으로 검사할 수 있기 때문에 맵 과정은 수십만 개의 인스턴스들에 의해 병렬로 처리될 수 있고 해당 인스턴스들은 서로 통신할 필요가 없다. 모든 입력 데이터가 매핑된 이후에는 맵-리듀스 인프라에 의해 버킷들이 섞이고, 이어서 리듀스 단계를 위해 새로운 처리 노드들에게 할당된다(맵 단계에서 사용한 노드들을 재사용할 수 있다). 예를 들어 모든 클럽(클로버) 카드가 하나의 인스턴스 클러스터(인스턴스 클러스터는 여러 인스턴스가 하나의 클러스터로 모인 것을 의미)에 할당되고 모든 다이아몬드 카드가 또 다른 인스턴스 클러스터에 할당되는 식으로 카드들을 할당할 수 있다.

- 모든 무거운 분석은 리듀스 기능에서 발생한다. 리듀스 인스턴스의 수는 맵 기능의 결과로 나온 버킷의 수에 상응해야 한다. 리듀스 단계는 일부 프로그래머가 지정한 분석을 수행한 다음, 해당 분석 결과를 발산한다. 예를 들어 클럽이나 다이아몬드, 하트, 스페이드 카드의 개수를 셀 수 있거나 각 버킷의 모든 카드에 있는 숫자 값의 합을 구할 수 있다. 결과 집합은 거의 항상 입력 집합보다 작기 때문에 '리듀스^{reduce}6'라고 부른다.

---

5   여기서 스위트는 스페이드, 클럽, 하트, 다이아몬드를 말한다. – 옮긴이

6   reduce는 '줄이다'라는 의미다. – 옮긴이

맵 인스턴스는 상태가 없고 서로 통신하지 않는다. 맵 인스턴스들과 리듀스 인스턴스들 간의 유일한 통신은 맵 인스턴스가 〈키, 값〉 쌍의 형태로 발산하는 데이터뿐이다.

장점:

- 극단적으로 크고 정렬되지 않은 데이터 집합들을 적극적인 병렬 수행을 통해 효율적으로 분석할 수 있다.
- 어떤 인스턴스가 실패하더라도 처리에 미치는 영향이 적다. 맵-리듀스는 보통 처리를 위해 대규모 입력 데이터 집합들을 많은 작은 데이터 집합으로 쪼개서 작은 각 데이터 집합을 각 인스턴스에 할당하기 때문이다.

절충점:

- 처리해야 할 데이터가 대규모 데이터 집합이 아닌 경우 맵-리듀스 패턴으로 인한 오버헤드가 정당화될 수 없다.
- 데이터 집합을 비슷한 크기의 부분 집합들로 나눌 수 없다면 병렬 활용의 장점이 사라진다.
- 여러 리듀스 기능을 필요로 하는 작업은 조율하기에 너무 복잡하다.

9.5 참고 문헌

성능에 관한 문헌들은 매우 풍부하다. 성능에 관한 일반적인 개요를 이해하기 위한 추천 도서들은 다음과 같다.

- 『Foundations of Software and System Performance Engineering』(Addison-Wesley, 2014)[Bondi 14]. 이 책을 통해 성능 엔지니어링에 관한 기술적인 실천법부터 조직적인 실천법에 이르기까지 포괄적인 개요를 확인할 수 있다.
- 『Software Performance and Scalability』(Wiley-Blackwell, 2009)[Liu 09]. 이 책은 엔터프라이즈 애플리케이션을 목표로 한 성능을 다루며, 큐잉queuing 이론과 측정을 집중적으로 다룬다.
- 『Performance Solutions』(Addison-Wesley, 2001)[Smith 01]. 이 책은 성능을 염두에 둔 설계법을 다루며, 실제적인 예측 가능한 성능 모델을 만들고 실제 데이터를 채우는 방

법을 집중적으로 다룬다.

성능을 위한 패턴들에 관한 개요를 살펴보고자 한다면 『Real-Time Design Patterns』(Addison-Wesley, 1999)[Douglass 99]와 『Pattern-Oriented Software Architecture Volume 3』(Wiley, 2003)[Kircher 03]를 추천한다.

9.6 토론 질문

1. '모든 시스템은 실시간 성능 제약 사항들을 지닌다.'라는 말에 관해 논의해보자. 이와 반대되는 예를 제시할 수 있는가?

2. 비행기의 평균 정시 도착 성능을 기술하는 구체적인 성능 시나리오를 작성한다.

3. 온라인 경매 사이트를 위한 여러 성능 시나리오를 작성한다. 주로 고려해야 할 부분이 최악의 경우의 지연인지, 평균적인 경우의 지연인지, 산출량인지, 다른 응답 측정치인지 생각해보자. 해당 시나리오를 만족시키기 위해 어떤 전술들을 사용하겠는가?

4. 웹 기반 시스템들은 보통 프록시 서버proxy server들을 사용한다. 프록시 서버는 클라이언트(예: 웹 브라우저)에서 오는 요청을 받는 시스템의 첫 번째 요소다. 프록시 서버는 웹 사이트의 첫 페이지와 같이 자주 요청되는 웹 페이지를 실제 웹 애플리케이션에 요청하지 않고도 제공할 수 있다. 하나의 시스템이 여러 프록시 서버를 포함할 수도 있으며, 해당 프록시 서버들은 대개 대규모 사용자 커뮤니티와 지역적으로 가까운 곳에 위치해 자주 발생하는 요청에 대한 응답 시간을 줄일 수 있다. 이 경우 어떤 성능 전술이 사용되고 있는지 논의해보자.

5. 상호 작용 메커니즘들 간의 근본적인 차이점은 상호 작용 방식이 동기인지 비동기인지 여부다. 각 상호 작용 방식(동기 방식, 비동기 방식)의 장점과 단점을 논의해보자. 논의 시에 지연과 마감 시한, 산출량, 응답 시간의 차이, 실패율, 데이터 손실, 기타 필수 성능 관련 응답 등을 고려한다.

6. 리소스 관리 전술들의 각 전술을 적용한 실물 예(소프트웨어가 아닌 예)를 찾아보자. 예를 들어 여러분이 대형 할인점을 관리하고 있다고 해보자. 리소스 관리 전술들을 활용해 고객들이 계산대에서 기다리는 시간을 줄이기 위한 방법들을 생각해보자.

7. 사용자 인터페이스 프레임워크들은 대개 단일 스레드다. 왜 그럴까? 성능과 관련해 어떤 부분들 때문에 단일 스레드일까(힌트: 경쟁 상태를 생각해보자)?

10장

안전성

자일스(Giles): 제발 조심해. 우리가 다치거나 죽임을 당해야 한다면
이를 불쾌하게 받아들여야 할 거야.
윌로우(Willow): 글쎄. 우리는 죽임을 당하지 않기 위해 노력해야 해.
우리의 강령이 바로 '죽임을 당하지 말라.'이기 때문이지.
자일스: 좋았어.
– 뱀파이어 해결사(Buffy the Vampire Slayer), 시즌 3 에피소드 'Anne'

'어느 누구도 죽여서는 안 된다.'는 모든 소프트웨어 아키텍트를 위한 강령의 일부가 돼야 한다.

소프트웨어가 사람을 죽이거나 부상 또는 피해를 입힐 수 있다는 생각은 컴퓨터가 미처 날뛰는 공상과학 소설에서 계속해서 등장하곤 했다. 예를 들어 지금도 여전히 수작으로 꼽히는 2001년의 공상과학 영화 〈스페이스 오딧세이A Space Odyssey〉에서는 HAL이 우주선의 문을 열길 거부해 데이브Dave가 우주 공간에서 오도 가도 못하게 됐다.

슬프게도 소프트웨어가 사람에게 피해를 줘서는 안 된다는 개념은 단순히 공상과학 소설에 국한된 것이 아니다. 소프트웨어가 우리 삶에서 점점 더 많은 장치를 제어하게 됨에 따라 소프트웨어 안전성은 중요한 문제가 됐다.

소프트웨어(0과 1의 나열로 이뤄진 것)가 살해하거나 불구로 만들거나 파괴할 수 있다는 생각은 여전히 부자연스러운 개념이다. 정확하게 말하면, 피해를 주는 것은 0과 1의 나열이 아니다. 적어도 직접적으로 피해를 주는 것은 아니다. 소프트웨어에 연결된 무엇인가가 피해를 주는 것이다. 여기서 한 가지 좋은 소식은 소프트웨어와 소프트웨어가 실행되는 컴퓨터는 피해를 주기 전에 어떤 방식으로든 외부 세계에 연결돼야 한다는 것이다. 반면에 한 가지 나쁜 소식은 좋은 소식이 완전히 좋은 것만은 아니라는 점이다. 소프트웨어는 언제나 외부 세계와 연결되기 때문이다. 프로그램이 프로그램 외부에서 관측 가능한 무언가에 전혀 영향을 주지 않는다면 해당 프로그램은 쓸모가 없는 것이다.

2009년에 슈쉔스카야Shushenskaya 수력 발전소의 한 직원이 실수로(잘못된 키 입력으로) 미사용 중인 터빈을 네트워크를 통해 원격으로 움직였다. 발전소의 터빈은 수격water hammer을 발생시켜 발전소 시설에 홍수를 일으키고 발전소 시설을 파괴했으며 수십 명의 근로자가 사망했다.

마찬가지로 악명 높은 사례가 많다. 테락 25Therac 25의 치명적인 방사능 과노출과 아리안 5Ariane 5의 폭발뿐 아니라 100여 건의 잘 알려지지 않은 사건들 모두가 환경(터빈, 엑스레이 기계, 로켓 조정 장치 등)에 연결돼 있기 때문에 피해를 일으켰다. 스턱스넷Stuxnet 바이러스는 의도적으로 피해와 파괴를 유발하기 위해 만들어진 바이러스다. 스턱스넷 바이러스에 감염된 경우, 소프트웨어가 해당 소프트웨어의 환경 내에 있는 하드웨어에게 파괴적인 행동을 취하도록 명령을 내렸고 하드웨어는 이를 따랐다. 액추에이터actuator는 하드웨어를 소프트웨어에 연결하는 장치다. 액추에이터는 0과 1의 나열로 이뤄진 세계와 움직임과 제어의 세계 사이에서 가교 역할을 한다. 디지털 값을 액추에이터에 전송하면(또는 액추에이터에 대응하는 하드웨어 레지스터에 비트 문자열을 작성하면) 해당 값은 어떤 기계적 동작으로 해석된다.

하지만 파괴적인 결과를 낼 수 있는 외부 세계로의 연결이 반드시 로봇 팔이나 우라늄 원심분리기, 미사일 발사기만을 의미하는 것은 아니다. 단순한 화면 장치로의 연결만으로도 충분히 파괴적인 결과를 낼 수도 있다. 컴퓨터가 인간인 운영자에게 잘못된 정보를 표시하는 것만으로 무시무시한 결과를 초래할 수 있다. 1983년 9월에 소비에트 공화국 위성은 지상의 컴퓨터에게 데이터를 보냈는데, 해당 데이터는 미국이 모스크바를 향해 한 기의 미사일을 발사한 것으로 해석됐다. 몇 초 후에 컴퓨터는 두 번째 미사일이 발사됐다고 보고했다. 얼마 후에는 네 번째, 그다음에는 다섯 번째 미사일이 발사됐다고 보고됐다. 소비에트 공화국 전략 로켓 부대 중령인 스타니슬라프 페트로프Stanislav Yevgrafovich Petrov는 이러한 보고가 오류일 것이라 생각하고 컴퓨터를 무시하기로 한 엄청난 결정을 내렸다. 중령은 미국이 미사일 여러 개만 발사했을 가능성이 매우 적다고 판단하고 대규모 보복 조치를 보류했다. 중령은 미사일이 실제인지, 즉 모스크바가 실제로 잿더미가 될 것인지 기다리기로 결정했다. 다들 알다시피, 미사일 발사는 실제 상황이 아니었다. 소비에트 공화국의 시스템은 드물게 발생하는 햇빛의 상태를 미사일이 날아오고 있는 것으로 오인했다. 스타니슬라프 페트로프 중령이 아니었더라면 결국 많은 사람이 희생됐을 것이다.

물론 컴퓨터가 오류를 일으켰을 때 인간이 항상 올바로 대응하는 것은 아니다. 2009년 6

월 1일 폭풍이 몰아치는 밤에 에어 프랑스^Air France 447(AF447)기는 리오 드 자네이로^Rio de Janeiro에서 파리로 가던 중 대서양에 추락해 탑승자 228명이 사망했다. 이때 비행기의 엔진과 항법 조정 장치는 완벽하게 동작 중이었다. 사고기였던 에어버스 A-330의 항법 기록 장치는 2011년 5월에 복구됐는데, 항법 기록 장치에 따르면 조종사들은 비행기가 고고도 실속^high altitude stall[1]을 겪었다는 것을 알지 못했다. 비행 속도를 측정하는 센서가 얼음이 껴서 신뢰할 수 없게 됐고 이로 인해 자동 항법이 취소됐다. 조종사들은 실제 비행기가 너무 느리게 가면서 추락하고 있음에도, 비행기가 너무 빨리 가고 있어서 기체 파손 위험이 있다고 생각했다. 35,000피트에서 3분 좀 넘게 추락하는 내내 조종사들은 기수(비행기의 앞부분)를 올려서 비행 속도를 늦추기 위해 노력했다. 이때 조종사들이 실제 했어야 하는 행동은 기수를 낮춰 속도를 높임으로써 정상적인 비행을 계속하는 것이었다. 혼란을 더욱 가중시킨 것은 A-330의 실속 경보 시스템이 동작했던 방식이었다. 실속 경보 시스템은 실속을 감지하면 큰 소리로 알람을 울린다. 실속 경보 시스템의 소프트웨어는 받음각^angle of attack[2] 측정이 유효하지 않다고 '판단'한 경우에 실속 경보를 끈다. 이는 비행 속도가 매우 낮을 때 발생할 수 있다. 이것이 바로 AF447에 일어났다. 항공기의 전진 속도는 60노트^knot 이하로 떨어졌고 받음각은 매우 높았다. 해당 비행기의 항법 제어 소프트웨어 규칙에 따라 실속 경보가 여러 번 멈췄다가 시작됐다. 더 안 좋은 것은 조종사가 조종간을 앞으로 밀 때마다 경보가 발생했고 (비행 속도를 높여서 비행 속도가 '유효한' 범위에 들어왔을 때) 조종간을 뒤로 당길 때마다 경보가 멈췄다. 즉, 제대로 된 조치를 취할 때마다 잘못됐다는 피드백을 받았고 잘못된 조치를 취할 때마다 잘하고 있다는 피드백을 받았다. 이 시스템은 안전하지 않은 시스템이었을까? 아니면 안전한 시스템이 안전하지 못하게 동작했던 것일까? 최종적으로 이러한 질문들은 법정에서 결정된다.

이 책을 쓰고 있는 현시점 기준으로 보잉^Boeing은 적어도 부분적으로 MCAS라고 부르는 소프트웨어에 의해 일어난 것처럼 보이는 두 번의 사고에 따른 보잉의 737 MAX 비행기의 이륙 금지 조치로 인해 여전히 휘청거리고 있다. 비행기에 두 개의 센서가 있음에도 소프트웨어가 자신의 동작을 결정하는 데 센서 하나에만 의존하도록 한 당황스러운 설계 결정뿐만 아니라 결함이 있는 센서들 역시 이러한 사고에 한몫한 것처럼 보인다. 또한 보잉은 해당 소프트웨어를 센서가 고장 난 경우에 대해 테스트하지 않았던 것 같다. 전체적으로 346명의

---

1   높은 고도에서 비행기가 갑자기 속도를 잃고 아래로 떨어지는 것 – 옮긴이
2   항공기의 날개가 받는 바람의 각도를 말한다. – 옮긴이

사람들이 두 번의 737 MAX 추락으로 인해 사망했다.

지금까지 무서운 이야기는 충분히 많이 했다. 이제 이러한 사례들의 근간이 되는 원리에 관해 이야기해보자. 이러한 원리는 소프트웨어와 아키텍처에 영향을 미친다.

안전성은 시스템의 환경에 있는 행위자들에게 인명 피해를 입힐 수 있는 상태에 시스템이 빠지지 않도록 하는 능력을 말한다. 이러한 안전하지 않은 상태는 다음과 같은 다양한 요인에 의해 발생할 수 있다.

- **생략**omission[3](이벤트 발생 실패)
- **실수**commission[4](바람직하지 않은 이벤트의 잘못된 발생): 해당 이벤트는 어떤 시스템 상태에서는 허용 가능하지만 다른 시스템 상태에서는 바람직하지 않다.
- **타이밍**timing: 이르거나(필요한 시점 이전에 이벤트가 발생) 늦은(필요한 시점 이후에 이벤트가 발생) 타이밍은 둘 다 잠재적으로 문제가 될 수 있다.
- **시스템 값과 관련된 문제**: 두 가지 카테고리가 있다. 세밀하지 못한(거칠어서 눈에 띄는) 잘못된 값들은 잘못됐어도 감지 가능한 반면, 미묘한 잘못된 값들은 대개 감지할 수 없다.
- **연속적인 이벤트 관련 생략과 실수**: 연속적인 이벤트들의 구성에서 이벤트가 빠졌거나(생략) 뜻밖의 이벤트가 삽입(실수)될 수 있다.
- **순서 오류**: 연속적인 이벤트들이 도착했는데 순서가 잘못된 경우다.

또한 안전성은 피해를 입히는 것을 미연에 방지하거나 적어도 최소화하기 위해 이러한 안전하지 못한 상태를 감지하고 이러한 상태로부터 회복하는 것과 관련 있다.

시스템의 모든 부분이 안전하지 못한 상태로 이어질 수 있다. 소프트웨어나 하드웨어 부분, 환경이 예기치 못한 안전하지 못한 방식으로 동작할 수 있다. 안전하지 못한 상태가 감지됐을 때 잠재적인 시스템 반응은 가용성을 위한 시스템 반응들(4장 참고)과 유사하다. 안전하지 못한 상태가 인식돼야 하고 시스템은 다음 작업을 수행해야 한다.

- 안전하지 못한 상태로부터 복구된 이후에 계속해서 작업을 하거나 시스템을 안전 모드로 진입시키거나
- 종료시키거나(고장 시 안전 확보fail safe)

---

3 '부작위적 오류(해야 할 것을 하지 않는 것)'라고도 함 – 옮긴이
4 '작위적 오류(무언가를 했는데 잘못된 행동을 하는 것)'라고도 함 – 옮긴이

- 수동 조작을 필요로 하는 상태로 변경시켜야 한다(예: 자동차의 파워 핸들이 고장 나더라도 수동으로 핸들을 조작할 수 있다).

또한 안전하지 못한 상태는 즉시 보고돼야 하고 기록돼야 한다.

안전을 위한 아키텍처 설계를 위해서는 우선 시스템의 안전과 관련된 주요 기능들(위에서 소개한 피해를 일으킬 수 있는 기능들)을 고장 유형 및 영향 분석FMEA, Failure Mode and Effects Analysis(위험 분석hazard analysis이라고도 함)과 결함 트리 분석FTA, Fault Tree Analysis 같은 기법을 사용해 식별해야 한다. 결함 트리 분석은 시스템을 안전하지 않은 상태에 빠뜨릴 수 있는 하향식 연역적 접근법이다. 실패를 식별한 이후에 아키텍트는 결함(그리고 궁극적으로 위험)을 감지하고 완화할 수 있는 메커니즘을 설계해야 한다.

이번 장에서 소개하는 기법들은 시스템의 운영 중에 발생할 수 있는 위험들을 찾아내고 이러한 위험들을 극복하기 위한 전략들을 만드는 데 도움을 주기 위함이다.

10.1 안전성 일반 시나리오

지금까지 살펴본 내용을 바탕으로 표 10.1과 같은 안전성을 위한 일반 시나리오를 구성할 수 있다.

표 10.1 안전성 일반 시나리오

부분	설명	가능한 값
공급원	데이터 공급원(센서, 어떤 값을 계산하는 소프트웨어 컴포넌트, 통신 채널), 시간 공급원(시계), 사용자 동작	값으로 다음 사항이 가능하다. • 센서 • 소프트웨어 컴포넌트 • 통신 채널 • 장치(예: 시계)
자극	생략, 실수, 잘못된 데이터나 타이밍의 발생	값으로 다음과 같은 생략의 구체적인 예가 가능하다. • 값이 도착하지 않는다. • 기능이 수행되지 않는다. 값으로 다음과 같은 실수의 구체적인 예가 가능하다. • 기능이 잘못 수행된다. • 장치가 허위 이벤트를 생성한다. • 장치가 잘못된 데이터를 생성한다. 값으로 다음과 같은 잘못된 데이터의 구체적인 예가 가능하다. • 센서가 잘못된 데이터를 보고한다. • 소프트웨어 컴포넌트가 잘못된 결과를 생성한다.

(이어짐)

부분	설명	가능한 값
		값으로 다음과 같은 타이밍 실패가 가능하다. • 데이터가 너무 늦거나 너무 일찍 도착한다. • 생성된 이벤트가 너무 늦거나 너무 일찍 혹은 잘못된 속도로 발생한다. • 이벤트가 잘못된 순서로 일어난다.
환경	시스템 운영 모드	• 정상 운영 • 성능 저하 운영 • 수동 운영 • 복구 모드
대상물	대상물은 시스템의 일부분이다.	시스템에서 안전과 관련된 매우 중요한 부분들
응답	시스템이 안전 상태 공간을 남기지 않는다. 혹은 시스템이 안전 상태 공간으로 돌아간다. 혹은 시스템이 추가적인 부상 또는 피해를 방지하거나 부상 또는 피해를 최소화하기 위해 성능 저하 모드로 계속 동작한다. 사용자들에게 안전하지 않은 상태를 알리거나 안전하지 않은 상태로의 진입 방지를 알린다. 해당 이벤트는 기록된다.	안전하지 않은 상태와 다음 사항 중 하나 이상을 인식한다. • 안전하지 않은 상태를 회피한다. • 복구한다. • 성능 저하 모드 혹은 안전 모드로 계속 운영된다. • 종료된다. • 수동 운영으로 전환된다. • 백업 시스템으로 전환된다. • 적절한 엔티티들(사람 혹은 시스템)에게 공지한다. • 안전하지 않은 상태(그리고 그에 대한 응답)를 기록한다.
응답 측정	안전 상태 공간으로 돌아가는 데 걸린 시간, 발생한 피해 또는 부상	다음 사항 중 하나 이상이 가능하다. • 안전하지 않은 상태로의 진입을 회피한 횟수나 비율(백분율) • 시스템이 자동으로 회복 가능한 안전하지 않은 상태의 횟수나 비율(백분율) • 위험 노출 변화: 크기(손실) x 가능성(손실) • 시스템이 회복 가능한 시간 비율 • 시스템이 성능 저하 모드나 안전 모드로 동작한 시간량 • 시스템이 종료된 시간의 양 또는 비율(백분율) • 수동 운영 혹은 안전 모드나 성능 저하 모드에 진입했다가 회복되는 데까지 걸린 시간

안전성 시나리오 예시는 다음과 같다. 환자 모니터링 시스템의 센서가 100ms 이후에 생명과 연관된 중요한 값을 보고하는 데 실패한다. 이 실패는 기록되고 경고등이 콘솔에서 번쩍이며 (정밀도가 떨어지는) 백업 센서가 동작한다. 시스템은 300ms 이내에 백업 센서를 사용해 환자를 모니터링한다. 그림 10.1은 이 시나리오를 보여준다.

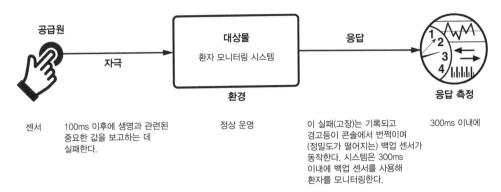

공급원

자극

대상물
환자 모니터링 시스템

환경

응답

응답 측정

센서

100ms 이후에 생명과 관련된 중요한 값을 보고하는 데 실패한다.

정상 운영

이 실패(고장)는 기록되고 경고등이 콘솔에서 번쩍이며 (정밀도가 떨어지는) 백업 센서가 동작한다. 시스템은 300ms 이내에 백업 센서를 사용해 환자를 모니터링한다.

300ms 이내에

그림 10.1 구체적인 안전성 시나리오 예시

10.2 안전성 전술

안전성 전술은 안전하지 않은 상태 회피, 안전하지 않은 상태 감지, 안전하지 않은 상태 복구로 크게 분류할 수 있다. 그림 10.2는 안전성 전술들의 목표를 나타낸다.

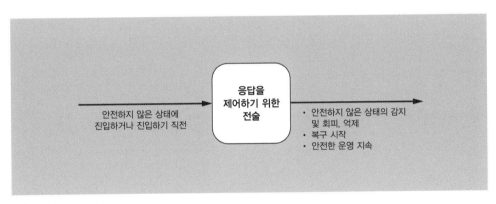

안전하지 않은 상태에 진입하거나 진입하기 직전

응답을 제어하기 위한 전술

• 안전하지 않은 상태의 감지 및 회피, 억제
• 복구 시작
• 안전한 운영 지속

그림 10.2 안전성 전술 목표

안전하지 않은 상태로의 진입을 회피하거나 감지하기 위해서는 안전하지 않은 상태가 무엇인지를 먼저 인지할 수 있어야 한다. 다음 전술들은 안전하지 않은 상태가 무엇인지 인지할 수 있는 능력이 있다고 가정한다. 즉, 아키텍처를 세운 다음에 여러분만의 위험 분석이나 결함 트리 분석[FTA]을 수행해야 한다. 여러분의 설계 결정들은 그 자체로 요구 사항 분석 때는 고려하지 못했던 새로운 안전성 위험을 일으킬 수도 있다.

이번 장에서 소개하는 전술들과 4장에서 살펴본 가용성 전술들 사이에는 겹치는 부분이 상당히 있다. 가용성 문제가 안전성 문제로 이어지는 경우가 많기 때문에 이렇게 겹치는 부분이 발생한다. 그리고 가용성 문제와 안전성 문제를 해결하기 위한 설계 해결법들이 두 속성(가용성과 안전성) 간에 상당 부분 공유되기 때문이다.

그림 10.3은 안전성을 달성하기 위한 아키텍처 전술을 나타낸다.

안전하지 못한 상태 회피

대체

대체substitution 전술은 잠재적으로 위험한 소프트웨어 설계 기능들을 위한 (대개 하드웨어 기반의) 보호 메커니즘을 활용한다. 예를 들어 워치독watchdog과 모니터, 인터락interlock 같은 하드웨어 보호 장치가 소프트웨어 기반 보호 메커니즘 대신에 사용될 수 있다. 소프트웨어 기반 보호 메커니즘은 리소스를 확보하지 못할 수도 있지만, 별도의 하드웨어 장치는 자기 자신의 리소스를 제공하고 제어한다. 대개 대체는 대체하고자 하는 기능이 상대적으로 단순한 경우에만 효과가 있다.

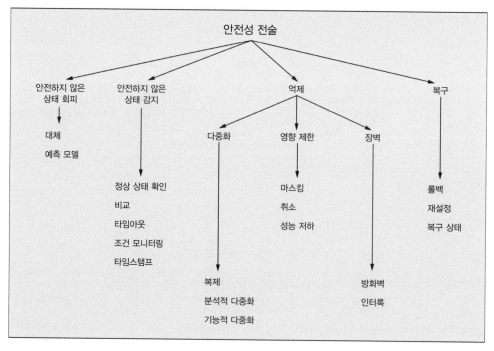

그림 10.3 안전성 전술

예측 모델

4장에서 소개한 예측 모델predictive model 전술은 시스템 프로세스나 리소스, 기타 속성들의 건강 상태 모니터링을 기반으로 이들의 건강 상태를 예측한다. 이는 시스템이 공칭 작동 매개변수nominal operating parameter[5] 내에서 동작 중임을 보장하고 잠재적인 문제의 조기 경보를 제공하기 위함이다. 예를 들어, 일부 자동차 주행 속도 유지 장치는 자동차와 앞에 있는 장애물(혹은 다른 자동차) 간의 거리가 좁혀지는 속도를 계산해 거리와 시간이 충돌을 피할 수 없을 만큼 너무 짧아지기 전에 운전자에게 경고를 보낸다. 예측 모델은 주로 상태 모니터링과 결합된다. 상태 모니터링은 이후에 자세히 다룰 것이다.

안전하지 않은 상태 감지

타임아웃

타임아웃timeout 전술은 어떤 컴포넌트의 운영이 해당 컴포넌트의 타이밍 제약 사항들을 만족시키는지 여부를 결정하는 데 사용한다. 타임아웃 전술은 컴포넌트의 타이밍 제약 사항이 만족되지 않았을 때 해당 컴포넌트가 실패했음을 알리기 위해 예외를 일으키는 형태로 구현될 수도 있다. 따라서 타임아웃 전술은 늦은 타이밍과 생략 같은 실패를 감지할 수 있다. 타임아웃은 실시간 혹은 임베디드 시스템과 분산 시스템에서 특히나 일반적인 전술이다. 타임아웃 전술은 시스템 모니터링과 하트비트, 핑/에코 같은 가용성 전술들과 관련 있다.

타임스탬프

4장에서 기술한 것처럼 타임스탬프 전술은 주로 분산 메시지 전달 시스템에서 잘못된 이벤트 순서를 감지하는 데 사용된다. 이벤트의 타임스탬프는 해당 이벤트가 발생된 직후에 로컬 시계의 상태를 해당 이벤트에 할당함으로써 만들어낼 수 있다. 분산 시스템에서 타임스탬프가 여러 다른 프로세서 간에 일치하지 않을 수도 있기 때문에 순서 번호 역시 잘못된 이벤트 순서를 감지하는 목적으로 사용될 수 있다.

---

5 nominal을 '공칭'으로 번역했는데, 공칭이라 함은 어떤 장치의 성능이나 동작량 등에 대한 명목상(nominal)의 값을 일컫는다. 공칭값은 설계에서 예측한 값으로, 실제 동작 시의 값과는 다를 수 있다. 보통 '공칭 전압'과 같이 전기 분야에서 흔히 사용한다. 이 책에서는 nominal을 단어 의미 그대로 '명목상'이라고 번역하면 의미가 통하지 않을 가능성이 있어 '공칭'으로 번역하고 주석을 통해 의미를 풀었다. – 옮긴이

상태 모니터링

상태 모니터링^{condition monitoring} 전술은 프로세스나 장치에서 상태를 확인하거나 설계 과정 동안에 내렸던 가정들을 검증하는 작업을 포함한다. 상태 모니터링은 위험한 행동으로 이어질 수도 있는 시스템 상태들을 식별한다. 하지만 상태 모니터링으로 인해 새로운 소프트웨어 오류가 발생하거나 전반적인 작업량에 큰 부하를 일으키지 않도록 상태 모니터링은 간단해야 하고 이상적으로는 증명 가능해야 한다. 상태 모니터링은 예측 모델과 정상 상태 확인에 입력 값을 제공한다.

정상 상태 확인

정상 상태 확인^{sanity checking} 전술은 특정 작업 결과나 어떤 컴포넌트의 입력 또는 출력의 유효성이나 합리성을 확인한다. 대개 정상 상태 확인 전술은 내부 설계와 시스템 상태, 대상 정보의 속성에 대한 지식을 기반으로 한다. 구체적인 정보 흐름을 조사하기 위해 인터페이스에서 가장 흔히 사용된다.

비교

비교^{comparison} 전술을 사용해 시스템은 동기화되거나 복제된 여러 요소가 생성한 출력 값을 비교함으로써 안전하지 못한 상태를 감지할 수 있다. 따라서 비교 전술은 다중화 전술과 함께 쓰이는데, 대개 가용성에 관해 알아볼 때 소개했던 활성 다중화 전술과 함께 쓰인다. 복제된 요소의 개수가 세 개 이상인 경우 비교 전술은 안전하지 못한 상태를 감지할 뿐 아니라 어떤 컴포넌트로 인해 안전하지 못한 상태에 이르렀는지 나타낼 수 있다. 비교는 가용성에서 사용했던 투표 전술과 연관된다. 하지만 비교가 항상 투표로 이어지는 것은 아니다. 또 다른 옵션으로, 결과가 다르면 단순히 종료될 수도 있다.

억제

억제^{containment} 전술의 목적은 이미 진입한 안전하지 못한 상태와 관련된 피해를 제한하는 것이다. 억제 전술에는 다중화와 영향 제한, 장벽이라는 세 가지 하위 카테고리가 있다.

다중화

다중화^{redundancy} 전술은 언뜻 보기에는 가용성을 논의할 때 다뤘던 다양한 스페어/다중화 전술들과 비슷해 보인다. 이들 전술들이 겹치는 부분이 분명 존재하지만, 안전성과 가용성의 목표가 다르기 때문에 백업 컴포넌트 사용도 다르다. 안전성 분야에서는 다중화 덕분에 완전한 종료나 추가적인 성능 저하를 원치 않는 경우 시스템이 계속해서 동작할 수 있다.

복제replication는 컴포넌트의 복제물을 가질 수 있기 때문에 가장 간단한 다중화 전술이다. 동일한 컴포넌트의 여러 복사본을 가짐으로써 하드웨어의 무작위 실패(고장)로부터 시스템을 효과적으로 보호할 수 있다. 하지만 복제 전술에는 다양성이 내포돼 있지 않으므로 하드웨어나 소프트웨어의 설계 또는 구현 오류로부터 보호하지는 못한다.

반면에 기능적 다중화functional redundancy의 목적은 설계 다양성을 구현함으로써 하드웨어나 소프트웨어 컴포넌트의 공통 원인 고장 문제(복제물이 동일한 구현을 공유하기 때문에 동일한 오류를 동시에 일으키는 경우)를 대응하는 것이다. 기능적 다중화 전술은 다중성에 다양성을 추가함으로써 설계 오류의 시스템적인 속성을 다루고자 한다. 기능적으로 다중화된 컴포넌트들의 출력은 입력이 동일할 때 동일할 것이다. 하지만 기능적 다중화 전술은 여전히 사양(스펙) 오류에는 취약하다. 또한 기능적 복제물을 개발하고 검증하는 비용은 더 높을 것이다.

마지막으로, 분석적 다중화analytical redundancy 전술은 컴포넌트의 다양성을 허용할 뿐만 아니라 입력과 출력 수준에서 볼 수 있을 정도의 고수준 다양성도 허용한다. 결과적으로 별도의 요구 사항 명세를 사용함으로써 명세 오류를 견딜 수 있다. 분석적 다중화는 대개 시스템을 높은 보장성과 높은 성능(낮은 보장성)으로 나눈다. 높은 보장성 부분은 간단하고 신뢰성 있게 설계되는 반면, 높은 성능 부분은 대개 더 복잡하고 더 정확하지만 덜 안정적으로 설계된다. 높은 성능 부분은 더 빠르게 변경되고 높은 보장성 부분만큼 신뢰성을 갖지 못할 수 있다(따라서 여기서 우리가 성능이 높다고 할 때는 지연이나 산출량 측면에서 이야기하는 것이 아니라, 높은 성능 부분이 높은 보장성 부분보다는 자신의 작업을 더 잘 '수행'한다는 의미다).

영향 제한

억제의 두 번째 하위 카테고리를 영향 제한limit consequences이라고 한다. 영향 제한 전술의 목적은 안전하지 못한 상태에 들어간 시스템이 초래할 수도 있는 나쁜 영향을 제한하는 것이다.

개념적으로 취소abort 전술이 가장 단순하다. 작업이 안전하지 못하다고 판단되면 해당 작업이 피해를 야기하기 전에 취소된다. 이 기법은 시스템이 안전하게 실패하도록 보장하기 위해 널리 사용된다.

성능 저하^{degradation} 전술은 컴포넌트 고장 시에 제어된 방식으로 일부 기능을 버리거나 대체함으로써 가장 중요한 시스템 기능들을 유지한다. 이 접근법은 개별적인 컴포넌트 고장으로 인해 완전한 시스템 고장이 일어나는 대신 계획되고 신중하고 안전한 방식으로 시스템 기능성을 우아하게 감소시킬 수 있도록 한다. 예를 들어 자동차 내비게이션 시스템은 긴 터널에서 GPS 위성 신호를 수신하지 못할 때 (덜 정확한) 추측 항법^{dead reckoning} 알고리듬을 사용해 계속해서 동작한다.

마스킹^{masking} 전술은 여러 다중화 컴포넌트의 결과를 비교하고 하나 이상의 컴포넌트의 결과가 다를 때 투표 절차를 사용해 결함을 감춘다. 마스킹 전술이 의도대로 동작하기 위해 투표자는 단순하고 매우 신뢰성이 있어야 한다.

장벽

장벽^{barrier} 전술은 문제가 퍼지지 못하도록 억제함으로써 문제를 억제한다.

방화벽^{firewall} 전술은 접근 제한 전술을 구체적으로 구현한 것이다. 접근 제한 전술은 11장에서 알아볼 것이다. 방화벽은 프로세서, 메모리, 네트워크 연결과 같은 특정 리소스로의 접근을 제한한다.

인터락^{interlock} 전술은 잘못된 이벤트 순서로 인한 고장으로부터 보호한다. 인터락 전술 구현은 보호되는 컴포넌트들로의 모든 접근을 제어함(해당 컴포넌트들에 영향을 주는 올바른 이벤트 순서에 대한 제어 포함)으로써 정교한 보호 방식을 제공한다.

복구

안전성 전술의 마지막 카테고리는 복구^{recovery}다. 복구는 시스템을 안전한 상태로 진입시키는 역할을 한다. 복구는 롤백과 상태 수리, 재설정이라는 세 가지 전술을 포함한다.

롤백^{rollback} 전술은 고장을 감지하면 시스템을 이전 문제없는 상태의 저장된 복사본(롤백 라인^{rollback line})으로 되돌린다. 롤백 전술은 대개 체크포인팅^{checkpointing} 및 트랜잭션^{transaction}과 결합해 롤백이 완전하고 일관성 있도록 보장한다. 안전한 상태에 도달한 다음, 고장이 다시 일어나지 않도록 보장하기 위해 재시도나 성능 저하와 같은 다른 전술들을 활용하며 실행은 계속된다.

상태 수리^{repair state} 전술은 컴포넌트가 충분히(예: 고장 없이) 처리할 수 있는 상태들의 수를 효과적으로 늘리면서 오류가 있는 상태를 수리한 다음, 실행을 계속한다. 예를 들어 자동차의 차선 유지 기능은 운전자가 차로 내에 있는지 여부를 모니터링하면서 차로를 벗어나면 적극적으로 자동차를 안전한 상태인 선 사이에 위치시키려 한다. 상태 수리 전술은 예기치 못한 결함으로부터 복구하는 수단으로 적절하다.

재설정^{reconfiguration}은 논리적인 아키텍처를 아직까지 동작하고 있는(하지만 잠재적으로는 기능이 제한된) 남은 리소스에 재연결(리매핑^{remapping})함으로써 컴포넌트 고장으로부터 복구하려 시도한다. 이상적으로는 이러한 재연결이 전체 기능성을 유지한다. 하지만 전체 기능성을 유지하는 것이 불가능할 때 시스템은 성능 저하 전술과 결합해 일부 기능성만을 유지할 수도 있다.

10.3 안전성 전술 기반 질문지

10.2절에서 기술한 전술들에 기반해 표 10.2와 같은 안전성 전술 기반의 질문 집합을 만들 수 있다. 가용성을 지원하기 위해 내린 아키텍처 선택들에 관한 전반적인 개요를 이해하기 위해 분석가는 각 질문을 물어본 다음, 답변을 표에 기록한다. 그리고 나서 해당 질문들에 대한 답변을 기반으로 향후 어떤 활동에 집중해야 할지 결정할 수 있다. 문서를 조사하거나 코드 또는 기타 산출물을 분석하거나 코드를 리버스 엔지니어링하는 등의 활동을 할 수 있다.

안전성 전술 기반 질문지를 시작하기 전에 여러분의 시스템에서 안전하지 않은 상태를 구성하는 것이 무엇인지 식별하기 위해(안전하지 않은 상태를 감지하거나 방지하거나 억제하거나 회복하기 위해) 검토 중인 프로젝트가 위험 분석이나 FTA를 수행했는지 여부를 평가해야 한다. 이러한 분석이 없다면 안전성을 위한 설계의 효과가 떨어질 가능성이 있다.

표 10.2 안전성 전술 기반 질문지

전술 그룹	전술 질문	지원? (Y/N)	위험	설계 결정 및 위치	근거와 가정
안전하지 않은 상태 방지	잠재적으로 위험한 소프트웨어 설계 기능들을 위한 더 안전한 (대개 하드웨어 기반) 보호 메커니즘인 **대체**를 사용하는가? 시스템 프로세스들이나 리소스, 기타 속성들의 건강 상태를 예측하기 위해 모니터링된 정보를 기반으로 **예측 모델**을 사용하는가? 이는 시스템이 공칭 작동 매개변수(nominal operating parameter) 범위 내에서 동작하는 것을 보장할 뿐만 아니라 잠재적인 문제에 대한 조기 경보를 제공한다.				

(이어짐)

전술 그룹	전술 질문	지원? (Y/N)	위험	설계 결정 및 위치	근거와 가정
안전하지 않은 상태 감지	컴포넌트의 동작이 타이밍 제약 사항을 만족시키는지 여부를 결정하기 위해 **타임아웃**을 사용하는가?				
	잘못된 이벤트 순서를 감지하기 위해 **타임스탬프**를 사용하는가?				
	설계 과정 동안에 내린 가정을 검증하고자 프로세스나 장치의 상태를 확인하기 위해 **상태 모니터링**을 사용하는가?				
	특정 동작 결과나 컴포넌트의 입력 또는 출력의 유효성과 타당성을 확인하기 위해 **정상 상태 확인**을 사용하는가?				
	시스템이 동기화되거나 복제된 여러 요소가 생성한 출력 값을 비교함으로써 안전하지 못한 상태를 감지하는 **비교**를 사용하는가?				
억제: 다중화	하드웨어의 무작위 실패로부터 보호하기 위해 **복제**(컴포넌트의 클론)를 사용하는가?				
	다양하게 설계된 컴포넌트들을 구현함으로써 공통 원인 고장 문제에 대응하기 위해 **기능적 다중화**를 사용하는가?				
	명세 오류를 견딜 수 있도록 **분석적 다중화**를 사용하는가? 분석적 다중화는 높은 보장성과 낮은 성능을 지닌 혹은 낮은 보장성과 높은 성능을 지닌 기능적 '복제품'을 말한다.				
억제: 영향 제한	시스템이 피해를 야기하기 전에 안전하지 못한 것으로 판단되는 동작을 **취소**할 수 있는가?				
	시스템이 컴포넌트 고장 시에 제어된 방식으로 일부 덜 중요한 기능을 버리거나 대체함으로써 가장 중요한 시스템 기능들을 유지하기 위한 **성능 저하**를 제공하는가?				
	시스템이 여러 다중화 컴포넌트의 결과를 비교하고, 하나 이상의 컴포넌트의 결과가 다를 때 **투표** 절차를 사용해 결함을 **감추는가**?				
억제: 장벽	시스템이 **방화벽**을 통해 중요한 리소스(예: 프로세서, 메모리, 네트워크 연결)로의 접근 제한을 지원하는가?				
	시스템이 **인터락**을 통해 보호되는 컴포넌트들로의 접근을 제어하고 잘못된 이벤트 순서로 인한 고장으로부터 보호하는가?				
복구	시스템이 고장을 감지했을 때 **롤백**할 수 있는가(시스템을 이전 문제없는 상태로 되돌릴 수 있는가)?				
	시스템이 고장 없이 오류가 있다고 판단된 **상태를 수리**한 다음에 실행을 계속할 수 있는가?				
	시스템이 논리적인 아키텍처를 아직까지 동작하고 있는 남은 리소스에 재연결함으로써 리소스를 **재설정**할 수 있는가?				

10.4 안전성 패턴

예기치 않게 동작을 멈추거나 잘못된 방식으로 동작을 시작하거나 성능 저하 동작 모드로 전환되는 시스템은 안전성에 최악은 아니더라도 안 좋은 영향을 미칠 가능성이 높다. 따라서 안전성 패턴 중 상당 부분이 4장에서 살펴본 가용성 패턴과 겹친다.

- **다중화 센서들**^{redundant sensors}: 어떤 센서가 생성하는 데이터가 상태가 안전한지 안전하지 않은지 결정하는 데 중요하다면 해당 센서를 복제해야 한다. 이렇게 함으로써 단일 센서 고장으로부터 보호할 수 있다. 또한 독립적인 소프트웨어가 각 센서를 모니터링해야 한다. 즉, 4장의 다중화 스페어^{redundant spare} 전술이 안전성이 매우 중요한 하드웨어에 적용된 것이다.

  장점:
  - 센서에 적용된 이러한 형태의 다중화는 단일 센서 고장으로부터 보호한다.

  절충점:
  - 다중화 센서들로 인해 시스템의 비용이 증가하고, 여러 센서로부터의 입력을 처리하는 것은 단일 센서로부터의 입력을 처리하는 것보다 더 복잡하다.

- **모니터-액추에이터**^{monitor-actuator}: 모니터-액추에이터 패턴은 물리적인(실제) 액추에이터에 명령을 전송하기 전에 활용하는 두 가지 소프트웨어 요소(모니터^{monitor}와 액추에이터 컨트롤러^{actuator controller})에 초점을 맞춘다. 액추에이터 컨트롤러는 물리적인 액추에이터에 전송할 값을 결정하기 위해 필요한 계산을 수행한다. 모니터는 해당 값을 전송하기 전에 해당 값의 타당성을 확인한다. 이렇게 함으로써 값 계산과 값 테스트를 분리한다.

  장점:
  - 액추에이터 제어에 적용된 이러한 다중화 형태에서 모니터는 액추에이터 컨트롤러 계산에 대한 중복 확인(재확인) 역할을 한다.

  절충점:
  - 모니터의 개발과 유지 보수에 시간과 리소스가 든다.
  - 모니터-액추에이터 패턴은 액추에이터 제어와 모니터링을 분리하기 때문에 모니터 개발과 유지 보수에 드는 시간과 리소스는 모니터를 어떻게 만드느냐에 따라 달라진다. 모니터를 단순하게 만들어서 개발하기에는 쉽지만 오류를 놓치기 쉬울 수

도 있고, 모니터를 정교하게 만들어서 개발하기에는 복잡하지만 더 많은 오류를 잡을 수도 있다.

- **안전성 분리**^{separated safety}: 안전이 중요한 시스템은 별도의 인증 기관으로부터 안전하다고 주기적으로 인증받아야 한다. 대규모 시스템을 인증하기 위해서는 비용이 많이 든다. 하지만 시스템을 안전성이 중요한 부분과 안전성이 중요하지 않은 부분으로 나누면 비용을 줄일 수 있다. 안전성이 중요한 부분은 인증을 받아야 한다. 마찬가지로 안전성이 중요한 부분과 안전성이 중요하지 않은 부분으로 나누는 것 역시 안전성이 중요하지 않은 부분이 안전성이 중요한 부분에 미치는 영향이 없다는 것을 보장하기 위해 인증을 받아야 한다.

장점:

- 전체 시스템의 부분(주로 작은 부분)만을 인증하면 되기 때문에 시스템 인증 비용이 감소한다.
- 시스템에서 안전성과 밀접한 연관이 있는 부분에만 노력을 집중할 수 있으므로 비용과 안전성 측면의 장점이 점점 증가한다.

절충점:

- 분리에 필요한 작업들의 비용이 높을 수 있다. 예를 들어, 안전성이 중요한 메시지와 안전성이 중요하지 않은 메시지를 구분하기 위해 시스템에 두 개의 다른 네트워크를 설치해야 할 수도 있다. 하지만 이러한 접근법은 안전성이 중요하지 않은 부분에서 발생한 버그의 위험성과 안 좋은 결과가 안전이 중요한 부분에 영향을 미치는 것을 제한한다.
- 시스템을 분리하는 것과 해당 분리가 올바르게 수행돼서 안전성이 중요하지 않은 부분이 안전성이 중요한 부분에 미치는 영향이 없다는 점에 대해 인증 기관을 설득하는 것이 어렵다. 하지만 시스템 분리와 인증 기관 설득을 하지 않았을 때 해야 하는 것(인증 기관에게 시스템의 모든 부분을 동일하게 엄격한 수준으로 인증하라고 하는 것)보다는 훨씬 쉽다.

설계 보장 수준

안전성 분리 패턴은 소프트웨어 시스템을 안전성이 중요한 부분과 안전성이 중요하지 않은 부분으로 나누는 것을 강조한다. 항공 전자 기기에서 이러한 구분은 매우 정교하다. DO-178C '항공 시스템 및 장치 인증에서의 소프트웨어 고려 사항(Software Considerations in Airborne Systems and Equipment Certification)'은 미국 연방 항공국(FAA, Federal Aviation Administration), 유럽 항공 안전청(EAS, European Union Aviation Safety Agency), 캐나다 교통국(Transport Canada) 등의 인증 기관이 모든 상용 소프트웨어 기반 항공 시스템을 승인할 때 사용하는 주요 문서다. 해당 문서는 모든 소프트웨어 기능에 대해 설계 보장 수준(DAL, Design Assurance Level)이라고 부르는 순위를 정의한다. DAL은 시스템의 고장 상태 영향 조사를 통해 안전성 평가 프로세스와 위험 평가로부터 결정된다. 고장 상태는 비행기와 승무원, 승객에 대한 해당 고장 상태의 영향을 기준으로 다음과 같이 분류한다.

- **A: 치명적**(Catastrophic): 고장으로 인해 사망자가 발생할 수 있다. 대개 비행기 손실을 의미한다.
- **B: 위험**(Hazardous): 고장이 안전성이나 성능에 대규모의 안 좋은 영향을 미친다. 또는 고장으로 인한 신체적 고통이나 업무 부하로 인해 승무원의 비행기 운영 능력이 감소한다. 또는 고장으로 인해 승객들 사이에 심각하거나 치명적인 부상이 발생한다.
- **C: 주요**(Major): 고장으로 인해 안전성 마진(safety margin)[6]이 크게 줄어들거나 승무원들의 업무 부하가 크게 증가한다. 승객들에게 불편(혹은 경미한 부상)이 발생할 수 있다.
- **D: 경미**(Minor): 고장으로 인해 안전성 마진이 약간 줄어들거나 승무원들의 업무 부하가 약간 증가한다. 승무원들에게 불편이 발생하거나 정기적인 비행 계획 변경이 발생할 수 있다.
- **E: 영향 없음**(No effect): 고장이 안전성이나 비행 운영, 승무원 업무 부하에 어떤 영향도 주지 않는다.

소프트웨어 검증과 테스트는 매우 한정적인 예산이 할당된 굉장히 비싼 작업이다. DAL은 제한된 테스트 리소스를 어디에 써야 할지 결정하는 데 도움이 된다. 다음 번에 여러분이 비행기를 탔을 때 엔터테인먼트 시스템에 작은 결함이 있거나 독서등이 계속 깜빡인다면, 비행 제어 시스템이 제대로 동작하도록 하기 위해 사용된 모든 검증 비용을 생각하면서 마음을 편히 갖길 바란다.

– PC

---

6 '안전 여유' 또는 '안전 마진'이라고도 하며, 고장이 났을 때 안전성 문제가 발생하기 전까지 어느 정도의 여유가 있는지를 의미한다. – 옮긴이

10.5 참고 문헌

소프트웨어 안전성의 중요성을 제대로 이해하기 위해 소프트웨어 고장이 유발하는 재앙에 대한 이야기를 읽어볼 것을 권한다. risks.org의 ACM 위험 포럼^{ACM Risks Forum}은 이러한 이야기를 얻을 수 있는 신뢰할 만한 자료 공급원이다. ACM 위험 포럼은 1985년도부터 피터 노이만^{Peter Neumann}이 관리해왔고 여전히 잘 운영되고 있다.

주요한 표준 안전성 프로세스 두 가지를 들자면, SAE International이 개발한 ARP-4761 '민간 항공 시스템 및 기기에 대한 안전성 평가 프로세스 수행에 관한 지침 및 방법^{Guidelines and Methods for Conducting the Safety Assessment Process on Civil Airborne Systems and Equipment}'과 미국 국방성^{U.S. Department of Defense}이 개발한 MIL STD 882E '표준 실천법: 시스템 안전성^{Standard Practice: System Safety}'이 있다.

우^{Wu}와 켈리^{Kelly}는 2004년 기존 아키텍처 접근법에 대한 설문을 기반으로 안전성 전술들을 발간했다[Wu 04]. 이는 이번 장에서 소개한 개념들 중 상당 부분에 영향을 미쳤다.

낸시 레베슨^{Nancy Leveson}은 소프트웨어와 안전성 분야에서 선구적인 사상가였다. 여러분이 안전성이 중요한 시스템을 다루고 있다면 낸시 레베슨이 저술한 내용을 잘 알고 있어야 한다. [Leveson 04]와 같은 논문을 갖고 가볍게 시작할 수 있다. 해당 논문은 우주선 사고에 영향을 미친 많은 소프트웨어 관련 요인에 관해 살펴본다. 혹은 오늘날의 복잡하고 사회 기술적이고 소프트웨어가 중심이 되는 시스템의 관점에서 안전성을 다루는 책인 [Leveson 11]을 갖고 시작할 수도 있다.

미국 연방 항공국^{FAA}은 미국 항공 시스템의 감독을 맡은 미국 정부 기관으로 안전성에 관해 심혈을 기울이고 있다. 미국 연방 항공국의 '2019 시스템 안전성 핸드북^{2019 System Safety Handbook}'은 안전성이라는 주제를 실제적인 관점에서 조망하기에 좋은 책이다. '2019 시스템 안전성 핸드북'의 10장은 소프트웨어 안전성을 다룬다.

필 쿠프만^{Phil Koopman}은 자동차 안전성 분야에서 잘 알려져 있다. 필 쿠프만은 안전성이 중요한 패턴을 다루는 여러 튜토리얼을 온라인을 통해 제공한다. 쿠프만의 책 『Better Embedded System Software』는 안전성 패턴을 자세히 다룬다[Koopman 10].

결함 트리 분석은 1960년대 초로 거슬러 올라간다. 하지만 이에 대한 최초의 리소스는 1981년에 발간된 미국 핵 규제 위원회^{U.S. Nuclear Regulatory Commission}의 『Fault Tree Handbook』이다. NASA의 『2002 Fault Tree Handbook with Aerospace Applications』는 미국 핵 규제 위원회 핸드북을 업데이트한 종합 기본 지침서다. 두 권 모두 온라인에서

PDF 파일로 다운로드 가능하다.

설계 보장 수준^{DAL}과 비슷하게 안전성 무결성 수준^{SIL, Safety Integrity Level}은 다양한 기능이 어떤 식으로 안전성이 중요한지 정의한다. 이러한 정의는 시스템을 설계하는 아키텍트들이 공통의 이해를 형성하는 데 도움이 됐을 뿐 아니라 안전성 평가에도 도움이 됐다. '전기/전자/프로그래밍 가능한 전자 안전 관련 시스템의 기능적 안전성^{Functional Safety of Electrical/Electronic/Programmable Electronic Safety-related Systems}'이라는 제목의 IEC 61508 표준은 네 가지 SIL을 정의한다. 그중 SIL 4가 가장 신뢰할 만하고 SIL 1이 가장 신뢰할 만하지 않다. 이 표준은 '철도 분야: 통신, 신호, 처리 시스템: 철도 제어 및 보호 시스템을 위한 소프트웨어^{Railway Applications: Communication, Signaling and Processing Systems: Software for Railway Control and Protection Systems}'라는 제목의 철도 산업을 위한 IEC 62279와 같은 구체적인 분야를 위한 표준을 통해 구체화됐다.

반자율 운행 자동차와 자율 운행 자동차가 많은 연구와 개발의 주제인 세상에서 기능적 안전성은 점점 더 중요해지고 있다. 오랜 기간 ISO 26026이 자동차의 기능적 안전성에 있어 표준이었다. 현재는 ANSI/US 4600 '자율주행 자동차와 기타 제품들의 안전성에 관한 표준^{Standard for Safety for the Evaluation of Autonomous Vehicles and Other Products}'과 같은 새로운 표준들이 몰려들고 있다. 이러한 표준들은 소프트웨어가 운전대를 잡을 때 발생할 수 있는 문제들에 대처한다('소프트웨어가 운전대를 잡는다.'는 표현은 비유적인 표현이기도 하지만, 말 그대로 소프트웨어가 운전을 실제로 제어한다는 표현이기도 하다).

10.6 토론 질문

1. 여러분의 일상생활의 일부인 컴퓨터로 제어되는 장치를 열 개 정도 나열해보고, 악의가 있거나 오동작하는 시스템이 해당 장치들을 이용해 여러분을 다치게 할 수 있는 시나리오를 작성해보자.

2. 고정형 로봇 장치(예: 제조 라인의 조립 로봇 팔)가 누군가를 다치게 하는 것을 방지하기 위한 안전성 시나리오를 작성해보고 이를 달성하기 위한 전술들을 논의해보자.

3. 미국 해군의 F/A-18 호넷^{Hornet} 전투기는 전기 신호식 조정 제어^{fly-by-wire} 기술을 일찍 도입한 사례 중 하나다. 전기 신호식 조정 제어 기술의 경우 내장된 컴퓨터가 조종사의 조종간과 방향타 페달에 대한 입력을 기반으로 조종 익면^{control surface}(조종 익면은 보

조 날개와 방향타 등을 의미)에 디지털 명령어들을 전달한다. 비행 제어 소프트웨어는 조종사가 비행기가 안전하지 못한 비행 상태가 될 수 있는 특정한 '거친 조작'을 명령하지 못하도록 프로그램돼 있다. 대개 초기 비행 시험 때는 비행기를 최대 한계치까지 몰아붙인다. 그렇게 되면 비행기는 안전하지 못한 상태로 들어가고, 이때가 바로 비행기를 구하기 위해 '거친 조작'이 필요한 순간이다. 하지만 컴퓨터는 충실하게도 이러한 거친 조작을 방지한다. 소프트웨어가 비행기를 안전하게 유지하도록 설계됐기 때문에 결국 비행기는 바다로 추락하고 말 것이다. 이러한 상황에 대처하기 위한 안전성 시나리오를 작성하고 이러한 결과를 방지하기 위한 전술들을 논의해보자.

4. slate.com과 다른 웹 사이트들에 따르면, 독일의 십 대 소녀 한 명이 '페이스북 생일 초대를 비공개로 설정하는 것을 잊어버린 채 전체 인터넷 사용자를 자신의 생일 파티에 초대한 다음 잠적해버리는 실수를 저질렀다.' 무려 15,000명이 파티에 오겠다는 의사를 밝히자 소녀의 부모는 파티를 취소하고 경찰에 알린 다음, 집을 보호하기 위해 사설 경비원을 고용했다. 과연 페이스북은 안전하지 않은가? 이에 대해 논의해보자.

5. 앞에서 소개한 독일 소녀를 페이스북으로부터 보호하기 위한 안전성 시나리오를 작성한다.

6. 걸프 전쟁 중이었던 1991년 2월 25일, 미국의 패트리어트^{Patriot} 미사일 포병 중대는 날아오는 스커드^{Scud} 미사일을 요격하는 데 실패했다. 결국 스커드 미사일이 막사를 공습해 28명이 사망하고 수십 명이 부상을 입었다. 실패의 원인은 부팅으로부터 시간을 부정확하게 계산했기 때문이다. 이는 시간이 지남에 따라 축적된 소프트웨어의 산술 오류 때문이었다. 패트리어트 고장에 대처하기 위한 안전성 시나리오를 작성해보고 이를 방지할 수 있는 전술들을 논의해보자.

7. 제임스 글릭$^{James\ Gleick}$은 그의 책 『A Bug and a Crash』(http://www.maths.mic.ul.ie/posullivan/A%20Bug%20and%20a%20Crash%20by%20James%20Gleick.htm)에서 '유럽 항공청$^{European\ Space\ Agency}$이 아리안 5$^{Ariane\ 5}$를 생산하는 데 10년이 걸리고 70억 달러가 소요됐다. 아리안 5는 3톤짜리 위성 한 조를 궤도에 올릴 수 있는 거대한 로켓이었다. 해당 로켓은 처녀 비행에서 채 1분도 되지 않아 폭발했는데, 원인은 16비트 공간에 64비트 숫자를 채우려고 시도한 작은 컴퓨터 프로그램 때문이었다. 하나의 버그로 인해 추락이 발생한 것이다. 컴퓨터 과학 역사에 기록된 모든 부주의한 코드 가

운데 해당 코드는 가장 파괴적으로 효율적일 것이다.'라고 기술했다. 아리안 5 재앙에 대처하기 위한 안전성 시나리오를 작성해보고 이를 방지하기 위한 전술들을 논의해 보자.

8. 안전성이 성능, 가용성, 상호 호환성과 같은 다른 품질 속성과 어떤 식으로 '절충점'을 이루려 하는지 논의해보자.

9. 안전성과 테스트 용이성 간의 관계를 논의해보자.

10. 안전성과 변경 용이성 간의 관계는 무엇인가?

11. 에어 프랑스 447기 이야기를 염두에 두고 안전성과 사용성 간의 관계를 논의해보자.

12. ATM기와 관련된 결함 목록이나 결함 트리를 작성해보자. 하드웨어 컴포넌트 고장, 통신 고장, 소프트웨어 고장, 자재 부족, 사용자 오류, 보안 공격과 관련된 고장들을 포함한다. 이러한 결함들을 수용하기 위해 어떤 식으로 전략들을 사용해야 할까?

11장

보안

보안은 데이터와 정보를 권한이 있는 사람과 시스템에게 제공하는 가운데, 권한이 없는 접근으로부터 보호하는 시스템의 능력을 측정한 것이다. 공격(피해를 입히기 위한 의도를 갖고 컴퓨터 시스템에 취한 동작)은 여러 형태를 취할 수 있다. 데이터나 서비스에 접근하거나 데이터를 수정하기 위한 권한이 없는 시도일 수도 있고, 혹은 권한이 있는 사용자들에게 서비스를 거부하기 위한 의도일 수도 있다.

보안의 특징을 기술하기 위한 가장 간단한 방법은 세 가지 특성인 기밀성^{confidentiality}, 무결성^{integrity}, 가용성^{availability}(CIA)을 중심으로 기술하는 것이다.

- **기밀성**: 기밀성은 권한이 없는 접근으로부터 데이터나 서비스를 보호하는 속성이다. 예를 들어, 해커는 정부 컴퓨터에 있는 여러분의 소득세 신고서에 접근할 수 없다.
- **무결성**: 무결성은 데이터나 서비스가 권한이 없는 수정의 대상이 되지 않도록 하는 속성이다. 예를 들어, 여러분의 학점은 교수가 학점을 할당한 이후에는 변경할 수 없다.
- **가용성**: 가용성은 정당한 사용자가 시스템을 사용할 수 있도록 하는 속성이다. 예를 들어, 서비스 거부 공격으로 인해 여러분이 온라인 서점에서 이 책을 주문할 수 없게 돼서는 안 된다.

이러한 특성들을 보안 일반 시나리오에서 사용할 것이다.

보안 분야에서 사용하는 기법 중 하나로 위협 모델링이 있다. 4장에서 살펴본 결함 트리fault tree와 유사한 '공격 트리attack tree'는 가능한 위협들을 판단하기 위해 보안 엔지니어들에 의해 사용된다. 공격 트리의 루트root에는 성공적인 공격이 위치하고 노드들은 이 성공적인 공격의 가능한 직접적인 원인이다. 자식 노드들은 직접적인 원인들을 분해하고 그 자식들은 또 그 원인들을 분해하는 식이다. 공격은 CIA를 위협하는 시도로, 공격 트리의 잎leaf들이 보안 일반 시나리오에서 자극이 된다. 공격에 대한 반응은 CIA를 지켜내거나 공격자들의 활동 모니터링을 통해 공격자들을 제지하는 것이다.

개인정보 보호

보안과 긴밀하게 연관된 이슈로 개인정보 보호 품질이 있다. 개인정보 보호 문제는 최근 몇 년 간 더욱 중요해졌고 유럽 연합에서는 일반 데이터 보호 규정(GDPR, General Data Protection Regulation)을 통해 법제화됐다. 다른 나라의 사법부 역시 비슷한 규정을 도입했다.

개인정보 보호를 달성하는 것은 정보에 대한 접근을 제한하는 것이다. 결과적으로 어떤 정보에 접근하는 것을 제한하고 누구에게 접근을 허용해야 할지에 관한 것이다. 비공개로 유지돼야 하는 정보를 일반적으로 일컫는 용어는 개인 식별 정보(PII, Personally Identifiable Information)다. 국립 표준 기술 연구소(NIST, The National Institute of Standards and Technology)는 PII를 다음과 같이 정의하고 있다. '기관에 의해 유지되는 개인에 관한 모든 정보로 (1) 이름, 사회보장번호, 출생 년도와 출생지, 어머니의 결혼 전 이름, 생체 기록 같은 개인의 신원을 구분하거나 추적하는 데 사용할 수 있는 모든 정보와 (2) 의료, 교육, 금융, 고용 정보와 같이 개인과 연관되거나 연관 지을 수 있는 기타 모든 정보를 포함한다.'

누가 이러한 데이터로의 접근이 허용되는지에 관한 질문은 더 복잡하다. 사용자들은 조직들이 개시한 개인정보 보호 동의서를 검토하고 동의하도록 주기적으로 요청받는다. 이러한 개인정보 보호 동의서는 개인정보를 수집하는 조직 외부의 누가 PII를 볼 수 있는 권한이 있는지 세세하게 명시한다. 개인정보를 수집하는 조직은 조직 내의 누가 이러한 개인정보 데이터에 접근할 수 있는지를 관장하는 정책들을 수립해야 한다. 예를 들어 소프트웨어 시스템을 테스트하는 사람의 경우, 테스트를 수행하기 위해 실제 데이터를 사용해야 한다. 해당 데이터가 PII를 포함할까? 일반적으로 테스트 목적으로는 대상 데이터에서 개인정보를 식별할 수 없도록 PII를 모호하게 만든다.

아키텍트들(아마도 프로젝트 매니저 역할을 수행하는 아키텍트들)은 PII가 PII에 접근할 필요가 없는 개발 팀 팀원들에게 숨겨져 있다는 것을 검증하라는 요청을 자주 받는다.

11.1 보안 일반 시나리오

이러한 점들을 고려해 표 11.1과 같이 보안 일반 시나리오의 각 부분을 기술할 수 있다.

표 11.1 보안 일반 시나리오

부분	설명	가능한 값
공급원	공격은 조직 외부로부터 올 수도 있고 조직 내부로부터 올 수도 있다. 공격의 공급원은 사람일 수도 있고 다른 시스템일 수도 있다. 또한 이전에 식별된 공격(제대로 식별했든 잘못 식별했든)일 수도 있고 현재 알려지지 않은 공격일 수도 있다.	• 인간 • 다른 시스템 이는 다음에 해당한다. • 조직 내부 • 조직 외부 • 이전에 식별됨 • 알려지지 않음
자극	자극은 공격이다.	다음을 수행하려는 권한이 없는 시도가 자극에 해당한다. • 데이터 표시 • 데이터 캡처 • 데이터 변경 혹은 삭제 • 시스템 서비스 접근 • 시스템 동작 변경 • 가용성 감소
대상물	공격의 대상이 무엇인가?	• 시스템 서비스 • 시스템 내 데이터 • 시스템의 컴포넌트나 리소스 • 시스템에 의해 생성되거나 소비되는 데이터
환경	공격이 발생했을 때 시스템 상태는 무엇인가?	시스템은 다음 상태가 될 수 있다. • 온라인 혹은 오프라인 • 네트워크에 연결되거나 네트워크로부터 끊어짐 • 방화벽 뒤에 있거나 네트워크에 열림 • 완전히 동작 중 • 부분적으로 동작 중 • 동작 중이지 않음
응답	시스템은 기밀성과 무결성, 가용성이 유지되도록 보장한다.	트랜잭션은 다음의 방식으로 수행된다. • 데이터나 서비스가 권한이 없는 접근으로부터 보호된다. • 데이터나 서비스는 권한 없이 조작할 수 없다. • 트랜잭션 당사자들이 확실히 식별된다. • 트랜잭션 당사자들이 자신들의 개입을 부인할 수 없다. • 데이터와 리소스, 시스템 서비스가 정당한 사용자에게 가용하다. 시스템은 다음에 의해 시스템 내 활동들을 추적한다. • 접근이나 수정을 기록한다. • 데이터와 리소스, 서비스 접근 시도를 기록한다. • 명백한 공격이 발생하고 있을 때 적절한 엔티티들(사람 혹은 시스템)에게 통지한다.

(이어짐)

부분	설명	가능한 값
응답 측정	시스템의 응답 측정은 성공적인 공격 빈도와 공격에 대응하고 공격으로부터 복구하는 데 들어간 시간과 비용, 이러한 공격으로 인해 결과적으로 발생한 피해와 관련된다.	다음 중 하나 이상이 해당한다. • 리소스가 얼마나 피해를 입었는가, 혹은 얼마나 보장됐는가? • 공격 감지 정확도 • 공격이 감지되기 전에 얼마나 많은 시간이 흘렀는가? • 얼마나 많은 공격을 견뎌냈는가? • 성공적인 공격으로부터 복구하는 데 얼마나 오래 걸리는가? • 특정 공격에 취약한 데이터가 얼마나 많은가?

그림 11.1은 보안 일반 시나리오에서 파생된 구체적인 시나리오 예를 나타낸다. 원격지에 있는 불만이 가득한 직원이 정상적인 동작 중에 적절하지 않게 급여표를 조작하려 시도한다. 해당 권한이 없는 접근이 감지돼 시스템은 감사 추적을 유지하고 하루 내에 올바른 데이터를 복원시킨다.

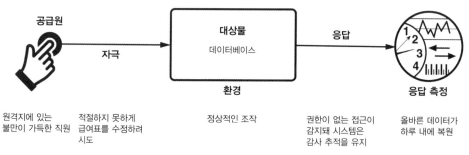

그림 11.1 보안 시나리오 예시

11.2 보안 전술

시스템에서 보안을 달성하는 방안을 도출하기 위한 방법으로 물리적인 보안이 어떤 식으로 되는지 떠올려볼 수 있다. 물리적으로 안전하게 설치한다는 것은 해당 시설에 대해 제한된 접근만을 허용하고(예: 펜스와 검문소 사용), 침입자를 감지하는 수단을 갖고(예: 출입이 허용되는 방문객들은 배지를 착용하도록 요구), 제지 메커니즘을 갖고(예: 무장 경비원 배치), 반응 메커니즘을 갖추고(예: 자동 문 잠금), 복구 메커니즘을 갖추는 것(예: 물리적으로 다른 곳에 백업 설비 보유)을 의미한다. 이들은 감지, 저항, 반응, 복구라는 네 가지 전술 분류로 이어진다. 보안 전술의 목적은 그림 11.2에서 확인할 수 있고 그림 11.3은 이러한 전술 분류를 나타낸다.

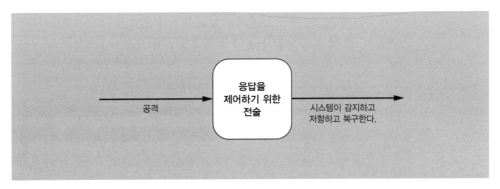

그림 11.2 보안 전술 목표

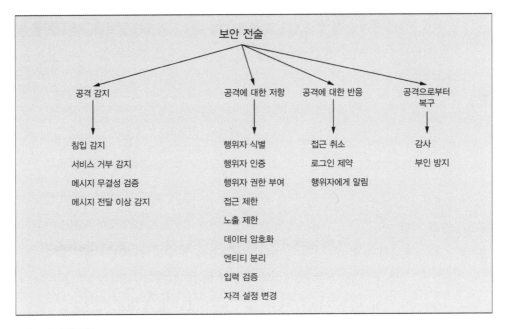

그림 11.3 보안 전술

공격 감지

공격 감지 카테고리는 네 가지 전술(침입 감지, 서비스 거부 감지, 메시지 무결성 검증, 메시지 지연 감지)로 구성된다.

- **침입 감지**: 침입 감지 전술은 시스템 내의 네트워크 트래픽 패턴이나 서비스 요청 패턴

을 데이터베이스에 저장된 악의적인 행동의 시그니처^{signature}나 알려진 패턴과 비교한다. 시그니처는 프로토콜 특성과 요청 특성, 페이로드^{payload} 크기, 애플리케이션, 발신지 주소, 도착지 주소, 포트 번호 등을 기반으로 할 수 있다.

- **서비스 거부 감지**: 서비스 거부 감지 전술은 시스템에 도착하는 네트워크 트래픽의 패턴이나 시그니처를 알려진 서비스 거부$^{DOS, Denial-Of-Service}$ 공격의 기존 프로필과 비교한다.

- **메시지 무결성 검증**: 메시지 무결성 검증 전술은 체크섬^{checksum}이나 해시 값과 같은 기법을 사용해 메시지와 리소스 파일, 배포 파일, 환경 설정 파일의 정합성을 검증한다. 체크섬은 시스템이 파일과 메시지에 대한 중복 정보를 별도로 유지하고, 이 중복 정보를 사용해 파일이나 메시지를 검증하는 검증 메커니즘이다. 해시 값은 해시 함수에 의해 생성된 고유의 문자열로, 해시 함수의 입력은 파일이나 메시지가 될 수 있다. 원본 파일이나 메시지에서의 작은 변경만으로도 해시 값은 크게 변경된다.

- **메시지 전달 이상 감지**: 메시지 전달 이상 감지 전술은 잠재적인 중간자$^{man-in-the-middle}$ 공격(악의가 있는 자가 메시지를 가로채서 수정하는 공격)을 감지한다. 메시지 전달 시간이 정상적으로 안정적인 경우 메시지를 전달하거나 수신하는 데 걸리는 시간을 확인해 의심스러운 시간 동작을 감지할 수 있다. 마찬가지로 비정상적인 연결 및 연결 끊김 횟수가 중간자 공격을 나타낼 수도 있다.

공격에 대한 저항

공격에 저항하기 위한 잘 알려진 많은 수단이 존재한다.

- **행위자 식별**: 행위자(사용자 또는 원격 컴퓨터)를 식별하기 위해서는 시스템에 대한 외부 입력의 공급원을 식별하는 데 집중해야 한다. 사용자들은 주로 사용자 ID를 통해 식별된다. 다른 시스템들은 접근 코드나 IP 주소, 프로토콜, 포트 등을 통해 식별될 수 있다.

- **행위자 인증**: 인증은 행위자가 자신이 누구 혹은 무엇이라고 칭하고 있는 것이 실제 맞는지 확실히 하는 것을 의미한다. 패스워드와 일회용 패스워드, 디지털 인증서, 이중 인증, 생체 식별은 인증 수단을 제공한다. 또 다른 예로 CAPTCHA(완전 자동화된 사람과 컴퓨터 판별$^{Completely Automated Public Turing test to tell Computers and Humans Apart}$)가 있다. CAPTCHA는 사용자가 사람인지 여부를 결정하기 위해 사용되는 질문 및 응답의 한 종류다. 시스템은 주기적으로 재인증을 요할 수 있다. 예를 들어 스마트폰을 일정 시간

동안 사용하지 않으면 자동으로 잠기는 경우가 이에 해당한다.

- **행위자 권한 부여**: 권한 부여는 인증된 사용자가 데이터나 서비스에 접근 및 수정할 권리가 있는지 확실히 하는 것을 의미한다. 이러한 메커니즘을 사용하기 위해서는 시스템 내에서 어떤 형태의 접근 제어 메커니즘을 제공해야 한다. 접근 제어는 행위자별로나 행위자 레이어별로 혹은 역할별로 부여될 수 있다.

- **접근 제한**: 접근 제한 전술은 컴퓨터 리소스에 대한 접근을 제한한다. 접근을 제한한다는 것은 리소스에 대한 접근점의 개수를 제한하거나 해당 접근점들을 통과할 수 있는 트래픽 종류를 제한한다는 것을 의미한다. 접근점의 개수를 제한하든 트래픽 종류를 제한하든 시스템의 공격 노출면^{attack surface}을 최소화한다. 예를 들어 외부 사용자들이 특정 서비스에 접근할 수 있지만 다른 서비스들은 접근할 수 없도록 하길 원할 때 DMZ^{demilitarized zone, 비무장지대}를 사용한다. DMZ는 인터넷과 인트라넷 사이에 위치하고 방화벽 한 쌍(하나는 인터넷 쪽이고 다른 하나는 인트라넷)에 의해 보호받는다. 내부 방화벽은 인트라넷에 대한 단일 접근점이다. 따라서 내부 방화벽은 인트라넷으로 들어오도록 허용된 트래픽 종류를 제어할 뿐 아니라 접근점의 개수를 제한하는 역할을 한다.

- **노출 제한**: 노출 제한 전술은 악의적인 행동에 의한 피해 결과를 최소화하는 데 집중한다. 이는 공격자가 피해를 끼치는 것을 적극적으로 방지하지 않기 때문에 수동적인 방어다. 단일 접근점을 통해 접근 가능한 데이터나 서비스의 양을 줄임으로써 대개 노출 제한을 실현한다. 이렇게 함으로써 결과적으로 해당 데이터나 서비스가 위태롭게 되는 것을 막을 수 있다.

- **데이터 암호화**: 대개 데이터와 통신에 어떤 형태의 암호화를 적용함으로써 기밀성을 달성할 수 있다. 암호화는 영구적으로 유지되는 데이터에 권한 부여를 통한 보호를 넘어서는 추가적인 보호를 제공한다. 그에 비해 통신 연결에는 권한 부여 제어가 없을 수 있다. 그러한 경우 암호화는 공개적으로 접근 가능한 통신 연결을 통해 이동하는 데이터에 대한 유일한 보호가 된다. 암호화는 대칭 방식(송신자와 수신자가 동일한 암호키를 사용)일 수도 있고 비대칭 방식(송신자와 수신자가 공개 키와 비밀 키 쌍을 사용)일 수도 있다.

- **엔티티 분리**: 여러 다른 엔티티를 분리하는 것은 공격의 범위를 제한한다. 시스템 내에서의 분리는 여러 다른 네트워크에 위치한 여러 다른 서버를 통한 물리적인 분리가 될 수도 있고, 가상 머신 사용을 통한 분리가 될 수도 있으며, '에어 갭^{air gap}'을 통한 분리

가 될 수도 있다. 에어 갭은 시스템의 여러 다른 부분 간에 전자적인 연결이 존재하지 않는다는 것을 의미한다. 마지막으로, 민감한 데이터는 민감하지 않은 데이터에 대한 접근 권한을 지닌 사용자들에 의한 공격 가능성을 줄이기 위해 자주 민감하지 않은 데이터와 분리해야 한다.

- **입력 검증**: 시스템이나 시스템의 일부가 입력을 수신할 때 해당 입력을 검증하고 확인하는 것은 공격에 저항하는 데 있어 중요한 초기 방어선이다. 이는 보안 프레임워크나 검증 클래스를 사용해 입력에 대해 필터링, 정규화, 불필요한 값 제거와 같은 작업을 수행함으로써 구현할 수 있다. 데이터 검증은 SQL 인젝션과 XSS(크로스 사이트 스크립팅 cross-site scripting) 같은 공격에 대응하기 위한 주요 형태의 방어다. SQL 인젝션의 경우 악의적인 코드를 SQL 문에 삽입하고, XSS의 경우 서버로부터 온 악의적인 코드가 클라이언트에서 실행된다.

- **자격 설정 변경**: 시스템이 배포됐을 때 기본 보안 설정이 할당되는 경우가 많다. 사용자로 하여금 이러한 기본 설정을 변경하도록 강제함으로써 공격자들이 공개적으로 사용 가능할 수도 있는 이러한 기본 설정을 통해 시스템에 대한 접근 권한을 얻는 것을 방지할 수 있다. 마찬가지로 시스템이 어떤 최대 기간이 지난 후에 사용자들로 하여금 신규 패스워드를 선택하도록 요구하는 경우가 많다.

공격에 대한 반응

잠재적인 공격에 반응하기 위한 여러 전술이 있다.

- **접근 취소**: 시스템이나 시스템 관리자가 공격이 진행 중이라는 생각이 들면 민감한 리소스에 대한 접근이 매우 제한될 수도 있다. 보통 이러한 접근 제한은 정당한 사용자와 정당한 사용에 적용되기도 한다. 예를 들어 컴퓨터가 바이러스에 의해 위협을 받고 있다면, 바이러스가 시스템으로부터 제거될 때까지 특정 리소스에 대한 접근이 제한될 수도 있다.

- **로그인 제약**: 반복되는 로그인 시도 실패는 잠재적인 공격을 의미할 수 있다. 특정 컴퓨터로부터 계정 접근 시도가 반복적으로 실패하는 경우 해당 컴퓨터로부터의 접근을 제한하는 시스템들이 많다. 물론 정당한 사용자들이 로그인을 시도하다가 실수할 수도 있다. 따라서 제한된 접근은 특정 기간 동안만 지속될 것이다. 일부의 경우 로그인이

실패할 때마다 접근 제한 시간을 두 배씩 늘리는 시스템들도 있다.

- **행위자에게 알림**: 공격이 진행 중이면 운영자나 다른 인력 혹은 협력 시스템이 조치를 취해야 할 수 있다. 시스템이 공격을 감지했을 때 관련 행위자들에게 통지해야 한다.

공격으로부터 복구

시스템이 공격을 감지하고 공격으로부터 저항을 시도한 이후에 시스템은 복구돼야 한다. 서비스의 복원은 이러한 복구의 일부에 해당한다. 예를 들어 추가적인 서버나 네트워크 연결은 이러한 목적을 위해 예비로 남겨둘 수 있다. 성공적인 공격은 일종의 고장으로 간주할 수 있기 때문에 고장으로부터의 복구를 다루는 가용성 전술(4장)을 보안 측면에서도 사용할 수 있다.

복구를 위한 가용성 전술 외에도 감사와 부인 방지 전술을 사용할 수 있다.

- **감사**: 시스템을 감사하는 목적은 공격자의 행동을 추적하고 식별하기 위함이다. 즉, 사용자와 시스템의 동작과 그로 인한 영향을 기록한다. 감사 추적을 분석해 공격자를 찾아낼 수도 있고 향후에 더 나은 방어를 구축할 수도 있다.
- **부인 방지**: 부인 방지 전술은 메시지 전송자가 해당 메시지를 보낸 것을 나중에 부인할 수 없도록, 수신자가 해당 메시지를 받은 것을 부인할 수 없도록 보장한다. 예를 들어 인터넷에서 무언가를 주문한 것을 부인할 수 없고 판매자는 주문받은 것을 부인할 수 없다. 이는 신뢰성 있는 제3자에 의한 디지털 서명과 인증 조합을 통해 가능하다.

11.3 보안 전술 기반 질문지

11.2절에서 기술한 전술들에 기반해 표 11.2와 같은 보안 전술 기반의 질문 집합을 만들 수 있다. 보안을 지원하기 위해 내린 아키텍처 선택들에 관한 전반적인 개요를 이해하기 위해 분석가는 각 질문을 물어본 다음, 답변을 표에 기록한다. 그리고 나서 해당 질문들에 대한 답변을 기반으로 향후 어떤 활동에 집중해야 할지 결정할 수 있다. 문서를 조사하거나 코드 또는 기타 산출물을 분석하거나 코드를 리버스 엔지니어링하는 등의 활동을 할 수 있다.

표 11.2 보안 전술 기반 질문지

전술 그룹	전술 질문	지원? (Y/N)	위험	설계 결정 및 위치	근거와 가정
공격 감지	시스템이 시스템 내의 네트워크 트래픽 패턴이나 서비스 요청 패턴을 데이터베이스에 저장된 악의적인 행동의 시그니처나 알려진 패턴과 비교함으로써 **침입 감지**를 지원하는가?				
	시스템이 시스템에 도착하는 네트워크 트래픽의 패턴이나 시그니처를 알려진 서비스 거부 공격의 기존 프로필과 비교함으로써 **서비스 거부 공격 감지**를 지원하는가?				
	시스템이 체크섬이나 해시 값과 같은 기법을 통해 **메시지 정합성 검증**을 지원하는가?				
	시스템이 메시지를 전달하는 데 걸리는 시간을 확인해 **메시지 지연 감지**를 지원하는가?				
공격에 대한 저항	시스템이 사용자 ID와 접근 코드, IP 주소, 프로토콜, 포트 등을 통해 **행위자 식별**을 지원하는가?				
	시스템이 패스워드와 디지털 인증서, 이중 인증, 생체 정보를 통해 **행위자 인증**을 지원하는가?				
	시스템이 패스워드와 디지털 인증서, 이중 인증, 생체 정보를 통해 **행위자 권한 부여**를 지원하는가?				
	시스템이 리소스에 대한 접근점의 개수를 제약하거나 해당 접근점을 통과할 수 있는 트래픽 종류를 제약함으로써 컴퓨터 리소스에 대한 **접근 제한**을 지원하는가?				
	시스템이 단일 접근점을 통해 접근 가능한 데이터나 서비스의 양을 줄임으로써 **노출 제한**을 지원하는가?				
	시스템이 이동 중이거나 보관 중인 데이터에 대한 **데이터 암호화**를 지원하는가?				
	시스템 설계가 여러 다른 네트워크에 연결된 여러 다른 서버를 통한 물리적인 분리나 가상 머신, '에어 갭'을 통해 **엔티티 분리**를 고려하는가?				
	시스템이 사용자로 하여금 주기적으로 혹은 중요 이벤트가 발생할 때 자격 설정을 강제로 변경하도록 함으로써 **자격 설정 변경**을 지원하는가?				
	시스템이 보안 프레임워크나 검증 클래스를 사용해 외부 입력의 필터링과 정규화, 불필요한 값 제거와 같은 동작을 수행함으로써 일관되고 시스템 전역 방식으로 **입력을 검증**하는가?				
공격에 대한 반응	시스템이 공격이 진행 중인 경우 심지어 정당한 사용자까지 민감한 리소스에 접근하는 것을 제한함으로써 **접근 취소**를 지원하는가?				
	시스템이 반복된 로그인 실패 시도 시에 **로그인 제약**을 지원하는가?				
	시스템이 공격을 감지했을 때 운영자와 다른 인력 혹은 협력 시스템과 같은 **행위자에게 알림**을 보내는 것을 지원하는가?				

(이어짐)

전술 그룹	전술 질문	지원? (Y/N)	위험	설계 결정 및 위치	근거와 가정
공격으로부터의 복구	시스템이 공격자의 행동을 추적하고 식별하기 위해 **감사** 추적 유지를 지원하는가? 시스템이 **부인 방지** 속성을 보장하는가? 부인 방지는 송신자가 메시지를 보낸 사실을 나중에 부인하는 것을 방지하고 수신자가 메시지를 받은 사실을 나중에 부인하는 것을 방지한다. 4장의 '고장으로부터의 복구' 카테고리를 확인했는가?				

11.4 보안 패턴

잘 알려진 두 가지 보안 패턴은 중간 검증자와 침입 방지 시스템이다.

중간 검증자

중간 검증자$^{intercepting\ validator}$ 패턴은 메시지의 출발지와 도착지 사이에 소프트웨어 요소인 래퍼^{wrapper}를 끼워 넣는다. 이러한 접근법은 메시지의 출발지가 시스템 외부에 있을 때 특히 중요하다. 이러한 패턴은 메시지 무결성 검증 전술을 반드시 구현해야 한다. 또한 침입 감지와 서비스 거부 감지(메시지를 알려진 침입 패턴과 비교함으로써), 메시지 전달 이상 감지와 같은 전술들을 포함할 수도 있다.

장점:

- 어떤 검증자를 생성하고 배포하느냐에 따라 중간 검증자 패턴은 '공격 감지' 카테고리 전술의 대부분 측면을 한 번에 다룰 수 있다.

절충점:

- 항상 그렇듯이 중개자 도입은 성능 손해로 이어진다.
- 침입 패턴은 시간이 지남에 따라 변경되고 진화한다. 따라서 해당 컴포넌트가 효과를 유지하려면 최신으로 유지돼야 한다. 이로 인해 해당 시스템을 책임지는 조직은 유지 보수 의무를 지게 된다.

침입 방지 시스템

침입 방지 시스템^{IPS, Intrusion Prevention System}은 모든 의심스러운 활동을 식별하고 분석하는 것이 주목적인 독립 요소다. 분석 대상이 되는 활동이 허용 가능하다고 간주되면 해당 활동은 허용된다. 반대로 해당 활동이 의심스러운 경우 해당 활동을 방지하고 보고한다. 이러한 시스템들은 변칙적인 메시지에 대해서만이 아니라 전반적인 사용에 대해 의심스러운 패턴을 찾는다.

장점:

- 침입 방지 시스템은 '공격 감지'와 '공격에 대한 저항' 전술 대부분을 포함할 수 있다.

절충점:

- 침입 방지 시스템이 찾고자 하는 활동의 패턴은 시간이 지남에 따라 변하고 진화한다. 따라서 패턴 데이터베이스는 항상 업데이트돼야 한다.
- 침입 방지 시스템을 사용하는 시스템은 성능 손실이 발생한다.
- 침입 방지 시스템은 상용인 기성 컴포넌트로 사용 가능하다. 이로 인해 별도의 개발이 필요 없지만 특정 적용에는 완전히 적합하지 않을 수 있다.

다른 눈에 띄는 보안 패턴으로는 분리화와 분산 책임이 있다. 두 가지 모두 '접근 제한' 전술과 '노출 제한' 전술을 조합한다. 접근 제한 전술은 정보 측면에서 사용되고, 노출 제한 전술은 활동 측면에서 사용된다.

앞에서 보안 전술 목록에 가용성 전술을 참고를 위해 포함한 것처럼, 가용성 패턴 역시 시스템이 동작하지 못하도록 하는 공격에 대응함으로써 보안에 적용된다. 4장에서 알아본 가용성 패턴을 보안 측면에서 다시 한 번 살펴보자.

11.5 참고 문헌

이번 장에서 설명한 아키텍처 전술은 시스템을 안전하게 만들기 위한 측면들 중 하나일 뿐이다. 다른 측면들은 다음과 같다.

- **코딩:** 『C & C++ 시큐어 코딩』(에이콘, 2015)[Seacord 13]은 안전하게(보안성 있게) 코딩하는 법을 설명한다.

- **조직적 프로세스**: 조직에는 보안의 다양한 측면을 책임지는 프로세스들이 존재한다. 여기에는 최신 보안 패치가 적용되도록 시스템을 업그레이드하는 것이 포함된다. NIST 800-53은 조직적 프로세스 목록을 제공한다[NIST 09]. 조직적 프로세스는 전체 공격의 15~20퍼센트를 차지하는 내부 위협을 고려해야 한다. [Cappelli 12]는 내부 위협에 관해 논한다.
- **기술적 프로세스**: 마이크로소프트의 보안 개발 생애주기^{Security Development Lifecycle}에는 위협 모델링이 포함된다(microsoft.com/download/en/details.aspx?id=16420).

CWE^{Common Weakness Enumeration}는 SQL 인젝션과 XSS를 비롯해 시스템에서 발견된 가장 흔한 취약점들을 분류한 목록이다(https://cwe.mitre.org/).

NIST는 보안 용어들의 정의[NIST 04]와 보안 통제 분류[NIST 06], 조직이 활용할 수 있는 보안 통제 목록[NIST 09]을 제공하는 여러 권으로 구성된 문서를 발간했다. 보안 통제는 전술이 될 수도 있고, 보안 통제가 조직적 프로세스나 코딩, 기술적 프로세스의 특성을 띨 수도 있다.

보안에 관한 엔지니어링 시스템을 다룬 좋은 책으로 로스 앤더슨^{Ross Anderson}의 『Security Engineering』(Wiley, 2020) 3판과 브루스 슈나이어^{Bruce Schneier}의 책들이 있다.

여러 다른 도메인에는 각 도메인과 관련된 여러 다른 보안 실천법이 있다. 예를 들어 지불 카드 산업^{PCI, Payment Card Industry}에는 신용카드 처리와 관련된 업체들을 위한 표준들이 있다(pcisecuritystandards.org).

'보안 패턴^{Security Patterns}'에 관한 위키피디아 페이지에는 많은 보안 패턴에 대한 간단한 정의가 담겨 있다.

접근 통제는 OAuth 표준을 사용해 일반적으로 수행된다. OAuth에 관해서는 https://en.wikipedia.org/wiki/OAuth에서 확인할 수 있다.

11.6 토론 질문

1. 자동차의 보안을 위한 구체적인 시나리오를 작성해보자. 특히 자동차 제어와 관련해 시나리오를 어떤 식으로 구체화할 것인지 고민해보자.
2. 역사상 가장 정교한 공격 중 하나는 스턱스넷^{Stuxnet}이라는 바이러스에 의해 수행됐다.

스턱스넷은 2009년에 처음 등장했고, 2011년에 이란의 우라늄 농축 프로그램과 관련된 고속 원심분리기에 심각한 피해를 줬다는 사실이 밝혀지면서 널리 알려졌다. 스턱스넷에 관해 읽어본 다음, 여러분이 이번 장에서 기술한 전술들을 기반으로 스턱스넷에 대항하기 위한 방어 전략을 만들어낼 수 있는지 고민해보자.

3. 보안과 사용성은 서로 상충되는 것처럼 보이는 경우가 많다. 대개 보안을 위해서는 일반 사용자에게는 불필요한 것처럼 보이는 절차와 프로세스가 추가된다. 그럼에도 불구하고 보안과 사용성은 함께 고려해야 하고 시스템을 안전하게 사용하기 쉽도록 만드는 것이 사용자들에게 보안을 증진하기 위한 가장 좋은 방법이라고 말하는 이들이 있다. 이에 관해 논의해보자.

4. 보안을 위한 중요한 리소스의 예를 나열해보자. DoS 공격은 이러한 리소스들을 목표로 한다. 어떤 아키텍처 메커니즘을 활용해 이러한 종류의 공격을 방지할 수 있을까?

5. 이번 장에서 기술한 전술 중 어떤 전술이 시스템을 내부 위협으로부터 보호할까? 추가해야 할 무언가를 생각해낼 수 있겠는가?

6. 미국에서 넷플릭스는 일반적으로 모든 인터넷 트래픽의 10퍼센트 이상을 차지한다. Netflix.com에 대한 DoS 공격을 어떻게 식별하겠는가? 이러한 상황을 특징짓는 시나리오를 만들어보자.

7. 조직의 생산 시스템에 관한 취약점을 공개적으로 밝히는 것은 논란의 여지가 있는 문제다. 왜 논란이 되는지 논의해보고, 취약점을 공개하면 어떤 장단점이 있는지 논의해보자. 이러한 문제가 아키텍트에게 어떤 영향을 미칠까?

8. 마찬가지로 조직의 보안 조치와 이러한 조치를 달성하기 위한 소프트웨어(예를 들어 오픈소스 소프트웨어를 통해)를 공개적으로 밝히는 것은 논란의 여지가 있는 문제다. 왜 논란이 되는지 논의해보고, 보안 조치를 공개하면 어떤 장단점이 있는지 논의해보자. 이러한 문제가 아키텍트에게 어떤 영향을 미칠까?

12장

테스트 용이성

> 테스트는 실패로 이어지고 실패는 이해로 이어진다.
> – 버트 루탄(Burt Rutan)

잘 설계된 시스템을 개발하는 데 드는 비용의 상당 부분은 테스트가 차지한다. 주의 깊게 고안된 소프트웨어 아키텍처가 이러한 테스트 비용을 낮출 수 있다면 보상이 매우 큰 것이다.

소프트웨어 테스트 용이성은 테스트(주로 실행 기반의 테스트)를 통해 소프트웨어의 결함을 발견하기 쉽도록 소프트웨어를 만드는 것을 말한다. 구체적으로 테스트 용이성은 소프트웨어에 적어도 하나의 결함이 있는 것으로 가정하고 다음 번 테스트 실행 시 소프트웨어가 실패할 확률을 말한다. 직관적으로 볼 때 시스템이 결함을 쉽게 드러내면 해당 시스템은 테스트가 용이한 것이다. 결함이 시스템에 존재하면, 우리는 테스트 중에 해당 결함이 최대한 빨리 실패하길 원한다. 물론 확률을 계산하는 것은 쉽지 않기 때문에 다른 측정치들이 사용될 것이다(다른 측정치들에 관해서는 이후에 테스트 용이성 응답 측정을 논의할 때 살펴볼 것이다). 추가로 아키텍처는 버그의 재현과 해당 버그의 근본 원인이 될 만한 후보들을 좁혀가는 과정을 더 쉽게 만듦으로써 테스트 용이성을 개선할 수 있다. 우리는 보통 이러한 활동들을 테스트 용이성의 일부로 생각하지 않지만, 결국에는 버그를 찾아내는 것만으로는 충분치 않다. 버그를 찾은 다음 해당 버그를 수정해야 한다.

그림 12.1은 프로그램이 입력을 처리한 다음에 출력을 생성하는 간단한 테스트 모델을 나타낸다. 그림 12.1에서 '점쟁이^{oracle}'(사람일 수도 있고 소프트웨어일 수도 있음)는 출력을 예상 결과와 비교해 출력이 맞는지 여부를 결정한다. 출력은 단순히 기능적으로 생성된 값이 아

니라 출력을 생성하는 데 얼마나 오래 걸렸는지와 같은 품질 속성 측정치를 포함한다. 또한 그림 12.1은 프로그램의 내부 상태를 '점쟁이'가 볼 수 있고, '점쟁이'는 해당 상태가 올바른지 결정할 수 있다. 즉, '점쟁이'는 프로그램이 오류가 있는 상태에 진입했는지 감지하고 프로그램이 올바른 상태인지 판단을 내린다. 프로그램의 내부 상태를 설정하고 조사하는 것이 우리의 테스트 용이성 전술에서 주요 부분을 차지하는 테스트의 한 측면이다.

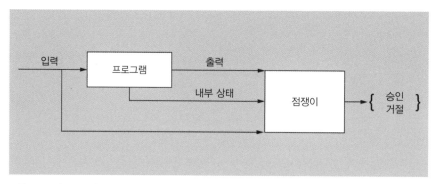

그림 12.1 테스트 모델

시스템을 올바르게 테스트하기 위해서는 각 컴포넌트의 입력을 제어하고(그리고 가능하다면 각 컴포넌트의 내부 상태를 조작할 수 있고), 컴포넌트의 출력을 관찰할 수 있어야 한다(그리고 가능하면 컴포넌트가 출력을 생성한 이후의 내부 상태나 컴포넌트가 출력을 생성하는 동안의 내부 상태를 관찰할 수 있어야 한다). 빈번하게 제어와 관찰은 테스트 하네스test harness 사용을 통해 이뤄진다. 테스트 하네스는 소프트웨어를 테스트 상황에서 실행하기 위해 고안된 특별한 소프트웨어(혹은 일부의 경우 하드웨어) 집합이다. 테스트 하네스는 다양한 형태를 취하며, 인터페이스를 통해 전송된 데이터에 대한 기록 및 재생 기능과 임베디드 소프트웨어를 테스트하기 위한 외부 환경용 시뮬레이터, 혹은 실운영 환경에서도 실행되는 별도의 소프트웨어(예: 넷플릭스의 시미안 아미Simian Army)와 같은 기능을 포함할 수도 있다. 테스트 하네스와 테스트 하네스에 동반되는 인프라는 해당 소프트웨어의 아키텍처와 이해관계자, 품질 속성 요구 사항들을 고려할 때 그 자체만으로 상당한 규모의 소프트웨어일 수 있다.

넷플릭스 시미안 아미

넷플릭스는 DVD와 비디오 스트리밍을 통해 영화와 TV쇼를 유통한다. 넷플릭스의 비디오 스트리밍 서비스는 매우 성공적이었다. 실제로 2018년에는 넷플릭스의 비디오 스트리밍이 전 세계 인터넷 트래픽의 15퍼센트를 차지했다. 그러다 보니 당연히 고가용성은 넷플릭스에게 중요하다.

넷플릭스는 아마존 EC2 클라우드에 컴퓨터 서비스를 호스팅 중이고 테스트 절차의 일환으로 원래는 '시미안 아미(Simian Army)'라고 부르던 서비스들을 활용한다. 넷플릭스는 케이오스 몽키(Chaos Monkey)로 시작했다. 케이오스 몽키는 운영 중인 시스템의 프로세스들을 무작위로 종료시킨다. 덕분에 실패한 프로세스가 미치는 영향을 모니터링할 수 있고, 프로세스 실패로 인해 시스템이 고장 나거나 심각한 성능 저하가 일어나는 것을 방지할 수 있다.

케이오스 몽키는 테스트를 도와줄 친구들이 생겼다. 넷플릭스 시미안 아미는 케이오스 몽키 외에 다음과 같은 기능들을 포함한다.

- 레이턴시 몽키(Latency Monkey, 지연 원숭이)는 서비스 성능 저하를 시뮬레이션하기 위해 네트워크 통신에 일부러 지연을 준 다음, 상위 서비스들이 적절하게 반응하는지 여부를 측정한다.

- 컨포모티 몽키(Conformity Monkey, 준수 원숭이)는 최적의 실천법(best practice)을 따르지 않는 인스턴스들을 식별한 다음, 해당 인스턴스들을 종료해버린다. 예를 들어 어떤 인스턴스가 자동 스케일링 그룹에 속하지 않았다면 서비스 요청이 증가했을 때 적절하게 확장되지 못할 것이다.

- 닥터 몽키(Doctor Monkey, 의사 원숭이)는 건강하지 못한(비정상적인) 인스턴스를 감지하기 위해 각 인스턴스에 대한 건강 상태 확인과 다른 외부 건강 상태 징후(예: CPU 부하)에 대한 모니터링을 활용한다.

- 재니터 몽키(Janitor Monkey, 청소원 원숭이)는 넷플릭스 클라우드 환경이 잡동사니나 낭비 없이 운영되도록 보장한다. 재니터 몽키는 사용하지 않는 리소스를 찾아낸 다음, 해당 리소스를 폐기한다.

- 시큐리티 몽키(Security Monkey, 보안 원숭이)는 컨포모티 몽키의 확장이다. 환경 설정이 잘못된 보안 그룹과 같은 보안 위반이나 취약점을 찾아낸 다음, 이를 위반하는 인스턴스를 종료한다. 또한 모든 SSL과 디지털 저작권 관리(DRM) 인증서들이 유효하고 갱신에 여유가 있도록 보장한다.

- 10-18 몽키(10-18 Monkey, 10-18 원숭이, 현지화-국제화)는 여러 다른 언어와 문자 집

합을 사용해 여러 지역의 고객들에게 서비스하는 인스턴스의 환경 설정 및 런타임 문제점들을 감지한다. 이름에 포함된 10–18은 L10n–i18n에서 온 것으로, L은 현지화(localization)를 의미하고 i는 국제화(internationalization)를 의미한다.

시미안 아미의 일부 구성 요소는 결함 주입 기능을 사용해 통제되고 모니터링 가능한 방식으로 실행 중인 시스템에 결함을 집어넣는다. 다른 구성 요소들은 시스템과 해당 시스템 환경의 다양한 특화된 측면들을 모니터링한다. 이러한 기법들은 모두 단지 넷플릭스에만 적용되는 것이 아니라 더 다양한 시스템에도 적용할 수 있다.

모든 결함이 심각도 측면에서 동일하지 않다는 점을 고려할 때 많은 수의 결함을 찾는 것이 중요한 것이 아니라 가장 심각한 결함들을 찾는 것이 중요하다. 시미안 아미는 이러한 점을 잘 반영해 영향 측면에서 가장 심각한 결함들을 찾는다.

넷플릭스의 전략은 일부 시스템의 경우 동작 방식이 너무 복잡하고 매우 적응형으로 동작해 동작을 예측하기 어려우므로 전체를 테스트하는 것이 불가능하다는 점을 시사한다. 이러한 테스트 환경의 경우, 시스템이 생성한 운영 데이터를 로그로 남겨서 고장이 발생했을 때 연구소에서 로그 데이터를 분석해 해당 결함을 재현해볼 수 있다.

– LB

테스트는 다양한 개발자와 사용자, 품질 보증 인력에 의해 수행된다. 전체 시스템을 테스트할 수도 있고 시스템의 일부를 테스트할 수도 있다. 테스트 용이성의 응답 측정치는 결함을 밝혀내는 데 테스트가 얼마나 효과적이고 원하는 범위로 테스트를 수행하는 데 얼마나 오래 걸리는지를 다룬다. 테스트 케이스는 개발자나 테스트 그룹, 고객에 의해 작성될 수 있다. 일부의 경우 테스트 주도 개발에서 볼 수 있듯이 테스트가 실제로 개발을 주도하기도 한다.

코드 테스트는 특별한 검증 사례로, 고안된 대상물이 이해관계자의 필요를 충족하고 사용에 적합하도록 보장한다. 21장에서는 아키텍처 설계 리뷰를 알아볼 것이다. 아키텍처 설계 리뷰는 테스트 중인 대상물이 아키텍처인 또 다른 종류의 검증이다.

12.1 테스트 용이성 일반 시나리오

표 12.1에는 테스트 용이성을 특징짓는 일반 시나리오 항목들이 열거돼 있다.

표 5.1 테스트 용이성 일반 시나리오

부분	설명	가능한 값
공급원	테스트 케이스는 사람이나 자동화된 테스트 툴에 의해 실행될 수 있다.	다음 중 하나의 값이 해당한다. • 단위 테스터 • 통합 테스터 • 시스템 테스터 • 인수(acceptance) 테스터 • 최종 사용자 테스트를 수동으로 실행하거나 자동화된 테스트 툴을 사용한다.
자극	테스트 혹은 테스트 집합이 시작된다.	이러한 테스트는 다음 역할을 한다. • 시스템 기능을 검증한다. • 품질을 검증한다. • 품질에 대한 잠재적인 위협을 찾아낸다.
환경	테스트는 다양한 이벤트나 생애주기 마일스톤에 수행된다.	다음 원인으로 인해 테스트가 실행된다. • 클래스나 레이어, 서비스와 같은 코딩 단위를 완료 • 하위 시스템의 통합을 완료 • 전체 시스템의 완전한 구현 • 시스템을 실운영 환경에 배포 • 시스템을 고객에게 배포 • 테스트 스케줄
대상물	테스트 중인 시스템의 구성 부분 및 모든 필수 테스트 인프라	테스트 중인 시스템의 부분 • 코드 단위(아키텍처에서 모듈에 해당하는 부분) • 컴포넌트 • 서비스 • 하위 시스템 • 전체 시스템 • 테스트 인프라
응답	원하는 테스트를 수행하도록 시스템과 해당 시스템의 테스트 인프라를 제어하고, 테스트 결과를 관측할 수 있다.	다음 중 하나 이상이 해당한다. • 테스트 스위트를 실행하고 결과를 기록한다. • 결함을 발생시킨 활동을 기록한다. • 시스템 상태를 제어하고 모니터링한다.
응답 측정	응답 측정치는 테스트 대상인 시스템이 얼마나 쉽게 결함이나 오류를 '포기'하는지 나타내는 것을 목표로 한다.	다음 중 하나 이상이 해당한다. • 결함 혹은 결함의 종류를 찾아내는 데 필요한 노력 • 상태 공간에 대한 커버리지(coverage)를 몇 퍼센트 달성하라고 주어졌을 때 이를 달성하는 데 필요한 노력 • 어떤 결함이 다음 테스트에서 드러날 확률 • 테스트를 수행하는 데 드는 시간 • 결함을 감지하는 데 드는 노력 • 테스트 인프라를 준비하는 데 드는 시간의 길이 • 시스템을 특정 상태로 만드는 데 드는 노력 • 위험 노출이 감소하는 정도: 크기(손실) × 확률(손실)

그림 12.2는 테스트 용이성의 구체적인 시나리오를 나타낸다. 개발자가 개발 기간 동안 코드 단위를 완료하고 테스트 결과를 기록하는 테스트 시퀀스를 수행한다. 이러한 테스트는 30분 이내에 수행되고 85퍼센트 경로 커버리지에 해당한다.

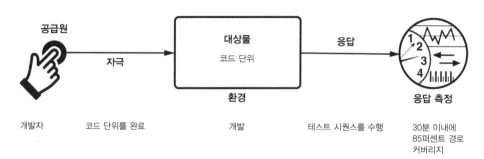

그림 12.2 테스트 용이성 시나리오 예시

12.2 테스트 용이성 전술

테스트 용이성 전술은 더 쉽고 더 효과적이고 더 나은 테스트를 촉진하는 것을 목표로 한다. 그림 12.3은 테스트 용이성 전술의 목표를 나타낸다. 소프트웨어 테스트 용이성을 향상시키기 위한 아키텍처 기법들은 변경 용이성, 성능, 가용성과 같은 다른 품질 속성만큼의 관심을 받지는 못했다. 하지만 앞에서 언급했듯이 높은 테스트 비용을 줄이기 위해 아키텍트가 할 수 있는 무엇이든 상당한 이득으로 이어질 것이다.

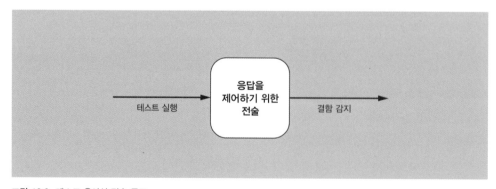

그림 12.3 테스트 용이성 전술 목표

테스트 용이성 전술에는 두 가지 카테고리가 있다. 첫 번째 카테고리는 시스템을 제어할 수 있고 관측할 수 있도록 하기 위한 부분을 다룬다. 두 번째 카테고리는 시스템의 설계에서 복잡도를 제한하기 위한 부분을 다룬다.

시스템 상태 제어 및 관측

제어와 관측은 테스트 용이성에서 너무 중요하므로 어떤 저자들은 테스트 용이성을 제어와 관측으로 정의한다. 제어와 관측은 밀접한 관련이 있다. 무언가를 제어할 때 무슨 일이 일어나는지 관측할 수 없다면 무언가를 제어할 수 있다는 것이 말이 안 된다. 제어와 관측의 가장 단순한 형태는 소프트웨어 컴포넌트에 어떤 입력을 제공하고 나서 해당 컴포넌트가 해당 입력을 처리하게 둔 다음에 해당 컴포넌트의 출력을 관측하는 것이다. 하지만 테스트 용이성 전술의 제어 및 관측 카테고리를 통해 소프트웨어의 입력과 출력 이상의 깨달음을 얻을 수 있다. 이러한 전술들은 컴포넌트가 어떤 종류의 상태 정보를 유지하도록 만들고, 테스터들이 해당 상태 정보에 값을 할당할 수 있도록 허용하며, 해당 정보를 테스터들이 필요로 할 때 해당 테스터들에게서 사용 가능하도록 만든다. 이러한 상태 정보는 운영 상태나 어떤 핵심 변수의 값, 성능 부하, 프로세스의 중간 단계뿐만 아니라 컴포넌트 동작을 재생성하는 데 유용한 어떤 것이든 될 수 있다. 이를 위한 다음과 같은 구체적인 전술들이 있다.

- **특화된 인터페이스**: 특화된 테스트 인터페이스가 있으면 테스트 하네스 적용을 통해 혹은 일반적인 실행을 통해 컴포넌트의 변수 값들을 제어하거나 확인할 수 있다. 다음과 같은 특화된 테스트 루틴들이 있다. 이들 중 일부는 테스트 목적이 아니었더라면 사용 가능하지 않았을 것이다.

  - 중요한 변수와 모드, 속성을 위한 set 메소드와 get 메소드
  - 객체의 전체 상태를 반환하는 report 메소드
  - 내부 상태(예: 클래스의 속성)를 특정 내부 상태로 설정하는 reset 메소드
  - 상세 출력, 다양한 수준의 이벤트 로그, 성능 측정, 리소스 모니터링을 켜기 위한 메소드

  특화된 테스트 인터페이스와 메소드는 나중에 필요하면 제거할 수 있도록 명확하게 식별돼야 하고 필수 기능을 위한 접근 메소드 및 인터페이스와 분리된 채 유지돼야 한다. 하지만 성능과 안전성이 중요한 시스템에서 테스트한 코드와 다른 코드를 배포하

는 것은 문제가 될 수 있다. 테스트 코드를 제거했을 때 배포된 코드가 테스트한 코드와 동일한 동작을 한다는 것을 어찌 보장하겠는가? 특히나 시간과 관련된 동작이 그렇다. 따라서 이 전략은 성능과 안전성이 중요한 시스템이 아닌 다른 시스템에서 더 효과적이다.

- **기록/재현**: 오류를 야기하는 상태는 대개 재현하기 어렵다. 다음 인터페이스로 넘어갈 때 상태를 기록함으로써 해당 상태를 사용해 시스템을 당시의 상황으로 설정하고 해당 결함을 재현할 수 있다. 기록은 인터페이스 간에 전달되는 정보를 저장하는 것을 의미하고, 재현은 추가적인 테스트를 위해 해당 정보를 입력으로 사용하는 것을 의미한다.

- **상태 저장소를 로컬에 두기**: 테스트를 위해 시스템이나 하위 시스템, 컴포넌트를 임의의 상태에서 시작하기 위해 상태를 단일 장소에 보관하는 것이 매우 편리하다. 반면에 상태가 어딘가에 묻혀 있거나 분산돼 있으면 이러한 접근법이 불가능한 것이 아닐지라도 결코 쉽지는 않다. 상태는 매우 세분화돼 비트 단위일 수도 있고, 세분화 정도가 낮아 추상적으로 무언가를 나타내거나 전반적인 운영 모드를 나타낼 수도 있다. 세분화 정도를 선택하는 것은 테스트 시 상태가 어떤 식으로 사용될 것인지에 달려 있다. 상태 저장소를 외부화하는 간편한 방법으로 현재 상태를 추적하고 보고하기 위한 메커니즘으로 상태 머신(혹은 상태 머신 객체)을 사용할 수 있다.

- **데이터 소스 추상화**: 프로그램의 상태를 제어해야 하는 경우와 마찬가지로 입력을 제어할 수 있으면 테스트가 쉬워진다. 인터페이스를 추상화함으로써 테스트 데이터를 좀 더 쉽게 대체할 수 있다. 예를 들어 고객 트랜잭션 데이터베이스가 있다면, 테스트 시스템이 기능 코드를 수정할 필요 없이 다른 테스트 데이터베이스나 테스트 데이터 파일을 쉽게 가리킬 수 있도록 아키텍처를 설계할 수 있다.

- **샌드박스**: '샌드박싱sandboxing'은 시스템의 인스턴스를 실제 세계로부터 격리해, 실험할 때 나중에 시험의 결과를 없던 것으로 되돌려야 한다는 부담을 덜게 해준다. 시스템이 영구적 결과를 지니지 않거나 테스트 결과를 되돌릴 수 있는 방식으로 시스템을 운영하는 기능이 샌드박스 테스트를 가능하게 한다. 샌드박스 전술은 시나리오 분석, 훈련, 시뮬레이션에 사용될 수 있다. 특히나 시뮬레이션은 현실 세계의 고장이 심각한 결과로 이어질 수도 있는 상황에서 테스트와 훈련을 위해 일반적으로 활용하는 전술이다.

  샌드박싱의 한 일반적인 형태로 리소스 가상화가 있다. 대개 시스템을 테스트하기 위해서는 동작 방식이 시스템 통제 밖에 있는 리소스와 상호 작용해야 한다. 샌드박스를 사용하면 동작 방식을 통제하에 둔 형태의 리소스를 만들 수 있다. 예를 들어 시스템의 시계 동작 방식은 대개 우리 통제하에 있지 않다. 시계는 매초 1초를 증가시킨다. 따라서 시스템이 자정이라고 생각하도록 만들려면 그저 기다리는 것은 좋지 못한 선택이므로 그렇게 하기 위한 방법이 필요하다. 시계 시간에서 시스템 시간을 빼면 시스템(혹은 컴포넌트)이 벽시계 시간보다 더 빨리 동작하도록 할 수 있고, 시스템(혹은 컴포넌트)을 일광 절약 시간에 들어갈 때나 일광 절약 시간에서 나올 때와 같은 중요한 시점에 대해 테스트해볼 수 있다. 비슷한 가상화를 메모리, 배터리, 네트워크 등과 같은 다른 리소스에 대해 수행할 수 있다. 스텁^{stub}, 목^{mock}, 의존성 주입은 간단하지만 효과적인 형태의 가상화다.

- **실행 가능한 단언**: 이 전술의 경우 프로그램이 언제 어디에서 결함이 있는 상태인지 나타내기 위해 단언^{assertion}을 대개 하드 코딩하고 원하는 위치에 배치한다. 단언은 대개 데이터 값이 명시된 제약 사항을 만족시키는지 확인할 수 있도록 돼 있다. 단언은 특정 데이터 선언을 통해 정의되고, 데이터 값이 참조되거나 수정되는 곳에 위치해야 한다. 단언은 각 메소드의 선행 조건과 후행 조건으로 표현될 수 있고, 또한 클래스 수준 불변식^{invariant}으로 표현될 수도 있다. 이로 인해 단언이 실패했을 때 플래그가 켜질 수 있기 때문에 시스템의 관측 용이성을 향상시킨다. 데이터 값이 변경될 수 있는 위치에 체계적으로 삽입된 단언을 '확장된' 타입을 생성하는 수동 방식으로 볼 수 있다. 결국 사용자는 추가적인 검사 코드로 타입에 주석을 달고 있는 것이다. 해당 타입의 객체가 수정될 때마다 검사 코드가 자동으로 실행되고, 위반된 조건이 있으면 경고가 생성된다. 단언이 테스트 케이스를 대신할 정도까지 이른다면 테스트 자체가 코드 내에 사실상 포함되는 것이다. 단, 이때 단언이 올바라야 하고 올바르게 코딩돼야 한다.

이러한 전술 모두는 소프트웨어에 이러한 전술이 아니었더라면 존재하지 않았을 일부 기능이나 추상화를 추가한다. 이러한 전술들을 통해 최소한의 필요 기능만 갖춘 소프트웨어를 테스트의 효율성과 효과성을 향상시키기 위한 특별한 기능을 지닌 좀 더 정교한 소프트웨어로 개선할 수 있다.

테스트 용이성 전술 외에도 어떤 컴포넌트를 테스트를 용이하게 하는 컴포넌트로 개선하기 위해 다음과 같은 여러 기법을 사용할 수 있다.

- **컴포넌트 교체**: 컴포넌트 교체는 어떤 컴포넌트를 테스트를 용이하게 하는 기능을 갖춘

다른 컴포넌트(구현물)로 단순히 교체하는 것이다. 컴포넌트 교체는 대개 시스템 빌드 스크립트에서 이뤄진다.

- **전처리 매크로**: 전처리 매크로가 활성화되면 상태 보고 코드로 확장되거나 정보를 반환하거나 표시하는 조사 코드를 활성화하거나 제어를 테스트 콘솔에 반환할 수 있다.
- **애스펙트**aspect: 관점 지향 프로그램aspect-oriented program에서 애스펙트는 어떤 식으로 상태를 보고할지에 관한 공통 문제를 다룰 수 있다.

복잡도 제한

복잡한 소프트웨어가 테스트하기 훨씬 어렵다. 복잡한 소프트웨어의 운영 상태 공간이 크고 나머지 모든 것이 동일한 조건이라고 할 때 정확한 상태를 재현하는 것은 작은 상태 공간에서보다 큰 상태 공간에서 더 어렵다. 테스트가 소프트웨어가 실패하도록 만드는 것이 전부가 아니고 실패를 일으킨 결함을 제거하기 위해 해당 결함을 찾는 것도 포함하기 때문에 동작이 반복 가능하도록 만드는 것도 관심을 가져야 한다. 복잡도 제한 카테고리에는 다음과 같은 두 가지 전술이 있다.

- **구조적 복잡도 제한**: 구조적 복잡도 제한 전술에는 컴포넌트 간의 순환 의존성을 피하거나 해결하는 것이 포함된다. 이는 외부 환경에 대한 의존성을 따로 분리하고 캡슐화하며, 컴포넌트 간의 의존성을 전반적으로 감소시킴(대개 컴포넌트 간의 결합도를 낮춤)으로써 가능하다. 예를 들어 객체지향 시스템에서 다음과 같이 상속 계층 구조를 단순화할 수 있다.

  - 어떤 클래스(자식 클래스)가 상속받는 클래스(부모 클래스)의 수를 제한하거나 어떤 클래스(부모 클래스)로부터 파생되는 클래스(자식 클래스)의 수를 제한한다.
  - 상속 트리의 깊이와 어떤 클래스의 자식 클래스 수를 제한한다.
  - 다형성과 동적 호출을 제한한다.

  실증적으로 테스트 용이성과 연관 관계가 있다고 밝혀진 구조적 지표 중 하나는 클래스의 응답이다. 클래스 C의 응답은 클래스 C의 메소드 개수와 클래스 C에 의해 호출된 다른 클래스의 메소드 개수의 합이다. 이 값을 낮게 유지하는 것이 테스트 용이성을 좋게 한다. 또한 전파 비용과 분리도decoupling level 같은 아키텍처 수준 커플링 지표들을 사용하면 시스템의 아키텍처의 전반적인 결합도를 측정하고 추적할 수 있다.

시스템이 높은 응집도와 낮은 결합도, 주요 요소 분리(이 세 가지는 모두 변경 용이성 전술(8장))를 갖추도록 보장하는 것이 테스트 용이성에 도움이 된다. 이러한 특성들은 각 요소에게 범위가 명확한 작업을 할당해 각 요소가 다른 요소와 제한적 상호 작용을 하도록 함으로써 아키텍처 요소들의 복잡도를 낮춘다. 주요 요소 분리는 전체 프로그램의 상태 공간 크기를 줄일 뿐 아니라 제어 용이성과 관측 용이성을 달성하는 데 도움이 된다.

마지막으로 일부 아키텍처 패턴은 테스트 용이성에 적합하다. 레이어 패턴의 경우 하위 레이어를 먼저 테스트한 다음, 하위 레이어에 대해 걱정할 필요 없이 상위 레이어를 테스트할 수 있다.

- **비결정성 제한**: 구조적 복잡도를 제한하는 것의 반대편에는 동작적behavioral 복잡도 제한이 있다. 테스트에 있어 비결정성nondeterminism은 치명적인 형태의 복잡한 동작이고, 비결정성 시스템은 결정성 시스템보다 테스트하기 어렵다. 비결정성 제한 전술은 비결정성의 모든 공급원(예: 제약이 없는 병렬성)을 찾아서 최대한 제거하는 것을 포함한다. 일부 비결정성 공급원은 피할 수 없다. 예를 들어 예측할 수 없는 이벤트에 응답하는 멀티스레드 시스템이 있다. 하지만 이러한 시스템의 경우 이러한 복잡도를 관리하는 데 도움이 되는 다른 전술들(예: 기록/재현)이 있다.

그림 12.4는 테스트 용이성 전술을 요약한다.

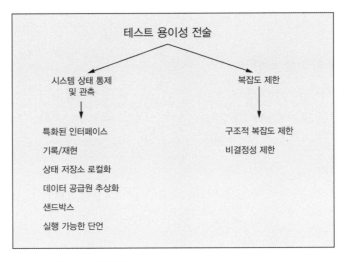

그림 12.4 테스트 용이성 전술

12.3 테스트 용이성 전술 기반 질문지

12.2절에서 기술한 전술들에 기반해 표 12.2와 같은 테스트 용이성 전술 기반의 질문 집합을 만들 수 있다. 테스트 용이성을 지원하기 위해 내린 아키텍처 선택들에 관한 전반적인 개요를 이해하기 위해 분석가는 각 질문을 물어본 다음, 답변을 표에 기록한다. 그러고 나서 해당 질문들에 대한 답변을 기반으로 향후 어떤 활동에 집중해야 할지 결정할 수 있다. 문서를 조사하거나 코드 또는 기타 산출물을 분석하거나 코드를 리버스 엔지니어링하는 등의 활동을 할 수 있다.

표 12.2 테스트 용이성 전술 기반 질문지

전술 그룹	전술 질문	지원? (Y/N)	위험	설계 결정 및 위치	근거와 가정
시스템 상태 통제 및 관측	시스템에 값을 얻고 설정하기 위한 **특화된 인터페이스**가 있는가?				
	시스템에 **기록/재현** 메커니즘이 있는가?				
	시스템의 **상태 저장소가 로컬화**돼 있는가?				
	시스템이 **데이터 공급원들을 추상화**하는가?				
	시스템의 일부 혹은 전체가 **샌드박스**에서 동작할 수 있는가?				
	시스템에 **실행 가능한 단언**의 역할이 있는가?				
복잡도 제한	시스템이 체계적인 방식으로 **구조적 복잡도**를 제한하는가?				
	시스템에 비결정성이 있는가? 이러한 **비결정성을 제어하거나 제한**할 수 있는 방법이 존재하는가?				

12.4 테스트 용이성 패턴

테스트 용이성 패턴을 사용하면 테스트에 특화된 코드를 시스템의 실제 기능과 쉽게 분리할 수 있다. 여기서는 세 가지 패턴(의존성 주입, 전술, 가로채기 필터)을 살펴볼 것이다.

의존성 주입 패턴

의존성 주입 패턴의 경우 클라이언트의 의존성을 동작으로부터 분리한다. 의존성 주입 패턴은 제어의 역전inversion of control을 활용한다. 제어와 의존성이 코드에 명시적으로 포함되는 전통적인 선언형 프로그래밍과 달리, 제어의 역전 의존성은 제어와 의존성이 외부 공급원으로부터 제공되고 외부 공급원에 의해 코드에 주입된다.

의존성 주입 패턴에는 다음과 같이 네 가지 역할이 있다.

- 서비스(모두에게 가용한 서비스)
- 서비스의 클라이언트
- 인터페이스(클라이언트에 의해 사용되고 서비스에 의해 구현됨)
- 주입자(서비스의 인스턴스를 생성하고 클라이언트에 해당 인스턴스를 주입함)

인터페이스가 서비스를 생성하고 해당 서비스를 클라이언트에 주입할 때 클라이언트는 구체적인 구현에 대한 지식 없이 작성된다. 즉, 모든 구현 세부 사항이 주로 런타임 시에 주입된다.

장점:

- 운영 인스턴스 대신에 테스트 인스턴스를 주입할 수 있으며, 이러한 테스트 인스턴스들은 서비스의 상태를 관리하고 모니터링할 수 있다. 따라서 클라이언트는 자신이 어떤 식으로 테스트될지에 관한 지식 없이 작성될 수 있다. 사실 이는 현대의 많은 테스트 프레임워크가 구현된 방식이다.

절충점:

- 의존성 주입은 런타임 성능의 예측 가능성을 떨어뜨린다. 테스트 대상의 동작을 변경할 수도 있기 때문이다.
- 의존성 주입 패턴을 추가하면 초반 복잡도가 약간 증가한다.

전략 패턴

전략 패턴의 경우 클래스의 동작이 런타임 시에 변경될 수 있다. 주어진 작업을 수행하기 위해 여러 알고리듬이 활용될 수 있고 사용할 특정 알고리듬을 동적으로 선택할 수 있을 때 전략 패턴이 대개 활용된다. 전략 패턴의 클래스는 원하는 기능의 추상 메소드만을 포함하고, 해당 메소드의 구체적인 버전은 상황적 요인을 기반으로 선택된다. 어떤 기능의 테스트를 지원하지 않는 버전을 추가적인 출력과 추가적인 내부 상태 확인 등을 제공하는 테스트 버전으로 교체하기 위해 전략 패턴을 주로 사용한다.

장점:

- 전략 패턴은 여러 주요 사항(예: 동일한 함수를 위한 여러 다른 알고리듬)을 하나의 클래스에 결합하지 않음으로써 클래스를 더 단순하게 만든다.

절충점:

- 모든 설계 패턴과 마찬가지로 전략 패턴은 초기 복잡도를 약간 증가시킨다. 클래스가 단순하거나 런타임 선택이 거의 없는 경우 이렇게 증가된 복잡도는 낭비가 될 수 있다.
- 작은 클래스의 경우 전략 패턴은 코드의 가독성을 약간 떨어뜨린다. 하지만 복잡도가 증가하면서 이런 식으로 클래스를 쪼개는 것이 가독성을 향상시킬 수 있다.

가로채기 필터 패턴

가로채기 필터 패턴은 클라이언트와 서비스 간의 요청이나 응답에 전처리 혹은 후처리를 주입하기 위해 사용된다. 요청을 최종 서비스에 전달하기 전에 요청에 적용할 수 있는 필터의 수와 순서에는 제한이 없다. 예를 들어 로그 기록과 인증 서비스는 유용하게도 한 번 구현해놓고 공통적으로 적용 가능하다. 시스템의 다른 처리를 간섭하지 않으면서 테스트 필터를 이런 식으로 삽입할 수 있다.

장점:

- 전략 패턴과 같은 패턴은 전처리 로직과 후처리 로직 전부를 클래스에 위치시키지 않음으로써 클래스를 더 단순하게 만든다.
- 가로채기 필터 사용은 재사용에 큰 동기 부여가 되며 코드 베이스 크기를 동적으로 줄일 수 있다.

절충점:

- 많은 양의 데이터가 서비스에 전달돼야 하면, 가로채기 필터 패턴은 전체 입력이 각 필터를 통과해야 하므로 매우 비효율적일 수 있고 무시할 수 없는 정도의 지연이 발생할 수 있다.

12.5 참고 문헌

소프트웨어 테스트에 관한 책은 엄청나게 많지만, 아키텍처 관점에서 시스템의 테스트 용이성을 높이는 방법에 관한 책은 많지 않다. 테스트에 대한 전반적인 내용을 이해하기 위해 [Binder 00]을 참고한다. 제프 보아스[Jeff Voas]의 테스트 용이성과 신뢰성 간의 관계와 테스트 용이성에 관한 연구는 살펴볼 가치가 있다. 여러 연구가 있지만 [Voas 95]가 그 출발점으로 좋다.

버톨리노[Bertolino]와 스트리기니[Strigini][Bertolino 96a, 96b]는 그림 12.1의 테스트 모델을 만든 사람들이다.

'밥 삼촌[Uncle Bob]' 마틴[Martin]은 아키텍처와 테스트 간의 관계와 테스트 주도 개발에 관해 광범위하게 저술했다. 이와 관련해 최고의 책은 로버트 마틴[Robert C. Martin]의 『클린 아키텍처』(인사이트, 2019)[Martin 17]이다. 테스트 주도 개발에 관한 초기 참고서로는 켄트 백[Kent Beck]이 저술한 『테스트 주도 개발』(인사이트, 2014)[Beck 02]이 있다.

전파 비용 결합[propagation cost coupling] 지표는 [MacCormack 06]이 처음으로 기술했다. 분리도 지표는 [Mo 16]에서 기술했다.

모델 검사는 모든 가능한 코드 경로에 대해 심볼릭 실행[symbolic execution]을 수행하는 기법이다. 모델 검사를 사용해 검증할 수 있는 시스템의 크기는 한정돼 있지만, 장치 드라이버와 마이크로커널은 성공적으로 모델 검사돼 왔다. 모델 검사 툴의 목록을 확인하려면 https://en.wikipedia.org/wiki/Model_checking을 참고하자.

12.6 토론 질문

1. 테스트 용이한 시스템은 결함을 쉽게 포기하지 않는 시스템이다. 즉, 시스템에 결함이 있으면 해당 결함이 드러나도록 하는 데는 많은 시간과 노력이 필요하지 않다. 반면에 결함 허용성은 자신의 결함을 감추는 시스템의 설계에 관한 것이다. 결함 허용성의 경우 핵심은 시스템이 자신의 결함을 드러내는 것을 매우 어렵게 만드는 것이다. 테스트 용이성이 매우 높으면서 동시에 결함 허용성이 매우 높은 시스템을 설계하는 것이 가능할까? 이 두 가지 설계 목표는 근본적으로 양립할 수 없을까? 논의해보자.

2. 테스트 용이성과 가장 대립되는 다른 품질 속성으로 어떤 것이 있을까? 테스트 용이

성과 가장 잘 맞는 품질 속성은 어떤 것이 있을까?

3. 테스트 용이성의 전술 중 상당수가 변경 용이성을 달성하는 데도 유용하다. 왜 그럴까?

4. GPS 기반 내비게이션 앱을 위한 구체적인 테스트 용이성 시나리오를 작성해보자. 이러한 시나리오를 위해 설계에 어떤 전술들을 활용할 것인가?

5. 비결정성을 제한하기 위한 전술들 중 하나로 락^{lock}을 사용해 동기화를 강요할 수 있다. 락 사용이 다른 품질 속성에 어떤 영향을 미칠까?

6. 멋진 소셜 네트워크 시스템을 만들고 있다고 가정해보자. 시스템을 열자마자 한 달 내에 50만 명의 사용자를 확보할 것이라 기대하고 있다. 50만 명의 사람들에게 시스템을 테스트해보도록 비용을 지불할 수는 없다. 하지만 소셜 네트워크 시스템은 50만 명이 동시에 접속하고 시스템을 마음껏 이용하더라도 문제없이 돌아가야 한다. 어떻게 해야 할까? 어떤 전술이 도움이 될까? 이러한 소셜 네트워크 시스템을 위한 테스트 용이성 시나리오를 작성해보자.

7. 여러분이 테스트 용이성을 개선하기 위해 실행 가능한 단언을 사용한다고 가정해보자. 단언이 실운영 시스템에서 실행되도록 두는 경우와 테스트 이후에 단언을 제거하는 경우 중 어느 것이 더 나은지 각 장단점을 논의해보자.

13장

사용성

> 사람들은 사람들을 무시하는 설계를 무시한다.
> – 프랭크 치메로(Frank Chimero)

사용성은 사용자가 원하는 작업을 얼마나 쉽게 수행할 수 있는지와 시스템이 제공하는 사용자 지원에 관한 것이다. 최근 수년 동안 사용성에 집중하는 것이 시스템의 품질을 개선해 최종 사용자의 만족도를 높이기 위한 방법 중 비용이 가장 낮으면서도 가장 쉬운 방법이라고 밝혀졌다.

사용성은 다음 영역들로 구성된다.

- **시스템 기능 학습**: 사용자가 특정 시스템이나 시스템의 특정 측면에 익숙하지 않다면 시스템에 대한 사용자의 학습을 더 쉽게 만들기 위해 시스템이 무엇을 할 수 있을까? 여기에는 도움말 기능을 제공하는 것이 포함될 수도 있다.

- **시스템의 효율적 사용**: 사용자가 운영을 좀 더 효율적으로 할 수 있도록 시스템이 무엇을 할 수 있을까? 여기에는 사용자가 어떤 명령어를 실행시킨 후 해당 명령어가 실행되는 동안 다른 작업을 위해 시스템을 사용할 수 있는 기능을 포함할 수 있다. 예를 들어 사용자는 어떤 작업을 중지한 다음에 여러 작업을 수행하고 나서 다시 중지한 작업을 계속하길 원할 수 있다.

- **사용자 오류 영향 최소화**: 사용자 오류의 영향이 최소화되도록 하기 위해 시스템이 무엇을 할 수 있을까? 예를 들어 사용자가 잘못 발행한 명령어를 취소하거나 명령어로 인한

결과를 되돌리길 원할 수도 있다.

- **사용자 니즈에 시스템 맞추기**: 사용자의 작업을 더 쉽게 만들기 위해 사용자(또는 시스템 자체)가 어떤 식으로 적응할 수 있을까? 예를 들어 시스템이 사용자의 이전 입력을 기반으로 URL을 자동으로 채울 수도 있다.

- **자신감과 만족도 증대**: 사용자에게 올바른 동작이 취해지는 중이라는 확신을 주기 위해 시스템이 무엇을 하는가? 예를 들어 시스템이 장기간 실행되는 작업을 수행하는 중이라는 점을 나타내는 피드백과 지금까지의 진행 정도(퍼센트)를 제공하는 것은 시스템에 대한 사용자의 자신감을 증대한다.

사람과 컴퓨터 간의 상호 작용을 집중적으로 다루는 연구들은 특정 동작을 수행하는 데 있어 사람과 컴퓨터 쌍 중 어느 쪽이 주도적인지와 상호 작용이 어떤 식으로 진행되는지 기술하기 위해 사용자 주도$^{user\ initiative}$, 시스템 주도$^{system\ initiative}$, 복합 주도$^{mixed\ initiative}$라는 용어를 사용해왔다. 예를 들어, 명령어를 취소할 때 사용자는 취소(사용자 주도) 명령어를 실행하고 시스템이 응답한다. 하지만 취소하는 동안 시스템은 진척도를 표시할 수 있다(시스템 주도). 따라서 취소 동작은 복합 주도로 구성될 수도 있다. 이번 장에서는 다양한 시나리오를 달성하기 위해 아키텍트가 사용하는 전술들을 논의하고자 사용자 주도와 시스템 주도를 구분해 사용한다.

사용성과 변경 용이성은 서로 긴밀하게 연관돼 있다. 사용자 인터페이스 설계 프로세스는 사용자 인터페이스 설계를 생성한 다음에 이를 테스트하는 것으로 구성된다. 처음 사용자 인터페이스를 설계하고 테스트했는데 제대로 된 결과를 얻기는 쉽지 않다(즉, 반복을 통해 결과의 완성도를 높여야 한다). 따라서 이러한 프로세스를 반복하도록 계획해야 한다. 그렇기 때문에 이러한 반복이 덜 고통스럽도록 아키텍처를 설계해야 한다. 이것이 바로 사용성이 변경 용이성과 긴밀한 관계에 있는 이유다. 반복이 진행되면서, 설계의 부족한 부분이 교정되고 사용자 인터페이스 설계 프로세스는 다시 반복된다.

이러한 연관 관계로 인해 사용자 인터페이스 설계를 지원하기 위한 표준 패턴이 존재한다. 사실, 사용성을 달성하기 위해 여러분이 할 수 있는 가장 유익한 것들 중 하나는 여러분이 사용자로부터 학습하고 어떤 점을 개선하면 좋을지 알아감에 따라 시스템이 더 나아지도록 시스템을 계속해서 반복적으로 수정하는 것이다.

13.1 사용성 일반 시나리오

사용성 일반 시나리오의 각 부분에 대한 요약을 표 13.1에서 확인할 수 있다.

표 13.1 사용성 일반 시나리오

부분	설명	가능한 값
공급원	자극이 어디로부터 오는가?	최종 사용자(시스템이나 네트워크 관리자와 같이 특별한 역할을 맡은 사람일 수도 있음)는 사용성 자극의 주된 공급원이다. 시스템에 도착하는 외부 이벤트(사용자가 반응할 수도 있는 이벤트) 역시 자극 공급원이 될 수 있다.
자극	최종 사용자가 원하는 것이 무엇인가?	최종 사용자는 다음 사항들을 원한다. • 시스템을 효율적으로 사용하고자 한다. • 시스템을 사용하는 법을 배우길 원한다. • 오류의 영향을 최소화하길 원한다. • 시스템을 상황에 맞춰 조정하길 원한다. • 시스템의 환경을 설정하길 원한다.
환경	자극이 언제 시스템에 도착하는가?	사용성이 관여하는 사용자 동작은 언제나 런타임이나 시스템 환경 설정 시에 일어난다.
대상물	시스템의 어떤 부분을 자극하는가?	일반적인 예는 다음과 같다. • GUI • 명령줄(command-line) 인터페이스 • 음성 인터페이스 • 터치 스크린
응답	시스템이 어떤 식으로 응답하는가?	시스템은 다음을 수행해야 한다. • 필요한 기능을 사용자에게 제공해야 한다. • 사용자의 니즈를 예측해야 한다. • 사용자에게 적절한 피드백을 제공해야 한다.
응답 측정	응답은 어떤 식으로 측정되는가?	다음 사항 중 하나 이상이 해당한다. • 작업하는 데 걸린 시간 • 오류 개수 • 학습하는 데 걸린 시간 • 작업하는 데 걸린 시간 대비 학습하는 데 걸린 시간의 비율 • 완료된 작업의 개수 • 사용자 만족도 • 사용자 지식 획득 • 전체 작업 대비 성공적인 작업의 비율 • 오류가 발생했을 때 유실된 시간이나 데이터의 양

그림 13.1은 표 13.1을 사용해 생성할 수 있는 다음과 같은 구체적인 사용성 시나리오의 예를 나타낸다. 사용자가 새로운 애플리케이션을 다운로드한 다음, 2분간의 실험 후에 해당 애플리케이션을 생산적으로 사용하고 있다.

공급원	자극	대상물 기존 플랫폼 환경	응답	응답 측정
사용자	새로운 애플리케이션 다운로드	런타임	애플리케이션을 생산적으로 사용	2분밖에 시험하지 않았음에도[1]

그림 13.1 사용성 시나리오 예시

13.2 사용성 전술

그림 13.2는 사용성 전술의 목표를 나타낸다.

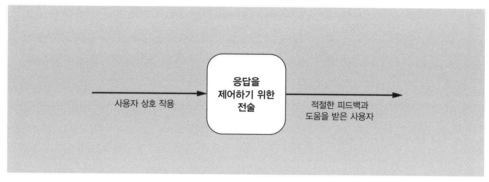

그림 13.2 사용성 전술 목표

사용자 주도 지원

일단 시스템이 실행 중이면 시스템이 수행하는 것에 대해 사용자 피드백을 제공함으로써,
사용자가 적절한 응답을 할 수 있도록 허용함으로써 사용성은 개선된다. 예를 들어 다음에
기술할 전술들(취소, 실행 취소, 일시 정지/재개, 결합)은 오류를 수정하거나 효율성을 높이는
데 있어 사용자를 지원한다.

  아키텍트는 사용자 명령에 응답하기 위한 시스템의 책임들을 열거하고 할당함으로써 사

---

1 애플리케이션의 사용성이 좋아서 단지 2분 동안만 시험했음에도 애플리케이션을 생산적으로 사용한다는 의미다. – 옮긴이

용자 주도에 대한 응답을 설계한다. 다음은 사용자 주도를 지원하기 위한 일반적인 전술의 예다.

- **취소**: 사용자가 취소 명령어를 실행했을 때 시스템은 이러한 취소 명령어를 수신하기 위해 듣고 있어야 한다(따라서 무엇이 취소 중이든 간에 취소 대상의 동작에 의해 방해받지 않는 항상 실행 중인 리스너listener를 보유해야 할 책임이 있다). 취소 대상인 활동은 반드시 종료돼야 한다. 취소된 활동에 의해 사용 중인 모든 리소스는 해제돼야 한다. 취소된 활동과 협업 중인 컴포넌트는 적절한 조치를 취할 수 있도록 활동이 취소됐음을 통지 받아야 한다.

- **실행 취소**: 실행 취소 기능을 지원하기 위해 사용자 요청 시에 이전 상태로 복원할 수 있도록 시스템은 시스템 상태에 관한 충분한 양의 정보를 유지해야 한다. 이러한 기록은 상태 '스냅샷snapshot'(예: 기록점)이나 되돌릴 수 있는 작업의 형태를 취할 수도 있다. 모든 작업을 쉽게 되돌릴 수 있는 것은 아니다. 예를 들어 문서에서 글자 'a'를 글자 'b'로 바꾼 경우는 되돌릴 수 없다. 변경 전에 애초부터 'b'였던 글자도 있을 것이기 때문이다. 이러한 경우 시스템은 변경에 관한 기록을 좀 더 정교하게 유지해야 한다. 물론 어떤 작업은 되돌리는 것이 전혀 불가능하다. 예를 들어, 이미 배송된 물품의 배송을 취소하거나 이미 발사된 미사일의 발사를 취소할 수는 없다.

  취소는 다양한 방식으로 구현된다. 어떤 시스템은 취소를 한 단계만 허용한다. 또 어떤 시스템에서는 취소를 여러 단계(정해진 횟수만큼)까지 허용해 원하는 이전 상태로 갈 수 있게 해준다. 어떤 시스템에서는 애플리케이션을 마지막으로 열었을 때의 상태로까지 되돌리는 것을 허용한다.

- **일시 정지/재개**: 사용자가 오랫동안 실행돼야 하는 작업을 시작한 경우(예: 서버로부터 큰 파일이나 여러 파일을 다운로드) 작업을 일시 정지하고 재개하는 기능을 제공하는 것이 유용하다. 오랫동안 실행되는 작업을 일시 정지함으로써 리소스를 일시적으로 해제해 해당 리소스가 다른 작업에 재할당될 수 있다.

- **결합**: 사용자가 반복적인 작업 혹은 동일한 방식으로 많은 수의 객체에 영향을 주는 작업을 수행하는 경우, 저수준 객체를 하나의 그룹으로 결합해서 해당 작업을 그룹에 적용하는 기능은 유용하다. 이렇게 함으로써 사용자는 반복적인 지루한 작업으로부터 해방되고 실수 가능성을 줄일 수 있다. 결합의 예로, 파워포인트 슬라이드에 있는 모든

객체를 결합해 해당 객체의 텍스트 폰트 크기를 14로 변경할 수 있다.

시스템 주도 지원

시스템이 주도할 때 시스템은 사용자의 모델, 해당 사용자가 착수한 작업의 모델, 시스템 상태의 모델에 의존해야 한다. 각 모델은 다양한 종류의 입력을 요한다. 시스템 주도 지원 전술은 시스템이 자신의 동작이나 사용자의 의도를 예측하기 위해 사용하는 모델을 식별한다. 이러한 정보를 캡슐화함으로써 시스템을 맞춤화하거나 수정하는 것이 더 쉬워진다. 맞춤화와 수정은 이전 사용자 동작을 기반으로 동적으로 일어날 수도 있고, 정적으로 개발 기간 동안 일어날 수도 있다. 이와 관련된 전술은 다음과 같다.

- **작업 모델 유지**: 시스템이 사용자가 무엇을 하고자 하는지 이해하고 도움을 제공할 수 있도록 작업 모델을 사용해 상황(컨텍스트)을 결정할 수 있다. 예를 들어, 자동 완성 기능을 제공하는 검색 엔진이 많고 철자 교정 기능을 제공하는 메일 클라이언트가 많다. 이 두 기능 모두 작업 모델에 기반한다.

- **사용자 모델 유지**: 사용자 모델은 시스템에 대한 사용자의 지식과 기대되는 응답 시간 측면에 있어 사용자의 동작, 사용자와 사용자의 종류에 특화된 기타 측면들을 명시적으로 나타낸다. 예를 들어 언어 학습 애플리케이션은 사용자가 실수하는 부분을 지속적으로 모니터링해 해당 동작(실수)을 교정하기 위한 추가 연습 문제를 제공한다. 사용자 모델 유지 전술의 특별한 사례로 사용자 인터페이스에서 쉽게 사용되는 맞춤화 customization가 있다. 맞춤화의 경우 사용자가 시스템의 사용자 모델을 명시적으로 수정할 수 있다.

- **시스템 모델 유지**: 시스템은 자신에 관한 명시적인 모델을 유지한다. 시스템 모델은 기대되는 시스템 동작을 결정해 적절한 피드백을 사용자에게 주는 데 사용된다. 시스템 모델의 흔한 예로 현재 활동을 완료하는 데 필요한 시간을 예측하는 프로그레스바 progress bar가 있다.

그림 13.3은 사용성을 달성하기 위한 전술들을 요약한다.

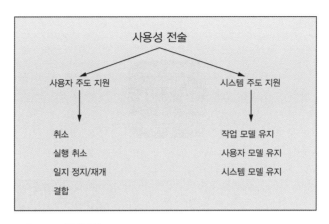

그림 13.3 사용성 전술

13.3 사용성 전술 기반 질문지

13.2절에서 기술한 전술들에 기반해 표 13.2와 같은 사용성 전술 기반의 질문 집합을 만들수 있다. 사용성을 지원하기 위해 내린 아키텍처 선택들에 관한 전반적인 개요를 이해하기위해 분석가는 각 질문을 물어본 다음, 답변을 표에 기록한다. 그러고 나서 해당 질문들에 대한 답변을 기반으로 향후 어떤 활동에 집중해야 할지 결정할 수 있다. 문서를 조사하거나 코드 또는 기타 산출물을 분석하거나 코드를 리버스 엔지니어링하는 등의 활동을 할 수 있다.

표 13.2 사용성 전술 기반 질문지

전술 그룹	전술 질문	지원? (Y/N)	위험	설계 결정 및 위치	근거와 가정
사용자 주도 지원	시스템이 **취소** 명령어를 듣고 있고 취소 명령어에 반응할 수 있는가? 마지막 명령어 또는 마지막 여러 명령어를 **취소**할 수 있는가? 장시간 실행되는 작업을 **일시 정지**하고 **재개**할 수 있는가? UI 객체들을 하나의 그룹으로 **결합**하고 해당 그룹에 동작을 적용할 수 있는가?				
시스템 주도 지원	시스템이 **작업 모델**을 유지하는가? 시스템이 **사용자 모델**을 유지하는가? 시스템이 **자신에 대한 모델**을 유지하는가?				

13.4 사용성 패턴

세 가지 사용성 패턴인 모델-뷰-컨트롤러^{MVC, Model-View-Controller}와 MVC에서 파생된 관측자^{observer}, 메멘토^{memento}를 간단히 살펴볼 것이다. 이 패턴들은 주요 사항 분리를 통해 사용자 인터페이스 설계 반복이 쉽도록 만듦으로써 사용성을 높인다. 브레드크럼^{breadcrumb}과 쇼핑 카트^{shopping cart}, 점증적 공개^{progressive disclosure} 같은 사용자 인터페이스 자체를 설계할 때 사용되는 패턴들을 포함해 다른 종류의 패턴 역시 가능하지만, 여기서는 이러한 패턴들을 다루지 않을 것이다.

모델-뷰-컨트롤러

MVC는 사용성 패턴 중 가장 널리 알려진 패턴이다. MVP^{Model-View-Presenter}, MVVM^{Model-View-View-Model}, MVA^{Model-View-Adapter}와 같이 MVC에서 파생된 패턴이 여럿 있다. 근본적으로 이러한 패턴들은 모델(근간이 되는 시스템의 '비즈니스' 로직)을 하나 이상의 UI 뷰에서 모델을 구현한 것으로부터 분리하는 데 초점이 맞춰져 있다. 오리지널 MVC 모델의 경우 모델은 뷰(사용자는 뷰를 보고 뷰와 상호 작용함)에게 업데이트를 전송한다. 사용자 상호 작용(키 누름, 버튼 클릭, 마우스 이동 등)은 컨트롤러에게 전송된다. 컨트롤러는 이러한 상호 작용을 모델에 대한 작업으로 해석한 다음, 이러한 작업들을 모델에 전송한다. 그다음, 모델은 응답으로 자신의 상태를 변경한다. 반대 경로 역시 최초 MVC 패턴의 일부였다. 즉, 모델은 변경될 수도 있고 컨트롤러는 뷰에 업데이트를 전송할 수 있다.

업데이트 전송은 MVC가 하나의 프로세스에 있는지 혹은 여러 프로세스에 걸쳐(그리고 잠재적으로는 네트워크에 걸쳐) 분산돼 있는지에 달려 있다. MVC가 하나의 프로세스에 있다면 관측자 패턴(다음 절에서 논의함)을 사용해 업데이트를 전송한다. MVC가 여러 프로세스에 걸쳐 분산돼 있다면 업데이트를 전송하기 위해 대개 발행-구독 패턴이 사용된다(8장 참조).

장점:

- MVC가 명확한 주요 사항 분리를 촉진하기 때문에 시스템의 한 측면(예: UI(뷰)의 레이아웃)에 대한 변경이 모델이나 컨트롤러에 영향을 끼치지 않는다.
- 추가적으로 MVC가 주요 사항 분리를 촉진하기 때문에 개발자들은 상대적으로 독립적이면서 병렬로 패턴의 모든 측면(모델, 뷰, 컨트롤러)에 대해 작업할 수 있다. 또한 이러한 분리된 측면들을 병렬로 테스트할 수 있다.

- 하나의 모델이 시스템에서 여러 다른 뷰와 함께 사용될 수 있다. 또한 하나의 뷰가 시스템에서 여러 다른 모델과 사용될 수도 있다.

절충점:

- MVC는 복잡한 UI에 있어 짐이 될 수도 있다. 정보가 대개 여러 컴포넌트에 걸쳐 분산돼 있기 때문이다. 예를 들어 동일한 모델에 대한 여러 뷰가 있는 경우, 해당 모델에 대한 단 하나의 변경으로 인해 MVC가 아니었더라면 연관이 없는 여러 컴포넌트를 변경해야 할 수도 있다.
- 간단한 UI의 경우 MVC로 인해 추가된 초기 복잡도로 인한 비용이 이후의 개발 과정에서 회수되지 않을 수 있다.
- MVC는 사용자 상호 작용에 약간의 지연을 일으킨다. 이러한 지연은 대개 받아들일 만한 수준이지만 매우 낮은 지연을 요하는 애플리케이션에서는 문제가 될 수 있다.

관측자

관측자 패턴은 어떤 기능을 하나 이상의 뷰에 연결하기 위한 방법을 제공한다. 관측자 패턴에는 관측되는 엔티티인 대상^{subject}이 있고, 해당 대상에 대한 하나 이상의 관측자가 있다. 관측자는 자신을 해당 대상에 등록해야 한다. 그러고 나면 대상의 상태가 변경될 경우 관측자는 통지를 받는다. MVC(그리고 MVC의 파생 패턴)를 어떤 모델에 대한 변경이 있을 때 해당 모델과 연관된 뷰에게 통지하는 방법으로 구현하기 위해 대개 관측자 패턴을 사용한다.

장점:

- 관측자 패턴을 사용하면, 근간이 되는 기능을 해당 기능이 어떤 식으로, 몇 번이나 표현될지에 대한 고민으로부터 분리할 수 있다.
- 관측자 패턴을 사용하면 대상과 관측자 간의 바인딩^{binding}을 런타임 시에 쉽게 변경할 수 있다.

절충점:

- 대상에 대한 여러 뷰가 필요하지 않은 경우 관측자 패턴은 과할 수 있다.
- 관측자 패턴에서는 모든 관측자가 대상에 등록하고 등록을 해지해야 한다. 관측자가 등록을 해지하지 않으면 관측자의 메모리는 해제되지 않아 사실상 메모리 누수가 발

생한다. 게다가 불필요한 관측자가 계속해서 호출되기 때문에 성능에도 부정적인 영향을 미친다.

- 관측자는 상태 업데이트를 반영해야 하는지와 어떤 식으로 반영해야 하는지를 결정하기 위해 상당한 작업을 해야 하고, 이러한 작업은 각 관측자마다 반복돼야 한다. 예를 들어 대상이 100분의 1도 단위로 온도 변화를 보고하는 온도 센서와 같이 매우 세밀한 수준으로 상태를 변경한다면, 뷰는 1도 단위로밖에 변경 사항을 반영할 수 없을 것이다. '임피던스 부정합$^{impedance\ mismatch}$'이 있는 이러한 경우, 상당한 처리 리소스가 낭비될 수 있다.

메멘토

메멘토 패턴은 실행 취소 전술을 구현하는 일반적인 방법이다. 메멘토 패턴은 세 가지 주요 컴포넌트인 오리지네이터^{originator}, 케어테이커^{caretaker}, 메멘토^{memento}를 특징으로 한다. 오리지네이터는 자신의 상태를 변경하는 이벤트 스트림(사용자 상호 작용에서 비롯된 이벤트)을 처리한다. 케어테이커는 오리지네이터에게 해당 이벤트들(오리지네이터의 상태를 변경하게 하는 이벤트)을 전송한다. 케어테이커가 오리지네이터의 상태를 변경하려 할 때 케어테이커는 메멘토에게 현재 상태의 스냅샷을 요청하고, 이 스냅샷을 사용해 필요한 경우 단순히 메멘토를 오리지네이터에게 다시 전달함으로써 기존 상태를 복원시킬 수 있다. 이런 식으로 케어테이커는 상태가 어떤 식으로 관리되는지 전혀 알지 못한다. 따라서 메멘토는 단순히 케어테이커가 활용하는 추상화다.

장점:

- 메멘토 패턴의 분명한 장점은 실행 취소를 구현하고 어떤 상태를 보존할지 파악하는 복잡한 프로세스를 실제로 해당 상태를 생성하고 관리하는 클래스에 위임할 수 있다는 것이다. 결과적으로 오리지네이터의 추상화는 보존되고 시스템의 나머지 부분은 세부 사항을 알 필요가 없다.

절충점:

- 보존 중인 상태의 속성에 따라 메멘토는 많은 양의 메모리를 임의적으로 소비할 수 있으며, 이는 성능에 영향을 미칠 수 있다. 길이가 매우 긴 문서를 문서 편집기로 연 다음, 많은 양의 텍스트를 복사해 붙여 넣는 과정을 많이 반복하고 나서, 이 모든 과정의

실행 취소를 시도해보면 워드 프로세서가 눈에 띄게 느려지는 것을 확인할 수 있다.

- 일부 프로그래밍 언어에서는 메멘토를 불투명한 추상화opaque abstraction[2]로 강제하기 어렵다.

13.5 참고 문헌

클레어 마리 카라트Claire Marie Karat는 사용성과 비즈니스 이점 간의 관계를 연구했다[Karat 94].

제이콥 닐센Jakob Nielsen도 사용성 ROI 계산을 포함해 해당 주제를 광범위하게 저술했다[Nielsen 08].

보니 존Bonnie John과 렌 베스Len Bass는 사용성과 소프트웨어 아키텍처 간의 관계를 연구했다. 이들은 아키텍처 영향을 지닌 20여 개의 사용성 시나리오를 열거하고 이러한 시나리오와 관련된 패턴을 제시했다[Bass 03].

그레그 하트만Greg Hartman은 사용자 주도를 지원하고 취소나 일시 정지/재개를 허용하기 위한 시스템의 기능으로 배려attentiveness를 정의했다[Hartman 10].

13.6 토론 질문

1. 자동차에서 사용자가 라디오 채널 즐겨찾기를 설정하는 데 얼마나 시간이 걸리는지 명시하는 구체적인 사용성 시나리오를 작성하자. 운전자 경험의 다른 부분을 고려해보고, 표 13.1의 일반 시나리오 표가 나타낸 응답 측정의 다른 측면들을 테스트하는 시나리오를 만들어보자.

2. 사용성은 보안과 어떤 식으로 균형을 이룰까? 사용성은 성능과 어떤 식으로 균형을 이룰까?

3. 소셜 네트워킹이나 온라인 쇼핑과 같은 비슷한 용도의 웹 사이트들 중에서 여러분이 선호하는 몇 가지를 골라보자. 사용성 시나리오에서 하나 또는 두 개의 적절한 응답(예: 사용자의 니즈를 예측)과 이러한 응답에 대응되는 적절한 응답 측정치를 골라보자. 선택한 응답과 응답 측정치를 사용해 앞서 여러분이 고른 웹 사이트들의 사용성을 비

---

2 데이터 타입의 내부 정보가 외부 인터페이스로 모두 노출되지 않은 추상화 – 옮긴이

교해보자.

4. 수많은 시스템에서 대화 상자의 취소 버튼이 반응이 없는 것처럼 보이는 이유는 무엇일까? 이러한 시스템에서는 어떤 아키텍처 원칙이 무시됐다고 생각하는가?

5. 프로그레스바가 10퍼센트에서 90퍼센트까지 한 번에 이동한 다음 90퍼센트에서 더 진척되지 않고 멈춰 있는 등 마음대로 행동하는 것처럼 보이는 경우가 많은 이유는 무엇일까?

6. 1988년에 프랑스 합스하임^{Habsheim} 지역의 숲에 추락한 에어 프랑스 296기에 관해 조사해보자. 조종사는 전파 고도계의 디지털 디스플레이를 읽을 수 없었고 전파 고도계에서 고도를 읽어주는 소리를 듣지 못했다고 한다. 이런 상황에서 사용성과 안전의 관계를 논의해보자.

14장

기타 품질 속성

> 품질은 여러분이 하는 것이 여러분의 의도와 일치할 때 달성되는 것이 아니다.
> 품질은 여러분이 하는 것이 고객의 기대와 일치할 때 달성되는 것이다.
> – 구아스파리(Guaspari)

4장부터 13장까지는 소프트웨어 시스템에 중요한 특정 품질 속성^{QA, Quality Attribute}을 다뤘다. 각 장은 특정 품질 속성이 어떤 식으로 정의되는지 논의하고, 해당 품질 속성의 일반 시나리오를 제시하고, 해당 품질 속성과 연관된 의미의 미묘한 차이를 표현하기 위해 구체적인 시나리오를 작성하는 법을 보여줬다. 또한 각 장은 아키텍처에서 해당 품질 속성을 달성하기 위한 기법들을 제시했다. 요약하면, 각 장은 특정 품질 속성을 달성하기 위해 명세서를 작성하고 설계하는 데 활용할 수 있는 일종의 포트폴리오를 제시했다.

하지만 앞서 4장부터 13장까지는 여러분이 작업 중인 소프트웨어 시스템에서 필요한 다양한 품질 속성의 기본만을 다룬 것뿐이다.

이번 장에서는 4장부터 13장까지에서 다룬 '주요 품질 속성' 외의 다른 품질 속성에 대해 동일한 종류의 명세화와 설계 접근법을 작성하는 법을 살펴볼 것이다.

14.1 기타 품질 속성 종류

이 책의 2부에서 다룬 품질 속성들은 모두 어떤 공통점이 있다. 운영 중인 시스템이나 해당 시스템을 만들어서 배포하는 개발 프로젝트를 다룬다는 점이다. 다른 식으로 이야기하면, 이러한 품질 속성들 중 하나를 측정하려면 동작 중인 시스템을 측정하거나(가용성, 에너지 효율성, 성능, 보안, 안전성, 사용성) 해당 시스템이 동작 중이 아닌 동안 해당 시스템에 무언가를 하는 사람들을 측정한다(변경 용이성, 배포 용이성, 통합 용이성, 테스트 용이성). 이러한 주요 품질 속성들 외에 동일하게 유용할 수 있는 다른 품질 속성들도 있다.

아키텍처의 품질 속성

품질 속성의 또 다른 카테고리는 아키텍처 자체를 측정하는 것과 관련돼 있다. 다음 세 가지 예를 살펴보자.

- **구축 용이성**buildability: 구축 용이성은 아키텍처가 빠르고 효율적인 개발에 얼마나 적합한지 측정한다. 구축 용이성은 이러한 아키텍처를 요구 사항을 모두 만족하는 동작하는 제품으로 만드는 데 드는 비용(주로 돈 또는 시간)으로 측정한다. 이러한 점에서 구축 용이성은 개발 프로젝트를 측정하는 다른 품질 속성들과 닮았다. 하지만 측정을 통해 알고자 하는 대상이 아키텍처 자체라는 점에서 다르다.

- **개념적 무결성**conceptual integrity: 개념적 무결성은 아키텍처 설계의 일관성을 의미한다. 그리고 개념적 무결성은 아키텍처의 이해 용이성을 높이고 아키텍처의 구현과 유지 보수에 있어 혼란을 줄이며 예측 가능성을 높인다. 개념적 무결성은 동일한 것들이 아키텍처를 통해 동일한 방식으로 수행되도록 요구한다. 개념적 무결성을 지닌 아키텍처에서는 간결한 것이 더 좋은 것이다.[1] 예를 들어 컴포넌트가 서로 정보를 전송하기 위한 수많은 방법(메시지, 자료 구조, 이벤트 시그널링)이 있다. 개념적 무결성을 지닌 아키텍처에서는 서로 정보를 전송하기 위한 방법들의 수가 제한돼 있고, 꼭 필요한 경우에만 대안을 제공한다. 마찬가지로 컴포넌트들은 모두 동일한 방식으로 오류를 보고하고 처리해야 하고, 동일한 방식으로 이벤트와 트랜잭션을 기록해야 하며, 동일한 방식으로 사용자와 상호 작용해야 하고, 동일한 방식으로 데이터의 불필요한 부분을 제거해야 한다.

- **시장성**marketability: 아키텍처의 '시장성'은 주요 품질 속성 중 하나다. 일부 시스템은 해당 시스템의 아키텍처가 유명하고, 이러한 아키텍처들은 때로는 해당 아키텍처가 시스템에 어떤 다른 품질 속성을 부여하는지와 무관하게 아키텍처 그 자체만으로 어떤 의

---

1 원문은 'less is more'로, 의역하면 '간결한 것이 더 좋은 것이다.' 혹은 '더 이상 뺄 것이 없는 상태가 더 좋은 것이다.'라는 뜻이다. 선택 가능한 사항이 과하게 있는 것보다 꼭 필요한 것만 갖춘 상태가 더 나은 상태임을 강조하는 표현이다. – 옮긴이

미를 지닌다. 클라우드 기반 및 마이크로서비스 기반 시스템 구축을 강조하는 최근 분위기로 볼 때, 아키텍처에 대한 인식이 해당 아키텍처가 가져다주는 실제 품질 속성만큼이나 중요하다는 것을 알 수 있다. 예를 들어 클라우드 기반 시스템이 올바른 기술적 선택이든 아니든 무조건 클라우드 기반 시스템을 구축해야 한다고 느끼는 조직들이 많다.

개발 분산성

개발 분산성development distributability은 분산 소프트웨어 개발 지원을 위한 소프트웨어 설계에 관한 품질 속성이다. 변경 용이성처럼 개발 분산성은 개발 프로젝트의 활동에 관해 측정한다. 최근에는 전 세계적으로 분산된 팀들을 통해 개발하는 시스템들이 많다. 이러한 접근법을 채택할 때 극복해야 할 문제점 중 하나는 개발 팀들의 활동을 조율하는 것이다. 개발 팀들 간의 조율이 최소화될 수 있도록 시스템을 설계해야 한다. 즉, 주요 하위 시스템들의 결합도가 낮아야 한다. 이러한 최소 조율은 코드와 데이터 모델 모두에 대해 가능해야 한다. 어떤 모듈들이 서로 통신해야 하는 경우 해당 모듈들을 개발하는 각 팀은 모듈의 인터페이스를 협의해야 할 수 있다. 어떤 모듈이 다른 많은 모듈에 의해 사용되는 경우(게다가 각 모듈을 각기 다른 팀에서 개발한 경우) 의사소통과 협의는 더 복잡해지고 부담스러워질 것이다. 따라서 아키텍처 구조와 프로젝트의 사회적(그리고 비즈니스) 구조가 서로 잘 맞아야 한다. 동일한 고려 사항이 데이터 모델에도 적용된다. 개발 분산성 시나리오는 개발 중인 시스템의 통신 구조와 데이터 모델 간의 호환성을 다룰 뿐 아니라 해당 개발을 진행 중인 조직이 활용하는 조율 메커니즘도 다룬다.

시스템 품질 속성

제품 내에 소프트웨어가 임베디드된 항공, 자동차, 주방 기구와 같은 물리적 시스템은 모든 품질 속성(예: 무게, 크기, 전기 소비량, 전원 출력, 공해도, 외부 환경에 대한 내성, 배터리 시간 등)을 만족시키도록 설계해야 한다. 소프트웨어 아키텍처가 시스템의 품질 속성에 심각한 영향을 미치는 경우가 많다. 예를 들어 컴퓨팅 리소스를 비효율적으로 사용하는 소프트웨어로 인해 추가적인 메모리나 더 빠른 프로세서, 더 큰 배터리, 심지어 추가적인 프로세서가 필요할 수도 있다(6장에서 에너지 효율성을 품질 속성으로 다뤘다). 추가적인 프로세서는 시스템의 전력 소비량을 증가시킬 뿐 아니라 무게, 물리적 프로필, 비용도 증가시킨다.

반대로 시스템의 아키텍처나 구현은 소프트웨어가 품질 속성 요구 사항을 만족시키는 데 있어 도움이 될 수도 있고 방해가 될 수도 있다. 다음의 예를 살펴보자.

1. 소프트웨어의 성능은 근본적으로 해당 소프트웨어를 실행하는 프로세서의 성능에 의해 제약받는다. 소프트웨어를 얼마나 잘 설계했든지 간에 최신 전 세계 날씨 모델을 구형 노트북 컴퓨터에서 실행시킨 후에 내일 비가 올지 예측할 수는 없다.

2. 사기와 절도를 예방하는 데 있어 소프트웨어 보안보다는 물리적 보안이 더 중요하고 더 효과적일 것이다. 그렇게 생각하지 않는다면, 여러분의 노트북 컴퓨터의 비밀번호를 종이에 적은 후 노트북 컴퓨터에 붙여보자. 그리고 노트북 컴퓨터를 창문이 내려가 있는 문이 잠기지 않은 차 안에 넣어두자(실제로 이렇게 하라는 것이 아니다. 일종의 사고 실험이다).

여기서 얻을 수 있는 교훈은 여러분이 물리 시스템에 포함되는 소프트웨어의 아키텍트라면 소프트웨어 아키텍처가 전체 시스템에 긍정적인 기여를 할 수 있도록 전체 시스템에 중요한 품질 속성을 이해해야 하고 시스템 아키텍트 및 엔지니어와 함께 일해야 한다는 것이다.

소프트웨어 품질 속성에서 소개했던 시나리오 기법은 시스템 품질 속성에 동일하게 잘 적용할 수 있다. 시스템 엔지니어와 아키텍트가 이러한 기법을 활용하고 있지 않다면 그들에게도 이러한 기법을 소개해주자.

14.2 품질 속성 표준 리스트 사용 여부

아키텍트가 사용 가능한 소프트웨어 시스템의 품질 속성 목록에는 끝도 없다. 좋은 예로 거창한 제목을 지닌 표준인 'ISO/IEC FCD 25010: Systems and Software Engineering: Systems and Software Product Quality Requirements and Evaluation (SQuaRE): System and Software Quality Models(ISO/IEC FCD 25010: 시스템 및 소프트웨어 엔지니어링: 시스템 및 소프트웨어 제품 품질 요구 사항 및 평가 (SQuaRE): 시스템 및 소프트웨어 품질 모델)'가 있다(그림 14.1). 해당 표준은 품질 속성을 '사용상 품질' 모델을 지원하는 부분과 '제품 품질' 모델을 지원하는 부분으로 구분한다. 이러한 구분은 일부 좀 지나친 부분도 있지만, 다양한 품질에 관해 잘 구분해놨다.

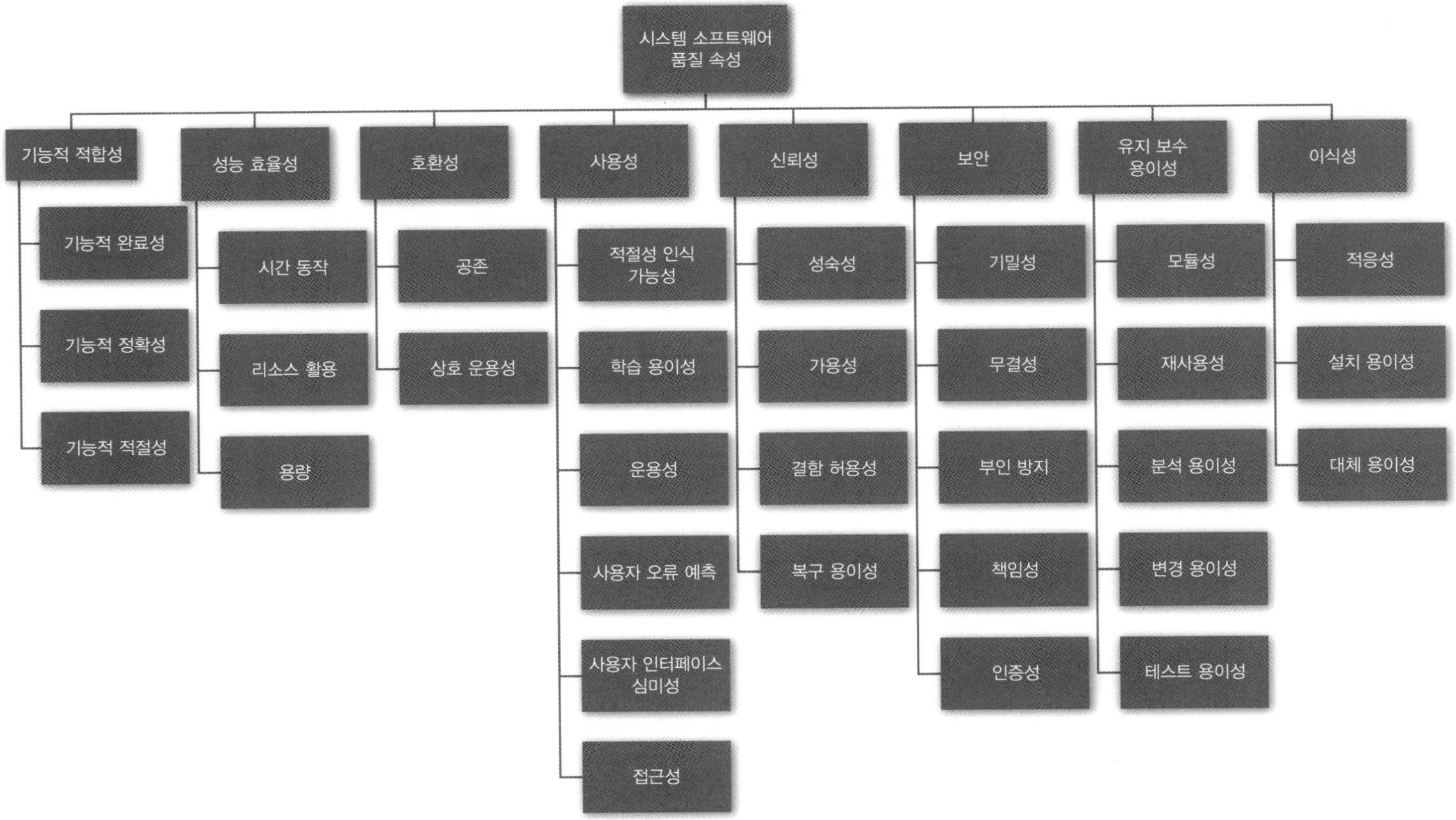

그림 14.1 ISO/IEC FCD 25010 제품 품질 표준

ISO 25010의 다음 품질 속성들은 제품 품질을 다룬다.

- **기능적 적합성**functional suitability: 특정 조건하에 사용할 때 제품이나 시스템이 기술되고 암시된 요구를 만족시키는 기능을 제공하는 정도
- **성능 효율성**performance efficiency: 기술된 조건하에서 리소스 사용량 대비 성능
- **호환성**compatibility: 제품이나 시스템, 컴포넌트가 다른 제품이나 시스템, 컴포넌트와 정보를 교환할 수 있는 정도 그리고 동일한 하드웨어나 소프트웨어 환경을 공유하면서 필요한 기능을 수행할 수 있는 정도
- **사용성**usability: 명시된 사용 관점에서 명시된 목표를 효과성, 효율성, 만족도와 함께 달성하기 위해 제품이나 시스템이 명시된 사용자에 의해 사용되는 정도
- **신뢰성**reliability: 시스템이나 제품, 컴포넌트가 명시된 조건하에서 명시된 기간 동안 명시된 기능을 수행하는 정도
- **보안**security: 사람이나 다른 제품, 시스템이 자신의 권한 부여 유형과 수준에 맞게 데이터 접근 수준을 가질 수 있도록 제품이나 시스템이 정보와 데이터를 보호하는 정도
- **유지 보수 용이성**maintainability: 의도된 유지 보수 인력이 제품이나 시스템을 수정할 때의 효과성과 효율성의 정도
- **이식성**portability: 시스템이나 제품, 컴포넌트가 하나의 하드웨어나 소프트웨어, 기타 운영 혹은 사용 환경에서 다른 하드웨어나 소프트웨어, 기타 운영 혹은 사용 환경으로 이동될 때의 효과성과 효율성의 정도

ISO 25010에서 이러한 각 '품질 특성'은 '품질 하위 특성'들로 구성된다(예를 들어 부인 방지는 보안의 하위 특성이다). ISO 25010 표준은 이런 식으로 60여 개의 품질 하위 특성에 관한 기술을 하나하나 살펴본다. ISO 25010 표준은 '기쁨' 품질과 '편안함' 품질을 정의한다. '기능적 정확성'과 '기능적 완료성'을 구분한 다음, '기능적 적절성'을 추가한다. '호환성'을 보여주기 위해 시스템은 '상호 운용성'을 지니거나 단순히 '공존'을 지녀야 한다. '사용성'은 사용상 품질인 '만족도'를 포함함에도 사용상 품질이 아니라 제품 품질이다. '변경 용이성'과 '테스트 용이성'은 모두 '유지 보수 용이성'의 일부분이다. 스스로 목적을 달성하기보다는 품질을 달성하기 위한 전략 중 하나인 '모듈성' 역시 마찬가지로 '유지 보수 용이성'의 일부분이다. '가용성'은 '신뢰성'의 일부분이다. '상호 운용성'은 '호환성'의 일부분이다. 그리고 '확장성'은 전혀 언급되지 않는다.

모두 이해했는가?

이러한 목록들은 수없이 존재하는 데 모두 목적이 있으며, 중요한 요구가 무시되지 않도록 확실히 하기 위해 요구 사항을 수집하는 인력들에게 도움을 주는 유용한 체크리스트다. 이러한 여러 리스트를 활용해 여러분이 속한 분야와 산업, 조직의 주요 품질 속성을 포함하는 여러분만의 체크리스트를 만드는 기반이 될 수 있기 때문에 더 유용하다. 품질 속성 리스트는 기준을 수립하는 근간이 될 수도 있다. 하지만 품질 속성 이름만으로는 어떻게 기준을 세워야 할지 판단하기 어렵다. '재미^{fun}'가 여러분 시스템에서 중요한 사항이라고 결정된다면, 시스템이 충분한 재미를 제공하고 있는지 판단하기 위해 재미를 어떻게 측정할 것인가?

이러한 일반 목록들에는 단점도 있다. 첫째, 어떤 목록도 완전할 수 없다. 아키텍트 입장에서는 어떤 목록도 예측하지 못한 이해관계자의 관심 사항을 만족시키는 시스템을 설계하도록 요구받는다. 예를 들어 어떤 목록은 시스템 관리자가 애플리케이션을 관리하는 것이 얼마나 쉬운지를 나타내는 '관리 용이성'을 다룬다. 이는 모니터링 작업과 디버깅 및 성능 튜닝을 위한 유용한 도구를 갖춤으로써 달성할 수 있다. 핵심 직원의 이탈을 방지하고 새로운 인재들을 미국 중서부 지역으로 끌어오기 위한 목표를 갖고 설계된 아키텍처를 지닌 조직이 있다. 해당 시스템의 아키텍트는 시스템에 '아이오와성^{lowability2}'을 주입하는 것에 관해 이야기했다. 최신 기술을 도입하고 개발 팀에게 창의적인 자유를 폭넓게 허용함으로써 그들은 '아이오와성'을 달성했다. 표준 품질 속성 목록에서 '아이오와성'을 찾을 수는 없을 것이다. 하지만 해당 품질 속성은 해당 조직에게는 다른 품질 속성만큼이나 중요하다.

둘째, 목록으로 인해 이해도가 높아지기보다는 논란이 커지는 경우가 많다. '기능적 정확성'이 '신뢰성'의 일부가 돼야 한다거나 '이식성'은 '변경 용이성'의 한 종류일 뿐이라거나 '유지 보수 용이성'이 '변경 용이성'의 한 종류일 뿐이라고 설득력 있게 주장할 수 있을 것이다. ISO 25010의 저자들은 이전 버전에서는 기능성의 하위 특성 중 하나였던 보안을 별도의 독립적인 특성으로 떼어내는 결정을 하는 데 많은 시간과 노력을 기울였을 것이 분명하다. 이러한 논쟁을 하는 데 쓸 에너지를 다른 곳에 소비하는 편이 나을 것이라는 점은 자명하다.

셋째, 이러한 목록들은 분류 체계로 칭해지는 경우가 많다. 분류 체계는 모든 구성 항목이 정확히 한 장소에 할당될 수 있는 특별한 속성을 지닌 목록이다. 하지만 품질 속성은 이러한 점에서 명확하지 않기로(정확히 무 자르듯이 구분되지 않기로) 악명 높다. 예를 들어 3장에서는

---

2 이 용어에서 '아이오와(Iowa)'는 미국 중서부 지역의 아이오와(Iowa) 주를 말한다. - 옮긴이

서비스 거부를 보안, 가용성, 성능, 사용성의 일부라고 논의했다.

위의 내용을 통해 3장에서 소개한 깨달음을 다시 한 번 확인할 수 있다. 품질 속성은 그 자체만으로는 대개 쓸모가 없고 대화를 시작하기 위한 초대장 정도의 역할을 할 뿐이다. 게다가 어떤 품질이 어떤 다른 품질의 하위 품질일지를 고민하는 것은 무의미하다. 대신에 최선의 방법은 시나리오를 통해 어떤 품질 속성을 다룰 때 해당 품질 속성을 통해 무엇을 의미하고자 하는지 명확하게 구체화하는 것이다.

품질 속성 표준 목록을 해당 목록들이 체크리스트로서 도움이 되는 정도로만 사용하고 해당 목록의 용어나 구조에 지나치게 집착하지 말아야 한다. 게다가 이러한 체크리스트가 심도 있는 분석을 대체할 수 있다고 스스로를 속여서는 안 된다.

14.3 새로운 품질 속성을 다루는 방법

여러분이 아키텍트로서 4장부터 13장까지에서 다뤘던 것처럼 명확하게 정리된 내용이 없는 품질 속성을 다뤄야 한다고 가정해보자. '개발 분산성'이나 '관리 용이성' 혹은 '아이오와성'과 같은 품질 속성을 다뤄야 한다고 가정해보자. 무엇을 해야 할까?

새로운 품질 속성을 위한 시나리오 작성

우선, 해당 품질 속성에 대한 요구로 이어지게 된 관심 사항을 지닌 이해관계자들을 인터뷰해야 한다. 해당 품질 속성이 무엇을 의미하는지 잘 기술하는 속성의 특성들을 구축하기 위해 개별적으로 혹은 그룹 형태로 이해관계자들과 협업할 수 있다. 예를 들어 개발 분산성을 소프트웨어 구획화, 소프트웨어 구성, 팀 조율이라는 하위 속성으로 나눌 수 있다. 이러한 정교화 이후에 해당 품질 속성이 무엇을 의미하는지 특징짓는 구체적인 시나리오들을 만들기 위해 이해관계자들과 협업할 수 있다. 이러한 과정의 예를 '유틸리티 트리^{utility tree} 구축'을 기술하는 22장에서 확인할 수 있다.

구체적인 시나리오들을 확보한 이후에 이러한 시나리오들을 일반화할 수 있다. 수집된 자극과 응답, 응답 측정 등을 살펴본 다음, 이러한 구체적인 사례들을 일반화할 수 있도록 일반 시나리오의 각 부분을 구성함으로써 일반 시나리오를 만들 수 있다.

품질 속성 모델링

해당 품질 속성의 개념적 모델을 만들 수 있다면(혹은 더 좋게는 찾을 수 있다면), 이러한 기반은 해당 품질 속성의 설계 접근법을 만드는 데 도움이 될 수 있다. 여기서 '모델'은 해당 품질 속성의 민감한 매개변수 집합과 해당 매개변수들에 영향을 주는 아키텍처 특성들의 집합에 대한 이해 정도를 의미한다. 예를 들어 변경 용이성의 모델을 통해 변경 용이성이 변경 발생 시 시스템의 얼마나 많은 부분이 변경돼야 하는지와 이러한 부분들의 상호 연결성을 나타낸다는 것을 알 수 있다. 성능에 관한 모델을 살펴보면, 처리량이 트랜잭션 부하량과 트랜잭션 간 의존관계, 병렬로 처리 가능한 트랜잭션의 수로 구성된 함수라는 것을 알 수 있다.

그림 14.2는 성능에 관한 간단한 큐잉^{queuing} 모델을 나타낸다. 이러한 모델은 컴퓨터 시스템뿐만 아니라 제조 및 서비스 환경과 같은 다양한 유형의 큐잉 시스템의 지연과 산출량을 분석하는 데 폭넓게 사용한다.

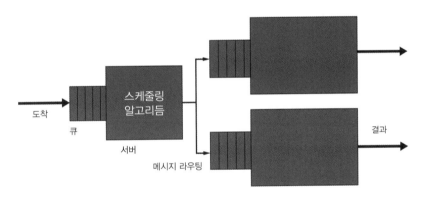

그림 14.2 일반화된 큐잉 모델

큐잉 모델에는 다음과 같이 지연에 영향을 주는 일곱 가지 매개변수가 있다.

- 도착률
- 큐잉 방식
- 스케줄링 알고리듬
- 서비스 시간
- 토폴로지^{topology}
- 네트워크 대역폭
- 라우팅 알고리듬

이 매개변수들이 큐잉 모델 내에서 지연에 영향을 줄 수 있는 유일한 매개변수들이다. 이는 모델에 있어 매우 중요하다. 게다가 각 매개변수는 다양한 아키텍처 결정에 의해 영향을 받을 수 있다. 덕분에 아키텍트 입장에서 모델이 유용하다. 예를 들어 라우팅 알고리듬은 고정 방식일 수도 있고 로드 밸런싱 알고리듬일 수도 있다. 스케줄링 알고리듬을 선택해야 하며, 토폴로지는 새로운 서버를 동적으로 추가하거나 제거함으로써 영향을 받는다.

여러분만의 모델을 만들고자 한다면 여러분이 수집한 시나리오들이 매개변수를 정하는 데 도움이 된다. 자극(그리고 공급원), 응답(그리고 측정), 대상물(그리고 대상물의 속성), 환경(그리고 환경의 특성)으로부터 매개변수를 정할 수 있다.

새로운 품질 속성의 설계 접근법 수집

모델을 기반으로 메커니즘들을 생성하는 과정은 다음 단계들을 포함한다.

- 해당 모델의 매개변수를 열거한다.
- 각 매개변수에 대해 해당 매개변수에 영향을 줄 수 있는 아키텍처 특성들(그리고 이러한 특성들을 달성하기 위한 메커니즘들)을 열거한다. 다음을 통해 이를 수행할 수 있다.

  - 여러분이 친숙한 메커니즘들을 살펴보고, 각 메커니즘이 해당 품질 속성 매개변수에 어떤 식으로 영향을 미치는지 스스로에게 물어본다.
  - 해당 품질 속성을 성공적으로 다룬 설계를 찾아본다. 품질 속성의 이름도 검색해야 하지만, 해당 품질 속성을 하위 속성으로 세분화할 때 사용했던 이름들도 검색해봐야 한다.
  - 해당 품질 속성에 관한 출간물과 블로그 포스팅을 검색해보고, 찾아낸 내용을 일반화해본다.
  - 해당 영역의 전문가를 찾아서 인터뷰하거나 조언을 구한다.

결과로 얻을 수 있는 것은 해당 모델이 관심을 두고 있는 품질 속성을 제어하기 위한 메커니즘 목록이다. 위의 큐잉 모델의 경우 성능을 제어하기 위한 메커니즘 목록이 될 것이다. 이러한 메커니즘 목록은 무한하지 않고 상대적으로 적다. 해당 모델의 매개변수 개수가 제한돼 있고 각 매개변수에 대해 해당 매개변수에 영향을 미치는 아키텍처 선택이 제한적이기 때문이다.

14.4 참고 문헌

쉽게 예상 가능하듯이 모든 품질 속성 목록의 어머니 격이 되는 것은 위키피디아에 있으며, 해당 목록은 '시스템 품질 속성 목록List of system quality attributes' 문서에서 찾을 수 있다. 이 책을 집필하고 있는 현시점 기준으로 80개 이상의 품질 속성에 관한 정의를 찾을 수 있다. 가장 마음에 드는 것은 '입증성demonstrability'이다. 이는 입증 가능에 관한 품질로 정의돼 있다.

배포 파이프라인 품질 목록이 궁금하다면 [Bass 19]의 8장을 살펴보자. 여기에는 추적성, (해당 배포 파이프라인의) 테스트 용이성, 툴링tooling, 사이클 타임 등이 포함된다.

14.5 토론 질문

1. 부탄 왕국The Kingdom of Bhutan은 국민들의 행복을 측정하고, 부탄의 총 국민 행복도GNH, Gross National Happiness를 높이기 위해 정부 정책을 만든다. GNH를 어떻게 측정하는지 살펴본 다음(grossnationalhappiness.com), 소프트웨어 시스템의 구체적인 행복 요구 사항을 표현하기 위해 행복 품질 속성의 일반 시나리오를 작성해보자.

2. 4~13장에서 기술하지 않은 품질 속성을 선택한다. 해당 품질 속성에 대해 해당 품질 속성이 무엇을 의미하는지 기술하는 구체적인 시나리오들을 수집한다. 해당 시나리오들을 이용해 해당 품질 속성의 일반 시나리오를 작성한다.

3. 질문 2에서 선택한 품질 속성에 관해 이를 달성하기 위한 설계 메커니즘(패턴과 전술)을 수집한다.

4. 개발 비용development cost 품질 속성에 관해 질문 2와 3을 적용한 다음, 운영 비용operation cost에 관해서도 질문 2와 3을 적용해보자.

5. 4~13장에서 이미 기술한 품질 속성들(혹은 어떤 품질 속성이든)에 전술이나 패턴을 추가하게끔 만드는 요인으로 무엇이 있을까?

6. 개발 분산성이 성능, 가용성, 변경 용이성, 통합 용이성과 어떤 식으로 절충되는지 논의해보자.

7. 소프트웨어 시스템이 아닌 것들에 관한 품질 속성 목록을 찾아보자. 예를 들어 좋은 차의 품질 속성이나 좋은 사람의 품질 속성이 있을 수 있다. 여러분이 찾은 품질 속성 목록에 여러분만의 품질 속성을 추가해보자.

8. 개발 시간 전술은 책임을 구분하고 캡슐화하는 것과 관련 있다. 성능 전술은 여러 가지를 한데 묶는 것과 관련 있다. 이로 인해 개발 시간 전술과 성능 전술은 영원히 상충될 수밖에 없다. 항상 이런 식이어야 할까? 이러한 절충점을 정량화하기 위한 원칙에 입각한 방법은 없을까?

9. 전술 분류 체계가 존재하는가? 화학자들은 원소 주기율표와 분자 상호 작용 법칙이 있고, 물리학자들은 아원자^{subatomic particle} 입자 분류 체계와 아원자 입자 충돌 법칙이 있으며, 약리학자들은 화학물질 분류 체계와 수용체와 신진대사 체계 간의 상호 작용 법칙이 있다. 전술에는 어떤 것이 있을까? 전술 간의 상호 작용에 관한 법칙이 있을까?

10. 보안은 컴퓨터 외부의 물리적인 세계에서 일어나는 프로세스에 특히나 민감한 품질 속성이다. 패치를 적용하는 프로세스와 패스워드를 선택하고 보호하는 프로세스, 컴퓨터와 데이터가 존재하는 설치 공간을 물리적으로 보호하는 프로세스, 외부에서 가져온 소프트웨어를 신뢰할지 결정하는 프로세스, 개발자나 사용자를 신뢰할지 결정하는 프로세스 등이 있다. 성능에 중요한 이에 상응하는 프로세스로 무엇이 있을까? 사용성은? 또 어떤 것들이 있을까? 보안은 왜 이렇게 프로세스에 민감할까? 프로세스가 해당 품질 속성 구조의 일부가 돼야 할까? 아니면 독립적이어야 할까?

11. 다음 목록의 품질 속성 쌍에서 각 품질 속성 간의 관계는 어떻게 되는가?

- 성능과 보안
- 보안과 구축 용이성
- 에너지 효율성과 시장에 출시되는 데 걸리는 시간

3부

아키텍처 해결책

15장

소프트웨어 인터페이스

체사레 파우타소(Cesare Pautasso) 공저

> 나사(NASA)의 1억 2,500만 달러짜리 화성 기후 궤도 선회 우주선(Mars Climate Orbiter)은
> 발사되기 전에 중요한 데이터를 교환하는 과정에서 우주선 엔지니어가
> 야드 파운드 단위를 메트릭 단위로 변환하지 않았던 탓에 궤도를 이탈해버렸다.
> 나사의 항법 팀은 계산 시에 밀리미터와 미터 기반의 메트릭 체계를 사용했고,
> 해당 우주선을 설계하고 만든 회사는 중요한 가속도 데이터에
> 인치, 피트, 파운드 기반의 야드 파운드 단위를 사용했다.
> 결국 어떤 면에서 보면 우주선은 통역 과정 중에 사라진 셈이다.
> – 로버트 리 호츠(Robert Lee Hotz), '간단한 수학 오류로 인해 사라진 화성 탐사선',
> 로스 앤젤레스 타임즈, 1999년 10월 1일

이번 장에서는 인터페이스와 관련된 개념을 설명하고 인터페이스를 설계하고 문서화하는 법을 알아본다.

소프트웨어든 아니든 인터페이스는 어떤 요소가 다른 요소를 만나고 다른 요소와 상호 작용하고 통신하고 조율할 때 건너게 되는 경계다. 요소는 자신의 내부에 대한 접근을 제어하는 인터페이스를 가진다. 또한 요소들은 더 세분화돼 각 하위 요소들이 자신만의 인터페이스를 가진다.

어떤 요소element의 액터actor는 해당 요소가 상호 작용하는 다른 요소나 사용자, 시스템이다. 어떤 요소가 상호 작용하는 액터들의 집합을 해당 요소의 환경이라고 하며, '상호 작용하다'라는 말을 통해 어떤 요소가 수행하는 다른 요소의 처리에 영향을 미칠 수 있는 모든 것을 말한다. 상호 작용은 해당 요소의 인터페이스의 일부다. 상호 작용은 대개 제어나 데이터를 전달하는 과정을 포함하며, 다양한 형태를 취할 수 있다. 일부 인터페이스는 로컬 프로시저 호출이나 원격 프로시저 호출과 같은 표준 프로그래밍 언어 구성 요소construct와 데이터 스트림, 공유 메모리, 메시지 전달에 의해 지원된다.

어떤 요소와의 직접적인 상호 작용 지점을 제공하는 이러한 언어 구성 요소들을 리소스resource라고 부른다. 예를 들어 요소 A의 리소스 X를 사용하는 것이 요소 B를 특정 상태로 만든다는 사실로 인해 해당 리소스를 사용하는 다른 요소들이 요소 A와 직접적으로 상호 작용

하지 않음에도 해당 리소스 사용이 자신들의 처리에 영향을 미칠지 여부를 알아야 할 수 있다. 이번 장에서는 직접적인 상호 작용만을 다룰 것이다.

1장에서 아키텍처를 요소와 요소 간의 관계에 관해 정의했다. 이번 장에서는 한 가지 유형의 관계에만 집중할 것이다. 인터페이스는 요소들을 함께 연결하는 데 필요한 근간이 되는 추상화 메커니즘이다. 인터페이스 요소들은 시스템의 변경 용이성, 사용성, 테스트 용이성, 성능, 통합 용이성 등에 큰 영향을 미친다. 게다가 분산 시스템에서 흔한 비동기 인터페이스는 이벤트 핸들러를 필요로 한다. 이벤트 핸들러는 아키텍처 요소다.

특정 요소의 인터페이스에 대해 하나 이상의 구현이 존재할 수 있다. 각 구현은 각기 다른 성능, 확장성, 가용성을 보장할 것이다. 마찬가지로 동일한 인터페이스의 여러 다른 구현은 여러 다른 플랫폼을 위해 만들어질 수 있다.

지금까지의 논의는 다음과 같이 세 가지를 의미한다.

1. 모든 요소는 인터페이스를 가진다. 모든 요소는 어떤 액터와 상호 작용한다. 그렇지 않으면 해당 요소의 존재 의미가 무엇이겠는가?

2. 인터페이스는 양방향이다. 인터페이스를 고려할 때 대부분의 소프트웨어 엔지니어들은 요소가 제공하는 것의 개요를 우선 생각한다. 해당 요소가 어떤 메소드를 사용 가능하도록 만들 것인가? 해당 요소가 어떤 이벤트를 처리하는가? 하지만 요소는 해당 요소의 외부에 있는 리소스를 사용함으로써 혹은 해당 요소의 환경이 특정 방식으로 동작한다고 가정함으로써 자신의 환경과 상호 작용할 수도 있다. 이러한 리소스가 빠진 경우나 환경이 예상대로 동작하지 않는 경우, 해당 요소는 올바르게 동작하지 못한다. 따라서 인터페이스는 요소가 제공하는 것 이상의 의미를 지닌다. 인터페이스는 요소에 의해 필요한 것도 포함한다.

3. 요소는 동일한 인터페이스를 통해 하나 이상의 액터와 상호 작용할 수 있다. 예를 들어 웹 서버는 동시에 열릴 수 있는 HTTP 연결의 개수를 제한하는 경우가 많다.

15.1 인터페이스 개념

이번 절에서는 인터페이스의 진화뿐만 아니라 다중 인터페이스, 리소스, 작업, 속성, 이벤트에 관해 알아볼 것이다.

다중 인터페이스

하나의 인터페이스를 여러(다중) 인터페이스로 나눌 수 있다. 각 인터페이스는 관련된 논리적 목적을 지니고 다른 유형의 액터를 처리한다. 다중 인터페이스는 일종의 주요 사항 분리 separation of concerns를 제공한다. 특정한 유형의 액터는 기능성의 일부만 가용해도 될 수 있다. 이러한 기능성은 인터페이스들 중 하나에 의해 공급될 수 있다. 반대로 어떤 요소의 공급자는 액터들에게 읽기나 쓰기와 같은 서로 다른 접근 권한을 부여하길 원하거나, 보안 정책을 구현하길 원할 수 있다. 다중 인터페이스는 다양한 접근 수준을 지원한다. 예를 들어 어떤 요소가 자신의 메인 인터페이스를 통해 자신의 기능성을 노출하고 별도의 인터페이스를 통해 디버깅이나 성능 모니터링 데이터 혹은 관리 기능에 대한 접근을 부여할 수도 있다. 익명의 액터를 위한 읽기 전용 공개 인터페이스가 있고 권한이 있는 인증된 액터가 요소의 상태를 변경할 수 있도록 허용하는 비공개 인터페이스가 있을 수 있다.

리소스

리소스는 다음과 같이 구문syntax과 의미론semantics을 지닌다.

- **리소스 구문**resource syntax: 구문은 리소스의 서명signature으로, 다른 프로그램이 해당 리소스를 사용하는 구문적으로(문법적으로) 올바른 프로그램을 작성할 때 필요한 모든 정보를 포함한다. 서명은 리소스의 이름과 인자의 이름 및 데이터 유형 등을 포함한다.
- **리소스 의미론**resource semantics: 해당 리소스를 호출한 결과는 무엇인가? 의미론은 다음과 같이 다양한 형태를 취한다.
  - 해당 리소스를 호출한 액터가 접근할 수 있는 데이터에 값 할당. 이러한 값 할당은 반환return 인자의 값 설정처럼 간단할 수도 있고 중앙 데이터베이스 업데이트와 같이 큰 영향을 미치는 것일 수도 있다.
  - 해당 인터페이스를 통해 전달되는 값에 대한 추정
  - 해당 리소스를 사용함으로써 일어날 수 있는 요소의 상태 변경. 여기에는 부분적으로 완료된 연산으로 인한 부작용 같은 예외적인 조건이 포함된다.
  - 해당 리소스 사용 결과로 발생될 이벤트 혹은 전송될 메시지
  - 다른 리소스들이 해당 리소스를 사용한 결과로 향후에 어떻게 다른 식으로 동작할 것인가? 예를 들어 어떤 리소스에게 객체를 삭제하라고 요청한 다음, 향후에 다른

리소스를 통해 해당 객체에 접근한다면 결과로서 오류가 생성될 것이다.

- 인간이 관측 가능한 결과. 이는 임베디드 시스템에서 일반적인 결과다. 예를 들어 조종석cockpit의 디스플레이를 켜는 프로그램을 호출하면 디스플레이가 들어오는 것과 같이 관측 가능한 결과를 얻을 수 있다. 또한 의미론의 문statement은 리소스의 실행이 독립적인지 여부나 리소스 실행이 중지되거나 중단됐는지 여부를 명확히 해야 한다.

작업, 이벤트, 속성

제공된 인터페이스의 리소스는 작업, 이벤트, 속성으로 구성된다. 각 인터페이스 리소스를 해당 리소스의 구문, 구조, 의미론에 관해 접근할 때 발생하게 되는 동작이나 교환되는 데이터의 명시적인 설명이 이러한 리소스에 추가된다(이러한 기술이 없다면 프로그래머나 액터가 해당 리소스를 사용해야 할지 여부와 사용하는 방법을 어찌 알겠는가?).

작업operation은 처리를 위해 제어나 데이터를 항목에 전달하고자 호출된다. 대부분의 작업은 결과를 반환한다. 작업이 실패할 수도 있고 인터페이스의 일부분이기 때문에 액터가 오류를 어떤 식으로 감지해야 할지 명확해야 한다. 오류를 결과의 일부분에 포함시키거나 전용 예외 처리 채널을 통해 오류를 알릴 수 있다.

또한 보통 비동기적인 이벤트는 인터페이스에서 기술(설명)될 수도 있다. 수신되는 이벤트들은 큐에서 가져온 메시지의 수신을 의미하거나 소비될 예정인 스트림 요소의 도착을 의미할 수도 있다. 다른 요소에 의해 호출되기를 수동적으로 기다리지 않는 요소인 능동 요소active element들은 리스너listener나 구독자subscriber에게 해당 요소 내에서 발생 중인 주요 사항들을 통지하기 위해 사용되는 발신 이벤트를 생성한다.

작업과 이벤트를 통해 전달되는 데이터 외에도 인터페이스의 중요한 측면은 접근 권한, 측정 단위, 포맷팅formatting 추정과 같은 메타데이터다. 이러한 인터페이스 메타데이터를 속성property이라고 부른다. 이번 장 시작부의 인용구(나사의 우주선 사례)에서 강조했듯이 속성 값은 작업의 동작에 영향을 미칠 수 있다. 속성 값은 요소의 상태에 따라 요소의 동작에도 영향을 미친다.

상태가 있으면서 능동인 요소의 복잡한 인터페이스는 작업, 이벤트, 속성이 결합돼 있다.

인터페이스 진화

인터페이스를 포함해 모든 소프트웨어는 진화한다. 인터페이스에 의해 캡슐화된 소프트웨어는 해당 인터페이스 자체가 변하지 않는 한 해당 인터페이스를 사용하는 요소에 영향을 주지 않으면서도 진화할 수 있다. 하지만 인터페이스는 요소와 액터 사이의 계약이다. 법적 계약이 특정 제약 사항 내에서만 변경 가능한 것처럼 소프트웨어 인터페이스는 주의 깊게 변경돼야 한다. 인터페이스를 변경할 때 사용 가능한 세 가지 기법으로 사용 중단 권고, 버저닝, 확장이 있다.

- **사용 중단 권고**[deprecation]: 사용 중단 권고는 인터페이스 제거를 의미한다. 인터페이스를 사용 중단 권고할 때 최선의 방법은 해당 요소의 액터들에게 광범위한 공지를 하는 것이다. 이론적으로 이러한 경고를 통해 액터는 해당 인터페이스의 제거에 맞춰 수정할 시간을 벌 수 있다. 실제로는 많은 액터가 미리 수정하지 않고 해당 인터페이스가 제거되고 난 뒤에야 사용 중단 권고임을 발견한다. 인터페이스를 사용 중단 권고할 때 사용할 수 있는 기법으로 해당 인터페이스가 특정 시점에 사용 중단 권고될 것이라거나 해당 인터페이스가 이미 사용 중단 권고라고 알려주는 오류 코드를 도입할 수 있다.
- **버저닝**[versioning]: 다중 인터페이스는 이전 인터페이스를 유지한 채로 새로운 인터페이스를 추가함으로써 인터페이스 진화를 지원한다. 이전 인터페이스가 더 이상 필요하지 않거나 이전 인터페이스를 더 이상 지원하지 않기로 결정이 내려졌을 때 이전 인터페이스는 권장하지 않는 상태가 될 수 있다. 버저닝의 경우 액터가 자신이 사용하고자 하는 인터페이스의 버전을 명시해야 한다.
- **확장**[extension]: 인터페이스 확장은 원본 인터페이스를 그대로 두고 원하는 변경을 구현한 새로운 리소스를 원본 인터페이스에 추가하는 것을 의미한다. 그림 15.1(a)는 원본 인터페이스를 나타낸다. 확장이 원본 인터페이스와 호환되지 않는 부분을 포함하지 않는다면 해당 요소는 그림 15.1(b)와 같이 외부 인터페이스를 직접 구현할 수 있다. 반면에 확장으로 인해 호환되지 않는 부분이 생기면, 그림 15.1(c)와 같이 해당 요소를 위한 내부 인터페이스를 갖추고 외부 인터페이스와 내부 인터페이스 사이에 변환을 수행할 중재자를 추가해야 한다. 호환되지 않는 부분의 예로, 원본 인터페이스는 아파트 번호가 주소에 포함돼 있을 것이라고 추정하고 있는데 확장된 인터페이스는 아파트 번호를 별도의 매개변수로 떼어낸 경우가 있을 수 있다. 원본 인터페이스로부터 호출

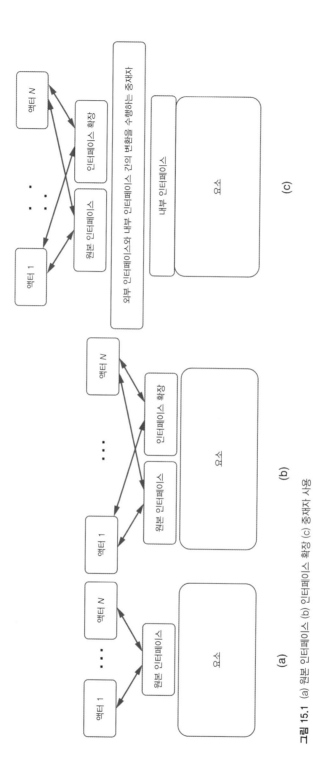

그림 15.1 (a) 원본 인터페이스 (b) 인터페이스 확장 (c) 중재자 사용

되는 경우 중재자가 주소를 파싱^{parsing}해 아파트 번호를 식별할 것이다. 확장된 인터페이스로부터 호출되는 경우에는 중재자가 별도의 매개변수에 포함된 아파트 번호를 내부 인터페이스에 전달할 것이다.

15.2 인터페이스 설계

외부에서 어떤 리소스를 볼 수 있는지에 관한 결정은 해당 리소스를 사용하는 액터의 필요에 의해 이뤄진다. 인터페이스에 리소스를 추가하는 것은 해당 요소가 사용되는 한, 해당 리소스를 해당 인터페이스의 일부로서 유지하겠다는 약속을 의미한다. 일단 액터가 여러분이 제공한 리소스에 의존하기 시작하면, 해당 리소스가 변경되거나 제거될 경우 리소스에 의존했던 요소들에 문제가 생길 것이다. 요소들 간의 인터페이스 계약이 깨졌을 때는 아키텍처의 신뢰도에 영향을 미치게 된다.

여기서 강조하는 인터페이스 설계 원칙은 다음과 같다.

- **예기치 못한 사항 최소화의 원칙**: 인터페이스는 액터의 기대치와 일관되게 동작해야 한다. 여기서 이름이 중요한 역할을 한다. 적절한 이름이 붙은 리소스는 액터에게 해당 리소스의 목적이 무엇인지에 관한 힌트를 제공한다.
- **작은 인터페이스 원칙**: 두 개의 요소가 상호 작용을 해야 하는 경우 해당 요소들이 가능한 적은 정보를 교환하도록 해야 한다.
- **일관된 접근 원칙**: 인터페이스를 통해 구현 세부 사항이 누출되는 것을 피해야 한다. 리소스가 어떤 식으로 구현됐는지와 무관하게 리소스의 액터들은 해당 리소스에 동일한 방식으로 접근할 수 있어야 한다. 예를 들어 액터는 값이 캐시에서 반환되는지, 계산에서 반환되는지 혹은 외부 공급원으로부터 값을 가져와 반환되는지 알 수 없어야 한다.
- **반복 금지**^{DRY, Don't Repeat Yourself}**의 원리**: 인터페이스는 동일한 목표를 달성하기 위해 여러 중복 방법을 제공하는 대신에 구성 가능한 기본 단위들을 제공해야 한다.

일관성은 명확한 인터페이스를 설계하는 데 있어 중요한 측면이다. 아키텍트는 리소스 명명 방법과 API 매개변수 순서, 오류 처리 방법에 관한 규약을 세우고 따라야 한다. 물론 모든 인터페이스가 아키텍트의 통제하에 있는 것은 아니지만, 가능한 한 인터페이스 설계는 동일한 아키텍처의 모든 요소에 걸쳐 일관돼야 한다. 개발자들은 인터페이스가 근간이 되는 플랫폼의 규약을 따르거나 개발자들이 기대하는 프로그래밍 언어의 규약을 따르는 것을 선호할 것이다. 하지만 개발자들의 환심을 사는 것 이상으로 일관성은 오해로 인한 개발 오류의 개수를 최소화하는 데 도움이 될 것이다.

인터페이스와의 성공적인 상호 작용은 다음 측면에서의 합의를 필요로 한다.

1. 인터페이스 범위

2. 상호 작용 스타일

3. 교환된 데이터의 표현과 구조

4. 오류 처리

각각은 인터페이스 설계의 중요한 측면을 구성한다. 각 측면에 관해 차례로 살펴볼 것이다.

인터페이스 범위

인터페이스의 범위는 액터에게 직접 사용 가능한 리소스 집합을 정의한다. 인터페이스 설계자는 모든 리소스를 노출하길 원할 수도 있다. 반면에 특정 리소스에 대한 접근으로 제한하거나 특정 액터에게만 접근 권한을 줄 수도 있다. 예를 들어 보안, 성능 관리, 확장성의 이유로 접근을 제한할 수 있다.

어떤 요소의 리소스나 요소 그룹의 리소스에 대한 접근을 제한하고 중재하기 위한 일반적인 패턴으로 게이트웨이gateway 요소를 구축할 수 있다. 흔히 메시지 게이트웨이라고도 불리는 게이트웨이는 액터의 요청을 해석해 목표가 되는 요소의 리소스에 전달한다. 그림 15.2는 게이트웨이의 예를 나타낸다. 게이트웨이는 다음과 같은 이유로 유용하다.

- 요소가 제공하는 리소스의 세분화 정도가 액터 요구와는 다를 수도 있다. 게이트웨이는 요소와 액터 간의 변환을 수행할 수 있다.
- 액터가 리소스의 특정 부분에 대한 접근을 필요로 하거나 액터의 접근이 특정 부분으로 제한돼야 할 수도 있다.
- 리소스의 구체적인 사항(개수, 프로토콜, 유형, 위치, 속성)은 시간이 지남에 따라 변경될 수 있고, 게이트웨이는 좀 더 안정된 인터페이스를 제공할 수 있다.

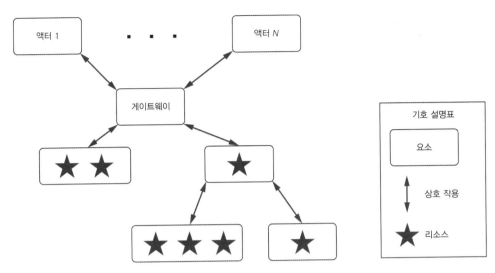

그림 15.2 여러 다양한 리소스에 접근을 제공하는 게이트웨이

이제 특정 인터페이스를 설계하는 데 필요한 구체적인 사항들을 알아볼 것이다. 이는 해당 인터페이스가 어떤 작업과 이벤트, 속성을 제공해야 할지 결정하는 것을 의미한다. 또한 알맞은 데이터 표현 포맷과 데이터 의미론을 선택해 아키텍처 요소들 간의 호환성과 상호 운용성을 보장해야 한다. 이번 장의 시작부에서 소개한 나사의 우주선 사례가 이러한 결정의 중요성을 잘 나타낸다.

상호 작용 스타일

인터페이스는 여러 다른 요소가 통신하고(데이터를 전송하고) 조율할 수 있도록(제어를 전달할 수 있도록) 서로 연결돼야 한다. 통신과 조율이 어떤 식으로 일어나는지, 요소들이 같은 공간에 위치하는지 혹은 원격으로 배포됐는지에 따라 이러한 상호 작용이 일어날 수 있는 방법이 많다. 다음 예를 살펴보자.

- 같은 공간에 위치한 요소들의 인터페이스는 로컬 공유 메모리 버퍼를 통해 대용량 데이터에 대한 효율적인 접근을 제공할 수도 있다.
- 동시에 사용 가능해야 하는 요소들은 필요한 작업을 호출하기 위해 동기 호출을 사용할 수 있다.
- 신뢰할 수 없는 분산 환경에 배포된 요소들은 메시지 큐나 데이터 스트림을 통해 교환

되는 이벤트의 소비와 생성에 기반한 비동기 상호 작용에 의존해야 할 것이다.

상호 작용 스타일은 매우 다양하다. 하지만 여기서는 가장 널리 사용되는 두 가지인 RPC 와 REST를 집중적으로 알아볼 것이다.

- **원격 프로시저 호출**^{RPC, Remote Procedure Call}: RPC는 호출된 프로시저가 네트워크의 다른 어 딘가에 위치한다는 점을 제외하고 명령형 언어의 프로시저 호출을 기반으로 모델링됐 다. 프로그래머는 로컬 프로시저가 호출되는 것처럼 프로시저 호출을 코딩한다. 그러 고 나서 호출은 실제 프로시저가 호출되는 원격 요소로 전송되는 메시지로 변환된다. 마지막으로, 결과가 메시지 형태로 원격 프로시저를 호출한 요소에 반환된다.

  RPC는 1980년대에 처음 등장했으며 많은 수정을 거쳤다. RPC의 초기 버전은 메시 지의 매개변수가 텍스트 형태로 전송되며 동기 방식이었다. 가장 최근의 RPC 버전인 gRPC는 매개변수를 바이너리로 전송하며 비동기 방식이고 인증, 양방향 스트리밍 및 흐름 제어, 블로킹^{blocking} 및 넌블로킹^{nonblocking} 바인딩, 취소 및 타임아웃을 지원한다. gRPC는 전송을 위해 HTTP 2.0을 사용한다.

- REST^{Representational State Transfer}: REST는 웹 서비스용 프로토콜이다. 월드 와이드 웹^{World Wide Web}이 처음 등장했을 때 사용된 프로토콜을 기반으로 만들어졌다. REST는 다음과 같이 요소 간의 상호 작용에 적용되는 여섯 가지 제약 사항으로 구성된다.

  - **일관된 인터페이스**: 모든 상호 작용은 동일한 형태(주로 HTTP)를 사용한다. 인터페이 스를 제공하는 쪽의 리소스는 URI^{Uniform Resource Identifier}를 통해 지정된다. 명명 규칙 은 일관돼야 하고 대개 예기치 못한 사항 최소화의 원칙을 따라야 한다.

  - **클라이언트-서버**: 클라이언트-서버 패턴을 사용해 액터는 클라이언트이고 리소스 제 공자는 서버다.

  - **무상태**^{stateless}: 모든 클라이언트-서버 상호 작용은 상태가 없다. 즉, 클라이언트는 서 버가 클라이언트의 마지막 요청에 대한 정보를 유지하고 있다고 가정해서는 안 된 다. 결과적으로 권한 부여와 같은 상호 작용은 토큰^{token}으로 인코딩되고 해당 토큰 이 매 요청 시에 전달된다.

  - **캐싱 처리 가능**^{cacheable}: 적용 가능한 경우 캐싱이 리소스에 적용된다. 캐싱은 서버 측 이나 클라이언트 측에서 구현될 수 있다.

- 레이어 구조의 시스템 아키텍처: '서버'는 여러 독립적인 요소로 나눠질 수 있고, 이러한 독립적인 요소들은 독립적으로 배포될 수 있다. 예를 들어 비즈니스 로직과 데이터 베이스는 독립적으로 배포될 수 있다.
- 요청형 코드code on demand(선택 사항): 서버가 클라이언트에서 실행되는 코드를 제공할 수 있다. 자바스크립트가 그 예다.

HTTP는 REST와 함께 사용할 수 있는 유일한 프로토콜은 아니지만 가장 일반적으로 사용되는 프로토콜이다. W3C World Wide Web Consortium에 의해 표준화돼 온 HTTP는 〈명령어〉〈URI〉의 기본 형태를 지닌다. 다른 매개변수들도 포함될 수 있지만 HTTP 프로토콜의 핵심은 명령어와 URI이다. 표 15.1은 HTTP의 가장 중요한 다섯 가지 명령어를 나타내고 기존 CRUD create, read, update, delete 데이터베이스 연산과의 관계를 기술한다.

표 15.1 HTTP의 가장 중요한 명령어와 CRUD 데이터베이스 연산과의 관계

HTTP 명령어	CRUD 연산
post	create
get	read
put	update/replace
patch	update/modify
delete	delete

교환되는 데이터의 표현과 구조

모든 인터페이스는 내부 데이터 표현을 추상화하기 위한 기회를 제공한다. 이는 대개 프로그래밍 언어 데이터 유형(예: 객체, 배열, 컬렉션 등)을 다른 유형(여러 다른 프로그래밍 언어 간에 교환하고 네트워크를 통해 전송하는 데 더 적합한 형태)으로 변환함으로써 가능하다. 내부 표현에서 외부 표현으로 변환하는 것을 '직렬화serialization'나 '마샬링marshalling', '변환translation'이라고 부른다.

지금부터 네트워크를 통해 정보를 전송하기 위해 어떤 범용 데이터 교환 포맷이나 표현을 사용해야 할지 알아보겠다. 이러한 결정은 다음 사항들을 기반으로 결정된다.

- **표현성**expressiveness: 표현이 임의의 데이터 구조를 직렬화할 수 있는가? 객체 트리에 최적화돼 있는가? 여러 다른 언어로 작성된 텍스트를 전달할 필요가 있는가?

- **상호 운용성**: 해당 인터페이스에 의해 사용되는 표현이 해당 인터페이스의 액터가 기대하는 바와 일치하고 액터가 파싱하는 법을 알고 있는가? 표준 표현들(예: JSON)을 사용하면 액터들이 네트워크를 통해 전송된 비트bit들을 내부 데이터 구조로 쉽게 변환할 수 있다. 인터페이스가 표준을 구현하는가?

- **성능**: 선택된 표현이 가용한 통신 대역폭의 효율적인 사용을 허용하는가? 표현을 파싱해 표현의 콘텐츠를 내부 요소 표현으로 읽기 위한 알고리듬 복잡도는 어떠한가? 메시지를 전송하기 위해 메시지를 준비하는 데 얼마나 많은 시간이 소요되는가? 필수 대역폭을 위한 금전적인 비용은 어떠한가?

- **암묵적 합의**: 메시지를 디코딩하는 과정 중에 오류나 데이터 손실로 이어질 수 있는 가정(액터와 요소 간에 공유된 가정)에는 어떤 것이 있는가?

- **투명성**: 교환 중인 메시지를 중간에 가로채서 메시지의 콘텐츠를 쉽게 들여다볼 수 있는가? 이는 양날의 검이다. 한편으로는 보는 순간 무슨 의미인지 알 수 있는 메시지self-describing message의 경우 개발자들이 메시지 페이로드payload를 좀 더 쉽게 디버깅할 수 있지만, 메시지를 훔쳐보는 입장에서는 좀 더 쉽게 메시지를 가로채서 콘텐츠를 들여다볼 수 있다. 다른 한편으로 메시지가 바이너리로 표현된 경우, 특히나 암호화된 메시지의 경우에는 특별한 디버깅 툴을 필요로 하지만 좀 더 안전하다.

가장 일반적인 프로그래밍 언어 독립적인 데이터 표현 스타일은 텍스트 기반(예: XML이나 JSON)과 바이너리 기반(예: 프로토콜 버퍼)으로 나눌 수 있다.

확장 가능한 마크업 언어(XML)

XMLExtensible Markup Language은 W3C에 의해 1998년에 표준화됐다. 태그tag라고 부르는 텍스트 문서에 대한 XML 주석은 문서의 정보를 해석하는 방법을 지정하기 위해 사용된다. 이때 문서의 정보를 덩어리나 필드로 나눈 다음, 각 필드의 데이터 유형을 식별한다. 태그에는 속성을 주석으로 달 수 있다.

XML은 메타언어meta-language다. XML 자체는 여러분이 데이터를 기술하기 위한 맞춤화된 언어를 정의할 수 있도록 하는 것 외에는 아무것도 수행하지 않는다. 여러분의 맞춤화된 언어는 XML 스키마$^{XML\ schema}$에 의해 정의된다. XML 스키마 그 자체는 여러분이 사용할 태그와 각 태그가 감싸고 있는 필드를 해석하기 위해 사용해야 할 데이터 유형과 문서의 구조에 적용하는 제약 사항들을 명시한 XML 문서다. XML 스키마를 사용해 아키텍트는 풍부한 정보 구조를 지정할 수 있다.

XML 문서는 여러 목적으로 구조화된 데이터를 표현하기 위해 사용된다. 분산 시스템에서 교환되는 메시지(SOAP)나 웹 페이지의 내용물(XHTML), 벡터 이미지(SVG), 비즈니스 문서(DOCX), 웹 서비스 인터페이스 기술(WSDL), 정적 환경 설정 파일(예: MacOS 속성 목록) 등이 있다.

XML의 강점 중 하나는 XML을 사용해 주석이 추가된 문서는 해당 문서가 스키마를 준수하는지 검증할 수 있다는 것이다. 덕분에 구성이 잘못된 문서로 인해 발생할 수 있는 오류를 방지하고 해당 문서를 읽고 처리하는 코드에 의한 오류 검사 기능이 불필요해진다. 이로 인한 단점은 문서를 파싱하고 검증하는 것이 처리와 메모리 관점에서 상대적으로 비용이 높다는 점이다. 문서를 검증하기 위해서는 문서를 완전히 읽어야 하고 언마샬링^{unmarshalling}하기 위해 여러 번 읽어야 할 수도 있다. 이러한 요구 사항은 XML의 장황함과 결합돼 수용할 수 없는 런타임 성능과 대역폭 소비로 이어질 수 있다. XML이 대세였던 시절에는 'XML은 인간이 읽을 수 있다.'라는 주장이 많이 제기됐다. 하지만 오늘날 이러한 장점은 예전에 비해 훨씬 덜 언급된다.

자바스크립트 객체 표기법(JSON)

JSON$^{JavaScript\ Object\ Notation}$은 데이터를 중첩 이름/값 쌍과 배열 데이터 유형으로 구조화한다. JSON 표기법은 자바스크립트 언어로부터 발전했고 2013년에 최초로 표준화됐다. 하지만 오늘날 JSON은 프로그래밍 언어에 독립적이다. XML과 마찬가지로 JSON은 자신만의 스키마 언어를 특징으로 하는 텍스트 형태의 표현이다. 하지만 XML과 비교해 JSON은 필드 이름이 단 한 번씩만 등장하기 때문에 훨씬 덜 장황하다. 시작 태그와 끝 태그 대신 이름/값 표기를 사용함으로써 JSON 문서를 읽어나가면서 파싱할 수 있다.

JSON 데이터 유형은 자바스크립트 데이터 유형으로부터 파생됐고 현대 프로그래밍 언어의 데이터 유형과 닮았다. 이로 인해 JSON 직렬화와 역직렬화가 XML보다 훨씬 더 효율적이다. JSON의 최초 사용 사례는 자바스크립트 객체를 브라우저와 웹 서버 간에 전송하기 위한 것이었다. 예를 들어 브라우저에서 HTML로 렌더링될 경량 데이터 표현을 전송하기 위한 것이었다. 이는 서버 측에서 렌더링을 수행하고 HTML을 사용해 표현된 더 장황한 뷰를 다운로드해야 하는 것에 비해 장점이 있다.

프로토콜 버퍼

프로토콜 버퍼Protocol Buffers 기술은 구글에서 시작됐고 2008년에 오픈소스로 배포되기 전에 수년간 내부에서 사용됐다. JSON과 마찬가지로 프로토콜 버퍼는 프로그래밍 언어 데이터 유형과 비슷한 데이터 유형을 사용해 직렬화와 역직렬화가 효율적이다. XML과 마찬가지로 프로토콜 버퍼 메시지는 유효한 구조를 정의하는 스키마를 지니며, 해당 스키마는 필수 요소들과 선택 사항 요소들을 명시할 수 있고 중첩 요소들도 명시할 수 있다. 하지만 XML 및 JSON과 달리 프로토콜 버퍼는 바이너리 형태이므로 매우 가볍고 메모리와 네트워크 대역폭 리소스를 꽤 효율적으로 사용한다. 이런 점에서 프로토콜 버퍼는 ASN.1Abstract Syntax Notation One을 떠올리게 한다. ASN.1은 네트워크 대역폭이 매우 소중한 리소스여서 비트 한 개도 낭비할 수 없던 1980년대 초에 만들어졌다.

프로토콜 버퍼 오픈소스 프로젝트는 프로토콜 버퍼를 여러 다른 프로그래밍 언어와 함께 쉽게 사용할 수 있도록 코드 생성기를 제공한다. proto 파일에 메시지 스키마를 명시하면, 해당 스키마가 특정 프로그래밍 언어에 특화된 프로토콜 버퍼 컴파일러를 통해 컴파일된다. 해당 컴파일러에 의해 생성된 프로시저는 액터에 의해서는 데이터를 직렬화하기 위해 사용되고, (해당 컴파일러에 의해 생성된 프로시저가) 요소에 의해서는 데이터를 역직렬화하기 위해 사용된다.

XML과 JSON을 사용할 때 상호 작용하는 요소들은 다른 언어로 작성될 수도 있다. 이때 각 요소는 자신의 언어에 특화된 프로토콜 버퍼 컴파일러를 사용한다. 프로토콜 버퍼는 모든 데이터 구조화 목적에 사용될 수 있지만 대개 gRPC 프로토콜의 일부로 사용된다.

프로토콜 버퍼는 인터페이스 기술 언어를 사용해 명시된다. 프로토콜 버퍼가 프로그래밍 언어에 특화된 컴파일러를 사용해 컴파일되므로 해당 인터페이스의 올바른 동작을 보장하기 위해 명세서가 필요하다. 또한 해당 명세서는 인터페이스의 문서 역할을 할 수 있다. 데이터베이스에 인터페이스 명세서를 저장함으로써 값들이 다양한 요소를 통해 어떤 식으로 전파되는지 확인하기 위해 데이터베이스를 검색할 수 있다.

오류 처리

인터페이스를 설계할 때 아키텍트는 모든 것이 계획대로 동작하는 정상 가정 상황에서 인터페이스가 어떤 식으로 사용하도록 돼 있는지에 자연스레 집중한다. 물론 실제 세상은 정상 가정 상황과는 거리가 멀기 때문에 잘 설계된 시스템이라면 원치 않는 상황에 처했을 때 적절한 조치를 취하는 법을 알아야 한다. 작업이 유효하지 않은 매개변수와 함께 호출됐을 때 무슨 일이 일어날까? 리소스가 가용한 메모리보다 더 많은 메모리를 필요로 할 때 무슨 일이 일어날까? 작업에 대한 호출이 실패로 인해 영원히 반환되지 않으면 무슨 일이 일어날까? 인터페이스가 센서의 값을 기반으로 공지 이벤트를 발생시키도록 돼 있을 때 센서가 응답하지 않거나 이상한 값을 전송해오면 무슨 일이 일어날까?

액터는 해당 요소가 올바르게 동작하는지 여부와 상호 작용이 성공적인지 여부, 오류가 발생했는지 여부를 알아야 한다. 이렇게 하기 위한 전략은 다음과 같다.

- 실패한 작업이 예외를 던질 수도 있다.
- 작업이 미리 정의된 코드와 함께 상태 표시기를 반환할 수도 있다. 오류가 있는 결과를 감지하기 위해 해당 상태 표시기를 테스트해봐야 할 수 있다.
- 가장 최근 작업이 성공했는지 여부와 상태가 있는 요소가 오류 상태에 있는지 여부를 나타내기 위해 데이터를 저장하는 데 속성을 사용할 수도 있다.
- 실패한 동기 상호 작용에 대해 타임아웃과 같은 오류 이벤트가 발생할 수도 있다.
- 특정 출력 데이터 스트림에 연결함으로써 오류 로그를 읽을 수도 있다.

오류가 있는 출력을 기술하기 위해 어떤 예외와 어떤 상태 코드, 어떤 이벤트, 어떤 정보가 사용되는지에 관한 명세서는 요소의 인터페이스의 일부가 된다. 인터페이스가 우아하게 처리해야 할 흔한 오류 발생 원인은 다음과 있다.

- 잘못되거나 유효하지 않은, 규칙에 맞지 않는 정보가 인터페이스에 전송됐다. 예를 들어 널null이 돼서는 안 되는 매개변수에 널 값을 넣어 작업을 호출하는 경우가 있다. 신중을 기하기 위해 리소스에 오류 조건을 연관 지을 수 있다.
- 요소가 요청을 처리하기에 맞지 않는 상태에 있었다. 요소가 이전 동작의 결과로 잘못된 상태에 진입했거나, 동일한 액터 혹은 다른 액터의 일부에 대한 이전 동작의 결여로 인해 잘못된 상태에 진입했을 수 있다. 후자의 예로 요소의 초기화가 완료되기 전에 작

업을 호출하거나 속성을 읽으려는 시도가 있다. 또 다른 예로 시스템의 오퍼레이터(사람)에 의해 오프라인 상태가 된 저장 장치에 기록하려는 시도가 있다.

- 요소가 성공적으로 실행되지 못하도록 하는 하드웨어나 소프트웨어 오류가 발생했다. 프로세서 고장, 네트워크 응답 실패, 추가 메모리 할당 불가가 이러한 오류 조건의 예다.

- 요소의 환경 설정이 올바르지 않다. 예를 들어 요소의 데이터베이스 연결 문자열이 잘못된 데이터베이스 서버를 가리킨다.

오류의 원인을 나타내는 것은 시스템이 적절한 교정 및 복구 전략을 선택하는 데 도움이 된다. 여러 번 수행하더라도 동일한 결과를 내는 작업$^{idempotent\ operation}$에 발생한 일시적 오류는 기다리면서 재시도함으로써 처리될 수 있다. 유효하지 않은 입력으로 인한 오류는 잘못된 요청을 수정해 요청을 재전송해야 한다. 의존 관계가 빠진 경우에는 해당 인터페이스 사용을 재시도하기 전에 해당 의존 관계가 재설치돼야 한다. 구현 버그는 회귀를 방지하기 위해 추가적인 테스트 케이스로 해당 사용 실패 시나리오를 추가함으로써 고칠 수 있다.

15.3 인터페이스 문서화

인터페이스가 요소가 해당 요소의 환경과 수행하는 상호 작용의 모든 측면을 반영하지만, 우리가 인터페이스에 관해 노출하고자 하는 것(즉, 인터페이스의 문서에 추가하고자 하는 것)은 제한적이다. 모든 가능한 상호 작용의 모든 측면을 기록하는 것은 실용적이지 않을 뿐 아니라 바람직하지도 않다. 차라리 액터가 해당 인터페이스와 상호 작용하기 위해 알아야 할 것에 관해서만 노출해야 한다. 다른 말로 표현하면, 여러분은 사람들이 해당 요소에 관해 가정하기 위해 어떤 정보가 허용 가능하고 적절한지 선택해야 한다.

인터페이스 문서는 다른 개발자들이 어떤 요소를 다른 요소들과 조합해 사용하기 위해 해당 요소에 관해 알아야 할 것들을 나타낸다. 개발자는 이후에 인터페이스 문서에는 자세히 나와 있지 않지만 해당 요소가 어떤 식으로 구현됐는지를 나타내는 속성들을 살펴볼 수도 있다. 이러한 속성들은 인터페이스 문서의 일부가 아니므로 변경될 가능성이 있고, 개발자들이 속성을 사용한다면 스스로 위험을 감수하는 것이다.

또한 여러 다른 사람들이 해당 인터페이스에 관한 여러 다른 종류의 정보를 필요로 한다는 점을 알아야 한다. 인터페이스 문서에 해당 인터페이스의 여러 다른 이해관계자를 위한 별도의 절을 추가해야 할 수도 있다. 요소의 인터페이스를 문서화할 때는 다음과 같은 이해 관계자들의 역할을 염두에 둬야 한다.

- **해당 요소의 개발자**: 이러한 개발자들은 해당 요소의 인터페이스가 만족해야 할 계약을 알아야 한다. 이들은 인터페이스 기술에 구체화된 정보만을 테스트할 수 있다.
- **유지 보수 인력**: 해당 요소와 해당 요소의 인터페이스에 할당된 변경 사항을 처리하면서 기존 액터들에게 발생할 수 있는 불편함을 최소화하는 특별한 종류의 개발자다.
- **해당 인터페이스를 사용하는 요소의 개발자**: 이러한 개발자들은 인터페이스의 계약과 해당 인터페이스를 사용하는 방법을 알아야 한다. 이들은 인터페이스 설계와 문서화 프로세스에 해당 인터페이스가 지원해야 하는 사용 사례에 관해 입력 값을 제공할 수 있다.
- **시스템 통합 및 테스트 인력**: 시스템을 시스템의 구성 요소들과 통합하고, 이러한 통합으로 인한 동작에 매우 큰 관심이 있다. 이 역할은 요소가 제공하고 요소가 필요로 하는 모든 리소스와 기능에 관한 세부적인 정보를 알아야 한다.
- **분석가**: 이 역할은 수행하는 분석의 종류에 달려 있다. 예를 들어 성능 분석가의 경우 인터페이스 문서는 액터들이 요청을 적절하게 조정할 수 있도록 서비스 수준 협약^{SLA}을 포함해야 한다.
- **신규 시스템에서 재사용할 애셋^{asset}을 찾는 아키텍트**: 아키텍트는 우선 이전 시스템의 요소들의 인터페이스를 살펴본다. 또한 필요한 작업을 수행하는 구매 가능한 상용 소프트웨어 요소들을 찾아볼 수도 있다. 요소가 적절한 후보인지 확인하기 위해 인터페이스 리소스의 기능과 품질 속성, 해당 요소가 제공하는 모든 가변성에 관심을 갖는다.

요소의 인터페이스를 기술하는 것은 다른 요소들이 의존할 수 있는 해당 요소에 관한 설명을 만드는 것을 의미한다. 인터페이스를 문서화한다는 것은 여러분이 어떤 서비스와 속성이 해당 계약의 일부인지 기술해야 한다는 것(이는 해당 요소가 실제 이 계약을 만족시킨다는 액터에 대한 약속을 의미)을 의미한다. 이 계약을 위반하지 않는 해당 요소의 모든 구현은 유효한 구현이다.

요소의 인터페이스와 해당 인터페이스의 문서를 분명히 구분해야 한다. 여러분이 요소에 관해 관측하는 것은 해당 요소의 인터페이스의 일부다. 예를 들면, 작업이 얼마나 오래 걸리는지가 있다. 인터페이스의 문서는 해당 동작의 부분 집합을 나타낸다. 즉, 해당 문서는 우리가 해당 요소를 사용하는 액터가 무엇에 의존할 수 있길 바라는지 나타낸다.

'하이럼의 법칙^{Hyrum's law}'(www.hyrumslaw.com)은 '어떤 인터페이스의 사용자 수가 충분히 많으면 계약에 무엇을 약속했는지는 중요하지 않다. 여러분 시스템의 모든 관측 가능한 동작들은 누군가에 의해 의존될 것이다.'라고 설명한다. 맞는 말이다. 하지만 앞에서 설명했듯이 여러분이 어떤 요소의 인터페이스에 관해 외부에 공개하지 않은 것에 액터가 의존한다면, 해당 액터는 스스로 위험을 무릅쓰고 있는 것이다.

15.4 요약

아키텍처 요소들은 인터페이스를 지닌다. 인터페이스는 요소들이 서로 상호 작용하면서 거치는 경계다. 인터페이스 설계는 아키텍처의 몫이다. 호환 가능한 인터페이스는 많은 요소가 생산적이고 유용한 무언가를 함께 수행할 수 있는 아키텍처를 가능케 하기 때문이다. 인터페이스의 주된 사용 목적은 요소의 구현을 캡슐화해 구현이 변경되더라도 다른 요소에 영향을 주지 않는 것이다.

요소들은 다중 인터페이스를 통해 여러 다른 유형의 접근 및 권한을 여러 다른 종류의 액터들에게 제공할 수 있다. 인터페이스는 해당 요소가 액터에게 어떤 리소스를 제공하는지 기술할 뿐 아니라 해당 요소가 올바르게 동작하기 위해 자신의 환경으로부터 무엇이 필요한지 기술한다. 아키텍처 그 자체와 마찬가지로 인터페이스는 가능한 한 단순해야 한다.

인터페이스는 작업과 이벤트 속성을 가질 수 있으며, 이들은 인터페이스의 일부분으로 아키텍트가 설계할 수 있다. 이를 위해 아키텍트는 요소에 관해 다음 사항들을 결정해야 한다.

- 인터페이스 범위
- 상호 작용 스타일
- 교환되는 데이터의 표현, 구조, 의미
- 오류 처리

이러한 문제 중 일부는 표준화된 방법을 통해 처리할 수 있다. 예를 들어 데이터 교환은 XML이나 JSON, 프로토콜 버퍼와 같은 메커니즘을 사용할 수 있다.

인터페이스를 포함해 모든 소프트웨어는 진화한다. 인터페이스를 변경할 때 사용할 수 있는 세 가지 기법으로는 사용 중단 권고, 버저닝, 확장이 있다.

인터페이스 문서화는 다른 개발자들이 해당 인터페이스를 다른 요소들과 사용하기 위해 해당 인터페이스에 관해 알아야 할 것들을 나타낸다. 인터페이스 문서화는 어떤 요소 작업과 이벤트, 속성을 해당 요소의 액터들에게 노출할지에 관해 결정하는 것과 해당 인터페이스의 문법과 의미론을 세부적으로 기록하는 것을 포함한다.

15.5 참고 문헌

우편번호의 XML 표현과 JSON 표현, 프로토콜 버퍼 표현 사이의 차이를 확인하고 싶다면 https://schema.org/PostalAddress와 https://github.com/mgravell/protobuf-net/blob/master/src/protogen.site/wwwroot/protoc/google/type/postal_address.proto를 방문해보자.

gRPC에 관한 더 자세한 내용은 https://grpc.io/에서 볼 수 있다.

REST는 로이 필딩^{Roy Fielding}의 박사 논문에서 정의됐다(ics.uci.edu/~fielding/pubs/dissertation/top.htm).

15.6 토론 질문

1. 개(혹은 여러분이 친숙한 다른 종류의 동물)에 관한 인터페이스를 기술해보자. 해당 인터페이스의 작업과 이벤트, 속성을 기술한다. 개는 다중 인터페이스를 가지는가(예: 아는 사람에 대한 인터페이스와 낯선 사람에 대한 인터페이스)?

2. 전구에 관한 인터페이스를 문서화해보자. 해당 인터페이스의 작업과 이벤트, 속성을 문서화한다. 성능과 리소스 활용을 문서화하고, 해당 인터페이스가 진입할 수도 있는 오류 상태와 이로 인한 결과를 문서화한다. 여러분이 방금 기술한 동일한 인터페이스를 갖는 여러 구현을 생각해볼 수 있겠는가?

3. 어떤 상황일 때 성능이 요소의 외부 공개된 인터페이스의 일부가 돼야 하는가? 어떤 상황일 때는 성능이 요소의 외부 공개된 인터페이스의 일부가 되면 안 되는가?

4. 아키텍처 요소가 고가용성 시스템에서 사용될 것이라고 가정해보자. 이는 해당 요소의 인터페이스 문서화에 어떻게 영향을 미칠까? 동일한 요소가 높은 보안을 요구하는 시스템에서 사용될 것이라고 가정해보자. 여러분은 해당 인터페이스를 문서화할 때

두 시스템 간에 어떤 식으로 다르게 문서화할 것인가?

5. '오류 처리' 절에서 여러 다른 오류 처리 전략을 나열했다. 각 전략에 있어 해당 전략을 사용하기 적절한 시점은 언제인가? 또 부적절한 시점은? 각 전략은 어떤 품질 속성을 향상시키거나 감소시켜야 하는가?

6. 이번 장의 앞에서 기술한 화성 기후 궤도선의 손실로 이어진 인터페이스 오류를 방지하기 위해 여러분이라면 어떤 조치를 했겠는가?

7. 1996년 6월 4일 아리안 5 로켓은 발사 후 37초 만에 극적으로 폭발했다. 이 실패에 관해 조사해보고, 이를 방지하기 위해 어떤 더 나은 인터페이스 원칙을 적용해야 했는지 논의해보자.

8. 데이터베이스 스키마는 요소와 데이터베이스 간의 인터페이스를 나타낸다. 데이터베이스 스키마는 데이터베이스에 접근하기 위한 메타데이터를 제공한다. 이러한 관점을 고려할 때 스키마 진화는 인터페이스 진화의 일부다. 스키마가 진화하면서도 기존 인터페이스를 사용 가능하도록 만들 방법에 관해 논의해보고, 스키마가 진화하면서 기존 인터페이스를 사용하지 못하게 만드는 경우에 대해서도 논의해보자. 스키마 진화에 사용 중단 권고, 버저닝, 확장이 어떤 식으로 적용되는지 기술해보자.

16_장

가상화

> 가상은 다음 바이트가 어디에서 오는지 절대 알 수 없다는 것을 의미한다.
> – 알려지지 않은 누군가

1960년대에 컴퓨팅 커뮤니티는 하나의 물리 기계의 메모리, 디스크, 입출력 채널, 사용자 입력 장치와 같은 리소스를 여러 독립적인 애플리케이션 간에 공유하는 문제를 두고 좌절한 적이 있다. 리소스를 공유할 수 없다는 것은 한 번에 하나의 애플리케이션만 실행 가능하다는 것을 의미했다. 그 당시의 컴퓨터 가격은 수백만 달러에 달했고 대부분의 애플리케이션은 가용한 리소스의 일부(대개 약 10%)만을 사용했다. 따라서 이러한 상황은 컴퓨팅 비용에 큰 영향을 미쳤다.

가상 머신과 이후에 소개된 컨테이너는 공유 문제를 해결하기 위해 등장했다. 이러한 가상 머신과 컨테이너의 목표는 여전히 리소스를 공유하면서도 하나의 애플리케이션을 다른 애플리케이션으로부터 격리하는 것이다. 격리 덕분에 개발자들은 애플리케이션이 컴퓨터를 사용하는 유일한 애플리케이션인 것처럼 애플리케이션을 작성할 수 있다. 반면에 리소스 공유 덕분에 여러 애플리케이션을 동시에 동일한 컴퓨터에서 실행할 수 있다. 애플리케이션이 고정된 리소스 집합을 지닌 하나의 물리 컴퓨터를 공유하기 때문에 격리한다고 해도 한계가 있다. 예를 들어 하나의 애플리케이션이 모든 CPU 리소스를 사용하면 다른 애플리케이션들은 실행할 수 없다. 하지만 대부분의 경우 이러한 메커니즘은 시스템과 소프트웨어 아키텍처의 모습을 변경해왔다. 이러한 메커니즘은 어떤 식으로 우리가 컴퓨팅 리소스를 생각하고 배포하고 비용을 지불하는지를 근본적으로 변화시켰다.

이러한 주제가 아키텍트에게 관심 사항인 이유는 무엇일까? 아키텍트는 소프트웨어를 배포하기 위해 어떤 형태의 가상화를 사용하고자 하거나 사용하도록 요구받을 수 있다. 점점 더 많은 애플리케이션이 클라우드에 배포되고 있으며(17장 참고), 이를 위해 컨테이너를 사용하고 있다. 게다가 특수 하드웨어에 배포해야 하는 경우 가상화를 사용하면 특수 하드웨어보다 훨씬 더 접근 가능한 환경에서 테스트를 수행할 수 있다.

이번 장의 목표는 가상 리소스를 활용하는 데 있어 가장 중요한 용어들과 고려 사항들, 장단점들을 소개하는 것이다.

16.1 공유 리소스

비용 문제로 어떤 형태의 공유 리소스를 도입한 조직들이 많다. 이러한 공유 리소스는 시스템을 배포하는 비용을 크게 낮춘다. 다음과 같은 공유와 관련된 네 가지 리소스가 있다.

1. **중앙 처리 장치**[CPU]: 최신 컴퓨터에는 다중 CPU가 있다(그리고 각 CPU에는 다중 프로세서 코어가 있다). 또한 최신 컴퓨터에는 하나 이상의 그래픽 처리 장치[GPU]나 텐서 처리 장치[TPU, Tensor Processing Unit]와 같은 다른 특수 목적 프로세서가 있다.

2. **메모리**: 물리 컴퓨터에는 정해진 양의 물리 메모리가 있다.

3. **디스크 저장소**: 디스크는 컴퓨터를 재부팅하거나 종료하더라도 명령어와 데이터가 유지되는 영구 저장소를 제공한다. 물리 컴퓨터에는 주로 하나 이상의 디스크가 있으며, 각 디스크는 정해진 양의 저장 용량을 갖는다. 디스크 저장소는 회전하는 자기 혹은 광학 하드 디스크 드라이브 장치나 반도체 디스크 드라이브(SSD) 장치를 말한다. 반도체 디스크에는 디스크도 없고 구동할 움직이는 부분도 없다.[1]

4. **네트워크 연결**: 오늘날 제대로 된 모든 물리 컴퓨터에는 모든 메시지가 전달되는 통로 역할을 하는 하나 이상의 네트워크 연결이 존재한다.

이제 공유하고자 하는 리소스들을 나열했으므로, 해당 리소스들을 공유하는 방법과 여러 다른 애플리케이션이 서로의 존재를 알 수 없도록 충분히 '격리된' 방식으로 리소스를 공유

---

1 SSD(Solid-State Disk drive)라는 이름에는 'disk'와 'drive'라는 단어가 포함돼 있는데, 실제 SSD에는 디스크(disk)가 존재하지 않는다. 또한 'drive'는 '구동하다'라는 의미인데, 구동할 움직이는 부분도 없다(no moving parts to drive)는 점을 저자가 재치 있게 지적한 것이다. – 옮긴이

하는 방법에 관해 생각해봐야 한다.

　프로세서 공유는 스레드 스케줄링 메커니즘을 통해 달성된다. 스케줄러는 실행 스레드를 선택하고 가용한 프로세서에 할당한다. 그리고 해당 스레드는 프로세서가 재스케줄링될 때까지 제어를 유지한다. 어떤 애플리케이션 스레드도 스케줄러를 통하지 않고는 프로세서의 제어를 얻을 수 없다. 재스케줄링은 스레드가 프로세서의 제어를 양보했을 때나 정해진 시간 간격이 만료됐을 때, 인터럽트가 발생했을 때 일어난다.

　애플리케이션이 점차 커지면서 코드와 데이터가 물리 메모리를 초과할 수도 있으며, 가상 기술은 이러한 문제를 처리하기 위해 개발됐다. 메모리 관리 하드웨어는 프로세스의 주소 공간을 페이지로 나누고, 필요한 경우 물리 메모리와 보조 기억 장치 간에 페이지를 스와핑한다. 물리 메모리에 있는 페이지들은 즉시 접근 가능하고 다른 페이지들은 필요할 때까지 보조 메모리에 저장된다. 하드웨어는 한 주소 공간을 다른 주소 공간으로부터 격리하는 기능을 지원한다.

　디스크 공유와 격리는 여러 메커니즘을 사용해 달성된다. 우선, 물리 디스크는 디스크 컨트롤러를 통해서만 접근 가능하다. 여기서 디스크 컨트롤러는 각 스레드로 가거나 각 스레드로부터 오는 데이터 스트림이 순차적으로 전달되도록 보장한다. 또한 운영체제는 실행 중인 스레드와 디스크 내용물(예: 파일과 디렉터리)에 사용자 ID와 그룹 같은 정보를 태그로 붙이고, 접근을 요청하는 스레드의 태그와 디스크 내용물의 태그를 비교해 가시성이나 접근을 제한한다.

　네트워크 격리는 메시지 식별을 통해 달성된다. 모든 가상 머신$^{\text{VM, Virtual Machine}}$이나 컨테이너에는 IP$^{\text{Internet Protocol}}$ 주소가 있다. IP 주소는 VM이나 컨테이너로 가는 메시지나 VM이나 컨테이너로부터 오는 메시지를 식별하기 위해 사용한다. 메시지를 송수신하기 위한 또 다른 네트워크 메커니즘은 포트 사용에 의존한다. 어떤 서비스를 위한 모든 메시지에는 해당 서비스와 연관된 포트 번호가 있다. 서비스는 포트를 듣고^{listen} 있다가 해당 포트에 메시지가 도착하면 해당 메시지를 수신한다.

16.2 가상 머신

애플리케이션의 리소스 사용이 다른 애플리케이션의 리소스 사용과 어떤 식으로 격리될 수 있는지 살펴봤으니, 이러한 기법들을 활용하고 조합할 수 있다. 가상 머신을 사용하면 하나의 물리 컴퓨터에서 여러 가상 컴퓨터를 실행할 수 있다.

그림 16.1은 하나의 물리 컴퓨터에 여러 가상 머신이 존재하는 것을 나타낸다. 여기서 물리 컴퓨터는 '호스트 컴퓨터host computer'라 부르고 가상 머신은 '게스트 컴퓨터guest computer'라 부른다. 그림 16.1은 가상 머신의 운영체제인 하이퍼바이저hypervisor를 나타낸다. 하이퍼바이저는 물리 컴퓨터 하드웨어에서 직접 실행되고 대개 베어메탈bare-metal 혹은 타입 1Type 1 하이퍼바이저라고 부른다. 하이퍼바이저가 호스팅하는 가상 머신들은 애플리케이션과 서비스를 구현한다. 베어메탈 하이퍼바이저는 대개 데이터 센터나 클라우드에서 실행된다.

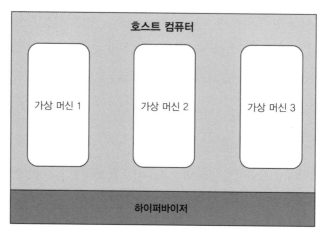

그림 16.1 베어메탈 하이퍼바이저와 가상 머신

그림 16.2는 하이퍼바이저의 또 다른 유형인 호스팅된hosted 혹은 타입 2Type 2 하이퍼바이저를 나타낸다. 이 경우 하이퍼바이저는 호스트 운영체제 위에서 서비스 형태로 실행되고, 하이퍼바이저는 차례로 하나 이상의 가상 머신을 호스팅한다. 호스팅된 하이퍼바이저는 주로 데스크톱이나 랩톱 컴퓨터에서 사용된다. 호스팅된 하이퍼바이저를 사용하면 개발자는 해당 컴퓨터의 호스트 운영체제와 호환되지 않는 애플리케이션을 실행하고 테스트할 수 있다(예: 윈도우 컴퓨터에서 리눅스 애플리케이션을 실행하거나 애플 컴퓨터에서 윈도우 애플리케이션을 실행 가능). 또한 개발 컴퓨터와 운영 컴퓨터의 운영체제가 동일한 경우에도 호스팅된 수퍼바이저는 개발 컴퓨터에서 운영 환경을 복제하는 데 사용될 수 있다. 이러한 접근법은 개발 환경과 운영 환경이 일치함을 보장한다.

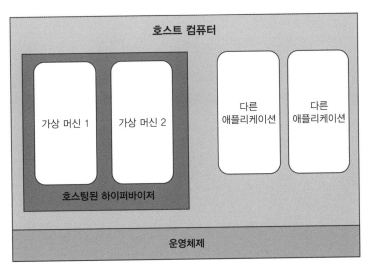

그림 16.2 호스팅된 하이퍼바이저

하이퍼바이저의 가상 머신들은 해당 하이퍼바이저가 호스팅된 물리 CPU와 동일한 명령어 집합을 사용해야 한다. 하이퍼바이저는 명령어 실행을 해석하거나 시뮬레이션하지 않는다. 예를 들어 ARM 프로세서를 사용하는 모바일이나 임베디드 장치용 가상 머신이 있다면, 해당 가상 머신을 x86 프로세서를 사용하는 하이퍼바이저에서 실행할 수 없다. 하이퍼바이저와 관련된 또 다른 기술로 크로스-프로세서cross-processor 실행 지원이 있으며, 이를 에뮬레이터emulator라고 부른다. 에뮬레이터는 대상 혹은 게스트 프로세스용 바이너리 코드를 읽어 호스트 프로세서에서 게스트 명령어 실행을 시뮬레이션한다. 또한 에뮬레이터는 대개 게스트 입출력 하드웨어 장치를 시뮬레이션한다. 예를 들어 오픈소스 QEMU[2] 에뮬레이터는 BIOS, x86 프로세서, 메모리, 사운드 카드, 그래픽 카드와 심지어 플로피 디스크 드라이브도 포함해 전체 PC 시스템을 에뮬레이트할 수 있다.

호스팅된/타입 2 하이퍼바이저와 에뮬레이터를 사용하면 사용자는 호스트 머신의 화면 내 디스플레이, 키보드, 마우스, 터치패드를 통해 가상 머신 내에서 실행 중인 애플리케이션과 상호 작용할 수 있다. 데스크톱 애플리케이션에서 개발 중인 개발자들이나 모바일 플랫폼 또는 IoT 장치와 같은 특화된 장치에서 개발 중인 개발자들은 자신의 빌드/테스트/통합 툴체인으로 호스팅된/타입 2 하이퍼바이저를 사용하거나 에뮬레이터를 사용할 수 있다.

---

2 qemu.org

하이퍼바이저는 두 가지 주요 기능을 수행한다. (1) 각 가상 머신에서 실행 중인 코드를 관리하고, (2) 가상 머신 자체를 관리한다. 좀 더 자세히 설명하면 다음과 같다.

1. 가상화된 디스크나 네트워크 인터페이스에 접근함으로써 가상 머신 밖에서 통신하는 코드는 하이퍼바이저가 가로채서 가상 머신 대신 하이퍼바이저에 의해 실행된다. 이로 인해 하이퍼바이저는 이러한 외부 요청에 태그를 달아서 해당 요청에 대한 응답이 올바른 가상 머신으로 전달될 수 있도록 한다.

   입출력 장치나 네트워크를 통한 외부 요청에 대한 응답은 비동기적인 인터럽트다. 이러한 인터럽트는 최초에 하이퍼바이저에 의해 처리된다. 하나의 물리 호스트 머신에 여러 가상 머신이 동작 중이고 각 가상 머신에는 아직 처리되지 않은 입출력 요청이 있을 수 있기 때문에 하이퍼바이저는 이러한 인터럽트를 올바른 가상 머신에 전달할 방법이 반드시 필요하다. 이것이 앞에서 언급한 태그의 목적이다.

2. 가상 머신은 반드시 관리돼야 한다. 예를 들어 가상 머신의 생성과 파괴가 매우 중요하다. 가상 머신 관리는 하이퍼바이저의 기능 중 하나다. 하이퍼바이저는 스스로 가상 머신의 생성이나 파괴를 결정하지 않고, 사용자나 클라우드 인프라의 명령에 의해 가상 머신을 생성하거나 파괴한다(자세한 내용은 17장에서 알아볼 것이다). 이때 사용자보다는 클라우드 인프라의 명령에 의해 동작하는 경우가 더 흔하다. 가상 머신을 생성하는 과정에는 가상 머신 이미지(다음 절에서 알아볼 예정이다.)를 로딩하는 것이 포함된다.

   가상 머신을 생성하고 파괴하는 것 외에 하이퍼바이저는 가상 머신을 모니터링하기도 한다. 건강 상태 확인과 리소스 사용량은 모니터링의 일부다. 또한 하이퍼바이저는 공격에 대한 방어의 일환으로 가상 머신의 방어적인 보안 경계 내에 위치한다.

3. 마지막으로, 하이퍼바이저는 가상 머신이 자신의 리소스 활용 한계를 초과하지 않도록 보장하는 역할을 한다. 각 가상 머신의 경우 CPU 활용과 메모리, 디스크, 네트워크 입출력 대역폭에 한계가 있다. 가상 머신을 시작하기 전에 하이퍼바이저는 가상 머신의 필요를 만족시킬 정도로 충분한 물리적 리소스가 가용하도록 보장한 다음, 가상 머신이 실행 중인 동안 바로 앞에서 언급한 한계가 지켜지도록 강제한다.

가상 머신은 베어 메탈 물리 머신이 부팅되는 것과 마찬가지로 부팅된다. 머신(가상 머신이든 물리 머신이든)이 실행을 시작할 때 디스크 저장소로부터 부트 로더라고 부르는 특별 프로그램을 자동으로 읽는다. 디스크 저장소는 컴퓨터 내부에 있을 수도 있고 네트워크를 통해 연결돼 있을 수도 있다. 부트 로더는 디스크로부터 운영체제 코드를 읽어서 메모리에 로딩한 다음, 실행을 운영체제로 전달한다. 물리 컴퓨터의 경우 디스크 드라이브와의 연결이 전원 켜기 프로세스 중에 이뤄진다. 가상 머신의 경우 하이퍼바이저가 가상 머신을 시작할 때 디스크 드라이브와의 연결이 하이퍼바이저에 의해 수립된다. '가상 머신 이미지' 절에서 이러한 과정을 좀 더 자세히 알아볼 것이다.

가상 머신 내의 운영체제와 소프트웨어 서비스의 관점에서 보면 소프트웨어가 베어메탈 물리 머신 내부에서 실행 중인 것처럼 보인다. 가상 머신은 CPU와 메모리, 입출력 장치, 네트워크 연결을 제공한다.

하이퍼바이저가 처리해야 할 많은 주요 사항을 고려할 때 하이퍼바이저는 복잡한 소프트웨어다. 가상 머신과 관련된 한 가지 우려 사항은 가상화에 필요한 공유와 격리로 인한 오버헤드다. 즉, 베어메탈 물리 머신에서 직접 실행되는 서비스에 비해 가상 머신에서 실행되는 서비스가 얼마나 더 느릴까? 이 질문에 대한 답은 복잡하다. 이는 서비스의 특성과 사용된 가상화 기술에 달려 있다. 예를 들어 더 많은 디스크와 네트워크 입출력을 수행하는 서비스는 이러한 호스트 리소스를 공유하지 않는 서비스보다 더 많은 오버헤드를 일으킬 것이다. 가상화 기술은 계속해서 향상되고 있지만, 마이크로소프트는 자사의 Hyper-V 하이퍼바이저에 대략 10퍼센트의 오버헤드가 있다고 보고한 바 있다.[3]

가상 머신과 관련해 아키텍트 관점에서 살펴봐야 할 두 가지 사항이 있다.

1. **성능**: 가상화는 성능 비용을 초래한다. 타입 1 하이퍼바이저는 적당한 성능 감소를 일으키지만, 타입 2 하이퍼바이저는 꽤 큰 오버헤드를 일으킬 수 있다.

2. **관심사의 분리**: 가상화를 사용하면 아키텍트는 런타임 리소스를 재화로 취급해야 한다. 따라서 프로비저닝provisioning과 배포 결정을 다른 사람이나 조직에게 맡길 수 있다.

---

3 https://docs.microsoft.com/en-us/biztalk/technical-guides/system-resource-costs-on-hyper-v

16.3 가상 머신 이미지

가상 머신을 부팅하기 위해 사용하는 디스크 저장소의 내용물을 가상 머신 이미지$^{\text{VM image}}$라고 한다. 가상 머신 이미지는 우리가 실행시킬 소프트웨어(예: 운영체제와 서비스)를 구성하는 명령어와 데이터를 나타내는 비트^{bit}들을 담고 있다. 이러한 비트들은 운영체제에 의해 사용되는 파일 시스템에 따라 파일과 디렉터리로 조직화된다. 또한 가상 머신 이미지는 미리 정해진 위치에 저장되는 부트 로드 프로그램을 포함한다.

다음과 같이 새로운 가상 머신 이미지를 만들기 위한 세 가지 방법이 있다.

1. 여러분이 원하는 소프트웨어를 이미 실행 중인 머신을 찾아서 해당 머신의 메모리에 있는 비트들의 스냅샷 복사본$^{\text{snapshot copy}}$을 만들 수 있다.

2. 기존 이미지를 갖고 추가적인 소프트웨어를 추가할 수 있다.

3. 완전히 처음부터 이미지를 생성할 수 있다. 이를 위해서는 여러분이 선택한 운영체제의 설치 미디어를 우선 구해야 한다. 신규 머신을 설치 미디어로부터 부팅한 다음, 해당 머신의 디스크 드라이브를 포맷하고 운영체제를 해당 드라이브에 복사하고 나서 미리 정해진 위치에 부트 로더를 추가한다.

1번과 2번 방법의 경우 운영체제 커널만을 제공하는 최소 이미지부터 전체 애플리케이션을 포함하는 덩치가 큰 이미지 그리고 최소 이미지와 덩치가 큰 이미지의 중간쯤인 이미지에 이르기까지 다양한 머신 이미지를 제공하는 보관소들이 있다(대개 오픈소스다). 이러한 효율적인 시작점 덕분에 새로운 패키지나 프로그램을 빠르게 테스트해볼 수 있다.

하지만 직접 생성하지 않은 이미지를 가져다 실행할 때 발생할 수 있는 몇 가지 문제점이 있다.

- 운영체제와 소프트웨어의 버전을 통제할 수 없다.
- 이미지에 취약점이 포함되거나 보안성이 떨어지게 설정된 소프트웨어가 포함돼 있을 수 있다. 더 안 좋은 것은 이미지에 악성 프로그램^{malware}이 포함될 수도 있다는 점이다.

가상 머신 이미지의 다른 중요한 측면은 다음과 같다.

- 가상 머신 이미지의 용량이 매우 크기 때문에 네트워크를 통해 이미지를 전송하는 것은 매우 느릴 수 있다.

- 이미지는 해당 이미지의 모든 의존 관계를 포함한다.
- 개발 컴퓨터에서 가상 머신 이미지를 빌드한 다음, 이를 클라우드에 배포할 수 있다.
- 가상 머신 이미지에 여러분 자신의 서비스를 추가하길 원할 수도 있다.

이미지를 생성할 때 쉽게 서비스를 설치할 수 있지만, 이 경우 해당 이미지에 포함된 각 서비스의 버전이 다양하므로 기존 이미지와 다른 유일한 이미지가 될 것이다. 저장소 비용을 차치하더라도 이미지가 많아지면 관리하기 어려워진다. 따라서 운영체제와 기타 필수 프로그램만을 포함하는 이미지를 만든 다음, 가상 머신이 부팅되고 나서 환경 설정^{configuration}이라 부르는 과정을 통해 이미지에 서비스를 추가하는 것이 일반적이다.

16.4 컨테이너

가상 머신은 리소스 공유와 격리 유지 문제를 해결한다. 하지만 가상 머신 이미지의 용량이 클 수 있기 때문에 가상 머신 이미지를 네트워크로 전송하는 것은 시간을 많이 소요한다. 8기가바이트 가상 머신 이미지가 있다고 가정해보자. 해당 이미지를 네트워크를 통해 한 곳에서 다른 곳으로 이동하길 원한다고 해보자. 이론상으로 초당 1기가비트^{Gbps} 네트워크에서 64초가 걸릴 것이다. 하지만 실제로 1기가비트 네트워크는 약 35퍼센트의 효율성으로 동작한다. 따라서 8기가바이트 이미지를 전송하는 데 실제 3분 이상 걸릴 것이다. 전송 시간을 줄이기 위한 여러 기법을 사용할 수도 있겠지만, 어쨌든 분 단위의 시간이 걸릴 것이다. 이미지가 전송된 이후에 가상 머신은 운영체제를 부팅하고 서비스를 시작해야 한다. 이로 인해 더 많은 시간이 걸릴 것이다.

컨테이너^{container}는 가상화의 장점을 대부분 유지하면서도 이미지 전송 시간과 시작 시간을 줄이는 메커니즘이다. 가상 머신 및 가상 머신 이미지와 마찬가지로 컨테이너는 전송을 위해 실행 가능한 컨테이너 이미지로 패키징된다(하지만 실전에서 항상 이 용어를 사용하는 것은 아니다).

그림 16.1을 다시 살펴보면, 가상 머신이 하이퍼바이저의 통제 아래 가상화된 하드웨어에서 실행되는 것을 확인할 수 있다. 그림 16.3에서 컨테이너 런타임 엔진^{container runtime engine}의 통제 아래 여러 컨테이너가 실행 중인 것을 확인할 수 있다. 또한 컨테이너 런타임 엔진은 정해진 운영체제 위에서 실행된다. 하나의 물리 호스트 위의 모든 가상 머신이 동일한 근간의 물리 하드웨어를 공유하는 것처럼, 하나의 호스트 내의 모든 컨테이너는 런타임 엔진

을 통해 동일한 운영체제 커널을 공유한다(그리고 컨테이너들은 운영체제를 통해 동일한 근간이 되는 물리 하드웨어를 공유한다). 운영체제는 베어메탈 물리 머신이나 가상 머신에 로딩될 수 있다.

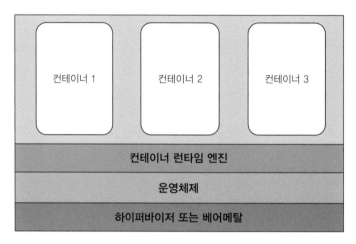

그림 16.3 하이퍼바이저(또는 베어메탈) 위에 운영체제가 있고, 그 위에 컨테이너 런타임 엔진이 있으며, 그 위에 컨테이너가 있다.

추가적인 가상 머신을 지원하기 위해 충분한 사용하지 않은 리소스를 가진 물리 머신을 배정함으로써 가상 머신은 할당된다. 개념적으로 볼 때, 이를 수행하기 위해 하이퍼바이저에게 여유 능력이 되는 물리 머신을 찾아달라고 질의(요청)한다. 마찬가지로 추가적인 컨테이너를 지원하기 위해 충분한 사용하지 않은 리소스를 지닌 컨테이너 런타임 엔진을 배정함으로써 컨테이너는 할당된다. 이때 추가적인 컨테이너 런타임 엔진을 지원하기 위해 추가적인 가상 머신 생성이 필요할 수도 있다. 그림 16.3을 보면 하이퍼바이저의 통제를 받는 가상 머신에서 실행 중인 운영체제가 있고, 운영체제 위에서 실행 중인 컨테이너 런타임 엔진이 있으며, 컨테이너 런타임 엔진 위에서 실행 중인 컨테이너들이 있다.

이러한 운영체제 공유는 이미지 전송 시 성능을 향상시킬 수 있다. 대상 머신이 해당 머신 위에서 실행되는 표준 컨테이너 런타임 엔진을 지닌 한, 운영체제를 컨테이너 이미지의 일부로서 전송할 필요가 없다(게다가 최근에는 모든 컨테이너 런타임 엔진이 표준에 따라 만들어졌다).

성능 향상을 위한 두 번째 방법으로 컨테이너 이미지에서 '레이어(계층)'를 사용할 수 있다(컨테이너 레이어는 1장에서 소개한 모듈 구조의 레이어 개념과는 다르다는 점에 유의하자). 컨테이너 레이어를 좀 더 잘 이해하기 위해 컨테이너 이미지가 어떤 식으로 만들어지는 알아보자. LAMP 스택stack을 실행하기 위한 컨테이너를 만드는 과정을 알아보자(LAMP는 리눅스Linux, 아파치Apache, MySQL, PHP를 나타내는 용어로, 웹 애플리케이션을 만들기 위해 널리 사용되는 스택이다).

LAMP 스택을 사용해 이미지를 만드는 과정은 다음과 같다.

1. 리눅스 배포판을 포함하는 컨테이너 이미지를 생성한다(해당 이미지는 컨테이너 관리 시스템을 사용해 라이브러리로부터 다운로드할 수 있다).

2. 이미지를 생성하고 이를 이미지로 식별한 다음, 해당 이미지를 실행한다(예: 해당 이미지를 인스턴스화한다).

3. 서비스를 로딩하기 위해 해당 컨테이너를 사용한다. 이번 예에서는 리눅스의 기능을 사용해 아파치를 로딩한다.

4. 컨테이너에서 빠져나와, 이것이 두 번째 이미지임을 컨테이너 관리 시스템에게 알린다.

5. 두 번째 이미지를 실행하고 MySQL을 로딩한다.

6. 컨테이너를 빠져나와, 세 번째 이미지에 이름을 부여한다.

7. 이 과정을 한 번 더 반복하고 PHP를 로딩한다. 이제 네 번째 컨테이너 이미지가 생겼다. 이 네 번째 컨테이너는 전체 LAMP 스택을 담고 있다.

이 이미지가 단계를 거쳐 생성됐고 컨테이너 관리 시스템에게 각 단계를 이미지로 만들라고 지시했기 때문에 컨테이너 관리 시스템은 최종 이미지가 '레이어'들로 구성돼 있다고 간주한다.

이제 해당 LAMP 스택 컨테이너 이미지를 운영을 위한 다른 위치로 옮길 수 있다. 최초의 이동을 위해서는 스택의 모든 요소를 이동해야 한다. 하지만 PHP를 신규 버전으로 업데이트한 다음, 수정된 스택을 운영 환경으로 이동하는 경우를 생각해보자(위의 과정에서 단계 7에 해당한다). 컨테이너 관리 시스템은 PHP만 수정됐고 해당 이미지의 PHP 레이어만 옮기면 된다는 것을 알고 있다. 이로 인해 나머지 스택을 옮기는 수고를 덜 수 있다. 이미지 내에서 소프트웨어 컴포넌트를 변경하는 것은 초기 이미지 생성보다 훨씬 더 자주 발생하기 때문에 신규 컨테이너 버전을 운영 환경에 배치하는 것은 가상 머신을 사용하는 것보다 훨씬 더 빠른 과정이 된다. 가상 머신을 로딩하는 것은 분 단위가 걸리지만, 신규 컨테이너 버전을 로딩하는 것은 마이크로초 혹은 밀리초 단위가 걸린다. 이러한 과정은 스택의 최상위 레이어에만 가능하다는 점에 유의하자. 예를 들어 MySQL을 신규 버전으로 업데이트하고자 하면 위 과정의 단계 5에서 단계 7까지를 실행해야 한다.

컨테이너 이미지 생성을 위해 단계를 지닌 스크립트를 만들어 이를 파일로 저장할 수 있다. 이 파일은 컨테이너 이미지를 생성하기 위해 여러분이 사용하는 툴에 특화된다. 이러한 파일 덕분에 어떤 소프트웨어들이 컨테이너에 로딩돼 이미지로 저장돼야 하는지 지정할 수 있다. 명세 파일에 버전 제어를 사용함으로써 여러분 팀의 각 팀원이 동일한 컨테이너 이미지를 생성하고 필요에 따라 해당 명세 파일을 수정하도록 할 수 있다. 이러한 스크립트들은 코드로서 다루는 것이 훨씬 좋으며, 의식적으로 설계하고 테스트하고 환경 설정을 제어하고 리뷰하고 문서화하고 공유할 수 있다.

16.5 컨테이너와 가상 머신

가상 머신에서 서비스를 배포하는 것과 컨테이너에서 서비스를 배포하는 것을 비교하면 각각 어떤 장단점이 있을까?

앞에서 확인한 바와 같이 가상 머신은 CPU, 디스크, 메모리, 네트워크와 같은 물리 하드웨어를 가상화한다. 가상 머신에서 실행되는 소프트웨어는 전체 운영체제를 포함하고 가상 머신에서 거의 모든 운영체제를 실행할 수 있다. 또한 가상 머신에서 거의 모든 프로그램을 실행할 수 있는데, 이는 기존 소프트웨어를 사용해야 하는 경우 중요하다. 전체 운영체제가 포함되기 때문에 동일한 가상 머신에서 여러 서비스를 실행할 수 있다. 이는 서비스들이 서로 긴밀하게 연결돼 있거나 대규모 데이터를 공유할 때 유용하다. 또는 서비스가 동일한 가상 머신 상황 내에서 실행될 때 얻을 수 있는 효율적인 서비스 간 통신과 조율을 활용하고 싶을 때도 유용하다. 하이퍼바이저는 운영체제의 시작을 보장하고 운영체제의 실행을 모니터링하며 운영체제에 치명적인 오류가 생겼을 때 운영체제를 재실행한다.

컨테이너 인스턴스들은 운영체제를 공유한다. 운영체제는 컨테이너 런타임 엔진과 호환 가능해야 한다. 이로 인해 하나의 컨테이너에서 실행할 수 있는 소프트웨어를 제한한다. 컨테이너 런타임 엔진은 컨테이너에서 실행되는 서비스를 시작하고 모니터링하고 재시작한다. 컨테이너 런타임 엔진은 대개 하나의 인스턴스에서 단지 하나의 프로그램만을 시작하고 모니터링한다. 바로 그 하나의 프로그램이 완료되고 정상적으로 종료되면 해당 컨테이너의 실행은 끝난 것이다. 이러한 이유로 컨테이너는 대개 하나의 단일 서비스를 실행한다(하지만 해당 서비스는 멀티스레드 프로그램일 수 있다). 더 나아가 컨테이너를 사용하는 장점 중 하나로 컨테이너 이미지의 크기가 작다는 점을 꼽을 수 있다. 실행하고자 하는 서비스를 지원하는 데 필요한 프로그램들과 라이브러리들만 포함하기 때문이다. 하나의 컨테이너의 여러 서비스는 컨테이너 시작 시간과 런타임 메모리 사용량을 증가시켜 컨테이너 이미지 크기를 증가시킬 수 있다. 곧 살펴볼 내용이기는 하지만, 관련된 서비스들을 실행하는 컨테이너 인스턴스들을 그룹화해 컨테이너 인스턴스들이 동일한 물리 머신에서 실행돼 효율적으로 통신하도록 만들 수 있다. 심지어 일부 컨테이너 런타임 엔진은 동일한 그룹 내의 컨테이너들이 메모리와 세마포어semaphore 같은 조율 메커니즘을 공유하도록 허용한다.

이 밖에 가상 머신과 컨테이너의 차이점들은 다음과 같다.

- 가상 머신이 모든 운영체제를 실행할 수 있는 반면, 컨테이너는 현재 리눅스, 윈도우, iOS에 한정된다.
- 가상 머신 내의 서비스들은 운영체제 기능을 통해 시작되고 중지되고 일시 중지되는 반면, 컨테이너 내의 서비스들은 컨테이너 런타임 엔진 기능을 통해 시작되고 중지되고 일시 중지된다.
- 가상 머신은 가상 머신 내에서 실행 중인 서비스가 종료되더라도 계속 살아 있지만 컨테이너는 그렇지 않다.
- 가상 머신을 사용할 때 존재하지 않는 포트 사용 제한이 컨테이너를 사용할 때는 존재한다.

16.6 컨테이너 이식성

컨테이너가 상호 작용하는 컨테이너 런타임 관리자의 개념을 소개했다. 컨테이너 런타임 엔진을 제공하는 여러 벤더가 있는데, 유명한 업체로는 도커Docker, 컨테이너드containerd, 메소스Mesos가 있다. 각 공급업체는 컨테이너 이미지를 생성하고 컨테이너 인스턴스들을 할당하고 실행하기 위한 기능들을 제공하는 컨테이너 런타임 엔진을 갖고 있다. 컨테이너 런타임 엔진과 컨테이너 사이의 인터페이스는 오픈 컨테이너 이니셔티브Open Container Initiative에 의해 표준화돼 있어 한 벤더의 패키지(예: 도커)에 의해 생성된 컨테이너가 다른 벤더(예: 컨테이너드)에 의해 제공된 컨테이너 런타임 엔진에서 실행될 수 있다.

덕분에 개발 컴퓨터에서 컨테이너를 개발하고 운영 컴퓨터에 배포한 다음, 운영 컴퓨터에서 컨테이너를 실행할 수 있다. 물론 가용한 리소스가 각 경우마다 다를 것이므로 배포가 간단치는 않다. 모든 리소스를 환경 설정 매개변수로 지정한 경우 컨테이너를 운영 환경으로 옮기는 것은 간단할 수 있다.

16.7 팟

쿠버네티스^{Kubernetes}는 컨테이너를 배포하고 관리하고 확장하기 위한 오픈소스 오케스트레이션^{orchestration} 소프트웨어다. 쿠버네티스의 레이어 구조에는 팟^{Pod}이라는 추가적인 요소가 존재한다. 팟은 관련된 컨테이너들의 그룹이다. 쿠버네티스에서 노드(하드웨어나 가상 머신)들은 팟들을 포함하고 팟들은 컨테이너들을 포함한다(그림 16.4 참고). 하나의 팟에 있는 컨테이너들은 다른 서비스로부터 요청을 수신하기 위해 IP 주소와 포트 공간을 공유한다. 컨테이너들은 세마포어나 공유 메모리와 같은 프로세스 간 통신$^{IPC, Interprocess Communication}$을 사용해 서로 통신할 수 있다. 또한 팟의 생애주기 동안 존재하는 일시적인 저장 볼륨을 공유할 수 있다. 컨테이너들은 동일한 생애주기를 지닌다. 즉, 팟에 존재하는 컨테이너들은 동시에 할당되고 동시에 해제된다. 예를 들어 9장에서 논의한 서비스 메시들은 대개 하나의 팟으로 패키징된다.

팟의 목적은 긴밀하게 연관된 컨테이너들 간의 통신 비용을 줄이는 것이다. 그림 16.4에서 컨테이너 1과 컨테이너 2가 자주 통신하는 경우, 두 컨테이너가 하나의 팟으로 배포됐다는 점과 그로 인해 동일한 가상 머신 위에 할당됐다는 점으로 인해 메시지 전달보다 더 빠른 통신을 사용할 수 있다.

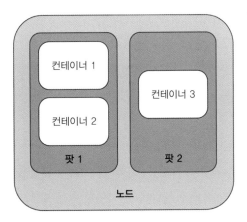

그림 16.4 노드 내에 팟들이 위치하고 팟 내에 컨테이너들이 위치한다.

16.8 서버리스 아키텍처

충분한 여유 공간이 있는 물리 머신을 지정한 다음, 해당 물리 머신에 가상 머신 이미지를 로딩함으로써 가상 머신을 할당할 수 있다고 위에서 언급했다. 따라서 물리 컴퓨터들은 풀 pool을 생성하고, 여러분은 해당 풀로부터 리소스를 할당할 수 있다. 가상 머신들을 물리 머신들에 할당하는 대신에 컨테이너들을 컨테이너 런타임 엔진들에 할당하길 원한다고 가정해 보자. 즉, 컨테이너 런타임 엔진들로 구성된 풀이 있고 컨테이너들을 해당 풀에 할당한다.

하나의 컨테이너에 대한 로딩 시간은 매우 짧아서 콜드 스타트cold start의 경우 몇 초 정도 걸릴 것이고, 재할당의 경우 몇 밀리초 정도 걸릴 것이다. 이제 한 단계 더 나아가보자. 가상 머신 할당과 로딩이 상대적으로 시간이 오래 걸려 인스턴스를 로딩하고 시작하는 데 몇 분 이 걸릴 수 있기 때문에 요청 간에 휴지 시간이 있더라도 가상 머신 인스턴스를 실행 중인 채로 두는 경우가 많다. 반면에 컨테이너를 컨테이너 런타임 엔진에 할당하는 것은 빠르기 때문에 컨테이너를 실행 중인 채로 둘 필요가 없다. 매 요청에 대해 새로운 컨테이너 인스턴스를 재할당해도 문제가 없다. 서비스가 하나의 요청 처리를 완료했을 때 다른 요청을 받기 위해 대기하는 대신에 서비스가 종료되고 컨테이너 실행이 멈추고 컨테이너가 해제된다.

이러한 시스템 설계 접근법을 서버리스 아키텍처serverless architecture라고 부른다. 실제로 서 버가 없는 것은 아니다. 컨테이너 런타임 엔진들을 호스팅하기 위한 서버들이 있지만, 요청 마다 동적으로 할당되기 때문에 서버들과 컨테이너 런타임 엔진들은 인프라에 포함된다. 개발자 입장에서는 서버와 컨테이너 런타임 엔진의 할당 및 해제를 신경 쓰지 않아도 된다. 이를 지원하는 클라우드 서비스 제공자의 기능을 FaaS^Function-as-a-Service라고 한다.

개별적인 요청에 대한 응답으로 컨테이너를 동적으로 할당하고 해제하기 때문에 컨테이너는 상태를 유지할 수 없다. 따라서 컨테이너는 상태를 가질 수 없다. 서버리스 아키텍처에서 조율이 필요한 모든 상태는 클라우드 제공자가 제공한 인프라 서비스에 저장해야 하거나 매개변수로 전달해야 한다.

클라우드 제공자들은 FaaS 기능에 일부 실제적인 제한을 걸어뒀다. 첫 번째 제한 사항으로, 베이스 컨테이너 이미지 선택에 제한이 존재한다. 이는 프로그래밍 언어 선택과 라이브러리 의존 관계를 제약한다. 이는 컨테이너 로딩 시간을 줄이기 위함이다. 즉, 여러분의 서비스는 클라우드 제공자의 베이스 이미지 레이어 위에 존재하는 얇은 이미지 레이어로 제한된다. 다음 제한 사항으로, 컨테이너가 최초 할당되고 로딩될 때 걸리는 시간인 '콜드 스타트' 시간이 수 초가 될 수 있다. 이후에 이어지는 요청들은 여러분의 컨테이너 이미지가 노드에 캐싱돼 있으므로 거의 즉시 처리된다. 마지막으로, 요청에 대한 실행 시간이 제한된다. 여러분의 서비스는 클라우드 제공자의 시간 제한 내에 해당 요청을 처리하고 종료돼야 한다. 그렇지 않으면 여러분의 서비스는 강제 종료될 것이다. 클라우드 제공자들은 경제적인 이유로 시간 제한을 둔다. 덕분에 컨테이너를 실행하는 다른 방법들과 비교해 FaaS 가격을 맞춤화할 수 있고 어떤 FaaS 사용자든 간에 리소스 풀을 너무 많이 소비하는 것을 방지한다. 일부 서버리스 시스템 설계자들은 이러한 제약을 우회하거나 무력화하는 데 상당한 노력을 쏟는다. 예를 들어 콜드 스타트 지연을 피하기 위해 서비스를 미리 시작하거나, 서비스가 캐시에 유지되도록 가짜 요청을 하거나, 실질적인 실행 시간을 연장하기 위해 하나의 서비스에서 다른 서비스로 요청을 분기하거나 전달한다.

16.9 요약

가상화는 네트워크에 연결된(주로 웹 기반) 서비스들을 위한 효율적이고 비용 대비 효과가 높은 할당 플랫폼을 제공하기 때문에 소프트웨어와 시스템 아키텍트들에게 축복이었다. 하드웨어 가상화 덕분에 동일한 물리 머신을 공유하는 여러 가상 머신의 생성이 가능해졌다. CPU와 메모리, 디스크 저장소, 네트워크 격리를 강제하면서도 동일한 물리 머신 공유가 가능하다. 결과적으로 물리 머신의 리소스는 여러 가상 머신 간에 공유될 수 있고, 조직이 구매하거나 대여해야 하는 물리 머신의 수가 최소화된다.

가상 머신 이미지는 실행을 위해 가상 머신에 로딩되는 비트들의 집합이다. 가상 머신 이미지는 프로비저닝을 위한 여러 기법에 의해 생성될 수 있다. 이러한 기법에는 운영체제 기능을 사용하거나 미리 만들어진 이미지를 로딩하는 것 등이 포함된다.

컨테이너는 운영체제를 가상화하는 패키징 메커니즘이다. 호환 가능한 컨테이너 런타임 엔진이 사용 가능하다면 컨테이너를 한 환경에서 다른 환경으로 이동할 수 있다. 컨테이너 런타임 엔진의 인터페이스는 표준화됐다.

여러 컨테이너를 하나의 팟에 배치하는 것은 해당 컨테이너들이 동시에 할당되고 해당 컨테이너들 간에 통신이 빠르게 이뤄질 수 있다는 것을 의미한다.

서버리스 아키텍처는 빠르게 인스턴스화할 수 있는 컨테이너를 가능케 했고 할당과 해제의 책임을 클라우드 제공자 인프라로 넘겼다.

16.10 참고 문헌

이번 장의 내용은 '소프트웨어 엔지니어를 위한 배포 및 운영^{Deployment and Operations for Software Engineers}'[Bass 19]에서 발췌했다. 더 자세한 내용은 해당 글을 참고하자.

위키피디아에서 프로토콜, 컨테이너 런타임 엔진, 서버리스 아키텍처에 관한 세부적인 내용을 찾을 수 있다.

16.11 토론 질문

1. 도커를 사용해 LAMP 컨테이너를 생성해보자. 여러분의 컨테이너 이미지 크기와 여러분이 인터넷에서 찾은 컨테이너 이미지의 크기를 비교해보자. 왜 이런 차이가 발생하는 것일까? 아키텍트 입장에서 이러한 차이가 문제가 되는 상황은 어떤 상황일까?

2. 컨테이너 관리 시스템은 단 하나의 레이어만 변경됐기 때문에 해당 레이어만 전송하면 된다는 사실을 알고 있다. 컨테이너 관리 시스템은 어떻게 아는 것일까?

3. 하나의 하이퍼바이저에서 동시에 실행 중인 가상 머신 간의 격리를 집중적으로 다뤘다. 가상 머신이 종료되고 실행이 중지되고 새로운 가상 머신이 시작될 수도 있다. 하이퍼바이저는 다른 시점에 실행 중인 가상 머신 간에 격리를 유지하고 누수를 방지하

기 위해 무엇을 할까? (힌트: 메모리와 디스크, 가상 MAC, IP 주소 관리에 관해 생각해보자.)

4. 어떤 서비스들의 집합을 하나의 팟으로 그룹화하는 것이 좋을까(앞에서는 서비스 메시들을 하나의 팟으로 그룹화했음)? 왜 그럴까?

5. 컨테이너와 연관된 보안 문제는 어떤 것들이 있을까? 이러한 보안 문제를 완화하려면 어떻게 해야 할까?

6. 임베디드 시스템에서 가상화 기술을 활용하는 것과 관련해 어떤 우려 사항이 있을까?

7. 가상 머신, 컨테이너, 팟을 사용할 때 어떤 종류의 통합과 배포 오류를 피할 수 있을까? 또 어떤 종류의 통합과 배포 오류는 피할 수 없을까?

17장

클라우드 및 분산 컴퓨팅

> 분산 시스템은 여러분이 존재하는지도 몰랐던 컴퓨터의 고장으로 인해
> 여러분의 컴퓨터가 사용할 수 없게 될 수도 있는 시스템을 말한다.
> – 레슬리 램포트(Leslie Lamport)

클라우드 컴퓨팅cloud computing은 리소스를 필요시 바로 제공한다. 클라우드 컴퓨팅이라는 용어는 다양한 컴퓨팅 기능을 가리키는 데 사용된다. 예를 들어 '내 모든 사진이 클라우드에 백업돼 있다.'라고 말할 수 있다. 하지만 해당 문장이 의미하는 바는 무엇일까? 해당 문장은 다음을 의미한다.

- 내 사진이 다른 누군가의 컴퓨터에 저장돼 있다. 그리고 그들은 자산 투자, 유지 보수, 보존, 백업에 관해 신경 쓴다.
- 내가 인터넷을 통해 내 사진들에 접근할 수 있다.
- 내가 사용하는 또는 요청한 공간에 대해서만 비용을 지불한다.
- 저장소 서비스는 신축적이다. 이는 나의 필요가 변함에 따라 저장소가 늘어날 수도 있고 줄어들 수도 있음을 의미한다.
- 클라우드 사용을 스스로 진행할 수 있다. 계정을 생성한 다음, 내 사진을 저장하기 위해 바로 저장소를 사용할 수 있다.

클라우드가 공급하는 컴퓨팅 기능은 사진(혹은 다른 디지털 파일) 저장과 같은 애플리케이션부터 API를 통해 제공되는 세부적인 서비스(예: 텍스트 번역이나 통화 변환)와 프로세서, 네트워크, 저장소 가상화 같은 저수준 인프라 서비스에 이르기까지 다양하다.

이번 장에서는 소프트웨어 아키텍트가 클라우드의 인프라 서비스를 사용해 아키텍트가 설계하고 개발하고 있는 서비스를 전달하는 방법을 알아볼 것이다. 이 과정 중에 분산 컴퓨팅의 가장 중요한 일부 원칙과 기법을 살펴볼 것이다. 이는 여러 컴퓨터(실제든 가상이든)를 사용한 협업을 통해 결과적으로 더 나은 성과를 창출하고 단일 컴퓨터를 사용해 모든 작업을 수행했을 때보다 더 견고한 시스템을 만들어내는 것을 의미한다. 이 주제를 이번 장에 포함시킨 이유는 분산 컴퓨팅이 클라우드 기반 시스템에서 가장 깊게 뿌리내리고 있기 때문이다. 이번 장에서 알아볼 내용은 아키텍처와 매우 관련된 원칙들의 간단한 개요다.

우선 클라우드가 가상 머신을 어떤 식으로 제공하고 관리하는지 알아보자.

17.1 클라우드 기본 지식

공개형 클라우드^{public cloud}는 클라우드 서비스 제공자들이 소유하고 서비스를 제공한다. 이러한 클라우드 서비스 제공자들은 서비스 조건에 동의하고 서비스 사용료를 지불할 수 있는 누구에게나 인프라 서비스를 제공한다. 대개, 이러한 인프라를 사용해 만드는 서비스들은 인터넷에서 공개적으로 접근 가능하다. 물론 방화벽과 같은 메커니즘을 사용해 서비스에 대한 접근을 제한할 수 있다.

어떤 조직들은 폐쇄형 클라우드^{private cloud}를 운영한다. 폐쇄형 클라우드는 조직이 소유하고 운영하며, 해당 조직의 구성원들이 사용하기 위한 것이다. 어떤 조직은 통제와 보안, 비용 같은 부분 때문에 폐쇄형 클라우드를 선택할 수도 있다. 이러한 경우 클라우드 인프라와 해당 클라우드 인프라에서 개발된 서비스는 조직 네트워크 내에서만 접근 가능하다.

혼합형 클라우드^{hybrid cloud}는 어떤 작업은 폐쇄형 클라우드에서 수행되고 어떤 작업은 공개형 클라우드에서 수행되는 혼합 모델이다. 혼합형 클라우드는 폐쇄형 클라우드에서 공개형 클라우드로 이전하는 동안에 혹은 그 반대인 동안에 사용될 수도 있다. 또는 일부 데이터에 법적으로 요구되는 통제와 조사 수준이 공개형 클라우드에서 가능한 수준보다 높아서 혼합형 클라우드를 사용하기도 한다.

클라우드 서비스를 사용하는 소프트웨어를 설계하는 아키텍트 입장에서 기술적 관점으로 바라볼 때 폐쇄형 클라우드와 공개형 클라우드 사이에 큰 차이는 없다. 따라서 여기서는 인프라를 서비스로 제공하는 공개형 클라우드에 초점을 맞출 것이다.

일반적인 공개형 클라우드 데이터 센터에는 수만 개의 물리적 장치가 있다. 여기서 '수만

개'는 5만 개보다는 10만 개에 더 가깝다. 데이터 센터의 크기에 제한을 주는 요소로 데이터 센터가 소비하는 전력량과 데이터 센터 내의 장치들이 발산하는 열의 양이 있다. 빌딩에 전력을 공급한 다음, 해당 전력을 장치로 분배하고 해당 장치가 발산하는 열을 제거하는 데는 현실적인 한계가 있다. 그림 17.1은 일반적인 클라우드 데이터 센터를 나타낸다. 각 랙은 25개 이상의 컴퓨터(각 컴퓨터는 다중 CPU를 지님)로 구성된다. 정확한 숫자는 가용한 전력과 냉각 능력에 따라 달라진다. 데이터 센터에는 이러한 랙이 여러 열로 쭉 서 있고, 각 랙은 고속 네트워크 스위치로 연결된다. 클라우드 데이터 센터는 에너지 효율성(6장 참고)이 일부 애플리케이션에서 중요한 품질 속성이 된 이유 중 하나다.

공개형 클라우드 제공자를 통해 클라우드를 이용하면, 실제로는 전 세계에 퍼진 데이터 센터에 접근하는 것이다. 공개형 클라우드 제공자들은 데이터 센터를 지역region 단위로 구성한다. 클라우드 지역은 논리적이면서도 물리적인 구성물이다. 여러분이 개발하고 클라우드에 배포하는 서비스는 인터넷을 통해 접근 가능하므로 클라우드 지역은 서비스를 사용자들과 물리적으로 가까운 곳에서 제공해 서비스 이용 시 발생하는 네트워크 지연을 줄인다. 또한 일반 개인정보 보호법GDPR, General Data Protection Regulation과 같은 규제 제약 사항으로 인해 특정 유형의 데이터가 다른 나라로 전송되는 것이 제한될 수도 있다. 따라서 클라우드 지역은 클라우드 제공자들이 이러한 규제를 준수하는 데 도움이 된다.

클라우드 지역에는 물리적으로 분산되고 다양한 전력 및 인터넷 연결 공급원을 지닌 데이터 센터가 많이 존재한다. 한 지역 내의 데이터 센터들은 가용성 존availability zone들로 그룹화할 수 있다. 두 개의 다른 가용성 존에 존재하는 모든 데이터 센터가 동시에 고장 날 확률은 매우 적다.

그림 17.1 클라우드 데이터 센터

　서비스가 실행될 클라우드 지역을 선택하는 것은 중요한 설계 결정이며, 클라우드에서 실행되는 신규 가상 머신을 추가 요청할 때 해당 가상 머신이 어느 지역에서 실행될지 지정할 수도 있다. 가용성 존이 자동으로 선택될 수도 있지만, 가용성과 비즈니스 지속성을 이유로 대개 스스로 존을 선택할 것이다.

　공개형 클라우드에 대한 모든 접근은 인터넷을 통해 이뤄진다. 클라우드에 접근할 때는 거쳐야 할 두 가지 주요 게이트웨이가 있다. 관리 게이트웨이^{management gateway}와 메시지 게이트웨이^{message gateway}다(그림 17.2). 여기서는 관리 게이트웨이에 초점을 맞추고, 메시지 게이트웨이는 15장에서 알아볼 것이다.

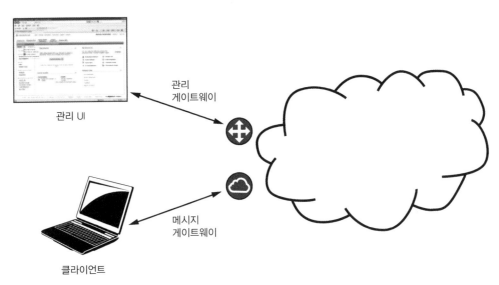

그림 17.2 공개형 클라우드에 접근하기 위한 게이트웨이

클라우드에 여러분을 위한 가상 머신을 하나 할당하길 원한다고 가정해보자. 신규 가상 머신 인스턴스에 대한 요청을 관리 게이트웨이에 전송한다. 이러한 요청에는 많은 매개변수가 존재하지만, 세 가지 핵심 매개변수는 신규 인스턴스가 실행될 클라우드 지역, 인스턴스 유형(예: CPU, 메모리 크기), 가상 머신 이미지의 ID이다. 관리 게이트웨이는 수만 개의 물리적 컴퓨터를 책임지고 있으며, 각 물리 컴퓨터는 해당 물리 컴퓨터에서 돌아가는 가상 머신들을 관리하는 하이퍼바이저를 지닌다. 따라서 관리 게이트웨이는 여러분이 선택한 유형의 추가 가상 머신을 관리할 수 있는 하이퍼바이저를 질의를 통해 식별할 것이다. 여러분의 요청을 처리하기 위해 물리 머신에 할당되지 않은 CPU와 메모리가 충분한가? 만약 그렇다면, 관리 게이트웨이는 해당 하이퍼바이저에게 추가 가상 머신을 생성하라고 요청한다. 그러고 나서 해당 하이퍼바이저는 해당 작업을 수행한 다음, 신규 가상 머신의 IP 주소를 관리 게이트웨이에 반환한다. 클라우드 제공자는 여러분의 요청이 부족한 리소스로 인해 실패하지 않도록 충분한 물리 하드웨어 리소스가 데이터 센터에 가용하도록 보장한다.

관리 게이트웨이는 신규 가상 머신을 할당하는 것 외에 다른 기능도 수행한다. 관리 게이트웨이는 가상 머신에 관한 청구 정보 수집을 지원하고 가상 머신 모니터링과 제거 기능을 제공한다.

인터넷을 통해 관리 게이트웨이의 API에 메시지를 보냄으로써 관리 게이트웨이에 접근할 수 있다. 이러한 메시지는 배포 서비스와 같은 다른 서비스에서 올 수도 있고, 또는 여러분 컴퓨터의 명령줄 프로그램으로부터 생성될 수도 있다(덕분에 스크립트 운영이 가능하다). 또한 클라우드 서비스 제공자가 운영하는 웹 기반 애플리케이션을 통해 관리 게이트웨이에 접근할 수도 있다. 하지만 이러한 유형의 상호 작용 인터페이스는 아주 간단한 운영이 아니라면 효율적이지 않다.

17.2 클라우드에서의 고장

데이터 센터에 수만 개의 물리 컴퓨터가 있을 때 매일 하나 이상의 컴퓨터는 고장 날 것이다. 아마존Amazon에 따르면, 64,000대의 컴퓨터(각 컴퓨터에는 두 개의 디스크 드라이브가 장착돼 있음)가 있는 데이터 센터에서 매일 약 다섯 대의 컴퓨터와 17개의 디스크 드라이브가 고장 난다. 구글 역시 비슷한 통계를 내놨다. 컴퓨터와 디스크가 고장 날 뿐만 아니라 네트워크 스위치도 고장 날 수 있다. 데이터 센터가 과열되면 모든 컴퓨터가 고장 날 수도 있다. 또는 어떤 자연재해로 인해 전체 데이터 센터가 중단될 수도 있다. 클라우드 공급자는 상대적으로 매우 적은 서비스 중단을 기록하지만, 여러분의 가상 머신이 실행되고 있는 물리 컴퓨터는 고장 날 수도 있다. 가용성이 여러분의 서비스에 있어 중요하다면, 어떤 수준의 가용성을 달성해야 하고 어떻게 해당 가용성 수준을 달성할 것인지 주의 깊게 생각해봐야 한다.

클라우드에서의 고장과 관련된 두 가지 개념인 타임아웃과 긴 꼬리 지연에 관해 알아본다.

타임아웃

4장에서 타임아웃이 가용성 전술이라고 배웠다. 분산 시스템에서 타임아웃은 고장을 감지하는 데 사용된다. 타임아웃을 사용하면 다음과 같은 단점이 있다.

- 타임아웃만으로는 타임아웃이 발생한 이유가 고장 난 컴퓨터 때문인지, 네트워크 끊김 때문인지, 정해진 타임아웃 시간을 초과하는 느린 메시지 응답 때문인지 알 수 없다. 이로 인해 일부 느린 응답을 고장으로 간주할 수 있다.
- 타임아웃은 고장이나 속도 저하가 어디서 발생했는지 알려주지 않는다.
- 많은 경우 서비스에 대한 요청은 해당 서비스가 다른 서비스에 요청을 하도록 만든다. 이는 더 많은 요청으로 이어진다. 이러한 연결 고리의 각 응답에 기대 평균 응답 시간에 가깝지만 약간 더 느린 지연이 발생한다면 전체 지연은 실패로 간주될 수 있다.

타임아웃(응답이 너무 오래 걸린다는 결정)은 고장을 감지하는 데 주로 사용된다. 타임아웃은 고장이 요청된 서비스의 소프트웨어에서 발생한 고장으로 인한 것인지, 서비스가 실행 중인 가상 혹은 물리 머신의 고장으로 인한 것인지, 서비스에 연결된 네트워크의 고장으로 인한 것인지 구분할 수 없다. 대부분의 경우 원인은 중요하지 않다. 여러분이 요청을 했거나 주기적인 킵얼라이브keep-alive 메시지나 하트비트heartbeat 메시지를 기대하고 있는데, 제때 응답을 수신하지 못해서 이를 바로잡기 위한 조치를 취해야 하는 것이다.

이는 간단해 보이지만 실제 시스템에서는 복잡할 수 있다. 또한 복구 조치에 대해 지연 위약금과 같은 비용이 대개 존재한다. 새로운 가상 머신을 시작해야 할 수도 있고, 이 경우 새로운 요청을 허용할 준비가 되기까지 수 분이 걸릴 수 있다. 또한 다른 서비스 인스턴스로 신규 세션을 수립해야 할 수도 있다. 이는 시스템의 사용성에 영향을 미칠 수 있다. 클라우드 시스템의 응답 시간은 상당히 다양하다. 실제로는 일시적인 지연이 발생했을 뿐인데, 고장이 발생했다는 결론에 성급하게 도달하면 불필요한 복구 비용이 발생할 수 있다.

분산 시스템 설계자는 대개 타임아웃 감지 메커니즘을 매개변수화해 시스템이나 인프라에 맞게 수정한다. 이러한 매개변수 중 하나로 타임아웃 간격이 있다. 타임아웃 간격은 시스템이 응답이 실패했다고 결정하기 전에 얼마나 기다려야 할지를 정한다. 대부분의 시스템은 한 번 응답을 놓쳤다고 해서 실패 복구를 시작하지는 않는다. 대신에 일반적으로 좀 더 긴 시간 동안 얼마나 많은 응답을 놓쳤는지 확인한다. 놓친 응답 개수가 타임아웃 메커니즘의 두 번째 매개변수가 된다. 예를 들어, 타임아웃이 200밀리초로 설정돼 있고 1초 동안에 메시지를 세 번 놓쳤을 때 실패 복구가 시작된다.

단일 데이터 센터에서 실행되는 시스템의 경우 타임아웃과 임계치를 공격적으로 설정할 수 있다. 단일 데이터 센터의 경우 네트워크 지연이 최소화되고 놓친 응답은 소프트웨어 고장이나 하드웨어 고장 때문일 가능성이 높기 때문이다. 반면에 WAN^Wide Area Network이나 이동통신망 혹은 위성망에 걸쳐 운영되는 시스템의 경우, 이러한 매개변수를 설정할 때 신중해야 한다. 이러한 시스템들은 간헐적이지만 긴 네트워크 지연을 겪을 수 있기 때문이다. 이 경우에는 이러한 가능성을 반영하기 위해 매개변수를 좀 더 느슨하게 설정해 불필요한 복구 조치가 시작되는 것을 방지해야 한다.

긴 꼬리 지연

원인이 실제 고장인지 혹은 단순히 느린 응답인지와 무관하게 최초 요청에 대한 응답은 긴 꼬리 지연$^{long \, tail \, latency}$이라고 부르는 현상을 나타낼 수 있다. 그림 17.3은 아마존 웹 서비스$^{AWS, \, Amazon \, Web \, Services}$에 1,000개의 '인스턴스 시작' 요청을 했을 때 발생하는 지연에 대한 히스토그램을 나타낸다. 일부 요청은 처리되는 데 매우 긴 시간이 걸리는 것을 확인할 수 있다. 이러한 측정치들을 평가할 때 해당 데이터 집합의 특성을 나타내기 위해 어떤 통계치를 사용해야 할지 선택하는 데 있어 신중해야 한다. 이번 경우에 히스토그램은 22초의 지연에서 가장 높다. 하지만 전체 측정치에 대한 평균 지연은 28초이고 지연 중앙값은 23초다. 57초 지연이 발생한 이후에도 요청 중 5퍼센트는 여전히 완료되지 않았다(예를 들어 95번째 백분위수가 57초다). 따라서 클라우드 기반 서비스에 대한 각 서비스 간 요청의 평균 지연은 허용 가능한 범위 내에 들어갈 수 있어도 이러한 요청 중 상당수가 훨씬 더 긴 지연 시간을 가질 수 있다. 이번 경우에는 평균보다 2~10배 더 길다. 이는 히스토그램의 우측 면에 있는 긴 꼬리$^{long \, tail}$ 쪽의 측정치들이다.

긴 꼬리 지연은 서비스 요청 경로 중 어딘가에서 혼잡이 발생하거나 고장이 발생함으로써 나온 결과다. 혼잡에 영향을 주는 요소로 서버 큐, 하이퍼바이저 스케줄링 등 많은 요소가 있지만, 서비스 개발자 입장에서 이러한 혼잡은 해결할 수 없는 부분이다. 요구된 성능과 가용성을 달성하기 위한 모니터링 기법과 전략은 긴 꼬리 분포의 현실을 반영해야 한다.

긴 꼬리 문제를 처리하기 위한 두 가지 기법으로 여유 요청과 대안 요청이 있다.

- **여유 요청**$^{hedged \, request}$: 필요한 요청보다 더 많은 요청을 한 다음, 충분한 응답을 수신한 이후에 요청을 취소하거나 응답을 무시한다. 예를 들어 어떤 마이크로서비스의 인스턴스 열 개를 실행해야 한다고 가정해보자(5장 참고). 11개의 요청을 한 다음에 열 개가 완료되면 아직 응답이 오지 않은 요청을 취소한다.
- **대안 요청**$^{alternative \, request}$: 여유 요청의 변형된 형태로, 대안 요청이라고 부른다. 바로 위에서 기술한 시나리오에서 열 개의 요청을 한다. 여덟 개의 요청이 완료되면 추가로 요청을 두 개 더 한다. 열 개의 응답을 수신했을 때 아직 처리되지 않은 요청 두 개를 취소한다.

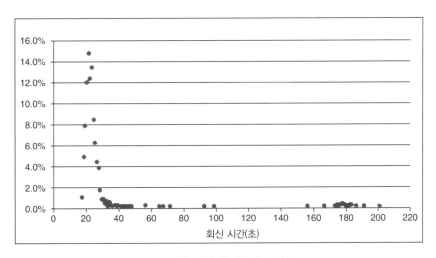

그림 17.3 AWS에 1,000개의 '인스턴스 실행' 요청을 한 경우 긴 꼬리 분포

17.3 성능과 가용성을 향상시키기 위한 다중 인스턴스 사용

클라우드에 호스팅된 서비스가 요청된 지연 내에 처리할 수 있는 것보다 많은 요청을 수신하면 서비스는 과부하 상태가 된다. 입출력 대역폭이나 CPU 사이클, 메모리 리소스 등이 충분하지 않은 경우에 과부하 상태가 될 수 있다. 일부의 경우에는 필요한 것보다 더 많은 리소스를 공급하는 다른 인스턴스 유형에서 서비스를 실행시킴으로써 서비스 과부하 문제를 해결할 수 있다. 이러한 접근법은 간단하다. 서비스 설계는 변경되지 않고, 대신에 서비스가 더 큰 가상 머신에서 실행된다. 수직 확장이라고 부르는 이 접근법은 9장의 리소스 증가 성능 전술과 관련 있다.

수직 확장으로 달성 가능한 정도에는 한계가 있다. 특히나 작업량을 지원하기에 충분히 큰 가상 머신 인스턴스가 존재하지 않을 수도 있다. 이 경우 수평 확장이 이러한 유형이 필요로 하는 추가 리소스를 제공한다. 수평 확장은 동일한 서비스의 복사본이 여럿 있어야 하고 로드 밸런서를 사용해 요청을 여러 복사본 간에 분배해야 한다. 이는 9장에서 살펴본 다중 복사본 유지 전술과 로드 밸런서 패턴에 해당한다.

분산 컴퓨팅과 로드 밸런서

로드 밸런서는 단독형 시스템이 될 수도 있고 다른 기능을 포함할 수도 있다. 로드 밸런서는 클라이언트로부터 서비스에 전송되는 모든 메시지의 경로 중간에 위치하기 때문에 매우 효율적이어야 한다. 그리고 로드 밸런서가 다른 기능도 포함하는 경우 로드 밸런서 고유의 기능은 논리적으로 분리돼야 한다. 여기서 우리의 논의를 두 가지 측면으로 구분해보겠다. 로드 밸런서가 어떤 식으로 동작하는지와 로드 밸런서 뒤에 위치한 서비스가 서비스 상태를 유지하기 위해 어떤 식으로 설계돼야 하는지다. 이러한 과정들을 이해하고 나면, 시스템의 건강 상태 관리와 로드 밸런서가 시스템의 가용성을 향상시키는 방식을 알아볼 것이다.

로드 밸런서는 다음 문제를 해결한다. 하나의 가상 머신 혹은 컨테이너에서 실행 중인 하나의 서비스에 대한 하나의 인스턴스가 존재한다. 또한 너무 많은 요청이 해당 인스턴스에 도착해 해당 인스턴스가 허용 가능한 지연을 제공할 수 없다. 한 가지 해결책으로, 해당 서비스의 여러 인스턴스를 만들어서 해당 인스턴스 간에 요청을 분산시킬 수 있다. 이러한 경우 분산 메커니즘은 별도 서비스인 로드 밸런서다. 그림 17.4는 두 개의 가상 머신(서비스) 인스턴스 간에 요청을 분산하는 로드 밸런서를 나타낸다. 두 개의 가상 머신 인스턴스가 아니라 두 개의 컨테이너 인스턴스라고 하더라도 동일하다(컨테이너는 16장에서 알아봤다).

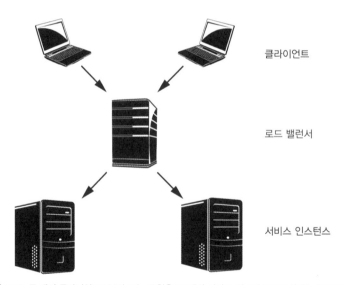

그림 17.4 두 개의 클라이언트로부터 오는 요청을 두 개의 서비스 인스턴스로 분산하는 로드 밸런서

'너무 많은 요청'과 '합당한 응답 시간'이 무엇을 의미하는지 궁금할 수 있다. 이번 장에서 자동 스케일링autoscaling에 관해 논의할 때 이 질문들에 대해 다시 알아볼 것이다. 우선은 로드 밸런서가 어떤 식으로 동작하는지에 집중하자.

그림 17.4에서 각 요청은 로드 밸런서로 전송된다. 논의 목적으로 로드 밸런서가 첫 번째 요청은 인스턴스 1에 전송하고, 두 번째 요청은 인스턴스 2에 전송하고, 세 번째 요청은 다시 인스턴스 1에 전송하는 방식으로 동작한다고 가정해보자. 이런 방식은 두 개의 인스턴스 간에 부하load의 균형을 맞추며balance, 각 인스턴스에게 전체 요청의 절반을 전송한다.

이러한 간단한 로드 밸런서는 다음과 같은 특징을 지닌다.

- 두 개의 인스턴스 간에 메시지를 반복하는 이러한 알고리듬을 '라운드 로빈round-robin' 이라고 한다. 라운드 로빈 알고리듬은 모든 요청이 응답에 거의 동일한 리소스를 소비하는 경우에만 서비스 인스턴스들 간에 동일하게 부하의 균형을 맞춘다. 요청을 처리하는 데 필요한 리소스 소비가 다양한 경우를 위한 다른 메시지 분산 알고리듬들도 있다.

- 클라이언트 입장에서 보면 서비스의 IP 주소가 실제로는 로드 밸런서의 주소다. 해당 주소는 DNS에서의 호스트 이름hostname과 연관될 수도 있다. 클라이언트는 해당 서비스의 인스턴스가 몇 개나 존재하고 각 인스턴스의 IP 주소가 무엇인지 알지도 못하며 알 필요도 없다. 이로 인해 클라이언트는 해당 정보의 변경에 영향을 받지 않는다. 이는 8장에서 논의한 중개자 사용의 예다.

- 여러 클라이언트가 공존할 수 있다. 각 클라이언트는 로드 밸런서에게 자신의 메시지를 전송한다. 로드 밸런서는 메시지 공급원에 관해 신경 쓰지 않는다. 로드 밸런서는 메시지가 도착하는 대로 메시지를 분산한다('스티키 세션sticky session'이나 '세션 어피니티 session affinity'와 같은 개념은 잠시 무시하겠다).

- 로드 밸런서가 과부하 상태가 될 수 있다. 이 경우 해결책은 로드 밸런서의 부하가 균형을 이루게 하는 것이다. 이를 전역 로드 밸런싱global load balancing이라고 부르기도 한다. 즉, 서비스 인스턴스에 도달하기 전에 로드 밸런서의 레이어 구조를 통해 메시지가 이동한다.

지금까지 로드 밸런서에 관한 논의는 처리할 수 있는 일의 양을 늘리는 것에 집중했다. 이제 어떤 식으로 로드 밸런서가 서비스의 가용성을 높이는 역할을 하는지 알아볼 것이다.

그림 17.4는 클라이언트로부터의 메시지가 로드 밸런서를 통해 이동하는 것을 보여주지만 반환 메시지는 보여주지 않는다. 반환 메시지는 로드 밸런서를 건너뛰고 서비스 인스턴스에서 클라이언트로 직접 이동한다(IP 메시지 헤더의 'from' 필드에 의해 클라이언트가 결정된

다). 결과적으로 로드 밸런서는 메시지가 서비스 인스턴스에 의해 처리됐는지 혹은 메시지가 처리되는 데 얼마나 걸렸는지를 알 수 없다. 추가적인 메커니즘이 없다면, 로드 밸런서는 서비스 인스턴스가 살아 있는지, 서비스 인스턴스가 처리 중인지 혹은 서비스 인스턴스 중 하나라도 또는 전부가 실패했는지 알 수 없을 것이다.

건강 상태 확인은 로드 밸런서가 인스턴스가 정상적으로 동작 중인지 여부를 확인하기 위한 메커니즘이다. 이는 4장에서 다룬 가용성 전술의 '결함 감지' 카테고리의 목적이기도 하다. 로드 밸런서는 자신에게 할당된 인스턴스들의 건강 상태를 주기적으로 확인한다. 인스턴스가 건강 상태 확인에 응답하지 못한 경우 해당 인스턴스는 비정상 상태로 기록되고 해당 인스턴스에게 더 이상 메시지를 전송하지 않는다. 건강 상태 확인은 로드 밸런서에서 인스턴스로 가는 핑ping들로 구성되며, 해당 인스턴스로의 TCP 연결을 열거나 처리를 위한 메시지를 전송하기도 한다. 처리를 위한 메시지를 전송하는 경우 반환 IP 주소는 로드 밸런서의 주소다.

인스턴스가 정상에서 비정상으로 변하거나 비정상에서 정상으로 다시 변할 수도 있다. 예를 들어 인스턴스의 큐가 과부하 상태라고 가정해보자. 최초에 접촉했을 때 로드 밸런서의 건강 상태 확인에 응답하지 않을 수도 있다. 하지만 큐가 비워진 다음에는 다시 응답할 준비가 될 수도 있다. 이러한 이유로 로드 밸런서는 비정상 목록으로 인스턴스를 이동시키기 전에 여러 번 확인하고, 다시 응답하는 인스턴스가 있는지 결정하기 위해 비정상 목록을 주기적으로 확인한다. 또 어떤 경우에는 장치 고장 등으로 인해 실패한 인스턴스가 재시작해 로드 밸런서에 재등록할 수 있다. 또는 전반적인 서비스 전달 능력을 유지하기 위해 새로운 대체 인스턴스가 시작돼 로드 밸런서에 등록될 수도 있다.

건강 상태 확인 기능을 지닌 로드 밸런서는 클라이언트로부터 서비스 인스턴스의 고장을 숨김으로써 가용성을 향상시킨다. 서비스 인스턴스 풀은 요구되는 지연 내에 클라이언트 요청의 요구되는 양을 처리하기 충분한 전반적인 서비스 능력을 제공하는 가운데, 어느 정도 수의 동시적인 서비스 인스턴스 고장을 감당할 수 있도록 크기를 정할 수 있다. 하지만 건강 상태 확인을 사용함에도 불구하고, 서비스 인스턴스가 클라이언트 요청을 처리하기 시작했지만 응답은 하지 않는 경우가 있을 수 있다. 클라이언트가 적절한 시간 내에 응답을 받지 못하면 요청을 재전송하도록 클라이언트를 설계해야 한다. 이는 로드 밸런서가 해당 요청을 다른 서비스 인스턴스에게 분배할 수 있도록 해준다. 서비스는 여러 동일한 요청을 수용할 수 있도록 이에 맞게 설계돼야 한다.

분산 시스템에서의 상태 관리

상태^{state}는 클라이언트 요청에 대한 응답 계산에 영향을 주는 서비스 내부 정보를 말한다. 상태, 좀 더 정확하게는 상태를 저장하는 변수들이나 자료 구조들의 값들의 집합은 해당 서비스 요청의 히스토리에 의존한다.

상태 관리는 동시에 하나 이상의 클라이언트 요청을 처리할 수 있을 때 중요하다. 중요한 이유는 서비스 인스턴스가 멀티스레드이기 때문일 수도 있고 로드 밸런서 뒤에 여러 서비스 인스턴스가 있기 때문일 수도 있으며, 두 가지 이유 모두 해당할 수도 있다. 핵심은 상태가 저장되는 위치다. 다음과 같이 세 가지 장소가 있다.

1. **히스토리가 각 서비스 인스턴스에 유지되는 경우**: 서비스는 '상태 있음^{stateful}'으로 기술된다.

2. **히스토리가 각 클라이언트에 유지되는 경우**: 서비스는 '상태 없음^{stateless}'으로 기술된다.

3. **히스토리가 서비스와 클라이언트 외부의 데이터베이스에 영구 기록되는 경우**: 서비스는 '상태 없음'으로 기술된다.

일반적으로는 서비스를 상태 없음으로 설계하고 구현한다. 상태가 있는 서비스는 실패 시에 히스토리가 유실되기 때문에 상태 회복이 어려울 수 있다. 또한 다음 절에서 볼 내용이지만 신규 서비스 인스턴스가 생성될 수 있는데, 서비스가 상태 없음이 되도록 설계함으로써 신규 서비스 인스턴스가 다른 기존 서비스 인스턴스와 마찬가지로 클라이언트 요청을 처리하고 동일한 응답을 생성할 수 있다.

일부의 경우 서비스를 상태 없음으로 설계하기 어렵거나 비효율적일 수 있다. 따라서 클라이언트로부터의 연속적인 메시지들이 동일한 서비스 인스턴스에 의해 처리되길 바랄 수 있다. 연속적인 요청의 첫 번째 요청이 로드 밸런서에 의해 처리돼 어떤 서비스 인스턴스에 분배된 다음, 해당 클라이언트가 해당 서비스 인스턴스와 직접 세션을 수립해 이후의 요청이 로드 밸런서를 건너뛰도록 함으로써 연속적인 메시지들이 동일한 서비스 인스턴스에 의해 처리되도록 할 수 있다. 대안으로 어떤 로드 밸런서들은 특정 유형의 요청을 스티키^{sticky}로 처리하도록 설정할 수 있다. 스티키로 처리할 경우 로드 밸런서는 이후의 클라이언트 요청을 해당 클라이언트로부터의 마지막 메시지를 처리한 서비스 인스턴스로 전달한다. 이러한 접근법들(직접 세션과 스티키 메시지)은 특별한 상황에만 사용해야 한다. 인스턴스 실패의 가능성과 스티키 메시지가 전달되는 인스턴스가 과부하를 겪을 위험이 있기 때문이다.

서비스의 모든 인스턴스에 걸쳐 정보를 공유해야 할 필요가 있는 경우가 많다. 해당 정보는 앞에서 논의한 바와 같이 상태 정보로 구성될 수도 있고, 또는 해당 서비스 인스턴스들이 효율적으로 함께 동작하는 데 필요한 다른 정보일 수도 있다. 예를 들어 해당 서비스의 로드 밸런서의 IP 주소가 이에 해당한다. 서비스의 모든 인스턴스 간에 공유되는 상대적으로 적은 양의 정보를 관리하기 위한 해결책이 있다. 이에 관해서는 다음 절에서 알아볼 것이다.

분산 시스템에서의 시간 조율

지금 시간을 정확히 알아내는 것은 간단한 일처럼 보이지만, 실제로 그렇지는 않다. 컴퓨터의 하드웨어 시계는 12일마다 1초가 빨라질 수도 있고 1초가 늦어질 수도 있다. 여러분의 컴퓨팅 장치가 외부에 있다면, 정확도 오차가 100나노초 이하인 시간을 제공하는 GPS[Global Positioning System] 위성으로부터 시간 신호를 받을 수도 있다.

두 개 이상의 장치가 지금 몇 시인지에 동의하도록 하는 것은 훨씬 더 어렵다. 네트워크 상의 다른 두 장치로부터 읽은 시간은 일치하지 않을 것이다. 네트워크 시간 프로토콜[NTP, Network Time Protocol]을 사용해 로컬 네트워크나 광역 네트워크에 연결된 다른 장치 간에 시간을 동기화할 수 있다. 이를 위해서는 네트워크 지연을 예측하기 위해 시간 서버와 클라이언트 장치 간에 메시지를 교환해야 하고, 클라이언트 장치의 시간을 시간 서버에 동기화하는 알고리듬을 적용해야 한다. NTP는 로컬 네트워크에서는 약 1밀리초 수준의 정확도를 지니고 공용 네트워크에서는 약 10밀리초 수준의 정확도를 지닌다. 혼잡은 100밀리초 이상의 오차를 일으킬 수 있다.

클라우드 서비스 제공자들은 자신들의 시간 서버에 매우 정확한 시간 참조치를 제공한다. 예를 들어 아마존과 구글은 원자 시계를 사용하는데, 오차 범위가 사실상 측정 불가하다. 따라서 아마존과 구글 모두 "지금 몇 시인가요?"라는 질문에 매우 정확한 답변을 제공할 수 있다. 물론, 해당 질문에 대한 답변이 여러분의 화면에 표시됐을 때도 여전히 해당 답변이 유효한지는 또 다른 문제다.

다행히도 여러 이유로 시간이 거의 정확한 정도이면 충분하다. 하지만 다른 두 장치 간의 시간 값 사이에는 어느 정도 수준의 오차가 존재한다고 가정해야 한다. 이러한 이유로 대부분의 분산 시스템은 애플리케이션이 정상적으로 동작하기 위해 장치 간에 동기화가 필요 없도록 설계됐다. 장치 시간은 주로 주기적인 동작의 실행이나 로그 기록에 사용된다. 또한 다른 장치와의 정확한 조율이 필요 없는 경우(장치 시간에 어느 정도의 오차가 존재하더라도 그 정도의 오차는 감내할 수 있는 수준의 조율이면 충분한 경우) 장치 시간을 사용할 수 있다.

또한 다행히도 여러 이유로 이벤트가 발생한 시점을 아는 것보다 이벤트 발생 순서를 아는 것이 더 중요하다. 주식 시장의 매매 결정이 바로 이러한 경우에 해당한다. 모든 온라인 경매 유형도 마찬가지다. 주식 시장이든 온라인 경매든 모두 패킷이 전송된 순서에 따라 패킷을 처리하도록 돼 있다.

장치 간의 중요한 조율을 위해 대부분의 분산 시스템은 시간을 비교하는 대신에 벡터 시계$^{vector\ clock}$(실제 시계가 아니라 애플리케이션에서 동작들이 서비스들을 거쳐 전파됨에 따라 해당 동작들을 추적하는 계수기임)와 같은 메커니즘을 사용해 어떤 이벤트가 다른 이벤트 전에 발생했는지 여부를 알아낸다. 이는 애플리케이션이 동작들을 올바른 순서로 적용할 수 있도록 보장해준다. 다음 절에서 알아볼 데이터 조율 메커니즘 대부분은 이러한 유형의 동작 정렬에 의존한다.

아키텍트 입장에서는 성공적인 시간 조율을 위해 실제 시계 시간에 의존해야 할지 아니면 올바른 순서로 충분할지 알아야 한다. 실제 시계 시간에 의존해야 하는 경우 어느 정도 정확도가 필요한지 파악해서 적절한 해결책을 선택해야 한다.

분산 시스템에서의 데이터 조율

분산 머신들 간에 공유할 리소스 락^{lock}을 생성하는 문제에 관해 생각해보자. 일부 주요 리소스가 서로 다른 두 물리 컴퓨터에서 실행 중인 서로 다른 두 가상 머신의 서비스 인스턴스들에 의해 접근되고 있는 중이라고 가정해보자. 예를 들어 이 주요 리소스가 은행 잔고와 같은 데이터 항목이라고 가정해보자. 은행 잔고를 변경하기 위해서는 현재 잔고를 읽은 후에 거래액만큼 더하거나 뺀 다음, 계산 결과를 신규 잔고로 다시 기록해야 한다. 서로 다른 두 서비스 인스턴스들이 해당 데이터 항목(은행 잔고)에 대해 독립적으로 작업할 수 있다면, 두 인스턴스가 동시에 서로의 입출금 내역을 덮어 쓰는 경쟁 상황이 생길 수도 있다. 이러한 상황에서 표준 해결책은 해당 데이터 항목에 락을 걸어서 다른 서비스가 락을 얻기 전까지는 해당 데이터 항목에 접근할 수 없게 만드는 것이다. 서비스 인스턴스 1이 은행 계좌에 대한 락을 부여받아 락을 해제하기 전까지는 격리된 상태로 입출금 작업을 수행할 수 있다. 그러고 나면 해당 락이 사용 가능할 때까지 기다리고 있던 서비스 인스턴스 2가 은행 계좌에 락을 건 다음 두 번째 입출금 작업을 수행할 수 있다.

이와 같은 공유 락을 사용하는 해결책은 서비스가 하나의 머신에서 실행 중인 프로세스인 경우 구현하기 쉽고, 락 요청 및 해제는 매우 빠르고 원자성^{atomicity}을 지닌다. 하지만 분산 시스템에서 이 방법에는 두 가지 문제점이 있다. 첫째, 락을 획득하기 위해 일반적으로 사용되는 2단계 커밋^{commit} 프로토콜은 네트워크를 통해 여러 메시지를 전송해야 한다. 최상의 경우에는 동작에 지연을 추가할 뿐이지만, 최악의 경우에는 이러한 메시지 중 어떤 것이라도 실패할 수 있다. 둘째, 서비스 인스턴스 1이 락을 획득한 이후에 문제가 생겨 서비스 인스턴스 2가 계속해서 기다리는 상황이 생길 수 있다.

이러한 문제점들에 대한 해결책으로 복잡한 분산 조율 알고리듬이 필요하다. 이번 장의 시작부에서 문장이 인용된 레슬리 램포트^{Leslie Lamport}는 최초의 복잡한 분산 조율 알고리듬 중 하나를 개발했는데, 이를 '팩소스^{Paxos}'라고 명명했다. 팩소스와 다른 분산 조율 알고리듬들은 컴퓨터나 네트워크 고장이 발생했을 때도 참여자들이 동의에 이를 수 있도록 보장하는 합의 메커니즘에 의존한다. 이러한 알고리듬들은 너무나 복잡해서 제대로 설계하기 어려우며, 검증된 알고리듬을 구현하는 것은 프로그래밍 언어와 네트워크 인터페이스 의미론의 미묘한 차이로 인해 까다롭다. 실제로 분산 조율 문제는 여러분이 스스로 해결하려 시도해서는 안 되는 문제들 중 하나다. 아파치 주키퍼^{Apache Zookeeper}나 컨설^{Consul}, etcd와 같은 기존 솔루션 패키지 중 하나를 사용하는 것이 자신만의 해결책을 만드는 것보다 훨씬 낫다. 서비스 인스턴스들이 정보를 공유해야 할 때, 서비스 인스턴스들은 모든 서비스가 동일한 값을 보도록 보장하는 분산 조율 메커니즘을 사용하는 서비스에 해당 정보를 저장한다.

마지막으로 알아볼 분산 컴퓨팅 주제는 인스턴스의 자동 생성과 소멸이다.

자동 스케일링: 인스턴스의 자동 생성과 소멸

여러분의 조직이 모든 물리적인 리소스를 소유한 전통적인 데이터 센터를 생각해보자. 이 환경에서 조직은 처리하기로 약속한 작업 부하의 최대치를 처리하기에 충분한 물리적 하드웨어를 시스템에 할당해야 한다. 작업 부하가 최대치보다 작을 때 해당 시스템에 할당된 일부 혹은 상당량의 하드웨어 능력은 유휴 상태다. 이제 이러한 전통적인 데이터 센터의 상황을 클라우드 환경과 비교해보자. 클라우드 환경의 가장 큰 두 가지 특징은 여러분이 요구하는 리소스에 대해서만 비용을 지불하고 리소스를 쉽고 빠르게 추가하고 해제할 수 있다(탄력성^{elasticity})는 것이다. 이러한 두 가지 특징 덕분에 필요한 작업 부하를 처리하기 위한 능력을 갖춘 시스템을 생성할 수 있으므로 과잉 능력에 대해 비용을 지불하지 않는다.

탄력성은 여러 시간 단위로 적용된다. 어떤 시스템들은 상대적으로 안정된 작업 부하를 보이기 때문에 이렇게 천천히 변하는 작업 부하에 맞춰 월 단위나 분기 단위로 리소스 할당을 수작업으로 검토하고 변경할 수 있다. 다른 시스템들은 요청 속도의 급격한 증가와 감소가 있어서 좀 더 동적인 작업 부하를 보이기 때문에 서비스 인스턴스의 추가와 해제를 자동화할 방법이 필요할 것이다.

자동 스케일링은 필요한 경우에 신규 인스턴스를 자동으로 생성하고 필요 없는 경우에 기존 잉여 인스턴스를 자동으로 해제하는 인프라 서비스다. 자동 스케일링은 로드 밸런서 뒤에 위치한 서비스 인스턴스 풀의 크기를 늘리거나 줄이기 위해 대개 로드 밸런싱과 결합돼 동작한다. 컨테이너들을 자동 스케일링하는 것은 가상 머신들을 자동 스케일링하는 것과는 조금 다르다. 먼저 가상 머신들을 자동 스케일링하는 것에 대해 논의한 다음, 컨테이너들이 자동 스케일링될 때와 어떤 차이점이 있는지 알아볼 것이다.

가상 머신 자동 스케일링

그림 17.4로 돌아와서, 두 개의 클라이언트가 두 개의 서비스 인스턴스가 처리할 수 있는 것보다 더 많은 요청을 생성한다고 가정해보자. 이때 자동 스케일링은 처음 두 개의 인스턴스에 사용됐던 동일한 가상 머신 이미지를 기반으로 세 번째 인스턴스를 생성한다. 신규 인스턴스가 로드 밸런서에 등록돼 이후에 들어오는 요청은 최초 두 개의 인스턴스가 아니라 세 개의 인스턴스 간에 분배된다. 그림 17.5는 서버 인스턴스들의 활용도를 모니터링하고 자동 스케일링하는 신규 컴포넌트인 자동 스케일러^{autoscaler}를 나타낸다. 자동 스케일러가 새로운 서버 인스턴스를 만들고 난 다음, 로드 밸런서에게 해당 서버 인스턴스의 IP 주소를 통지해서 로드 밸런서가 기존 서버 인스턴스들 외에 신규로 추가된 서버 인스턴스에도 요청을 분배할 수 있도록 한다.

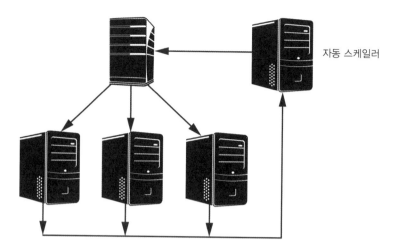

그림 17.5 활용도를 모니터링하는 자동 스케일러

클라이언트들이 얼마나 많은 인스턴스가 존재하는지 혹은 어떤 인스턴스가 자신의 요청을 처리 중인지 알지 못하기 때문에 자동 스케일링 활동은 서비스 클라이언트들에게는 보이지 않는다. 게다가 클라이언트 요청 속도가 감소하면, 클라이언트 모르게 인스턴스는 로드밸런서 풀로부터 제거된 다음에 중단되고 해제될 수 있다.

클라우드 기반 서비스 아키텍트의 입장에서 자신의 동작을 관장하는 자동 스케일러에 관한 규칙들을 설정할 수 있다. 자동 스케일러에 제공하는 환경 설정 정보에는 다음 항목들이 포함된다.

- 신규 인스턴스가 생성됐을 때 실행될 가상 머신 이미지 및 보안 설정과 같이 클라우드 제공자가 필요로 하는 모든 인스턴스 환경 설정 매개변수들
- 신규 인스턴스를 실행하기 위한 (시간에 따라 측정된) CPU 활용 임계치
- 기존 인스턴스를 종료하기 위한 (시간에 따라 측정된) CPU 활용 임계치
- 인스턴스를 생성하고 삭제하기 위한 (시간에 따라 측정된) 네트워크 I/O 대역폭 임계치
- 해당 그룹에 사용하고자 하는 인스턴스의 최소 및 최대 개수

다음 두 가지 이유로 자동 스케일러는 CPU 활용도나 네트워크 I/O 대역폭 수치의 순간치에 따라 인스턴스를 생성하거나 제거하지는 않는다. 첫째, 이러한 지표에는 갑작스러운 증가와 갑작스러운 감소가 있을 수 있고, 합당한 시간 간격 동안 평균을 냈을 때만 의미가 있다. 둘째, 신규 가상 머신을 할당하고 시작하는 데는 분 단위의 상대적으로 긴 시간이 걸린다. 가

상 이미지가 로딩되고, 네트워크에 연결된 다음, 운영체제가 부팅을 해야 비로소 가상 머신은 메시지를 처리할 준비가 된다. 결과적으로 자동 스케일러 규칙은 대개 'CPU 활용도가 5분간 80퍼센트 이상이면 신규 가상 머신을 생성하라.'와 같은 형태가 된다.

활용도 지표를 기반으로 가상 머신을 생성하고 제거하는 것 외에도 가상 머신의 최소 및 최대 개수를 제공하거나 시간 스케줄을 기반으로 가상 머신을 생성할 수 있다. 예를 들어 평소에는 업무 시간에 부하가 커질 수 있다. 이러한 사실을 기반으로 업무 시간 시작 전에 더 많은 가상 머신을 할당한 다음, 업무 시간이 끝난 이후에 일부 가상 머신을 제거할 수 있다. 이러한 스케줄에 따른 할당은 서비스 사용 패턴에 관한 예전 데이터에 기반해야 한다.

자동 스케일러가 인스턴스를 제거할 때 단순히 해당 가상 머신을 종료시킬 수는 없다. 먼저, 로드 밸런서에게 해당 서비스 인스턴스에 요청을 전송하는 것을 중단하라고 알려야 한다. 다음으로, 해당 인스턴스가 요청을 처리하는 과정 중에 있을 수 있기 때문에 자동 스케일러는 해당 인스턴스에게 자신의 활동을 멈추고 종료하라고 알려야 한다. 그러고 나서야 해당 가상 머신을 소멸시킬 수 있다. 이러한 과정을 인스턴스 '비우기draining'라고 한다. 서비스 개발자는 자신의 서비스의 인스턴스를 종료하고 비우기 위한 명령어들을 수신하기 위한 적절한 인터페이스를 구현할 책임을 지닌다.

컨테이너 자동 스케일링

컨테이너들은 가상 머신에 호스팅된 런타임 엔진 위에서 실행되기 때문에 컨테이너들을 자동 스케일링하기 위해서는 두 가지 다른 유형의 결정이 필요하다. 가상 머신들을 스케일링할 때 자동 스케일러는 추가적인 가상 머신이 필요하다고 결정한 다음, 신규 가상 머신을 할당하고 해당 가상 머신에 적절한 소프트웨어를 로딩한다. 컨테이너들을 스케일링하기 위해서는 두 단계의 결정이 필요하다. 첫째, 추가적인 컨테이너(혹은 팟)가 현재 작업 부하에 필요한지 결정해야 한다. 둘째, 신규 컨테이너(혹은 팟)가 기존 런타임 엔진 인스턴스 위에서 할당될 수 있는지 혹은 신규 인스턴스가 할당돼야 하는지 결정해야 한다. 신규 인스턴스가 할당돼야 한다면, 충분한 능력을 지닌 가상 머신이 가용한지 혹은 추가적인 가상 머신이 할당돼야 하는지 확인해야 한다.

컨테이너 스케일링을 제어하는 소프트웨어는 가상 머신 스케일을 제어하는 소프트웨어와 독립적이다. 덕분에 컨테이너 스케일링은 여러 클라우드 제공자 간에 이식 가능하다. 이후에 컨테이너가 진화됨에 따라 이러한 두 가지 유형의 스케일링은 통합될 가능성이 있다. 이러한 경우 소프트웨어와 클라우드 제공자 사이에 의존 관계를 생성하게 될 수 있다는 점과 이러한 의존 관계는 이후에 끊기 매우 어렵다는 점을 유념해야 한다.

17.4 요약

클라우드는 분산된 데이터 센터들로 구성되고, 각 데이터 센터에는 수만 개의 컴퓨터가 있다. 클라우드는 인터넷으로 접근 가능한 관리 게이트웨이를 통해 관리되고 리소스 사용량 측정과 과금 계산뿐 아니라 가상 머신들의 할당과 해제, 모니터링까지 책임진다.

데이터 센터의 엄청나게 많은 수의 컴퓨터들 때문에 데이터 센터 내에서는 컴퓨터 고장이 자주 일어난다. 서비스 아키텍트는 자신의 서비스가 실행 중인 가상 머신이 언제든 고장 날 수 있다고 가정해야 한다. 또한 다른 서비스에 전송한 요청이 긴 꼬리 지연 현상을 보일 수 있다고 가정해야 한다. 긴 꼬리 지연의 경우 약 5퍼센트에 해당하는 요청의 처리 시간이 평균 요청 처리 시간보다 5~10배 정도 더 걸리는 것을 말한다. 따라서 서비스 가용성에 관해 신경 써야 한다.

서비스의 단일 인스턴스들이 적절한 시간 내에 모든 요청을 처리하지 못할 수도 있기 때문에 서비스 인스턴스들을 포함하는 여러 가상 머신이나 컨테이너를 실행하기로 결정할 수도 있다. 이러한 다중 인스턴스들은 로드 밸런서 뒤쪽에 위치한다. 로드 밸런서는 클라이언트로부터 요청을 수신해 다양한 인스턴스에 해당 요청을 분배한다.

서비스의 인스턴스가 여럿 존재하고 여러 클라이언트가 존재한다는 점은 상태를 어떤 식으로 관리해야 하는지에 큰 영향을 미친다. 상태를 어디에 저장할지에 관한 다양한 결정은 다양한 결과로 이어진다. 가장 흔한 실천법으로, 서비스를 상태 없음으로 유지할 수 있다. 상태가 없는 서비스는 고장으로부터 복구가 쉽고 신규 인스턴스 추가도 쉽기 때문이다. 분산 조율 서비스를 사용함으로써 서비스 인스턴스들 간에 작은 양의 데이터를 공유할 수 있다. 분산 조율 서비스는 구현하기에 복잡하지만, 여러 검증된 오픈소스 구현물이 있다.

클라우드 인프라는 수요가 증가할 때 신규 인스턴스를 생성하고 수요가 감소할 때 기존 인스턴스를 제거함으로써 서비스를 자동으로 스케일링할 수 있다. 인스턴스 생성 및 삭제에 관한 조건을 부여하는 규칙들을 통해 자동 스케일러의 동작을 지정한다.

17.5 참고 문헌

네트워크와 가상화가 어떤 식으로 동작하는지에 관한 세부 사항은 [Bass 19]에서 확인할 수 있다.

클라우드 상황에서 긴 꼬리 지연 현상은 [Dean 13]에서 처음 제시됐다.

팍소스^{Paxos}는 [Lamport 98]에 의해 처음 제안됐다. 팍소스에 관한 해당 논문은 이해하기 쉽지 않지만, 위키피디아(https://en.wikipedia.org/wiki/Paxos_(computer_science))에서 매우 자세한 설명을 확인할 수 있다. 비슷한 시기에 브라이언 오키$^{Brian\ Oki}$와 바바라 리스코브$^{Barbara\ Liskov}$가 뷰스탬프 레플리케이션$^{Viewstamped\ Replication}$이라는 알고리듬을 독립적으로 개발하고 발표했다[Oki 88]. 이는 램포트^{Lamport}의 팍소스와 동등한 것으로 이후에 밝혀졌다.

아파치 주키퍼$^{Apache\ Zookeeper}$에 관한 설명은 https://zookeeper.apache.org/에서 확인할 수 있다. 컨설^{Consul}은 https://www.consul.io/에서 확인할 수 있고, etcd는 https://etcd.io/에서 확인할 수 있다.

다양한 유형의 로드 밸런서에 관한 논의는 https://docs.aws.amazon.com/AmazonECS/latest/developerguide/load-balancer-types.html에서 확인할 수 있다.

분산 시스템에서의 시간에 관한 논의는 https://medium.com/coinmonks/time-and-clocks-and-ordering-of-events-in-a-distributed-system-cdd3f6075e73에서 확인할 수 있다.

분산 시스템에서의 상태 관리에 관한 논의는 https://conferences.oreilly.com/software-architecture/sa-ny-2018/public/schedule/detail/64127.html에서 확인할 수 있다.

17.6 토론 질문

1. 로드 밸런서는 중개자의 한 유형이다. 중개자는 변경 용이성을 증대하지만 성능은 떨어뜨린다. 하지만 로드 밸런서는 성능을 증대하기 위해 존재한다. 이러한 역설에 관해 설명해보자.

2. 컨텍스트 다이어그램은 하나의 엔티티와 해당 엔티티가 통신하는 다른 엔티티들을 나타낸다. 컨텍스트 다이어그램은 해당 엔티티에 할당된 책임들과 다른 엔티티들에 할당된 책임들을 분리하고, 해당 엔티티의 책임들을 달성하기 위해 필요한 상호 작용을

나타낸다. 로드 밸런서의 컨텍스트 다이어그램을 그려보자.

3. 클라우드 내에서 하나의 가상 머신을 할당하는 과정을 그려보고, 해당 가상 머신의 IP 주소를 표시해보자.

4. 주요 클라우드 제공자들이 제공하는 서비스들을 연구해보자. 이러한 클라우드에서 여러분이 구현하고자 하는 서비스의 자동 스케일링을 관장할 규칙들을 작성해보자.

5. 일부 로드 밸런서는 메시지 큐라는 기법을 사용한다. 메시지 큐에 관해 조사해보고 메시지 큐가 있는 로드 밸런서와 메시지 큐가 없는 로드 밸런서의 차이점을 기술해보자.

18장

모바일 시스템

야지드 함디(Yazid Hamdi)와 그렉 하트만(Greg Hartman) 참여

> 전화기는 사람들에게 전보가 발송됐다고 알리는 용도로 사용될 것이다.
> – 알렉산더 그래엄 벨(Alexander Graham Bell)

그렇다면, 알렉산더 그래엄 벨은 무엇을 알고 있었을까? 특히나 전화를 포함한 모바일 시스템이 오늘날 전 세계적으로 보편화됐다. 전화를 제외하고도 모바일 시스템에는 기차와 비행기, 자동차가 포함된다. 또한 모바일 시스템에는 배, 위성, 엔터테인먼트 및 개인용 컴퓨팅 장치, 로봇 시스템(자율이든 아니든)이 포함된다. 즉, 지속적이고 풍부한 전원에 연결되지 않은 모든 시스템이나 장치가 모바일 시스템에 포함된다.

모바일 시스템은 자신의 기능 중 일부 혹은 전부를 계속해서 전달하면서도 이동 중일 수 있는 능력을 가졌다. 덕분에 모바일 시스템의 특성 중 일부는 고정형 시스템과 다르게 다뤄야 한다. 이번 장에서는 이러한 모바일 시스템의 특성 중 다음 다섯 가지에 대해 집중적으로 알아볼 것이다.

1. **에너지**: 모바일 시스템은 제한된 전원을 가졌고 전력을 효율적으로 쓰도록 주의해야 한다.

2. **네트워크 연결**: 모바일 시스템은 이동 중에 다른 장치와 정보를 교환함으로써 자신의 기능 중 상당 부분을 전달하는 경향이 있다. 따라서 모바일 시스템은 그러한 장치들에 연결돼야 하지만, 이동성으로 인해 이러한 연결이 까다롭다.

3. **센터 및 액추에이터**: 모바일 시스템은 고정형 시스템에 비해 센서로부터 많은 정보를 얻

는 경향이 있다. 그리고 모바일 시스템은 대개 액추에이터를 사용해 자신의 환경과 상호 작용한다.

4. **리소스**: 모바일 시스템은 고정형 시스템에 비해 리소스 제약이 더 심한 경향이 있다. 우선 모바일 시스템은 대개 꽤 작으므로 물리적 크기가 제한 요인이 된다. 또한 모바일 시스템의 이동성으로 인해 무게가 제한 요인이 되기도 한다. 작고 가벼워야 하는 모바일 장치들은 해당 장치들이 제공할 수 있는 리소스에 한계를 지닌다.

5. **생애주기**: 모바일 시스템 테스트는 다른 시스템 테스트와 다르다. 신규 버전 배포 역시 어떤 특수한 문제가 발생할 수 있다.

모바일 플랫폼용 시스템을 설계할 때는 많은 수의 도메인에 특화된 요구 사항들을 처리해야 한다. 자율 운행 자동차와 드론은 안전해야 한다. 스마트폰은 매우 다양한 애플리케이션을 위한 개방형 플랫폼을 제공해야 한다. 엔터테인먼트 시스템은 광범위한 콘텐츠 포맷 및 서비스 제공자와 함께 동작해야 한다. 이번 장에서는 시스템을 설계할 때 아키텍트가 고려해야 하는 많은 모바일 시스템의 공통된 특성들을 알아볼 것이다.

18.1 에너지

이번 절에서는 모바일 시스템의 에너지 관리와 깊게 연관된 아키텍처 고려 사항들을 알아볼 것이다. 많은 모바일 장치의 경우 에너지 공급원은 매우 한정적인 에너지 전달 능력을 지닌 배터리다. 자동차나 비행기와 같은 다른 모바일 장치들의 경우 발전기가 생성한 전원에 의해 동작한다. 여기서 발전기는 연료에 의해 동작하는 엔진에 의해 돌아가며, 연료는 한정된 리소스다.

아키텍트 관점에서의 고려 사항

아키텍트는 전원 모니터링과 에너지 사용량 조절, 전원 중단 감내에 관해 고려해야 한다. 지금부터 이 세 가지 고려 사항을 하나씩 살펴보겠다.

전원 모니터링

에너지 효율성을 다뤘던 6장에서는 컴퓨팅 리소스 사용을 모니터링하기 위한 '리소스 모니터링'이라고 부르는 전술 카테고리를 소개했다. 컴퓨팅 리소스가 바로 에너지를 소비하는 것이다. 모바일 시스템에서 가용한 에너지가 부족할 때 적절한 동작을 시작할 수 있도록 에너지 공급원을 모니터링해야 한다. 특히나 배터리에 의해 전력이 공급되는 모바일 장치의 경우 사용자에게 배터리 수준이 낮음을 알리고, 장치를 배터리 절약 모드로 전환하고, 애플리케이션들이 재시작에 대비할 수 있도록 애플리케이션들에게 장치 종료가 임박했음을 알리고, 각 애플리케이션의 전력 사용량을 결정해야 할 수도 있다.

이를 위해서는 배터리의 현재 상태를 모니터링해야 한다. 대부분의 노트북 컴퓨터와 스마트폰은 전원으로 스마트 배터리를 사용한다. 스마트 배터리는 내장된 배터리 관리 시스템 BMS, Battery Management System을 지닌 충전 가능한 배터리 팩이며, BMS에 질의를 보내 배터리의 현재 상태를 얻을 수 있다. 다른 모바일 시스템들은 다른 배터리 기술을 사용할 수도 있지만, 모두 비슷한 기능을 지녔다. 전원을 모니터링하기 위한 목적을 위해 여기서는 배터리 현재 상태 읽기를 통해 배터리 용량이 몇 퍼센트 남았는지 식별할 수 있다고 가정하겠다.

배터리로 전력이 공급되는 모바일 시스템은 BMS와 상호 작용하는 방법을 알고 요청 시에 현재 배터리 용량을 반환할 수 있는 컴포넌트를 포함한다. 이러한 컴포넌트는 운영체제의 커널에 대개 위치한다. 배터리 관리자는 배터리 상태를 얻기 위해 해당 컴포넌트에 주기적으로 질의해야 하는 책임을 지닌다. 덕분에 시스템은 사용자에게 에너지 상태를 알려줄 수 있고, 필요한 경우 배터리 절약 모드를 시작할 수 있다. 장치가 종료하려고 하는 애플리케이션들에게 정보를 주기 위해 애플리케이션들은 배터리 매니저에 등록돼야 한다.

배터리를 사용함에 따라 배터리의 두 가지 특성인 최대 배터리 용량과 최대 유지 전류가 변한다. 아키텍트는 장치가 허용 가능한 수준으로 계속해서 동작할 수 있도록 가용한 전력의 변화하는 특성에 맞춰 소비량을 관리해야 한다. 모니터링은 발전기를 갖춘 시스템에서도 중요한 역할을 한다. 일부 애플리케이션은 발전기 출력이 낮을 때 종료되거나 대기 모드로 들어가야 하기 때문이다. 또한 배터리 관리자는 어떤 애플리케이션들이 현재 활성화 상태이고 해당 애플리케이션의 에너지 소비량이 얼마나 되는지 결정할 수 있다. 그러고 나서 배터리 용량의 전반적인 변화 비율은 이러한 정보를 기반으로 추정될 수 있다.

물론, 배터리 관리자 자체는 메모리와 CPU 시간 같은 리소스를 사용한다. 배터리 관리자에 의해 소비되는 CPU 시간의 양은 질의 간격(확인 빈도)을 조정함으로써 관리할 수 있다.

에너지 사용량 조절

에너지 사용량은 시스템의 에너지를 소비하는 부분을 종료하거나 성능을 낮춤으로써 줄일 수 있다. 이는 6장에서 기술한 사용량 조절 전술이다. 구체적인 방법은 시스템의 각 요소에 따라 달라지지만, 일반적인 예로 스마트폰의 화면 밝기나 재생률을 줄이는 것이 있다. 에너지 사용량을 조절하기 위한 다른 기법으로 프로세서의 활성 코어 개수를 줄이거나 코어의 클럭 속도를 줄이거나 센서 값 가져오기 빈도를 줄이는 것이 있다. 예를 들어 GPS 위치 데이터를 3초마다 요청하는 대신에 1분마다 요청할 수 있다. GPS와 기지국 같은 다양한 위치 데이터 공급원에 의존하는 대신에 하나의 위치 데이터 공급원을 사용할 수도 있다.

전원 중단 감내

모바일 시스템은 전원 중단을 우아하게 감내하고 재시작해야 한다. 예를 들어, 이러한 시스템의 요구 사항 중 하나로 전원이 복구됐을 때 시스템이 30초 이내에 켜지고 정상 모드로 동작해야 한다는 것이 있다. 이러한 요구 사항을 만족시키기 위해서는 아래와 같이 시스템의 각기 다른 부분이 각기 다른 요구 사항을 충족해야 한다.

- 하드웨어 요구 사항 예:
  - 시스템의 컴퓨터는 전원이 언제 중단되더라도 영구적인 손상을 입지 않는다.
  - 시스템의 컴퓨터는 충분한 전력이 공급될 때마다 운영체제를 안정적으로 재시작한다.
  - 시스템의 운영체제가 준비되는 즉시, 실행 예정인 소프트웨어가 있어야 한다(운영체제의 부팅이 완료되면 어떤 소프트웨어가 바로 실행돼야 한다).

- 소프트웨어 요구 사항 예:
  - 런타임 환경은 영구 저장소의 바이너리 파일과 환경 설정, 운영 데이터에 영향을 미치지 않으면서 그리고 재시작(리셋인지 재개인지와 무관하게) 이후의 상태를 일관되게 유지하면서 언제든 종료될 수 있다.
  - 애플리케이션은 해당 애플리케이션이 제대로 동작하지 않는 동안 도착하는 데이터를 처리할 전략을 필요로 한다.
  - 고장(전원 중단) 이후에 런타임 환경 시작 시 시스템 전원이 켜졌을 때부터 소프트웨어가 준비 상태가 될 때까지의 시작 시간startup time이 지정된 시간보다 덜 걸려야 한다.

18.2 네트워크 연결성

이번 절에서는 모바일 시스템의 네트워크 연결성과 가장 연관된 아키텍처 사항들을 다루며, 모바일 플랫폼과 외부 세계 사이의 무선 통신에 관해 알아볼 것이다. 네트워크는 장치를 제어하거나 정보를 송신하고 수신하는 데 사용될 수도 있다.

무선 네트워크는 해당 네트워크가 동작하는 거리에 기반해 분류할 수 있다.

- **4센티미터 이내**: 근거리 무선 통신NFC, Near Field Communication이 키카드keycard와 비접촉 결제 시스템용으로 사용된다. GSM 얼라이언스GSM Alliance가 이 분야의 표준을 개발 중이다.
- **10미터 이내**: IEEE 802.15 표준군이 해당 거리를 다룬다. 블루투스Bluetooth와 지그비 Zigbee가 이 분류에서 흔히 사용되는 프로토콜이다.
- **100미터 이내**: IEEE 802.11 표준군(Wi-Fi)이 해당 거리 내에서 사용된다.
- **수 킬로미터 이내**: IEEE 802.16 표준이 해당 거리를 다룬다. WiMAX가 IEEE 802.16 표준의 상용 이름이다.
- **수 킬로미터 이상**: 이동통신이나 위성통신이 해당 거리를 다룬다.

위의 각 분류 내에서 기술과 표준이 빠르게 진화하고 있다.

아키텍트 관점에서의 고려 사항

통신과 네트워크 연결성을 위한 설계를 위해 아키텍트는 다음과 같은 수많은 고려 사항 간에 균형을 맞춰야 한다.

- **지원해야 할 통신 인터페이스 개수**: 다양한 프로토콜이 있고 그 프로토콜들이 빠르게 진화하고 있는 가운데, 아키텍트는 모든 가능한 네트워크 인터페이스를 포함하길 원할 수 있다. 모바일 시스템을 설계할 때의 목표는 이와 정반대다. 전력 소비, 열 발생, 공간 할당을 최적화하기 위해 오직 필요한 인터페이스만을 포함해야 한다.
- **한 프로토콜에서 다른 프로토콜로의 이동**: 인터페이스에 관해 최소화 접근법을 취해야 함에도 불구하고 아키텍트는 세션 중에 모바일 시스템이 기존 환경이 지원하던 프로토콜과 다른 프로토콜을 지원하는 프로토콜 환경으로 이동할 가능성을 감안해야 한다. 예를 들어 비디오가 와이파이 환경에서 스트리밍 중이다가 와이파이가 지원되지 않는 이동통신망 환경에서 스트리밍돼야 할 수도 있다. 사용자 입장에서는 이러한 변경이

느껴지지 않아야 한다.

- **동적으로 적절한 프로토콜 선택**: 여러 프로토콜이 동시에 사용 가능한 경우 시스템은 비용, 대역폭, 전력 사용 등의 요인에 기반해 프로토콜을 동적으로 선택해야 한다.
- **변경 용이성**: 많은 수의 프로토콜과 해당 프로토콜의 빠른 진화를 고려할 때 모바일 시스템의 생애주기 동안 새로운 프로토콜(혹은 대체 프로토콜)을 지원해야 할 것이다. 시스템은 통신과 관련된 요소들의 변경이나 대체를 지원할 수 있도록 설계돼야 한다.
- **대역폭**: 다른 시스템과 통신하기 위한 정보를 거리와 크기, 지연 요구 사항들에 관해 분석해서 적절한 아키텍처 선택을 해야 한다. 프로토콜들은 이러한 품질 측면에서 매우 다양하다.
- **간헐적인 연결성/제한적인 연결성/연결 없음**: 장치가 이동하는 중에 통신이 끊길 수 있다(예: 스마트폰이 터널에 진입했을 때). 시스템은 통신이 끊겼을 때도 데이터 무결성이 유지되도록 설계돼야 하고, 연결이 복구됐을 때 일관성을 잃지 않으면서 계산이 재개돼야 한다. 시스템은 연결이 제한되거나 완전히 불가능한 경우에도 우아하게 처리할 수 있도록 설계돼야 한다. 이러한 상황을 처리하기 위해 성능 저하 모드와 비상 모드로 동적으로 전환돼야 한다.
- **보안**: 모바일 장치는 스푸핑spoofing과 도청, 중간자 공격에 특히나 취약하다. 따라서 이러한 공격에 대해 어떤 식으로 반응할지도 아키텍트가 고려해야 할 사항들에 포함돼야 한다.

18.3 센서와 액추에이터

센서sensor는 센서 주변 환경의 물리적 특성을 감지해 그 특성들을 전자적 표현으로 변화시키는 장치다. 모바일 장치는 자신의 운영을 돕기 위해(예: 드론의 고도계) 혹은 사용자에게 해당 데이터를 보고하기 위해(예: 스마트폰의 나침반) 주변 데이터를 수집한다.

트랜스듀서transducer는 외부의 전자 파장을 감지해 이를 좀 더 사용성이 좋은 내부 형태로 변환한다. 이번 절의 '센서'라는 용어는 트랜스듀서를 포함하고 이러한 전자 표현은 디지털이라고 가정한다.

센서 허브sensor hub는 다양한 센서로부터의 데이터를 통합하고 이를 처리하는 데 도움을 주는 보조 프로세서다. 센서 허브는 제품의 메인 CPU의 이러한 작업을 줄이는 데 도움이 돼 배터리 소비를 줄이고 성능을 향상시킨다.

　모바일 시스템 내부에서 소프트웨어는 주변 환경의 일부 특성을 추상화한다. 이러한 추상화는 온도 측정이나 기압 측정과 같이 센서에 직접적으로 연관될 수도 있다. 혹은 이러한 추상화가 여러 센서의 입력을 통합하기도 한다. 예를 들어 자율주행 자동차 컨트롤러가 보행자를 식별하는 경우가 있다.

　액추에이터actuator는 센서와 정반대다. 액추에이터는 디지털 표현을 입력으로 받아서 환경에 어떤 동작을 일으킨다. 자동차의 차선 유지 보조 기능은 액추에이터를 활용하고, 스마트폰의 음성 알림 기능 역시 액추에이터를 활용한다.

아키텍처 관점에서의 고려 사항

아키텍처 관점에서 센서와 관련해 여러 가지 고려 사항이 있다.

- 센서 입력에 기반한 환경의 정확한 표현 생성 방법
- 이러한 환경의 표현에 대한 시스템의 응답 방법
- 센서 데이터와 액추에이터 명령의 보안 및 사생활 보호
- 성능 저하 운영: 센서가 고장 나거나 읽을 수 없는 상태가 됐을 때 시스템은 성능 저하 모드에 진입해야 한다. 예를 들어 터널에서 GPS 값을 읽을 수 없을 때 시스템은 위치를 추정하기 위해 추측 항법dead reckoning 기법을 사용할 수 있다.

　시스템에 의해 생성되고 시스템 동작의 영향을 받는 환경을 어떤 식으로 표현할 것인지가 분야별로 다르듯이, 성능 저하 운영에 대한 적절한 접근법도 분야별로 다르다. 8장에서 보안과 개인정보 보호에 관해 자세히 알아봤으므로, 여기서는 첫 번째 고려 사항인 센서 입력에 기반한 환경의 정확한 표현 생성 방법에 초점을 맞출 것이다. 이는 센서 스택을 통해 수행될 수 있다. 센서 스택은 원본 데이터를 환경에 관해 해석된 정보로 변환하는 데 도움을 주는 장치 및 소프트웨어 드라이버의 모음이다.

　다양한 플랫폼과 분야는 자신만의 센서 스택을 지니고, 대개 센서 스택들은 장치들을 좀 더 쉽게 처리하는 데 유용한 자신만의 프레임워크를 포함한다. 시간이 지남에 따라 센서는 점점 더 많은 기능을 포함할 가능성이 높다. 따라서 특정 스택의 기능들은 시간이 지남에 따라 변할 것이다. 다음은 스택에 어떤 변화가 생기더라도 스택에서 달성돼야 하는 기능들 중 일부를 나열한 것이다.

- **원본 데이터 읽기**: 스택의 가장 아래 단계에는 원본^{raw} 데이터를 읽는 소프트웨어 드라이버가 위치한다. 소프트웨어 드라이버는 센서를 직접 읽거나, 센서가 센서 허브의 일부인 경우 센서 허브를 통해 센서를 읽는다. 소프트웨어 드라이버는 주기적으로 센서로부터 측정값을 얻는다. 주기는 센서를 읽고 처리하는 데 따른 프로세서 부하와 생성된 환경 표현의 정확성에 영향을 주는 매개변수다.

- **데이터 평탄화**^{smoothing data}: 대개 원본 데이터에는 많은 잡음과 변화가 있다. 전압 변동, 센서에 묻은 먼지나 때 등 수많은 원인으로 인해 센서가 연속으로 읽은 두 측정치가 다를 수 있다. 평탄화는 단일 측정치보다 더 정확한 예상치를 생성하기 위해 시간 경과에 따른 연속적인 측정치를 사용하는 과정이다. 데이터 평탄화의 많은 기법 중 흔히 사용되는 두 가지 기법을 꼽자면, 이동 평균 계산과 칼만^{Kalman} 필터 사용이 있다.

- **데이터 변환**: 센서는 데이터를 여러 포맷으로 보고할 수 있다. 밀리볼트 단위로 전압을 읽을 수도 있고, 해발 고도를 피트 단위로 표현할 수도 있으며, 온도를 섭씨로 표현할 수도 있다. 또한 동일한 현상을 측정하는 두 가지 다른 센서가 데이터를 다른 포맷으로 보고할 수도 있다. 변환기는 센서가 어떤 형태로 데이터를 보고했든 간에 해당 측정치를 애플리케이션에서 사용하는 의미 있는 형태로 변환하는 역할을 한다. 따라서 이러한 변환 기능은 매우 다양한 센서를 처리해야 할 수도 있다.

- **센서 융합**: 센서 융합은 여러 센서로부터 온 데이터를 조합해 개별 센서보다 더 정확하거나 더 완전하거나 더 신뢰성 있게 환경을 표현하는 것이다. 예를 들어 자동차가 자신의 경로에 있는 보행자를 어떻게 인식할 수 있을까? 또는 자동차가 현재는 보행자가 자신의 경로에 없지만 해당 위치를 지나갈 때쯤이면 보행자가 자신의 경로에 들어올 것이라는 사실을 어떻게 알 수 있을까? 특히 낮이든 밤이든 시간에 상관없이, 또 눈이 내리든 비가 내리든 날씨에 상관없이 자동차가 자신의 경로에 보행자가 들어올 것이라는 사실을 어떻게 알아낼 수 있을까? 센서를 하나만 사용해서는 이러한 기능을 달성할 수 없다. 따라서 자동차는 열화상 이미지 센서와 레이더, 라이다^{lidar}, 카메라로부터의 입력을 지능적으로 조합해야 한다.

18.4 리소스

이번 절에서는 모바일 장치의 물리적 특성 측면을 다룰 것이다. 예를 들어 배터리로부터 에너지를 공급받는 장치의 경우 배터리의 크기, 무게, 발열 특성을 고려해야 한다. 이는 네트워크와 프로세서, 센서 같은 리소스 역시 마찬가지다.

리소스 선택 시 고려 중인 리소스의 중요도와 해당 리소스의 크기, 무게, 비용 간에 절충점을 찾아야 한다. 언제나 비용은 선택에 영향을 미치는 요인이다. 비용에는 생산 비용과 반복해서 발생하지 않는 엔지니어링 비용이 포함된다. 많은 모바일 시스템이 수백만 단위로 생산되며 가격에 매우 민감하다. 따라서 프로세서 가격의 작은 변화만 있어도 해당 프로세서가 내장될 시스템이 수백만 개 만들어지기 때문에 해당 시스템을 제조하는 업체의 수익에 큰 영향을 준다. 수량 할인과 다른 제품들 간의 하드웨어 재사용은 장치 벤더들이 비용을 낮추기 위해 사용하는 기법들이다.

조직의 마케팅 부서뿐 아니라 해당 장치를 사용할 때의 물리적 고려 사항은 크기와 무게, 비용에 제약을 둔다. 마케팅 부서는 고객의 반응에 관심을 갖는다. 해당 장치 사용의 물리적 고려 사항은 사람 요인과 사용 요인 모두에 영향을 받는다. 스마트폰 디스플레이는 사람이 읽기에 충분히 커야 하고, 자동차는 도로에서의 무게 제한에 의해 제약을 받고, 기차는 기찻길 폭에 의해 제약을 받는다.

모바일 시스템 리소스에 대한 다른 제약 사항들(결과적으로 소프트웨어 아키텍트에 대한 제약 사항들)은 다음 요인들을 반영한다.

- **안전 고려 사항**: 안전에 영향을 주는 물리적 리소스는 고장 나지 말아야 하거나 백업이 있어야 한다. 백업 프로세서나 네트워크, 센서는 공간을 차지할 뿐 아니라 비용과 무게를 증가시킨다. 예를 들어 많은 비행기는 엔진 고장 시에 사용할 수 있는 비상 동력원을 가진다.

- **발열 제한**: 열은 시스템 자체에 의해 생성될 수 있다(노트북 컴퓨터를 무릎 위에 놓고 썼을 때 얼마나 뜨거워졌는지 떠올려보자). 이는 시스템의 성능에 악영향을 미칠 수 있을 뿐 아니라, 시스템을 아예 망가뜨릴 수도 있다. 환경의 주변 온도가 너무 높거나 너무 낮은 것도 영향을 미친다. 하드웨어를 선택하기 전에 해당 시스템이 동작하는 환경에 대한 이해가 선행돼야 한다.

- **기타 환경적 고려 사항**: 기타 고려 사항으로 습도나 먼지, 떨어뜨림과 같은 안 좋은 조건에 대한 노출이 있다.

아키텍트가 고려해야 할 사항들

아키텍트는 리소스와 리소스의 사용에 관련된 수많은 중요한 결정을 내려야 한다.

- **작업을 전자 제어 장치**^{ECU, Electronic Control Unit}**에 할당**: 자동차나 비행기와 같은 규모가 큰 모바일 시스템에는 성능과 용량이 다양한 여러 ECU가 있다. 소프트웨어 아키텍트는 어떤 하위 시스템을 어떤 ECU에 할당할지 결정해야 한다. 이러한 결정은 다음과 같은 여러 요인에 기반할 수 있다.

  - **어떤 기능에 대한 ECU의 적합도**: 기능은 해당 기능을 수행하기에 충분한 성능을 지닌 ECU에 할당돼야 한다. 일부 ECU에는 특화된 프로세서가 있을 수 있다. 예를 들어 그래픽 프로세서를 지닌 ECU는 그래픽 기능에 더 적합하다.
  - **중요도**: 더 성능이 높은 ECU들은 중요한 기능에 할당돼야 한다. 예를 들어 엔진 제어 기능은 편의 기능보다 더 중요하고 더 신뢰할 수 있어야 한다.
  - **운송 장치 내에서의 위치**: 일등석 승객들에게 일반 승객들보다 더 나은 무선 와이파이 연결이 제공될 수도 있다.
  - **연결성**: 일부 기능은 여러 ECU에 나눠져 있을 수 있다. 이러한 경우 해당 ECU들은 동일한 내부 네트워크에 있어야 하고 서로 통신할 수 있어야 한다.
  - **통신 지역성**: 서로 매우 자주 통신하는 컴포넌트들을 동일한 ECU 내에 위치함으로써 해당 컴포넌트들의 성능을 높이고 네트워크 트래픽을 줄일 수 있다.
  - **비용**: 대개 제조사는 배포된 ECU의 수를 최소화하길 원한다.

- **일부 기능을 클라우드로 넘기기**: 경로 계산과 패턴 인식 같은 애플리케이션들의 경우 일부 기능은 센서가 위치한 모바일 시스템에서 수행하고, 일부 기능은 데이터 저장소가 크고 더 강력한 프로세서를 지닌 클라우드에서 수행할 수 있다. 아키텍트는 모바일 시스템이 특정 기능들을 수행하기에 충분한 성능을 지녔는지 여부와 일부 기능을 클라우드로 넘길 정도의 충분한 연결성을 지녔는지 여부, 기능이 모바일 시스템과 클라우드에 나눠져 있을 때 기능 요구 사항을 어떤 식으로 만족시킬지 결정해야 한다. 아키텍트는 또한 로컬에 가용한 데이터 저장소와 데이터 업데이트 간격, 개인정보 보호 문제를

고려해야 한다.

- **운용 모드에 따른 일부 기능 중단**: 사용 중이지 않은 하위 시스템들은 성능을 저하시킴으로써 다른 하위 시스템들이 더 많은 리소스에 접근할 수 있도록 허용해 결과적으로 성능을 향상시킬 수 있다. 예를 들어 스포츠카의 경우 '레이스 모드'를 켰을 때, 도로 프로필을 기반으로 편안한 서스펜션 매개변수를 계산하는 역할을 담당하는 프로세스를 비활성화하고 토크 분산과 브레이크 힘, 서스펜션의 단단함 정도, 원심력을 계산하는 프로세스를 활성화할 수 있다.
- **정보 표시 전략**: 정보 표시 전략은 가용한 디스플레이 해상도와 관련 있다. 320×320 픽셀 디스플레이에 GPS 스타일 매핑을 할 수 있지만, 해당 디스플레이에 정보를 최소화하는 데는 많은 노력이 필요할 것이다. $1,280 \times 720$ 해상도의 경우 픽셀이 더 많기 때문에 정보 표시가 더 풍부해질 수 있다(특정 디스플레이 특성에 따라 뷰를 교환하기 위해 디스플레이 정보를 변경하는 기능을 갖추는 것은 MVC와 같은 패턴의 도입에 큰 동기가 된다(13장 참고)).

18.5 생애주기

모바일 시스템의 생애주기에는 아키텍트가 고려해야 할 특이한 점들이 있을 가능성이 높고, 이러한 특이한 점들은 전통적인 모바일이 아닌 시스템에서 내렸던 결정들과 다르다. 지금부터 이에 대해 자세히 알아보겠다.

아키텍트가 고려해야 할 사항들

아키텍트는 하드웨어 선택과 테스트, 업데이트 배포, 로그 남기기를 고려해야 한다. 이러한 고려 사항들을 네 개 부분으로 나눠 지금부터 자세히 알아보겠다.

하드웨어 우선

많은 모바일 시스템에서 소프트웨어를 설계하기 전에 하드웨어를 선택한다. 결과적으로 소프트웨어 아키텍처는 선택된 하드웨어에 의해 주어진 제약 사항들을 고려해야 한다.

초기 하드웨어 선택에 있어 주요 이해관계자들은 경영진과 영업 부서, 규제 기관이었다. 그들의 주요 관심사는 품질 속성을 증진시키기 위한 방법보다 위험을 줄이기 위한 방법에 대개 집중된다. 소프트웨어 아키텍트에게 가장 좋은 접근법은 그들로부터 결과가 나오기를 기다리는 대신에 활발하게 이러한 초기 논의를 주도하고 관련된 장단점들을 강조하는 것이다.

테스트

모바일 장치에는 다음과 같이 테스트를 위해 고려해야 할 고유한 사항들이 존재한다.

- **디스플레이 레이아웃 테스트**: 스마트폰과 태블릿은 매우 다양한 모양과 크기, 화면 비율을 지닌다. 이러한 장치 모두에 있어 레이아웃이 올바르게 표시되는지 검증하는 것은 복잡하다. 일부 운영체제 프레임워크의 경우 사용자 인터페이스를 단위 테스트에서 조작해볼 수 있지만, 일부 극단적 사례는 놓칠 수도 있다. 예를 들어 HTML과 CSS로 지정된 레이아웃으로 화면에 컨트롤 버튼들을 표시한다고 가정해보자. 또한 모든 디스플레이 장치에 대해 자동으로 화면 레이아웃이 생성된다고 가정해보자. 작은 디스플레이를 지닌 장치의 경우 하나의 컨트롤이 1×1 픽셀에 표시될 수 있거나, 컨트롤들이 디스플레이의 완전 가장자리에 위치하거나, 컨트롤들이 서로 겹쳐질 수도 있다. 이러한 경우들은 테스트 과정 중에 감지되지 않기 쉽다.

- **운영 중 극단적 사례 테스트**
  - 애플리케이션은 배터리 소진과 시스템 종료를 견딜 수 있어야 한다. 이러한 경우에 상태 보존이 보장돼야 하고 테스트돼야 한다.
  - 사용자 인터페이스는 대개 기능성을 제공하는 소프트웨어와 비동기적으로 동작한다. 사용자 인터페이스가 올바르게 반응하지 않을 때 해당 문제를 일으킨 이벤트들의 순서를 재생성하기는 어렵다. 해당 문제가 타이밍이나 당시에 진행 중이던 특정 작업들에 의한 것일 수 있기 때문이다.

- **리소스 사용량 테스트**: 일부 벤더는 소프트웨어 아키텍트들이 사용할 수 있는 장치 시뮬레이터를 제공한다. 이는 도움이 되지만, 시뮬레이터를 통한 배터리 사용량 테스트는 문제가 있다.

- **네트워크 전환 테스트**: 여러 통신 네트워크가 가용할 때 시스템이 최선의 선택을 내리도록 보장하기 어렵다. 장치가 한 네트워크에서 다른 네트워크로 이동하는 와중에(예를 들어 와이파이 네트워크에서 이동통신 네트워크로 혹은 다른 와이파이 네트워크로 이동) 사용

자는 네트워크가 전환됐다는 사실을 몰라야 한다.

운송 시스템이나 산업 시스템을 위한 테스트는 다음과 같은 네 가지 단계로 일어난다. 개별 소프트웨어 컴포넌트 단계와 기능 단계, 장치 단계, 시스템 단계가 있다. 이러한 네 가지 단계와 이러한 단계들 사이의 경계는 시스템에 따라 다양할 수 있지만, Automotive SPICE와 같은 여러 참조 프로세스와 표준이 존재한다.

예를 들어 자동차의 차선 유지 보조 기능을 테스트 중이라고 해보자. 차선 유지 보조 기능은 자동차가 도로에 그려진 표시에 의해 정의된 차로에 머물도록 해주고 사용자의 입력 없이도 차로에 머물 수 있도록 하는 기능이다. 이러한 시스템을 테스트하기 위해 다음 단계들을 처리해야 할 수 있다.

1. **소프트웨어 컴포넌트**: 차선 감지 소프트웨어 컴포넌트는 소프트웨어의 안정성과 정확성을 검증하기 위한 목적으로 단위 테스트와 사용자 관점$^{end-to-end}$ 테스트에 사용되는 일반적인 기법들을 통해 테스트할 수 있다.

2. **기능**: 다음 단계는 차선 유지 보조 기능의 소프트웨어 컴포넌트를 다른 컴포넌트들(예: 시뮬레이션 환경에서 고속도로 출구를 식별하기 위한 매핑 컴포넌트)과 함께 실행시키는 것이다. 이 단계의 테스트 목적은 해당 기능의 모든 컴포넌트가 함께 동작할 때 컴포넌트 간에 인터페이싱과 동시성이 안전하게 처리되는지 검증하기 위한 것이다. 여기서 자동차가 차로가 표시된 도로를 운전할 때 상응하는 입력 값들을 소프트웨어 기능에 제공하기 위해 시뮬레이터들이 사용된다.

3. **장치**: 차선 유지 보조 기능이 시뮬레이션 환경과 개발 컴퓨터에서 테스트를 통과하더라도 대상 ECU에 배포돼 해당 ECU에서 성능과 안정성을 테스트해야 한다. 이러한 장치 테스트 단계에서 환경은 여전히 시뮬레이션되지만, ECU의 포트에 연결된 외부 시뮬레이션 입력들(다른 ECU로부터의 메시지, 센서 입력 등)을 통해 환경이 시뮬레이션된다.

4. **시스템**: 최종 시스템 통합 테스트 단계에서 모든 기능과 컴포넌트를 갖춘 장치들 모두를 전체 구성에 포함시킨다. 처음에는 테스트 연구 환경에서 테스트하고 그다음에는 테스트 프로토타입에서 테스트한다. 예를 들어 차선 유지 보조 기능을 테스트할 때 투사된 도로 이미지나 비디오를 입력받으면서 차선 유지 보조 기능이 방향 제어와 가

속/브레이크 기능들에 대해 어떤 식으로 조치하는지 확인할 수 있다. 이러한 테스트의 역할은 통합된 하위 시스템들이 함께 잘 동작하면서 원하는 기능과 시스템 품질 속성들을 만족시키는지 확인하는 것이다.

여기서 중요한 점은 테스트 추적성이다. 단계 4에서 문제가 발견됐을 때 모든 테스트 환경에 걸쳐 해당 문제는 재현 가능하고 추적 가능해야 한다. 이에 대한 해결책 역시 네 단계 전체를 다시 거쳐야 하기 때문이다.

업데이트 배포

모바일 장치에서 시스템 업데이트는 문제를 해결하거나, 신규 기능을 제공하거나, 이전 배포 당시에 완료되지 않았지만 부분적으로 설치됐던 기능을 설치한다. 이러한 업데이트는 소프트웨어와 데이터 혹은 가능성은 적지만 하드웨어를 대상으로 할 수 있다. 예를 들어 최신 자동차들은 소프트웨어 업데이트를 필요로 한다. 이러한 업데이트는 네트워크를 통해 전달되거나 USB 인터페이스를 통해 다운로드할 수 있다. 운영 중에 업데이트 기능을 제공하는 것을 넘어서 다음 문제들이 업데이트 배포와 관련 있다.

- **데이터 일관성 유지**: 소비자용 장치의 경우 업그레이드는 자동으로 그리고 일방향으로 일어나는 경우가 많다(이전 버전으로 롤백할 방법이 없다). 이로 인해 클라우드에 데이터를 저장하는 것이 좋다. 하지만 그렇게 되면 클라우드와 애플리케이션 간의 모든 상호 작용을 테스트해야 한다.
- **안전성**: 아키텍트는 시스템의 어떤 상태가 업데이트를 안전하게 지원할 수 있는지 결정해야 한다. 예를 들어 자동차가 고속도로를 달리고 있는 중에 자동차 엔진 제어 소프트웨어를 업데이트하는 것은 좋은 생각이 아니다. 이는 시스템이 업데이트에 관한 안전 관련 상태를 알고 있어야 한다는 점을 암시한다.
- **부분적인 시스템 배포**: 전체 애플리케이션이나 대규모 하위 시스템을 재배포하는 것은 대역폭과 시간을 잡아먹는다. 애플리케이션이나 하위 시스템은 자주 변경되는 부분이 쉽게 업데이트될 수 있도록 아키텍처를 설계해야 한다. 이는 8장에서 살펴본 변경 용이성의 특정 유형 및 5장에서 살펴본 배포 용이성과 관련 있다. 장치를 업데이트하기 위해 장치의 물리적인 부분에 접근해야 하는 것은 말이 안 된다. 앞에서 살펴본 자동차 엔진 제어 소프트웨어를 예로 들어보면, 엔진 제어 소프트웨어 업데이트를 위해 엔진

에 물리적으로 접근해야 한다는 것은 말이 안 된다.

- **확장 용이성**: 모바일 교통 수단 시스템의 생애주기는 상대적으로 길 가능성이 높다. 어느 시점이 되면 자동차, 기차, 비행기, 위성 등의 기능을 개선해야 할 것이다. 기능 개선은 교체나 추가를 통해 이전 시스템에 새로운 기술을 추가하는 것을 의미한다. 기능 개선은 다음의 이유로 필요하다.

  - 전체 시스템이 지원 종료[EOF, End Of Life]에 도달하기 전에 특정 컴포넌트가 지원 종료에 도달할 수 있다. 지원 종료는 지원이 중단될 것이라는 의미다. 이는 고장 시에 큰 위험을 야기한다. 합리적인 비용을 지불하고 답변이나 지원을 얻기 위한 신뢰할 만한 공급원이 존재하지 않을 것이라는 말이다. 이로 인해 문제가 되는 컴포넌트를 분석하거나 역설계해야 할 수도 있다.
  - 더 나은 최신 기술이 나와서 하드웨어나 소프트웨어를 업그레드해야 할 수 있다. 예를 들면 2000년대 자동차에 오래된 라디오/CD 플레이어 대신에 스마트폰이 연결되는 인포테인먼트[infotainment] 시스템을 추가할 수 있다.
  - 기존 기능을 대체하지 않고도 기능을 추가할 수 있는 최신 기능이 나왔을 수 있다. 예를 들어 어떤 2000년대 차에는 라디오나 CD 플레이어조차 없거나 백업 카메라가 존재하지 않을 수 있다.

로그 남기기

이미 발생했거나 발생할 수 있는 사고를 조사하고 해결할 때 로그가 중요하다. 모바일 시스템의 경우 로그는 모바일 시스템 자체의 접근 용이성과 무관하게 로그에 접근할 수 있는 장소에 넘겨야 한다. 이는 사고 처리에 유용할 뿐 아니라 시스템 사용량에 관한 다양한 유형의 분석을 수행하는 데도 유용하다. 많은 소프트웨어 애플리케이션은 문제에 직면했을 때 비슷한 무언가를 수행하고 벤더에게 세부 정보를 전송할지 여부를 묻는다. 모바일 시스템의 경우 이러한 로그 남기기 기능은 특히나 중요하며, 모바일 시스템이 로그 데이터를 획득하기 위한 승인을 얻지 않을 가능성도 높다.

18.6 요약

모바일 시스템은 스마트폰과 태블릿부터 자동차와 비행기 같은 탈것에 이르기까지 형태와 적용 분야가 다양하다. 여기서는 에너지, 연결성, 센서, 리소스, 생애주기라는 다섯 가지 특성으로 모바일 시스템과 고정형 시스템 간의 차이점을 분류했다.

많은 모바일 시스템에서의 에너지는 배터리로부터 나온다. 배터리의 남은 시간과 개별 애플리케이션들의 사용량을 결정하기 위해 배터리를 모니터링한다. 에너지 사용량은 개별 애플리케이션들의 성능을 조절해 제어할 수 있다. 애플리케이션들은 전원 실패를 견디고 전원이 돌아왔을 때 끊김 없이 재시작될 수 있도록 만들어야 한다.

연결성은 무선 수단을 통해 다른 시스템과 인터넷에 연결하는 것을 의미한다. 무선 통신은 블루투스와 같은 단거리 프로토콜이나 와이파이 프로토콜과 같은 중거리 프로토콜, 장거리 이동통신망 프로토콜을 통해 이뤄질 수 있다. 통신은 한 프로토콜 유형에서 다른 프로토콜 유형으로 넘어갈 때 끊김 없이 이뤄져야 하고, 대역폭과 비용 같은 고려 사항들은 아키텍트가 어떤 프로토콜을 지원할지 결정을 내리는 데 도움을 준다.

모바일 시스템은 다양한 센서를 활용한다. 센서들은 외부 환경을 읽은 수치를 제공하므로 아키텍트가 해당 수치를 사용해 시스템의 외부 환경에 대한 표현을 만들 수 있다. 센서 수치는 각 운영체제에 특화된 센서 스택들에 의해 처리된다. 이러한 스택들은 해당 표현에 의미가 있는 수치들을 전달한다. 의미 있는 표현을 만들기 위해 여러 센서의 수치를 융합(통합)해야 하기 때문에 여러 센서가 필요할 수 있다. 또한 센서들은 시간이 지남에 따라 성능이 저하될 수 있으므로 측정 중인 현상에 대한 정확한 표현을 얻기 위해서는 여러 센서가 필요할 수 있다.

리소스에는 크기와 무게 같은 물리적 특성이 있고, 처리 용량이 있으며, 비용이 수반된다. 어떤 설계 선택을 내릴 때는 이러한 요인 간에 절충점이 발생한다. 중요 기능은 더 높은 성능의 더 안정적인 리소스를 요구할 수도 있다. 일부 기능은 모바일 시스템과 클라우드 간에 공유될 수도 있고, 일부 기능은 다른 기능들을 위해 리소스를 해제하고자 특정 모드로 종료될 수도 있다.

생애주기 문제는 하드웨어 선택과 테스트, 업데이트 배포, 로그 남기기를 포함한다. 사용자 인터페이스 테스트는 고정형 시스템보다 모바일 시스템에서 더 복잡할 수 있다. 마찬가지로 배포 역시 대역폭과 안전 고려 사항, 기타 문제로 인해 더 복잡하다.

18.7 참고 문헌

배터리대학교The Battery University(https://batteryuniversity.com/)에서 다양한 유형의 배터리와 해당 배터리들에 관한 측정을 다룬 더 많은 정보를 찾을 수 있다.

다음 사이트에서 다양한 네트워크 프로토콜에 관한 자세한 정보를 얻을 수 있다.

https://www.link-labs.com/blog/complete-list-iot-network-protocols

https://en.wikipedia.org/wiki/Wireless_ad_hoc_network

https://searchnetworking.techtarget.com/tutorial/Wireless-protocols-learning-guide

https://en.wikipedia.org/wiki/IEEE_802

[Gajjarby 17]에서 센서에 관한 자세한 정보를 얻을 수 있다.

모바일 애플리케이션을 위한 테스트 툴을 다음 사이트에서 찾을 수 있다.

https://firebase.google.com/products/test-lab

Automotive SPICE에 관한 정보는 automotivespice.com에서 확인할 수 있다.

ISO 26262 '자동차 기능 안전성Road Vehicles: Functional Safety'은 자동차의 전기 및 전자 시스템의 기능 안전성에 관한 국제 표준이다(iso.org/standard/68383.html).

18.8 토론 질문

1. 완전히 전원이 꺼지는 상황을 감내하고 전원이 복구됐을 때 데이터 무결성을 손해 보지 않고도 전원이 꺼지기 바로 직전의 상태로 재시작하는 기능을 지닌 시스템을 설계하기 위해 어떤 아키텍처 선택을 해야 할까?

2. 블루투스를 통해 파일 전송을 시작한 다음에 블루투스 범위 밖으로 이동해 와이파이로 전환되는 동안 파일 전송이 끊김 없이 진행되는 것과 같은 네트워크 전환에 수반되는 아키텍처 문제점들은 무엇인가?

3. 여러분의 모바일 시스템 중 하나의 배터리 무게 및 크기를 조사해보자. 크기와 무게 때문에 아키텍트가 어떤 점을 타협해야 할까?

4. CSS 테스트 툴이 어떤 유형의 문제를 찾을 수 있을까? 또 어떤 유형의 문제는 놓칠 수

있을까? 이러한 고려 사항들이 모바일 장치 테스트에 어떤 식으로 영향을 미치는가?

5. NASA의 화성 탐사 프로그램에 사용된 행성 간 탐사선과 같은 것을 고려해보자. 해당 탐사선은 모바일 장치의 기준을 만족시키는가? 해당 탐사선의 에너지 특성과 네트워크 연결성 문제, 센서, 리소스 문제, 특별한 생애주기 고려 사항들의 특징을 기술해보자.

6. 이동성mobility을 컴퓨팅 시스템의 유형이 아니라 보안이나 변경 용이성과 같은 품질 속성으로 간주해보자. 이동성에 관한 일반 시나리오를 작성해보고, 여러분이 선택한 모바일 장치를 위한 특정 이동성 시나리오를 작성해보자. 또한 '이동성'이라는 품질 속성을 달성하기 위한 전술들을 기술해보자.

7. 18.5절에서는 테스트가 왜 모바일 시스템에서 더 어려울 수 있는지에 관한 몇 가지 측면을 살펴봤다. 12장의 테스트 용이성 전술 중 어떤 전술이 이러한 문제를 해결하는 데 도움이 될까?

4부

확장 가능한
아키텍처 실천법

19장

아키텍처 관점에서 중요한 요구 사항들

> 소프트웨어 개발의 가장 중요한 측면을 하나 꼽으라면
> 무엇을 만들려고 하는지 분명히 하는 것이다.
> – C++ 창시자 비아느 스트로스트룹(Bjarne Stroustrup)

아키텍처는 요구 사항을 만족시키는 시스템을 만들기 위해 존재한다. '요구 사항'이라는 단어가 요구 사항 엔지니어링이 제공해야 하는 최선의 기법들을 사용해 만든 문서화된 분류표를 꼭 의미하는 것은 아니다. 대신에 여러분의 시스템이 만족시키지 못하면 해당 시스템이 실패하게 되는 속성들의 집합을 의미한다. 소프트웨어 개발 프로젝트가 다양하듯이 요구 사항도 다양한 형태로 존재한다. 잘 정리된 명세서부터 주요 이해관계자들 간에 말로 공유된 내용(실제 각 이해관계자가 제대로 이해했든 이해하지 못했든 간에)에 이르기까지 요구 사항의 형태는 다양하다. 여러분 프로젝트의 요구 사항 실천법에 대한 기술적, 경제적, 철학적 정당화를 다루는 것은 이 책의 범위 밖이다. 이 책의 범위 내에 드는 내용은 요구 사항을 어떤 방식으로 수집하든, 해당 요구 사항들이 성공과 실패의 기준을 수립하고 아키텍트는 이러한 요구 사항들을 알아야 한다는 것이다.

아키텍트에게 있어 모든 요구 사항이 동일한 중요성을 갖는 것은 아니다. 일부 요구 사항은 다른 요구 사항에 비해 아키텍처에 훨씬 더 중요한 영향을 미친다. 아키텍처 관점에서 중요한 요구 사항ASR, Architecturally Significant Requirement은 아키텍처에 중요한 영향을 미칠 요구 사항이다. 즉, 아키텍처는 이러한 요구 사항이 없었더라면 완전히 달라질 수도 있다.

여러분이 ASR을 알지 못한다면 성공적인 아키텍처를 설계할 수 없다. ASR은 항상은 아니지만 대개 아키텍처가 시스템에게 제공해야 하는 품질 속성 요구 사항(예: 성능, 보안, 변경 용이성, 가용성, 사용성 등) 형태를 취한다. 4장부터 11장까지에서는 품질 속성을 달성하기 위한 패턴과 전술을 소개했다. 아키텍처에서 사용할 패턴이나 전술을 선택할 때마다 품질 속성 요구 사항을 만족시키기 위한 필요성 때문에 해당 패턴이나 전술을 선택하는 것이다. 품질 속성 요구 사항이 더 어렵고 더 중요할수록 해당 품질 속성 요구 사항이 아키텍처에 큰 영향을 미칠 가능성이 커지고, 결국 이러한 요구 사항은 ASR이 된다.

아키텍트는 ASR을 식별해야 한다. ASR 식별을 위해서는 대개 ASR 후보들을 추리기 위한 상당한 작업이 선행돼야 한다. 능력 있는 아키텍트는 이러한 점을 알고 있다. 사실, 노련한 아키텍트들을 관찰해보면 직무를 시작할 때 가장 먼저 중요한 이해관계자들과 대화를 나눈다. 이러한 아키텍트들은 해당 정보가 이전에 식별됐는지 여부와 상관없이 프로젝트의 필요에 부응하기 위한 아키텍처를 만들기 위해 필요한 정보를 수집 중인 것이다.

이번 장에서는 ASR을 식별하기 위한 체계적인 기법과 아키텍처를 형성하는 다른 용인들에 관해 알아볼 것이다.

19.1 요구 사항 문서로부터 ASR 수집

ASR 후보들을 우선적으로 찾아봐야 할 곳은 요구 사항 문서나 사용자 스토리다. 결국 우리는 요구 사항을 찾는 중이고, 요구 사항들은 요구 사항 문서에 있어야 한다. 안타깝게도 요구 사항 문서 내의 정보가 분명히 유용하기는 하지만, ASR 후보들이 요구 사항 문서 내에 없는 경우가 많다.

지나친 기대는 금물

소프트웨어 엔지니어링 수업 시간에 교수들이나 전통적인 소프트웨어 엔지니어링 책의 저자들이 규정하는 형태로 요구 사항들을 만들거나 유지하고 있는 프로젝트는 많지 않다. 게다가 일을 시작하기 전에 요구 사항이 '끝나길' 않아서 기다리고만 있는 아키텍트들도 없다. 아키텍트는 요구 사항이 여전히 쏟아져 들어오는 가운데 시작해야 한다. 결과적으로 품질 속성 요구 사항들은 아키텍트가 일을 시작할 때 불명확할 가능성이 꽤 높다. 요구 사항들이 존재하고 안정적인 곳에서조차 요구 사항 문서들은 대개 다음 두 가지 방식으로 아키텍트를 실망시킨다.

- 요구 사항 명세서에서 발견되는 정보 대부분은 아키텍처에 영향을 주지 않는다. 계속 봐왔듯이 아키텍처는 품질 속성 요구 사항에 의해 대부분 주도되거나 '형성'된다. 품질 속성 요구 사항은 가장 중요한 아키텍처 결정들을 결정하고 제한한다. 그렇다 하더라도 대부분 요구 사항 명세의 상당 부분은 시스템의 필수 특징과 기능에 초점을 맞춘다. 따라서 이는 최소한의 아키텍처를 형성한다(필수 특징과 기능에만 초점을 맞췄기 때문에). 가장 좋은 소프트웨어 엔지니어링 실천법은 품질 속성 요구 사항을 담아내도록 지시한다. 예를 들어 소프트웨어 엔지니어링 지식체^{SWEBOK, Software Engineering Body of Knowledge}에 따르면, 품질 속성 요구 사항들은 다른 요구 사항과 비슷하다. 품질 속성 요구 사항들이 중요하다면 해당 요구 사항을 담아야 하며, 해당 요구 사항들을 모호하지 않게 기술해야 하고 테스트 가능해야 한다.

  하지만 실제로는 품질 속성 요구 사항을 충분히 담아내는 경우를 거의 볼 수 없다. '시스템은 모듈 구조여야 한다.', '시스템은 높은 사용성을 지녀야 한다.' 또는 '시스템은 사용자들의 성능 기대치를 만족시켜야 한다.'와 같은 형태의 요구 사항을 마주한 적이 지금까지 얼마나 많은가? 이러한 요구 사항들은 테스트 가능하지 않고 논리적으로 맞는지 여부를 검증할 수 없기 때문에 유용한 요구 사항이 아니다. 하지만 긍정적인 측면을 보자면, 이러한 요구 사항들은 아키텍처가 이러한 분야의 요구 사항들이 실제로 무엇인지에 관한 대화를 시작할 수 있는 시작점이 될 수 있다.

- 아키텍트에게 유용한 것들 중 상당수는 아주 잘 만든 요구 사항 문서에서도 발견할 수 없을 것이다. 아키텍처를 결정짓는 많은 고려 사항은 명세 중인 시스템에서 자신을 관찰 가능한 것^{observable}으로 기술하지 않기 때문에 요구 사항 명세서의 대상이 아니다. ASR은 대개 개발 조직 자체의 비즈니스 목표로부터 파생된다. 이러한 연결 관계는 19.3절에서 자세히 알아볼 것이다. 개발 품질 역시 이 책에서 다루는 범위에서 벗어난다. 팀 구성과 관련된 가정을 기술하는 요구 문서는 거의 본 적이 없을 것이며, 인수 맥락에서 볼 때 요구 사항 문서는 개발자가 아닌 인수자의 관심 사항을 나타낸다. 이해관계자들과 기술적 환경, 조직 자체는 모두 아키텍처에 영향을 미치는 데 역할을 한다. 20장에서 아키텍처 설계에 관해 논의할 때 이러한 요구 사항을 더 자세히 알아볼 것이다.

요구 사항 문서로부터 ASR 찾아내기

요구 사항 문서는 아키텍트에게 전체 이야기를 해주지 않음에도 여전히 ASR의 중요한 공급원이다. 물론, 요구 사항 문서 내에 어떤 요구 사항이 ASR인지 표기돼 있지 않으므로 아키텍트는 ASR을 식별해내기 위해 조사를 해야 한다.

ASR을 식별하기 위해 어떤 부분을 찾아봐야 할지를 다음과 같이 분류했다.

- **사용**: 사용자 역할 vs. 시스템 모드, 국제화, 언어 구분
- **시간**: 시기 적절함과 요소 조율
- **외적인 요소들**: 외부 시스템, 프로토콜, 센서 또는 액추에이터(장치), 미들웨어
- **네트워킹**: 네트워크 속성과 환경 설정(보안 속성 포함)
- **조직화**: 처리 단계, 정보 흐름
- **보안 속성**: 사용자 역할, 권한, 인증
- **데이터**: 영속성과 현재성
- **리소스**: 시간, 동시성, 메모리 소비량, 스케줄링, 다중 사용자, 다중 활동, 장치, 에너지 사용량, 소프트 리소스(예: 버퍼, 큐), 확장성 요구 사항
- **프로젝트 관리**: 팀 구성 계획과 스킬 집합, 교육, 팀 조율
- **하드웨어 선택**: 프로세서, 프로세서군, 프로세서 진화
- **기능 유연성, 이식성, 보정, 환경 설정**
- **알려진 기술, 상용 패키지**

계획되거나 예상된 진화에 관해 알려진 모든 것 역시 유용한 정보다.

이러한 분류는 당연히 아키텍처 관점에서 중요할 뿐 아니라 각 분류의 가능한 변화 및 진화 역시 아키텍처 관점에서 중요할 가능성이 높다. 여러분이 열심히 들여다보고 있는 요구 사항 문서가 진화에 관해 언급하지 않았더라도, 위 목록의 어떤 항목이 시간이 지남에 따라 변할 것 같은지 고려해보고 그에 맞게 시스템을 설계해야 한다.

19.2 이해관계자 인터뷰를 통한 ASR 수집

여러분의 프로젝트가 포괄적인 요구 사항 문서를 생성하지 않는다고 가정해보자. 혹은 프로젝트가 포괄적인 요구 사항 문서를 생성하더라도 여러분이 설계 작업을 시작할 무렵에 품질 속성들이 완전히 정해지지 않을 것이다. 어떻게 해야 할까?

우선, 이해관계자들은 자신들의 품질 속성 요구 사항이 실제 무엇인지 모르는 경우가 많다. 그런 경우 아키텍트는 시스템의 품질 속성 요구 사항 설정을 돕도록 요청을 받을 것이다. 이러한 협업의 필요성을 인식하고 협업을 장려하는 프로젝트는 그렇지 않은 프로젝트에 비해 성공할 가능성이 높다. 이러한 기회를 즐겨라. 이해관계자들을 아무리 괴롭히더라도 이해관계자들에게 필요한 통찰력을 주입시킬 수는 없을 것이다. 정량적인 품질 속성 요구 사항을 계속 주장한다면 여러분은 임의적인 숫자들(정량적인 수치)을 얻을 수 있을 것이고, 그러한 요구 사항들 중 일부는 만족시키기 어려울 것이며, 결국에는 시스템 성공으로부터 멀어질 것이다.

노련한 아키텍트들은 비슷한 시스템이 어떤 품질 속성 응답을 나타내왔으며 현 상황에서 어떤 품질 속성 응답을 기대하고 제공하는 것이 합리적인지 잘 이해하고 있다. 또한 아키텍트는 어떤 품질 속성 응답이 달성하기에 쉬운지, 어떤 품질 속성 응답이 문제가 발생할 가능성이 높은지, 어떤 품질 속성 응답이 엄두도 못 낼 정도인지에 관해 빠른 피드백을 줄 수 있다.

예를 들어 어떤 이해관계자는 24/7 가용성을 원할 수도 있다. 누가 그런 가용성을 마다하겠는가? 하지만 아키텍트는 그러한 요구 사항으로 인해 비용이 얼마나 더 들지 설명할 수 있다. 이러한 설명은 이해관계자에게 가용성과 감당할 수 있는 비용 간의 절충점을 찾기 위한 정보를 제공한다. 또한 아키텍트는 대화 중에 "여러분이 생각하는 것보다 더 잘할 수 있는 아키텍처를 실제 전달할 수 있습니다. 그게 여러분에게 유용하지 않을까요?"라는 이야기를 할 수 있는 유일한 사람이다.

관련 이해관계자들을 인터뷰하는 것이 그들이 알고 있는 것과 필요로 하는 것을 배울 수 있는 가장 확실한 방법이다. 다시 한 번, 체계적이고 명확하고 반복 가능한 방식으로 중요 정보를 담아내는 것이 프로젝트의 의무다. 이해관계자들로부터 이러한 정보를 수집하는 것은 여러 방법을 통해 달성할 수 있다. 그러한 방법 중 하나가 품질 속성 워크숍^{QAW, Quality Attribute Workshop}으로, 아래에서 자세히 알아보겠다.

품질 속성 워크숍

품질 속성 워크숍(QAW)은 소프트웨어 아키텍처가 완성되기 전에 품질 속성 시나리오를 생성하고 우선순위를 정하고 가다듬는 데 도움이 되는 이해관계자 중심의 방법이다. 품질 속성 워크숍은 시스템 수준의 고려 사항들과 특히 소프트웨어가 시스템에서 수행하는 역할을 강조한다. 품질 속성 워크숍은 시스템 이해관계자들의 참여가 매우 중요하다.

품질 속성 워크숍을 소개하고 각 단계의 개요를 설명하고 나면, 품질 속성 워크숍에 다음 요소들이 포함된다.

- **비즈니스/미션 발표**: 시스템 이면의 비즈니스 고려 사항을 대표하는 이해관계자(주로 관리자나 경영 대표자)는 시스템의 비즈니스 맥락과 광범위한 기능 요구 사항, 제약 사항, 알려진 품질 속성 요구 사항을 제시하는 데 약 1시간을 소비한다. 이후의 단계에서 다듬어질 품질 속성들은 대개 이번 단계에서 제시된 비즈니스/미션 요구 사항으로부터 파생될 것이다.

- **아키텍처 계획 발표**: 세부적인 시스템이나 소프트웨어 아키텍처가 존재하지 않더라도 시스템의 일부 기술적 세부 사항을 기술하는 시스템에 대한 광범위한 기술과 상황 묘사나 기타 산출물이 이미 생성됐을 수 있다. 워크숍의 이번 단계에서 아키텍트는 시스템 아키텍처 계획을 현재 상태 그대로 제시할 것이다. 덕분에 이해관계자들은 현재 아키텍처 사고방식을 그대로 이해할 수 있다.

- **아키텍처 추진 요인 식별**: 워크숍 진행자는 앞의 두 단계에서 수집한 핵심 아키텍처 추진 요인들의 목록을 공유하고 이해관계자들에게 명확하게 하거나 추가하거나 삭제하거나 수정할 부분이 있는지 묻는다. 이러한 행동의 목적은 전반적인 요구 사항과 비즈니스 추진 요인, 제약 사항, 품질 속성을 포함하는 아키텍처 추진 요인의 정제된 목록에 대해 의견 일치를 이루기 위함이다.

- **시나리오 브레인스토밍**: 각 이해관계자는 시스템에 관한 자신의 관심 사항을 나타내는 시나리오를 표현한다. 진행자는 명시적인 자극과 응답을 구체적으로 지정함으로써 각 시나리오가 품질 속성 관심 사항에 대응하도록 보장한다.

- **시나리오 통합**: 시나리오 브레인스토밍 이후에 비슷한 시나리오들은 합리적으로 통합한다. 진행자는 이해관계자들에게 내용상 매우 유사한 시나리오들을 식별해달라고 요청한다. 비슷한 시나리오들은 해당 시나리오들을 제시한 사람들이 통합 과정 중에 의미가 약화되지 않을 것이라는 점에 동의하면 병합된다.

- **시나리오 우선순위화**: 시나리오들의 우선순위를 정하기 위해서는 각 이해관계자에게 통합

이후에 생성된 전체 시나리오 개수의 30퍼센트에 해당하는 표(투표권)를 할당한다. 이해관계자들은 자신의 표 중 원하는 수만큼을 시나리오나 시나리오들의 조합에 할당할 수 있다. 각 시나리오는 득표 수에 따라 우선순위가 정해진다.

- **시나리오 개선**: 우선순위를 정하고 난 후에는 높은 우선순위의 시나리오들을 개선하고 상세화한다. 진행자는 이해관계자들이 시나리오를 3장에서 기술한 여섯 개의 부분으로 구성된 시나리오 형태(공급원-자극-산출물-환경-응답-응답 측정)로 구성하도록 돕는다. 시나리오가 개선됨에 따라 각 시나리오를 만족시키기 위해 필요한 문제점들이 도출될 것이고, 이를 기록해야 한다. 이번 단계는 시간과 리소스가 허락하는 한 지속돼야 한다.

이해관계자 인터뷰의 결과는 아키텍처 추진 요인들과 이해관계자들이 우선순위를 정한 품질 속성 시나리오들의 집합을 포함해야 한다. 해당 정보는 다음 목적으로 사용될 수 있다.

- 시스템과 소프트웨어 요구 사항을 개선한다.
- 시스템의 추진 요인을 이해하고 명확히 한다.
- 아키텍트가 결과적으로 특정 설계 결정을 내린 이유에 대한 근거를 제공한다.
- 프로토타입과 시뮬레이션 개발에 지침을 제공한다.
- 아키텍처가 개발되는 순서에 영향을 미친다.

해당 요구 사항이 무엇이 돼야 할지 모르겠다!

이해관계자들을 인터뷰하면서 ASR을 찾아낼 때 이해관계자들이 "해당 요구 사항이 무엇이 돼야 할지 모르겠습니다."라고 불평하는 것을 흔히 볼 수 있다. 이해관계자들이 실제로 무엇이 돼야 할지 모르기도 하지만, 바꿔 생각해보면 해당 요구 사항에 관해 '무언가'를 알고 있다는 의미이기도 하다. 특히나 이해관계자가 자신의 영역에서 경험이 많다면 더욱 그렇다. 이 경우에는 여러분이 요구 사항을 만들어주는 대신에 이해관계자의 '무언가'를 이끌어내는 것이 훨씬 낫다. 예를 들어 "해당 처리 요청에 시스템이 얼마나 빨리 반응해야 합니까?"라고 여러분이 이해관계자에게 물었을 때 이해관계자의 대답이 "모르겠습니다."라면 아무것도 모르는 척 말도 안 되는 질문을 해보는 것도 좋다. 예를 들어 "24시간이면 충분할까요?"라고 물어보면 이해관계자는 흥분해서 "절대 안 되죠."라고 소리칠 것이다. "그럼 1시간이면요?"라고 물어보면 "안 됩니다."라고 답할 것이고, "5분은요?"라고 물어보면 여전히 "안 됩니다."라고 답할 것이다. "10초라면 어떨까요?"라고 물어보면 "글쎄요. 음… 그 정도면 그럭저럭 괜찮을 것 같기도 한데요."라고 답할 것이다.

이런 식으로 질문함으로써 사람들이 요구 사항이 정확하게 무엇이 돼야 할지 모르더라도 최소한 여러분에게 허용 가능한 값의 범위를 제시하도록 만들 수 있다. 그리고 대개 이러한 범위만으로 아키텍처 메커니즘을 선택하기에 충분하다. 응답 시간이 24시간인지, 10분인지, 10초인지, 100밀리초인지에 따라 아키텍트는 매우 다른 아키텍처 접근법을 선택해야 한다. 이러한 정보를 갖추고 나면 여러분은 정보에 근거한 설계 결정을 내릴 수 있다.

― RK

19.3 비즈니스 목표 이해를 통한 ASR 수집

비즈니스 목표는 시스템을 만들기 위한 시스템의 존재 이유다. 어떤 조직도 이유 없이 시스템을 만들지 않는다. 관련된 사람들은 자신과 자신의 조직의 미션과 야망을 발전시키길 원한다. 일반적인 비즈니스 목표에는 물론 수익 내기가 포함된다. 하지만 대부분의 조직에는 단순히 수익 외에도 많은 관심 사항이 있다. 게다가 비영리 단체나 자선 단체, 정부와 같은 조직은 수익과 상관이 없다.

비즈니스 목표는 아키텍트에게 있어 관심 사항이다. 비즈니스 목표가 ASR로 직접적으로 연결되는 경우가 빈번하기 때문이다. 비즈니스 목표와 아키텍처 간에는 다음과 같은 세 가지 관계가 있다.

1. **비즈니스 목표는 대개 품질 속성 요구 사항으로 이어진다.** 모든 품질 속성 요구 사항(예: 사용자가 겪는 응답 시간이나 플랫폼 유연성, 철통 같은 보안 등 수십 가지에 달하는 다양한 요구 사항)은 부가가치 관점에서 기술할 수 있는 더 높은 목표로부터 온다. 예를 들어 어떤 조직이 자신의 제품을 경쟁 제품과 차별화해 시장 점유율을 높이고자 하는 욕구가 있을 수 있다. 이러한 욕구는 몹시 빠른 응답 시간에 대한 요구 사항으로 이어질 수 있다. 또한 특허나 긴박한 요구 사항 이면에 있는 비즈니스 목표를 근거로 아키텍트는 의미 있는 방식으로 해당 요구 사항에 대해 질문해보거나 해당 요구 사항을 만족시키기 위한 리소스를 결집할 수 있다.

2. **비즈니스 목표는 품질 속성 요구 사항을 전혀 유발하지 않고도 아키텍처에 영향을 미칠 수 있다.** 다음의 사례는 어느 소프트웨어 아키텍트가 우리에게 들려준 이야기다. 이 아키텍트는 수년 전에 아키텍처의 초안을 자신의 관리자에게 제출했다. 관리자는 아키텍처에서 데이터베이스가 빠졌다고 지적했다. 아키텍트는 관리자가 그러한 사실을 알아챘다는 사실을 반기며 덩치가 크고 값비싼 데이터베이스에 대한 필요성을 제거한 설계 접근법을 어떤 식으로 고안했는지 관리자에게 설명했다. 하지만 관리자는 데이터베이스를 설계에 포함시키라고 압박했다. 해당 조직의 데이터베이스 부서에 속한 급여가 높은 기술 직원들이 현재 할당된 업무가 없어 일이 필요하다는 이유였다. 어떤 요구 사항 명세서도 이러한 요구 사항을 담아낼 수 없을 것이다. 혹은 어떤 관리자도 이러한 동기가 요구 사항에 포함되길 원치 않을 것이다. 하지만 해당 관리자의 관점에서는 데이터베이스 없이 전달된 아키텍처는 중요한 기능이나 품질 속성을 전달하지 못하는 결여된 아키텍처처럼 보였던 것이다.

3. **어떤 비즈니스 목표는 아키텍처에 영향을 주지 않는다.** 모든 비즈니스 목표가 품질 속성으로 이어지는 것은 아니다. 예를 들어 '비용 절감'이라는 비즈니스 목표는 겨울에 실내 온도를 낮추거나 직원들의 급여나 연금을 삭감함으로써 달성할 수 있을지도 모른다.

그림 19.1은 이러한 논의에서 주요 핵심 사항들을 나타낸다. 그림 19.1에서 화살표는 '~로 이어진다.'를 의미한다(예를 들어 비즈니스 목표는 품질 속성으로 이어진다). 이러한 화살표 중에 실선 화살표는 아키텍트가 가장 관심을 갖는 관계라는 것을 나타낸다.

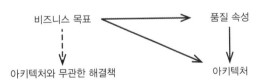

그림 19.1 일부 비즈니스 목표는 품질 속성 요구 사항으로 이어지거나 직접적으로 아키텍처 결정으로 이어지거나 아키텍처와 무관한 해결책으로 이어진다.

아키텍트는 대개 조직의 비즈니스와 비즈니스 목표를 서서히 터득한다. 업무를 하고 듣고 이야기하면서 조직 내에서 작용 중인 비즈니스 목표를 흡수한다. 서서히 터득하기가 효과가 없는 것은 아니지만, 그러한 목표를 결정하기 위한 좀 더 체계적인 방법이 가능하고 바람직하다. 게다가 명시적으로 비즈니스 목표를 담아낼 필요가 있다. 이러한 비즈니스 목표들은 대개 ASR을 포함하고 있는데, 명시적으로 비즈니스 목표를 담아내지 않으면 그러한 목표에 대처하기에 너무 늦어버리거나 비용이 많이 들 때까지 감지되지 않을 수 있기 때문이다.

이를 위한 한 가지 방법은 PALM 방법을 사용하는 것이다. PALM 방법은 아키텍트 및 핵심 비즈니스 이해관계자들과 함께 워크숍을 여는 것을 포함한다. PALM의 핵심은 다음 단계들로 구성된다.

- **비즈니스 목표 도출**: 이번 절의 뒤에서 등장할 카테고리들을 사용해 이해관계자들로부터 시스템에 중요한 비즈니스 목표들을 도출해야 한다. 비즈니스 목표들을 상세화하고 이를 비즈니스 목표 시나리오로 표현해야 한다.[1] 중복을 제거하기 위해 비슷한 비즈니스 목표들을 통합해야 한다. 가장 중요한 목표들을 식별하기 위해 참가자들이 통합된 비즈니스 목표들의 우선순위를 정하도록 해야 한다.
- **비즈니스 목표로부터 잠재적인 품질 속성 식별**: 각각의 중요한 비즈니스 목표 시나리오에 대해 참가자들이 아키텍처에 포함되면 목표를 달성하는 데 도움이 되는 품질 속성과 응답 시간 값을 기술하도록 해야 한다.

비즈니스 목표 후보들을 미리 확보해 대화를 시작하기 위한 수단으로 활용함으로써 비즈니스 목표들을 담아내는 과정을 도울 수 있다. 예를 들어 많은 업체가 시장 점유율을 높이길 원한다는 점을 알면, 이러한 동기를 사용해 조직 내의 적합한 이해관계자들이 참여하도록 만들 수 있다. '이 제품의 시장 점유율에 대한 우리의 목표가 무엇이고, 아키텍처가 이러한 목표를 달성하기 위해 어떤 식으로 기여할 수 있을까?'

비즈니스 목표에 대한 연구를 통해 다음과 같이 카테고리를 나눌 수 있었다. 이러한 카테고리는 브레인스토밍과 도출에 도움이 될 수 있다. 다음 카테고리 목록을 활용해 이해관계자들에게 각 카테고리의 가능한 비즈니스 목표들을 물어봄으로써 빠진 부분 없이 다룰 수 있다.

1. 조직의 성장과 지속
2. 재정적 목표 달성

---

1 비즈니스 목표 시나리오는 품질 속성 시나리오의 의도 및 용법과 유사하며, 비즈니스 목표를 담아내기 위한 일곱 가지 부분으로 구조화된 표현법이다. 이번 장의 '참고 문헌' 절에서 PALM과 비즈니스 목표 시나리오를 매우 자세히 기술하는 참고 문헌을 찾을 수 있다.

3. 개인적 목표 달성

4. 직원에 대한 책임 달성

5. 사회에 대한 책임 달성

6. 국가에 대한 책임 달성

7. 이해관계자에 대한 책임 달성

8. 시장 내 위치 관리

9. 비즈니스 프로세스 개선

10. 제품의 품질 및 평판 관리

11. 시간이 지남에 따른 환경에서의 변화 관리

19.4 유틸리티 트리와 ASR

완벽한 세상이라면 19.2절과 19.3절에서 기술한 기법들이 개발 프로세스의 초기에 적용될 것이다. 핵심 이해관계자들을 인터뷰하고, 비즈니스 목표를 도출하고, 아키텍처 요구 사항을 도출하고, 이해관계자들로 하여금 여러분을 위해 이러한 입력 모두의 우선순위를 정하도록 할 수 있을 것이다. 물론 실제 세상은 완벽하지 않다. 여러분이 필요로 할 때 조직상의 이유로 혹은 비즈니스적인 이유로 이러한 이해관계자들을 만날 수 없는 경우가 많다. 그렇다면 어떻게 해야 할까?

아키텍트는 요구 사항의 '주요 공급원'이 사용 가능하지 않을 때 유틸리티 트리^{utility tree}라고 부르는 구조를 사용할 수 있다. 유틸리티 트리는 여러분이 아키텍트로서 시스템의 성공에 중요하다고 보는 품질 속성 관련 ASR들의 하향식 표현이다.

유틸리티 트리는 루트 노드가 '유틸리티^{utility}'라는 단어로 시작한다. 유틸리티는 시스템의 전반적인 '유용함'을 나타내는 표현이다. 그리고 나서 시스템이 나타내야 할 주요 품질 속성들을 나열함으로써 루트 노드를 확장할 수 있다(3장에서 품질 속성 이름 그 자체만으로는 그렇게 유용하지 않다고 했던 것이 기억날 것이다. 걱정하지 말자. 여기서 나열되는 품질 속성의 하부에 추가적인 세부 사항들이 나열된다).

각 품질 속성 아래에 해당 품질 속성의 구체적인 내용을 기록한다. 예를 들어 성능은 '데이터 지연'과 '트랜잭션 처리량'으로 나눠질 수도 있다. 혹은 '사용자 대기 시간'과 '웹 페이지 새로 고침 시간'으로 나눠질 수도 있다. 이러한 구체화는 여러분의 시스템과 연관된 것들이어야 한다. 각 구체화된 내용 아래에 품질 속성 시나리오로 표현되는 구체적인 ASR을 기록할 수 있다.

ASR이 시나리오로 기록되고 트리의 잎^{leaf} 노드에 위치한 이후에 해당 시나리오들을 다음 두 가지 기준에 대해 평가해볼 수 있다. 바로 후보 시나리오의 비즈니스 가치와 이러한 가치를 달성하기 위한 기술적 위험도다. 원하는 등급은 무엇이든 사용할 수 있지만, 각 기준에 대해 단순히 'H'(높음), 'M'(중간), 'L'(낮음)과 같은 간단한 점수 매기기 시스템만으로도 충분하다. 비즈니스 가치에 있어 '높음'은 반드시 필요한 요구 사항을 나타내고, '중간'은 중요하지만 생략한다고 해서 프로젝트 실패로 이어지지는 않는 요구 사항을 나타내며, '낮음'은 달성하면 좋지만 많은 노력을 쏟을 가치가 없는 요구 사항을 말한다. 기술적 위험에 있어 '높음'은 해당 ASR을 만족시키기 위해 밤낮으로 일해야 한다는 것을 의미하고, '중간'은 해당 ASR을 만족시키는 것이 우려스럽기는 하지만 높은 위험을 수반하지는 않는다는 것을 의미하며, '낮음'은 해당 ASR을 달성하는 데 문제가 없음을 의미한다.

표 19.1은 유틸리티 트리의 예 중 일부를 나타낸다. 각 ASR에 대해 해당 ASR의 비즈니스 가치와 기술적 위험도가 매겨져 있다.

표 19.1 헬스케어 공간의 시스템을 위한 유틸리티 트리의 표 형태

품질 속성	속성 세분화	ASR 시나리오
성능	트랜잭션 응답 시간	사용자는 시스템이 최대 부하인 동안에 주소 변경 통지에 대한 응답으로 환자의 계정을 업데이트하고, 해당 트랜잭션은 0.75초 이내에 완료된다. (H, H)
	처리량	최대 부하일 때 시스템은 초당 150개의 정규화된 트랜잭션을 완료할 수 있다. (M, M)
사용성	숙달에 필요한 교육	해당 비즈니스에 2년 이상의 경험이 있는 신규 근로자가 일주일의 교육을 받으면 5초 이내에 시스템의 모든 핵심 기능을 수행할 수 있다. (M, L)
	운영 효율성	병원비 수납 담당자가 환자와 이야기하는 동안에 해당 환자의 병원비 지불 계획을 시작하고 입력 오류 없이 해당 과정을 완료한다. (M, M)
환경 설정 용이성	데이터 환경 설정 용이성	병원이 특정 서비스에 대한 요금을 올린다. 환경 설정 팀은 업무일 1일 이내에 해당 변경을 반영하고 테스트한다. 어떤 소스 코드도 변경할 필요가 없다. (H, L)

(이어짐)

품질 속성	속성 세분화	ASR 시나리오
유지 보수 용이성	루틴 변경	유지 보수 인력이 응답 시간 결함을 발견하고 해당 버그를 수정한 다음 버그 수정을 배포한다. 이 과정이 한 사람이 3일간 일하면 되는 작업량 이내로 완료된다. (H, M) 리포팅 요구 사항에 따르면 리포트를 생성하는 메타데이터를 변경해야 한다. 한 사람이 4시간 일하면 되는 작업량 이내로 변경이 이뤄지고 테스트된다. (M, L)
	상용 컴포넌트로의 업그레이드	데이터베이스 벤더가 한 사람이 3주간 일하면 되는 작업량 이내로 성공적으로 테스트하고 설치할 수 있는 신규 메이저 버전을 출시한다. (H, M)
	신규 기능 추가	한 사람이 두 달간 일하면 되는 작업량 이내로 혈액 은행 기증자를 추적하는 기능을 생성하고 성공적으로 통합한다. (M, M)
보안	기밀성	물리 치료사는 환자 기록 중 정형 외과 치료와 관련된 부분을 볼 수 있지만 재무 정보나 다른 부분은 볼 수 없다. (H, M)
	공격에 대한 저항	시스템은 90초 이내에 권한이 없는 침입 시도를 물리치고 권한이 있는 담당자에게 이러한 시도를 보고한다. (H, M)
가용성	중단 없음	데이터베이스 벤더가 신규 소프트웨어를 출시하고, 데이터베이스가 시스템 중단 없이 운영 중에 교체된다. (H, L) 시스템이 환자에게 24/7/365 웹 기반 계정 접근을 지원한다. (M, M)

유틸리티 트리를 다 채우고 난 다음, 이를 사용해 중요한 확인을 할 수 있다. 예를 들어 다음과 같다.

- ASR 시나리오가 없는 품질 속성이나 품질 속성 세분화가 꼭 수정해야 하는 오류나 생략인 것은 아니다. 이는 해당 분야에 기록되지 않은 ASR 시나리오가 있는지 여부를 조사해봐야 한다는 신호다.
- (H, H) 등급을 받은 ASR 시나리오들은 가장 주목받는 시나리오들이다. 중요한 요구 사항들 중에서도 가장 중요한 요구 사항들인 것이다. 이러한 시나리오가 아주 많다면 실제로 해당 시스템이 달성 가능한지 여부를 걱정해봐야 할 수도 있다.

19.5 언제나 발생하는 변경

에드워드 베랄드Edward Berard는 "물 위를 걷는 것과 명세서로부터 소프트웨어를 개발하는 것은 둘 다 얼은 상태(프로즌frozen 상태)라면 쉽다."라고 말했다. 이번 장의 어느 것도 이러한 기적 같은 상태가 존재한다고 가정해서는 안 된다. 요구 사항은 포착됐든 아니든 항상 변한다. 아키텍트는 아키텍처가 여전히 프로젝트를 성공으로 이끌 수 있는 올바른 아키텍처가 되도록 변화에 적응하고 변화를 따라잡아야 한다. 25장에서 아키텍처 능숙도에 관해 알아볼 것인데, 아키텍트는 의사소통에 능숙해야 한다고 조언할 것이다. 이는 정보를 제공하는 것뿐만 아니라 정보를 받아들이는 양방향 의사소통에 능숙해야 한다는 의미다. ASR을 결정하는 핵심 이해관계자들에게 의사소통 채널을 항상 열고 변화하는 요구 사항을 따라잡아야 한다. 이번 장에서 제시한 방법들은 변경을 수용하기 위해 반복적으로 적용될 수 있다.

변화를 따라잡는 것보다 더 좋은 것은 변화를 한 발짝 앞서 나가는 것이다. ASR에 변화가 있을 것이라는 점을 미연에 감지하면, 해당 변화의 영향을 이해하기 위한 연습으로 사전 설계 단계를 밟을 수 있다. 해당 변경이 너무나 값비싸면 해당 정보를 이해관계자들과 공유함으로써 큰 기여를 할 수 있다. 이해관계자들이 이 사실을 빨리 알면 알수록 더 좋다. 예산을 초과하지 않으면서도 해당 목표를 달성할 수 있는 제안을 한다면 더할 나위 없이 좋을 것이다.

19.6 요약

아키텍처는 아키텍처 관점에서 중요한 요구 사항의 영향을 크게 받는다.

- ASR은 아키텍처에 중대한 영향을 지녀야 한다. 해당 요구 사항을 포함했을 때의 아키텍처는 포함하지 않았을 때의 아키텍처와 다를 가능성이 높다.
- ASR은 높은 비즈니스 또는 미션 가치를 지녀야 한다. 아키텍처가 이러한 요구 사항을 만족시킨다면(잠재적으로 다른 요구 사항들을 만족시키지 못하는 비용을 치르면서) 중요한 이해관계자들에게 높은 가치가 있어야 한다.

ASR은 요구 사항 문서로부터 추출될 수도 있고, 워크숍(예: QAW) 중에 이해관계자들로부터 포착될 수도 있으며, 유틸리티 트리에서 아키텍트로부터 포착될 수도 있고, 비즈니스 목표로부터 파생될 수도 있다. 이러한 ASR을 한곳에 기록해 해당 목록을 리뷰하고 참조하고 설계 결정을 정당화하기 위해 사용하며, 시간이 지남에 따라 혹은 주요 시스템 변경이 발생할 때 다시 살펴보면 도움이 된다.

이러한 요구 사항을 수집할 때 조직의 비즈니스 목표를 염두에 둬야 한다. 비즈니스 목표는 일반적이고 구조화된 형태로 표현되고 비즈니스 목표 시나리오로 표현된다. 이러한 목표는 구조화된 촉진 방식인 PALM을 사용해 도출되고 문서화될 수 있다.

품질 속성 요구 사항을 유용하게 표현한 것이 유틸리티 트리다. 이러한 그래프를 이용한 묘사는 이러한 요구 사항을 처음에는 큰 단위의 추상적인 품질 속성 개념에서 시작해 점차적으로 세분화하다가 최종적으로 시나리오로 담아내는 구조화된 형태로 포착하는 데 도움이 된다. 그리고 나서 이러한 시나리오에 우선순위를 매겨야 한다. 아키텍트는 이러한 우선순위를 이용해 무엇을 해야 할지 알 수 있다.

19.7 참고 문헌

opengroup.org/togaf/에서 이용 가능한 오픈 그룹 아키텍처 프레임워크^{The Open Group Architecture Framework}는 많은 유용한 정보를 담은 비즈니스 시나리오를 문서화하기 위한 완전한 템플릿을 제공한다. 아키텍트가 비즈니스 목표를 담아내기 위해 좀 더 간단한 방식을 활용할 수도 있겠지만, 살펴볼 가치가 있다.

품질 속성 워크숍^{QAW}의 최고의 참고 자료는 [Barbacci 03]이다.

'아키텍처 관점에서 중요한 요구 사항^{architecturally significant requirement}'이라는 용어는 SARA^{Software Architecture Review and Assessment} 그룹에 의해 만들어졌다. https://pkruchten.files.wordpress.com/2011/09/sarav1.pdf에서 확인 가능한 문서의 일부다.

SWEBOK^{The Software Engineering Body of Knowledge} 3판은 computer.org/education/bodies-of-knowledge/software-engineering/v3에서 다운로드할 수 있다. 이 책이 출간되는 시점에는 4판이 만들어지고 있다.

PALM에 대한 완전한 기술[Clements 10b]은 https://resources.sei.cmu.edu/asset_files/TechnicalNote/2010_004_001_15179.pdf에서 찾을 수 있다.

19.8 토론 질문

1. 여러분의 회사나 대학에서 사용 중인 비즈니스 시스템의 대표 이해관계자들을 인터뷰해서 비즈니스 목표를 세 가지 이상 도출해보자. 이를 위해 PALM의 일곱 개 부분으로 구성된 비즈니스 목표 시나리오 개요를 사용하자. 자세한 내용은 '참고 문헌' 절에서 확인할 수 있다.

2. 1번 질문에서 발견한 비즈니스 목표를 기반으로 대응되는 ASR들을 제안해보자.

3. ATM에 관한 유틸리티 트리를 생성하자(여러분의 친구나 동료들이 품질 속성 고려 사항과 시나리오에 기여하도록 만들고 싶다면 그들을 인터뷰해보자). 최소 네 가지 다른 품질 속성들을 고려해보자. 여러분이 잎 노드에 생성한 시나리오들은 명시적인 응답과 응답 측정치를 지녀야 한다.

4. 수준이 높다고 생각되는 소프트웨어 요구 사항 명세를 찾아보자. 색깔이 있는 펜을 사용해 해당 시스템의 소프트웨어 아키텍처와 완전히 무관하다고 생각하는 모든 내용에는 빨간색을 칠하고, 관련 있을 것으로 생각하는 내용에는 노란색을 칠한다. 아키텍처 관점에서 중요하다고 확신이 드는 모든 내용에는 초록색을 칠한다. 완료했을 때 문서에서 빈 칸이 아닌 모든 부분은 빨간색 또는 초록색 또는 노란색이어야 한다. 완료 후에 각 색깔이 차지하는 비율은 대략 어느 정도인가? 결과가 놀랍다고 생각되는가?

20장

아키텍처 설계

움베르토 세르반테스(Humberto Cervantes) 참여

> 설계자는 완벽함은 추가할 것이 없을 때가 아니라
> 뺄 것이 없을 때 달성된다는 점을 알아야 한다.
> – 앙투안 드 생텍쥐페리(Antoine de Saint-Exupéry)

아키텍처 설계를 포함해 설계는 수행하기에 복잡한 활동이다. 설계를 위해서는 시스템의 많은 측면을 고려한 수많은 결정을 내려야 한다. 과거에는 수십 년의 어렵게 얻은 경험을 지닌 시니어 소프트웨어 엔지니어들에게만 설계 작업을 위임했다. 체계적인 방법은 이러한 복잡한 활동을 수행하는 데 지침을 제공해서 일반인들도 이러한 지침 학습을 통해 충분히 설계 작업을 수행할 수 있도록 한다.

이번 장에서는 속성 중심 설계^{ADD, Attribute-Driven Design}라는 방법을 세부적으로 논의하겠다. 속성 중심 설계를 사용하면, 체계적이고 반복 가능하면서도 비용 효율이 높은 방식으로 아키텍처를 설계할 수 있다. 반복성과 학습성은 엔지니어링 분야의 중요한 특징이다. 어떤 방법을 반복과 학습이 가능하도록 만들기 위해 제대로 훈련받은 엔지니어라면 누구나 따를 수 있는 단계들의 집합이 필요하다.

우선 속성 중심 설계의 개요와 단계들을 알아볼 것이다. 개요를 먼저 소개한 다음, 핵심 단계들을 자세히 살펴본다.

20.1 속성 중심 설계

소프트웨어 시스템의 아키텍처 설계는 일반적인 설계와 다르지 않다. 소프트웨어 시스템의 아키텍처 설계에서는 요구 사항과 제약 사항을 만족시키기 위한 결정을 내리고 가용한 수단과 기술을 활용해야 한다. 그림 20.1에서 보듯이 아키텍처 설계 시 아키텍처 관련 주요 동인 driver들에 대한 결정들을 구조들로 변환한다. 아키텍처 관련 주요 동인들은 아키텍처 관점에서 중요한 요구 사항ASR(19장 참고)들로 구성되고, 기능성과 제약 사항, 아키텍처 고려 사항, 설계 목적도 포함한다. 그러고 나서 이러한 과정의 결과로 만들어진 구조들을 사용해 2장에서 설명한 여러 방법을 통해 프로젝트를 이끈다. 이러한 구조들은 분석과 구성을 돕는다. 이러한 구조들은 신규 프로젝트 멤버를 교육하기 위한 근간이 된다. 이러한 구조들은 비용과 일정 예측, 팀 구성, 위험 분석 및 경감뿐만 아니라 구현에도 도움이 된다.

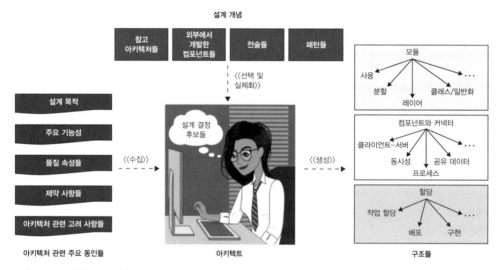

그림 20.1 아키텍처 관련 설계 활동의 개요

아키텍처 설계를 시작하기 전에 시스템의 범위를 결정하는 것이 중요하다. 만들고자 하는 시스템 안에 무엇이 있고 외부에 무엇이 있는지, 시스템이 어떤 외부 엔티티와 상호 작용하는지 결정해야 한다. 그림 20.2와 같이 이러한 상황은 시스템 컨텍스트 다이어그램을 사용해 표현할 수 있다. 시스템 컨텍스트 다이어그램은 22장에서 자세히 알아볼 것이다.

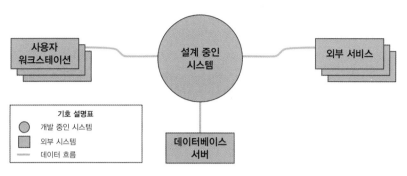

그림 20.2 시스템 컨텍스트 다이어그램 예

속성 중심 설계에서 아키텍처 설계는 라운드별로 수행된다. 각 라운드는 설계 반복^{iteration}들로 구성될 수도 있다. 하나의 라운드는 개발 주기 내에서 수행되는 아키텍처 설계 활동들로 구성되며, 하나 또는 그 이상의 반복을 통해 해당 라운드의 설계 목적에 맞는 아키텍처를 만들 수 있다.

각 반복 내에서 일련의 설계 단계들이 수행된다. 속성 중심 설계는 각 반복 내에서 수행돼야 할 단계들에 대한 세부적인 지침을 제공한다. 그림 20.3은 속성 중심 설계와 관련된 단계들과 산출물들을 나타낸다. 그림 20.3에서 단계 1~7이 하나의 라운드를 구성한다. 하나의 라운드 내에서 단계 2~7은 하나 이상의 반복을 구성한다. 지금부터 각 단계에 대한 개요를 알아보겠다.

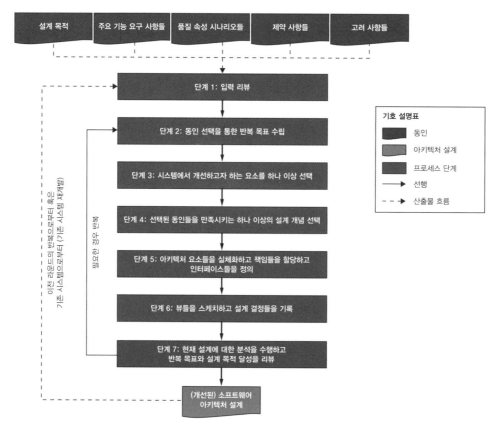

다음의 표는 다음 그림의 기호 설명표이다.

기호 설명표

- 동인
- 아키텍처 설계
- 프로세스 단계
- 선행
- 산출물 흐름

그림의 상단에는 다음 동인들이 나열되어 있다: 설계 목적, 주요 기능 요구 사항들, 품질 속성 시나리오들, 제약 사항들, 고려 사항들

프로세스 단계:
- 단계 1: 입력 리뷰
- 단계 2: 동인 선택을 통한 반복 목표 수립
- 단계 3: 시스템에서 개선하고자 하는 요소를 하나 이상 선택
- 단계 4: 선택된 동인들을 만족시키는 하나 이상의 설계 개념 선택
- 단계 5: 아키텍처 요소들을 실체화하고 책임들을 할당하고 인터페이스들을 정의
- 단계 6: 뷰들을 스케치하고 설계 결정들을 기록
- 단계 7: 현재 설계에 대한 분석을 수행하고 반복 목표와 설계 목적 달성을 리뷰

이전 라운드의 반복으로부터 혹은 기존 시스템으로부터 (기존 시스템 재개발)

필요한 경우 반복

(개선된) 소프트웨어 아키텍처 설계

그림 20.3 속성 중심 설계의 단계와 산출물

20.2 속성 중심 설계의 구성 단계

이번 절에서는 속성 중심 설계를 구성하는 단계들에 관해 알아본다.

단계 1: 입력 리뷰

하나의 설계 라운드를 시작하기 전에 아키텍처 관련 동인들(해당 설계 프로세스의 입력들)이 사용 가능하고 올바르다는 것을 보장해야 한다. 이러한 동인에는 다음이 포함된다.

- 해당 설계 라운드의 목적
- 주요 기능 요구 사항

- 주요 품질 속성 시나리오
- 모든 제약 사항
- 모든 고려 사항

왜 설계 목적을 명시적으로 정해야 할까? 라운드의 목표를 명확히 해야 하기 때문이다. 예를 들어 여러 라운드로 구성된 점증적인 설계incremental design 환경에서 어떤 설계 라운드의 목적으로 초기 예측을 위한 설계 생성이나 시스템의 신규 증분increment을 만들기 위한 기존 설계 개선이나 특정 기술 위험을 완화하기 위한 프로토타입 생성이 있을 수 있다. 또한 신규 개발이 아닌 경우에는 기존 아키텍처의 설계를 알아야 한다.

이 시점에서 주요 기능들(주로 사용 사례들의 집합이나 사용자 스토리들의 집합 형태)과 품질 속성 시나리오들의 우선순위를 매겨야 한다. 이상적으로는 가장 중요한 프로젝트 이해관계자들에 의해 우선순위가 매겨져야 한다(19장에서 알아본 것처럼 여러 다양한 기법을 사용해 주요 기능들과 품질 속성 시나리오들을 이끌어내고 우선순위를 부여할 수 있다). 아키텍트는 이러한 과정들을 완전히 파악하고 있어야 한다. 예를 들어 최초의 요구 사항 도출 과정에서 중요한 이해관계자가 빠지지는 않았는지, 우선순위 부여 이후에 비즈니스 환경이 변화된 부분은 없는지 확인해야 한다. 이러한 입력들은 설계를 결정짓는 중요한 동인이 되기 때문에 입력을 올바르게 받고 올바르게 우선순위화하는 것이 중요하다. 이 점은 아무리 강조해도 지나치지 않다. 소프트웨어 엔지니어링의 다른 대부분의 활동들과 마찬가지로 소프트웨어 아키텍처 설계는 '가비지 인 가비지 아웃garbage-in-garbage-out'[1] 과정이다. 입력이 제대로 형성되지 않은 경우 속성 중심 설계의 결과는 좋을 수 없다.

이러한 동인들은 여러 다른 반복을 수행하기 위해 사용해야 하는 아키텍처 설계 백로그backlog의 일부가 된다. 해당 백로그의 모든 항목을 처리하는 설계 결정들을 내렸을 때 해당 라운드가 완료된 것이다(백로그의 개념은 20.8절에서 좀 더 자세히 알아볼 것이다).

단계 2~7은 해당 설계 라운드 내에서 수행되는 각 설계 반복에 대한 활동들을 구성한다.

단계 2: 동인 선택을 통한 반복 목표 수립

각 설계 반복은 특정 목표를 달성하는 데 집중한다. 이러한 목표는 대개 해당 동인들의 부분 집합을 만족시키기 위한 설계 과정을 포함한다. 예를 들어 어떤 반복의 목표가 요소들로부

---

1 잘못된 입력이 들어오면 잘못된 출력이 나온다는 의미다. – 옮긴이

터 특정 성능 시나리오나 사용 사례가 달성될 수 있도록 하는 구조들을 생성하는 것이 될 수도 있다. 이러한 이유로 설계 활동들을 수행할 때는 특정 설계 반복을 시작하기 전에 목표를 수립해야 한다.

단계 3: 시스템의 개선하고자 하는 하나 이상의 요소를 선택

동인들을 만족시키기 위해서는 아키텍처 설계 결정들을 내려야 한다. 그러고 나서 하나 이상의 아키텍처 구조에서 이러한 설계 결정들을 명확히 나타내야 한다. 이러한 구조들은 서로 연관된 요소들(1장에서 논의한 모듈들이나 컴포넌트들)로 구성되고, 이러한 요소들은 대개 이전 반복에서 이미 식별된 다른 요소들을 개선함으로써 획득한다. 개선에는 더 세분화된 요소들로의 분해(하향식 접근법)나 더 큰 단위의 요소들로의 결합(상향식 접근법), 이전에 식별된 요소들의 개선이 있다. 신규 개발의 경우 시스템 컨텍스트를 구축한 다음, 분해를 통한 개선을 위해 유일한 가용 요소인 시스템 자체를 선택함으로써 시작할 수 있다.[2] 기존 시스템이나 신규 개발 이후의 설계 반복의 경우 보통 이전 반복에서 식별된 요소들을 선택해 개선한다.

여러분이 선택할 요소들은 특정 동인들의 만족을 위해 포함된 요소들이다. 이러한 이유로 설계가 기존 시스템을 다룰 때는 해당 시스템의 현재 아키텍처의 일부인 요소들에 대한 이해도가 높아야 한다. 이러한 정보를 얻기 위해서는 면밀한 조사와 리버스 엔지니어링reverse engineering, 개발자들과의 논의가 필요할 수도 있다.

일부의 경우 단계 2와 단계 3의 순서를 바꿔야 할 수도 있다. 예를 들어 신규 시스템을 설계하거나 특정 유형의 참조 아키텍처에 살을 붙이는 경우, 적어도 설계 초기 단계에서는 해당 시스템의 요소들에 집중한 후 해당 요소들 중 특정 요소를 선택하고 이와 관련해 처리해야 할 동인들을 고려함으로써 반복을 시작할 수 있다.

단계 4: 선택된 동인들을 만족시키는 하나 이상의 설계 개념 선택

설계 과정에서 가장 어려운 결정은 아마도 설계 개념 선택일 것이다. 설계 개념 선택을 위해서는 반복 목표를 달성하기 위해 그럴듯하게 사용된 다양한 설계 개념을 식별하고 이러한 설계 개념들 중 선택을 해야 하기 때문이다. 많은 각기 다른 유형의 설계 개념이 존재한다.

---

2 신규 개발의 경우 기존 시스템이 존재하지 않기 때문에 처음에는 사용 가능한 요소가 유일하게 시스템 그 자체밖에 없다. 이후 해당 시스템을 분해를 통해 여러 요소로 나눌 수 있다 – 옮긴이

예를 들어 전술들, 패턴들, 참조 아키텍처들, 외부에서 개발된 컴포넌트들이 있다. 그리고 각 유형에 대해 많은 선택 사항이 존재할 수 있다. 따라서 최종 선택을 하기 전에 상당히 많은 대안을 분석해봐야 한다. 20.3절에서 설계 개념들의 식별과 선택에 관해 좀 더 자세히 알아볼 것이다.

단계 5: 아키텍처 요소들을 실체화하고 책임들을 할당하고 인터페이스들을 정의

하나 이상의 설계 개념을 선택한 이후에 다른 유형의 설계 결정을 내려야 한다. 방금 선택한 설계 개념들로부터 요소들을 어떤 식으로 실체화할 것인지 결정해야 한다. 예를 들어 레이어 패턴을 설계 개념으로 선택했다면 레이어를 몇 개나 사용할 것인지와 허용 관계를 결정해야 한다. 레이어 패턴 자체가 이러한 세부적인 부분까지 정의하지는 않기 때문이다.

요소들을 실체화한 이후에는 각 요소에 책임들을 할당해야 한다. 예를 들어 앱의 경우 보통 적어도 세 개의 레이어(표현presentation, 비즈니스, 데이터)가 존재한다. 이러한 레이어들의 책임들은 각기 다르다. 표현 레이어의 책임에는 모든 사용자 상호 작용 관리가 포함되고, 비즈니스 레이어는 애플리케이션 로직을 관리하고 비즈니스 규칙들을 강제하며, 데이터 레이어는 데이터의 영속성과 일관성을 관리한다.

요소들의 실체화는 어떤 동인이나 고려 사항을 만족시키는 구조들을 생성하기 위한 과정의 일부일 뿐이다. 또한 실체화된 요소들은 서로 협업할 수 있도록 연결돼야 한다. 이를 위해서는 이러한 요소들 간에 관계들이 존재해야 하고 어떤 종류의 인터페이스를 통해 정보가 교환돼야 한다. 이러한 인터페이스는 해당 요소들 간에 정보가 어떤 식으로 흘러야 할지 나타내는 계약된 명세서다. 20.4절에서는 각기 다른 유형의 설계 개념들이 어떤 식으로 실체화되고 구조가 어떤 식으로 생성되고 인터페이스가 어떤 식으로 정의되는지 자세히 알아볼 것이다.

단계 6: 뷰 스케치 및 설계 결정 기록

이 시점에서는 해당 반복에 대한 설계 활동들의 수행을 마친 것이다. 하지만 생성한 구조들의 표현인 뷰view가 보존되도록 보장하기 위한 조치는 전혀 취하지 않았을 수도 있다. 예를 들어 회의실에서 단계 5를 수행하고 나면, 일련의 도표들을 얻게 될 것이다. 이러한 정보는 프로세스의 나머지 단계에 있어 중요하며, 해당 정보를 분석하고 다른 이해관계자들에게 전달하기 위해 담아내야 한다. 뷰를 담아내는 것은 화이트보드를 사진으로 남기는 정도로 간단할 수도 있다.

생성된 뷰들은 완성된 형태가 아닐 것이다. 따라서 이러한 도표들은 이후의 반복에서 다시 살펴보고 개선해야 한다. 이러한 개선 작업은 대개 추가적인 동인들을 지원하기 위해 내린 다른 설계 결정들로 인한 요소들을 수용하기 위함이다. 이러한 이유로 속성 주도 설계에서 뷰를 '스케치'한다고 말하는 것이다. '스케치'라는 용어는 초안 형태의 문서를 말한다. 이러한 뷰들의 좀 더 양식을 갖추고 좀 더 내용이 채워진 문서를 만들기로 결정했다면(22장 참고), 설계 반복들이 완료된 이후에나 아키텍처 문서화 활동의 일부로서 만들어진다.

뷰들의 스케치를 담아내는 것 외에도 설계 반복에서 내린 중요한 결정들과 해당 결정들의 동기가 된 이유들(예: 근거)을 기록해야 한다. 이는 이후에 해당 결정에 대한 분석과 이해를 돕기 위함이다. 예를 들어 중요한 절충점에 관한 결정은 이 시점에 기록돼야 한다. 설계 반복 동안에 결정들은 주로 단계 4와 단계 5에서 내려진다. 20.5절에서는 설계 과정 동안에 예비 문서들을 생성하는 방법을 설명한다. 여기에는 설계 결정들과 해당 결정들의 근거를 기록하는 것도 포함된다.

단계 7: 현재 설계에 대한 분석 수행과 반복 목표 및 설계 목적 달성 리뷰

단계 7에 도착했다는 것은 해당 반복에 대해 수립된 목표를 달성하는 부분적인 설계가 생성됐다는 의미다. 이해관계자들의 신뢰를 얻고 이후의 재작업을 피하려면 목표 달성을 위한 부분적인 설계가 실제 생성됐는지 확인하는 것이 좋다. 뷰들의 스케치와 설계 결정들을 리뷰함으로써 스스로 분석을 수행할 수 있다. 하지만 누군가가 여러분이 해당 설계를 리뷰하는 것을 돕도록 시키는 것이 더 낫다. 이는 조직들이 별도의 테스트나 품질 보증 그룹을 두는 것과 같은 이유다. 다른 사람은 여러분이 지닌 가정을 공유하지 않고 다른 경험치가 있고 다른 관점을 지녔다. 이러한 다양성은 코드와 아키텍처 모두에 있어 '버그'를 찾아내는 데 도움이 된다. 21장에서 아키텍처 분석에 관해 더 자세히 알아볼 것이다.

해당 반복에서 수행된 설계에 대한 분석이 완료된 이후에 수립된 설계 목적의 관점에서 여러분의 아키텍처 상태를 리뷰해야 한다. 이는 이 시점에 해당 설계 라운드와 연관된 동인들을 만족시키기 위한 충분한 설계 반복들을 수행했는지 고려해보는 것을 의미한다. 또한 이는 해당 설계 목적이 달성됐는지 여부나 추가적인 설계 라운드들이 이후의 프로젝트 증분 increment에서 필요한지 여부를 고려해보는 것을 의미한다. 20.6절에서는 설계 진척도를 추적할 수 있는 간단한 기법들을 알아볼 것이다.

필요한 경우 반복

추가적인 반복을 수행하고 고려했던 모든 동인에 대해 단계 2~7을 반복해야 한다. 하지만 대개 이러한 종류의 반복은 가능하지 않다. 시간이나 리소스 제약 사항들로 인해 설계 활동을 멈추고 구현으로 옮겨가야 하기 때문이다.

추가적인 설계 반복이 필요한지 평가하기 위한 기준은 무엇일까? 위험이 바로 그 기준이다. 적어도 가장 높은 우선순위를 지닌 동인들은 처리했어야 한다. 이상적으로는 중요한 동인들이 만족됐거나 적어도 설계가 중요한 동인들을 만족시키기에 '충분하다'는 확신을 가져야 한다.

20.3 단계 4: 설계 개념 선택에 관한 추가 내용

대부분의 경우 아키텍트는 기존에 있는 것을 다시 만들 필요가 없을 뿐 아니라 다시 만들어서도 안 된다. 대신에 주요 설계 활동은 설계 반복 전반에 걸쳐 가장 중요한 어려운 점들을 극복하고 핵심 동인들을 처리하기 위해 설계 개념을 식별하고 선택하는 것이어야 한다. 설계는 여전히 독창적이고 창의적인 활동이지만, 창의성은 기존의 해결책들 중 적절한 해결책을 식별하고 처리해야 할 문제들에 맞게 이러한 해결책들을 조합하고 수정하는 데 쓰여야 한다. 심지어 선택 가능한 기존 해결책이 넘치는 경우에도 여전히 이는 설계의 가장 어려운 부분이다(게다가 언제나 기존 해결책이 넘치는 것은 아니다).

설계 개념 식별

설계 개념들을 식별하는 것은 선택 사항이 너무 많아 벅찬 일인 것처럼 보일 수 있으며, 특정 문제를 해결하기 위해 사용 가능한 수십 개의 설계 패턴들과 외부에서 개발된 컴포넌트들이 존재할 가능성이 높다. 더 안 좋은 점은 이러한 설계 개념들이 많은 다른 공급원에 흩어져 있다는 것이다. 실무자 블로그와 웹 사이트, 연구 논문, 책 등과 같은 여러 공급원이 있다. 더 나아가 많은 경우에 어떤 개념에 대한 기준이 되는 정의가 존재하지 않는다. 예를 들어 여러 다른 사이트는 각기 다른 방식으로 그리고 대체로 형식을 갖추지 않은 방식으로 브로커broker 패턴을 정의한다. 마지막으로, 해당 반복의 설계 목표를 달성하는 데 잠재적으로 도움이 될 수 있는 대안들을 식별한 이후에 목적에 가장 잘 맞는 개념들을 선택해야 한다.

어떤 구체적인 설계 문제를 해결하기 위해 대개 다른 유형의 설계 개념들을 사용하고 조합할 수 있다. 예를 들어 보안 드라이버를 만들기 위해 보안 패턴, 보안 전술, 보안 프레임워크 혹은 이들의 특정 조합을 사용할 수 있다.

사용하고자 하는 설계 개념의 유형이 좀 더 명확해진 이후에도 여전히 대안들(설계 후보들)을 식별해야 한다. 이는 여러 방식으로 달성할 수 있지만, 하나의 방법을 사용하기보다는 여러 기법의 조합을 사용하게 될 것이다.

- **기존의 모범 사례들 활용**: 기존 분류 체계를 활용해 대안들을 식별할 수 있다. 패턴과 같은 일부 설계 개념들은 광범위하게 문서화돼 있다. 외부에서 개발된 컴포넌트와 같은 다른 설계 개념들은 조금 덜 철저한 방식으로 문서화돼 있다. 이러한 접근법의 장점은 많은 대안을 식별하고 다른 이들의 상당한 지식과 경험을 활용할 수 있다는 것이다. 반면에 이러한 정보를 검색하고 공부하기 위해 상당한 시간이 필요하고, 문서화된 지식의 품질이 대개 알려져 있지 않으며, 해당 저자들의 가정과 편견 역시 알려져 있지 않다는 것이 단점이다.

- **여러분 자신의 지식과 경험 활용**: 여러분이 설계 중인 시스템이 이전에 설계했던 다른 시스템과 유사하다면 이전에 사용했던 설계 개념들을 갖고 시작하길 원할 것이다. 이러한 접근법의 장점은 대안들의 식별이 빠르고 자신감 있게 수행될 수 있다는 것이다. 단점은 과거에 사용했던 개념들이 현재 직면한 설계 문제들에 가장 적합하지 않거나 더 최신의 더 나은 접근법에 의해 대체됐음에도 불구하고 동일한 아이디어들을 반복적으로 사용하게 될 수 있다는 것이다. 여러분이 가진 것이 망치뿐이라면 온 세상이 못으로 보일 것이라는 옛말이 있다.

- **다른 이들의 지식과 경험 활용**: 아키텍트는 수년에 걸쳐 얻은 배경과 지식을 갖추고 있다. 이러한 배경과 지식은 사람마다 다양할 것이다. 특히나 과거에 처리했던 설계 문제들의 유형이 다르다면 더욱 그렇다. 브레인스토밍을 통해 여러분의 동료들과 함께 설계 개념들을 식별하고 선택함으로써 다른 이들의 배경과 지식을 활용할 수 있다.

디자인 개념 선택

선택 가능한 설계 개념들의 목록을 식별한 이후에는 직면한 설계 문제를 해결하는 데 어떤 설계 개념이 가장 적절한지 선택해야 한다. 각 설계 개념과 연관된 장점과 단점을 나열하는 표를 만들고 이러한 기준과 동인을 기반으로 설계 개념들 중 하나를 선택함으로써 상대적으로 간단한 방법으로 이를 수행할 수 있다. 또한 해당 표는 각 설계 개념 사용과 연관된 비용 같은 다른 기준도 포함할 수 있다. SWOT(강점strength, 약점weakness, 기회opportunity, 위협threat) 분석과 같은 방법들도 결정을 내리는 데 도움이 될 수 있다.

설계 개념을 식별하고 선택할 때 아키텍처 동인의 일부인 제약 사항들을 고려해야 한다. 일부 제약 사항들로 인해 특정 설계 개념들은 선택 가능한 대상이 아닐 수 있기 때문이다. 예를 들어 모든 라이브러리와 프레임워크는 승인된 라이선스를 사용해야 한다는 제약 사항이 있을 수 있다. 이 경우 여러분의 필요에 맞는 프레임워크를 발견했다고 하더라도 해당 프레임워크에 승인된 라이선스가 없다면 사용할 수 없을 것이다.

또한 이전 반복에서 설계 개념 선택과 관련해 내린 결정 때문에 현재 선택하고자 하는 설계 개념이 호환되지 않아 이를 선택하지 못할 수 있다는 점을 명심하자. 이러한 예로 초기 반복 시에 웹 아키텍처를 선택했는데, 이후의 반복에서 로컬 애플리케이션 사용자 인터페이스 프레임워크를 선택하려 하는 경우가 있다. 즉, 초기에 선택한 설계 개념인 웹 애플리케이션이 이후에 선택한 설계 개념인 로컬 사용자 인터페이스 프레임워크와 호환되지 않는다.

프로토타입 생성

이전에 언급한 분석 기법들이 적절한 설계 개념을 선택하는 데 도움이 되지 않는 경우 프로토타입을 만들고 이러한 프로토타입으로부터 측정치를 수집할 필요가 있다. 초기의 '사용하고 폐기할' 프로토타입을 만드는 것은 외부에서 개발된 컴포넌트의 선택에 도움이 되는 유용한 기법이다. 대개 이러한 유형의 프로토타입은 유지 보수성이나 재사용성 혹은 다른 중요한 목표의 달성이 가능한지 여부를 고려하지 않고 만든다. 이러한 프로토타입은 추가적인 개발의 기반으로 사용돼서는 안 된다.

프로토타입 생성에 비용이 들 수 있지만 특정 시나리오들은 프로토타입 생성을 적극 권장한다. 프로토타입을 생성해야 할지 고민할 때는 다음 질문들을 해보자.

- 프로젝트가 최신 기술을 포함하는가?
- 해당 기술이 우리 회사에서 처음 사용하는 기술인가?
- 선택한 기술을 사용했을 때 특정 동인들, 특히나 품질 속성들을 만족시키는 데 있어 위험이 존재하는가?
- 선택된 기술이 프로젝트 동인들을 만족시키는 데 유용할 것이라는 어느 정도 수준의

확신을 제공하는 신뢰할 만한 정보가 결여돼 있는가? 이때 해당 정보는 내부 정보일 수도 있고 외부 정보일 수도 있다.

- 선택된 기술과 연관된 테스트하거나 이해해야 할 환경 설정 선택 사항이 존재하는가?
- 선택된 기술이 프로젝트에서 사용되는 다른 기술들과 쉽게 통합될 수 있는지 여부가 불명확한가?

이러한 질문에 대한 여러분의 답변이 대부분 '그렇다.'라면, 사용하고 폐기할 프로토타입을 만드는 것을 반드시 검토해봐야 한다.

프로토타입을 만들 것인가, 만들지 않을 것인가?

대개 아키텍처 결정을 내릴 때 완벽하지 않은 지식을 갖고 결정을 내린다. 어느 방향으로 갈지 결정하기 위해 팀은 어떤 방향이 좋을지에 대한 불확실성을 줄이기 위한 일환으로 프로토타입 만들기와 같은 일련의 실험을 수행해볼 수 있다. 문제는 이러한 실험에는 상당한 비용이 따를 수 있고 실험으로부터 얻은 결론이 명확하지 않을 수도 있다는 것이다.

예를 들어 어떤 팀이 설계 중인 시스템이 전통적인 3계층(티어) 아키텍처에 기반해야 할지 혹은 마이크로서비스들로 구성돼야 할지 결정해야 한다고 가정해보자. 해당 팀은 이전까지 프로젝트에 마이크로서비스를 사용해본 적이 없으므로 해당 접근법이 맞는지 확신할 수 없다. 3계층 아키텍처와 마이크로서비스 아키텍처에 대해 비용 추산을 수행해보니, 3티어 아키텍처는 50만 달러가 소요되고 마이크로서비스는 65만 달러가 소요된다고 예측했다. 3계층 아키텍처로 개발한 경우, 나중에 잘못된 아키텍처가 선택됐다고 결론을 내리게 되면 예상 리팩터링 비용으로 30만 달러가 소요될 것으로 예측했다. 마이크로서비스 아키텍처로 개발하고 리팩터링이 필요한 경우 예상 추가 비용으로 10만 달러가 소요될 것으로 예측했다.

실험을 수행하는 것이 의미가 있을지 결정하기 위해 혹은 실험을 통해 얻을 수 있는 자신감과 잘못됐을 때의 비용과 관련해 얼마나 실험에 비용을 쓸지 결정하기 위해 해당 팀은 VoI(Value of Information, 정보의 가치)라고 알려진 기법을 사용해 해당 질문에 답할 수 있다. 일종의 데이터 수집 활동을 통해 어떤 결정과 관련된 불확실성을 낮춤으로써 얻을 수 있는 예상 가치를 계산하는 데 VoI 기법을 사용할 수 있다. 이번 예의 경우 프로토타입 만들기가 데이터 수집 활동에 해당한다. VoI를 사용하기 위해 해당 팀은 다음 매개변수들을 평가해야 한다. 잘못된 설계 결정을 내린 데 따른 비용, 실험을 수행하는 데 드는 비용, 각 설계 선택에 대한 팀의 자신감 정도, 실험 결과에 대한 자신감 정도가 이러한 매개변수에 해당한다. 이러한 예측치를 사용해 VoI는 베이즈 정리

(Bayes's Theorem)를 적용해 두 가지 정량치인 EVPI와 EVSI를 계산한다. EVPI는 예상되는 완벽한 정보의 가치(the expected value of perfect information)이고, EVSI는 예상되는 샘플 혹은 불완전한 정보의 가치(the expected value of sample or imperfect information)다. EVPI는 명확한 결과를 원할 경우(예: 허위 부정(false negative)이나 허위 긍정(false positive)이 없는 결과) 실험에 지불해야 할 최대 비용을 나타낸다. EVSI는 실험의 결과가 100퍼센트 올바른 해결책을 식별하지 못할 수 있다는 것을 알고도 실험에 얼마의 비용을 쓸 것인지를 나타낸다.

이러한 결과들이 예측 값을 나타내기 때문에 팀이 위험을 얼마나 감수할 것인지의 관점에서 평가해야 한다.

– 에두아르도 미란다(Eduardo Miranda)

20.4 단계 5: 구조 생성에 관한 추가 내용

설계 개념 그 자체로는 여러분이 구조structure들을 생성하지 않는 한 동인들을 만족시키는 데 도움이 되지 않는다. 즉, 선택된 설계 개념으로부터 파생된 요소들을 식별하고 연결해야 한다. 이를 속성 중심 설계에서는 아키텍처 요소들을 위한 '실체화instantiation' 단계라고 한다. 실체화 단계에서 요소들을 생성하고 요소들 간의 관계를 생성하고 요소들에 책임들을 연관 짓는다. 소프트웨어 시스템의 아키텍처는 구조들의 집합으로 구성돼 있다는 점을 기억해보자. 1장에서 살펴봤듯이 이러한 구조들은 다음 세 가지 주요 카테고리로 그룹화할 수 있다.

- **모듈 구조**module structure: 모듈 구조는 개발 중에 존재하는 파일, 모듈, 클래스 같은 요소들로 구성된다.
- **컴포넌트와 커넥터 구조**component-and-connector structure: 컴포넌트와 커넥터 구조는 런타임 시에 존재하는 프로세스와 스레드 같은 요소들로 구성된다.
- **할당 구조**allocation structure: 할당 구조는 소프트웨어 요소들(모듈 구조나 컴포넌트와 커넥터 구조로부터 파생된 요소들)과 개발 중에 그리고 런타임에 모두 존재할 수 있는 파일 시스템, 하드웨어, 개발 팀 같은 소프트웨어 이외의 요소들로 구성된다.

어떤 설계 개념을 실체화할 때 실제 하나 이상의 구조에 영향을 줄 수도 있다. 예를 들어 특정 반복에서 4장에서 소개한 비활성 다중화(웜 스페어warm spare) 패턴을 실체화했다고 해보자. 이로 인해 컴포넌트와 커넥터 구조와 할당 구조가 탄생한다. 해당 패턴을 적용하는 것의 일환으로 스페어의 개수, 스페어의 상태와 활성 노드의 상태가 일관성을 유지해야 하는 정도, 상태를 관리하고 이동하기 위한 메커니즘, 노드의 고장을 감지하기 위한 메커니즘을 선택해야 한다. 이러한 결정들은 모듈 구조의 요소들 어딘가에 부여돼야 하는 책임들이다.

요소 실체화

다음은 실체화가 각 설계 개념 카테고리에서 어떤 의미인지 나타낸다.

- **참조 아키텍처**reference architecture: 참조 아키텍처의 경우 일반적으로 실체화는 일종의 맞춤화를 수행하는 것을 의미한다. 이를 위해 참조 아키텍처에 의해 정의된 구조의 일부인 요소들을 추가하거나 제거해야 한다. 예를 들어 결제를 처리하기 위해 외부 애플리케이션과 통신해야 하는 웹 애플리케이션을 설계 중이라면 전통적인 3티어(표현, 비즈니스, 데이터)에 통합 컴포넌트를 추가해야 할 것이다.

- **패턴**pattern: 패턴은 요소들과 요소들 간의 관계와 요소들의 책임으로 구성된 일반화된 generic 구조를 제공한다. 패턴 구조는 일반화돼 있기 때문에 해당 구조를 여러분의 구체적인 문제에 맞게 수정해야 한다. 대개 실체화에는 패턴에 의해 정의된 일반화된 구조를 여러분이 해결하고자 하는 문제의 필요에 맞춤화된 특정한 구조로 변화하는 과정이 수반된다. 예를 들어 클라이언트-서버 아키텍처 패턴을 생각해보자. 해당 패턴은 계산의 기본 요소들(예: 클라이언트와 서버)과 해당 요소들의 관계들(예: 연결과 통신)을 구축하지만, 여러분의 문제를 해결하기 위해 클라이언트나 서버의 개수가 몇 개여야 하는지 혹은 어떤 클라이언트가 어떤 서버와 통신해야 하는지, 어떤 통신 프로토콜을 사용해야 하는지 등을 명시하지 않는다. 실체화는 이러한 빈 공간을 채운다.

- **전술**tactic: 전술은 특정 구조를 지시하지 않는다. 따라서 전술을 실체화하기 위해 해당 전술을 실현할 이미 여러분이 사용 중인 다른 유형의 설계 개념을 상황에 맞게 변경해야 한다. 대안으로 수정 없이도 해당 전술을 이미 실현하는 설계 개념을 활용할 수도 있다. 예를 들어 (1) 액터를 인증하는 보안 전술을 선택하고 여러분의 기존 로그인 과정에 결합시킨 맞춤 구현된 해결책을 통해 해당 전술을 실체화한다. (2) 액터 인증을 포함하는 보안 패턴을 도입한다. 또는 (3) 액터를 인증하는 보안 프레임워크와 같은

외부에서 개발된 컴포넌트를 통합한다.

- **외부에서 개발된 컴포넌트**: 외부에서 개발된 컴포넌트 실체화는 새로운 요소들의 생성을 의미할 수도 있고 의미하지 않을 수도 있다. 예를 들어 객체지향 프레임워크의 경우 실체화를 위해 해당 프레임워크에서 정의한 기반 클래스들을 상속하는 신규 클래스들을 생성해야 한다. 이로 인해 새로운 요소들이 만들어진다. 새로운 요소들을 생성하지 않는 예로, 선택된 기술에 대해 스레드 풀의 스레드 개수와 같은 환경 설정 옵션을 지정하는 것이 있다.

책임 연결과 속성 식별

설계 개념의 실체화를 통해 요소들을 생성하는 중일 때는 해당 요소들과 연관된 책임들을 고려해봐야 한다. 예를 들어 마이크로서비스 아키텍처 패턴(5장)을 실체화하는 경우 해당 마이크로서비스들이 무엇을 수행할지, 얼마나 많은 마이크로서비스를 배포할지, 마이크로서비스들의 속성은 어떻게 할지 결정해야 한다. 요소들을 실체화하고 책임들을 할당할 때 요소들은 내부적으로 높은 응집도를 지녀야 하고, 좁은 범위의 책임들에 의해 정의돼야 하며, 외부적으로 낮은 결합도를 보여야 한다는 설계 원칙을 명심해야 한다.

설계 개념을 실체화할 때 고려해야 할 중요한 측면은 요소들의 속성이다. 이는 선택된 기술의 환경 설정 옵션과 상태 유지 여부statefulness, 리소스 관리, 우선순위나 심지어 하드웨어 특성(여러분이 생성한 요소가 물리 노드인 경우)과 같은 측면들을 포함할 수도 있다. 이러한 속성들의 식별은 여러분의 설계 근거에 대한 분석과 문서화에 도움이 된다.

요소들 간의 관계 구축

또한 구조들을 생성하기 위해 요소들 간의 관계와 해당 관계의 속성에 관해 결정을 내려야 한다. 다시 한 번 클라이언트-서버 패턴을 생각해보자. 해당 패턴을 실체화할 때 어떤 클라이언트가 어떤 서버와 통신하는지, 어떤 포트와 프로토콜을 사용하는지 결정해야 한다. 또한 통신이 동기화인지 비동기화인지 결정해야 한다. 누가 상호 작용을 먼저 시작하는지, 얼마나 많은 정보가 전송되고 어떤 속도로 전송되는지 등을 결정해야 한다.

이러한 설계 결정은 성능과 같은 품질 속성을 달성하는 데 중요한 영향을 미칠 수 있다.

인터페이스 정의

인터페이스는 요소들이 협업하고 정보를 교환할 수 있도록 하는 계약된 명세서를 구축한다. 인터페이스는 외부일 수도 있고 내부일 수도 있다.

외부 인터페이스는 해당 시스템이 상호 작용해야 하는 다른 시스템의 인터페이스다. 대개 여러분은 외부 인터페이스의 사양에 영향을 미칠 수 없기 때문에 외부 인터페이스가 여러분 시스템의 제약 사항이 될 수도 있다. 앞에서 언급했듯이 설계 과정의 초기에 시스템 컨텍스트를 구축하는 것은 외부 인터페이스를 식별하는 데 유용하다. 외부 엔티티와 개발 중인 시스템은 인터페이스를 통해 상호 작용해야 하므로 외부 시스템 한 개당 적어도 하나의 외부 인터페이스가 있어야 한다(그림 20.2).

내부 인터페이스는 설계 개념들의 실체화로 인해 생성된 요소들 간의 인터페이스다. 이들의 관계와 인터페이스 세부 사항을 식별하기 위해 사용 사례들이나 품질 속성 시나리오들을 지원하고자 해당 요소들이 서로 어떤 식으로 상호 작용하는지 이해해야 한다. 소프트웨어 인터페이스를 논의할 때 15장에서 알아봤듯이, 한 요소가 무언가를 수행했을 때 해당 동작이 다른 요소의 처리에 영향을 주면 이를 '상호 작용'이라고 한다. 상호 작용의 가장 일반적인 형태는 런타임 정보 교환이다.

UML 시퀀스^{sequence} 다이어그램과 상태^{statechart} 다이어그램, 활동^{activity} 다이어그램 같은 동작 표현을 사용해 실행 중에 요소들 간에 교환되는 정보를 모델링할 수 있다. 이러한 유형의 분석은 요소들 간의 관계를 식별하는 데도 유용하다. 두 요소가 직접적으로 정보를 교환해야 하거나 서로에게 의존적이면, 해당 요소들 간의 관계가 존재하는 것이다. 교환되는 모든 정보는 해당 인터페이스 명세의 일부가 된다.

대개 인터페이스 식별은 모든 설계 반복에 걸쳐 동일하게 수행되지는 않는다. 예를 들어 신규 시스템 설계를 시작할 때 첫 번째 반복에서는 레이어와 같은 추상적인 요소들만 생성된다. 그리고 나서 이러한 요소들은 이후의 반복에서 개선된다. 레이어와 같은 추상적인 요소들의 인터페이스는 대개 불충분하게 명세화된다. 예를 들어, 초기 반복에서 여러분이 UI 티어가 비즈니스 로직 티어에 '명령'을 전송하고 비즈니스 로직 티어가 '결과'를 반환한다고 단순하게 명기할 수 있다. 설계 과정이 진행됨에 따라 그리고 특히나 특정 사용 사례들과 품질 속성 시나리오들을 처리하기 위한 구조를 만들 때 해당 상호 작용에 참여하는 요소들의 인터페이스를 개선해야 할 것이다.

특별한 경우에 적절한 인터페이스를 식별하는 것은 매우 단순화될 수 있다. 예를 들어 하나의 완전한 기술 스택이나 상호 운용될 수 있도록 설계된 컴포넌트들의 집합을 선택한다면 해당 기술에 의해 인터페이스는 이미 정의돼 있을 것이다. 이러한 경우 선택된 기술들이 많은 인터페이스 가정들과 결정들을 이미 고려했기 때문에 인터페이스 명세화는 상대적으로 간단한 작업이 된다.

마지막으로, 모든 속성 중심 설계 반복에서 모든 내부 인터페이스가 식별돼야 하는 것은 아니라는 점을 알아야 한다. 일부는 이후의 설계 활동으로 넘길 수 있다.

20.5 단계 6: 설계 중에 예비 문서 생성에 관한 추가 내용

22장에서 살펴볼 것처럼 소프트웨어 아키텍처는 뷰들의 집합으로 문서화된다. 뷰는 아키텍처를 구성하는 각기 다른 구조들을 나타낸다. 이러한 뷰들의 정식 문서화는 속성 중심 설계의 일부가 아니다. 하지만 구조는 설계의 일부로 생성된다. 구조들이 형식을 갖추지 않은 형태(예: 스케치 형태)로 표현되더라도 해당 구조들을 생성하도록 만든 설계 결정들과 함께 구조들을 담아내는 것은 일반적인 속성 중심 설계 활동의 일환으로 수행돼야 하는 작업이다.

뷰의 스케치 기록

특정 설계 문제를 처리하기 위해 선택한 설계 개념을 실체화함으로써 구조들을 생성할 때 대개 해당 구조들을 머릿속에 떠올리는 것뿐만 아니라 이러한 구조들을 스케치로 남긴다. 가장 간단한 경우에는 이러한 스케치를 화이트보드, 플립차트[3], 그리기 도구 혹은 심지어 그냥 종이에 기록한다. 추가적으로 이러한 구조들을 좀 더 제대로 된 방식으로 그리기 위해 모델링 툴을 사용할 수도 있다. 이러한 스케치는 여러분이 담아내고 나서 이후 필요한 경우에 살을 붙여야 할 아키텍처의 초기 문서다. 스케치를 생성할 때 UML과 같은 형식을 갖춘 언어를 꼭 사용해야 하는 것은 아니다. 물론 여러분이 그러한 언어에 익숙해서 편안히 사용할 수 있는 경우에는 사용하면 좋다. 형식을 갖추지 않은 표기법을 사용할 때는 기호 사용에서 일관성을 유지하도록 주의해야 한다. 결국에는 명확성을 제공하고 모호성을 피하기 위해 다이어그램에 범례를 추가해야 할 것이다.

구조들을 생성할 때는 요소들에 할당할 책임들을 작성해봐야 하며, 이를 원칙으로 삼아야 한다. 이유는 간단하다. 어떤 요소를 식별할 때는 해당 요소에 대한 책임들을 머릿속으로 결

---

3 대개 이젤 위에 놓고 한 장씩 넘기면서 사용하는 대형 종이 묶음을 말하며, 강의실이나 강연 등에서 흔히 볼 수 있다. - 옮긴이

정하게 된다. 이러한 책임들을 해당 시점에 작성함으로써 의도된 책임들을 이후에 기억해내려 노력하지 않아도 된다. 또한 식별한 요소들과 관련된 책임들을 나중에 한꺼번에 문서화하는 것보다는 점차적으로 기록해나가는 것이 더 쉽다.

아키텍처를 설계할 때 이러한 예비 문서를 생성하기 위해서는 약간의 훈련이 필요하다. 이러한 훈련은 의미가 있으며, 이후에 더 자세한 아키텍처 문서를 상대적으로 더 쉽고 빠르게 작성할 수 있다. 책임들을 문서화하기 위한 간단한 방법 중 하나는 여러분이 화이트보드나 플립차트를 사용 중이라면 기록된 스케치를 사진으로 남긴 후 해당 다이어그램에서 묘사된 각 요소에 대한 책임들을 요약하는 표와 함께 해당 사진을 문서에 삽입하는 것이다(그림 20.4). 설계 툴을 사용하는 경우 생성할 요소를 선택한 다음, 해당 요소의 속성 페이지에 나타나는 텍스트 상자를 사용해 해당 요소의 책임들을 문서화하고 나서 문서를 자동으로 생성할 수 있다.

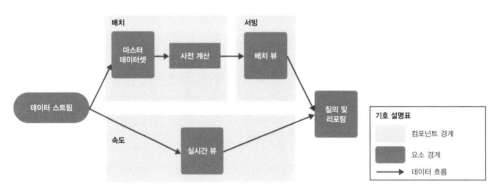

그림 20.4 사전 문서 예

이러한 다이어그램은 요소의 책임들을 기술하는 표로 좀 더 보완될 수 있다. 표 20.1은 그림 20.4에서 식별된 일부 요소의 책임들을 기술한다.

표 20.1 요소 및 책임

요소	책임
데이터 스트림	데이터 스트림은 실시간으로 모든 데이터 공급원으로부터 데이터를 수집하고, 처리를 위해 해당 데이터를 배치 컴포넌트와 속도 컴포넌트 모두로 보낸다.
배치	배치는 원본 데이터를 저장하고 서빙(serving) 컴포넌트에 저장될 배치 뷰를 사전 계산하는 책임을 맡고 있다.
...	...

물론 현시점에서 모든 것을 문서화해야 할 필요는 없다. 문서화의 세 가지 목적은 분석, 구성, 교육이다. 설계를 할 때 여러분의 위험 완화 고려 사항을 기반으로 문서화 목적을 선택한 다음, 해당 목적을 만족시키기 위해 문서화해야 한다. 예를 들어 여러분의 아키텍처 설계가 만족해야 할 중요한 품질 속성 시나리오가 있고 제안된 설계가 분석에서 이러한 기준을 만족시킨다는 것을 입증해야 한다면, 이러한 목적을 달성하기 위한 관련 정보를 문서화해야 한다. 마찬가지로 신규 팀원들을 교육해야 한다면, 해당 시스템이 어떤 식으로 동작하고 요소들이 실시간으로 어떤 식으로 상호 작용하는지 나타내기 위해 해당 시스템의 컴포넌트와 커넥터 뷰를 스케치하고, 적어도 주요 레이어들이나 하위 시스템들만이라도 나타내기 위해 해당 시스템의 모듈 뷰를 스케치해야 한다.

마지막으로, 여러분이 문서화하는 동안 여러분의 설계에 대한 분석이 완료될 수도 있다는 점을 기억하자. 결과적으로 이러한 분석을 지원하기 위해 어떤 정보를 문서화해야 할지 생각해봐야 한다.

설계 결정 기록

각 설계 반복에서 반복 목적을 달성하기 위해 중요한 설계 결정들을 내려야 할 것이다. 아키텍처를 나타내는 다이어그램을 연구할 때 사고 과정$^{thought\ process}$의 최종 제품을 확인할 수도 있지만, 해당 결과에 이르게 된 결정들을 언제나 쉽게 이해할 수 있는 것은 아니다. 선택된 요소들과 관계들, 속성들의 표현을 넘어서는 설계 결정을 기록하는 것은 여러분이 해당 결과에 어떻게 도달하게 됐는지(설계 근거) 명확히 하는 데 반드시 필요하다. 이 주제에 관해서는 22장에서 자세히 알아볼 것이다.

20.6 단계 7: 현재 설계에 대한 분석 수행과 반복 목표 및 설계 목적 달성 리뷰에 대한 추가 내용

반복이 끝날 무렵에 여러분이 방금 내린 설계 결정들을 되돌아보기 위해 분석을 수행하는 것은 신중한 일이다. 21장에서는 이를 위한 여러 기법을 알아볼 것이다. 이 시점에 수행해야 할 분석 유형 중 하나로 충분한 설계 작업을 완료했는지 여부에 대한 평가가 있다. 특히나 다음 사항들을 살펴봐야 한다.

- 얼마나 많은 설계를 수행해야 하는가?
- 얼마나 많은 설계를 지금까지 완료했는가?
- 완료했는가?

백로그와 칸반^{Kanban} 보드 사용 같은 실천법들은 설계 진척도를 관리하고 이러한 질문들에 답하는 데 도움이 된다.

아키텍처 백로그 사용

아키텍처 백로그는 여전히 아키텍처 설계 과정의 일환으로 수행해야 할 대기 중인 조치들의 할 일 목록$^{to-do list}$이다. 초기에는 설계 백로그를 여러분의 동인들로 채워야 한다. 하지만 다음과 같은 아키텍처 설계를 지원하는 다른 활동들 역시 포함될 수 있다.

- 특정 기술을 테스트하거나 특정 품질 속성 위험에 대처하기 위한 프로토타입 생성
- 기존 자산에 대한 탐구 및 이해(리버스 엔지니어링이 필요할 수도 있음)
- 이 시점까지 내린 설계 결정들의 리뷰에서 발견된 문제들

또한 결정들을 내림에 따라 백로그에 더 많은 항목을 추가할 수도 있다. 예를 들어 참조 아키텍처를 선택하면, 특정 고려 사항들을 추가해야 하거나 해당 고려 사항들로부터 파생된 품질 속성 시나리오들을 아키텍처 설계 백로그에 추가해야 할 것이다. 예를 들어 웹 애플리케이션 참조 아키텍처를 선택했는데 해당 아키텍처가 세션 관리를 제공하지 않는다는 사실을 알게 됐다면, 이는 백로그에 추가돼야 할 고려 사항이 된다.

설계 칸반 보드 사용

설계 진척도를 관리하기 위해 사용할 수 있는 다른 도구로 그림 20.5에서 본 것과 같은 칸반 보드가 있다. 칸반 보드는 백로그 항목들을 '미처리', '부분 처리', '처리 완료' 세 가지로 분류한다.

반복을 시작할 때 설계 과정에 대한 입력들은 백로그의 항목들이 된다. 초기(단계 1)에는 해당 설계 라운드의 백로그 항목들이 칸반 보드의 '미처리' 열에 위치해야 한다. 설계 반복을 시작했을 때(단계 2에서) 해당 설계 반복 목표에서 처리하는 동인들에 해당하는 백로그 항목들은 '부분 완료' 열로 이동해야 한다. 마지막으로, 반복을 완료하고 여러분의 설계 결정

에 대한 분석 결과 특정 동인이 처리됐다는 것이 밝혀진 이후에(단계 7) 해당 입력은 칸반 보드의 '처리 완료' 열로 이동해야 한다.

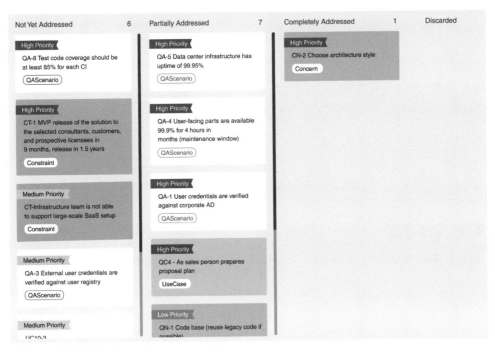

그림 20.5 설계 진척도를 관리하기 위해 사용하는 칸반 보드

동인이 '부분 처리' 열이나 '처리 완료' 열로 이동하기 위한 명확한 기준을 수립하는 것이 중요하다. 예를 들어 '처리 완료'의 기준은 해당 동인의 분석 완료나 프로토타입 구현이 될 수 있다. 또는 여러분이 해당 동인의 요구 사항들이 만족됐다고 결정하는 것이 '처리 완료'의 기준이 될 수도 있다. 특정 반복에서 처리하도록 선택된 동인들은 해당 반복에서 완전히 처리되지 않을 수도 있다. 이 경우 해당 동인들은 '부분 완료' 열에 머물러야 한다.

칸반 보드의 항목들을 우선순위에 따라 차별화할 수 있는 기법을 선택하는 것이 유용할 수 있다. 예를 들어 우선순위에 따라 항목들에 각기 다른 색상을 사용할 수도 있다.

칸반 보드는 설계의 진전을 시각적으로 쉽게 관리할 수 있도록 해준다. 해당 반복에서 가장 중요한 동인들이 몇 개나 처리 중이고 처리됐는지 빠르게 확인할 수 있기 때문이다. 또한 이러한 기법은 추가적인 반복을 수행해야 할지 여부를 결정하는 데 도움이 된다. 이상적으로 해당 설계 라운드는 대다수의 동인들(혹은 적어도 가장 높은 우선순위의 동인들)이 '처리 완료'열에 위치했을 때 종료된다.

20.7 요약

설계는 어렵다. 따라서 설계를 추적 가능하고 반복 가능하도록 만들기 위해서는 방법들이 필요하다. 이번 장에서는 속성 중심 설계[ADD, Attribute-Driven Design] 방법을 자세히 다뤘다. 속성 중심 설계 덕분에 아키텍처를 체계적이고 비용 효율적인 방식으로 설계할 수 있다.

또한 설계 과정의 단계들에서 고려해야 할 여러 중요한 측면을 논의했다. 이러한 측면들에는 설계 개념들의 식별과 선택, 구조들의 생성에서 해당 설계 개념들의 사용, 인터페이스 정의, 예비 문서 생성, 설계 진척도 추적 방법들이 포함된다.

20.8 참고 문헌

속성 중심 설계의 첫 번째 버전은 '아키텍처 기반 설계[Architecture-Based Design]'라고 불렸으며 [Bachmann 00b]에서 문서화됐다.

이후에 속성 중심 설계 2.0에 대한 기술은 2006년도에 발행됐다. 이는 품질 속성들과 다양한 유형의 구조들의 선택, 뷰를 통한 구조들의 표현을 통해 해당 품질 속성의 달성에 초점을 맞춘 첫 번째 방법이다. 속성 중심 설계 2.0은 SEI 기술 리포트[SEI Technical Report][Wojcik 06]에서 처음 문서화됐다.

이번 장에서 기술한 속성 중심 설계의 버전은 3.0이다. 원래 버전 대비 중요한 개선 사항을 나열하면 다음과 같다. (1) 구현 기술을 주요 설계 개념으로 보고 구현 기술을 선택하는 데 있어서 더 많은 사항을 고려했다. (2) 설계 목적과 아키텍처 관심 사항과 같은 추가적인 동인을 고려했다. (3) 초기 문서화와 분석을 설계 프로세스의 명시적인 단계로 만들었다. (4) 설계 프로세스를 시작하는 방법과 애자일 환경에서 이러한 설계 프로세스를 사용하는 방법에 대한 지침을 제공한다. 전체 책[Cervantes 16]의 내용은 속성 중심 설계 3.0을 사용한 아키텍처 설계에 집중돼 있다. 속성 중심 설계 3.0의 일부 개념은 「IEEE 소프트웨어[IEEE Software]」에 실린 논문[Cervantes 13]에서 처음 소개됐다.

조지 페어뱅크스[George Fairbanks]는 『Just Enough Software Architecture』(Marshall & Brainerd, 2010)라는 책에서 위험 기반 아키텍처 설계 과정을 기술한다.

VoI[Value of Information] 기법은 1960년대로 거슬러 올라간다[Raiffa 00]. 좀 더 현대적인 접근법

은 [Hubbard 14]에서 찾을 수 있다.

시스템 설계에 관한 일반적인 접근법을 살펴보려면 버틀러 램프슨^{Butler Lampson}의 고전서를 읽어보길 바란다[Lampson 11].

코레이 라다스^{Corey Ladas}가 기술한 바에 따르면, 칸반은 린 제조^{lean manufacturing}의 개념을 사용하며 시스템의 생산 일정을 짜는 방법이다[Ladas 09].

20.9 토론 질문

1. 널리 알려진 설계 방법을 따를 때의 장점과 단점은 무엇인가?

2. 아키텍처 설계 수행이 애자일 개발 방법론과 호환되는가? 애자일 방법을 하나 선택한 다음, 해당 관점에서 속성 중심 설계를 논의해보자.

3. 설계와 분석 간의 관계는 어떻게 되는가? 둘 중 하나에는 필요하지만 다른 하나에는 필요 없는 지식 유형이 있는가?

4. 아키텍처 문서를 생성하고 유지 관리하는 것의 가치를 설계 과정 중에 여러분의 관리자에게 납득시켜야 한다면 어떤 주장을 하겠는가?

5. 신규 시스템 개발 시와 기존 시스템 재개발 시에 속성 중심 설계의 단계들을 실현하는 것은 어떻게 달라질까?

21_장

아키텍처 평가

> 의사는 자신의 실수를 묻을 수 있지만 아키텍트(건축가)는
> 고객에게 포도나무를 심으라고 조언할 수 있을 뿐이다.[1]
> – 프랭크 로이드 라이트(Frank Lloyd Wright)

2장에서 말했듯이, 아키텍처가 중요한 주요 원인 중 하나는 아키텍처를 면밀히 살펴봄으로 써 시스템을 만들기 전에 아키텍처로부터 파생된 모든 시스템의 품질 속성을 예측할 수 있기 때문이다. 잘 생각해보면 이는 대단한 장점이다. 그리고 이번 장에서는 그러한 장점이 어떻게 가능한지 살펴본다.

아키텍처 평가는 해당 아키텍처가 의도한 목적에 잘 맞는 정도를 결정하는 과정이다. 아키텍처는 시스템과 소프트웨어 엔지니어링 프로젝트에서 중요한 부분이므로 잠시 멈춰 서서 설계 중인 아키텍처가 기대하는 바를 전부 제공할 수 있는지 확인하는 것이 좋다. 그것이 바로 평가의 역할이고, 평가는 대안들에 대한 분석에 기반한다. 다행히도 이 책에서 이미 배운 여러 다른 개념과 기법을 사용하는 아키텍처를 분석하는 성숙된 방법들이 있다.

평가가 유용하기 위해서는 평가 비용이 평가가 제공하는 가치보다 적어야 한다. 이러한 관계를 고려했을 때 중요한 질문은 '평가에 얼마나 많은 시간과 비용이 소요되는가?'이다. 평가 기법들마다 비용이 각기 다르다. 하지만 어느 기법이든 평가 활동들의 준비, 실행, 후속 조치에 들어간 사람들의 시간에 관해 평가할 수 있다.

---

1 건축가의 실수는 가려지지 않기 때문에 포도나무를 심어서 건축가가 실수한 부분을 가려야 한다는 의미다. – 옮긴이

21.1 위험 감소를 위한 평가

모든 아키텍처에는 위험이 따른다. 아키텍처 평가의 결과에는 아키텍처의 위험한 부분에 대한 식별이 포함된다. 위험은 영향(해당 사건이 발생했을 때의 영향)과 확률(해당 사건이 발생할 가능성)이 모두 존재하는 사건이다. 위험의 예상 비용은 해당 이벤트가 발생할 확률에 영향의 비용을 곱한 것이다. 이러한 위험을 해결하는 것이 평가의 결과는 아니다. 위험이 식별되고 나면, 위험을 수정하는 것은 평가 자체와 마찬가지로 비용과 이득을 따져봐야 하는 문제다.

이러한 개념을 아키텍처 평가에 적용하면서 개발 중인 시스템이 수백만 혹은 수십억 달러의 비용이 들거나 큰 안전 문제를 일으킬 가능성이 있다면 위험 이벤트의 영향은 큰 것이다. 반대로 시스템을 만드는 데 수만 혹은 수십만 달러의 비용이 든다면 위험 이벤트의 영향은 상당히 적은 것이다.

위험 이벤트의 확률은 다른 어떤 요인들보다도 개발 중인 시스템과 해당 시스템의 아키텍처가 기존에 있던 것인지 아니면 완전히 새로운 것인지와 관련 있다. 여러분과 여러분의 조직이 해당 영역에서 오랜 깊은 경험이 있다면 안 좋은 아키텍처를 만들어낼 가능성은 경험이 없을 때에 비해 낮아진다.

따라서 평가는 보험과 비슷하다. 얼마나 많은 보장이 필요한지는 적합하지 않은 아키텍처의 위험에 얼마나 노출돼 있고 위험을 얼마나 감내(허용)할 수 있는지에 달려 있다.

평가는 개발 프로세스 전반에 걸쳐 수행될 수 있다. 각기 다른 단계에서 각기 다른 평가자들에 의해 그리고 각기 다른 평가 방식에 의해 수행될 수 있다. 이번 장에서는 이러한 여러 옵션 중 일부를 살펴볼 것이다. 이러한 요소들의 세부적인 내용과 무관하게 평가는 여러분이 이미 학습한 개념들을 토대로 만들어진다. 즉, 시스템은 비즈니스 목표를 만족시키기 위해 만들어지고, 비즈니스 목표는 품질 속성 시나리오에 의해 구체적인 예로 표현되며, 품질 속성 목표는 전술과 패턴의 적용을 통해 달성된다.

21.2 무엇이 핵심 평가 활동인가?

평가를 누가 수행하고 언제 수행하는지와 무관하게 평가는 아키텍처 동인들에 기반한다(주로 품질 속성 시나리오들로 표현된 아키텍처 관점에서 중요한 요구 사항ASR들에 기반한다). 19장은 ASR을 정의하는 방법을 설명한다. 평가할 ASR의 개수는 상황적 요인들과 평가 비용에 따라 달라진다. 다음으로 아키텍처 평가에 있을 수 있는 상황적 요인들에 대해 알아보겠다.

평가는 설계 프로세스의 어느 시점에서나 진행될 수 있다. 후보 아키텍처가 존재하거나 적어도 검토 가능한 아키텍처의 명확한 일부분이라도 있으면 된다.

모든 평가는 적어도 다음 단계들을 포함해야 한다.

1. **모든 검토자는 개별적으로 아키텍처의 현재 상태를 자신이 이해하고 있다고 확신해야 한다.** 이는 공유 문서나 아키텍트의 발표, 혹은 이 두 가지의 조합을 통해 가능하다.

2. **검토자들은 검토에 지침이 될 수 있는 많은 동인을 밝혀내야 한다.** 이러한 동인들은 이미 문서화됐을 수도 있고, 검토 팀이나 추가적인 이해관계자들에 의해 개발될 수도 있다. 대개 검토해야 할 가장 중요한 동인들은 (단순한 기능적 사용 사례들이 아닌) 우선순위가 높은 품질 속성 시나리오들이다.

3. **모든 시나리오에 대해 모든 검토자는 해당 시나리오가 만족되는지 여부를 결정해야 한다.** 검토자들은 두 가지 유형의 정보를 확정하기 위해 질문을 던진다. 첫째, 검토자들은 해당 시나리오가 실제 만족된다고 결정하길 원한다. 이는 아키텍트로 하여금 아키텍처를 전반적으로 설명하도록 하고 해당 시나리오가 어떤 식으로 만족되는지 설명하도록 함으로써 가능하다. 아키텍처가 이미 문서화됐다면 검토자들은 해당 문서를 사용해 이에 대한 평가를 할 수 있다. 둘째, 검토 중인 아키텍처의 일부에서 내린 결정들로 인해 고려 중인 다른 시나리오들 중 만족되지 않는 시나리오가 있는지 확인하길 원한다. 검토자들이 현재 설계의 위험성이 있는 측면들에 대해 해당 시나리오를 더 잘 만족할 수 있는 대안들을 제시할 수도 있다. 이러한 대안들은 동일한 유형의 분석의 대상이 돼야 한다. 시간 제약 사항은 이번 단계가 얼마나 오래 지속될 수 있는지 결정하는 데 역할을 한다.

4. **검토자들은 이전 단계에서 노출된 잠재적인 문제들을 담아낸다.** 이러한 잠재적인 문제 목록은 이번 검토의 후속 조치의 기반을 형성한다. 잠재적인 문제가 실제 문제라면, 해당 문제는 수정돼야 하거나 설계자와 프로젝트 관리자가 자신들이 해당 위험을 감수하기로 했다는 결정을 명시적으로 내려야 한다.

얼마나 분석을 많이 해야 할까? 영향력이 큰 아키텍처 요구 사항들을 달성하기 위해 내린 결정들은 다른 결정들보다 더 많은 분석을 해야 한다. 그러한 결정들이 아키텍처의 중요한 부분을 형성할 것이기 때문이다. 다음과 같은 구체적인 고려 사항들이 있다.

- **결정의 중요도**: 결정이 중요하면 중요할수록 해당 결정을 내리고 해당 결정이 올바른지 확인하는 데 더 많은 주의를 기울여야 한다.
- **잠재적인 대안들의 수**: 대안이 더 많을수록 이러한 대안들을 평가하는 데 더 많은 시간이 소요된다.
- **완벽한 대안보다는 괜찮은 대안을 선택**: 완벽한 대안과 괜찮은 대안이 결과에 큰 차이가 없는 경우가 많다. 이러한 경우 최선의 선택이라고 완전히 확신할 때까지 선택을 미루기보다는 선택을 내리고 설계 프로세스를 이어나가는 것이 더 중요하다.

21.3 평가 주체

평가자들은 평가 대상 시스템이 속한 분야와 대상 시스템이 평가받고자 하는 다양한 품질 속성에 대해 매우 능숙해야 한다. 훌륭한 조직 기술과 평가를 용이하게 돕는 기술 역시 평가자가 반드시 갖춰야 할 자질이다.

아키텍트에 의한 평가

아키텍트가 ASR에 대처하기 위해 핵심 설계 결정을 내리거나 설계 마일스톤을 완료할 때마다 암묵적이든 명시적이든 평가가 이뤄진다. 이러한 평가에는 경쟁 관계에 있는 대안들 사이에서 결정을 내리는 과정이 포함된다. 20장에서 살펴본 바와 같이 아키텍트에 의한 평가는 아키텍처 설계 프로세스의 필수적인 부분이다.

동료 검토에 의한 평가

코드가 동료 검토^{peer review}를 받는 것과 마찬가지로 ASR에 대처하기 위한 아키텍처 설계들도 동료 검토를 받을 수 있다. 동료 검토에 할당된 시간의 양은 정해져 있다. 대개 하루에 최소 몇 시간에서 최대 반나절이다.

설계자들이 20장에서 기술한 속성 중심 설계^{ADD, Attribute-Driven Design} 프로세스를 사용 중이라면, 동료 검토는 각 ADD 반복의 단계 7 마지막에 수행될 수 있다. 검토자들은 또한 4~13장에서 살펴본 전술 기반 질문지를 사용해야 한다.

외부인에 의한 평가

외부 평가자들은 아키텍처에 대해 좀 더 객관적인 시각을 지닐 수 있다. '외부'는 상대적이다. 이는 개발 프로젝트 외부를 의미할 수도 있고, 프로젝트가 속한 비즈니스 부서 외부에 있지만 같은 회사 내일 수도 있고, 회사 외부일 수도 있다. 평가자들이 어느 정도 '외부'에 있느냐에 따라 민감한 문제를 꺼낼 때 주저하는 정도가 달라질 것이다(예를 들어 완전히 회사 외부에 있는 평가자들은 민감한 문제를 전혀 망설이지 않고 언급할 것이다). 또한 이러한 평가자들은 내부에서는 조직 문화나 '우리는 항상 이런 식으로 해왔어.'라는 식의 관행으로 인해 잘 보이지 않던 문제들을 끄집어낼 수 있을 것이다.

대개 외부 평가자들은 특화된 지식이나 경험이 있기 때문에 평가에 참여하도록 선택된다. 예를 들어 평가 대상 시스템에 중요한 품질 속성에 대한 지식이 풍부하거나, 해당 시스템에서 사용되는 특정 기술에 능숙하거나, 성공적으로 아키텍처를 평가한 오랜 경험이 있다.

또한 실제 맞든 안 맞든 관리자들은 조직 내 팀원들에 의해 밝혀진 문제들보다는 상당한 비용을 내고 고용한 외부 팀에 의해 밝혀진 문제들에 귀를 기울이는 경향이 있다. 이는 동일한 문제들에 대해 수개월 동안 불평해왔던 프로젝트 구성원들에게는 좌절스러운 상황임을 충분히 이해할 수 있다.

이론상으로 외부 팀은 완료된 아키텍처를 평가할 수도 있고, 완료되지 않은 아키텍처를 평가할 수도 있으며, 아키텍처의 일부를 평가할 수도 있다. 실제로는 외부 팀을 고용하는 것이 복잡하고 대체로 비용이 많이 들기 때문에 외부 팀은 대개 완료된 아키텍처를 평가하는 역할을 맡는다.

21.4 상황적 요인들

동료 검토나 외부 평가 시 평가를 설정할 때는 다음과 같은 많은 상황적 요인을 고려해야 한다.

- **어떤 산출물이 사용 가능한가?** 아키텍처 평가를 수행할 때 아키텍처를 기술하면서도 사용 가능한 상태인 산출물이 있어야 한다. 일부 평가의 경우 시스템이 운영 가능한 상태가 된 이후에 이뤄질 수도 있다. 이 경우 아키텍처에 대한 정보를 알아내고 설계 오류를 찾아내고 현재 만들어진 시스템이 설계를 준수하는지 테스트하기 위해 아키텍처 복구 및 분석 툴들을 사용할 수도 있다.

- **누가 결과를 보는가?** 어떤 평가들은 모든 이해관계자가 평가에 대해 알고 참여하는 가운데 수행된다. 어떤 평가들은 좀 더 비공개로 수행된다.
- **어떤 이해관계자들이 참여하는가?** 평가 과정은 시스템에 관한 중요한 이해관계자들의 목표와 관심 사항을 이끌어내기 위한 방법을 포함해야 한다. 이 단계에서는 누가 필요한지 식별하고 이들이 평가에 참여하도록 보장하는 것이 중요하다.
- **비즈니스 목표가 무엇인가?** 평가는 해당 시스템이 비즈니스 목표들을 만족시키는지 여부에 답할 수 있어야 한다. 비즈니스 목표들을 명시적으로 담아내지 않았고 평가 전에 우선순위를 정하지 않았다면 평가 시에 이러한 작업을 수행해야 한다.

동료와 외부 평가자들에 의한 평가는 충분히 일반적이어서 이러한 평가에 지침이 되는 형식을 갖춘 프로세스들이 있다. 이러한 프로세스들은 누가 평가에 참여해야 하고 평가 중에 어떤 활동이 일어나야 하는지 정의한다. 프로세스의 형식을 갖춤으로써, 조직은 해당 프로세스를 좀 더 반복 가능하도록 만들 수 있고, 무엇이 필요하고 평가에 의해 무엇이 결과물로 나올지에 관해 이해관계자들의 이해를 도울 수 있으며, 신규 평가자들이 해당 프로세스를 사용할 수 있도록 교육할 수 있고, 해당 평가를 수행하는 데 필요한 투자를 이해할 수 있다.

우선은 외부 평가자들을 위한 프로세스(아키텍처 절충점 분석 방법)를 알아본 다음, 동료 평가를 위한 프로세스(경량 아키텍처 평가)를 알아볼 것이다.

21.5 아키텍처 절충점 분석 방법

아키텍처 절충점 분석 방법[ATAM, Architecture Tradeoff Analysis Method]은 아키텍처 평가를 수행하기 위해 공식화한 프로세스다. ATAM은 자동차부터 금융, 국방에 이르기까지 다양한 분야에 속한 대규모 시스템의 소프트웨어 아키텍처를 평가하기 위해 20년 이상 사용돼 왔다. ATAM은 평가자들이 아키텍처나 아키텍처의 비즈니스 목표에 대한 사전 지식이 없고 시스템이 아직 만들어지지 않았어도 평가가 가능하도록 설계됐다. ATAM 활동은 직접 일어날 수도 있고 원격에서 일어날 수도 있다.

ATAM 참여

ATAM은 다음 세 가지 그룹의 참여와 상호 협조를 필요로 한다.

- **평가 팀**: 평가 팀은 아키텍처가 평가 중인 프로젝트의 외부에 존재한다. 평가 팀은 주로 세 명에서 다섯 명으로 구성된다. 각 팀원은 평가 동안에 수행할 여러 구체적인 역할을 할당받는다. 한 사람이 ATAM 활동에서 여러 역할을 맡을 수도 있다(이러한 역할에 대한 설명은 표 21.1을 참고한다). 평가 팀은 아키텍처 평가를 정기적으로 수행하는 상설 팀일 수도 있고, 아키텍처에 관해 잘 아는 인력들로 구성된 풀에서 해당 평가를 위해 뽑은 팀원들일 수도 있다. 평가 중인 아키텍처를 개발 중인 개발 팀과 같은 조직을 위해 일할 수도 있고, 외부 컨설턴트일 수도 있다. 어느 경우든 평가 팀의 팀원들은 다른 속셈이 없는 실력 있고 편견 없는 외부인들로 인식돼야 한다.
- **프로젝트 의사 결정권자들**: 프로젝트 의사 결정권자들은 개발 프로젝트를 대변할 권한이 있거나 개발 프로젝트에 변경을 강제할 권한이 있다. 프로젝트 의사 결정권자에는 대개 프로젝트 관리자가 포함되며, 해당 개발 프로젝트에 비용을 대는 고객사가 명확히 존재한다면 해당 고객사의 대리인이 포함될 수도 있다. 당연히 프로젝트 의사 결정권자에 아키텍트는 항상 포함된다. 아키텍처 평가의 가장 중요한 규칙은 아키텍트가 기꺼이 참여해야 한다는 것이다.
- **아키텍처 이해관계자들**: 이해관계자들은 아키텍처가 의도한 대로 성능을 내는지에 자신의 이득이 연관된 사람들이다. 이해관계자들은 아키텍처에 자신의 업무가 달려 있어서 변경 용이성, 보안, 높은 가용성 등을 촉진하는 사람들이다. 이해관계자에는 개발자, 테스터, 통합 인력, 유지 보수 인력, 성능 엔지니어, 사용자, 해당 시스템과 상호 작용할 시스템을 만드는 사람들이 포함된다. 평가 동안에 이들의 업무는 해당 시스템이 성공하기 위해 아키텍처가 만족해야 할 구체적인 품질 속성 목표를 명확하게 기술하는 것이다. 대략적으로 기업에 중요한 대규모 아키텍처의 평가에는 10~25명의 이해관계자들이 포함될 것으로 기대해야 한다. 평가 팀 및 프로젝트 결정권자들과 달리 이해관계자들은 전체 활동에 참여하지는 않는다.

표 21.1 ATAM 평가 팀의 역할

역할	책임
팀장	평가를 구성한다. 고객의 요구를 충족할 수 있도록 고객과 조율한다. 평가 계약을 체결한다. 평가 팀을 구성한다. 최종 보고서가 생성되고 고객에게 전달됐는지를 관장한다.
평가장	평가를 실행한다. 시나리오 도출을 돕는다. 시나리오 우선순위화 프로세스를 관장한다. 아키텍처에 대한 시나리오 평가를 돕는다.
시나리오 작성자	시나리오 도출 과정 동안에 시나리오를 공유 가능한 공개 양식으로 작성한다. 각 시나리오의 표현에 평가 팀 구성원들이 동의할 수 있어야 한다. 이때 정확한 표현을 담아낼 수 있을 때까지 논의를 멈춘다.
온라인 작성자	공식적인 기록들을 전자 형태로 담아낸다. 이러한 기록으로는 원본 시나리오와 각 시나리오에 동기를 부여하는 문제들(시나리오 표현 자체에서 종종 누락되는 부분임), 각 시나리오 분석 결과들이 있다. 또한 모든 참여자에게 배포하기 위한 채택된 시나리오 목록을 생성한다.
질문자	품질 속성 기반 질문들을 한다.

ATAM의 결과물

1. **아키텍처의 간결한 표현**: ATAM의 요구 사항 중 하나는 아키텍처가 한 시간 이내에 발표될 수 있어야 한다는 것이다. 이로 인해 아키텍처 표현은 간결하면서도 이해하기 쉬워야 한다.

2. **비즈니스 목표 상세화**: 평가를 위해 모인 참가자들이 ATAM 활동에서 표현된 비즈니스 목표들을 처음 보는 경우가 많고, 이러한 목표들은 ATAM의 결과물에 포함된다. 비즈니스 목표들의 기술은 평가 이후에도 계속 사용돼 프로젝트의 중요한 기록의 일부가 된다.

3. **품질 속성 시나리오로 표현된 우선순위를 정한 품질 속성 요구 사항들**: 이러한 품질 속성 시나리오들은 3장에서 기술한 형태를 취한다. ATAM은 우선순위를 정한 품질 속성들을 아키텍처 평가의 기반으로 사용한다. 이러한 시나리오들은 이미 존재할 수도 있지만(아마도 이전 요구 사항 수집 활동이나 속성 중심 설계 활동의 결과로 도출됐을 수 있음), 그렇지 않다면 ATAM 활동의 일환으로 참가자들에 의해 생성된다.

4. **위험[risk]과 비위험[non-risk]**: 아키텍처 위험은 기술된 품질 속성 요구 사항 대비 원치 않는 결과로 이어지는 결정이다. 마찬가지로 아키텍처 비위험은 분석 시에 안전하다고 평가된 결정이다. 식별된 위험은 아키텍처 위험 완화 계획의 기반이 된다. 이러한 위험들은 ATAM 활동의 주요 결과물이다.

5. **위험 테마**risk theme: 분석이 완료됐을 때 평가 팀은 아키텍처나 아키텍처 프로세스와 아키텍처 팀에서 시스템적인 약점들을 식별하는 매우 중요한 테마(주제)들을 찾기 위해 발견된 위험들 전체를 조사한다. 이러한 위험 테마들을 처리하지 않은 채 놔두면 프로젝트의 비즈니스 목표를 위협할 것이다.

6. **아키텍처 결정과 품질 요구 사항 간의 연결**: 아키텍처 결정은 어떤 동인을 지원하거나 방해한다(막는다). 아키텍처 결정을 이러한 동인에 관해 해석할 수 있으며, ATAM 활동을 수행하는 동안 품질 속성 시나리오들을 조사한다. 이러한 각 품질 속성 시나리오에 대해 해당 품질 속성을 달성하는 데 도움이 되는 아키텍처 결정들을 내리고 이를 기록한다. 이는 이러한 결정을 내린 근거로 사용될 수 있다.

7. **식별된 민감점 및 절충점**: 민감점sensitivity point은 품질 속성 반응에 큰 영향을 주는 아키텍처 결정이다. 절충점tradeoff point은 두 가지 이상의 품질 속성 응답이 동일한 아키텍처 결정에 영향을 받으면서 이들 중 하나가 개선되면 다른 품질 속성 응답들이 저하돼 절충이 발생할 때를 말한다.

ATAM 활동의 결과물을 사용해 아키텍처 절충점 분석 방법ATAM의 개요를 기술하고 공식 기록들을 요약하고 시나리오들과 시나리오의 분석을 담아내고 발견점을 분류한 최종 보고서를 만들 수 있다.

또한 ATAM 기반 평가는 무시할 수 없는 무형의 결과를 생성한다. 이해관계자 입장에서 공동체 의식이 생겨나고, 아키텍트와 이해관계자들 간에 열린 의사소통 채널이 만들어지고, 아키텍처의 모든 참여자의 전반적인 이해도가 높아지며 아키텍처의 강점과 약점이 도출된다. 이러한 결과들은 측정하기 어렵지만 다른 결과물만큼 중요하다.

ATAM의 단계

ATAM 기반 평가의 활동들은 다음 네 가지 단계로 구분된다.

- **단계 0**: '파트너십 및 준비' 단계다. 평가 팀 관리자들과 핵심 프로젝트 결정권자들이 평가 활동의 세부 사항들을 만든다. 평가 팀이 적절한 전문성을 소유한 사람들에 의해 보충될 수 있도록 프로젝트 대표자들은 평가자들에게 프로젝트에 관해 간단히 설명한다. 이 두 그룹은 평가가 일어나는 시간과 평가 미팅을 지원하기 위한 기술 같은 실행

계획에 합의한다. 또한 이해관계자들의 예비 명단(단순한 역할이 아닌 이름)에 동의하고, 최종 보고서가 언제 나와야 하고 누구에게 전달돼야 하는지를 협의한다. 또한 업무 기술서와 비밀 유지서 같은 절차들을 처리한다. 평가 팀은 아키텍처와 아키텍처가 구성하는 주요 설계 접근법에 대한 이해를 위해 아키텍처 문서를 살펴본다. 마지막으로, 평가 팀장은 관리자와 아키텍트가 단계 1에서 어떤 정보를 보여줘야 하는지 설명하고 필요한 경우 그들이 표현을 구성할 수 있도록 돕는다.

- **단계 1~2:** 단계 1과 단계 2를 합쳐서 '평가'라고 부르며, 모든 사람이 분석 업무에 착수한다. 이제 평가 팀은 아키텍처 문서의 조사를 완료해서 시스템과 주요 아키텍처 접근법, 매우 중요한 품질 속성들에 관해 잘 이해하고 있을 것이다. 단계 1에서 평가 팀은 정보 수집 및 분석을 시작하기 위해 프로젝트 의사 결정권자들을 만난다. 단계 2에서 아키텍처의 이해관계자들은 공식 기록에 자신들의 의견을 더하고 분석은 계속된다.

- **단계 3:** '후속 조치' 단계다. 평가 팀은 최종 보고서를 생성하고 전달한다. 최종 보고서에 잘못 이해한 부분이 담기지 않았는지 확인하기 위해 최종 보고서는 우선 핵심 관계자들에게 전달돼 회람된다. 이러한 검토가 완료되고 나면 최종 보고서는 고객에게 전달된다.

표 21.2는 ATAM의 네 단계를 나타낸다. 각 단계의 참여자와 해당 활동에 소비되는 일반적인 누적 시간을 나타낸다(여러 번에 걸쳐 활동이 진행될 수 있다).

표 21.2 ATAM 단계 및 특성

단계	활동	참가자	일반적인 누적 시간
0	파트너십 및 준비	평가 팀 관리자들과 핵심 프로젝트 의사 결정권자들	대개 여러 주에 걸쳐 필요에 따라 그때 그때 진행된다.
1	평가	평가 팀과 프로젝트 의사 결정권자들	1~2일
2	평가(계속)	평가 팀, 프로젝트 의사 결정권자들, 이해관계자들	2일
3	후속 조치	평가 팀, 평가 고객	1주

출처: [Clements 01b]

평가 단계의 세부 단계들

ATAM 분석 단계(단계 1~2)는 아홉 개의 세부 단계로 구성된다. 세부 단계 1~6은 단계 1에서 평가 팀과 프로젝트의 의사 결정권자들(대개 아키텍처 팀, 프로젝트 관리자, 고객)과 함께 수행된다. 단계 2에서 모든 이해관계자가 포함돼 세부 단계 1~6이 요약되고, 세부 단계 7~9가 실행된다.

세부 단계 1: ATAM 제시

첫 번째 단계로 평가 팀장이 프로젝트 대표자들에게 ATAM을 소개해야 한다. 모든 사람이 따라야 할 프로세스를 설명하고 질문에 답하고 나머지 활동들에 대한 상황과 기대하는 바를 설정한다. 표준 발표를 사용해 평가 팀장은 ATAM 단계들을 간단히 기술하고 평가의 결과물들을 기술한다.

세부 단계 2: 비즈니스 목표 제시

평가에 포함된 모든 사람(평가 팀원들뿐만 아니라 프로젝트 대리인들)은 해당 시스템의 상황과 해당 개발에 동기 부여가 된 주요 비즈니스 목표들을 이해해야 한다. 이 단계에서 프로젝트 결정권자(이상적으로는 프로젝트 관리자 혹은 고객 대표자)는 비즈니스 관점에서 시스템 개요를 제시한다. 이러한 발표는 프로젝트의 다음 측면들을 기술해야 한다.

- 시스템의 가장 중요한 기능들
- 모든 관련된 기술적, 관리적, 경제적, 정치적 제약 사항들
- 프로젝트와 관련된 비즈니스 목표와 상황
- 주요 이해관계자들
- 아키텍처 동인들(아키텍처 관점에서 중요한 요구 사항들을 강조)

세부 단계 3: 아키텍처 제시

수석 아키텍트(혹은 아키텍처 팀)는 아키텍처를 적절한 세부 수준으로 기술한 자료를 만들어야 한다. '적절한 세부 수준'은 여러 요소에 따라 달라질 수 있다. 이러한 요소로는 아키텍처의 설계된 정도와 문서화된 정도, 가용한 시간의 정도, 동작적 요구 사항[2]과 품질 요구 사항

---

2 동작적 요구 사항(behavioral requirements)은 시스템의 동작이 어떠해야 하는지를 특징짓는다. 자세한 내용을 확인하려면 웹에서 behavioral requirements와 functional requirements를 검색해보자. - 옮긴이

의 속성 등이 있다.

이 자료에서 아키텍트는 운영체제, 사용하도록 규정된 플랫폼, 해당 시스템이 상호 작용해야 하는 다른 시스템들과 같은 기술적 제약 사항들을 다룬다. 가장 중요한 점은 아키텍트가 요구 사항들을 만족시키기 위해 사용된 아키텍처 접근법을 기술해야 한다는 것이다(아키텍트가 패턴이나 전술과 같은 용어에 친숙하다면 패턴이나 전술 등을 기술할 수도 있다).

우리는 1장에서 소개했고 22장에서 자세히 알아볼 아키텍처 뷰가 아키텍트가 아키텍처를 전달하기 위한 주요 수단이 될 것이라고 기대한다. 컨텍스트 다이어그램과 컴포넌트-커넥터 뷰, 모듈 분할 뷰 혹은 레이어 뷰, 배포 뷰는 거의 모든 평가에 있어 유용하다. 따라서 아키텍트는 이러한 뷰들을 보여줄 준비가 돼 있어야 한다. 다른 뷰들은 해당 뷰들이 현재의 아키텍처와 관련된 정보를 담고 있다면 제시될 수 있다. 특히나 중요한 품질 속성 요구 사항을 만족시키는 데 관련된 정보를 담고 있다면 더욱 그렇다.

세부 단계 4: 아키텍처 접근법 식별

ATAM은 아키텍처 접근법을 이해함으로써 아키텍처 분석에 집중한다. 각 아키텍처 패턴과 전술이 특정 품질 속성에 영향을 미치는 방식은 잘 알려져 있다. 영향을 미치는 방식이 잘 알려져 있기 때문에 아키텍처 패턴과 전술이 유용한 것이다. 예를 들어 레이어 패턴은 시스템의 이식성과 유지 보수성을 높이지만, 성능에는 안 좋은 영향을 미칠 수 있다. 발행-구독 패턴은 데이터의 생산자와 소비자의 수에 있어 확장 가능한 반면, 활성 다중화 패턴은 가용성을 높인다.

세부 단계 5: 품질 속성 유틸리티 트리 생성

품질 속성 목표는 품질 속성 유틸리티 트리$^{utility\ tree}$를 통해 자세히 기술된다. 품질 속성 유틸리티 트리는 19.4절에서 소개한 바 있다. 유틸리티 트리는 아키텍트가 제공하고자 하는 관련 품질 속성 요구 사항들을 명확하게 정의함으로써 요구 사항을 명확하게 하는 역할을 한다.

고려 중인 아키텍처의 중요한 품질 속성 목표들은 비즈니스 목표를 제시하는 세부 단계 2에서 언급됐거나 암시된다. 하지만 분석이 가능할 정도로 구체적으로 나타나지는 않는다. '변경 용이성'이나 '높은 처리량', '다양한 플랫폼으로 이식 가능함'과 같은 일반적인 목표들은 상황과 방향을 수립하고 이후에 어떤 정보를 제시할지에 관한 배경을 제공한다. 하지만 이러한 목표들은 우리가 해당 아키텍처가 이러한 목적들을 달성하는 데 충분한지 구분할 수 있을 정도로 구체적이지는 않다. 어떤 방식으로 변경 용이하다는 의미인가? 얼마나 높아야 처리량이 높은 것인가? 어떤 플랫폼에 이식하고, 이식을 위해 얼마나 많은 시간을 들여야 하는가? 이러한 종류의 질문들에 관한 대답은 아키텍처 관점에서 중요한 요구 사항을 나타내는 품질 속성 시나리오 형태로 표현된다.

유틸리티 트리가 아키텍트와 프로젝트 의사 결정권자에 의해 만들어진다는 점을 상기해보자. 이들은 함께 각 시나리오의 중요도를 결정한다. 아키텍트가 시나리오의 기술적 난이도나 위험을 H, M, L 단위로 매기고 프로젝트 의사 결정권자가 비즈니스 중요도를 점수로 매긴다.

세부 단계 6: 아키텍처 접근법 분석

평가 팀은 유틸리티 트리에서 식별된 가장 높은 점수의 시나리오들을 한 번에 하나씩 조사한다. 아키텍트는 아키텍처가 각 시나리오를 어떤 식으로 지원하는지 설명하도록 요청받는다. 평가 팀원들(특히나 질문자들)은 아키텍트가 해당 시나리오를 수행하기 위해 사용한 아키텍처 접근법에 대해 세세히 물어본다. 그 과정에서 평가 팀은 관련 아키텍처 결정들을 문서화하고 이러한 결정들의 위험과 비위험, 절충점을 분류한다. 잘 알려진 접근법들의 경우 평가 팀은 아키텍트가 해당 접근법의 알려진 약점들을 어떤 식으로 극복했는지 혹은 아키텍트가 해당 접근법이 충분하다는 확신을 어떻게 얻게 됐는지를 물어본다. 목적은 평가 팀이 해당 접근법의 구체화가 해당 접근법이 의도한 품질 속성 특화 요구 사항들을 만족시키는 데 적합한지 확신을 얻는 것이다.

시나리오를 살펴보는 것은 가능한 위험과 비위험에 대한 논의로 이어질 수 있다. 예를 들어 다음과 같다.

- 하트비트 신호를 보내는 빈도가 시스템이 고장 난 컴포넌트를 감지하는 시간에 영향을 미친다. 빈도가 너무 느리면 받아들일 수 없는 응답 값으로 이어질 수 있다. 이는 위험이다.
- 하트비트의 빈도가 고장 감지 시간을 결정한다.
- 빈도가 높으면 가용성이 높아지지만, 더 많은 처리 시간과 통신 대역폭을 차지해 성능 저하로 이어질 수 있다. 이는 절충점이다.

결과적으로 이러한 문제들은 아키텍트가 어떤 식으로 반응하는지에 따라 더 깊은 분석을 촉진할 수 있을 것이다. 예를 들어 아키텍트가 클라이언트의 수를 파악하지 못해서 프로세스를 하드웨어에 할당함으로써 어떤 식으로 로드 밸런싱을 달성할 것인지 설명하지 못한다면 성능 분석을 더 진행할 이유가 없을 것이다. 아키텍트가 이러한 질문들에 답할 수 있어야, 평가 팀은 아키텍처 결정들이 각각 처리하고자 했던 품질 속성 요구 사항들에 대해 문제가 있는지 여부를 결정하기 위한 기초적이거나 간단한 분석을 수행할 수 있다.

세부 단계 6에서 수행하는 분석은 포괄적일 필요가 없다. 핵심은 충분한 아키텍처 정보를 도출해 이미 내린 아키텍처 결정들과 만족해야 할 품질 속성 요구 사항들 간에 어떤 연결 고리를 수립하는 것이다.

그림 21.1은 어떤 시나리오에 대한 아키텍처 접근법의 분석을 담아내기 위한 템플릿을 나타낸다. 그림에서 보듯이 이번 세부 단계의 결과를 기반으로 평가 팀은 위험과 비위험, 민감점과 절충점을 식별하고 기록할 수 있다.

세부 단계 6의 끝에 이르면, 평가 팀은 전체 아키텍처의 가장 중요한 측면들과 핵심 설계 결정들의 근거, 위험과 비위험, 민감점, 절충점 목록에 대해 분명히 이해하고 있어야 한다.

이 시점에 단계 1이 완료된다.

시나리오 번호: A12		시나리오: 메인 스위치의 하드웨어 고장을 감지하고 복구한다.		
속성	가용성			
환경	정상 운영			
자극	CPU들 중 하나가 고장			
반응	스위치의 0.999999 가용성			
아키텍처 결정	민감도	절충점	위험	비위험
백업 CPU	S2		R8	
백업 데이터 채널 없음	S3	T3	R9	
와치독	S4			N12
하트비트	S5			N13
페일오버 라우팅	S6			N14
추론 근거	여러 다른 하드웨어와 운영체제를 사용함으로써 공통 모드 고장이 없도록 보장한다(위험 8 참고). 최악의 경우 상태 계산은 4초가 걸리기 때문에 롤오버(rollover)가 4초 이내에 완료된다. 하트비트와 와치독의 빈도를 근거로 고장을 2초 이내에 감지하도록 보장한다. 와치독은 단순하고 신뢰성이 있음이 입증됐다. 가용성 요구 사항은 백업 데이터 채널 부재로 인해 위험할 수도 있다…(위험 9 참고)			
아키텍처 다이어그램	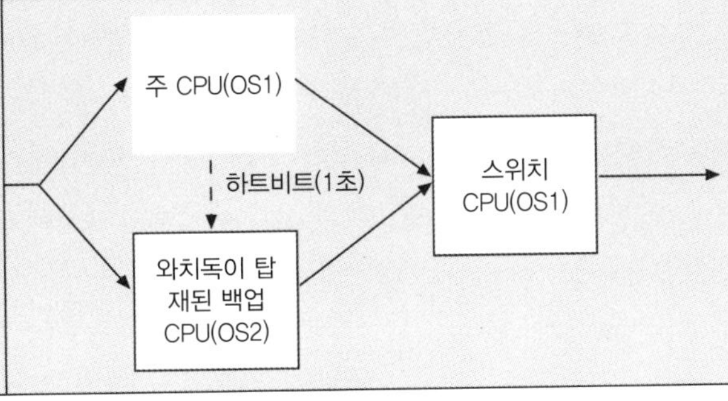			

그림 21.1 아키텍처 접근법 분석 예([Clements 01b]에서 발췌)

중단 기간과 단계 2의 시작

평가 팀은 1주 정도의 중단 기간 동안 단계 1에서 알아낸 내용을 요약하고 아키텍트와 편하게 소통한다. 필요한 경우 이 기간 동안 더 많은 시나리오를 분석할 수도 있고, 단계 1에서 제기된 질문에 대한 답을 명확하게 할 수도 있다.

단계 2 미팅의 참석자는 이해관계자들이 추가돼 좀 더 늘어난다. 이를 프로그래밍에 빗대면, 단계 1은 여러분이 스스로 자신이 만든 프로그램을 자신의 기준을 사용해 테스트할 때와 유사하다. 단계 2는 여러분이 만든 프로그램을 독립적인 품질 보증 팀에 전달하는 경우와 유사하다. 해당 품질 보증 팀은 여러분의 프로그램에 대해 더 다양한 환경에서 더 다양한 테스트를 수행할 것이다.

단계 2에서 이해관계자들이 ATAM 방법과 자신이 수행해야 하는 역할을 이해할 수 있도록 단계 1을 되풀이한다. 그리고 나서 평가 팀장은 세부 단계 2~6의 결과를 요약하고 현재 위험과 비위험, 민감점, 절충점 목록을 공유한다. 이해관계자들이 지금까지의 평가 결과를 이해할 수 있도록 만든 이후에 나머지 세 단계를 수행할 수 있다.

세부 단계 7: 아이디어 도출과 시나리오 우선순위화

평가 팀은 이해관계자들에게 해당 이해관계자의 개별적인 역할에 있어 시스템 운영 시에 의미 있는 품질 속성 시나리오에 관한 아이디어를 도출하도록 요청한다. 유지 보수 인력은 변경 용이성 시나리오를 제안할 가능성이 높은 반면, 사용자는 운영 편이성을 나타내는 시나리오를 제안할 가능성이 높고, 품질 보증 인력은 시스템 테스트에 관한 시나리오를 제시하거나 고장으로 이어지는 시스템의 상태를 복제하는 기능에 관한 시나리오를 제시할 것이다.

유틸리티 트리 생성(세부 단계 5)은 주로 아키텍트가 품질 속성 아키텍처 동인들을 어떤 식으로 인지하고 처리하는지를 이해하기 위해 사용된다. 반면, 시나리오 아이디어 도출의 목적은 더 큰 규모의 이해관계자 커뮤니티의 생각을 파악하는 것이다. 즉, 이러한 이해관계자 커뮤니티에 시스템 성공이 의미하는 바가 무엇인지를 이해하기 위함이다. 시나리오 아이디어 도출은 더 큰 그룹에서 잘 동작한다. 한 사람의 아이디어와 생각이 다른 사람의 아이디어를 자극하는 분위기를 형성하기 때문이다.

시나리오들을 수집한 이후에 해당 시나리오들의 우선순위를 정해야 한다. 이는 유틸리티 트리의 시나리오들을 우선순위화해야 하는 것과 동일한 이유다. 평가 팀은 해당 팀의 제한된 분석 시간을 어디에 쏟아야 할지 알아야 한다. 우선, 이해관계자들에게 자신들이 생각하기에 동일한 행동이나 품질 고려 사항을 나타내는 시나리오들을 합칠 것을 요청한다. 그리고 나서 이해관계자들은 가장 중요하다고 생각하는 시나리오들에 투표한다. 각 이해관계자에게는 수집된 시나리오 수의 30퍼센트에 해당하는 표를 할당한다.[3] 따라서 만약 40개의 시나리오가 수집된 경우 각 이해관계자에게는 12개의 표가 할당된다. 이러한 표는 이해관계자

---

3   이는 아이디어 도출을 돕는 일반적인 기법이다.

들이 적합하다고 생각하는 방식으로 시나리오에 할당될 수 있다. 한 개의 시나리오에 12개의 표를 할당할 수도 있고 각 12개의 개별 시나리오에 각각 한 표씩 할당할 수도 있으며, 또한 그 중간 값 무엇이든 될 수 있다.

우선순위화된 시나리오 목록은 유틸리티 트리 활동의 시나리오 목록과 비교한다. 두 가지가 일치하면, 아키텍트가 생각했던 바와 이해관계자들이 실제 원하는 바가 서로 잘 맞는 것이다. 추가적인 영향력이 큰 시나리오가 발견됐고(대개 그런 경우가 많음) 간극이 크다면, 그 자체로 위험이다. 이렇게 새롭게 발견된 시나리오들이 있다는 것은 시스템의 중요한 목표에 관해 이해관계자들과 아키텍트 사이에 어느 정도의 불일치가 있음을 의미한다.

세부 단계 8: 아키텍처 접근법 분석

세부 단계 7에서 시나리오들을 수집하고 우선순위를 매긴 다음, 평가 팀은 가장 높은 점수의 시나리오를 분석하는 과정에서 아키텍트에게 도움을 제공한다. 아키텍트는 아키텍처 결정들이 각 시나리오를 실현하는 데 어떤 식으로 기여할지 설명한다. 이상적으로는 이 활동에서 이전에 논의된 아키텍처 접근법에 관한 아키텍트의 시나리오 설명이 주를 이뤄야 한다.

이번 단계에서 평가 팀은 가장 높은 점수를 받고 최근에 생성된 시나리오들을 사용해 세부 단계 6과 동일한 활동들을 수행한다. 일반적으로 이번 단계는 시간이 허용하는 한 최상위 5~10개의 시나리오들을 다룰 수 있다.

세부 단계 9: 결과 제시

이번 단계에서 평가 팀은 어떤 공통의 근간이 되는 관심 사항이나 시스템적인 결함을 기반으로 위험들을 모아서 위험 테마들로 그룹화한다. 예를 들어 충분하지 않거나 기한이 지난 문서에 관한 위험들의 그룹은 문서화에 충분한 고려가 이뤄지지 않았음을 기술하는 위험 테마로 그룹화될 수 있다. 다양한 하드웨어와 소프트웨어 고장 시에 시스템이 제대로 동작하지 않는 것에 관한 위험들의 그룹은 백업 기능에 대한 충분하지 않은 관심이 가해졌다거나 고가용성 제공에 대한 충분하지 않은 관심이 가해졌다는 위험 테마로 이어질 수 있다.

각 위험 테마에 대해 세부 단계 2에서 나열한 비즈니스 목표들 중 어떤 목표가 영향을 받는지 식별한다. 위험 테마들을 식별하고 이를 구체적인 동인들과 관련시킴으로써 평가를 완전히 순환시킨다. 최종 결과를 최초의 제시와 연결시킴으로써 해당 활동을 만족스럽게 종결할 수 있다. 또 다른 중요한 사항으로 이러한 식별을 통해 경영진은 이전에 발견되지 않았던 위험에 주목할 수 있다. 그렇지 않았더라면, 이러한 위험은 관리자 입장에서는 소수만 이해할 수 있는 기술 문제로 보였을 것이다. 하지만 이러한 과정 덕분에 해당 위험은 무언가에 대한 위험으로 명확하게 식별돼 관리자가 공식적으로 주목하게 될 것이다.

평가로부터 수집된 정보는 요약돼 이해관계자들에게 제시된다. 다음과 같은 결과물이 제시된다.

- 문서화된 아키텍처 접근법들
- 아이디어 도출 과정 중에 나온 시나리오들과 해당 시나리오들의 우선순위
- 유틸리티 트리
- 발견된 위험들과 비위험들
- 발견된 민감점들과 절충점들
- 위험 테마들과 각 위험 테마에 의해 위협받는 비즈니스 목표들

즉흥적으로 하기

수년간의 경험에서 깨달은 점은 어떤 아키텍처 평가 활동도 완전히 규칙대로 진행되는 경우는 없다는 것이다. 그럼에도 평가 활동이 완전히 잘못될 수 있는 여러 경우에도 불구하고, 간과할 수 있는 세부 사항에도 불구하고, 쉽게 상처받을 수 있는 자존감에도 불구하고, 많은 위험이 걸렸음에도 불구하고, 우리는 아키텍처 평가 활동이 완전히 통제 불가능한 상태에 빠지도록 내버려둔 적이 없었다. 클라이언트로부터 받은 피드백으로 측정한 바에 따르면, 모든 아키텍처 평가 활동은 성공적이었다.

모든 아키텍처 평가 활동이 성공적으로 평가받음에도, 몇몇 기억에 남는 위기의 순간들이 있다.

아키텍처 평가를 시작했을 때 개발 조직이 평가받을 아키텍처를 지니지 않았다는 사실만을 발견하는 경우가 여러 번 있었다. 아키텍처로 가장한 채로 클래스 다이어그램만 잔뜩 있거나 모호한 텍스트 기술들만 존재하는 경우가 종종 있었다. 아키텍처 평가 활동을 시작할 무렵에 아키텍처가 준비돼 있을 것이라고 약속했음에도, 의도하지는 않았지만 실제로는 아키텍처가 준비되지 않은 경우가 있었다(사전 활동 준비와 사전 검증을 신중히 하지 않았을 때 생기는 문제를 경험하면서 점점 더 이를 성실히 수행하게 됐다). 하지만 이 정도만 돼도 괜찮다. 이러한 경우 평가의 주요 결과에는 명확하게 표현된 품질 속성들과 평가 활동 중에 칠판 등에 그려진 아키텍처, 아키텍트가 문서화해야 할 내용들이 포함된다. 이러한 거의 대부분의 경우에 고객은 구체적으로 표현된 시나리

오들, 도출된 아키텍처에 대해 수행한 분석, 무엇을 수행해야 할지에 대한 인식만으로도 평가 활동이 수확이 있었다고 느꼈다.

평가를 시작했는데 평가 활동 중에 아키텍트가 없어진 경우가 두 번 있었다. 한 번은 아키텍트가 평가 준비와 실행 사이에 사직했다. 해당 기관은 혼란스러운 상황이었는데, 아키텍트는 좀 더 안정적인 환경에서 더 나은 조건으로 일할 기회를 갖게 된 것이다. 대개 아키텍트 없이 평가를 시작하지는 않는다. 하지만 아키텍트의 밑에 있던 직원이 아키텍트 역할을 맡게 돼 문제가 없었다. 그 후임 직원을 준비시키기 위해 약간의 사전 작업이 추가됐고, 우리는 만반의 준비가 됐다. 평가는 계획대로 진행됐고, 해당 후임이 평가 활동을 위해 한 준비는 그 자신이 아키텍트의 역할에 발을 들여놓는 데 큰 도움이 됐다.

ATAM 활동의 중반부에 접어들었을 때 우리가 평가를 위해 준비했던 아키텍처는 어느 누구도 언급하지 않았던 새로운 아키텍처로 교체되기 직전이었다. 단계 1의 세부 단계 6을 수행하는 동안에 아키텍트는 어떤 시나리오에 의해 발견된 문제점에 대해 '새로운 아키텍처'에서는 그러한 문제가 생기지 않을 것이라고 언급하며 해당 문제점에 대응했다. 방에 있던 모두(이해관계자와 평가자 모두)는 당황해 침묵에 빠졌다. 나는 멍하니 "무슨 새로운 아키텍처라고요?"라고 물었다. 개발 조직은 이후에 더 엄격한 요구 사항들이 발생할 것이라는 사실을 알고 있어서 이러한 요구 사항들을 처리하기 위해 새로운 아키텍처를 준비했다(개발 조직의 고객은 미군인데, 미군이 우리에게 평가를 의뢰했다). 우리는 잠시 휴식을 요청했고, 아키텍트 및 고객과 협의해 이전 아키텍처 대신에 새로운 아키텍처를 대상으로 평가 활동을 계속하기로 결정했다. 우리는 다시 단계 3(아키텍처 제시)으로 돌아갔지만 아키텍처를 제외한 나머지들(비즈니스 목표, 유틸리티 트리, 시나리오)은 완전히 유효했다. 평가는 이전처럼 계속됐고, 활동이 끝날 무렵에 우리의 고객인 미군은 본인들이 평가 활동을 통해 얻게 된 지식에 매우 만족했다.

지금까지 우리가 경험했던 가장 이상한 평가는 단계 2 중간쯤에 아키텍트가 그만둔 경우다. 해당 평가 활동의 고객은 대규모 구조 조정을 겪고 있는 조직의 프로젝트 관리자였다. 프로젝트 관리자는 번뜩이는 유머 감각을 지닌 성격 좋은 신사였는데, 그가 거스를 수 없는 어쩔 수 없는 상황이 발생했다. 아키텍트가 조만간 조직의 다른 부서로 옮겨가게 된 터라 아키텍처는 떠나기 전에 서둘러 아키텍처의 품질 속성을 수립하고 싶다고 말했다. 우리가 ATAM 활동을 준비했을 때 프로젝트 관리자는 "주니어 설계자들이 무언가를 배울 수 있을 겁니다."라고 말하며 주니어 설계자들이 참석했으면 한다고 제안했다. 우리는 동의했다. 평가 활동이 시작됐을 때 우리의 일정(애초에 매우 촉박했던 일정)은 계속해서 방해를 받았다. 프로젝트 관리자는 우리가 회사의 임원들과 만나길 원했다. 그 당시에 프로젝트 관리자는 우리에게 아키텍처 관련 통찰력을 줄 수 있는 누군가와 충분한 시간을 들여 점심 식사를 하길 원했던 것이다. 하지만 해당 임원들은 예정된 미팅 시간에 바쁜 것으로 드러났다. 따라서 프로젝트 관리자는 우리가 이후에 다시 와서 그들과 만날 수 있는지를 물었다.

이 무렵쯤 단계 2는 너무 지연돼서 끔찍하게도 아키텍트는 멀리 떨어진 도시에 있는 자신의 집으로 떠나야만 했다. 아키텍트는 주니어 설계자들이 우리의 질문들에 절대 답할 수 없을 것이라고 말했다. 아키텍트는 자신의 아키텍처가 자신 없이 평가받게 될 것이라는 사실에 매우 불만이 많았다. 아키텍트가 떠나기 전에 우리 팀은 모여서 회의를 했다. 평가 활동은 완전히 실패하기 직전으로 보였다. 불만 많은 아키텍트와 지연된 일정, 의구심이 드는 가용한 전문성만이 존재하는 상황이었다. 우리는 평가 팀을 나누기로 결정했다. 절반은 주니어 설계자들을 정보 리소스로 활용하며 단계 2를 지속하기로 했다. 나머지 절반은 아키텍트와 전화 통화를 하면서 단계 2를 계속 이어가기로 했다. 어쨌든 안 좋은 상황을 최대한 활용해보기로 했다.

놀랍게도 프로젝트 관리자는 이러한 사건들에도 전혀 흔들리지 않는 것처럼 보였다. 그는 "잘될 거라 믿습니다."라고 웃으며 말했고, 조직 개편에 관해 여러 부사장들과 논의하러 갔다.

나는 주니어 설계자들을 인터뷰하는 팀을 이끌었다. 우리는 아키텍트로부터 완전히 만족스러운 아키텍처 제시를 받지 못했다. 문서에서 다른 점이 발견될 때마다 아키텍트는 "오… 실제 그렇게 동작하는 게 아닌데요."라고 쉽게 말하곤 했다. 따라서 나는 ATAM 단계 3을 다시 시작하기로 결정했다. 우리는 약 여섯 명 정도의 설계자들에게 자신들이 생각하는 아키텍처가 무엇인지 물었다. "그릴 수 있겠어요?"라고 나는 설계자들에게 물었다. 설계자들은 걱정스러운 표정으로 서로를 바라봤지만, 누군가가 "아키텍처의 일부는 그릴 수 있을 것 같아요."라고 말했다. 그는 화이트보드 앞으로 가서 매우 합리적인 컴포넌트–커넥터 뷰를 그렸다. 다른 누군가도 자원해서 프로세스 뷰를 그렸고, 또 다른 누군가가 시스템의 중요한 오프라인 부분에 대한 아키텍처를 그렸다. 다른 설계자들도 돕기 위해 뛰어들었다.

우리가 방을 둘러봤을 때 모든 사람이 화이트보드의 그림들을 옮겨 적느라 분주했다. 그림들 중 어느 것도 지금까지 우리가 문서에서 봤던 내용과 일치하지 않았다. "이 다이어그램들은 어디에 문서화돼 있나요?"라고 내가 물었다. 설계자 중 한 명이 잠시 옮겨 적기를 멈춘 후 고개를 들고는 씩 웃으며 "지금 문서화 중인데요."라고 대답했다.

세부 단계 8로 진입함에 따라 이전에 수집한 시나리오를 사용해 아키텍처를 분석하면서 설계자들은 협업을 아주 잘 수행하며 우리 질문에 답했다. 모든 것을 아는 설계자는 없었지만, 모든 설계자가 무언가를 알고 있었다. 반나절 정도 설계자들이 함께 모여 만든 전체 아키텍처의 명확하고 일관된 그림이 사전 준비 기간에 아키텍트가 이틀 동안 만든 아키텍트보다 훨씬 더 논리 정연하고 이해하기 쉬웠다. 그리고 단계 2가 끝날 무렵에 설계 팀은 한 단계 더 진화했다. 제한된 분야의 지식만을 지닌, 정보에 굶주린 개인들의 모임이었던 설계 팀은 진정한 아키텍처 팀이 돼 있었다. 팀원들은 서로의 전문성을 이끌어내고 잘 인지하고 있었다. 이러한 전문성의 발견과 검증은 모든 사람들 앞에서 이뤄졌고, 더 중요하게는 관찰을 위해 어느새 방에 들어온 프로젝트 관리자가 지켜보는 가운데 이뤄졌다. 프로젝트 관리자의 얼굴에서 완전히 만족하는 표정을 읽을 수 있었다. 나는 아키텍처 평가가 잘 진행되고 있다는 생각이 들기 시작했다.

알고 보니 프로젝트 관리자는 마키아벨리처럼 능숙한 권모술수로 여러 사건과 사람들을 다루는 법을 알았다. 아키텍처가 떠난 이유는 조직 개편 때문이 아니라 그저 조직 개편 시기와 일치했던 것뿐이며, 프로젝트 관리자가 아키텍트가 떠나도록 조율했다. 프로젝트 관리자는 아키텍트가 너무 독재적이고 군림한다고 생각했다. 따라서 프로젝트 관리자는 주니어 설계 인력들이 성장하고 기여할 기회를 부여받길 원했다. 아키텍트가 평가 중간에 떠나는 것이 프로젝트 관리자가 바로 원했던 바였다. 따라서 이러한 혼란 속에 설계 팀의 참여는 평가 활동 내내 주요 목표가 됐다. 우리는 아키텍처와 관련된 여러 중요한 문제점을 발견했지만, 프로젝트 관리자는 우리가 도착하기 전에 이미 해당 문제점들을 모두 알고 있었다. 사실, 우리가 해당 문제점들을 발견할 수 있도록 프로젝트 관리자는 휴식 시간이나 업무가 끝난 후에 조심스레 조언하곤 했다.

이번 평가가 성공이었을까? 고객은 더할 나위 없이 만족했다. 아키텍처의 강점과 약점에 대한 프로젝트 관리자의 직감이 평가를 통해 확인받은 것이다. 우리는 설계 팀이 조직 개편이라는 혼란스러운 시기에 시스템의 나아갈 길을 정하고 정말 필요한 시기에 효과적이고 화합력 있는 팀이 되도록 돕는 데 중요한 역할을 했다. 또한 고객은 우리의 최종 보고서에 매우 만족해서 회사의 이사회에서 해당 보고서를 보도록 했다.

이러한 위기의 순간들은 확실히 기억에 남는다. 문서화된 아키텍처가 없었다. 하지만 괜찮다. 올바른 아키텍처가 아니었다. 하지만 괜찮다. 아키텍처가 없다. 하지만 괜찮다. 고객이 실제로는 팀 재구성을 하길 원했다. 모든 경우에 우리는 최대한 합리적으로 반응했고 매번 괜찮았다.

왜 그럴까? 왜 매번 괜찮아졌을까? 내 생각에는 세 가지 이유가 있다.

첫째, 아키텍처 평가를 맡긴 사람들이 실제로 평가가 성공하길 원한다. 고객의 요청에 의해 소집된 아키텍트와 개발자들, 이해관계자들 역시 평가가 성공하길 원한다. 이들은 하나의 그룹이 돼 평가 활동이 아키텍처 통찰력이라는 목표를 향해 계속 전진할 수 있도록 돕는다.

둘째, 우리는 항상 솔직하다. 평가 활동이 궤도를 벗어난다는 생각이 들면 잠시 휴식을 요청하고 우리끼리 상의하며, 대개 고객과도 상의한다. 평가 활동 중에 약간의 허세가 도움이 될 수 있음에도 우리는 평가 중에 허세를 부린 적이 없다. 참가자들은 이러한 잘못된 부분을 직감적으로 감지할 수 있고, 평가 팀은 다른 참가자들의 존중을 결코 잃어서는 안 된다.

셋째, 평가 활동 중에 일관된 합의를 이루고 유지할 수 있는 방법들을 만들었다. 뒤에 가서 예상치 못한 일이 발생하지 않는다. 참가자들은 적합한 아키텍처를 구성하는 것이 무엇인지에 관해 규칙을 정하고, 평가 활동의 매 단계에서 밝혀진 위험들에 기여한다.

결론은 다음과 같다. 최선을 다하고, 솔직하고, 평가 방법들을 신뢰하라. 여러분이 소집한 사람들의 호의와 선의를 신뢰하라. 그러면 모두 괜찮아질 것이다.

– PCC([Clements 01b]로부터 발췌)

21.6 경량 아키텍처 평가

경량 아키텍처 평가^{LAE, Lightweight Architecture Evaluation} 방법은 평가가 정기적으로 동료에 의해 일어나는 프로젝트 내부 상황에서 사용되도록 만들어졌다. LAE는 ATAM과 동일한 개념을 사용하며 정기적으로 수행될 목적을 지닌다. LAE 세션은 이전 검토 이후에 아키텍처나 아키텍처 동인에서 변경된 사항에만 집중하거나 이전 세션에서 검토하지 못한 아키텍처 부분을 검토하기 위해 소집될 수도 있다. 한정된 범위로 인해 ATAM의 단계 중 많은 부분이 생략되거나 단축될 수 있다.

LAE 활동의 기간은 품질 속성 시나리오가 얼마나 많이 생성되고 검토됐는지에 달려 있다. 이는 이후에 검토 범위를 정하는 데 기반이 된다. 검토된 시나리오 수는 검토 중인 시스템의 중요도에 따라 달라진다. 따라서 LAE 활동은 최소 2시간에서 최대 하루 종일까지 걸릴 수 있다. LAE 활동은 조직의 내부 구성원들에 의해서만 진행된다.

참가자들이 모두 조직 내부 구성원이고 ATAM에 비해 수가 적기 때문에 모든 참가자가 자신의 의견을 내고 이해를 공유하는 데 시간이 훨씬 덜 걸린다. 게다가 LAE 활동은 경량 프로세스이므로 정기적으로 수행될 수 있다. 따라서 LAE 방법의 많은 단계가 생략되거나 간략하게만 다뤄질 수 있다. LAE 활동에 어떤 단계들이 있는지를 우리의 실전 경험과 함께 표 21.3에서 나타냈다. 일반적으로 프로젝트 아키텍트가 LAE 활동을 소집하고 이끈다.

표 21.3 일반적인 경량 아키텍처 평가 절차

단계	설명
1: 평가 방법 단계 제시	참가자들이 프로세스에 익숙하다고 가정할 때는 이번 단계를 생략할 수 있다.
2: 비즈니스 목표 검토	참가자들은 시스템과 비즈니스 목표와 목표의 우선순위를 이해하고 있어야 한다. 참가자들 모두에게 이러한 사항들을 상기시켜주고 이후에 예기치 못한 상황이 발생하지 않도록 이러한 사항들에 대한 간단한 검토가 진행될 수 있다.
3: 아키텍처 검토	모든 참가자는 시스템에 익숙해야 한다. 따라서 아키텍처에 관한 간단한 개요가 제시된다. 이때 적어도 모듈 뷰와 컴포넌트-커넥터 뷰를 사용하고, 마지막 검토 이후에 변경된 사항들을 강조한다. 또한 이러한 뷰들을 통해 하나 또는 두 개의 시나리오들을 추적해본다.
4: 아키텍처 접근법 검토	아키텍트는 구체적인 품질 속성 고려 사항들을 위해 사용된 아키텍처 접근법들을 강조한다. 일반적으로 이는 단계 3의 일부로서 수행된다.
5: 품질 속성 유틸리티 트리 검토	유틸리티 트리는 이미 존재해야 한다. 참가자들은 기존 트리를 검토하고 필요한 경우 신규 시나리오와 신규 응답 목표 또는 신규 시나리오 우선순위와 위험 평가를 갖고 기존 트리를 수정한다.
6: 아이디어 도출 및 시나리오 우선순위화	분석할 만한 신규 시나리오가 있는지 결정하기 위해 간단한 아이디어 도출 활동이 이 시점에 이뤄진다.
7: 아키텍처 접근법 분석	가장 높은 순위의 시나리오들을 아키텍처에 연관 짓는 이번 단계는 상당한 시간이 소요되며 아키텍처에 대한 가장 최근 변경 사항들에 집중하거나 아키텍처의 이전에 분석하지 못한 부분에 집중해야 한다. 아키텍처가 변경됐다면 우선순위가 높은 시나리오들을 변경 사항에 비춰 재분석해야 한다.
8. 결과 정리	평가가 끝날 무렵에 참가자들은 기존 위험들 및 새로 발견된 위험들, 비위험들, 민감점들, 절충점들을 검토하고 신규 위험 테마가 발생했는지 여부를 논의한다.

최종 보고서는 없지만, ATAM과 마찬가지로 기록 담당자가 결과를 정리해야 한다. 이렇게 정리된 결과는 공유돼 위험 교정의 근거 역할을 할 수 있다.

전체 LAE 추진에는 하루도 걸리지 않는다. 아마도 반나절 정도 걸릴 것이다. 결과는 소집된 팀이 LAE 방법의 목표와 기법 그리고 시스템 자체를 얼마나 잘 이해하는지에 달려 있을 것이다. 평가 팀은 내부 인원이기 때문에 일반적으로 외부 평가 팀에 비해 덜 객관적이고, 이는 결과의 가치에 안 좋은 영향을 미칠 수 있다. 내부 인원은 신규 아이디어와 반대 의견들을 좀 덜 들으려고 하는 경향이 있다. 그럼에도 불구하고 LAE는 비용이 많이 들지 않고 소집하기에 간단하고 상대적으로 갖춰야 할 형식이 적으므로, 프로젝트가 아키텍처 품질 보증 상태 확인을 원할 때마다 LAE를 수행할 수 있다.

전술 기반 질문지

또 다른 경량 평가 방법으로 우리가 3장에서 알아본 LAE보다 더 경량인 전술 기반 질문지가 있다. 전술 기반 질문지는 한 번에 하나의 품질 속성에 집중한다. 아키텍트는 전술 기반 질문지를 사용해 숙고와 자기반성을 돕는다. 또는 전술 기반 질문지는 평가자(혹은 평가 팀)와 아키텍트(혹은 설계자 그룹) 사이의 문답 세션을 구성하는 데 사용될 수 있다. 이러한 종류의 세션은 일반적으로 품질 속성 한 개당 한 시간 정도로 짧지만, 이러한 세션을 통해 설계 결정 선택에 관해 많은 사항을 알아낼 수 있다. 이는 품질 속성을 통제하고 대개 이러한 설계 결정들 내에 묻혀버린 위험들을 통제하기 위함이다. 여러분이 이러한 과정을 잘 진행할 수 있도록 도움을 주는 품질 속성에 특화된 질문지들을 4~13장에서 제공했다.

전술 기반 분석은 매우 짧은 시간에 놀라운 결과로 이어질 수 있다. 예를 들어 이전에 건강 관리 데이터를 관리하는 시스템을 분석한 적이 있다. 우리는 보안 품질 속성을 분석하기로 동의했다. 해당 분석 세션 동안 보안 전술 기반 질문지를 착실히 다루면서 차례대로 각 질문을 던졌다(여러분이 기억할지 모르겠지만, 전술 기반 질문지에서 각 전술은 하나의 질문 형태를 띤다). 예를 들어 "시스템이 침입 감지를 지원하나요?", "시스템이 메시지 무결성 검증을 지원하나요?" 등을 물었다. "시스템이 데이터 암호화를 지원하나요?"라는 질문에 이르렀을 때 아키텍트는 잠시 멈추고 웃음을 지었다. 그리고 나서 아키텍트는 시스템에 어떤 데이터도 보이는 상태로 네트워크를 통과해서는 안 된다는 요구 사항이 있었다고 약간 당황한 듯이 인정했다. 즉, 암호화 없이 데이터가 네트워크를 통과해서는 안 된다는 의미다. 따라서 그들은 데이터를 네트워크를 통해 전송하기 전에 모든 데이터를 XOR 처리했다.

이는 전술 기반 질문지가 매우 빠르게 많은 비용을 들이지 않으면서 밝혀낼 수 있는 종류의 위험에 관한 좋은 예다. 엄밀히 말하면, 그들이 데이터를 보이는 상태로 전송하면 안 된다는 요구 사항을 지킨 것은 맞다. 하지만 그들이 선택한 암호화 알고리듬은 일반적인 수준의 고등학생에게도 해킹될 수 있다.

– RK

21.7 요약

시스템이 여러분이 명시적으로 아키텍처를 설계할 정도로 중요하다면 해당 아키텍처의 평가도 수행해야 한다.

평가의 수와 각 평가의 정도는 프로젝트마다 다르다. 설계자는 중요한 결정을 내리는 과정 동안 평가를 수행해야 한다.

ATAM은 소프트웨어 아키텍처를 평가하기 위한 포괄적인 방법이다. 프로젝트 결정권자들과 이해관계자들이 품질 속성 요구 사항들의 목록을 시나리오 형태로 명확하게 표현하도록 하고, 높은 우선순위의 각 시나리오 분석과 관련된 아키텍처 결정들을 재조명함으로써 ATAM은 동작한다. 그리고 나서 해당 결정들은 아키텍처의 문제가 되는 부분들을 찾기 위해 위험과 비위험 면에서 이해될 수 있다.

경량 평가들은 프로젝트의 내부 동료 검토 활동의 일환으로 정기적으로 수행될 수 있다. ATAM에 기반한 경량 아키텍처 평가^{LAE}는 하루 내에 수행될 수 있는 갖춰야 할 형식이 많지 않은 저비용의 아키텍처 평가를 제공한다.

21.8 참고 문헌

ATAM을 좀 더 종합적으로 이해하고 싶다면 [Clements 01b]를 확인하자.

ATAM을 적용한 여러 사례 연구가 있다. sei.cmu.edu/library에 방문하거나 'ATAM case study'를 검색하면 된다.

여러 경량 아키텍처 평가 방법이 개발됐다. 이러한 방법들은 [Bouwers 10], [Kanwal 10], [Bachmann 11]에서 찾을 수 있다.

ATAM으로부터 얻을 수 있는 종류의 통찰력에 대한 분석은 [Bass 07]과 [Bellomo 15]에서 찾을 수 있다.

21.9 토론 질문

1. 여러분이 작업 중인 소프트웨어 시스템을 생각해보자. 해당 시스템의 비즈니스 목표에 대해 30분짜리 발표를 준비해보자.

2. 여러분이 1번 질문의 시스템을 위한 아키텍처를 평가할 예정이라면 누가 참여하길 원

하는가? 이해관계자들의 역할은 무엇이고, 이러한 이해관계자들의 역할을 대표할 사람으로 누구를 선택하겠는가?

3. 대규모 엔터프라이즈급 시스템의 아키텍처를 위한 ATAM 기반 평가의 비용을 계산해보자. 참가자들이 완전히 평가에 시간을 할애하는 경우 연간 25만 달러의 노동력이 들어간다고 가정한다. 하나의 평가가 하나의 아키텍처 위험을 찾아내고 이러한 위험을 경감함으로써 프로젝트 비용을 10퍼센트 줄일 수 있다고 가정할 때, 어떤 상황에서 이러한 ATAM이 프로젝트를 위한 현명한 선택이 될 수 있을까?

4. 하나 이상의 잘못된 아키텍처 선택으로 인해 많은 비용이 발생할 수 있는 시스템 고장에 관해 조사해보자. 아키텍처 평가가 해당 위험을 잡아낼 수 있었을 것으로 생각하는가? 그렇다면 평가 비용과 고장 비용을 비교해보자.

5. 조직이 두 개의 경쟁하는 아키텍처를 평가하는 것은 흔한 일이다. 이러한 비교를 용이하게 하는 정량적인 결과를 산출하기 위해 어떤 식으로 ATAM을 수정하겠는가?

6. 여러분에게 어떤 시스템의 아키텍처를 비밀리에 평가해달라는 의뢰가 들어왔다고 가정해보자. 아키텍트는 가용하지 않으며, 시스템 이해관계자 누구와도 평가에 관해 논의해서는 안 된다. 어떤 식으로 평가를 진행하겠는가?

7. 어떤 상황일 때 완전한 형태의 ATAM을 사용하겠는가? 어떤 상황일 때 LAE를 사용하겠는가?

22장

아키텍처 문서

> 문서화는 미래의 여러분에게 쓰는 연애편지다.
> – 대미안 콘웨이(Damian Conway)

아키텍처를 생성하는 것은 충분하지 않다. 아키텍처의 이해관계자들이 자신의 작업을 수행하기 위해 아키텍처를 올바르게 사용할 수 있도록 아키텍처를 전달해야 한다(아키텍처에 관해 소통해야 한다). 테스트 시에 문제가 발생하지 않을 것으로 예상되는 강건한 아키텍처를 만드는 데 어려움이 있는 경우, 해당 아키텍처를 모호하지 않게 최대한 자세하고 잘 정리된 방식으로 기술해야 한다. 이는 다른 사람들이 필요한 정보를 빠르게 찾아서 갱신할 수 있도록 하기 위함이다.

문서는 아키텍트를 대변한다. 문서는 오늘의 아키텍트를 대신해 아키텍처에 관해 말한다. 아키텍트가 아키텍처에 관한 100여 개의 질문에 답하는 것 외에 다른 일을 해야 하기 때문이다. 또한 문서는 내일의 아키텍트를 대신해 아키텍처에 관해 말한다. 아키텍트가 아키텍트에 포함된 세부 사항을 잊어버렸을 수도 있고, 원래 있던 아키텍트는 프로젝트를 떠나고 다른 누군가가 현재 새로운 아키텍트일 수도 있기 때문이다.

최상의 아키텍트들이 좋은 문서를 생산하려고 하는 이유는 좋은 문서가 '요구되기' 때문이 아니라, 이러한 아키텍트들이 고품질의 제품을 예상 가능하도록 하고 최소한의 재작업을 통해 생산하기 위해서는 좋은 문서가 필수라고 보기 때문이다. 이러한 아키텍트들은 가장 가까운 이해관계자들을 이러한 작업에 가장 직접적으로 참여한 사람들인 개발자와 배포자, 테스터, 분석가로 생각한다.

하지만 아키텍트들은 또한 문서를 자신들에게 가치를 전달하는 것으로 생각한다. 문서는 주요 설계 결정들이 확정됐을 때 해당 결정들의 결과를 담는 용기 역할을 한다. 잘 고안된 문서화 계획은 설계 과정이 훨씬 더 부드럽고 체계적으로 진행될 수 있도록 만들 수 있다. 문서는 아키텍트가 아키텍처 설계에 관한 추론을 할 수 있도록 돕고, 6개월의 설계 기간이든 6일의 애자일 스프린트든 아키텍처 작업이 진행 중인 동안 아키텍처 설계에 관해 의사소통할 수 있도록 돕는다.

'문서'가 꼭 출력된 책 같은 물리적인 산출물을 만들어내는 것을 의미할 필요는 없다는 점을 기억하자. 토론, 이해관계자들의 피드백, 검색을 가능케 하는 위키^{wiki}와 같은 온라인 문서가 아키텍처 문서의 이상적인 포럼이다. 또한 문서를 설계와 다른 별도의 단계나 설계 이후에 벌어지는 단계로 생각해서는 안 된다. 설계 작업을 수행하면서 다른 사람들에게 아키텍처를 설명하기 위해 사용하는 언어를 문서에 그대로 사용하면 된다. 이상적으로 보면, 설계와 문서화는 동일한 작업이기 때문이다.

22.1 아키텍처 문서의 사용 용도와 청중

아키텍처 문서는 다양한 목적을 만족시켜야 한다. 새로운 직원들이 빠르게 이해할 수 있도록 문서는 충분히 투명해야 하고 접근 가능해야 한다. 아키텍처 구성이나 조사를 위한 청사진 역할을 할 수 있도록 문서는 충분히 구체적이어야 한다. 또한 분석의 기반 역할을 할 수 있도록 문서는 충분한 정보를 지녀야 한다.

아키텍처 문서는 무언가를 지시하는 동시에 무언가를 기술한다. 어떤 청중에게는 아키텍처 문서가 무엇이 맞아야 하는지 지시해 아직 내려지지 않은 결정들에 제약 사항들을 건다. 또 어떤 청중에게는 무엇이 맞는지 기술해 시스템 설계에 관해 이미 내려진 결정들을 설명한다.

많은 여러 다른 종류의 사람이 아키텍처 문서에 관심을 가질 것이다. 이들은 해당 문서가 각자의 작업을 하는 데 도움이 될 것이라고 기대한다. 아키텍처 문서 사용 용도가 담아야 할 중요한 정보를 결정하기 때문에 아키텍처 문서 사용 용도를 이해하는 것이 필수적이다.

기본적으로 아키텍처 문서에는 다음과 같은 네 가지 용도가 있다.

1. **아키텍처 문서는 교육 수단 역할을 한다.** 교육 용도는 시스템을 사람들에게 소개하는 것을 말한다. 해당 사람들은 팀의 신규 팀원들일 수도 있고 외부 분석가일 수도 있으며, 심

지어 새로운 아키텍트일 수도 있다. 많은 경우에 '신규' 인원은 여러분이 여러분의 해결책을 처음으로 보여주는 고객이다. 여러분은 이러한 발표를 통해 자금 조달을 하거나 승인을 받을 것이라고 기대할 것이다.

2. **아키텍처 문서는 이해관계자들 간의 의사소통을 위한 주요 수단 역할을 한다.** 아키텍처 문서를 의사소통의 수단으로 사용할 때 정확한 사용 방법은 어떤 이해관계자와 의사소통을 하는지에 달려 있다.

   아마도 아키텍처 문서의 가장 열성인 고객은 프로젝트의 미래 아키텍트일 것이다. 그 미래 아키텍트는 지금과 동일한 사람일 수도 있고 후임자일 수도 있다. 하지만 어느 경우든 미래 아키텍트는 해당 문서에 큰 이해관계가 있다는 것만은 분명하다. 새로운 아키텍트는 전임자가 시스템의 어려운 문제들을 해결한 방식과 특정 결정들이 내려진 이유를 배우는 데 관심이 있다. 미래 아키텍트가 동일한 사람일지라도 해당 아키텍트는 아키텍트 문서를 생각 저장소로 사용할 것이다. 너무나 많은 설계 결정이 서로 얽히고설켜 기억에만 의존해서는 생각해낼 수 없기 때문이다.

   22.8절에 아키텍처와 아키텍처의 문서에 대한 이해관계자들이 나열돼 있다.

3. **아키텍처 문서는 시스템 분석과 구성의 기반 역할을 한다.** 아키텍처는 구현하는 사람들에게 어떤 모듈을 구현하고 해당 모듈들을 어떤 식으로 연결할지 알려준다. 이러한 의존 관계를 통해 개발 팀은 해당 모듈에 관해 의사소통해야 할 팀이 어떤 팀인지 알 수 있다.

   시스템의 품질 목적을 만족시키기 위한 설계 능력에 관심이 있는 사람들에게 아키텍처 문서는 평가를 위한 '사료' 역할을 한다(평가 거리를 제공한다). 아키텍처 문서는 보안과 성능, 사용성, 가용성, 변경 용이성 같은 다양한 품질을 평가하는 데 필요한 정보들을 포함해야 한다.

4. **아키텍처 문서는 사건이 발생했을 때 조사의 근거 역할을 한다.** 사건이 발생했을 때 누군가는 해당 사건의 직접적인 이유뿐만 아니라 이면에 있는 이유도 추적해야 할 책임이 있다. 사건 바로 전에 제어 흐름에 관한 정보는 '실행 상태의' 아키텍처를 제공할 것이다. 예를 들어 인터페이스 명세에 관한 데이터베이스는 제어 흐름에 대한 상황을 제공할 것이고, 컴포넌트 기술은 이벤트 추적 과정 중에 각 컴포넌트에서 무슨 일이 일어났어야 했는지를 나타낸다.

시간이 지나도 문서가 계속해서 가치를 제공하기 위해서는 항상 최신으로 유지돼야 한다.

22.2 표기법

뷰를 문서화할 때 사용하는 표기법은 정형화 정도에 따라 상당히 다르다. 대략적으로 이야기하자면, 표기법에는 다음과 같이 세 가지 주요 분류가 있다.

- **비정형 표기법**informal notation: 범용 다이어그램 작성 및 편집 툴과 해당 시스템을 위해 선택된 시각적 요소들을 사용해 뷰를 그래픽적으로 묘사할 수 있다. 여러분이 지금까지 본 박스와 선으로 구성된 그림 대부분은 이 분류에 속한다. 파워포인트나 그와 비슷한 것, 혹은 화이트보드 위에 손으로 그린 스케치 등을 생각해보면 된다. 이러한 뷰는 자연어로 기술되기 때문에 정형적으로(어떤 형식에 따라) 분석할 수 없다.

- **반정형 표기법**semiformal notation: 뷰를 어떤 그래픽 요소와 규칙을 사용해 표기해야 하는지 정하기는 했지만, 해당 요소들의 의미를 어떤 식으로 처리해야 할지 완전하게 정하지는 않은 수준의 정형화된 표기법으로 뷰를 표현할 수 있다. 기술(설명)이 문법적 속성들을 만족시키는지 결정하기 위한 가장 기본적인 분석을 적용할 수 있으며, UML과 UML의 시스템 엔지니어링 부속물인 SysML은 이러한 점에 있어 반정형 표기법이다. 대부분의 상용 모델링 툴들은 이 분류에 속하는 표기법을 활용한다.

- **정형 표기법**formal notation: 정확한 의미론(대개 수학에 기반한 의미론)을 지니는 표기법으로 뷰를 기술할 수 있다. 형식에 따라 구문적 분석뿐만 아니라 의미론적 분석도 가능하다. 소프트웨어 아키텍처의 다양한 형식을 갖춘 표기법이 사용 가능하며, 이러한 표기법을 일반적으로 아키텍처 기술 언어ADL, Architecture Description Language라고 부른다. ADL은 일반적으로 아키텍처 표현을 위한 그래픽 어휘와 그 이면의 의미론 모두를 제공한다. 어떤 경우에 ADL은 특정 아키텍처 뷰에 특화돼 있다. 또 어떤 경우에는 ADL이 여러 뷰를 허용하거나 심지어 새로운 뷰를 형식에 맞춰 정의할 수 있는 기능을 제공한다. ADL의 유용함은 관련된 툴들을 통해 자동화를 지원하는 기능에 있다(유용한 아키텍처 분석을 제공하거나 코드 생성을 돕는 자동화를 말한다). 실전에서는 정형 표기법을 잘 사용하지 않는다.

일반적으로 표기법이 정형화되면 더 정형화될수록 표기법을 생성하고 이해하는 데 더 많은 시간과 노력이 들어간다. 이러한 노력에 대한 보상은 분석 시에 모호성이 줄어들고 더 많은 기회가 생긴다는 것이다. 반대로 표기법이 비정형화되면 더 비정형화될수록 생성하기는 쉽지만 보장이 줄어든다.

정형화 정도에 상관없이 표현하고자 하는 정보의 종류에 따라 해당 정보에 맞거나 맞지 않는 표기법의 종류가 존재한다는 점을 항상 기억해야 한다. 정형화 정도와 상관없이 UML 클래스 다이어그램을 보고 일정 가능성을 추론할 수 없을 뿐 아니라 시퀀스 다이어그램을 보고 시스템이 제때에 납품될 가능성을 예측할 수 없다. 여러분이 담아내고 추론해야 하는 중요한 문제들이 무엇인지 염두에 둔 가운데 여러분의 표기법과 표현 언어를 선택해야 한다.

22.3 뷰

소프트웨어 아키텍처 문서와 연관된 가장 중요한 개념은 아마도 뷰^{view} 개념일 것이다. 소프트웨어 아키텍처는 단순한 일차원 방식으로는 기술할 수 없는 복잡한 것이다. 뷰는 시스템 요소들과 요소들 간의 관계들을 나타낸 것이다. 이때 시스템 요소들은 모든 시스템 요소를 의미하는 것이 아니라 특정 유형의 시스템 요소들을 말한다. 예를 들어 시스템의 레이어 뷰는 '레이어' 유형의 요소들을 나타낼 것이다. 즉, 시스템이 레이어로 분할되는 방식과 이러한 레이어들 간의 관계를 나타낸다. 하지만 순수한 레이어 뷰는 시스템의 서비스들이나 클라이언트와 서버 혹은 데이터 모델 등 다른 유형의 요소들을 나타내지 않을 것이다.

따라서 뷰를 사용하면 소프트웨어 아키텍처라는 다차원적인 엔티티를 여러 흥미롭고 관리 가능한 표현들로 나눌 수 있다. 뷰의 개념은 아키텍처 문서의 기본 원칙으로 이어진다.

아키텍처 문서화는 관련 있는 뷰들을 문서화하고, 하나 이상의 뷰에 적용되는 문서를 추가하는 것이다.

관련 있는 뷰들은 무엇을 말하는 것일까? 이는 여러분의 목적에 따라 완전히 달라진다. 앞에서 살펴봤듯이 아키텍처 문서는 여러 목적을 수행한다. 구현하는 사람들에게는 따라야 할 임무 기술서 역할을 하고, 자동 코드 생성에 있어서는 명세서 역할을 하고, 시스템 이해와 리버스 엔지니어링을 위한 출발점 역할을 하고, 프로젝트 추산과 계획에 있어 청사진 역할을 한다.

또한 여러 다른 뷰가 여러 다른 품질 속성을 여러 다른 수준으로 노출한다. 따라서 시스템 개발에서 여러분과 다른 이해관계자들이 가장 관심을 갖는 품질 속성들이 어떤 뷰를 문서화해야 할지에 영향을 줄 것이다. 예를 들어 모듈 뷰^{module view}를 통해 시스템의 유지 보수 용이성을 추론해볼 수 있고, 배포 뷰$^{deployment\ view}$를 통해 시스템의 성능과 신뢰성을 추론해볼 수 있다.

여러 다른 뷰가 여러 다른 목적과 사용 용도를 지원하기 때문에 어떤 특정 뷰나 어떤 특정 뷰들의 집합을 써야 한다고 주장하지는 않는다. 여러분이 문서화해야 할 뷰들은 여러분이 문서를 어떤 식으로 사용할지에 달려 있다. 여러 다른 뷰는 여러 다른 시스템 요소와 관계를 강조할 것이다. 얼마나 많은 여러 다른 뷰를 나타낼 것인지는 비용 대비 이익을 따져 결정할 문제다. 각 뷰에는 비용과 이익이 있고, 특정 뷰를 생성하고 유지하는 데 따른 예상 이익이 비용보다 많도록 해야 한다.

뷰 선택은 여러분의 설계에서 특정 뷰를 문서화해야 하는 필요에 의해 결정된다. 일부 패턴은 모듈들로 구성되고, 다른 패턴들은 컴포넌트들과 커넥터들로 구성되며, 또 다른 패턴들은 배포와 관련해 고려해야 한다. 모듈 뷰와 컴포넌트-커넥터$^{C\&C}$ 뷰, 할당 뷰는 이러한 고려 사항들을 각각 나타내기에 적합한 메커니즘이다. 뷰들의 이러한 분류들은 물론 1장에서 기술한 아키텍처 구조의 세 가지 분류에 대응된다(1장에서 구조는 요소들과 관계들과 속성들의 집합인 반면, 뷰는 하나 이상의 아키텍처 구조들의 표현이라고 언급했다).

이번 절에서 구조 기반 뷰들의 세 가지 분류를 살펴본 다음, 새로운 분류인 품질 뷰^{quality} ^{view}를 소개할 것이다.

모듈 뷰

모듈은 책임들을 일관성 있게 모아놓은 집합을 제공하는 구현 단위다. 클래스나 클래스 집합, 레이어, 애스펙트^{aspect} 등 구현 단위의 분할 형태를 띠며, 모듈 뷰의 예로는 분할 뷰$^{decomposition\ view}$, 사용 뷰$^{uses\ view}$, 레이어 뷰$^{layered\ view}$가 있다. 모든 모듈 뷰에는 해당 뷰에 할당된 속성들의 모음이 있다. 이러한 속성들은 각 모듈과 연관된 중요한 정보와 모듈들 간의 관계들, 해당 모듈에 대한 제약 사항들을 표현한다. 속성의 예로 책임들과 가시성 정보(어떤 다른 모듈이 해당 모듈을 사용할 수 있는지), 수정 이력이 있다. 모듈 간의 관계로는 '~의 일부다'와 '~에 의존한다', '~이다'가 있다.

하나의 시스템의 소프트웨어가 관리 가능한 단위들로 분할되는 방식은 시스템 구조의 중요한 형태들 중 하나로 남아 있다. 최소한 이러한 방식은 시스템의 소스 코드가 단위들로 분할되는 방식은 무엇이고, 다른 단위에 의해 제공된 서비스들에 관해 각 단위가 어떤 종류의 가정을 내릴 수 있으며, 이러한 단위들이 좀 더 큰 단위로 합쳐지는 방식은 무엇인지 등을 결정한다. 또한 여러 단위에 영향을 주고 여러 단위에 의해 영향을 받는 공유 자료 구조들도 포함된다. 대개 모듈 구조들은 시스템의 한 부분에 대한 변경이 다른 부분에 어떤 식으로 영향을 미치는지를 결정해 결과적으로 시스템의 변경 용이성과 이식성, 재사용성을 지원하는 능력을 결정한다.

모든 소프트웨어 아키텍처의 문서는 적어도 하나의 모듈 뷰 없이는 완성될 수 없다. 표 22.1에서 모듈 뷰의 특성들을 확인할 수 있다.

표 22.1 모듈 뷰 요약

요소	모듈들로, 책임들을 일관성 있게 모아놓은 집합을 제공하는 구현 단위다.
관계	• '~의 일부다' 관계는 하위 모듈(부분)과 종합 모듈(전체) 간의 부분/전체 관계를 정의한다. • '~에 의존한다' 관계는 두 모듈 간의 의존성 관계를 정의한다. • '~이다' 관계는 더 구체적인 모듈(자식)과 더 일반적인 모듈(부모) 간의 일반화/특수화 관계를 정의한다.
제약 사항	여러 다른 모듈 뷰는 모듈들 간의 가시성에 대한 제약과 같은 위상적(topological) 제약 사항들을 만들어낼 수 있다.
용도	• 코드 생성을 위한 청사진 • 변경 영향 분석 • 점증적 개발 계획 • 요구 사항 추적성 분석 • 시스템의 기능과 해당 시스템의 코드 베이스 구조에 대한 의사소통 • 작업 할당과 구현 일정, 예산 정보에 대한 정의 지원 • 데이터 모델 표현

구현을 돕거나 분석에 대한 입력이 되는 모듈들의 속성들은 모듈 뷰의 문서 지원의 일환으로 기록돼야 한다. 속성들의 목록은 다양할 수 있지만 다음 사항들을 대개 포함한다.

- **이름**: 물론 모듈의 이름은 해당 모듈을 나타내기 위한 주요 수단이다. 모듈의 이름은 대개 시스템에서 해당 모듈이 수행하는 역할에 관한 무언가를 제시한다. 또한 모듈의 이름은 분할 레이어 구조에서 해당 모듈의 위치를 나타낼 수도 있다. 예를 들어 모듈의 이름이 A.B.C인 경우 모듈 C는 모듈 B의 하위 모듈임을 나타내고, 모듈 B는 모듈 A의 하위 모듈임을 나타낸다.

- **책임**: 모듈의 책임 속성은 전체 시스템에서 해당 모듈의 역할을 식별하고, 이름을 넘어서 해당 모듈의 정체성identity을 구축한다. 모듈의 이름이 해당 모듈의 역할을 나타낼 수도 있는 반면, 책임에 대한 기술은 해당 역할을 좀 더 확고히 한다. 책임은 각 모듈이 무엇을 수행하는지 독자들이 분명히 이해할 수 있도록 충분히 자세하게 기술돼야 한

다. 프로젝트의 요구 사항 명세가 있는 경우 해당 명세를 추적함으로써 어떤 모듈의 책임에 무엇이 포함되는지 알아낼 수 있다.

- **구현 정보**: 모듈은 구현의 단위다. 따라서 모듈들의 개발을 관리하고 모듈들을 담는 시스템을 만드는 관점에서 모듈들의 구현과 관련된 정보를 기록하는 것이 유용하다.

  - **소스 코드 단위로의 매핑**mapping: 이를 통해 어떤 모듈의 구현을 구성하는 파일들을 식별할 수 있다. 예를 들어 Account라는 모듈이 자바로 구현된 경우 해당 모듈의 구현을 구성하는 여러 파일이 있을 것이다. 인터페이스를 위한 IAccount.java와 Account 기능 구현을 위한 AccountImpl.java, 단위 테스트를 위한 AccountTest.java가 있을 수 있다.
  - **테스트 정보**: 해당 모듈의 테스트 계획과 테스트 사례, 테스트 하네스harness, 테스트 데이터는 문서화해야 한다. 테스트 정보는 이러한 산출물들의 위치를 나타내는 포인터 역할만을 할 수도 있다.
  - **관리 정보**: 관리자는 모듈의 예상 일정과 예산에 관한 정보가 필요할 것이다. 관리 정보는 이러한 산출물들의 위치를 나타내는 포인터 역할만을 할 수도 있다.
  - **구현 제약 사항들**: 많은 경우에 아키텍트는 어떤 모듈에 대한 구현 전략을 세우고 있거나 해당 구현이 따라야 할 제약 사항들에 관해 알고 있을 것이다.
  - **수정 이력**: 모듈 작성자와 특정 변경 사항들을 포함해 어떤 모듈의 이력을 아는 것은 여러분이 유지 보수 활동을 수행할 때 도움이 된다.

시스템의 기능을 해당 시스템과 친숙하지 않은 누군가에게 설명할 때 모듈 뷰를 사용할 수 있다. 모듈 분할의 다양한 세분화 정도는 시스템의 책임들을 하향식으로 표현하기 때문에 시스템 학습 과정에 도움이 될 수 있다. 이미 구현이 완료된 시스템의 경우 모듈 뷰가 최신으로 유지됐다면 도움이 될 것이다. 신규 개발자가 팀에 합류했을 때 모듈 뷰가 코드 베이스의 구조를 설명하는 역할을 하기 때문이다.

반대로 모듈 뷰를 사용해 런타임 동작 방식에 관해 추론하는 것은 어렵다. 모듈 뷰는 소프트웨어 기능을 정적으로 구분해놓은 것이기 때문이다. 따라서 모듈 뷰는 대개 성능과 신뢰성, 많은 기타 런타임 품질 속성들을 분석하는 데 사용되지는 않는다. 이러한 런타임 품질 속성 분석 목적으로는 컴포넌트-커넥터 뷰와 할당 뷰를 사용할 수 있다.

컴포넌트-커넥터 뷰

컴포넌트-커넥터[C&C] 뷰는 런타임 시에 존재하는 프로세스와 서비스, 객체, 클라이언트, 서버, 데이터 저장소 등의 요소들을 나타낸다. 이러한 요소들을 컴포넌트[component]라고 한다. 또한 컴포넌트-커넥터 뷰는 통신 링크와 프로토콜, 정보 흐름, 공유 저장소 접근 같은 상호 작용 경로를 요소로 포함한다. 이러한 상호 작용 요소들은 컴포넌트-커넥터 뷰에서 커넥터[connector]로 표현된다. 컴포넌트-커넥터 뷰의 예에는 클라이언트-서버, 마이크로서비스, 통신 프로세스가 포함된다.

컴포넌트-커넥터 뷰의 컴포넌트는 복잡한 하부 시스템을 나타낼 수도 있다. 복잡한 하부 시스템은 그 자체만으로도 컴포넌트-커넥터 하위 아키텍처로 기술될 수 있다. 컴포넌트의 하위 아키텍처는 해당 컴포넌트가 나타나는 아키텍처와 다른 패턴을 사용할 수도 있다.

커넥터의 간단한 예로는 서비스 호출, 비동기 메시지 큐, 발행-구독 상호 작용을 지원하는 이벤트 멀티캐스트[event multicast], 비동기 순서 보존 데이터 스트림[asynchronous order-preserving data stream]을 나타내는 파이프가 있다. 대개 커넥터는 상호 작용의 훨씬 더 복잡한 형태를 나타낸다. 이러한 훨씬 더 복잡한 형태의 상호 작용에는 데이터베이스 서버와 클라이언트 간의 트랜잭션 기반 통신 채널이나 서비스 사용자들의 모음과 서비스 제공자들 간의 상호 작용을 중재하는 엔터프라이즈 서비스 버스 같은 것이 있다.

커넥터는 꼭 이항[binary]이지 않아도 된다(두 개의 대상이 있어야 하는 것은 아니다). 즉, 커넥터가 상호 작용하는 대상이 반드시 두 개일 필요는 없다는 의미다. 예를 들어 발행-구독 커넥터의 경우 발행자와 구독자의 수가 임의다. 커넥터가 궁극적으로 프로시저 호출[procedure call]과 같이 이항 커넥터를 사용해 구현됐다고 하더라도, 컴포넌트-커넥터 뷰에서 n개의 항을 지닌 커넥터를 취하는 것은 유용할 수 있다. 커넥터는 상호 작용의 프로토콜을 실체화한다. 두 개 이상의 컴포넌트들이 상호 작용할 때 해당 컴포넌트들은 상호 작용 순서와 통제 소재(위치)[locus of control], 오류 조건과 타임아웃 처리에 관한 규약을 따라야 한다. 상호 작용 규약은 문서화돼야 한다.

컴포넌트-커넥터 뷰 내에서의 주요 관계는 부착[attachment]이다. 부착은 어떤 커넥터가 어떤 컴포넌트와 부착돼 있는지 나타내어, 시스템을 컴포넌트와 커넥터의 그래프로 정의한다. 대개 호환성은 정보 유형과 프로토콜에 관해 정의된다. 예를 들어 웹 서버가 HTTPS를 통한 암호화된 통신을 예상하고 있다면 클라이언트는 암호화를 수행해야 한다.

컴포넌트-커넥터 뷰의 요소(컴포넌트 또는 커넥터)는 해당 요소와 관련된 다양한 속성을 지닐 것이다. 구체적으로 모든 요소에는 이름과 유형이 있고, 컴포넌트나 커넥터의 유형에 따라 추가적인 속성들이 있다. 여러분은 아키텍트로서 특정 컴포넌트-커넥터 뷰에 대한 의도된 분석을 지원하기 위한 속성들의 값을 정의해야 한다. 다음은 일반적인 속성들과 해당 속성들의 용도에 관한 예다.

- **신뢰성**: 어떤 컴포넌트나 커넥터의 고장 가능성이 얼마나 되는가? 신뢰성 속성은 전반적인 시스템 가용성을 결정하는 데 도움을 주기 위해 사용할 수 있다.
- **성능**: 컴포넌트가 어떤 부하 상황에서 어떤 유형의 응답 시간을 제공하는가? 커넥터에 대해 어떤 유형의 대역폭과 지연이 예상되는가? 응답 시간, 처리량, 버퍼링 요구 사항과 같은 시스템 전반의 속성들을 결정하는 데 성능 속성을 다른 속성들과 함께 사용할 수 있다.
- **리소스 요구 사항**: 컴포넌트나 커넥터의 처리 및 저장 요구 사항이 무엇인가? 에너지 소비량도 관련이 있는 경우 컴포넌트나 커넥터가 에너지를 얼마나 소비하는가? 리소스 요구 사항 속성을 사용해 제안된 하드웨어 구성이 충분한지 여부를 결정할 수 있다.
- **기능**: 요소가 어떤 기능을 수행하는가? 기능 속성을 사용해 시스템에 의해 수행되는 종단 간 컴퓨팅 계산에 관해 추론해볼 수 있다.
- **보안**: 컴포넌트나 커넥터가 암호화, 감사 추적, 권한 부여와 같은 보안 속성을 강제하거나 제공하는가? 보안 속성을 사용해 잠재적인 시스템 보안 취약점들을 찾아낼 수 있다.
- **동시성**: 해당 컴포넌트가 별도의 프로세스나 스레드로 실행되는가? 동시성 속성을 사용해 동시성을 지닌 컴포넌트들의 성능을 분석하거나 시뮬레이션하고 가능한 교착점이나 병목점을 식별할 수 있다.
- **런타임 확장성**: 메시징 구조가 데이터 교환의 발달(확장)을 지원하는가? 이러한 새로운 메시지 유형들을 처리하기 위해 커넥터를 변경할 수 있는가?

대개 컴포넌트-커넥터 뷰는 개발자들과 다른 이해관계자들에게 시스템이 동작하는 방식을 보여주기 위해 사용된다. 컴포넌트-커넥터 뷰를 통해 어떤 활동이 처음부터 끝까지 어떤 식으로 진행되는지 보여주거나 추적할 수 있다. 또한 컴포넌트-커넥터 뷰를 사용해 성능과 가용성 같은 런타임 시스템 품질 속성들을 추론해볼 수 있다. 특히 개별적인 요소들과 해당 요소들의 상호 작용의 속성에 관한 예측치나 측정치가 주어졌을 때 잘 문서화된 뷰를 통해 아키텍트는 지연이나 신뢰성과 같은 전반적인 시스템 속성들을 예측할 수 있다.

표 22.2에서 컴포넌트-커넥터 뷰의 특성에 관한 요약을 확인할 수 있다.

표 22.2 컴포넌트-커넥터 뷰 요약

요소	• 컴포넌트: 주요 처리 단위 및 데이터 저장소 • 커넥터: 컴포넌트 간 상호 작용 경로
관계	• 부착: 컴포넌트들은 커넥터들과 연관돼 그래프를 생성한다.
제약 사항	**컴포넌트들은 커넥터들과 반드시 부착돼야 하고, 커넥터들은 컴포넌트들과 반드시 부착돼야 한다.** • 부착은 호환 가능한 컴포넌트들과 커넥터들 사이에서만 이뤄질 수 있다. • 커넥터들은 단독으로는 존재할 수 없다. 커넥터는 컴포넌트와 반드시 부착돼야 한다.
용도	**시스템이 동작하는 방식을 나타낸다.** • 런타임 요소들의 구조와 동작을 명시해 개발을 돕는다. • 성능과 가용성 같은 런타임 시스템 품질 속성들에 관한 추론을 돕는다.

컴포넌트-커넥터 뷰 표기법

언제나 그렇듯이 박스와 선을 사용해 컴포넌트-커넥터 뷰를 표현할 수 있다. 형식을 갖추지 않은 표기법은 해당 표기법이 전달할 수 있는 의미론 측면에서 제한적이기는 하지만 간단한 지침을 따름으로써 정확하고 깊이 있게 기술할 수 있다. 주요 지침은 간단하다. 각 컴포넌트 유형과 각 커넥터 유형에 별도의 기호를 부여하고 각 유형을 기호 설명표에 나열하는 것이다.

UML 컴포넌트들은 컴포넌트-커넥터 컴포넌트들과 의미론적으로 잘 맞는다. UML 컴포넌트들을 사용하면 인터페이스와 속성, 동작 설명 같은 중요한 정보의 직관적인 문서화가 가능하기 때문이다. 또한 UML 컴포넌트들은 컴포넌트 유형과 컴포넌트 인스턴스 간에 구분된다. 이는 뷰에 특정한 컴포넌트 유형들을 정의할 때 유용하다.

할당 뷰

할당 뷰allocation view는 소프트웨어 단위들을 소프트웨어가 개발되거나 실행되는 환경의 요소들에 어떤 식으로 연결하는지 기술한다. 할당 뷰에서 환경은 다양하다. 하드웨어가 될 수도 있고 소프트웨어가 실행되는 운영 환경이 될 수도 있으며 개발이나 배포, 개발 조직을 지원하는 파일 시스템이 될 수도 있다.

표 22.3에서 할당 뷰의 특성에 관한 요약을 확인할 수 있다. 할당 뷰는 소프트웨어 요소들과 환경 요소들로 구성된다. 환경 요소들의 예로 프로세서, 디스크 팜disk farm, 파일, 폴더, 개발자 그룹이 있다. 소프트웨어 요소들은 모듈이나 컴포넌트-커넥터 뷰로부터 온다.

표 22.3 할당 뷰 요약

요소	소프트웨어 요소와 환경 요소. 소프트웨어 요소는 해당 환경에 필요한 속성들을 지닌다. 환경 요소는 소프트웨어에 제공되는 속성들을 지닌다.
관계	'~에 할당된다' 관계다. 소프트웨어 요소는 환경 요소에 연결(할당)된다.
제약 사항	뷰마다 다양하다
용도	성능과 가용성, 보안, 안전성에 관해 추론할 수 있다. 분산 개발과 팀에 할당된 작업에 관해 추론할 수 있다. 소프트웨어 버전들에 대한 동시적인 접근에 관해 추론할 수 있다. 시스템 설치의 형태와 메커니즘에 관해 추론할 수 있다.

할당 뷰에서의 관계는 '~에 할당된다'이다. 대개 할당 뷰에 관해 이야기할 때 소프트웨어 요소들을 환경 요소들로 연결(매핑)하는 관점에서 이야기한다(환경 요소들을 소프트웨어 요소들로 연결(매핑)하는 것 역시 관련 있고 잠재적으로 흥미로움에도 말이다). 하나의 소프트웨어 요소는 여러 환경 요소로 연결될 수 있고, 여러 소프트웨어 요소는 하나의 환경 요소에 할당될 수 있다. 이러한 할당이 시스템을 실행하는 동안 시간이 지남에 따라 변하면 아키텍처가 할당 측면에서 동적이라고 할 수 있다. 예를 들어, 프로세스들은 하나의 프로세서나 가상 머신에서 다른 프로세서나 가상 머신으로 이동(마이그레이션)할 수 있다.

소프트웨어 요소들과 환경 요소들은 할당 뷰에서 속성들을 지닌다. 할당 뷰의 목표 중 하나는 어떤 소프트웨어 요소가 요구하는 속성들을 환경 요소들이 제공하는 속성들과 비교해 해당 할당이 성공적일지 여부를 알아내는 것이다. 예를 들어, 요청된 응답 시간을 보장하기 위해 컴포넌트는 충분히 빠른 처리 능력을 제공하는 프로세서에서 실행되거나 프로세서에 할당돼야 한다. 또 다른 예로 컴퓨팅 플랫폼은 가상 메모리를 10킬로바이트 이상 사용하는 작업을 허용하지 않을 수도 있다. 해당 소프트웨어 요소의 실행 모델을 사용해 필요한 가상 메모리 사용량을 알아낼 수 있다. 마찬가지로 어떤 모듈을 한 팀에서 다른 팀으로 옮기는 경우, 여러분은 새로운 팀이 해당 모듈을 작업하기 위한 적절한 기술과 배경지식을 갖고 있는지 확실히 하길 원할 것이다.

할당 뷰는 정적 뷰나 동적 뷰 중 하나를 나타낼 수 있다. 정적 뷰는 어떤 환경에서 리소스의 고정된 할당을 나타낸다. 동적 뷰는 리소스 할당이 변하기 위한 조건과 시발점을 나타낸다. 예를 들어 일부 시스템은 부하가 증가함에 따라 새로운 리소스를 공급하고 활용한다. 이러한 예로 새로운 프로세스와 스레드가 다른 머신에서 생성되는 로드 밸런싱 시스템이 있다. 이러한 관점에서 할당 뷰가 변하는 조건과 런타임 소프트웨어 할당, 동적 할당 메커니즘은 문서화돼야 한다.

1장에서 할당 구조 중 하나가 개발을 위해 모듈을 팀에 할당하는 작업 할당 구조였던 점을 기억해보자. 이러한 할당 역시 '부하'에 따라 변할 수 있다. 여기서 부하는 이미 작업 중인 개발 팀들에 걸린 부하를 의미한다.

품질 뷰

모듈 뷰와 컴포넌트-커넥터 뷰, 할당 뷰는 모두 구조적 뷰다. 이들은 주로 아키텍트가 아키텍처에 포함해 설계한 구조들을 나타낸다.

이러한 구조적 뷰들은 세부 구현 개발자들이 따라야 할 지침과 제약 사항을 제시하는 데 훌륭한 선택이 된다. 세부 구현 개발자들의 주요 업무는 이러한 구조들을 구현하는 것이다. 하지만 특정 품질 속성들이 특히나 중요하고 일반적인 시스템에서 이러한 구조적 뷰들은 이러한 요구 사항에 맞는 아키텍처 해결책을 제시하기 위한 최선의 방법이 아닐 수 있다. 이유는 이러한 해결책이 여러 구조에 걸쳐 퍼져 있어 합치기 어려울 수 있기 때문이다(예를 들어 각 구조에서 나타난 요소 유형들이 다르기 때문에 합치기 어려울 수 있다).

또 다른 유형의 뷰인 품질 뷰quality view는 특정 이해관계자들을 위해 혹은 특정 우려 사항들을 해결하기 위해 맞춤화될 수 있다. 구조적 뷰들의 관련 조각들을 추출해 이들을 한데 묶음으로써 품질 뷰를 생성한다. 다음에서 다섯 가지의 품질 뷰 예를 확인할 수 있다.

- **보안 뷰**security view: 보안 뷰는 보안을 제공하기 위해 취한 모든 아키텍처 조치들을 나타낼 수 있다. 보안 뷰는 보안 역할이나 책임을 지닌 컴포넌트들, 이러한 컴포넌트들이 통신하는 방식, 모든 보안 정보 데이터 저장소, 보안 관련 저장소를 나타낼 수 있다. 보안 뷰의 속성에는 시스템의 환경에 있는 다른 보안 조치들(예: 물리 보안)을 포함할 수 있다. 또한 보안 뷰는 보안 프로토콜의 운영과 사람들이 보안 요소들과 상호 작용하는 위치 및 방법을 나타낼 수 있다. 마지막으로, 보안 뷰는 시스템이 특정 위협과 취약점에 반응하는 방식을 담아낼 수 있다.

- **통신 뷰**communications view: 통신 뷰는 전역적으로 분산돼 있으면서 종류가 다른 시스템들에게 특히나 도움이 될 수 있다. 통신 뷰는 모든 컴포넌트 간 채널들과 다양한 네트워크 채널들, 서비스 품질 매개변수 값들, 동시성 영역들을 나타낼 수 있다. 통신 뷰를 사용해 교착상태deadlock나 경합 조건race condition 감지와 같은 특정한 유형의 성능과 신뢰성을 분석할 수 있다. 게다가 (예를 들어) 통신 뷰는 네트워크 대역폭이 동적으로 어떤 식

으로 할당되는지 나타낼 수도 있다.

- **예외 뷰**exception view **혹은 오류 처리 뷰**error-handling view: 예외 뷰는 오류 보고 및 해결 메커니즘에 집중하는 데 도움이 된다. 예외 뷰는 컴포넌트들이 고장이나 오류를 어떤 식으로 감지하고 보고하고 해결하는지 나타낼 수 있다. 예외 뷰는 아키텍트가 오류 공급원을 식별하고 각 오류 공급원에 대한 적절한 교정 조치를 명시하는 데 도움이 된다. 마지막으로, 예외 뷰는 이러한 사례들의 근본 원인을 분석하는 데 유용하다.
- **신뢰성 뷰**reliability view: 신뢰성 뷰는 복제와 스위치오버switch-over 같은 신뢰성 메커니즘을 모델링한다. 또한 신뢰성 뷰는 타이밍 문제와 트랜잭션 무결성을 나타낼 수 있다.
- **성능 뷰**performance view: 성능 뷰는 시스템의 성능을 추론하는 데 유용한 아키텍처의 측면들을 포함할 수 있다. 성능 뷰는 네트워크 트래픽 모델과 운영 시의 최대 지연 등을 나타낼 수도 있다.

위에서 설명한 품질 뷰들과 기타 품질 뷰들은 ISO/IEC/IEEE 표준 42010:2011의 문서화 철학을 반영한다. 해당 표준은 아키텍처 이해관계자들의 관심 사항에 의해 주도된 뷰들을 생성할 것을 규정한다.

22.4 뷰 결합

아키텍처를 개별적인 뷰들의 집합으로 문서화함으로써 문서화 작업에서도 분할 정복 방식의 장점을 누릴 수 있다. 물론 이러한 뷰들이 서로 간에 연관 없이 최종적으로 각기 다르다면, 어느 누구도 시스템을 전체적으로 이해할 수 없을 것이다. 하지만 아키텍처의 모든 구조는 동일한 아키텍처의 부분이고 공통의 목적을 달성하기 위해 존재하므로 구조 중 많은 부분이 서로 간의 강한 연결 관계를 지닌다. 이러한 구조들의 문서가 존재하는지 여부와 무관하게, 아키텍처 구조들이 연관되는 방식을 관리하는 것은 아키텍트의 업무 중 중요한 부분이다.

때때로 두 개 뷰 간의 강한 연관 관계를 나타내기 위한 가장 편리한 방법은 이들을 하나의 결합된 뷰combined view로 합치는 것이다. 결합된 뷰는 두 개 이상의 다른 뷰들로부터 온 요소들과 관계들을 포함한다. 결합된 뷰는 너무 많은 연결로 결합된 뷰를 뒤덮지 않는 한 매우 유용할 수 있다.

뷰를 결합하기 위한 가장 쉬운 방법은 두 개의 개별적인 뷰에 존재하는 정보를 결합하는 오버레이^{overlay}를 생성하는 것이다. 이 방식은 두 뷰 간의 관계가 긴밀한 경우 잘 동작한다. 즉, 하나의 뷰의 요소들과 다른 뷰의 요소들 간에 강한 연관 관계가 있는 경우에 잘 동작한다. 이러한 경우 결합된 뷰에 의해 기술된 구조는 두 개의 뷰에서 개별적으로 나타난 구조보다 이해하기 쉽다. 오버레이에서 요소들과 관계들은 개별적인 뷰에서 정의된 것과 동일한 유형을 유지한다.

다음은 자연스럽게 자주 발생하는 뷰 결합 예다.

- **컴포넌트-커넥터 뷰 간 결합**: 모든 컴포넌트-커넥터 뷰는 다양한 유형의 컴포넌트와 커넥터 간의 런타임 관계를 나타내기 때문에 컴포넌트-커넥터 뷰끼리는 결합이 잘된다. 여러 다른 개별적인 컴포넌트-커넥터 뷰는 시스템의 다른 부분을 나타내거나 다른 뷰에서 컴포넌트를 좀 더 세분화해 보여주는 경향이 있다. 이러한 뷰들은 결과적으로 쉽게 결합될 수 있다.
- **프로세스를 나타내기 위한 배포 뷰의 컴포넌트-커넥터 뷰와의 결합**: 프로세스는 프로세서나 가상 머신, 컨테이너에 배포된 컴포넌트를 말한다. 따라서 배포 뷰와 컴포넌트-커넥터 뷰의 요소들 간에는 강한 연관 관계가 있다.
- **분할 뷰와 작업 할당 뷰 또는 구현 뷰, 사용 뷰, 레이어 뷰와의 결합**: 분할된 모듈들은 작업 단위와 개발 단위, 사용 단위를 형성한다. 또한 이러한 모듈들은 레이어를 추가한다.

그림 22.1은 클라이언트-서버 뷰, 멀티티어 뷰, 배포 뷰의 오버레이인 결합된 뷰의 예를 나타낸다.

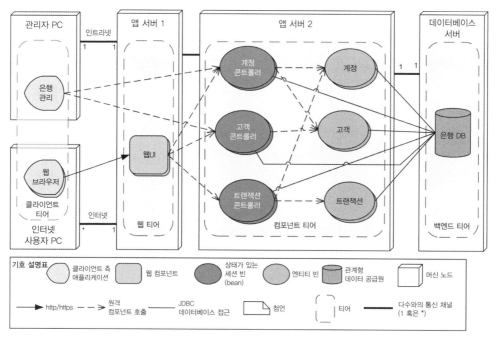

그림 22.1 결합 뷰 예

22.5 동작 문서화

아키텍처를 문서화하기 위해서는 아키텍처 요소들이 서로 어떤 식으로 상호 작용하는지 기술함으로써 구조적 뷰들을 보완하는 동작 문서가 필요하다. 시스템이 교착 상태에 빠질 가능성이나 원하는 시간 내에 시스템이 작업을 완료할 능력, 최대 메모리 소비량과 같은 특성들을 추론하기 위해서는 아키텍처 설명이 개별적인 요소들과 해당 요소들의 리소스 소비량뿐만 아니라 해당 효소들 간의 상호 작용 패턴(요소들이 서로 간에 어떤 식으로 동작하는지)에 관한 정보를 제공해야 한다.

동작을 문서화하는 데 두 가지 유형의 표기법이 존재한다. 하나는 추적[trace] 방식이고, 다른 하나는 종합[comprehensive] 표현 방식이다.

추적은 시스템이 어떤 구체적인 상태에 있을 때 어떤 구체적인 자극에 대한 시스템의 응답을 기술하는 일련의 활동이나 상호 작용을 말한다. 추적은 시스템의 구조적 요소들 간에 이뤄지는 일련의 활동이나 상호 작용을 기술한다. 모든 가능한 추적을 기술함으로써 종합적인 동작 모델과 동일한 것을 생성할 수도 있겠지만, 추적 문서화에서 실제 목표하는 것은 그러한 종합적인 동작 모델과 동일한 것을 만드는 것이 아니다. 여기서는 추적을 문서화하기 위해 네 가지 표기법을 사용한다(사용 사례, 순차 다이어그램, 통신 다이어그램, 활동 다이어그램). 다른 표기법들도 존재하지만(예: 메시지 순차 차트^{message sequence chart}, 타이밍 다이어그램^{timing diagram}, 비즈니스 프로세스 실행 언어^{Business Process Execution Language}), 추적 중심 표기법의 대표적인 예로 위의 네 가지를 선택했다.

- **사용 사례**^{use case}: 사용 사례는 액터^{actor}가 자신의 목적을 달성하기 위해 시스템을 어떤 식으로 사용할 수 있는지 기술한다. 사용 사례는 주로 시스템의 기능적 요구 사항을 담아내기 위해 사용된다. UML은 사용 사례 다이어그램을 위한 그래픽 표기법을 제공하지만 사용 사례의 텍스트를 어떤 식으로 작성해야 할지 명시하지는 않는다. UML 사용 사례 다이어그램은 어떤 시스템의 액터들과 동작의 개요를 제공하기 위한 좋은 방법이다. 텍스트 형태인 기술은 사용 사례 이름 및 간단한 기술, 해당 사용 사례를 개시하는 액터 또는 액터들(주요 액터들), 해당 사용 사례에 참여하는 기타 액터들(부차적인 액터들), 이벤트 흐름, 대안 흐름, 성공이 아닌 사례들과 같은 항목들을 포함해야 한다.
- **UML 순차 다이어그램**^{UML sequence diagram}: UML 순차 다이어그램은 구조적 문서로부터 가져온 요소들의 인스턴스들 간 일련의 상호 작용을 나타낸다. 순차 다이어그램은 시스템을 설계할 때 인터페이스가 정의돼야 할 위치를 식별하는 데 유용하다. 순차 다이어그램은 문서화 중인 시나리오에 참여하는 인스턴스들만을 나타낸다. 순차 다이어그램은 이차원으로, 세로축은 시간을 나타내고 가로축은 다양한 인스턴스를 나타낸다. 상호 작용은 위에서부터 아래로 시간순으로 정렬된다. 그림 22.2는 기본적인 UML 표기법을 나타내는 순차 다이어그램의 예다. 순차 다이어그램은 동시성을 나타내는 데 있어 명확하지 않다. 따라서 동시성을 나타내는 것이 목표라면 순차 다이어그램을 사용하는 대신에 활동 다이어그램을 사용해야 한다.

  그림 22.2에서 보듯이 객체들(예: 요소 인스턴스들)은 수명선을 가진다. 수명선은 세로축인 시간 축을 따라 세로로 점선으로 그려진다. 순차는 대개 가장 왼쪽의 액터에 의해 시작된다. 인스턴스들은 메시지를 전송함으로써 상호 작용한다. 이는 주로 가로 화살표로 나타낸다. 메시지는 네트워크를 통해 전송된 메시지일 수도 있고 함수 호출일 수도 있으며 큐를 통해 전송된 이벤트일 수도 있다. 메시지는 대개 수신 측 인스턴스 인터페이스의 리소스(연산)에 연결(매핑)된다. 직선의 색이 채워진 화살표는 동기 메시

지를 나타내고, 색이 채워지지 않은 화살표는 비동기 메시지를 나타낸다. 점선 화살표는 반환 메시지다. 수명선을 따라 있는 실행 발생 막대는 인스턴스가 처리 중이거나 반환을 기다리며 멈춘 상태임을 나타낸다.

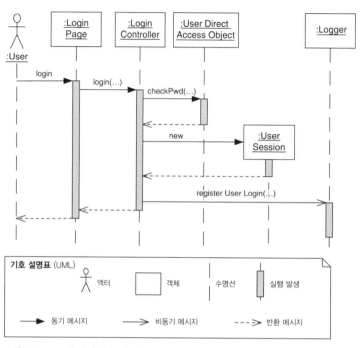

그림 22.2 UML 순차 다이어그램의 간단한 예

- **UML 통신 다이어그램**^{UML communication diagram}: UML 통신 다이어그램은 상호 작용하는 요소들 간의 그래프를 나타내고 각 상호 작용에 해당 상호 작용의 순서를 나타내는 번호를 부여한다. 순차 다이어그램과 유사하게 통신 다이어그램에 나타난 인스턴스들은 관련 구조적 문서에서 기술된 요소들이다. 통신 다이어그램은 아키텍처가 기능적 요구 사항들을 만족시킬 수 있는지 검증할 때 유용하다. 반면에 성능 분석을 수행하는 것과 같이 동시적인 조치들을 이해하는 것이 중요할 때는 유용하지 않다.
- **UML 활동 다이어그램**^{UML activity diagram}: UML 활동 다이어그램은 흐름도^{flowchart}와 유사하다. UML 활동 다이어그램은 비즈니스 프로세스를 일련의 단계들(조치들)로 나타내고 조건 분기와 동시성을 나타내며 이벤트 송신 및 수신을 나타내기 위한 표기법을 포함한다. 조치들 간의 화살표는 제어 흐름을 나타낸다. 부가적으로 활동 다이어그램은 해당

조치를 수행하는 아키텍처 요소나 액터를 나타낼 수 있다. 특히 활동 다이어그램은 동시성을 표현할 수 있다. 분기 노드fork node는 화살표에 직교한 두꺼운 막대로 표현되는데, 해당 흐름을 두 개 이상의 동시적인 흐름으로 나눌 수 있다. 결합 노드join node는 진행 전에 해당 결합 노드로 들어오는 흐름들이 완료되길 기다린다.

순차 다이어그램 및 통신 다이어그램과 달리, 활동 다이어그램은 특정 객체들에 대해 수행되는 실제 작업들을 나타내지 않는다. 따라서 활동 다이어그램은 특정 작업 흐름의 단계들을 광범위하게 기술하는 데 유용하다. 조건 분기(다이아몬드 기호로 표시)를 사용하면 단일 다이어그램에서 여러 추적을 표현할 수 있다. 하지만 대개 활동 다이어그램은 해당 시스템(혹은 해당 시스템의 부분)에 대한 모든 가능한 추적이나 완전한 동작을 나타내려 시도하지는 않는다. 그림 22.3에서 활동 다이어그램 예를 확인할 수 있다.

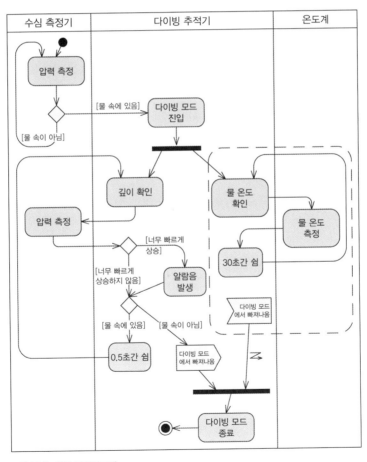

그림 22.3 활동 다이어그램

추적 표기법과 달리, 종합 표기법은 구조적 요소들의 완전한 동작을 나타낸다. 종합 표기법을 사용한 문서의 경우 초기 상태부터 최종 상태에 이르기까지 모든 가능한 경로를 추론할 수 있다. 상태 머신은 많은 종합 표기법에서 사용하는 형식화 방식이다. 이러한 형식화는 각 상태가 해당 상태로 이어질 수 있는 모든 가능한 히스토리들을 추상화한 것이므로 아키텍처 요소들의 동작을 나타낸다. 상태 머신 언어를 사용하면 시스템 요소들의 구조적 설명을 제약 사항들에 관한 설명으로 보충할 수 있다. 여기서 제약 사항은 내부 자극원과 환경 자극원에 대한 상호 작용과 반응에 관한 제약 사항을 말한다.

UML 상태 머신 다이어그램을 사용해 특정 입력이 주어졌을 때 시스템의 동작을 추적할 수 있다. UML 상태 다이어그램은 박스를 사용해 상태를 나타내고 화살표를 사용해 상태 간의 이행^{transition}을 나타낸다. 따라서 UML 상태 다이어그램은 아키텍처의 요소들을 모델링하고 해당 요소들의 런타임 상호 작용을 설명하는 데 도움이 된다. 그림 22.4는 자동차 오디오의 상태를 나타내는 상태 머신 다이어그램의 예다.

상태 머신 다이어그램의 각 이행에는 해당 이행을 야기한 이벤트가 표시된다. 예를 들어 그림 22.4에서 각 이행은 운전자가 버튼을 눌렀을 경우나 내부 오디오 시스템 동작에 의해 발생한다. 부가적으로 이행은 보호 조건을 명시할 수 있다. 보호 조건은 괄호 안에 표기한다. 이행을 야기하는 이벤트가 발생했을 때 보호 조건을 평가해 해당 보호 조건이 평가 당시에 참인 경우에만 이행을 시행한다. 또한 이행은 조치^{action} 혹은 효과^{effect}라고 부르는 결과를 가질 수 있다. 이는 슬래시로 표기한다. 조치가 존재할 때 이는 해당 이행이 발생하면 슬래시 다음에 있는 조치가 수행될 것이라는 점을 나타낸다. 또한 상태는 진입 조치와 종료 조치를 명시할 수도 있다.

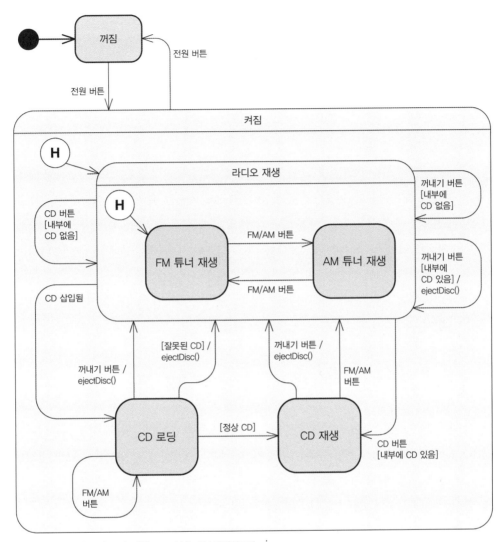

그림 22.4 자동차 오디오 시스템용 UML 상태 머신 다이어그램

22.6 뷰 외의 항목들

뷰와 동작 외에도 아키텍처에 관한 종합적인 정보는 다음 항목들을 포함할 것이다.

- **뷰 간의 매핑**: 아키텍처의 모든 뷰는 동일한 시스템을 기술하기 때문에 어떤 두 개의 뷰
  가 공통점이 많을 것이라고 추론하는 것이 합당하다. 뷰들을 결합함으로써 뷰 집합을

만들 수 있다(22.4절 참고). 이러한 뷰들 간의 연관 관계를 분명히 함으로써 해당 아키텍처를 보는 사람들이 해당 아키텍처가 통합된 개념체로서 어떤 식으로 동작하는지 제대로 이해할 수 있다.

아키텍처에서 뷰들에 걸쳐 있는 요소들 간의 연관 관계는 대개 다수 대 다수 관계다. 예를 들어 각 모듈은 여러 런타임 요소에 매핑될 수 있고, 각 런타임 요소는 여러 모듈에 매핑될 수 있다.

뷰들 간의 연관 관계는 표로 쉽게 정리할 수 있다. 이러한 표를 생성하기 위해 첫 번째 뷰의 요소들을 찾기 쉬운 순서로 나열한다. 표 자체는 해당 표가 기술하는 연관 관계에 관한 설명이 부연돼야 한다. 즉, 두 개의 뷰에 걸친 요소들이 어떤 식으로 대응되는지 설명돼야 한다. 이러한 예로 컴포넌트-커넥터 뷰를 모듈 뷰에 매핑하기 위해 'A가 B에 의해 구현된다' 관계가 있을 수 있고, 모듈 뷰를 컴포넌트-커넥터 뷰에 매핑하기 위해 'A가 B를 구현한다' 관계가 있을 수 있다. 또한 분할 뷰를 레이어 뷰에 매핑하기 위해 'A가 B에 포함된다' 관계가 있을 수 있다.

- **패턴 문서화**: 20장에서 권고한 것처럼 설계에 패턴을 활용하는 경우 이러한 패턴들은 문서에서 식별돼야 한다. 첫째, 해당 패턴이 사용 중이라는 사실을 기록해야 한다. 그리고 나서 해당 해결책 접근법을 선택한 이유를 기록해야 한다. 즉, 해당 패턴이 당면한 문제에 적절한 이유를 기록해야 한다. 패턴 사용은 결국 해당 패턴의 실체화로 이어지는 연속적인 설계 결정을 내리는 과정이 수반된다. 이러한 설계 결정들은 해당 결정들을 새롭게 실체화된 요소들과 해당 요소들 간의 관계들로 나타낼 수 있다. 결과적으로 이 내용은 구조적 뷰들에서 문서화돼야 한다.

- **하나 이상의 컨텍스트 다이어그램**: 컨텍스트 다이어그램context diagram은 시스템 또는 시스템의 일부분이 자신의 환경과 어떤 식으로 관련되는지 나타낸다. 컨텍스트 다이어그램의 목적은 뷰의 범위를 기술하는 것이다. 여기서 '컨텍스트'는 해당 시스템(또는 해당 시스템의 일부분)이 상호 작용하는 환경을 의미한다. 환경에서 엔티티는 사람일 수도 있고, 컴퓨터 시스템일 수도 있으며, 센서나 제어 장치와 같은 물리적인 대상일 수도 있다. 컨텍스트 다이어그램은 각 뷰에 대해 생성될 수 있다. 이때 각 다이어그램은 여러 다른 유형의 요소가 시스템의 환경과 어떤 식으로 상호 작용하는지를 나타낸다. 컨텍스트 다이어그램은 시스템 또는 하위 시스템이 자신의 환경과 어떤 식으로 상호 작용하는지에 관한 초기 그림을 나타내는 데 유용하다.

- **가변성 지침**variability guide: 가변성 지침은 뷰에 나타난 아키텍처의 일부분인 가변성 지점들의 가변성을 어떤 식으로 활용해야 할지 나타낸다.
- **근거**rationale: 근거는 해당 뷰에 반영된 설계가 어떤 식으로 나오게 됐는지를 설명한다. 이번 절의 목표는 설계가 현재의 형태인 이유를 설명하고 설득력 있는 이유를 제공하는 것이다. 근거의 문서화는 22.7절에서 좀 더 자세히 다룬다.
- **용어집 및 약어**(줄임말) **목록**: 아키텍처는 많은 특화된 용어와 약어를 포함할 가능성이 높다. 이러한 용어들을 아키텍처 문서를 보는 사람들을 위해 해독함으로써 모든 이해관계자가 동일한 언어를 사용하도록 보장할 수 있다.
- **제어 정보 문서화**: 발행 기관과 현재 버전, 발행 날짜 및 상태, 변경 히스토리, 변경 요청을 제출하기 위한 절차를 나열한다. 대개 이러한 정보는 문서의 전문(앞부분)에 포함된다. 변경 제어 툴은 이러한 정보 대부분을 제공할 수 있다.

22.7 근거 문서화

설계를 할 때는 각 반복iteration의 목표를 달성하기 위해 중요한 설계 결정들을 내린다. 이러한 설계 결정은 다음 사항을 포함한다.

- 여러 대안으로부터 설계 개념 선택
- 선택된 설계 개념을 실체화함으로써 구조 생성
- 요소들 간의 관계 수립 및 인터페이스 정의
- 리소스 할당(예: 인력, 하드웨어, 컴퓨팅)

아키텍처를 나타내는 다이어그램을 연구할 때 사고 과정thought process의 최종 제품을 보게 되지만, 해당 결과(최종 제품)를 달성하기 위해 내렸던 결정들을 언제나 쉽게 이해할 수 있는 것은 아니다. 선택된 요소들과 관계들, 속성들의 표현을 넘어서서 설계 결정들을 기록하는 것은 여러분이 어떻게 해당 결과에 도달하게 됐는지 이해하도록 돕기 위해 반드시 필요하다. 즉, 이러한 기록은 설계 근거를 잘 나타낸다.

여러분의 반복 목표에 중요한 품질 속성 시나리오를 만족시키는 것이 포함된다면 여러분이 내린 일부 결정이 해당 시나리오 응답 측정치를 달성하는 데 중요한 역할을 했을 것이다. 결과적으로 이러한 결정들을 기록하는 데 매우 많은 주의를 기울여야 한다. 여러분이 생성한 설계의 분석을 용이하게 할 뿐 아니라 구현을 용이하게 하고 이후에 해당 아키텍처를 이해하는 것(예: 유지 보수 시)을 돕기 때문이다. 대부분의 설계 결정이 '괜찮은 정도'이고 최적인 경우가 거의 없다는 점을 고려할 때 이후의 검토와 재논의를 위해 여러분이 내린 결정의 근거와 해당 결정들과 관련된 위험들을 기록해야 한다.

설계 결정들을 기록하는 것이 중요하지 않은 작업이라고 인식할 수도 있다. 하지만 개발 중인 시스템의 중요도에 따라 기록 대상 정보의 양을 조절할 수 있다. 예를 들어 최소한의 정보를 기록하기 위해 표 22.4와 같은 간단한 표를 사용할 수 있다. 이러한 최소한의 정보 이상을 기록하기로 결정했다면 다음 정보가 유용할 수 있다.

- 결정들을 정당화하기 위해 어떤 증거가 생성됐는가?
- 누가 무엇을 했는가?
- 왜 지름길을 택했는가?
- 왜 절충했는가?
- 어떤 가정을 했는가?

여러분이 요소들을 식별했을 때 해당 요소들의 책임들을 기록해야 하는 것과 동일한 방식으로 여러분이 결정들을 내렸을 때 해당 설계 결정들을 기록해야 한다. 여러분이 이를 뒤로 미루면, 왜 그런 결정을 내렸는지 기억할 수 없을 것이다.

표 22.4 설계 결정들을 문서화하는 표 예시

설계 결정 및 위치	근거 및 가정(선택받지 못한 대안들 포함)
TimeServerConnector와 FaultDetectionService에 **동시성 (전술) 도입**	여러 이벤트를 동시에 수신하면서 처리하기 위해 동시성을 도입함
통신 계층에서 메시지 큐 도입을 통해 **메시징** 패턴 사용	메시지 큐 사용으로 인해 성능 저하가 발생하지만, 일부 구현의 성능이 매우 높기 때문에 품질 속성 시나리오 QA-3을 지원하는 것이 유용하다고 판단해 메시지 큐를 선택함
...	...

22.8 아키텍처 이해관계자들

2장에서 아키텍처의 핵심 목표 중 하나는 이해관계자들 간에 의사소통을 가능케 하는 것이라고 이야기했다. 이번 장에서는 지금까지 아키텍처 문서화가 아키텍처 이해관계자들을 위해 생성되는 것이라고 이야기했다. 그렇다면 아키텍처 이해관계자들은 누구인가?

이해관계자들의 집합은 조직과 프로젝트에 따라 다양할 것이다. 이번 절에서 이해관계자 목록을 제시할 것이지만, 해당 목록이 완전한 목록은 아니다. 아키텍트로서 여러분의 주요 의무 중 하나는 여러분 프로젝트의 실제 이해관계자들을 식별하는 것이다. 마찬가지로 우리가 여기서 각 이해관계자를 위해 제시하는 문서화 필요성 역시 일반적이며 최종적인 것은 아니다. 다음 논의를 시작점으로 삼아 이를 여러분 프로젝트의 필요에 맞게 수정해야 한다.

아키텍처의 핵심 이해관계자들을 정리하면 다음과 같다.

- **프로젝트 관리자**: 프로젝트 관리자는 비즈니스적인 이유들로 인해 시스템의 하위 집합 (일부분)을 출시하기 위해 일정과 리소스 할당, 비상 대책을 신경 쓴다. 일정을 생성하기 위해 프로젝트 관리자는 구현할 모듈들에 관한 정보가 필요하다. 이때 해당 모듈들을 구현할 순서와 해당 모듈들의 복잡도에 관한 정보가 함께 필요하다. 예를 들어 이러한 정보로는 구현할 모듈들의 책임 목록과 해당 모듈들의 다른 모듈에 대한 의존성 등이 있다. 의존성은 구현에 있어 특정한 순서를 제시할 수도 있다. 프로젝트 관리자는 어떤 요소의 설계 세부 사항이나 정확한 인터페이스에는 관심이 없다. 그저 해당 작업이 끝났는지 여부만 알면 된다. 하지만 프로젝트 관리자는 시스템의 전반적인 목적과 제약 사항들에 관심이 있다. 예를 들어 해당 시스템이 다른 시스템과 어떤 식으로 상호 작용하는지에 관심이 있으며, 이는 프로젝트 관리자가 수립해야 하는 조직 간의 인터페이스를 제시할 수도 있고 프로젝트 관리자가 구매해야 하는 하드웨어 환경을 제시할 수도 있다. 프로젝트 관리자는 작업 할당 뷰를 생성할 수도 있고 생성하는 데 도움을 줄 수도 있다. 이 경우 프로젝트 관리자는 분할 뷰를 필요로 한다. 그리고 나서 프로젝트 관리자는 다음 뷰들에 관심이 있을 것이다.

  - **모듈 뷰**: 분할, 사용, 레이어
  - **할당 뷰**: 배포 및 작업 할당
  - **기타**: 상호 작용하는 시스템과 시스템 개요 및 목적을 나타내는 최상위 수준 컨텍스트 다이어그램

- **개발 팀의 팀원들**: 개발 팀의 팀원들에게 아키텍처는 출격 명령을 제공하는데, 이들이 자신의 작업을 어떤 식으로 수행해야 할지에 관한 제약 사항들이 주어진다. 때때로 개발자들은 자신이 구현하지 않은 요소에 대한 책임을 부여받는다. 예를 들어 상용인 기성 소프트웨어 제품이나 기존 시스템의 요소가 이에 해당한다. 해당 요소가 약속한 대로 성능을 내고 필요에 따라 해당 요소를 수정하기 위해 누군가는 해당 요소에 대해 책임져야 한다. 이러한 책임을 맡은 개발자는 다음 정보를 알고자 할 것이다.

  - 시스템 이면에 있는 개념에 관한 정보가 필요하다. 해당 정보는 아키텍처보다는 요구 사항 영역에 속하지만, 최상위 컨텍스트 다이어그램이나 시스템 개요는 필요한 정보를 제공하는 데 큰 도움이 될 수 있다.
  - 개발자에게 구현을 위해 어떤 요소들이 할당됐는지(즉, 어디서 기능이 구현돼야 하는지)에 관한 정보가 필요하다.
  - 할당된 요소의 세부 사항들(여기에는 해당 요소가 함께 동작해야 하는 데이터 모델이 포함됨)에 관한 정보가 필요하다.
  - 할당된 부분이 인터페이싱해야 하는 요소들과 해당 인터페이스들이 무엇인지에 관한 정보가 필요하다.
  - 개발자가 활용할 수 있는 코드 자산
  - 품질 속성과 레거시 시스템 인터페이스, 예산(리소스 혹은 재정) 같은 반드시 준수해야 하는 제약 사항들

  이어서 개발자는 다음 사항들을 확인하길 원할 것이다.

  - **모듈 뷰**: 분할 뷰, 사용 뷰, 레이어 뷰, 일반화 뷰
  - **컴포넌트-커넥터 뷰**: 개발자에게 할당된 컴포넌트와 해당 컴포넌트들이 상호 작용하는 컴포넌트를 나타내는 컴포넌트-커넥터 뷰
  - **할당 뷰**: 배포 뷰, 구현 뷰, 설치 뷰
  - **기타**: 시스템 개요, 개발자에게 할당된 모듈들을 포함하는 컨텍스트 다이어그램, 개발자 요소들의 인터페이스 문서와 해당 요소들이 상호 작용하는 요소들의 인터페이스 문서, 필요한 변동성을 구현하기 위한 변동성 지침, 근거 및 제약 사항

- **테스터와 통합 인력**: 테스터와 통합 인력의 입장에서 아키텍처는 함께 잘 들어맞어야 하는 조각들(부분들)의 올바른 블랙박스$^{black-box}$ 동작(어떤 입력 값을 넣었을 때 어떤 결과가

나와야 하는지)을 지정한다. 블랙박스 테스터는 해당 요소의 인터페이스 문서를 사용할 수 있어야 할 것이고, 통합 인력과 시스템 테스터는 점점 더 많은 부분을 처리하기 위해 인터페이스 모음과 동작 명세서, 사용 뷰를 확인해야 할 것이다. 다음으로 테스터와 통합 인력은 다음 뷰들을 확인하길 원할 것이다.

- **모듈 뷰**: 분할 뷰, 사용 뷰, 데이터 모델 뷰
- **컴포넌트-커넥터 뷰**: 전부
- **할당 뷰**: 해당 모듈을 만들기 위한 자산의 위치를 찾아내기 위해 배포 뷰, 설치 뷰, 구현 뷰
- **기타**: 테스트하거나 통합해야 할 모듈들을 나타내는 컨텍스트 다이어그램, 모듈들의 인터페이스 문서와 동작 명세서 그리고 해당 모듈들이 상호 작용해야 하는 요소들의 인터페이스 문서

프로젝트가 전체 노력의 대략 절반 정도를 테스트에 소비하는 것이 드문 일은 아니므로 테스터와 통합 인력에 특별한 관심을 기울여야 한다. 테스트 과정이 매끄럽고 자동화되고 어려움 없이 진행되도록 보장하는 것은 프로젝트의 전체 비용에 매우 긍정적인 영향을 미친다.

- **다른 시스템 설계자**: 개발 중인 시스템을 상호 운용해야 하는 다른 시스템의 설계자들 역시 이해관계자들이다. 이러한 이해관계자들의 경우 아키텍처는 해당 시스템이 제공하는 작업(연산)들과 해당 시스템이 필요로 하는 작업(연산)들을 정의할 뿐 아니라 이러한 작업들의 프로토콜을 정의한다. 이들은 다음 산출물을 보길 원할 것이다.

  - 이해관계자의 시스템이 상호 작용해야 하는 요소들의 인터페이스 문서(모듈 뷰 또는 컴포넌트-커넥터 뷰)
  - 이해관계자의 시스템이 상호 작용해야 하는 시스템의 데이터 모델
  - 다양한 뷰의 상호 작용을 나타내는 최상위 컨텍스트 다이어그램

- **유지 보수 인력**: 유지 보수 인력은 아키텍처를 유지 보수 활동을 위한 시작점으로 사용해 곧 있을 변경이 영향을 미칠 부분을 밝혀낸다. 유지 보수 인력은 개발자와 동일한 정보를 보길 원할 것이다. 유지 보수 인력과 개발자 모두 동일한 제약 사항 내에서 변경을 해야 하기 때문이다. 하지만 유지 보수 인력은 변경이 수행돼야 할 위치를 정확히 파악하기 위해 분할 뷰도 보길 원할 것이다. 또한 유지 보수 인력은 변경의 영향을 완전히

파악하기 위한 영향 분석을 하는 데 도움이 되는 사용 뷰도 보길 원할 것이다. 추가적으로 유지 보수 인력은 설계 근거를 확인하고자 할 것이다. 설계 근거를 통해 아키텍트의 최초 생각으로부터 이점을 얻을 수 있고 이전에 선택받지 못한 설계 대안들을 식별함으로써 시간을 절약할 수 있다. 그다음으로 유지 보수 인력은 시스템 개발자와 동일한 뷰들을 확인하길 원할 것이다.

- **최종 사용자**: 최종 사용자들은 아키텍처를 확인할 필요가 없다. 결국 최종 사용자는 대체로 아키텍처를 볼 수 없다. 그럼에도 불구하고 최종 사용자들이 아키텍처를 살펴봄으로써 시스템과 시스템이 무엇을 하는지, 시스템을 어떻게 하면 효과적으로 사용할 수 있을지에 관한 유용한 지식을 얻을 수 있다. 최종 사용자들이나 최종 사용자들의 대리인들이 여러분의 아키텍처를 검토한다면, 시스템을 배포할 때까지는 알아차리지 못했을 설계 차이점을 찾아낼 수도 있다. 이러한 목적을 달성하기 위해 최종 사용자는 다음 뷰들에 관심을 가질 가능성이 높다.

  - **컴포넌트-커넥터 뷰**: 최종 사용자는 입력이 출력으로 어떤 식으로 변환되는지 확인하기 위한 제어 흐름과 데이터 변환을 강조하는 뷰들을 보길 원할 것이다. 또한 성능이나 신뢰성과 같은 관심이 있는 속성들을 다루는 분석 결과들을 보길 원할 것이다.
  - **할당 뷰**: 기능이 사용자들이 상호 작용하는 플랫폼에 어떤 식으로 할당되는지 이해하기 위한 배포 뷰
  - **기타**: 컨텍스트 다이어그램

- **분석가**: 분석가들은 설계가 시스템의 품질 목표를 만족시키는지 여부에 관심이 있다. 아키텍처는 아키텍처 평가 방법에 근거를 제공하는 역할을 하고 품질 속성을 평가하는 데 필요한 정보를 제공해야 한다. 예를 들어 아키텍처는 비율 단조 실시간 스케줄링 분석rate-monotonic real-time schedulability analysis, 신뢰성 블록 다이어그램, 시뮬레이션 및 시뮬레이션 생성기, 정리 증명기theorem prover, 모델 체커model checker와 같은 분석 툴들을 이끄는 모델을 포함한다. 이러한 툴들은 리소스 소비, 스케줄링 정책, 의존성, 컴포넌트 고장률 등에 관한 정보를 필요로 한다. 분석이 거의 모든 분야를 다 포함하기 때문에 분석가들은 아키텍처 문서의 모든 부분에 접근 가능해야 할 수 있다.

- **인프라 지원 인력**: 인프라 지원 인력은 시스템의 개발과 통합, 스테이징staging, 운영 환경을 설정하고 유지 보수한다. 가변성 가이드는 소프트웨어 환경 설정 관리 환경을 설정

하는 데 특히나 유용하다. 인프라 지원 인력은 다음 뷰들을 확인하고자 할 것이다.

- **모듈 뷰**: 분할 뷰와 사용 뷰
- **컴포넌트-커넥터 뷰**: 해당 인프라에서 무엇이 실행되는지 확인하기 위한 다양한 뷰
- **할당 뷰**: 소프트웨어(인프라 포함)가 어디에서 실행되는지 확인하기 위한 배포 뷰와 설치 뷰, 구현 뷰
- **기타**: 가변성 가이드

- **미래의 아키텍트**: 미래의 아키텍트들은 아키텍처 문서의 가장 열렬한 독자로, 아키텍처 문서의 모든 사항에 특별한 이해관계를 지닌다. 아키텍트가 변경되는 경우도 있을 것이고, 어느 정도 시간이 지나면 기존 아키텍트들조차도 모든 핵심 설계 결정과 그러한 결정을 내린 이유를 알고자 할 것이다(아키텍트가 변경되는 경우로는 기존 아키텍트가 승진하거나 더 복잡한 프로젝트에 배치되는 경우가 있을 수 있다). 미래의 아키텍트들은 이러한 모든 것에 관심이 있을 것이다. 하지만 특히나 종합적이고 솔직한 근거 및 설계 정보를 사용하고자 할 것이다. 그리고 미래의 아키텍트가 여러분이 될 수 있다는 사실을 기억하자! 여러분이 지금 내리고 있는 모든 세부적인 설계 결정을 기억할 것이라고 기대하지는 말자. 아키텍처 문서는 미래의 여러분 자신에게 쓰는 '연애편지'라는 점을 기억하자.

22.9 실질적인 고려 사항

지금까지 아키텍처 문서가 담아야 할 정보에 관해 주로 알아봤다. 하지만 아키텍처 문서의 내용 외에도 아키텍처 문서의 형태와 배포, 업데이트가 중요한 문제다. 이번 절에서 이러한 문제에 관해 알아볼 것이다.

모델링 툴

정의된 표기법으로 아키텍처 구조를 명세화할 수 있는 상용 모델링 툴이 많다. SysML은 널리 사용되는 툴 중 하나다. 이러한 툴 중 상당수는 산업적인 환경에서 실질적인 대규모 사용을 위한 기능들을 제공한다. 이러한 기능에는 다중 사용자 지원 인터페이스와 버전 제어, 모델의 구문 및 의미론 일관성 확인, 모델들과 요구 사항들 간 혹은 모델들과 테스트들 간 연관 관계 추적 기능 그리고 일부의 경우 모델을 구현하는 실행 가능한 소스 코드 자동 생성

등이 있다. 많은 프로젝트에서 이러한 기능들은 반드시 있어야 하는 기능이므로 툴의 구매 가격(일부 툴의 경우 가격이 높음)은 스스로 이러한 기능을 구현했을 때의 비용과 비교해 평가해야 한다.

온라인 문서와 하이퍼텍스트, 위키

시스템을 위한 문서는 연결된 웹 페이지들로 구조화될 수 있다. 웹 기반 문서는 대개 짧은 페이지들을 여러 단계로 구성한다(한 화면에 볼 수 있도록 페이지를 짧게 만든다). 하나의 페이지는 대개 정보의 개요를 제공하고 좀 더 자세한 정보를 찾기 위한 링크들을 제공한다.

위키와 같은 툴을 사용하면 많은 이해관계자가 기여할 수 있는 공유 문서를 생성할 수 있다. 관리 조직은 다양한 이해관계자에게 어떤 권한을 부여할 것인지 결정해야 한다. 선택된 툴은 권한 정책을 편집하는 기능을 제공해야 한다. 아키텍처 문서의 경우 선택된 이해관계자들이 첨언하고 아키텍처에 관한 보충 설명을 추가할 수 있어야 한다. 하지만 이에 대한 실질적인 수정은 소수의 팀 인력만이 가능해야 한다.

출시 전략 준수

여러분 프로젝트의 개발 계획은 아키텍처 문서를 비롯한 중요한 문서를 최신으로 유지하기 위한 절차를 명시해야 한다. 문서 산출물은 다른 중요한 프로젝트 산출물과 마찬가지로 버전 제어의 대상이 돼야 한다. 아키텍트는 주요 프로젝트 마일스톤을 지원하기 위해 문서 출시 일정을 계획해야 한다. 이를 위해서는 개발자에게 아키텍처를 구현할 시간을 줘야 하므로 주요 프로젝트 마일스톤 훨씬 이전에 문서를 출시해야 한다. 예를 들어 수정된 문서는 매 반복iteration이나 스프린트sprint 종료 시에 혹은 점진 출시incremental release마다 제공될 수 있다.

동적으로 변하는 아키텍처 문서화

여러분의 웹 브라우저가 이전에 본 적이 없는 파일 유형을 만났을 때, 해당 웹 브라우저는 인터넷으로 이동해 해당 파일 유형을 처리할 수 있는 적절한 플러그인을 검색해 다운로드한 다음 설치하고 이를 사용하기 위해 스스로 재설정할 것이다. 코드-통합-테스트 개발 주기를 거치지 않는다는 점은 말할 것도 없고, 심지어 웹 브라우저를 종료할 필요도 없이 웹 브라우저는 새로운 컴포넌트를 추가함으로써 아키텍처를 수정할 수 있다.

동적 서비스 발견 및 바인딩을 활용하는 서비스 중심 시스템들도 이러한 속성을 나타낸다. 고도로 동적이고 스스로 구조화하고 상황을 인지하는 더 복잡한 시스템들이 이미 존재한다. 이러한 경우 서로 상호 작용하는 컴포넌트들의 상호 작용은 말할 것도 없이 해당 컴포넌트들이 무엇인지도 정적 아키텍처 문서에 정확히 정의할 수 없다.

매우 빠르게 재구축과 재배포가 일어나는 시스템 역시 문서화 측면에서 까다롭다. 상용 웹 사이트들을 책임지는 일부 개발 업체는 하루에도 여러 번 자신들의 시스템을 구축하고 실운영 환경에 배포한다.

런타임 시에 변경하든, 매우 빈번하게 출시-배포 주기를 가져가든 모든 동적 아키텍처는 문서화 측면에서 공통점이 있다. 해당 아키텍처가 문서화 주기보다 훨씬 빠르게 변한다는 것이다. 어느 경우든 새로운 아키텍처 문서가 생성되고 검토되고 출시될 때까지 기다리는 경우는 없다.

그렇다고 할지라도 이렇게 계속 변경되는 시스템의 아키텍처를 알고 있는 것은 좀 더 전통적인 생애주기를 따르는 시스템의 아키텍처를 아는 것만큼이나 중요하다. 다음은 여러분이 고도로 동적인 환경의 아키텍트인 경우 무엇을 할 수 있는지에 관한 내용이다.

- **시스템의 모든 버전에 있어 맞는 사항을 문서화한다.** 웹 브라우저는 새로운 플러그인이 필요할 때 아무 플러그인이나 설치하지 않는다. 플러그인에는 구체적인 속성과 구체적인 인터페이스가 있어야 한다. 그리고 해당 플러그인은 아무 곳에나 들어맞는 것이 아니라 아키텍처에서 미리 정한 위치에만 들어맞는다. 이러한 과정으로 인해 아키텍처 문서는 시스템의 호환 가능한 버전이 준수해야 할 제약 사항들에 관한 기술이나 지침의 형태가 될 것이다. 이는 괜찮다.
- **아키텍처의 허용된 변경 방식을 문서화한다.** 앞서 언급한 예에서 이는 신규 컴포넌트를 추가하는 것과 기존 컴포넌트를 신규 구현으로 대체하는 것을 의미한다. 이를 수행할 위치는 22.6절에서 언급한 변경성 가이드에 기록돼야 한다.
- **인터페이스 문서를 자동으로 생성한다.** 프로토콜 버퍼(15장에서 논의함)와 같은 명시적인 인터페이스 메커니즘을 사용하는 경우 항상 컴포넌트 인터페이스에 관한 최신 정의가 존재한다. 그렇지 않으면 시스템은 동작하지 않을 것이다. 이러한 인터페이스 정의를 데이터베이스에 포함해서 수정 히스토리가 이용 가능하도록 해야 하고, 인터페이스들을 검색 가능하도록 만들어 어떤 컴포넌트에 어떤 정보가 사용되는지 알아낼 수 있어야 한다.

추적성

물론 아키텍처는 고립된 상태가 아니다. 요구 사항과 코드, 테스트, 예산, 일정 등을 포함하는 개발 중인 시스템에 대한 정보와 관련된 환경 속에 있다. 이러한 각 영역의 공급자들은 스스로에게 '내 부분이 맞는가? 내가 어떻게 알지?'라고 물어봐야 한다. 이 질문은 각기 다른 영역에서 각기 다른 구체적인 형태를 취한다. 예를 들어 테스터는 '내가 맞는 것들을 테스트 중인가?'라고 물어본다. 19장에서 살펴본 것처럼 아키텍처는 요구 사항과 비즈니스 목표에 대한 응답이고 '내 부분이 맞는가?'라는 질문은 이러한 요구 사항과 비즈니스 목표가 만족하는지 확실히 하기 위함이다. 추적성은 구체적인 설계 결정들을 구체적인 요구 사항들이나 해당 요구 사항들로 이어진 비즈니스 목표들과 연결하고 이러한 연결이 문서에 담겨야 한다는 것을 의미한다. 결론적으로 모든 ASR이 아키텍처의 추적 링크에서 다뤄졌다면 아키텍처 부분이 맞다고 확신할 수 있다. 추적 링크들은 예를 들어 표와 같이 비정형적으로 표현될 수도 있고 프로젝트의 툴 환경에서 기술적으로 지원될 수도 있다. 어느 경우든 추적 링크는 아키텍처 문서의 일부가 돼야 한다.

22.10 요약

아키텍처 문서를 작성하는 것은 글쓰기의 한 유형과 매우 유사하다. 가장 중요한 규칙은 독자를 염두에 둬야 한다는 것이다. 아키텍처 문서가 사용될 용도를 이해하고 아키텍처 문서의 독자를 이해해야 한다. 아키텍처 문서는 다양한 이해관계자들 간의 의사소통을 위한 수단으로서 역할을 한다. 위로는 경영진이 있고 아래로는 개발자들이 있으며, 수평 방향으로는 동료들이 있다.

  아키텍처는 복잡한 산출물이므로 뷰라고 부르는 특정 관점에 집중함으로써 가장 잘 표현될 수 있다. 뷰는 의사소통하고자 하는 메시지에 따라 달라진다. 어떤 뷰를 문서화할지 결정해야 하고 결정된 뷰를 문서화하기 위한 표기법을 선택해야 한다. 여기에는 많은 부분이 겹치는 다양한 뷰를 결합하는 과정이 수반될 수도 있다. 아키텍처의 구조뿐만 아니라 동작^{behavior}도 문서화해야 한다.

  또한 문서에 뷰들 간의 관계와 사용하는 패턴, 시스템의 환경, 아키텍처에 내장된 모든 가변성 메커니즘, 주요 설계 결정을 내린 근거를 문서화해야 한다.

  문서를 생성하고 유지 보수하고 배포하기 위해 고려해야 할 실용적인 측면들도 있다. 예를 들어 출시 전략 선택과 위키 같은 배포 툴 선택, 동적으로 변경되는 아키텍처를 위한 문서 생성 등이 있다.

22.11 참고 문헌

『소프트웨어 아키텍처 문서화』(에이콘, 2016)[Clements 10a]는 이번 장에서 기술한 아키텍처 문서화 접근법을 포괄적으로 다룬다. 여러 다양한 뷰와 해당 뷰의 표기법을 자세히 소개하며, 또한 문서를 일관성 있게 하나로 묶는 방법을 살펴본다. 부록 A에서는 아키텍처와 아키텍처 정보를 문서화하기 위해 UML을 사용하는 법을 다룬다.

ISO/IEC/IEEE 42010:2011은 ISO와 IEEE의 표준으로, '시스템 및 소프트웨어 엔지니어링: 아키텍처 기술Systems and Software Engineering: Architecture Description'이다. 해당 표준은 두 가지 핵심 개념에 기반한다. 하나는 아키텍처 기술을 위한 개념적 프레임워크이고, 다른 하나는 ISO/IEC/IEEE 42010을 준수하는 아키텍처 기술description에 포함돼야 할 정보에 대한 서술로 이해관계자들의 관심 사항에 따른 여러 관점을 사용한다.

AADL(aadl.info)은 아키텍처 기술 언어로, 아키텍처를 문서화하기 위한 SAE 표준이 됐다. SAE는 항공우주와 자동차, 상용차 산업의 엔지니어링 전문가를 위한 조직이다.

SysML은 시스템 엔지니어링 애플리케이션의 폭넓은 분석 및 설계 활동을 지원하기 위한 범용 시스템 모델링 언어다. SysML은 다양한 자동화된 분석 및 설계 툴을 지원하기 위해 충분히 세부적으로 기술할 수 있도록 정의됐다. SysML 표준은 OMGObject Management Group에 의해 관리된다. OMG와 INCOSEInternational Council on Systems Engineering의 협업에 따른 결과물인 SysML은 UML의 프로필로 개발됐으며, 이는 UML의 상당 부분을 재활용하는 동시에 시스템 엔지니어들의 요구 사항을 만족시키는 데 필요한 확장을 제공한다는 의미다. SysML에 관한 방대한 정보를 인터넷에서 찾을 수 있으며, [Clements 10a]의 부록 C 역시 아키텍처를 문서화하기 위해 SysML을 사용하는 방법을 다룬다.

설계 과정 중에 아키텍처 결정들을 문서화하는 좀 더 많은 예를 [Cervantes 16]에서 확인할 수 있다.

22.12 토론 질문

1. 여러분이 선호하는 오픈소스 시스템의 웹 사이트에 방문해 해당 시스템의 아키텍처 문서를 찾아보자. 해당 문서 안에 어떤 내용이 있는가? 무엇이 빠져 있는가? 이러한 점이 해당 프로젝트에 코드를 기여하는 데 어떤 영향을 미치는가?

2. 은행은 보안에 관해 충분히 조심스러워 할 만하다. ATM의 보안 아키텍처에 관해 추론하는 데 필요한 문서의 개요를 제시해보자.

3. 마이크로서비스 기반 아키텍처를 설계할 때, 종단 간 지연이나 처리량에 관해 추론하려면 어떤 요소와 관계, 속성을 문서화해야 할까?

4. 여러분의 회사가 최근 다른 회사를 인수했고 여러분이 여러분 회사의 시스템과 인수한 회사의 비슷한 시스템을 통합하는 업무를 맡게 됐다고 가정해보자. 다른 시스템의 아키텍처에서 어떤 뷰를 확인해야 하고, 그 이유는 무엇일까? 여러분이라면 두 시스템의 동일한 뷰를 요청하겠는가?

5. 언제 추적 표기법을 사용해 동작을 문서화해야 할까? 그리고 언제 종합 표기법을 사용해야 할까? 각 선택에 따라 어떤 가치를 얻을 수 있고, 어떤 노력이 들어갈까?

6. 프로젝트 예산의 얼마를 소프트웨어 아키텍처 문서화에 사용할 것인가? 이유는 무엇인가? 비용과 이득은 어떻게 측정해야 할까? 프로젝트가 안전이 매우 중요한 시스템이거나 보안이 매우 중요한 시스템인 경우 이러한 예산 배정과 측정은 어떻게 변할까?

23장

아키텍처 부채 관리

어떤 부채(debt)는 획득할 때 즐겁다.
하지만 어떤 부채라도 상환할 때 즐거운 경우는 없다.
– 오그덴 내쉬(Ogden Nash)

충분한 주의를 기울이지 않고 노력하지 않으면 시간이 지남에 따라 설계를 유지하고 업데이트하기 어려워진다. 이러한 형태의 엔트로피^{entropy}를 '아키텍처 부채$^{architecture\ debt}$'라 하는데, 이는 중요하면서도 매우 많은 비용이 들어가는 형태의 기술 부채다. 기술 부채의 폭넓은 영역이 10년 넘게 집중적으로 연구됐으며, 주로 코드 부채를 다뤘다. 아키텍처 부채는 비지역적인^{nonlocal} 사항들을 포함하기 때문에 대개 아키텍처 부채는 코드 부채보다 감지하기도 더 어렵고 박멸하기도 더 어렵다. 코드 조사$^{code\ inspection}$와 코드 품질 체커^{checker} 등의 코드 부채를 발견하는 데 잘 동작하는 툴들과 방법들은 대개 아키텍처 부채를 감지하는 데는 잘 동작하지 않는다.

물론 모든 부채가 부담스러운 것은 아니고 모든 부채가 나쁜 것은 아니다. 때때로 가치 있는 절충점이 있는 경우 원칙을 어길 수 있다. 예를 들어 런타임 성능을 향상시키거나 출시 시점을 당기기 위해 느슨한 결합이나 높은 응집도를 희생할 수도 있다.

이번 장에서는 아키텍처 부채를 위해 기존 시스템을 분석하는 프로세스를 소개한다. 이 프로세스는 아키텍트에게 이러한 부채를 식별하고 관리하기 위한 지식과 툴을 제공한다. 문제가 있는 설계 관계들과 아키텍처적으로 연결된 요소들을 식별하고 이러한 요소들의 유지보수 비용 모델을 분석함으로써 이 프로세스가 동작한다. 해당 모델이 문제가 존재한다는 것을 보여준다면(주로 이례적으로 많은 양의 변경과 버그를 통해) 이는 아키텍처 부채 영역을 나타낸다.

아키텍처 부채를 식별한 다음에 해당 부채가 충분히 나쁜 경우 리팩터링을 통해 제거해야 한다. 부채 제거(리팩터링) 시의 이득에 대한 정량적인 증거가 없다면 프로젝트 이해관계자들은 부채 제거 단계에 쉽게 동의하지 않을 것이다. 아키텍처 부채 분석 없이 여러분이 "이 시스템을 리팩터링하는 데 세 달이 걸릴 예정입니다. 그 기간 동안 신규 기능은 개발할 수 없습니다."라고 말한다면 어떤 관리자가 이에 동의하겠는가? 하지만 이번 장에서 우리가 제시하는 유형의 분석들을 통해 리팩터링 노력을 보상하는 ROI와 향상된 생산성 등의 관점에서 여러분은 관리자에게 완전히 다른 주장을 할 수 있다.

우리가 추천하는 프로세스는 다음과 같은 세 가지 유형의 정보를 필요로 한다.

- **소스 코드**: 이는 구조적 의존성을 판단하는 데 사용된다.
- **수정 히스토리**(프로젝트의 버전 제어 시스템에서 추출): 이는 코드 단위들의 협력 진화[co-evolution]를 판단하는 데 사용된다.
- **이슈 정보**(이슈 제어 시스템에서 추출): 이는 변경 이유를 판단하는 데 사용된다.

부채를 분석하기 위한 모델은 이례적으로 높은 비율의 버그와 코드 변동을 경험하고 있는 아키텍처의 영역을 식별하고 이러한 징후를 설계 결함과 연관 짓는다.

23.1 아키텍처 부채 문제가 있는지 여부 결정

아키텍처 부채를 관리하기 위한 프로세스에서는 아키텍처 요소들의 물리적인 표현에 집중할 것이다. 이는 해당 아키텍처의 소스 코드가 저장된 파일들을 의미한다. 파일들의 집합이 아키텍처적으로 연결됐는지 여부를 어떻게 결정할 수 있을까? 한 가지 방법은 프로젝트 파일들 간의 정적 의존성을 식별하는 것이다. 예를 들어 어떤 메소드가 어떤 메소드를 호출하는지 식별할 수 있다. 정적 코드 분석 툴을 사용해 이러한 정적 의존성을 찾을 수 있다. 두 번째 접근법은 프로젝트 파일들 간의 진화적(업데이트) 의존성[evolutionary dependency]을 찾아내는 것이다. 진화적 의존성은 두 파일이 함께 변경될 때 발생한다. 이러한 정보를 수정 제어 시스템에서 추출할 수 있다.

설계 구조 행렬DSM, Design Structure Matrix이라는 특수한 유형의 인접 행렬을 사용해 파일 의존성을 표현할 수 있다. 다른 표현법들을 사용할 수도 있지만, DSM은 엔지니어링 설계에서 수십 년간 사용됐고 현재 수많은 산업 툴이 DSM을 지원한다. DSM에서 관심이 있는 엔티티들(우리의 경우 파일들)은 행렬의 행과 열 모두에 동일한 순서로 위치할 수 있다. 행렬의 셀(칸)에는 의존성 유형을 나타내는 주석이 붙을 수 있다.

DSM 셀에 해당 행의 파일이 해당 열의 파일로부터 상속됐다거나 해당 열의 파일을 호출한다거나 해당 열의 파일과 함께 변경돼야 한다는 등의 정보를 주석으로 달 수 있다. 첫 번째와 두 번째 주석은 구조적인 반면에 세 번째 주석은 진화 의존성 유형에 속한다.

반복하자면 DSM의 각 행은 하나의 파일을 나타낸다. 하나의 행의 입력된 값들은 해당 파일이 시스템의 다른 파일들에 지닌 의존성을 나타낸다. 시스템이 낮은 결합도를 지니면 DSM이 밀도가 낮다고 예상할 수 있다. 즉, 해당 DSM의 어떤 파일이든 해당 파일이 의존하는 다른 파일의 수는 적을 것이다. 더 나아가 DSM이 하삼각 행렬이길 바랄 것이다. 하삼각 행렬은 모든 입력 값이 대각선 아래에 위치하는 행렬이다. 이는 하나의 파일이 위쪽이 아닌 아래쪽 파일들에만 의존한다는 것과 시스템에 순환 의존성이 존재하지 않는다는 것을 의미한다.

그림 23.1은 오픈소스 통합 프레임워크인 아파치 카멜Apache Camel 프로젝트의 파일들 중 11개 파일과 그 파일들의 구조적 의존성을 나타낸다. 여기서 'dp'는 의존성dependency을 나타내고, 'im'은 구현implementation을 나타내고, 'ex'는 확장extension을 나타낸다. 예를 들어 그림 23.1의 아홉 번째 행의 파일인 MethodCallExpression.java는 첫 번째 열의 파일에 의존하고 해당 파일을 확장한다.

그림 23.1의 행렬은 밀도가 꽤 낮다. 해당 파일들이 서로에게 구조적으로 깊게 결합되지 않았기 때문에 그 파일들을 독립적으로 변경하는 것이 상대적으로 쉽다는 것을 의미한다. 즉, 해당 시스템은 상대적으로 아키텍처 부채가 적다고 할 수 있다.

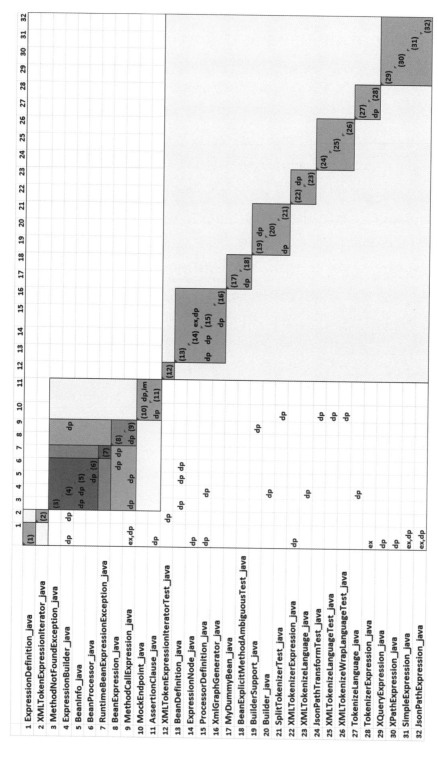

그림 23.1 구조적 의존성을 나타내는 아파치 카멜의 DSM

이제 그림 23.2를 살펴보자. 그림 23.2는 그림 23.1의 이전 상호 변경 정보를 겹쳐 표현한다. 이전 상호 변경 정보는 버전 제어 시스템에서 추출한다. 이는 두 파일이 커밋 시에 함께 변경된 빈도를 나타낸다.

그림 23.2는 카멜 프로젝트의 매우 다른 측면을 나타낸다. 예를 들어 8행 3열의 셀에 '4'가 표기돼 있다. 이는 BeanExpression.java와 MethodNotFoundException.java 간에 구조적 관계가 존재하지 않지만 수정 이력에서 함께 변경된 경우가 네 번 존재한다는 것을 의미한다. 숫자와 텍스트가 함께 표기된 셀은 해당 파일 쌍이 구조적 결합 관계와 진화적 결합 관계 모두를 지닌다는 것을 나타낸다. 예를 들어 22행 1열의 셀에는 'dp, 3'이 표기돼 있다. 이는 XMLTokenizerExpression.java가 ExpressionDefinition.java에 의존하며 이 두 파일이 함께 변경된 경우가 세 번 존재함을 나타낸다.

그림 23.2의 행렬은 다소 밀도가 높다. 해당 파일들이 대체로 서로에게 구조적으로 결합돼 있지 않지만 진화적으로는 강하게 결합돼 있다. 더 나아가 행렬의 대각선 위의 셀들에 주석이 많이 존재하는 것을 확인할 수 있다. 따라서 결합은 위쪽의 파일에서 아래쪽의 파일로 이뤄진 것이 아니라 모든 방향에서 이뤄진 것이다.

사실 이 프로젝트는 높은 아키텍처 부채를 지고 있으며, 아키텍트들이 이러한 점을 확인했다. 아키텍트들은 프로젝트의 거의 모든 변경이 비용이 많이 들고 복잡해서 신규 기능들이 언제 준비될지 혹은 버그가 언제 수정될지 예측하는 것이 매우 어렵다고 보고한다.

이러한 유형의 정성적인 분석은 그 자체로 아키텍트와 분석가에게 가치가 있을 수 있지만, 이보다 더 잘할 수 있다. 우리의 코드 베이스가 이미 지고 있는 부채의 비용과 영향을 실제 정량화할 수 있고, 이를 완전히 자동으로 수행할 수 있다. 이를 위해 '핫스팟hotspot'이라는 개념을 사용한다. 핫스팟은 설계 결함을 지닌 아키텍처의 영역을 나타내며, 아키텍처 안티패턴anti-pattern 혹은 아키텍처 결함이라고도 부른다.

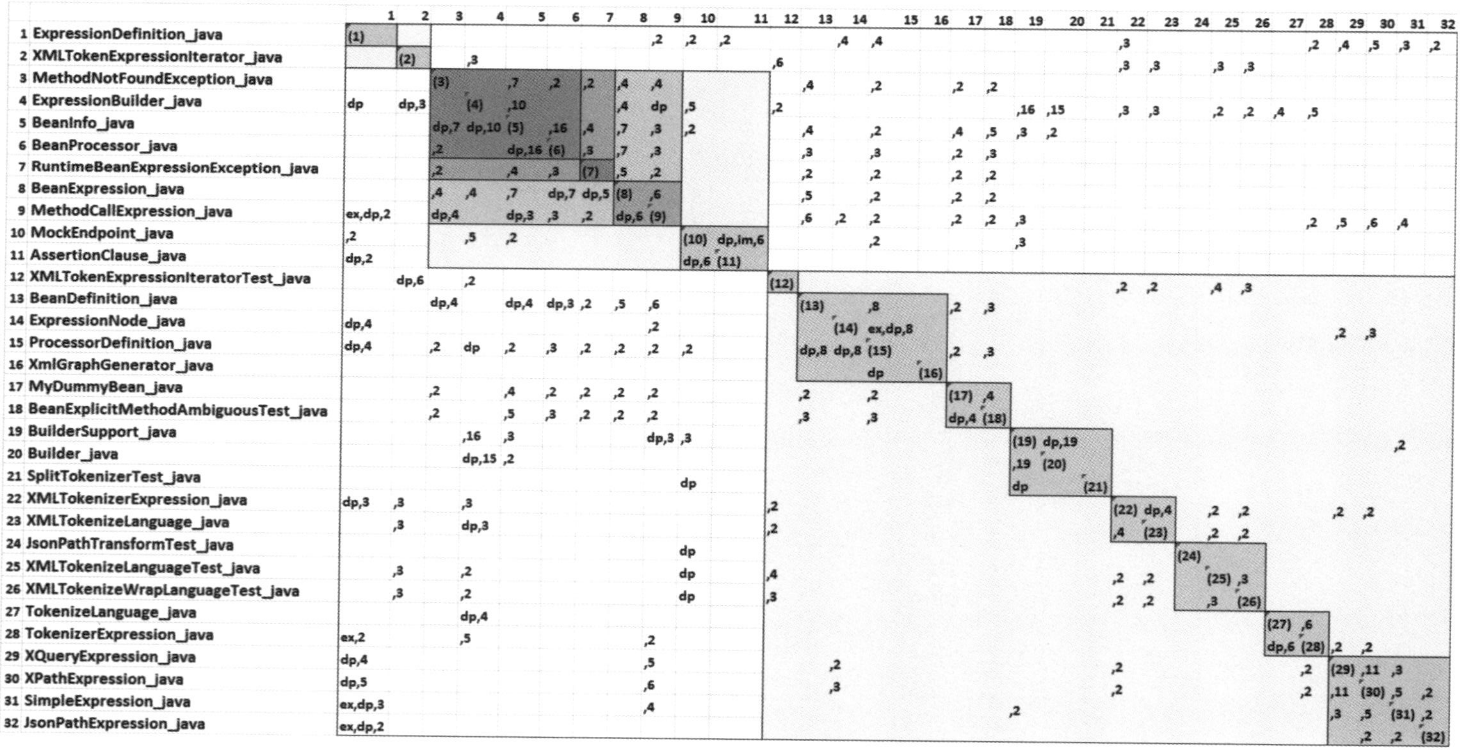

This is a Design Structure Matrix (DSM) table. The rows are labeled 1-32 with file names, and columns are numbered 1-32. Diagonal cells show the element number in parentheses.

#	File	1	2	3	4	5	6	7	8	9	10	11	12	13	14	15	16	17	18	19	20	21	22	23	24	25	26	27	28	29	30	31	32
1	ExpressionDefinition_java	(1)																															
2	XMLTokenExpressionIterator_java		(2)																														
3	MethodNotFoundException_java	dp	dp,3	(3)										,4	,4							,3	,3	,3	,4	,3			,4	,4	,5	,3	,2
4	ExpressionBuilder_java			dp,7	(4)	dp,10								,4	,2							,3	,3	,3	,3	,3			,2	,2	,4	,5	
5	BeanInfo_java		,2	dp,10	,7	(5)	,16		,4	,5		,6			,2		,16	,15				,2	,2	,2									
6	BeanProcessor_java		,2	dp,7	,4	,3	(6)	,3	dp	,5				,3	,3		,3	,3	,2			,3									,3	,2	
7	RuntimeBeanExpressionException_java		,2	dp,5	,7	dp,7	,3	(7)	,7	dp				,3	,3		,5	,3															
8	BeanExpression_java	ex,dp,2	,4	dp,4	,4	,3	,2	,5	(8)	,6				,5	,2		,2	,2			dp,3									,2	,5	,6	,4
9	MethodCallExpression_java	,2		dp,6	,7	dp,3	,3	,2	dp,6	(9)				,6	,2		,2	,2			,3												
10	MockEndpoint_java	dp,2									(10)	dp,lm,6								dp													,2
11	AssertionClause_java										dp,6	(11)																					
12	XMLTokenExpressionIteratorTest_java	dp,6		dp,4	dp,4	dp,3	,2						(12)																	,6			
13	BeanDefinition_java	dp,4		,2	dp	,2	,2	,2	,2					(13)	,8	ex,dp,8		,2	,3			,2	,2	,4	,3					,2	,3		
14	ExpressionNode_java	dp,4		,2	,2	,3	,2	,2	,2					dp,8	(14)	dp,8	,3	,2															
15	XmlGraphGenerator_java			,2	,4	,3	,7	,3	,6	dp,3					dp	(15)	dp	,5	,4														,2
16	MyDummyBean_java			,5	,5	,3	,3	,7	,3	,3				,2	,3		(16)	,5	,2														
17	BeanExplicitMethodAmbiguousTest_java				,2	,3	,2	,5	,2					,3			dp	(17)	,4														
18	BeanExplicitMethodWrapLanguageTest_java			dp,4		,5	,3	,2	,2		dp						,2	dp,4	(18)														
19	BuilderSupport_java			,5		,3	,2	,2	,2	dp,3	,3									(19)	dp,19		,2	,2	,4	,2	,3	dp,6					
20	Builder_java	dp,2											,6							dp	(20)												
21	SplitTokenizerTest_java																			,19	,20	(21)											
22	XMLTokenizerExpression_java	dp,3		,2	dp,3																	dp	(22)	dp,4	,2	,2	,2	,2		,2			
23	XMLTokenizeLanguage_java	dp,3		,2	dp									,3								,4		(23)	,2	,2	,2	,2		,2			
24	JsonPathTransformTest_java				,2	,2									,4	,3	,2	,3					,2	,2	(24)	,2	,2			,2			
25	XMLTokenizeLanguageTest_java	dp,3		,4	,4	,2	,2	,2	,2														,2	,2	,3	(25)	,3			,2			
26	XMLTokenizeWrapLanguageTest_java	dp,3		,5	,5	,3	,3	,2	,2		dp												,2	,2		,3	(26)			,3			
27	TokenizeLanguage_java			dp,4							dp									dp,6								(27)	,6	,2			
28	TokenizerExpression_java	ex,2		,5				,2	,5						,2													dp,6	(28)	,2	,2	,2	,2
29	XQueryExpression_java	dp,5						,2	,6					,3	,3								,2						,2	(29)	,11	,3	
30	XPathExpression_java	ex,dp,3		,3					,4																				,3	,11	(30)	,5	,2
31	SimpleExpression_java	ex,dp,2																	,2										,2	,3	,5	(31)	,2
32	JsonPathExpression_java																													,2	,2	,2	(32)

그림 23.2 진화적 의존성을 나타내는 아파치 카멜의 DSM

23.2 핫스팟 발견

여러분의 코드 베이스에 아키텍처 부채가 있다고 의심된다면(예를 들어 버그 비율이 높아지고 기능 출시 속도가 떨어지는 경우), 부채를 만들고 있는 특정 파일들과 그 파일들의 관계를 식별해야 한다.

코드 기반 기술 부채와 비교할 때 대개 아키텍처 부채가 식별하기 더 어렵다. 근본 원인이 여러 파일과 그 파일들의 관계에 분산돼 있기 때문이다. 의존성 순환이 여섯 개의 파일에 걸쳐 일어나는 경우 여러분 조직의 어느 누구도 해당 순환을 완전히 이해하지 못할 가능성이 높고, 해당 순환을 쉽게 관측할 수도 없을 것이다. 이러한 유형의 복잡한 사례의 경우 아키텍처 부채를 식별하기 위해서는 자동화 형태의 도움이 필요하다.

시스템의 유지 보수 비용에 과도한 기여를 하는 요소들의 집합을 핫스팟이라 부른다. 아키텍처 부채는 높은 결합과 낮은 일관성으로 인해 높은 유지 보수 비용으로 이어진다. 따라서 핫스팟을 식별하기 위해 높은 결합과 낮은 일관성에 기여하는 안티패턴을 찾아야 한다. 사실상 모든 시스템에서 발생하는 일반적인 여섯 개의 안티패턴을 알아보자.

- **안정적이지 않은 인터페이스**: 영향력이 있는 파일(시스템에서 중요한 서비스나 리소스, 추상화를 나타내는 파일)이 해당 파일에 의존하는 파일들과 함께 자주 변경되는 경우다. 이는 수정 히스토리에 기록된다. '인터페이스' 파일은 다른 시스템 요소들이 해당 서비스나 리소스를 사용하기 위한 진입점이다. 해당 파일은 내부적인 원인들이나 그 파일의 API 변경으로 인해 자주 변경된다. 이러한 안티패턴을 식별하기 위해서는 많은 파일이 의존하면서 자주 변경되는 파일을 찾아야 한다.
- **모듈화 위배**: 구조적으로 분리된 모듈들이 함께 자주 변경되는 경우다. 이러한 안티패턴을 식별하기 위해서는 두 개 이상의 구조적으로 독립적인 파일들이 자주 함께 변경되는 경우를 찾아야 한다. 여기서 구조적으로 독립적인 파일이란 서로에게 구조적 의존성이 없는 파일들을 말한다.
- **바람직하지 않은 상속**: 기반 클래스가 자신의 하위 클래스들에 의존하는 경우 혹은 클라이언트 클래스가 기반 클래스에 의존하면서도 자신의 하위 클래스들 중 하나 이상의 클래스에 의존하는 경우다. 바람직하지 않은 상속 사례를 식별하기 위해서는 DSM에서 다음과 같은 두 가지 관계를 찾아봐야 한다.

- 상속 계층 구조에서 부모가 자신의 자식 클래스에 의존한다.
- 상속 계층 구조에서 클래스 계층 구조의 클라이언트가 자신의 부모와 자신의 자식 중 하나 이상에 의존한다.

- **순환 의존성 또는 파벌**clique: 한 무리의 파일들이 서로 긴밀하게 연결돼 있는 경우다. 이러한 안티패턴을 식별하기 위해 긴밀하게 연결된 그래프를 생성하는 파일들의 집합을 찾아봐야 한다. 이러한 그래프의 경우 그래프에서 어떤 요소 두 개를 선택하든 두 요소 간에는 구조적 의존성 경로가 존재한다.

- **패키지 순환**: 두 개 이상의 패키지들이 계층적 구조를 형성해야 함에도 불구하고 서로에게 의존하는 경우다. 이러한 안티패턴을 감지하는 것은 파벌을 감지하는 것과 유사하다. 패키지 순환은 긴밀하게 연결된 그래프를 형성하는 패키지들을 찾아냄으로써 식별할 수 있다.

- **교차**: 하나의 파일이 많은 수의 파일에 의존하는 동시에 많은 수의 파일이 해당 파일에 의존하면서, 그 파일이 자신에 의존하는 파일들 및 자신이 의존하는 파일들과 함께 자주 변경되는 경우다. 교차의 중심에 있는 파일을 식별하기 위해서는 파일에 입력 파일들이 많은 동시에 출력 파일들도 많고 이러한 다른 파일들과 상당한 상호 변화 관계를 갖는 파일을 찾아봐야 한다.

핫스팟에 있는 모든 파일이 다른 모든 파일에 긴밀하게 결합된 것은 아니다. 대신에 파일들의 한 모음이 서로 긴밀하게 결합되고 다른 파일들과 분리돼 있다. 이러한 각 모음은 잠재적인 핫스팟이고 리팩터링을 통한 부채 제거의 잠재적인 후보다.

그림 23.3은 널리 사용되는 NoSQL 데이터베이스인 아파치 카산드라Apache Cassandra의 파일들에 기반한 DSM이다. 그림 23.3은 파벌(의존성 순환)의 예를 나타낸다. 해당 DSM에서 여덟 번째 행의 파일(locator.AbstractReplicationStrategy)이 파일 4(service.WriteResponseHandler)에 의존하고 파일 5(locator.TokenMetadata)를 집계하는 것을 확인할 수 있다. 따라서 파일 4와 파일 5는 파일 8에 의존해 파벌을 형성한다.

그림 23.3 파벌 예

	1	2	3	4	5	6	7	8	9	10	11	12	13	14	15	16	17	18
1 config.DatabaseDescriptor	(1)	dp,44	,14	,10	,10	,6	,14	,36	,118	,12		,16	,12	,42	,52	,4	,18	,30
2 utils.FBUtilities	dp,44	(2)	,40	,4	,6	,10	,6	,12	,38	,28	,12	,8	,14	,24	,46	,6	,18	,28
3 utils.ByteBufferUtil	,14	dp,40	(3)			,4		,10	,20	,4		,4		,10	,26		,12	,4
4 service.WriteResponseHandler	,10	dp,4	,2	(4)	,4	,6	,18	dp,22							,6			
5 locator.TokenMetadata	,10	,6		,4	(5)	,4	,6	dp,24	,8						,4	,6	,4	
6 locator.NetworkTopologyStrategy	,6	dp,10	,2		dp,4	(6)	,10	ih,22	,4						,16			,8
7 service.DatacenterWriteResponseHandler	dp,14	dp,6	,4	ih,18	,10	dp,10	(7)	,20							,6	,6		
8 locator.AbstractReplicationStrategy	,36	dp,12	,4	dp,22	ag,24	,22	dp,20	(8)	,6						,16	,10		,10
9 config.CFMetaData	,118	dp,38	dp,10		,4				(9)			,16		,36	,46			,56
10 dht.RandomPartitioner	,12	dp,28	dp,20		,8					(10)	dp,4			,4	,16		,50	
11 utils.GuidGenerator		dp,12	,4							,4	(11)			,4				
12 io.sstable.SSTable	,16	,8	dp,4					ag,16				(12)	,4	dp,68	,10			
13 utils.CLibrary	,12	dp,14										,4	(13)	,12				
14 io.sstable.SSTableReader	dp,42	dp,4	dp,10					,36	,4			ih,68	dp,12	(14)	,22			,10
15 cli.CliClient	,52	dp,46	dp,26	,6		,16	,6	,16	,46	,16	,4		,10	,22	(15)	,6	,14	,48
16 locator.PropertyFileSnitch	,4	dp,6		dp,6		,6	,10							,4	,6	(16)		
17 dht.OrderPreservingPartitioner	dp,18	dp,18	dp,12		,4					,50				,14			(17)	
18 thrift.ThriftValidation	dp,30	,28	dp,4		,8		dp,10	dp,56						,10	,48	,4		(18)

카산드라의 두 번째 예는 바람직하지 않은 상속 안티패턴을 나타낸다. 그림 23.4의 DSM 은 io.sstable.SSTable(열 12)을 상속하는 io.sstable.SSTableReader 클래스(열 14)를 나타낸다. DSM에서 상속 관계는 'ih'라는 표기법으로 나타낸다. 셀 (12, 14)에서 'dp' 표기법으로 알 수 있듯이 io.sstable.SSTable이 io.sstable.SSTableReader에 의존한다는 점에 주목하자. 셀 (12, 14)와 셀 (14, 12)는 둘 다 숫자 68이라고 주석이 붙었다. 이는 프로젝트의 수정 히스토리에 따르면 io.sstable.SSTable과 io.sstable.SSTableReader가 변경 시에 함께 커밋됐음을 나타낸다. 이러한 과도하게 높은 상호 변경 횟수는 일종의 부채이며, 이러한 부채는 리팩터링을 통해 제거할 수 있다. 즉, 자식 클래스의 일부 기능을 부모 클래스로 이동시킴으로써 이러한 부채를 줄일 수 있다.

그림 23.4 아파치 카산드라의 아키텍처 안티패턴

	1	2	3	4	5	6	7	8	9	10	11	12	13	14	15	16	17	18
1 config.DatabaseDescriptor	(1)	dp,44	,14	,10	,10	,6	,14	,36	,118	,12		,16	,12	,42	,52	,4	,18	,30
2 utils.FBUtilities	dp,44	(2)	,40	,4	,6	,10	,6	,12	,38	,28	,12	,8	,14	,24	,46	,6	,18	,28
3 utils.ByteBufferUtil	,14	dp,40	(3)			,4		,10	,20	,4		,4		,10	,26		,12	,4
4 service.WriteResponseHandler	,10	dp,4	,2	(4)	,4	,6	,18	dp,22							,6			
5 locator.TokenMetadata	,10	,6		,4	(5)	,4	,6	dp,24	,8						,4	,6	,4	
6 locator.NetworkTopologyStrategy	,6	dp,10	,2		dp,4	(6)	,10	ih,22	,4						,16			,8
7 service.DatacenterWriteResponseHandler	dp,14	dp,18	,10		dp,10	(7)		,20							,6	,6		
8 locator.AbstractReplicationStrategy	,36	dp,12	,4	dp,22	ag,24	,22	dp,20	(8)	,6						,16	,10		,10
9 config.CFMetaData	,118	dp,38	dp,10		,4				(9)			,16		,36	,46			,56
10 dht.RandomPartitioner	,12	dp,28	dp,20		,8					(10)	dp,4			,4	,16		,50	
11 utils.GuidGenerator		dp,12	,4							,4	(11)			,4				
12 io.sstable.SSTable	,16	,8	dp,4					ag,16				(12)	,4	dp,68	,10			
13 utils.CLibrary	,12	dp,14											(13)	,12				
14 io.sstable.SSTableReader	dp,42	dp,4	dp,10					,36	,4			ih,68	dp,12	(14)	,22			,10
15 cli.CliClient	,52	dp,46	dp,26	,6		,16	,6	,16	,46	,16	,4		,22		(15)	,6	,14	,48
16 locator.PropertyFileSnitch	,4	dp,6		dp,6		,6	,10							,4	,6	(16)		
17 dht.OrderPreservingPartitioner	dp,18	dp,18	dp,12		,4					,50				,14			(17)	
18 thrift.ThriftValidation	dp,30	,28	dp,4		,8		dp,10	dp,56						,10	,48	,4		(18)

이슈 추적 시스템에서 대부분의 이슈는 크게 버그 수정과 기능 향상, 이렇게 두 가지로 분

류할 수 있다. 버그 수정과 버그 및 수정 관련 재작업은 안티패턴 및 핫스팟과 높은 상관관계를 갖는다. 즉, 안티패턴에 참여하고 잦은 버그 수정이나 잦은 수정을 요하는 파일들은 핫스팟일 가능성이 높다.

각 파일에 대해 총 버그 수정 및 변경 횟수와 해당 파일이 경험한 총 재작업 횟수를 확인한다. 그러고 나서 해당 파일이 각 안티패턴에서 경험한 버그 수정과 변경, 재작업 횟수를 더한다. 이를 통해 각 안티패턴이 아키텍처 부채에 얼마나 기여하는지에 관해 가중치를 계산할 수 있다. 이런 방식으로 부채가 많은 모든 파일은 해당 파일들의 모든 관계와 함께 식별되고, 그 파일들의 부채는 정량화될 수 있다.

이러한 프로세스에 기반해 부채 감소 전략(주로 리팩터링을 통해 달성)은 단순하다. 해당 부채와 관련된 파일들이 무엇인지 알고 그 파일들의 결함이 있는 관계들(식별된 안티패턴에 의해 결정)을 파악함으로써 아키텍트는 리팩터링 계획을 만들고 정당화할 수 있다. 예를 들어 파벌이 존재하는 경우 의존성 순환 고리를 깨기 위해 의존성을 제거하거나 뒤바꿔야 한다. 바람직하지 않은 상속이 존재하는 경우 일부 기능을 대개 자식 클래스에서 부모 클래스로 이동시켜야 한다. 모듈화 위반이 식별된 경우 파일들 간에 공유된 캡슐화되지 않은 '비밀'을 별도의 추상화로 캡슐화해야 한다.

23.3 아키텍처 부채 사례

이러한 프로세스를 소프트서브^{SoftServe}라는 다국적 소프트웨어 아웃소싱 회사와 함께 수행했던 SS1이라 부르는 사례 연구를 예로 들어 살펴보고자 한다. 분석 당시에 SS1 시스템에는 797개의 소스 파일이 있었고, 2년에 걸쳐 해당 시스템의 수정 이력과 이슈 정보를 파악했다. SS1은 여섯 명의 전담 개발자와 수많은 보조 기여자에 의해 유지됐다.

핫스팟 식별

우리가 SS1을 연구하던 동안에 2,756개의 이슈가 SS1의 지라^{Jira} 이슈 추적 시스템에 기록됐고(그중 1,079개가 버그), 3,262개의 커밋이 깃^{Git} 버전 제어 저장소에 기록됐다.

앞에서 기술한 프로세스를 통해 핫스팟을 식별했다. 결국에는 세 무리의 아키텍처 관련 파일들이 가장 해로운 안티패턴들을 포함해 프로젝트에서 대부분의 부채를 지는 것으로 식별됐다. 이러한 세 무리의 파일들이 지고 있는 부채는 전체 프로젝트의 797개 파일 중 총

291개의 파일에 해당한다. 즉, 프로젝트 파일들의 3분의 1이 조금 넘는다. 이러한 세 무리의 파일들과 관련된 결함의 수는 프로젝트 전체 결함(265개)의 89퍼센트에 해당한다.

해당 프로젝트의 수석 아키텍트는 이러한 파일 무리들이 문제라는 점에 동의했지만 이유를 설명하는 데는 애를 먹었다. 우리의 분석을 제시했을 때 수석 아키텍트는 이 파일들은 여러 설계 규칙을 위반하는 진정한 설계 문제라는 점을 인정했다. 그러고 나서 그 아키텍트는 핫스팟에서 식별된 파일들 간의 결함이 있는 관계를 해결하는 데 집중하며 여러 리팩터링을 조심스럽게 수행했다. 이러한 리팩터링들은 핫스팟에서 안티패턴을 제거하는 것에 기반했으므로 해당 아키텍트는 이를 수행하는 방법에 있어 우리의 분석으로부터 많은 지침을 얻을 수 있었다.

하지만 이러한 유형의 리팩터링을 수행하는 것이 실제 이득이 될까? 모든 부채 제거가 항상 성과를 내는 것은 아니다. 이에 관해서는 다음 절에서 자세히 알아보자.

아키텍처 부채 정량화

분석이 제시하는 해결책은 매우 구체적이므로 아키텍트는 핫스팟의 안티패턴을 기반으로 식별한 각 리팩터링에 필요한 인력 소요량을 쉽게 예측할 수 있다. 비용/이득 공식의 다른 측면에는 리팩터링을 통해 얻을 수 있는 이득이 있다. 얻을 수 있는 절약(이득)을 예측하기 위해 리팩터링된 파일들은 과거에 평균적인 파일의 버그 수정 횟수와 거의 비슷한 버그 수정 횟수를 가질 것이라고 가정한다. 이는 꽤나 보수적인 가정이다. 과거의 평균 버그 수정 횟수는 식별된 핫스팟의 파일들에 의해 더 부풀려졌기 때문이다. 게다가 이러한 계산은 평판 하락과 판매 기회 상실, 품질 확보 및 디버깅에 들어간 노력 같은 다른 중요한 버그 비용을 고려하지 않는다.

이러한 부채의 비용은 버그 수정을 위해 커밋된 코드의 줄 수로 계산한다. 이러한 정보는 프로젝트의 수정 제어 및 이슈 추적 시스템에서 얻을 수 있다.

SS1의 경우 우리가 수행한 부채 계산은 다음과 같다.

1. 아키텍트가 세 개의 핫스팟을 리팩터링하는 데 14맨먼스$^{person-month}$가 들어간다고 예측했다.

2. 전체 프로젝트의 파일당 연간 평균 버그 수정 횟수를 0.33으로 계산했다.

3. 핫스팟의 파일들에 대한 연간 평균 버그 수정 횟수를 237.8로 계산했다.

4. 위의 결과에 기반해 리팩터링 후 핫스팟의 파일들에 대한 연간 버그 수정은 96이 될 것으로 예측했다.

5. 핫스팟 파일들과 관련된 실제 재작업과 리팩터링 이후 예상 재작업량의 차가 예측되는 절감 비용이다.

리팩터링된 파일들의 예상 연간 절감 비용(사내 평균 생산성 수치 사용)은 41.35맨먼스였다. 단계 1~5의 계산을 고려할 때, 리팩터링에 들어가는 14맨먼스 비용에 대해 프로젝트는 연간 41맨먼스를 절감할 수 있을 것이라고 기대한다.

이 밖에도 여러 사례에서 이러한 유형의 투자 수익률을 확인했다. 아키텍처 부채를 식별한 이후에 비용을 들여 해당 부채를 해결하고 나면, 기능 출시 속도와 버그 수정 시간 면에서 프로젝트가 훨씬 잘 진행돼 들어간 노력보다 더 많은 이득을 얻을 수 있다.

23.4 자동화

이러한 형태의 아키텍처 분석은 완전히 자동화할 수 있다. 23.2절에서 소개한 각 안티패턴은 자동화된 방식으로 식별할 수 있고 아키텍처 부채를 지속적으로 모니터링할 수 있도록 지속적인 통합 툴 모음에 아키텍처 분석 툴들을 포함시킬 수 있다. 이러한 분석 프로세스는 다음 툴들을 필요로 한다.

- 이슈 추적 시스템으로부터 이슈들을 추출하기 위한 툴
- 수정 제어 시스템으로부터 로그를 추출하기 위한 툴
- 파일들 간의 구문적 의존성을 확인하기 위해 코드 베이스를 리버스 엔지니어링하기 위한 툴
- 추출된 정보로부터 DSM을 만들고 안티패턴을 찾기 위해 DSM을 살펴보기 위한 툴
- 각 핫스팟과 관련된 부채를 계산하는 툴

이 프로세스에 필요한 유일한 전문 도구는 DSM을 만들고 DSM을 분석하는 툴들이다. 대부분의 프로젝트에는 이미 이슈 추적 시스템과 수정 이력, 여러 리버스 엔지니어링 툴이 있을 것이고, 오픈소스로 돼 있는 경우도 있을 것이다.

23.5 요약

이번 장에서는 프로젝트에서 아키텍처 부채를 식별하고 정량화하기 위한 프로세스를 제시했다. 아키텍처 부채는 중요하면서도 비용이 많은 드는 형태의 기술 부채다. 코드 기반 기술 부채에 비해 아키텍처 부채의 원인은 여러 파일과 그 파일들의 상호 관계에 분산돼 있으므로 대개 아키텍처 부채는 식별하기 더 어렵다.

이번 장에서 소개한 프로세스에는 프로젝트의 이슈 추적 시스템과 수정 제어 시스템, 소스 코드 자체로부터 정보를 수집하는 과정이 포함된다. 이러한 정보를 사용해 아키텍처 안티패턴들을 식별하고 핫스팟으로 그룹화할 수 있으며, 이러한 핫스팟들의 영향을 정량화할 수 있다.

이러한 아키텍처 부채 모니터링 프로세스는 자동화할 수 있고 시스템의 지속적인 통합 툴 모음에 포함될 수 있다. 아키텍처 부채가 식별된 이후에 해당 부채가 심각하다면 리팩터링을 통해 제거해야 한다. 해당 프로세스의 결과물은 프로젝트 경영진에게 리팩터링을 비즈니스 측면에서 정당화하는 데 필요한 정량적인 데이터를 제공한다.

23.6 참고 문헌

현재 기술 부채 분야에는 많은 연구가 있다. '기술 부채technical debt'라는 용어는 워드 커닝험Ward Cunningham이 1992년에 만들었다(당시에는 단순히 '부채'라고 불렀다[Cunningham 92]). 이러한 개념은 다른 많은 사람에 의해 개선되고 구체화됐다. 그중 가장 저명한 이들로는 마틴 파울러Martin Fowler[Fowler 09]와 스티브 맥코넬Steve McConnell[McConnell 07]이 있다. 조지 페어뱅크스George Fairbanks는 자신의 「IEEE 소프트웨어」 기고문인 'Ur-Technical Debt'[Fairbanks 20]에서 부채의 반복적인 성질에 관해 설명했다. 기술 부채 관리의 문제에 관한 종합적인 시각은 [Kruchten 19]에서 확인할 수 있다.

이번 장에서 사용된 아키텍처 부채의 정의는 [Xiao 16]에서 차용했다. 소프트서브 사례 연구는 [Kazman 15]에서 발표됐다.

DSM을 생성하고 분석하는 데 사용된 툴들 중 일부는 [Xiao 14]에서 기술하고 있다. 아키텍처 결함을 감지하기 위한 툴들은 [Mo 15]에서 소개한다.

아키텍처 결함의 영향은 [Feng 16]과 [Mo 18]을 포함한 여러 연구에서 논의하고 실증적으로 조사했다.

23.7 토론 질문

1. 아키텍처 부채가 있는 프로젝트를 수많은 기능이 구현 중인 '바쁜' 프로젝트와 어떻게 구분하겠는가?

2. 주요 리팩터링들을 수행했던 프로젝트의 예를 찾아보자. 이러한 리팩터링의 동기를 부여하거나 정당화하기 위해 어떤 증거가 사용됐는가?

3. 어떤 상황에서 부채 축적이 합리적인 전략일까? 여러분이 너무 과도한 부채에 이르렀다는 사실을 어떻게 알 수 있을까?

4. 아키텍처 부채가 코드 부채나 문서 부채, 테스트 부채와 같은 다른 유형의 부채보다 더 해로울까, 아니면 덜 해로울까?

5. 21장에서 논의한 방법들과 비교할 때, 이번 장에서 살펴본 유형의 아키텍처 분석을 수행하면 어떤 장단점을 얻게 될지 논의해보자.

5부

아키텍처와 조직

24장

프로젝트에서
아키텍트의 역할

나는 사람들이 왜 아키텍트를 고용한 다음에
해당 아키텍트에게 무엇을 해야 한다고 명령하는지 모르겠다.
— 프랭크 게리(Frank Gehry)

교실 밖에서 수행된 아키텍처 활동은 개발 프로젝트라는 더 큰 규모의 상황에서 일어난다. 개발 프로젝트는 하나 이상의 조직에서 일하는 사람들에 의해 계획되고 수행된다. 아키텍처가 중요함에도 불구하고 아키텍처는 좀 더 큰 목표를 향해 가는 데 필요한 수단일 뿐이다. 이번 장에서는 아키텍처의 이러한 측면과 개발 프로젝트의 현실에서 비롯된 아키텍트의 책임을 다룬다.

우선 아키텍트가 긴밀한 협업 관계를 유지해야 하는 핵심 프로젝트 역할인 프로젝트 관리자에 관해 알아보겠다.

24.1 아키텍트와 프로젝트 관리자

팀 내에서 가장 중요한 관계 중 하나는 소프트웨어 아키텍트와 프로젝트 관리자 사이의 관계다. 프로젝트 관리자는 프로젝트의 전반적인 성과를 책임진다. 주로 예산과 일정을 준수하고 알맞은 사람들이 알맞은 업무를 수행할 수 있도록 인력을 관리한다. 이러한 책임을 수행하기 위해 프로젝트 관리자는 대개 프로젝트 아키텍트의 지원을 기대한다.

프로젝트 관리자의 주요 책임은 프로젝트의 외부 관련 측면을 다루는 것이고, 소프트웨어 아키텍트의 주요 책임은 프로젝트의 내부 관련 측면을 다루는 것이다. 외부 관점은 내부 상황을 정확하게 반영해야 하고 내부 활동은 외부 이해관계자들의 기대를 정확하게 반영해야 한다. 즉, 프로젝트 관리자는 프로젝트 내의 진척 상황과 위험을 파악해 상위 경영진에게 전달해야 하는 반면, 소프트웨어 아키텍트는 외부 이해관계자들의 관심 사항을 파악해 개발자들에게 전달해야 한다. 프로젝트 관리자와 소프트웨어 아키텍트 사이의 관계는 프로젝트 성공에 큰 영향을 미칠 수 있다. 따라서 이들은 좋은 협업 관계를 유지해야 하고 자신들이 수행하는 역할의 중요성과 경계를 염두에 둬야 한다.

프로젝트 관리 지식 체계PMBOK, Project Management Body of Knowledge는 프로젝트 관리자들을 위한 많은 지식 분야를 나열한다. 이러한 분야들은 프로젝트 관리자가 아키텍트로부터 입력을 원하는 분야들이다. 표 24.1은 PMBOK가 기술한 지식 분야와 해당 분야에서 소프트웨어 아키텍트가 수행하는 역할을 식별한다.

표 24.1 프로젝트 관리 지식 분야 지원에서의 아키텍트 역할

PMBOK 지식 분야	설명	소프트웨어 아키텍트 역할
프로젝트 통합 관리	프로젝트의 다양한 요소가 올바르게 조율될 수 있도록 보장한다.	설계를 생성하고 설계를 중심으로 팀을 조직화한다. 의존성을 관리한다. 지표의 수집을 구현한다. 변경 요청을 조율한다.
프로젝트 범위 관리	프로젝트가 모든 필수 작업을 포함하는 동시에 필수 작업만을 포함하도록 보장한다.	런타임 요구 사항을 도출하고 협상하고 검토하고 개발 요구 사항을 생성한다. 요구 사항을 달성하기 위한 비용과 일정, 위험을 예측한다.
프로젝트 시간 관리	프로젝트가 시기 적절하게 완료될 수 있도록 보장한다.	작업 분할 구조(WBS, Work Breakdown Structure) 정의를 돕는다. 추적 측정치를 정의한다. 리소스를 소프트웨어 개발 팀들에게 할당하는 방법을 추천한다.
프로젝트 비용 관리	프로젝트가 예산 내에 완료되도록 보장한다.	개별 팀로부터 비용을 수집한다. 직접 구현할 것인지/구매할 것인지 여부와 리소스 할당에 관련된 추천을 한다.
프로젝트 품질 관리	프로젝트가 해당 프로젝트가 맡은 요구 사항들을 달성하도록 보장한다.	품질을 위한 설계를 하고, 설계 대비 시스템이 잘 진행되고 있는지 추적한다. 품질 지표를 정의한다.
프로젝트 인력 리소스 관리	프로젝트가 프로젝트에 포함된 인력들을 최대한 효과적으로 활용할 수 있도록 보장한다.	필요한 기술적인 스킬 셋(skill set)을 정의한다. 개발자들에게 커리어 패스(career path) 관련 지도를 한다. 교육 프로그램을 추천한다. 후보자들을 인터뷰한다.
프로젝트 의사소통 관리	프로젝트 정보가 시기 적절하고 알맞게 생성되고 수집되고 전파되고 보관되고 배치되도록 보장한다.	개발자들 간의 의사소통과 조율을 보장한다. 진척도, 문제점, 위험과 관련된 피드백을 도출한다. 문서화를 관장한다.
프로젝트 위험 관리	프로젝트 위험을 식별하고 분석하고 이러한 위험에 대응한다.	위험을 식별하고 정량화한다. 위험을 경감하기 위해 아키텍처와 프로세스를 수정한다.

(이어짐)

PMBOK 지식 분야	설명	소프트웨어 아키텍트 역할
프로젝트 조달 관리	조직 외부에서 상품과 서비스를 획득한다.	기술 요구 사항들을 결정한다. 기술과 교육, 툴을 추천한다.

아키텍트를 위한 추천 사항

프로젝트 관리자와 좋은 협업 관계를 유지하라. 프로젝트 관리자의 업무와 관심 사항을 파악하고 이러한 업무와 관심 사항을 지원할 수 있도록 여러분이 아키텍트로서 어떤 식으로 요청을 받을지 파악하라.

24.2 점증적인 아키텍처와 이해관계자들

애자일 방법론은 점증적 개발을 근간으로 만들어진 것이다. 각 증분 시에 고객이나 사용자에게 가치를 전달한다. 애자일과 아키텍처에 관해서는 별도의 절에서 다룰 것이다. 여러분의 프로젝트가 애자일 프로젝트가 아니더라도 프로젝트 자체의 테스트 및 출시 일정을 지원하는 속도에 맞춰 아키텍처를 점증적으로 개발하고 출시해야 한다.

결과적으로 이는 어떤 뷰를 출시할지(계획된 뷰들 중에 어떤 뷰를 출시할지)와 어떤 깊이로 출시할지 결정하는 과정을 수반한다. 1장에서 소개한 구조들을 사용해 여러분의 첫 번째 증분을 위한 후보들로 다음 사항들을 고려할 수 있다.

- **모듈 분할 구조**: 해당 구조로부터 개발 프로젝트를 위한 팀 구조에 대한 정보를 얻을 수 있으므로 프로젝트 조직 구성을 시작하는 데 도움이 된다. 팀 구조는 프로젝트 계획과 예산의 기반이 될 것이다. 따라서 해당 기술 구조는 프로젝트의 관리 구조를 정의한다.
- **모듈 '사용' 구조**: 해당 구조를 사용해 증분을 계획할 수 있다. 이는 소프트웨어를 점증적으로 출시하고자 하는 모든 프로젝트에 있어 중요하다. 1장에서 알아본 것처럼 사용 구조를 사용해 기능을 추가하기 위해 확장 가능한 시스템을 고안하거나 유용한 기능 부분 집합들을 추출할 수 있는 시스템을 고안할 수 있다. 증분이 정확히 무엇이 될 것인지 계획하지 않은 경우 점증적 개발이 용이하도록 설계된 시스템을 생성하고자 하는 노력은 문제가 될 수 있다.

- 컴포넌트-커넥터$^{C\&C}$ 구조는 전반적인 해결책 접근법을 가장 잘 전달한다.
- 시스템이 모바일 장치에 배포될 것인지, 클라우드 인프라에 배포될 것인지 등의 주요 질문들에 주로 대응하는 개괄적인 배포 구조

그 이후에는 아키텍처 이해관계자들의 요구 사항을 이후의 출시 내용을 만드는 데 있어 지침으로 사용한다.

아키텍트를 위한 추천 사항

적합한 해결책과 문서를 설계하기 위해서는 우선 이해관계자들이 누구이고 그들의 요구 사항은 무엇인지 파악해야 한다. 또한 다음 사항들을 수행해야 한다.

- 출시 속도와 각 프로젝트 증분의 내용을 정하기 위해 프로젝트 이해관계자들과 협업해야 한다.
- 첫 번째 아키텍처 증분은 모듈 분할 및 사용 뷰뿐만 아니라 컴포넌트-커넥터 뷰 초안을 포함해야 한다.
- 여러분의 영향력을 사용해 초기 출시가 시스템의 가장 어려운 품질 속성 요구 사항을 다룰 수 있도록 해야 한다. 이를 통해 개발 주기 후반부에 예상치 못한 아키텍처 관련 문제들이 튀어나오는 것을 막을 수 있다.
- 점증적인 프로젝트 개발이 가능하고 각 증분 개발 시에 개발 이해관계자들의 요구 사항을 지원하기 위해 아키텍처 출시를 단계적으로 수행해야 한다.

24.3 아키텍처와 애자일 개발

애자일 개발은 기존 개발 접근법에 대한 저항으로 시작됐다. 기존 개발 접근법은 프로세스 측면에서 유연하지 못하면서 무거웠고, 필수 문서 측면에서 너무 과했고, 사전 계획과 설계에 집중했으며, 결국에는 시스템을 한 번에 출시하는 것으로 가장 안 좋은 측면의 절정을 이뤘다(단 한 번의 최종 출시 때는 고객이 최초에 원했던 것과 최대한 비슷하길 바라곤 했다). 애자일 방법론을 선호하는 사람들은 고객들이 정말 원하는 것이 무엇인지 파악하고 작고 테스트 가능한 출시 증분의 형태로 고객들이 원하는 것을 처음부터 출시하는 데 리소스를 할당해야 한다고 주장한다. 그렇지 않으면 이전 방법론에서 이러한 리소스는 프로세스와 문서화에 사

용됐을 것이다.

여기서 핵심 질문은 다음과 같다. 프로젝트가 요구 사항 분석과 위험 경감, 아키텍처 설계 측면에서 얼마나 많은 사전 작업에 착수해야 할까? 이 질문에 대한 단 하나의 올바른 답변이 존재하지는 않지만, 어떤 프로젝트든 '최적점'을 찾아낼 수 있다. 프로젝트 작업의 양이 어느 정도가 '올바른' 양인지는 여러 요소에 달려 있다. 그중 가장 주요한 요소는 프로젝트의 크기다. 하지만 다른 중요한 요소들로 복잡한 기능 요구 사항과 높은 품질 속성 요구 사항, 변하기 쉬운 요구 사항(전례가 있는지 혹은 새로운 분야인지와 관련됨), 개발 분산 정도 등이 있다.

그렇다면 어떤 식으로 아키텍트가 올바른 양의 애자일스러움^{agaility}을 달성할 수 있을까? 그림 24.1에서 선택 가능한 사항들을 확인할 수 있다. 그림 24.1(a)와 같이 폭포수 스타일의 '큰 설계는 사전에 수행$^{BDUF, Big Design Up Front}$'을 선택할 수 있다. 또는 그림 24.1(b)와 같이 아키텍처 관련 유의 사항들은 완전히 잊어버리고 애자일 주창자들은 '점증적으로 드러나는' 접근법을 신뢰할 수 있다. 이러한 접근법의 경우 최종 아키텍처는 코더들이 자신들의 증분을 전달함에 따라 점차 드러난다. 이러한 접근법은 매우 빠르게 방향을 바꿀 수 있고 요구에 따라 단순하게 리팩터링할 수 있는 소규모의 간단한 프로젝트에서는 잘 동작하지만, 대규모의 복잡한 프로젝트에서는 절대로 잘 동작하지 않는다.

예측했겠지만, 우리가 추천하는 접근법은 앞에서 설명한 두 가지 극단적인 접근법의 중간 정도에 해당한다. 이는 그림 24.1(c)와 같은 '반복 0$^{Iteration 0}$' 접근법이다. 어느 정도 요구 사항에 대한 이해도가 있는 프로젝트의 경우 속성 중심 설계$^{ADD, Attribute-Driven Design}$(20장 참고)를 몇 차례 반복하는 것으로 프로젝트를 시작해볼 수 있다. 이러한 설계 반복은 주요 아키텍처 패턴(적합한 참조 아키텍처가 있다면 참조 아키텍처가 포함될 수 있음)과 프레임워크, 컴포넌트를 선택하는 데 집중할 수 있다. 24.2절에서 권고한 것처럼 아키텍처의 이해관계자들을 돕는 방식으로 프로젝트의 증분에 대한 지원을 목표로 해야 한다. 초기에 이는 여러분이 프로젝트를 구조화하고 업무 할당과 팀 구성을 정의하고 가장 중요한 품질 속성들에 대처하는 데 도움이 될 것이다. 요구 사항이 변경되는 경우, 특히나 이러한 요구 사항이 품질 속성 요구 사항의 동인이 된다면 애자일 실험 실천법을 도입해야 한다. 애자일 실험 실천법에서는 스파이크^{spike}를 사용해 새로운 요구 사항에 대처할 수 있다. 스파이크는 기술 질문에 답하거나 정보를 수집하기 위해 생성된 시한이 정해진 작업이다. 스파이크는 완료된 제품을 목표로 하지 않는다. 스파이크는 별도의 코드 브랜치^{branch}에서 개발되고, 성공인 경우 코드의 메인 브랜치로 병합된다. 이런 식으로 새롭게 등장하는 요구 사항들을 전반적인 개발 프로세스에 큰 방해가 되지 않으면서도 쉽게 받아들이고 관리할 수 있다.

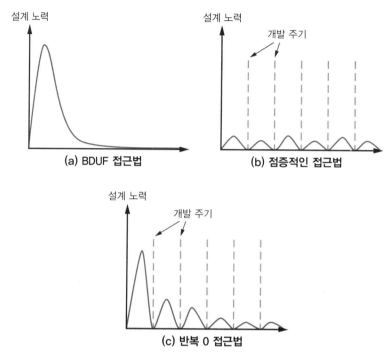

그림 24.1 아키텍처 설계의 세 가지 접근법

애자일 프로그래밍과 아키텍처가 언제나 가장 좋은 관계였던 것은 아니다. 2001년의 애자일 선언서인 애자일 운동의 '주요 지침'은 아키텍처는 점증적으로 드러나야 하며 미리 계획되거나 설계될 필요는 없다고 암시한다.

동작하는 소프트웨어를 전달하는 중이 아니라면 가치 있는 무언가를 하고 있는 것이 아니라고 선언하는 공개된 애자일 논의를 쉽게 찾을 수 있었다(그리고 지금도 쉽게 찾을 수 있다).

여러분이 아키텍처 작업 중이라면 프로그래밍에 쏟아야 할 리소스를 사용하고 있는 것이므로 가치 없는 활동을 하고 있는 것이다. 코드를 작성하면 아키텍처가 유기적으로 나타날 것이라는 이야기다.

중대규모 시스템의 경우 경험에 비춰볼 때 이러한 관점은 말이 안 된다. 품질 속성 요구사항에 대한 해결책은 개발 후반부의 아무 때나 단순히 기존 시스템에 '조립'할 수 있는 것이 아니다. 보안, 고성능, 안전성과 많은 관심 사항에 대한 해결책은 최초 20개의 계획된 점진 개발 산출물이 해당 해결책을 사용하지 않는다고 하더라도 애초에 시스템의 아키텍처 설계 시에 포함돼야 한다. 그렇다. 여러분이 코딩을 시작하면 아키텍처가 만들어질 것이다. 하지만 이러한 아키텍처는 잘못된 아키텍처일 것이다.

요약하면, 애자일 선언서는 애자일과 아키텍처 간의 결합에 있어 어설프다. 하지만 애자일 선언서의 12가지 애자일 원칙을 자세히 읽어보면 애자일과 아키텍처 사이의 중간 지대를 찾을 수 있다. 표 24.2는 애자일 원칙을 나열하고 각 원칙에 대한 아키텍처 관점에서의 해석을 제공한다.

표 24.2 애자일 원칙과 아키텍처 중심 관점

애자일 원칙	아키텍처 중심 관점
우리의 가장 높은 우선순위는 가치 있는 소프트웨어를 조기에 지속적으로 배포함으로써 고객을 만족시키는 것이다.	완전히 동의한다.
심지어 개발 후반부라고 하더라도 요구 사항 변경을 기꺼이 받아들인다. 애자일 프로세스는 고객의 경쟁 우위를 위해 변경을 활용한다.	완전히 동의한다. 높은 변경 용이성(8장)과 배포 용이성(5장)을 제공하는 아키텍처는 이러한 원칙을 지키는 데 도움이 된다.
2주부터 두 달에 이르기까지 동작하는 소프트웨어를 자주 배포한다. 가급적 짧은 시간 단위를 선호한다.	완전히 동의한다. 단, 이 원칙이 충분한 검토 끝에 만들어진 아키텍처가 불가능하게 만들어서는 안 된다. 데브옵스(DevOps)가 이와 관련해 큰 역할을 할 수 있다. 5장에서는 아키텍처가 데브옵스를 어떤 식으로 지원할 수 있는지 논의했다.
사업 부서와 개발자들은 프로젝트 내내 매일 협업해야 한다.	비즈니스 목표는 품질 속성 요구 사항으로 이어진다. 이는 아키텍처가 중점적으로 만족해야 하는 사항이다(19장).
동기 부여된 인원들을 중심으로 프로젝트를 만들어라. 해당 인원들에게 자신들이 필요로 하는 환경과 지원을 제공하고 그들이 업무를 완수할 것이라는 점을 신뢰하라.	원칙적으로는 동의하지만 경험이 충분하지 않은 개발자도 많다. 따라서 이러한 인원들을 도울 수 있도록 기술을 갖추고 경험이 많은 동기 부여된 아키텍트를 반드시 포함해야 한다.
개발 팀에게 정보를 전달하고 개발 팀 내에서 정보를 전달하기 위한 가장 효율적이고 효과적인 방법은 대면 대화다.	중요 시스템 개발에서는 말이 안 되는 이야기다. 우리의 뇌가 기억해야 할 모든 것을 기억할 수 없기 때문에 인류는 글쓰기를 발명했다. 인터페이스와 프로토콜, 아키텍처 구조는 기록돼야 하고, 반복된 명령으로 인한 비효율성과 비효과성과 오해로 인한 결과 오류는 해당 원칙이 맞지 않음을 나타낸다. 이 원칙에 따르면 어느 누구도 사용자 매뉴얼을 만들어서는 안 되고, 개발자들에게 언제든 전화할 수 있도록 개발자들의 전화번호를 공개하기만 하면 된다. 또한 대부분의 시스템이 그러하듯 유지 보수 단계가 별도로 있는 시스템의 경우 초기 개발 팀이 더 이상 해당 시스템을 개발하지 않기 때문에 해당 원칙은 더욱 맞지 않는다. 중요한 세부 사항을 파악하기 위해 누구와 대면 대화를 해야 할까? 이와 관련한 지침을 22장에서 확인할 수 있다.
동작하는 소프트웨어는 주요 진척도 측정치다.	맞다. 다만 '주요'라는 말이 '유일한'을 의미하는 것으로 받아들여져서는 안 된다. 그리고 이 원칙이 코딩을 제외한 모든 작업을 없애기 위한 구실로 사용돼서는 안 된다.
애자일 프로세스가 지속 가능한 개발을 장려한다. 스폰서와 개발자, 사용자는 지속적인 페이스를 계속해서 유지할 수 있어야 한다.	완전히 동의한다.

(이어짐)

애자일 원칙	아키텍처 중심 관점
기술적 뛰어남과 우수한 설계에 대한 지속적인 관심은 애자일스러움(agility)을 향상시킨다.	완전히 동의한다.
하지 말아야 할 작업을 최대화하는 기술인 단순성이 필수적이다.	맞는 말이다. 단, 우리가 수행하지 않은 작업은 제공하고자 하는 시스템에 해를 끼치지 않고 안전하게 폐기될 수 있어야 한다.
최선의 아키텍처와 요구 사항, 설계는 자기 조직화 팀(self-organizing team)으로부터 나온다.	그렇지 않다. 최선의 아키텍처는 기술이 있고 재능이 있고 훈련된 경험 많은 아키텍트에 의해 신중하게 설계된다(20장).
정기적으로 팀은 어떻게 하면 좀 더 효과적이 될 수 있을지 돌아보고, 검토 결과에 따라 자신의 행동을 조율하고 조정해야 한다.	완전히 동의한다.

위의 표에는 '완전 동의'가 여섯 개, '일반적인 동의'가 네 개, '강한 부정'이 두 개 있다.

애자일 방법론이 처음 등장했을 때는 작은 규모의 제품을 만드는 작은 조직에서 가장 잘 동작하는 것처럼 보였다. 대규모 프로젝트에 애자일을 적용하길 원했던 중규모 및 대규모 조직들은 수많은 작은 규모의 애자일 팀을 조율하는 것이 엄청난 일이라는 사실을 확인했다. 애자일에서 작은 규모의 팀들은 짧은 기간 동안 작은 규모의 작업을 수행한다. 한 가지 어려운 점은 이러한 많은(수십에서 수백 개의) 작은 팀이 적합하게 작업을 분배해서 놓치고 있는 작업이 없고 중복 수행되는 작업이 없도록 보장하는 일이었다. 또 다른 어려운 점은 팀들이 수행하는 수많은 작업의 순서를 맞춰 작업 결과들이 빈번하고 재빠르게 합쳐져서 시스템의 잘 동작하는 다음 증분을 생성하는 것이었다.

대규모 프로젝트 수준에서 애자일을 적용하기 위한 접근법의 한 예로 SAFe[Scaled Agile Framework]가 있다. SAFe는 2007년경에 등장했고 그때 이후로 끊임없이 개선돼 왔다. SAFe는 대규모 조직들이 많은 팀의 활동을 조율해 대규모 시스템을 체계적이고 성공적으로 만들 수 있도록 작업 흐름과 역할, 프로세스의 참조 모델을 제공한다. 각 참조 모델은 기존 애자일 방식으로 동작한다.

SAFe는 아키텍처의 역할을 인정한다. SAFe는 '의도가 있는 아키텍처[intentional architecture]'를 인정한다. 의도가 있는 아키텍처의 정의는 이 책의 독자들의 심금을 울릴 것이다. 의도가 있는 아키텍처는 '목적이 있고 계획된 아키텍처 전술과 이니셔티브[initiative]의 집합을 정의한다. 이는 해결책 설계와 성능, 사용성을 개선하고, 팀 간의 설계 및 구현 동기화를 위한 지침을 제공한다.' 하지만 SAFe는 '점증적인 설계[emergent design]'라 불리는 반대 힘도 강조한다. 이는 '완전히 진화적이고 점증적인 구현 접근법을 위한 기술적 기반을 제공한다(scaledagileframework.com).' 우리는 이러한 품질 속성들은 의도가 있는 아키텍처에서도 가능하다고 생각한다. 빠르게 진화하는 능력과 점증적인 구현을 지원하는 능력은 사전에 충분한 고려를 하지 않고는 불가능하기 때문이다. 사실, 이러한 품질 속성들을 달성하기 위한 방법들을 이 책 전반에 걸쳐 다뤘다.

24.4 아키텍처와 분산 개발

오늘날 대부분의 중요한 프로젝트들은 분산된 팀들에 의해 개발된다. 여기서 '분산'은 하나의 빌딩 내에서 여러 층에 퍼져 있다는 의미일 수도 있고, 한 지역 내에서 여러 빌딩에 퍼져 있다는 의미일 수도 있으며, 하나의 시간대의 여러 지역이나 다른 시간대의 여러 지역, 혹은 여러 다른 부서나 여러 하청 업체에 퍼져 있다는 의미일 수도 있다.

분산 개발에는 다음과 같은 장점과 단점이 있다.

- **비용**: 노동 비용은 위치에 따라 다양하다. 일부 개발을 저비용 지역으로 이동하면 전체 프로젝트의 비용이 반드시 줄어들 것이라는 인식이 있다. 사실, 과거 경험을 보면 소프트웨어 개발은 저비용 지역에서 개발을 수행하면 장기적으로 비용을 줄일 수 있다. 하지만 저비용 지역의 개발자들이 충분한 도메인 전문성을 갖추기 전까지는 그리고 관리 기법이 분산 개발의 어려움을 극복할 수 있도록 맞춤화되기 전까지는 상당한 재작업을 수행하게 돼서 급여 지출 감소로 얻은 이득이 줄어들거나 오히려 손해를 볼 수도 있다.
- **기술 역량과 노동 가용성**: 조직들은 한곳에서 개발자들을 고용하지 못할 수 있다. 재배치 비용이 높을 수 있고, 개발자 풀의 크기가 작을 수도 있으며, 한곳에서 필요한 기술 역량을 구하지 못할 수 있다. 분산 방식으로 시스템을 개발함으로써 추가적인 의사소통과 조율 비용에도 불구하고 작업자들이 업무 장소로 이동하는 대신에 업무를 작업자들이 있는 곳으로 이동시킬 수 있다.
- **지역적인 시장 지식**: 어떤 시스템이 판매될 지역에 살고 있는 개발자들은 해당 지역에 적합한 기능의 유형이 무엇이고 어떤 유형의 문화적 문제가 발생할 수 있는지 잘 알고 있다.

분산 개발은 프로젝트에서 어떤 식으로 진행될까? 모듈 A가 모듈 B로부터 인터페이스를 사용한다고 가정해보자. 시간이 지남에 따라 환경이 변화되면서 해당 인터페이스는 수정돼야 할 수도 있다. 결과적으로 그림 24.2와 같이 모듈 B를 책임지는 팀은 모듈 A를 책임지는 팀과 조율해야 한다. 이러한 유형의 조율은 해당 팀들이 근처 자판기에서 만나 간단하게 대화를 나누면 쉽게 해결될 수 있다. 하지만 한 팀은 한밤중이고 다른 한 팀은 한낮인 경우와 같이 다른 시간대에서 미리 계획된 웹 회의를 진행해야 한다면 조율이 그렇게 쉽지 않다.

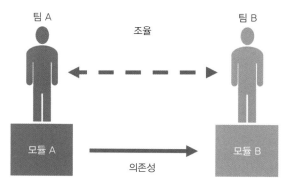

그림 24.2 팀과 모듈 간의 조율

좀 더 넓게 보면 조율 방식에는 다음과 같은 선택 사항들이 있다.

- **비공식적인 연락**: 팀들이 같은 장소에 있는 경우에만 휴게실이나 복도와 같은 곳에서 비공식적으로 만나는 것이 가능하다.
- **문서화**: 문서가 잘 작성됐고 잘 조직화됐고 올바르게 배포됐다면, 팀들이 같은 장소에 있든 먼 거리에 있든 문서화는 팀들을 조율하기 위한 수단으로 사용될 수 있다.
- **회의**: 팀들 간에 만남을 갖고 문제점에 대한 인식을 재고하기 위해 팀들은 미리 일정을 정하거나 즉석에서, 직접 만나거나 원격으로 미팅을 열 수 있다.
- **비동기적인 전자 의사소통**: 조율 방식으로 이메일과 뉴스 그룹, 블로그, 위키 같은 다양한 형태의 비동기적인 전자 의사소통을 사용할 수 있다.

조율 방식은 조직의 인프라, 회사 문화, 언어, 시간대, 특정 모듈에 의존하는 팀의 수와 같은 많은 요소를 고려해 선택해야 한다. 조직이 분산 팀들 간의 조율을 위한 제대로 동작하는 방식을 수립하기 전까지는 팀들 간의 오해가 프로젝트에서 지연을 일으키고, 때로는 심각한 결함으로 이어질 수 있다.

이러한 점이 아키텍처와 아키텍트에게 의미하는 바는 무엇일까? 이는 팀들에게 책임을 할당하는 것이 모든 개발자가 동일한 사무실에 위치하거나 적어도 근처에 위치하는 같은 장소의 개발보다 분산 개발에 있어 더 중요하다는 것을 의미한다. 또한 모듈 의존성은 변경 용이성과 성능 같은 품질 속성들에 있어 분산 개발 시 평소보다 더 중요한 역할을 한다. 전 세계에 분산된 팀들이 소유한 모듈들 간의 의존성은 문제가 발생할 여지가 높기 때문에 가능한 한 최소화해야 한다.

또한 문서화는 분산 개발에서 특히나 중요하다. 같은 장소에 위치한 팀들은 옆 사무실에 방문하거나 휴게실 또는 복도에서 만나는 등의 다양한 비공식적인 조율 가능성이 있다. 원격 팀들은 이러한 비공식적인 조율 방식을 사용할 수 없기 때문에 문서와 같은 좀 더 공식적인 방식에 의존해야 하고, 팀원들은 의문이 들면 서로 이야기하려고 노력해야 한다.

이 책을 쓰는 동안 전 세계 회사들은 코로나19의 유행으로 인해 원격 참여와 재택 근무 방식에 대처하기 위해 노력 중이다. 코로나19의 유행이 비즈니스 세계에 장기적으로 어떤 영향을 미칠지 단언하기에 너무 이르기는 하지만, 분산 개발이 일반화될 것처럼 보인다. 함께 일하던 사람들은 이제 원격으로 협업하고 있다. 더 이상 복도에서 대화를 나누거나 휴게실에 모여 회의를 하지 않는다. 업무를 지속하기 위해 모든 사람이 분산 개발 패러다임에 적응하는 법을 배우고 있다. 이로 인해 새로운 아키텍처 트렌드가 나온다면 멋질 것이다.

24.5 요약

소프트웨어 아키텍트는 일종의 개발 프로젝트 맥락에서 자신의 업무를 한다. 따라서 아키텍트는 이러한 관점에서 자신의 역할과 책임을 이해해야 한다.

프로젝트 관리자와 소프트웨어 아키텍트는 상호 보완적인 역할을 한다고 볼 수 있다. 프로젝트 관리자는 관리 측면에서 프로젝트를 운영하고, 아키텍트는 기술 해결책 측면에서 프로젝트를 운영한다. 이 두 가지 역할은 다양한 방식으로 교차되고, 아키텍트는 프로젝트의 성공 확률을 높이기 위해 프로젝트 관리자를 지원할 수 있다.

프로젝트에서 아키텍처는 완성된 형태로 갑작스레 등장하는 것이 아니라, 이해관계자들에게 유용한 형태로 점증적으로 배포된다. 따라서 아키텍트는 아키텍처의 이해관계자들과 이들의 정보 필요성을 잘 이해해야 한다.

애자일 방법론은 점증적인 개발에 초점을 맞춘다. 시간이 지남에 따라 아키텍처와 애자일은 (비록 둘의 시작은 순조롭지 못했지만) 떼려야 뗄 수 없는 관계가 됐다.

전 세계적인 분산 개발로 인해 좀 더 공식적인 전략에 기반한 명시적인 조율 전략의 필요성도 대두됐다.

24.6 참고 문헌

댄 폴리쉬^{Dan Paulish}는 아키텍처 중심 환경에서 관리하는 법에 관한 훌륭한 책(『Architecture-centric Software Project Management』(Addison-Wesley, 2002))을 저술했다. 이번 장의 분산 개발에 관련된 내용 중 일부는 해당 책의 내용을 참고했다[Paulish 02].

scaledagileframework.com에서 SAFe에 관한 내용을 읽을 수 있다. SAFe 이전에는 애자일 커뮤니티의 일부 구성원이 사전에 계획된 아키텍처를 지원하는 중규모 관리 프로세스를 개별적으로 다뤘다. [Coplein 10]에서 애자일 프로젝트를 위한 아키텍처의 역할에 관한 설명을 확인할 수 있다.

프로젝트 관리의 기본 개념은 IEEE 지침[IEEE Guide]의 '프로젝트 관리 협회(PMI) 표준 채택: 프로젝트 관리 지식체를 위한 지침(Adoption of the Project Management Institute (PMI) Standard: A Guide to the Project Management Body of Knowledge)' 6판에서 확인할 수 있다 [IEEE 17].

소프트웨어 아키텍처 지표들은 대개 프로젝트에 대한 아키텍트의 이해 범위 내에 들어온다. 콜린[Coulin] 등이 저술한 논문은 해당 주제에 관한 문헌의 유용한 개요를 제공하는 동시에 해당 지표들을 분류한다[Coulin 19].

아키텍트는 조직 내에서 독특한 위치를 차지한다. 아키텍트는 시스템의 시작부터 끝까지 생애주기 모든 단계에 능숙해야 한다. 프로젝트의 모든 구성원 가운데 아키텍트가 프로젝트의 이해관계자들과 시스템의 이해관계자들 모두의 요구 사항에 가장 민감하다. 어떤 인력이 아키텍트 역할을 맡게 되는 이유 중 하나는 의사소통 능력이 평균 이상이기 때문이다. 『The Software Architect Elevator』에서는 조직 내외부의 모든 수준의 사람들과 상호 작용하는 아키텍트의 독특한 능력에 관해 설명한다[Hohpe 20].

24.7 토론 질문

1. '전 세계적으로 분산된 개발을 수용할 준비가 돼 있음'을 이 책의 2부에서 설명한 다른 품질 속성들과 마찬가지로 아키텍처 설계 결정에 의해 증가되거나 감소될 수 있는 품질 속성 중 하나로 고려해보자. 해당 속성을 위한 일반 시나리오와 이를 달성하는 데 도움이 되는 전술들의 목록을 작성해보자. 그리고 이러한 품질 속성을 위한 적당한 이름도 생각해보자.

2. 일반적인 프로젝트 관리 실천법은 대개 작업 분할 구조^{WBS}를 프로젝트의 첫 번째 산출물로 만들어야 한다고 주장한다. 아키텍처 관점에서 볼 때 이러한 실천법의 문제점은 무엇인가?

3. 여러분이 전 세계적으로 분산된 팀을 관리한다면 어떤 아키텍처 문서 산출물을 먼저 만들어야 할까?

4. 여러분이 전 세계적으로 분산된 팀을 관리한다면 문화적 차이를 고려하기 위해 프로젝트 관리의 어떤 측면을 변경해야 할까?

5. 프로젝트에 지침을 제공하고 프로젝트를 관리하는 데 도움이 되기 위해 아키텍처 평가를 어떤 식으로 사용할 수 있을까?

6. 1장에서 소프트웨어 아키텍처를 위한 작업 할당 구조를 설명했다. 해당 구조는 작업 할당 뷰로 문서화될 수 있다. 아키텍처를 위한 작업 할당 뷰의 문서화가 소프트웨어 아키텍트와 관리자들이 프로젝트의 인력을 채우기 위해 협업하는 데 어떤 식으로 도움이 될지 논의해보자. 작업 할당 뷰에서 아키텍트가 제공해야 할 부분과 관리자가 제공해야 할 부분 간의 경계는 어디일까?

25장

아키텍처 역량

인생은 한없이 짧고, 기예를 익히기란 한없이 아득하다.
– 제프리 초서(Geoffrey Chaucer)

소프트웨어 아키텍처가 수행할 가치가 있다면 잘 수행하는 것이 좋다. 아키텍처에 관한 대부분의 자료는 기술적인 측면을 집중적으로 다룬다. 이는 당연한 것이다. 아키텍처는 상당히 기술적인 분야다. 하지만 아키텍처는 실제 사람들로 가득 찬 조직organization에서 일하는 아키텍트architect에 의해 만들어진다. 이러한 사람들을 상대하는 것은 확실히 기술과는 무관한 일이다. 아키텍트의 업무 가운데 이러한 중요한 측면(기술과 무관한 업무)에 있어 아키텍트(특히나 훈련 중인 아키텍트)가 더 잘할 수 있도록 돕기 위해서는 무엇을 할 수 있을까? 그리고 조직은 해당 조직의 아키텍트들이 최선의 결과를 낼 수 있도록 장려하는 데 도움이 되기 위해 무엇을 할 수 있을까?

이번 장에서는 개별적인 아키텍트와 고품질 아키텍처를 생성하길 원하는 조직의 역량에 관한 내용을 다룬다. 조직의 아키텍처 역량은 부분적으로 아키텍트의 역량과 직결돼 있기에 우선 아키텍트가 수행해야 하고 알아야 하며 능숙해야 하는 것이 무엇인지 알아야 한다. 그 다음으로 아키텍트가 더 나은 아키텍처를 생성하는 데 도움을 주고자 조직은 무엇을 수행할 수 있고 수행해야 하는지 살펴볼 것이다. 개인과 조직의 역량은 서로 엮여 있다. 따라서 둘 중 하나만 이해해서는 소용이 없다.

25.1 개인 역량: 아키텍트의 업무와 기술, 지식

아키텍트는 아키텍처를 직접적으로 만드는 것 외에 많은 활동을 수행한다. 이러한 활동을 업무^{duty}라 부르고, 업무는 개인의 아키텍처 역량의 근간을 이룬다. 아키텍트에 관한 연구자들은 기술^{skill}과 지식^{knowledge}이라는 용어를 사용한다. 예를 들어 생각을 명확하게 전달하고 효과적으로 협상하는 능력은 우수한 아키텍트의 자질 중 하나로 간주된다. 또한 아키텍트는 패턴과 기술, 표준, 품질 속성 등 수많은 주제에 대한 최신 지식을 갖춰야 한다.

업무와 기술, 지식은 개인의 아키텍처 역량이 근간으로 삼는 세 가지 요소다. 이러한 세 가지 요소들의 관계는 그림 25.1에서 확인할 수 있다. 즉, 기술과 지식은 필요한 업무를 수행하기 위한 능력을 지원한다. 매우 뛰어난 아키텍트라고 하더라도 해당 위치에 필요한 업무를 수행할 수 없다면 쓸모없다. 그러한 아키텍트는 능력 있는 아키텍트라 할 수 없을 것이다.

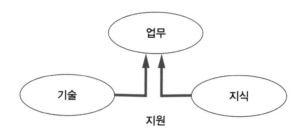

그림 25.1 업무의 실행을 지원하는 기술과 지식

이러한 개념에 대한 예는 다음과 같다.

- '아키텍처 설계'는 업무다.
- '추상적으로 생각하는 능력'은 기술이다.
- '패턴과 전술'은 지식을 구성한다.

이러한 예로부터 업무를 효과적으로 수행하는 능력을 지원하는 데 기술과 지식이 중요하다는 것을 알 수 있다. 또 다른 예로 '아키텍처 문서화'는 업무이고, '명확하게 작성하는 능력'은 기술이며, 'ISO 표준 42010'은 관련된 지식의 일부다. 물론 하나의 기술이나 하나의 지식 분야가 하나 이상의 업무를 지원할 수 있다.

아키텍트의 업무와 기술, 지식을 파악하는 것(좀 더 구체적으로 이야기하자면 특정 조직 환경에서 아키텍트에게 필요한 업무와 기술, 지식)은 개별적인 아키텍트를 위한 측정 및 개선 전술을 세우는 데 도움이 된다. 여러분의 개인적인 아키텍처 역량을 향상시키고 싶다면 다음 과정을 수행해야 한다.

1. **업무를 수행하는 경험을 획득하자.** 수습 기간을 갖는 것은 경험을 획득하는 데 있어 생산적인 방법이다. 교육만으로는 충분치 않다. 실제 업무에 적용하지 않는 교육은 지식을 향상시킬 뿐이다.

2. **전문 기술과 무관한 기술**nontechnical skill**을 향상시키자.** 이러한 분야의 기술을 향상하기 위해서는 예를 들어 리더십이나 시간 관리 등의 주제에 관한 전문적인 학습 코스를 수강할 수 있다. 일부 사람은 진정한 리더나 의사소통자가 될 수 없겠지만, 노력을 통해 모두 이러한 기술을 향상시킬 수 있다.

3. **지식체**body of knowledge**를 통달하라.** 능력 있는 아키텍트가 해야 할 가장 중요한 것들 중 하나는 지식체를 통달하고 해당 지식체의 새로운 내용을 항상 파악하고 있는 것이다. 이러한 분야를 계속해서 파악하는 것의 중요성을 강조하기 위해 최근 수년 동안 등장한 아키텍트에게 필요한 지식의 발전을 고려해봐야 한다. 예를 들어 클라우드 컴퓨팅을 지원하기 위한 아키텍처(17장)는 수년 전에는 중요하지 않았다. 코스를 수강하고 자격증을 따고 책과 저널을 읽고 웹 사이트를 방문하고 블로그를 읽고 아키텍처 중심 회의에 참석하고 전문가 집단에 참여하고 다른 아키텍트들을 만나는 것은 모두 지식을 향상하기 위한 유용한 방법들이다.

업무

이번 절에서는 아키텍트의 매우 다양한 업무를 요약한다. 모든 조직의 모든 아키텍트가 모든 프로젝트에 있어 이러한 업무를 전부 수행할 수는 없다. 하지만 유능한 아키텍트라면 여기서 나열한 활동 중 어느 것이든 자신이 수행해야 하는 경우 당연하게 받아들여야 한다. 이러한 업무들을 기술 관련 업무(표 25.1)와 전문 기술과는 무관한 업무(표 25.2)로 나눴다. 우선 먼저 살펴봐야 할 점은 전문 기술과 무관한 업무가 많다는 점이다. 여기서 얻을 수 있는 교훈은 여러분이 아키텍트가 되길 바란다면 여러분의 교육과 전문 활동의 비기술적인(전문 기술과 무관한) 측면에 충분한 관심을 기울여야 한다는 것이다.

표 25.1 소프트웨어 아키텍트의 기술 관련 업무

일반 업무 분야	구체적인 업무 분야	업무 예
아키텍트 구축	아키텍처 생성	아키텍처를 설계하거나 선택한다. 소프트웨어 아키텍처 설계 계획을 세운다. 제품 라인 혹은 제품 아키텍처를 만든다. 설계 선택을 내린다. 세부 사항을 확장하고 최종 설계에 통합하기 위해 설계를 개선한다. 패턴과 전술을 식별하고 아키텍처의 원칙과 핵심 메커니즘을 상세화한다. 시스템을 분할한다. 컴포넌트들이 서로 어떤 식으로 들어맞고 상호 작용하는지 정의한다. 프로토타입을 생성한다.
	아키텍처 평가와 분석	사용 사례와 품질 속성 시나리오를 만족시키는지 확인하기 위해 아키텍처(여러분의 현재 시스템 혹은 다른 시스템의 아키텍처)를 평가한다. 프로토타입을 생성한다. 설계 검토에 참여한다. 주니어 엔지니어가 설계한 컴포넌트의 설계를 검토한다. 설계가 아키텍처를 준수하는지 검토한다. 소프트웨어 아키텍처 평가 기법들을 비교한다. 대안을 모델링한다. 절충점 분석을 수행한다.
	아키텍처 문서화	이해관계자들에게 유용한 아키텍처 문서와 발표 자료를 준비한다. 소프트웨어 인터페이스를 문서화하거나 문서화를 자동화한다. 문서 표준이나 지침을 만든다. 가변성과 동적 동작을 문서화한다.
	기존 시스템에 대한 작업과 기존 시스템의 변형	기존 시스템과 해당 시스템의 아키텍처를 유지 보수하고 개선한다. 기존 시스템에 새로운 기술과 플랫폼을 적용한다. 위험을 경감하기 위해 기존 아키텍처를 리팩터링한다. 버그와 사고 보고서, 다른 문제들을 조사해 기존 아키텍처의 어떤 부분을 수정할지 결정한다.
	기타 아키텍처 활동 수행	비전(vision)을 제시하고 구성원들을 설득한다. 비전이 계속 유지되도록 노력한다. 제품 설계 회의에 참석한다. 아키텍처와 설계, 개발에 대한 기술적 조언을 한다. 소프트웨어 설계 활동의 아키텍처 관련 지침을 제공한다. 아키텍처 개선 활동을 이끈다. 소프트웨어 프로세스 정의와 개선에 참여한다. 소프트웨어 개발 활동의 아키텍처 관리 감독을 제공한다.
아키텍처 수립 외의 생애주기 활동과 관련된 업무	요구 사항 관리	기능 및 품질 속성 소프트웨어 요구 사항을 분석한다. 비즈니스와 조직, 고객의 필요성을 이해하고 요구 사항이 이들의 필요성을 충족하도록 보장한다. 프로젝트의 범위를 듣고 이해한다. 고객의 핵심 설계 필요성과 기대 사항을 이해한다. 소프트웨어 설계 선택과 요구 사항 선택 사이의 절충점에 관한 조언을 한다.
	미래 기술 평가	현재 IT 환경을 분석하고 부족한 부분을 매울 해결책을 추천한다. 조직의 요구 사항을 대변하고 미래 제품에 영향을 주기 위해 벤더와 협업한다. 기술 백서를 개발하고 제시한다.
	툴과 기술 선택	새로운 소프트웨어 해결책의 도입을 관리한다. 새로운 기술과 아키텍처에 대한 기술적 실현 가능성 연구를 수행한다. 아키텍처 측면에서 사용 툴과 소프트웨어 컴포넌트를 평가한다. 내부의 기술 표준을 개발하고 외부 기술 표준 개발에 기여한다.

표 25.2 소프트웨어 아키텍트의 전문 기술과 무관한 업무

일반 업무 분야	구체적인 업무 분야	업무 예
관리	프로젝트 관리 지원	프로젝트의 적절성과 난이도에 대한 피드백을 제공한다. 예산 수립과 계획을 돕는다. 예산 관련 제약 사항을 준수한다. 리소스를 관리한다. 규모 산정과 예측을 수행한다. 마이그레이션 계획 수립과 위험 평가를 수행한다. 환경 설정 제어를 수행하거나 감독한다. 개발 일정을 수립한다. 지표를 사용해 결과를 측정하고 개인의 결과와 팀의 생산성 모두를 개선한다. 아키텍처 관련 출시 항목들을 식별하고 일정을 수립한다. 기술 팀과 프로젝트 관리자 사이의 가교 역할을 수행한다.
	아키텍처 팀의 인력 관리	'신뢰할 만한 조언자' 관계를 형성한다. 조율한다. 동기를 부여한다. 지지한다. 훈련시킨다. 감독관 역할을 수행한다. 책임을 할당한다.
조직과 비즈니스 관련 업무	조직 지원	조직의 아키텍처 평가 능력을 키운다. 연구 및 개발 노력을 검토하고 기여한다. 팀의 구인 프로세스에 참여한다. 제품 마케팅에 도움을 준다. 비용 효율이 높고 적절한 소프트웨어 아키텍처 설계 검토를 도입한다. 지적 재산권 개발을 돕는다.
	비즈니스 지원	비즈니스 프로세스를 이해하고 평가한다. 비즈니스 전략을 기술 전략으로 변환한다. 비즈니스 전략에 영향을 미친다. 소프트웨어 아키텍처의 비즈니스 가치를 이해하고 소통한다. 조직이 비즈니스 목표를 달성할 수 있도록 돕는다. 고객과 마켓 동향을 이해한다.
리더십과 팀 빌딩	기술적 리더십 제공	특정 분야에 권위를 갖춘 리더(thought leader)[1]가 되라. 기술 동향 분석이나 로드맵을 수립한다. 다른 아키텍트들을 지도한다.
	팀 빌딩	개발 팀을 만들고 개발 팀의 목표가 아키텍처 비전과 일치하도록 한다. 개발자들과 주니어 아키텍트들을 지도한다. 개발 팀에게 아키텍처 사용법을 교육한다. 팀 구성원들의 전문적인 개발 역량을 육성한다. 소프트웨어 설계 엔지니어들로 구성된 팀들에게 계획과 추적, 수립된 계획 내 작업 완료에 관해 지도한다. 소프트웨어 기술의 사용과 관련해 구성원들을 지도하고 가르친다. 아키텍처 그룹 내부와 외부 모두에 있어 사기를 진작시킨다. 팀 활력을 모니터링하고 관리한다.

또한 아키텍트는 코드 리뷰를 이끌거나 테스트 계획에 참여하는 등의 다른 많은 업무를 정기적으로 수행한다. 많은 프로젝트에서 아키텍트는 중요한 부분의 실제 구현과 테스트를 돕기 위해 참여한다. 이러한 업무가 중요하기는 하지만, 엄밀히 이야기하면 아키텍처 업무는 아니다.

기술

이전 절에서 나열한 폭넓은 업무를 고려할 때 아키텍트는 어떤 기술을 보유해야 할까? 프로젝트에서 아키텍트의 특별한 리더십 역할에 관한 많은 글이 있다. 이상적인 아키텍트는 효

---

1 thought leader를 '사고 리더'로 번역하는 경우가 많은데, 정확하게는 '특정 분야에 권위를 가진 것으로 인식되는 개인 혹은 회사(an individual or firm recognized as an authority in a specific field)'를 의미한다. 따라서 '사고 리더'라는 표현으로는 원래의 의미를 전달하기 어려우므로 풀어서 번역했다. – 옮긴이

과적인 의사소통자, 관리자, 팀 빌더^team builder, 선지자이면서 멘토다. 일부 자격증 혹은 자격 프로그램들은 전문 기술과 관련 없는 기술을 강조한다. 이러한 자격 프로그램에는 리더십과 조직 역동성, 의사소통의 평가 분야가 일반적으로 포함된다.

표 25.3은 아키텍트에게 가장 유용한 기술들을 나열한다.

표 25.3 소프트웨어 아키텍트의 기술

일반 업무 분야	구체적인 업무 분야	업무 예
의사소통 기술	외부와의 소통 (팀 외부)	구두 및 서면 의사소통 능력과 발표 능력. 다양한 청중에게 기술 정보를 발표하고 설명하는 능력. 지식을 전달하는 능력. 설득 능력. 여러 관점으로 보고 여러 관점으로 설득하는 능력
	내부와의 소통 (팀 내부)	경청하고 인터뷰하고 상담하고 협상하는 능력. 복잡한 주제를 이해하고 표현하는 능력
대인 기술	팀 관계	팀 플레이어가 되는 능력. 상급자와 하급자, 동료, 고객과 효과적으로 일하는 능력. 건설적인 업무 관계를 유지하는 능력. 다양한 팀 환경에서 일하는 능력. 창의적인 협업을 고취하는 능력. 합의를 이끌어내는 능력. 사교 수완이 있고 다른 사람을 존중하는 능력. 다른 이들을 지도하는 능력. 갈등을 다루고 해결하는 능력
업무 기술	리더십	결정을 내리는 능력. 솔선하고 혁신을 추구하는 능력. 독립적인 판단을 나타내고 영향력 있고 존경을 받는 능력
	업무 부하 관리	압박감을 받는 상황에서 업무를 잘 수행하고 계획을 세우고 시간을 관리하고 예측하는 능력. 여러 복잡한 작업에 대한 다양한 문제와 업무를 동시적으로 지원하는 능력. 압박이 심한 환경에서 작업들을 효과적으로 우선순위화하고 실행하는 능력
	기업 환경에서 남들보다 앞서가는 기술	전략적으로 사고하는 능력. 일반적인 감독과 제약 조건하에서 일하는 능력. 작업 흐름을 조직화하는 능력. 조직에서 권한이 어디에 있고 권한이 어떤 식으로 흐르는지 감지하는 능력. 작업을 완료하기 위해 필요한 것을 수행하는 능력. 진취적이고, 공격적이지 않으면서도 단호하고, 건설적인 비판을 수용하는 능력
	정보를 처리하기 위한 기술	전반적인 비전과 집중을 유지하면서도 세부 사항 중심으로 일을 처리하는 능력. 큰 그림을 보는 능력
	예기치 못한 사항들을 처리하기 위한 기술	모호함을 감내하는 능력. 위험을 무릅쓰고 관리하는 능력. 문제를 해결하는 능력. 적응하고 유연하고 생각이 열려 있고 회복성이 좋은 능력
	추상적으로 사고하는 능력	여러 다른 것을 보고 이들이 사실은 동일한 것을 그저 다르게 표현했을 뿐이라는 점을 파악하고 어떤 식으로 다르게 표현했는지 파악하는 능력. 이는 아키텍트가 갖춰야 할 가장 중요한 기술 중 하나일 수 있다.

지식

유능한 아키텍트는 아키텍처 관련 지식체에 정통하다. 표 25.4에서 아키텍트가 지녀야 할 지식 분야들을 확인할 수 있다.

표 25.4 소프트웨어 아키텍트의 지식 분야

일반 업무 분야	구체적인 업무 분야	업무 예
컴퓨터 과학 지식	아키텍처 개념에 대한 지식	아키텍처 프레임워크, 아키텍처 패턴, 전술, 구조 및 뷰, 참조 아키텍처, 시스템 및 엔터프라이즈 아키텍처와의 관계, 최신 기술, 아키텍처 평가 모델 및 방법, 품질 속성에 대한 지식
	소프트웨어 엔지니어링에 대한 지식	요구 사항, 설계, 구현, 유지 보수, 환경 설정 관리, 엔지니어링 관리, 소프트웨어 엔지니어링 프로세스를 포함하는 소프트웨어 개발 지식 분야에 대한 지식. 시스템 엔지니어링에 대한 지식
	설계 지식	툴에 대한 지식과 설계 및 분석 기법에 대한 지식. 복잡한 다중 제품 시스템을 설계하는 법에 대한 지식. 객체지향 분석 및 설계와 UML, SysML 다이어그램에 대한 지식
	프로그래밍 지식	프로그래밍 언어와 프로그래밍 언어 모델에 대한 지식. 보안과 실시간, 안전 등을 위한 특화된 프로그래밍 기법에 대한 지식
기술과 플랫폼에 대한 지식	구체적인 기술과 플랫폼	하드웨어/소프트웨어 인터페이스, 웹 기반 애플리케이션, 인터넷 기술에 대한 지식. 구체적인 소프트웨어/운영체제에 대한 지식
	기술과 플랫폼에 대한 일반적인 지식	IT 산업의 미래 방향에 대한 지식과 인프라가 애플리케이션에 영향을 미치는 방식에 대한 지식
조직의 상황과 관리에 대한 지식	도메인 지식	가장 관련 있는 도메인과 도메인에 특화된 기술에 대한 지식
	산업 지식	해당 산업의 우수 사례와 산업 표준에 대한 지식. 국내외 팀 환경에서 업무를 수행하는 법에 대한 지식
	비즈니스 지식	회사의 비즈니스 실천법, 경쟁 회사의 제품, 전략, 프로세스에 대한 지식. 비즈니스 및 기술 전략, 비즈니스 리엔지니어링(reengineering) 원칙 및 프로세스에 대한 지식. 전략적 계획 수립과 재무 모델, 예산 수립에 대한 지식
	리더십과 관리 기법	소프트웨어 팀원들을 지도하고 훈련시키는 방법에 대한 지식. 프로젝트 관리에 관한 지식. 프로젝트 엔지니어링에 관한 지식

그렇다면 경험은 어떠한가?

알버트 아인슈타인은 '지식의 유일한 원천은 경험이다.'라고 이야기했고, 거의 모든 사람이 경험이 최고의 스승이라고 이야기한다. 이러한 이야기에 동의한다. 하지만 경험이 유일한 스승은 아니며, 진정한 스승으로부터 지식을 획득할 수도 있다. 화상을 입지 않고도 뜨거운 난로를 만지는 것이 좋지 않은 생각이라는 지식을 획득할 수 있다니 우리는 얼마나 운이 좋은가.

경험은 아키텍트의 지식 저장소에 추가되는 무언가라고 본다. 따라서 우리가 경험을 별도로 다루지 않는 것이다. 여러분의 경력이 올라감에 따라 여러분 자신의 풍부한 경험을 축적하게 될 것이고, 이러한 경험은 지식의 형태로 저장될 것이다.

오래된 농담 중에 이런 이야기가 있다. 뉴욕에서 길을 걷던 한 사람이 지나가는 다른 행인을 멈춰 세운 후 "죄송하지만, 카네기 홀에 가는 법을 아시나요?"라고 물었더니, 마침 음악가였던 그 행인은 깊은 한숨을 쉬며 "연습, 연습, 연습뿐이지요."라고 대답했다고 한다.

딱 맞는 이야기다.

25.2 소프트웨어 아키텍처 조직의 역량

조직은 해당 조직의 실천법과 구조에 따라 아키텍트가 자신의 역할을 수행하는 데 도움이 될 수도 있고 방해가 될 수도 있다. 예를 들어 조직이 아키텍트가 되기 위한 커리어 패스^{career path}를 갖추고 있다면, 이는 직원들이 아키텍트가 되고자 노력하는 데 동기 부여가 될 것이다. 조직에 상설 아키텍처 검토 위원회가 있다면 프로젝트 아키텍트는 검토 일정을 어떤 식으로 누구와 세워야 할지 알 것이다. 이러한 실천법과 구조의 부재는 아키텍트가 조직과 싸워야 하거나 내부적인 지침 없이 검토를 수행하는 법을 정해야 한다는 것을 의미한다. 따라서 특정 조직이 아키텍처 관점에서 역량이 있는지에 대해 질문하고, 조직의 아키텍처 역량을 측정하는 것이 목표인 장치를 마련하는 것이 좋다. 조직의 아키텍처 역량이 이번 절의 주제다. 다음은 조직의 아키텍처 역량에 관한 우리의 정의다.

> 조직의 아키텍처 역량은 허용 가능한 비용 안에서 조직의 비즈니스 목표와 일치하는 시스템으로 이어지는 아키텍처를 생성하기 위해 개인과 팀, 조직 수준에서 효과적으로 아키텍처 중심 실천법을 수행하는 데 필요한 기술과 지식을 키우고 사용하고 유지하는 조직의 능력을 말한다.

조직은 개별 아키텍트와 마찬가지로 아키텍처를 위한 업무와 기술, 지식을 보유한다. 예를 들어 아키텍처 노력에 충분하게 비용을 대는 것이 조직의 업무다. 마찬가지로 가용한 아키텍처 인력을 효과적으로 사용하는 것 역시 조직의 업무다(적절한 팀 구성 등을 통해). 이러한 사항들은 개별적인 아키텍트의 통제 밖에 있으므로 조직에서 수행해야 하는 업무다. 조직 수준 기술로는 효과적인 지식 관리나 인력 리소스 관리 등이 있을 수 있다. 이는 개별 아키텍트에게도 적용되는 업무다. 조직 지식의 예로는 소프트웨어 프로젝트들이 활용할 수 있는 아키텍처 기반 생애주기 모델의 구성이 있다.

다음은 아키텍처 작업의 성공에 도움이 되는, 조직이 수행할 수 있는 업무들의 예다.

- **인력 관련:**
  - 능력 있는 아키텍트를 고용한다.
  - 아키텍트를 위한 커리어 패스를 수립한다.
  - 아키텍트 위치를 가시성과 포상, 위신을 통해 높게 평가받는 자리로 만든다.
  - 아키텍트가 전문가 조직에 참여할 수 있도록 장려한다.
  - 아키텍트 인증 프로그램을 만든다.
  - 아키텍트를 위한 멘토링 프로그램을 만든다.
  - 아키텍처 훈련 및 교육 프로그램을 만든다.
  - 아키텍트의 성과를 측정한다.
  - 아키텍트가 외부 아키텍트 인증을 받도록 장려한다.
  - 프로젝트 성공 여부에 기반해 아키텍트에게 포상을 주거나 페널티를 부과한다.

- **프로세스 관련:**
  - 조직 전반의 아키텍처 실천법을 수립한다.
  - 아키텍트의 책임과 권한을 명확하게 기술한 자료를 만든다.
  - 아키텍트가 소통하고 정보와 경험을 공유할 수 있는 포럼을 만든다.
  - 아키텍처 검토 위원회를 만든다.
  - 프로젝트 계획에 아키텍처 마일스톤을 포함시킨다.
  - 아키텍트가 제품 정의에 의견을 줄 수 있도록 장려한다.
  - 조직 전반의 아키텍처 회의를 연다.
  - 생성된 아키텍처의 품질을 측정하고 추적한다.
  - 아키텍처에 대한 외부 전문 컨설턴트를 초빙한다.
  - 아키텍트가 개발 팀 구조에 관해 조언할 수 있도록 장려한다.
  - 전체 프로젝트 생애주기 내내 아키텍트에게 영향력을 준다.

- **기술 관련:**
  - 재사용 가능한 아키텍처와 아키텍처 기반 산출물의 저장소를 만들고 이를 관리한다.

- 설계 개념 저장소를 만들고 이를 관리한다.
- 아키텍처 툴을 통해 분석하고 돕기 위해 중앙화된 리소스를 제공한다.

여러분이 조직에서 아키텍트 자리를 위한 면접을 보는 중이라면, 여러분이 거기서 일하고 싶은지를 결정하기 위한 질문 목록을 갖고 있을 것이다. 위에서 나열한 항목들을 여러분의 질문 목록에 추가함으로써 해당 조직의 아키텍처 역량 수준을 파악하는 데 도움이 될 것이다.

25.3 더 나은 아키텍트 되기

아키텍트는 어떻게 좋은 아키텍트가 되고, 좋은 아키텍트는 어떻게 훌륭한 아키텍트가 되는가? 이번 장은 이 질문에 대한 답인 '남들로부터 지도를 받고, 남들에게 지도하라.'로 마무리하겠다.

남들로부터 지도받기

경험이 최고의 스승이기는 하지만, 우리 대부분은 한 번 사는 삶 속에서 훌륭한 아키텍트가 되기 위해 필요한 모든 경험을 직접 체험할 여유가 없다. 하지만 경험을 간접적으로 얻을 수는 있다. 여러분이 존경하는 유능한 아키텍트를 찾아서 해당 아키텍트를 따르라. 여러분의 조직에 여러분이 참여 가능한 멘토링 프로그램이 있는지도 찾아보자. 또는 비공식적인 멘토링 관계를 만들자. 서로 이야기할 구실을 만들고 질문을 던지거나 도움을 제공하자(예를 들어 검토자가 되겠다고 자원할 수 있다).

여러분의 멘토가 동료일 필요는 없다. 여러분이 다른 구성원과 멘토 관계를 수립할 수 있는 전문 협회에 가입할 수도 있다. 비공식적인 모임도 있고 전문 소셜 네트워크도 있다. 여러분 자신을 여러분의 조직에만 가둬 두지 말자.

남들에게 지도하기

여러분이 경력을 풍부하게 쌓을 수 있도록 도와준 다른 이들의 친절함에 보답하는 방법으로 다른 이들에게 기꺼이 멘토가 돼주는 것을 추천한다. 남을 지도하면 곧 자기 자신에게도 도움이 된다. 어떤 개념을 가르치는 것은 여러분이 해당 개념을 제대로 이해했는지를 확인할 수 있는 기회다. 여러분이 가르칠 수 없다면 제대로 이해하지 못했을 가능성이 높다. 따라서 이는 여러분이 가르치고 다른 이들을 멘토링하는 데 있어 목표 중 일부가 될 수 있다. 거의 언제나 좋은 스승은 자신이 학생들로부터 얼마나 배웠고 학생들의 탐구 질문들과 놀랄 만한 통찰력이 해당 주제에 대한 자신의 이해를 얼마나 깊게 만들었는지에 대한 기쁨을 표한다.

25.4 요약

소프트웨어 아키텍트를 생각할 때는 소프트웨어 아키텍트들이 생성한 기술 업무를 먼저 떠올리게 된다. 하지만 아키텍처가 시스템을 위한 기술적 '청사진'을 훨씬 뛰어넘는 존재인 것처럼, 아키텍트는 아키텍처의 설계자를 훨씬 뛰어넘는 사람이다. 이를 통해 아키텍트와 아키텍처 중심 조직이 성공하기 위해 무엇을 해야 하는지에 관해 좀 더 종합적으로 이해할 수 있다. 아키텍트는 업무를 수행하고 기술을 갈고 닦으며 성공하는 데 필요한 지식을 끊임없이 쌓아야 한다.

좋은 아키텍트, 더 나아가 훌륭한 아키텍트가 되기 위한 핵심은 지속적으로 학습하고, 다른 이들을 지도하고, 다른 이들로부터 지도받는 것이다.

25.5 참고 문헌

조직의 역량을 조사하기 위한 질문을 sei.cmu.edu/library/abstracts/reports/08tr006.cfm 의 기술 노트인 '아키텍처 역량을 평가하고 향상시키기 위한 모델Models for Evaluating and Improving Architecture Competence'에서 확인할 수 있다.

오픈 그룹Open Group에는 IT, 비즈니스, 엔터프라이즈 아키텍트의 기술, 지식, 경험에 자격을 부여하기 위한 인증 프로그램이 있다. 이는 개별적인 아키텍트의 역량을 측정하고 자격을 부여하는 것과 관련된다.

ITABokThe Information Technology Architecture Body of Knowledge(정보 기술 아키텍처 지식체)는 'Iasa(전 세계 최대 IT 아키텍처 전문 조직)의 개인 및 기업 회원들의 경험으로부터 발달된 IT 아키텍처 모범 실천법과 기술, 지식의 무료 공개 저장소'다(https://itabok.iasaglobal.org/itabok/).

브레데마이어 컨설팅Bredemeyer Consulting(bredemeyer.com)은 IT, 소프트웨어, 엔터프라이즈 아키텍트 및 그들의 역할에 관한 방대한 자료를 제공한다.

조셉 인제노Joseph Ingeno는 『Software Architect's Handbook』(Packt, 2018)에서 하나의 장을 '소프트웨어 아키텍트의 소프트 스킬The Soft Skills of Software Architects'에 할애했고, 또 다른 하나의 장을 '더 나은 소프트웨어 아키텍트 되기Becoming a Better Software Architect'에 할애했다[Ingeno 18].

25.6 토론 질문

1. 이번 장에서 논의한 기술과 지식 중 어느 부분이 여러분에게 가장 부족한가? 이러한 부족함을 메우기 위해 어떻게 해야 할까?

2. 어떤 업무와 기술, 지식이 개별적인 아키텍트가 향상시키는 데 있어 가장 중요하거나 비용 대비 효과적일까?

3. 이번 장의 목록에 존재하지 않는 업무와 기술, 지식을 각각 세 개씩 추가해보자.

4. 프로젝트에서 구체적인 아키텍처 업무의 가치를 어떻게 측정하겠는가? 품질 보증이나 환경 설정 관리와 같은 다른 활동에 의해 더해진 가치와 아키텍처 업무에 의해 더해진 가치를 어떻게 구분할 수 있을까?

5. 누군가의 의사소통 기술을 어떻게 측정할 수 있을까?

6. 이번 장에서는 아키텍처 관련 역량이 있는 조직의 실천법을 많이 나열했다. 기대 비용 대비 기대 이익에 기반해 해당 목록의 우선순위를 정하자.

7. 회사에서 중요한 시스템의 아키텍트를 고용해야 할 책임을 맡았다고 가정해보자. 무엇을 먼저 시작할 것인가? 면접에서 후보자들에게 무엇을 질문할 것인가? 후보자들에게 무언가를 만들어보라고 요청할 것인가? 그렇다면 무엇을 만들어보라고 할 것인가? 후보자들이 일종의 테스트를 치르게 할 것인가? 그렇다면 어떤 테스트를 할 것인가? 여러분 회사의 누가 아키텍트 면접을 담당하는 게 좋을까? 왜 그럴까?

8. 여러분이 구직 중인 아키텍트라고 가정해보자. 25.2절에서 나열한 영역들과 관련해 여러분은 회사에 대해 어떤 질문을 할 것인가? 여러분이 짧은 경력의 아키텍트라면 질문에 어떤 답을 하겠는가? 여러분이 오랜 경력의 아키텍트라면 질문에 어떤 답을 하겠는가?

9. 아키텍트를 위한 자격 프로그램을 검색해보자. 각각에 대해 해당 프로그램이 업무와 기술, 지식을 얼마나 다루는지 기술해보자.

6부

결론

26장

미래 예측: 양자 컴퓨팅

> 양자 컴퓨터는 1903년 키티 호크(Kitty Hawk)에서
> 라이트(Wright) 형제가 탔던 비행기에 비유할 수 있다.
> 라이트 플라이어(Wright Flyer)는 땅에서 거의 떠오르지 못했지만, 변혁을 예고했다.
> (wired.com/2015/12/for-google-quantum-computing-is-like-learning-to-fly)

소프트웨어 아키텍처 실천법에 영향을 주는 발전의 측면에서 미래에는 어떤 것이 등장할까? 인간은 장기적인 미래 예측을 정말 못하기로 유명하다. 하지만 미래 예측이 흥미롭기 때문에 계속해서 미래를 예측하려 노력한다. 이 책을 마무리하면서, 확고히 미래에 기반하지만 현실에 가장 가까운 기술 중 하나인 양자 컴퓨팅quantum computing에 관해 집중적으로 알아볼 것이다.

양자 컴퓨터는 향후 5~10년 동안에 좀 더 실용성을 확보할 가능성이 높다. 여러분이 현재 작업 중인 시스템이 수십 년 단위의 생애주기를 지닐 수 있다는 점을 고려해보자. 1960년대와 1970년대에 작성된 코드가 오늘날 여전히 매일 사용되고 있다. 여러분이 작업 중인 시스템이 그 정도의 생애주기를 지닌다면 양자 컴퓨터가 보급됐을 때 해당 시스템이 양자 컴퓨터 능력을 활용할 수 있도록 시스템을 변환해야 할 수 있다.

양자 컴퓨터는 기존 컴퓨터 중에서 가장 성능이 뛰어난 컴퓨터를 훨씬 뛰어넘는 속도로 계산을 수행할 가능성이 있기 때문에 많은 관심을 불러일으키고 있다. 2019년에 구글은 자사의 양자 컴퓨터가 일반 컴퓨터로는 수행하기 거의 불가능한 복소수 계산을 200초 내에 완료했다고 발표했다. 구글의 주장에 따르면, 동일한 계산을 가장 성능이 뛰어난 슈퍼 컴퓨터로 수행한다고 해도 완료하는 데까지 대략 10,000년이 걸릴 것이라고 한다. 양자 컴퓨터가 일반 컴퓨터가 수행하는 것을 단지 엄청 빠른 속도로 수행하는 것은 아니다. 양자 컴퓨터는 양자 물리학의 완전히 다른 특성을 사용해 일반 컴퓨터가 하지 못하는 것을 해낸다.

양자 컴퓨터가 모든 문제를 푸는 데 기존 컴퓨터보다 뛰어나지는 않다. 예를 들어 트랜잭션 중심의 자료 처리 업무인 경우 양자 컴퓨터와는 무관할 것이다. 양자 컴퓨터는 조합론combinatorics이 포함되고 일반 컴퓨터에게 계산적으로 어려운 문제에 뛰어나다. 하지만 양자 컴퓨터가 여러분의 스마트폰 또는 스마트워치에 들어가거나 사무실 책상에 도입될 가능성은 낮다.

양자 컴퓨터의 이론적 기반을 이해하려면 양자 물리학을 포함한 물리학을 깊이 이해해야 하는데, 이는 이 책의 범위를 벗어난다. 기존 컴퓨터가 발명된 1940년대도 지금과 마찬가지였다(이해해야 할 내용이 많았다). 시간이 지남에 따라 고수준 프로그래밍 언어와 같은 유용한 추상화의 도입 덕분에 CPU와 메모리가 어떤 식으로 동작하는지 이해할 필요성이 사라졌다. 양자 컴퓨터에서도 동일한 현상이 일어날 것이다. 이번 장에서는 근간이 되는 물리학에 대한 언급 없이 양자 컴퓨팅의 필수 개념을 소개할 것이다(근간이 되는 물리학을 이해하고자 하는 노력은 머리가 터질 만큼 어려운 과정으로 알려져 있다).

26.1 큐비트

양자 컴퓨터에서 근간이 되는 계산 단위는 큐비트qubit라고 부르는 양자 정보 단위다. 이 책의 출간을 준비하는 현시점 기준으로 현존하는 최고의 양자 컴퓨터는 수백 큐비트를 포함한다.

'QPU'는 그래픽 처리 장치GPU가 오늘날 CPU와 상호 작용하는 것과 동일한 방식으로 기존 CPU와 상호 작용한다. 즉, CPU는 QPU를 어떤 입력이 주어지면 어떤 결과를 생성하는 서비스로 본다는 것이다. CPU와 QPU 사이의 통신은 기존 비트 단위로 수행된다. QPU가 결과를 생성하기 위해 입력을 처리하는 방식은 CPU의 범위 밖이다.

기존 컴퓨터의 비트bit 값은 0 또는 1이다. 그리고 정상적으로 동작하는 경우 해당 비트가 무슨 값을 지녔는지에 관해 모호함이 존재하지 않는다. 또한 기존 컴퓨터의 한 비트는 비파괴 판독non-destructive readout이 가능하다. 즉, 값을 측정하면 0 또는 1을 얻을 수 있고, 해당 비트는 읽기 연산이 시작했을 때 지녔던 값을 계속해서 유지할 것이라는 의미다.

큐비트는 이러한 두 가지 특성에 있어 다르다. 큐비트는 세 개의 숫자로 결정되며, 세 개의 숫자 중 두 개는 확률이다. 측정 시 1을 얻을 수 있는 확률과 측정 시 0을 얻을 수 있는 확률이다. 세 번째 숫자는 상태^{phase}로, 큐비트의 회전을 나타낸다. 큐비트를 측정하면 0 또는 1을 얻을 수 있고(정해진 확률에 따라) 큐비트의 현재 값은 파괴돼 반환된 값으로 대체된다. 0과 1 모두에 대해 확률이 0보다 큰 큐비트는 중첩 상태에 있다고 이야기한다.

상태는 확률 복소수 생성을 통해 관리된다. 진폭(확률)은 $|\alpha|^2$과 $|\beta|^2$으로 지정된다. $|\alpha|^2$은 40퍼센트이고 $|\beta|^2$은 60퍼센트라면, 열 번 측정 중 네 번은 0일 것이고 열 번 측정 중 여섯 번은 1일 것이다. 이러한 진폭은 측정 오류 확률에 따라 달라질 수 있고 이러한 오류 확률을 줄이는 것이 양자 컴퓨터를 구축하는 엔지니어링 과정의 난제 중 하나다.

위의 정의에 따른 두 가지 결과는 다음과 같다.

1. $|\alpha|^2 + |\beta|^2 = 1$. $|\alpha|^2$과 $|\beta|^2$은 각각 0이나 1을 전달하는 측정 확률이고, 한 번의 측정은 둘 중 하나를 전달하기 때문에 두 확률의 합은 1이다.

2. 큐비트를 복사할 수 없다. 기존 비트 A를 기존 비트 B로 복사하기 위해서는 비트 A를 읽은 다음, 해당 비트의 값을 비트 B에 저장하면 된다. 큐비트 A의 측정(예: 읽기)은 A를 파괴하고 값 0 또는 값 1을 전달한다. 따라서 큐비트 B로의 저장은 0 또는 1이 되고 A에 주입된 확률이나 상태를 포함하지 않을 것이다.

상태 값은 0부터 2π 라디안^{radian}의 각도다. 상태 값은 중첩의 확률에 영향을 주지 않지만 큐비트를 변경하기 위한 또 다른 수단을 제공한다. 일부 양자 알고리듬은 이러한 상태를 변경함으로써 특정 큐비트에 표시를 한다.

큐비트 연산

단일 큐비트 연산 중 일부는 기존 비트 연산과 비슷하지만 일부 연산은 다르다. 대부분의 양자 연산의 특징 중 하나는 연산이 가역적^{invertible}이라는 것이다. 즉, 연산의 결과를 갖고 해당 연산의 입력이 무엇인지 파악할 수 있다. 가역성^{invertibility}은 기존 비트 연산과 큐비트 연산의 또 다른 차이점이다. 큐비트 연산에서 가역성이 적용되지 않는 예외가 하나 있는데, 바로 READ 연산이다. 측정은 파괴적이기 때문에 READ 연산의 결과는 원래 큐비트의 복구를 허용하지 않는다. 큐비트 연산의 예는 다음과 같다.

1. READ 연산은 하나의 큐비트를 입력으로 받아 출력으로 입력 큐비트의 진폭에 의해 결정된 확률과 함께 0 또는 1을 생성한다.

2. NOT 연산은 중첩에서 하나의 큐비트를 입력으로 받아서 진폭을 뒤집는다. 즉, 결과가 0인 큐비트의 확률은 1인 큐비트의 최초 확률이다. 그 반대도 마찬가지다.

3. Z 연산은 π를 큐비트의 상태에 추가한다(모듈로^{modulo} 2π).

4. HAD(Hadamard의 약자) 연산은 동일한 중첩을 생성한다. 이는 값이 0인 큐비트의 진폭과 값이 1인 큐비트의 진폭이 동일하다는 의미다. 0 입력 값은 0 라디안의 상태를 생성하고, 1 입력 값은 π 라디안의 상태를 생성한다.

여러 연산을 함께 엮어서 좀 더 세밀한 단위의 기능을 생성할 수 있다.

일부 연산자는 하나 이상의 큐비트에 대해 동작한다. 주요 2큐비트 연산자로 CNOT^{controlled not}이 있으며, 첫 번째 큐비트가 제어 비트^{control bit}다. 제어 비트가 1이면 해당 연산자는 두 번째 큐비트에 대해 NOT 연산을 수행한다. 첫 번째 큐비트가 0이면 두 번째 큐비트는 변경되지 않은 채 유지된다.

얽힘

얽힘^{entanglement}은 양자 컴퓨팅의 핵심 요소 중 하나다. 얽힘과 유사한 개념이 기존 컴퓨팅에 존재하지 않으며, 얽힘 덕분에 양자 컴퓨팅만의 독특하면서도 놀라운 속성이 가능하고 기존 컴퓨터가 할 수 없는 일을 할 수 있다.

두 개의 큐비트를 측정했을 때 두 번째 큐비트의 측정이 첫 번째 큐비트의 측정과 일치하면, 두 개의 큐비트가 '얽혔다'고 한다. 얽힘은 두 측정 간의 시간량과 상관없이 혹은 두 큐비트 간의 물리적 거리에 상관없이 발생할 수 있다. 덕분에 양자 순간 이동이라 부르는 것이 가능하다. 안전띠를 단단히 매자.

26.2 양자 순간 이동

하나의 큐비트를 다른 큐비트에 직접적으로 복사하는 것은 불가능하다는 점을 기억해보자. 따라서 한 큐비트를 다른 큐비트에 복사하길 원한다면 간접 방식을 사용해야 한다. 더 나아가 원본 큐비트 상태의 파괴를 받아들여야 한다. 복사를 받는 큐비트는 원본 큐비트(파괴된 큐비트)와 동일한 상태를 가질 것이다. 양자 순간 이동^{quantum teleportation}은 이러한 상태 복사에 주어진 이름이다. 원본 큐비트와 복사를 받는 큐비트가 어떤 물리적 관계를 가져야 한다는 요구 사항은 없다. 또한 이 두 큐비트를 떼어놓는 거리에 대한 제약 사항도 없다. 결과적으로 먼 거리를 넘어 정보를 전달하는 것이 가능하다. 물리적으로 구현된 큐비트들 간의 거리가 수백 혹은 수천 킬로미터여도 가능하다.

한 큐비트의 상태의 순간 이동은 얽힘에 달려 있다. '얽힘'의 의미에 따르면, 어떤 얽힌 큐비트의 측정은 두 번째 큐비트의 측정이 동일한 값을 지닐 것이라는 점을 보장한다. 순간 이동은 세 개의 큐비트를 활용한다. 큐비트 A와 큐비트 B는 얽혀 있다. 그러고 나서 큐비트 ψ 가 큐비트 A와 얽혀 있다. 큐비트 ψ는 큐비트 B의 위치로 순간 이동하고, 해당 큐비트의 상태가 큐비트 B의 상태가 된다. 대략적으로 이야기하면, 순간 이동은 다음 네 단계를 거쳐 일어난다.

1. 큐비트 A와 큐비트 B를 얽는다. 이것이 의미하는 바를 이전 절에서 논의했다. A와 B의 위치는 물리적으로 분리돼 있을 수 있다.

2. '유효 부하^{payload}'를 준비한다. 유효 부하 큐비트는 순간 이동될 상태를 가질 것이다. 큐비트 ψ인 유효 부하는 A의 위치에서 준비된다.

3. 유효 부하를 전파한다. 전파에는 B의 위치로 이동되는 두 개의 기존 비트가 포함된다. 또한 전파에는 A와 ψ의 측정이 포함되며, 이는 두 비트의 상태를 파괴한다.

4. B에 ψ의 상태를 재생성한다.

많은 핵심 세부 사항을 생략했지만 핵심은 다음과 같다. 양자 순간 이동은 양자 통신의 핵심 요소다. 양자 순간 이동은 두 개의 비트를 기존 통신 채널을 통해 전송하는 것에 의존한다. 도청하는 사람이 알아낼 수 있는 것은 기존 채널을 통해 두 개의 비트가 전송된다는 것뿐이므로 이는 본질적으로 안전하다. A와 B가 얽힘을 통해 통신하기 때문에 이 둘은 통신선을 따라 물리적으로 이동하지 않는다. 미국 NIST$^{The\ U.S.\ National\ Institute\ of\ Science\ and\ Technology}$는 다양한 각기 다른 양자 기반 통신 프로토콜을 전송 계층 프로토콜의 기반으로 고려 중이다. 이를 HTTPQ라 부르는데, HTTPS를 대체하려는 목적을 지닌 프로토콜이다. 한 통신 프로토콜을 다른 통신 프로토콜로 대체하는 데 수십 년이 걸리기 때문에 HTTPQ가 HTTPS를 깰 수 있는 양자 컴퓨터가 가능해지기 전에 채택되는 것을 목표로 하고 있다.

26.3 양자 컴퓨팅과 암호화

양자 컴퓨터는 함수의 역을 계산하는 능력이 매우 우수한데, 특히 해시 함수의 역을 구하는 데 뛰어나다. 이러한 유형의 계산이 매우 유용한 여러 사례가 있지만, 무엇보다 암호 해독 시에 유용하다. 패스워드가 직접적으로 저장되는 경우는 거의 없으며, 그 대신에 패스워드의 해시가 저장된다. 해시만을 저장하는 이유는 해시 함수의 역을 계산하는 것이 기존 컴퓨터를 사용하는 경우 계산적으로 어렵고 수백 년이 걸리기 때문이다. 하지만 양자 컴퓨터는 이러한 계산을 변경한다.

그로버[Grover]의 알고리듬은 함수의 역을 계산하는 확률 알고리듬의 예다. 256비트 기반 해시의 역을 계산하는 데 2^{128}회의 반복 수준이 걸린다. 이는 기존 계산 알고리듬 대비 제곱으로 속도가 빨라지는 것을 나타낸다. 즉, 양자 알고리듬 시간은 대략 기존 알고리듬 시간의 제곱근이다. 이로 인해 기존에는 안전하다고 생각한 패스워드로 보호된 엄청난 양의 자료가 꽤나 취약해진다.

두 개의 큰 소수를 곱한 수를 인수분해하는 것은 어렵다. 현대 보안 암호화 알고리듬은 이러한 인수분해 난이도에 기반한다. p와 q가 각각 크기가 128비트를 넘는 서로 다른 소수라고 해보자. 이 두 소수 pq의 곱은 크기가 대략 256비트다. p와 q가 주어졌을 때 이러한 곱은 상대적으로 계산하기 쉽다. 하지만 곱인 pq를 인수분해하고 p와 q를 알아내는 것은 기존 컴퓨터에서 계산적으로 매우 어렵다. 이는 NP 난해[NP-hard] 분류에 속한다.

이는 소수 p와 q에 기반해 암호화된 메시지가 주어졌을 때 이 메시지를 복호화하는 것은 p와 q를 안다면 상대적으로 쉽지만 p와 q를 모른다면 사실상 불가능하다는 점을 의미한다. 하지만 양자 컴퓨터는 기존 컴퓨터보다 pq를 훨씬 더 효율적으로 인수분해할 수 있다. 쇼어[Shor]의 알고리듬은 로그[log] 수준의 실행 시간을 갖고 pq를 인수분해할 수 있는 양자 알고리듬이다.

26.4 기타 알고리듬

양자 컴퓨팅은 많은 적용 분야에서 판도를 바꾸는 수준의 잠재력을 지녔다. 여기서는 필요하지만 현재 존재하지 않는 하드웨어인 양자 무작위 접근 메모리[QRAM, Quantum Random Access Memory]를 소개하면서 논의하겠다.

QRAM

QRAM은 많은 양자 알고리듬을 구현하고 적용하기 위한 필수 요소다. QRAM(또는 비슷한 것들)은 머신러닝 적용 분야에서 사용되는 것과 같은 대규모 데이터에 대한 효율적인 접근을 제공하기 위해 필요할 것이다. 현재는 QRAM의 구현물이 존재하지 않지만, 여러 연구 집단이 이러한 구현이 어떤 식으로 동작할 수 있는지 조사 중이다.

기존 RAM은 메모리 위치를 입력으로 받아서 해당 메모리 위치의 내용물을 출력으로 반환하는 하드웨어 장치로 구성된다. QRAM은 이와 개념적으로 유사하다. QRAM은 메모리 위치(아마도 메모리 위치의 중첩)를 입력으로 받아서 이러한 메모리 위치들의 중첩된 내용물을 출력으로 반환한다. 내용물이 반환되는 메모리 위치들은 기존 방식으로 기록된다(라이팅^{writing}된다). 즉, 각 비트가 하나의 값을 갖는다. 값들은 중첩으로 반환되고 진폭은 반환되는 메모리 위치의 사양에 의해 결정된다. 원본 값들이 기존 방식으로 기록됐기 때문에 해당 값들은 비파괴적인 방식으로 복제될 수 있다.

이러한 QRAM의 문제점은 물리적 리소스의 개수가 추출한 비트의 개수와 선형적으로 비례하면서 확장돼야 한다는 것이다. 따라서 매우 큰 추출을 위해 QRAM을 구성하는 것이 현실적이지 않을 수 있다. 양자 컴퓨터에 관한 대부분의 논의와 마찬가지로 QRAM은 엔지니어링 단계가 아닌 이론적 토의 단계에 있다. 아직까지는 관심을 갖고 기다려야 한다.

우리가 논의하는 남은 알고리듬들은 QRAM과 같이 알고리듬에 의해 조작되는 데이터에 효율적으로 접근하기 위한 메커니즘이 존재한다고 가정한다.

역행렬

역행렬 계산은 과학에서 많은 문제의 근간이 된다. 예를 들어 머신러닝은 큰 행렬의 역행렬을 구할 수 있어야 한다. 양자 컴퓨터는 이러한 맥락에서 역행렬 계산의 속도를 높이는 데 유망한 기술이다. 해로우^{Harrow}, 하시딤^{Hassidim}, 로이드^{Lloyd}의 HHL 알고리듬은 일부 제약 사항 하에서 선형 행렬의 역행렬을 구한다. 일반 문제는 A가 $N \times N$ 행렬이고, x가 N개의 알려지지 않은 값의 집합이고, b가 N개의 알려진 값들의 집합일 때 수식 $Ax = b$를 푸는 것이다. 기본 대수학에서 가장 간단한 경우인 $N = 2$에 관해 배웠을 것이다. 하지만 N이 커짐에 따라 역행렬 계산은 수식들의 집합을 풀기 위한 표준 기법이 된다.

이 문제를 양자 컴퓨터로 풀 때 다음 제약 사항들이 적용된다.

1. b들은 빠르게 접근 가능해야 한다. 이는 QRAM이 해결해야 할 문제다.

2. 행렬 A는 특정 조건을 만족시켜야 한다. 행렬 A가 희소 행렬인 경우 양자 컴퓨터에서 효율적으로 처리될 가능성이 높다. 또한 행렬 A는 좋은 상태여야 한다. 즉, 행렬의 행렬식은 0이 아니거나 0에 가까워야 한다. 작은 행렬식은 기존 컴퓨터에서 역행렬을 구할 때 문제를 일으킨다. 따라서 이는 양자 컴퓨터의 고유한 문제가 아니다.

3. HHL 알고리듬을 적용한 결과는 x 값들이 중첩으로 나타난다는 것이다. 따라서 중첩으로부터 실제 값들을 효율적으로 격리하기 위한 메커니즘이 필요하다.

실제 알고리듬은 여기서 나타내기에 너무 복잡하다. 하지만 한 가지 주목할 만한 요소는 이 알고리듬이 상태 사용에 기반한 진폭 확대 기법에 의존한다는 것이다.

26.5 잠재적인 적용 분야

양자 컴퓨터는 매우 다양한 적용 분야가 있을 것으로 예상된다. 예를 들어 IBM은 정보 보안과 약물 개발, 금융 모델링, 더 나은 성능의 배터리, 더 깨끗한 비료, 교통 최적화, 날씨 예보, 기후 변화, 인공지능, 머신러닝 등에 집중하고 있다.

아직까지 정보 보안을 제외하고는 잠재적인 양자 컴퓨팅 적용 분야의 목록에 있는 항목들은 대개 추측 단계에 불과할 뿐이다. 여러 정보 보안 알고리듬이 기존 알고리듬 대비 상당히 개선됐다는 것이 입증됐다. 하지만 나머지 적용 분야는 아직까지는 상당히 과열된 연구 주제다. 하지만 아직까지 이러한 노력 중 어느 것 하나도 공개적인 결과를 내지는 못했다.

이번 장을 시작할 때 소개했던 인용구가 제시하듯이, 양자 컴퓨터는 라이트 형제 시대의 비행기와 비슷한 단계에 있다. 전망은 밝으나 이러한 전망을 현실화하기 위해서는 상당한 양의 작업이 필요하다.

26.6 결론

양자 컴퓨터는 현재 초기 단계다. 따라서 현재 양자 컴퓨터의 적용 분야는 대개 추정일 뿐이다. 특히나 대용량 데이터를 요하는 적용 분야는 더욱 그렇다. 그럼에도 불구하고 실제 물리적인 장치의 큐비트 개수에 관해 빠른 진척이 일어나고 있다. 합리적으로 볼 때, 무어^{Moore}의 법칙이 기존 컴퓨팅과 마찬가지로 양자 컴퓨터에도 적용될 것이다. 만약 그렇다면, 가용한 큐비트의 수는 시간이 지남에 따라 기하급수적으로 늘어날 것이다.

26.2절에서 설명했던 큐비트 연산으로 인해서 유용한 기능을 수행할 때 연산들을 한데 묶는 프로그래밍 스타일이 가능해졌다. 이는 기존 컴퓨터용 기계어와 동일한 궤적을 따를 가능성이 높다. 기계어는 여전히 존재하지만 일부 프로그래머만 사용하는 영역이 됐으며, 대부분의 프로그래머는 다양한 고수준 언어를 사용한다. 양자 컴퓨터 프로그래밍에서도 동일한 진화가 일어날 것이다. 양자 컴퓨팅 언어의 설계에 많은 노력을 쏟고 있지만 아직까지는 초기 상태다.

프로그래밍 언어는 빙산의 일각일 뿐이다. 이 책에서 다뤘던 다른 주제들은 어떨까? 양자 컴퓨터에 관련된 새로운 품질 속성과 새로운 아키텍처 패턴과 추가적인 아키텍처 뷰가 있을까? 거의 확실히 있을 것이다.

양자 컴퓨터 네트워크는 어떤 형태일까? 양자 컴퓨터와 기존 컴퓨터로 이뤄진 하이브리드 네트워크가 널리 퍼질 수 있을까? 이 모두는 양자 컴퓨팅이 최종적으로 진화하게 될 잠재적인 영역이다.

그러는 동안에 아키텍트는 무엇을 할 수 있을까? 우선, 개발을 분리하는 데 신경 써야 한다. 여러분이 오늘날 작업하고 있는 시스템이 양자 컴퓨팅이 영향을 미칠 가능성이 높은 분야를 포함한다면, 양자 컴퓨팅이 최종적으로 등장했을 때 혼란을 최소화하기 위해 시스템의 해당 부분을 분리해야 한다. 특히나 보안 시스템의 경우 기존 암호화 알고리듬이 소용없게 됐을 때 무엇을 할지 파악하기 위해 계속해서 양자 컴퓨팅의 보안 관련 분야에 관심을 가져야 한다.

하지만 여러분의 준비가 언제나 방어적이어야 하는 것은 아니다. 노드 간의 물리적 거리에 상관없이 정보를 순식간에 전달할 수 있는 통신 네트워크를 갖고 무엇을 할 수 있을지 상상해보자. 이러한 이야기들이 아직은 믿기지 않는다면, 예전에는 하늘을 나는 기계 역시 믿기지 않는 존재였다는 점을 말하고 싶다.

언제나 그렇듯이 우리는 간절함을 갖고 미래를 기다린다.

26.7 참고 문헌

다음 문헌들은 이번 장에서 다룬 내용과 관련한 개요를 제공한다.

- 에릭 존스턴Eric Johnston, 닉 해리건Nic Harrigan, 메르세디즈 지메노-세고비아Mercedes Gimeno-

^{Segovia}가 저술한 『Programming Quantum Computers』(O'Reilly, 2019)는 물리학이나 선형 대수에 대한 언급 없이 양자 컴퓨팅을 소개한다[Johnston 19].

- 『양자 컴퓨팅 발전과 전망』(에이콘, 2020)[NASEM 19]는 양자 컴퓨팅의 현재 상황에 대한 개요와 양자 컴퓨터를 현실화하기 위해 넘어야 할 과제들을 소개한다.

- 양자 컴퓨터는 기존 컴퓨터 대비 더 빠른 해결책을 제공할 뿐 아니라 양자 컴퓨터로만 해결할 수 있는 문제들을 처리한다. 이에 대한 강력한 이론적 결과는 2018년 5월에 나왔다(quantamagazine.org/finally-a-problemthat-only-quantum-computers-will-ever-be-able-to-solve-20180621/).

참고 문헌

[Abrahamsson 10] P. Abrahamsson, M. A. Babar, and P. Kruchten. "Agility and Architecture:Can They Coexist?" *IEEE Software* 27, no. 2 (March – April 2010): 16 – 22.

[AdvBuilder 10] Java Adventure Builder Reference Application. https://adventurebuilder.dev. java.net

[Anastasopoulos 00] M. Anastasopoulos and C. Gacek. "Implementing Product Line Variabilities" (IESE-Report no. 089.00/E, V1.0). Kaiserslautern, Germany: Fraunhofer Institut Experimentelles Software Engineering, 2000.

[Anderson 20] Ross Anderson. *Security Engineering: A Guide to Building Dependable Distributed Systems*, 3rd ed. Wiley, 2020.

[Argote 07] L. Argote and G. Todorova. *International Review of Industrial and Organizational Psychology*. John Wiley & Sons, 2007.

[Avižienis 04] Algirdas Avižienis, Jean-Claude Laprie, Brian Randell, and Carl Landwehr. "Basic Concepts and Taxonomy of Dependable and Secure Computing," *IEEE Transactions on Dependable and Secure Computing* 1, no. 1 (January 2004): 11 – 33.

[Bachmann 00a] Felix Bachmann, Len Bass, Jeromy Carriere, Paul Clements, David Garlan, James Ivers, Robert Nord, and Reed Little. "Software Architecture Documentation in Practice: Documenting Architectural Layers," CMU/SEI-2000-SR-004, 2000.

[Bachmann 00b] F. Bachmann, L. Bass, G. Chastek, P. Donohoe, and F. Peruzzi. "The Architecture-Based Design Method," CMU/SEI-2000-TR-001, 2000.

[Bachmann 05] F. Bachmann and P. Clements. "Variability in Software Product Lines," CMU/ SEI-2005-TR-012, 2005.

[Bachmann 07] Felix Bachmann, Len Bass, and Robert Nord. "Modifiability Tactics," CMU/ SEI-2007-TR-002, September 2007.

[Bachmann 11] F. Bachmann. "Give the Stakeholders What They Want: Design Peer Reviews the ATAM Style," *Crosstalk* (November/December 2011): 8 – 10, crosstalkonline.org/storage/issue-archives/2011/201111/201111-Bachmann.pdf.

[Barba cci 03] M. Barbacci, R. Ellison, A. Lattanze, J. Stafford, C. Weinstock, and W. Wood. "Quality Attribute Workshops (QAWs), Third Edition," CMU/SEI-2003-TR-016, sei.cmu.edu/reports/03tr016.pdf.

[Bass 03] L. Bass and B. E. John. "Linking Usability to Software Architecture Patterns through General Scenarios," *Journal of Systems and Software* 66, no. 3 (2003): 187 – 197.

[Bass 07] Len Bass, Robert Nord, William G. Wood, and David Zubrow. "Risk Themes Discovered through Architecture Evaluations," in *Proceedings of WICSA 07*, 2007.

[Bass 08] Len Bass, Paul Clements, Rick Kazman, and Mark Klein. "Models for Evaluating and Improving Architecture Competence," CMU/SEI-2008-TR-006, March 2008, sei.cmu.edu/library/abstracts/reports/08tr006.cfm.

[Bass 15] Len Bass, Ingo Weber, and Liming Zhu. *DevOps: A Software Architect's Perspective*. Addison-Wesley, 2015.

[Bass 19] Len Bass and John Klein. *Deployment and Operations for Software Engineers*. Amazon, 2019.

[Baudry 03] B. Baudry, Yves Le Traon, Gerson Sunyé, and Jean-Marc Jézéquel. "Measuring and Improving Design Patterns Testability," *Proceedings of the Ninth International Software Metrics Symposium* (METRICS '03), 2003.

[Baudry 05] B. Baudry and Y. Le Traon. "Measuring Design Testability of a UML Class Diagram," *Information & Software Technology* 47, no. 13 (October 2005): 859 – 879.

[Beck 02] Kent Beck. *Test-Driven Development by Example*. Addison-Wesley, 2002.

[Beck 04] Kent Beck and Cynthia Andres. *Extreme Programming Explained: Embrace Change*, 2nd ed. Addison-Wesley, 2004.

[Beizer 90] B. Beizer. *Software Testing Techniques*, 2nd ed. International Thomson Computer Press, 1990.

[Bellcore 98] Bell Communications Research. GR-1230-CORE, SONET Bidirectional Line-Switched Ring Equipment Generic Criteria. 1998.

[Bellcore 99] Bell Communications Research. GR-1400-CORE, SONET Dual-Fed Unidirectional Path Switched Ring (UPSR) Equipment Generic Criteria. 1999.

[Bellomo 15] S. Bellomo, I. Gorton, and R. Kazman. "Insights from 15 Years of ATAM Data: Towards Agile Architecture," *IEEE Software* 32, no. 5 (September/October 2015): 38 – 45.

[Benkler 07] Y. Benkler. *The Wealth of Networks: How Social Production Transforms Markets and Freedom.* Yale University Press, 2007.

[Bertolino 96a] Antonia Bertolino and Lorenzo Strigini. "On the Use of Testability Measures for Dependability Assessment," *IEEE Transactions on Software Engineering* 22, no. 2 (February 1996): 97 – 108.

[Bertolino 96b] A. Bertolino and P. Inverardi. "Architecture-Based Software Testing," in Proceedings of the Second International Software Architecture Workshop (ISAW-2), L. Vidal, A. Finkelstain, G. Spanoudakis, and A. L. Wolf, eds. *Joint Proceedings of the SIGSOFT '96 Workshops*, San Francisco, October 1996. ACM Press.

[Biffl 10] S. Biffl, A. Aurum, B. Boehm, H. Erdogmus, and P. Grunbacher, eds. *Value-Based Software Engineering.* Springer, 2010.

[Binder 94] R. V. Binder. "Design for Testability in Object-Oriented Systems," *CACM* 37, no. 9 (1994): 87 – 101.

[Binder 00] R. Binder. *Testing Object-Oriented Systems: Models, Patterns, and Tools.* Addison-Wesley, 2000.

[Boehm 78] B. W. Boehm, J. R. Brown, J. R. Kaspar, M. L. Lipow, and G. MacCleod. *Characteristics of Software Quality.* American Elsevier, 1978.

[Boehm 81] B. Boehm. *Software Engineering Economics.* Prentice Hall, 1981.

[Boehm 91] Barry Boehm. "Software Risk Management: Principles and Practices," *IEEE Software* 8, no. 1 (January 1991): 32 – 41.

[Boehm 04] B. Boehm and R. Turner. *Balancing Agility and Discipline: A Guide for the Perplexed.* Addison-Wesley, 2004.

[Boehm 07] B. Boehm, R. Valerdi, and E. Honour. "The ROI of Systems Engineering: Some Quantitative Results for Software Intensive Systems," *Systems Engineering* 11, no. 3 (2007): 221 – 234.

[Boehm 10] B. Boehm, J. Lane, S. Koolmanojwong, and R. Turner. "Architected Agile Solutions for Software-Reliant Systems," Technical Report USC-CSSE-2010-516, 2010.

[Bondi 14] A. B. Bondi. *Foundations of Software and System Performance Engineering: Process,*

Performance Modeling, Requirements, Testing, Scalability, and Practice. Addison-Wesley, 2014.

[Booch 11] Grady Booch. "An Architectural Oxymoron," podcast available at computer.org/ portal/web/computingnow/onarchitecture. Retrieved January 21, 2011.

[Bosch 00] J. Bosch. "Organizing for Software Product Lines," *Proceedings of the 3rd International Workshop on Software Architectures for Product Families (IWSAPF-3)*, pp. 117 – 134. Las Palmas de Gran Canaria, Spain, March 15 – 17, 2000. Springer, 2000.

[Bouwers 10] E. Bouwers and A. van Deursen. "A Lightweight Sanity Check for Implemented Architectures," *IEEE Software* 27, no. 4 (July/August 2010): 44 – 50.

[Bredemeyer 11] D. Bredemeyer and R. Malan. "Architect Competencies: What You Know, What You Do and What You Are," http://www.bredemeyer.com/Architect/ ArchitectSkillsLinks.htm.

[Brewer 12] E. Brewer. "CAP Twelve Years Later: How the 'Rules' Have Changed," *IEEE Computer* (February 2012): 23 – 29.

[Brown 10] N. Brown, R. Nord, and I. Ozkaya. "Enabling Agility through Architecture," *Crosstalk* (November/December 2010): 12 – 17.

[Brownsword 96] Lisa Brownsword and Paul Clements. "A Case Study in Successful Product Line Development," Technical Report CMU/SEI-96-TR-016, October 1996.

[Brownsword 04] Lisa Brownsword, David Carney, David Fisher, Grace Lewis, Craig Meterys, Edwin Morris, Patrick Place, James Smith, and Lutz Wrage. "Current Perspectives on Interoperability," CMU/SEI-2004-TR-009, sei.cmu.edu/reports/04tr009.pdf.

[Bruntink 06] Magiel Bruntink and Arie van Deursen. "An Empirical Study into Class Testability," *Journal of Systems and Software* 79, no. 9 (2006): 1219 – 1232.

[Buschmann 96] Frank Buschmann, Regine Meunier, Hans Rohnert, Peter Sommerlad, and Michael Stal. *Pattern-Oriented Software Architecture Volume 1: A System of Patterns*. Wiley, 1996.

[Cai 11] Yuanfang Cai, Daniel Iannuzzi, and Sunny Wong. "Leveraging Design Structure Matrices in Software Design Education," *Conference on Software Engineering Education and Training 2011*, pp. 179 – 188.

[Cappelli 12] Dawn M. Cappelli, Andrew P. Moore, and Randall F. Trzeciak. *The CERT Guide to Insider Threats: How to Prevent, Detect, and Respond to Information Technology Crimes (Theft, Sabotage, Fraud)*. Addison-Wesley, 2012.

[Carriere 10] J. Carriere, R. Kazman, and I. Ozkaya. "A Cost-Benefit Framework for Making

Architectural Decisions in a Business Context," *Proceedings of 32nd International Conference on Software Engineering (ICSE 32)*, Capetown, South Africa, May 2010.

[Cataldo 07] M. Cataldo, M. Bass, J. Herbsleb, and L. Bass. "On Coordination Mechanisms in Global Software Development," *Proceedings Second IEEE International Conference on Global Software Development*, 2007.

[Cervantes 13] H. Cervantes, P. Velasco, and R. Kazman. "A Principled Way of Using Frameworks in Architectural Design," *IEEE Software* (March/April 2013): 46 – 53.

[Cervantes 16] H. Cervantes and R. Kazman. *Designing Software Architectures: A Practical Approach*. Addison-Wesley, 2016.

[Chandran 10] S. Chandran, A. Dimov, and S. Punnekkat. "Modeling Uncertainties in the Estimation of Software Reliability: A Pragmatic Approach," *Fourth IEEE International Conference on Secure Software Integration and Reliability Improvement*, 2010.

[Chang 06] F. Chang, J. Dean, S. Ghemawat, W. Hsieh, et al. "Bigtable: A Distributed Storage System for Structured Data," *Proceedings of Operating Systems Design and Implementation*, 2006, http://research.google.com/archive/ bigtable.html.

[Chen 10] H.-M. Chen, R. Kazman, and O. Perry. "From Software Architecture Analysis to Service Engineering: An Empirical Study of Enterprise SOA Implementation," *IEEE Transactions on Services Computing* 3, no. 2 (April – June 2010): 145 – 160.

[Chidamber 94] S. Chidamber and C. Kemerer. "A Metrics Suite for Object Oriented Design," *IEEE Transactions on Software Engineering* 20, no. 6 (June 1994).

[Chowdury 19] S. Chowdhury, A. Hindle, R. Kazman, T. Shuto, K. Matsui, and Y. Kamei. "GreenBundle: An Empirical Study on the Energy Impact of Bundled Processing," *Proceedings of the International Conference on Software Engineering*, May 2019.

[Clements 01a] P. Clements and L. Northrop. *Software Product Lines*. Addison-Wesley, 2001.

[Clements 01b] P. Clements, R. Kazman, and M. Klein. *Evaluating Software Architectures*. Addison-Wesley, 2001.

[Clements 07] P. Clements, R. Kazman, M. Klein, D. Devesh, S. Reddy, and P. Verma. "The Duties, Skills, and Knowledge of Software Architects," *Proceedings of the Working IEEE/ IFIP Conference on Software Architecture*, 2007.

[Clements 10a] Paul Clements, Felix Bachmann, Len Bass, David Garlan, James Ivers, Reed Little, Paulo Merson, Robert Nord, and Judith Stafford. *Documenting Software Architectures:*

Views and Beyond, 2nd ed. Addison-Wesley, 2010.

[Clements 10b]   Paul Clements and Len Bass. "Relating Business Goals to Architecturally Significant Requirements for Software Systems," CMU/SEI-2010-TN-018, May 2010.

[Clements 10c]   P. Clements and L. Bass. "The Business Goals Viewpoint," *IEEE Software* 27, no. 6 (November – December 2010): 38 – 45.

[Clements 16]   Paul Clements and Linda Northrop. *Software Product Lines: Practices and Patterns*. Addison-Wesley, 2016.

[Cockburn 04]   Alistair Cockburn. *Crystal Clear: A Human-Powered Methodology for Small Teams*. Addison-Wesley, 2004.

[Cockburn 06]   Alistair Cockburn. *Agile Software Development: The Cooperative Game*. Addison-Wesley, 2006.

[Conway 68]   Melvin E. Conway. "How Do Committees Invent?" *Datamation* 14, no. 4 (1968): 28 – 31.

[Coplein 10]   J. Coplein and G. Bjornvig. *Lean Architecture for Agile Software Development*. Wiley, 2010.

[Coulin 19]   T. Coulin, M. Detante, W. Mouchère, F. Petrillo, et al. "Software Architecture Metrics: A Literature Review," January 25, 2019, https://arxiv.org/abs/1901.09050.

[Cruz 19]   L. Cruz and R. Abreu. "Catalog of Energy Patterns for Mobile Applications," *Empirical Software Engineering* 24 (2019): 2209 – 2235.

[Cunningham 92]   W. Cunningham. "The Wycash Portfolio Management System," in Addendum to the *Proceedings of Object-Oriented Programming Systems, Languages, and Applications (OOPSLA)*, pp. 29 – 30. ACM Press, 1992.

[CWE 12]   The Common Weakness Enumeration. http://cwe.mitre.org/.

[Dean 04]   Jeffrey Dean and Sanjay Ghemawat. "MapReduce: Simplified Data Processing on Large Clusters," *Proceedings Operating System Design and Implementation*, 1994, http://research.google.com/archive/mapreduce.html.

[Dean 13]   Jeffrey Dean and Luiz André Barroso. "The Tail at Scale," *Communications of the ACM* 56, no. 2 (February 2013): 74 – 80.

[Dijkstra 68]   E. W. Dijkstra. "The Structure of the 'THE'-Multiprogramming System," *Communications of the ACM* 11, no. 5 (1968): 341 – 346.

[Dijkstra 72] Edsger W. Dijkstra, Ole-Johan Dahl, and Tony Hoare, *Structured Programming*. Academic Press, 1972: 175 – 220.

[Dix 04] Alan Dix, Janet Finlay, Gregory Abowd, and Russell Beale. *Human–Computer Interaction*, 3rd ed. Prentice Hall, 2004.

[Douglass 99] Bruce Douglass. *Real-Time Design Patterns: Robust Scalable Architecture for Real-Time Systems*. Addison-Wesley, 1999.

[Dutton 84] J. M. Dutton and A. Thomas. "Treating Progress Functions as a Managerial Opportunity," *Academy of Management Review* 9 (1984): 235 – 247.

[Eickelman 96] N. Eickelman and D. Richardson. "What Makes One Software Architecture More Testable Than Another?" in *Proceedings of the Second International Software Architecture Workshop (ISAW-2)*, L. Vidal, A. Finkelstein, G. Spanoudakis, and A. L. Wolf, eds., Joint Proceedings of the SIGSOFT '96 Workshops, San Francisco, October 1996. ACM Press.

[EOSAN 07] "WP 8.1.4—Define Methodology for Validation within OATA: Architecture Tactics Assessment Process," eurocontrol.int/valfor/gallery/content/public/OATAP2-D8.1.4-01%20DMVO%20Architecture%20 Tactics%20Assessment%20Process.pdf.

[FAA 00] "System Safety Handbook," faa.gov/library/manuals/aviation/risk_management/ss_handbook/.

[Fairbanks 10] G. Fairbanks. *Just Enough Software Architecture: A Risk-Driven Approach*. Marshall & Brainerd, 2010.

[Fairbanks 20] George Fairbanks. "Ur-Technical Debt," *IEEE Software* 37, no. 4 (April 2020): 95 – 98.

[Feiler 06] P. Feiler, R. P. Gabriel, J. Goodenough, R. Linger, T. Longstaff, R. Kazman, M. Klein, L. Northrop, D. Schmidt, K. Sullivan, and K. Wallnau. *Ultra-Large-Scale Systems: The Software Challenge of the Future*. sei.cmu.edu/library/assets/ULS_Book20062.pdf.

[Feng 16] Q. Feng, R. Kazman, Y. Cai, R. Mo, and L. Xiao. "An Architecture-centric Approach to Security Analysis," in *Proceedings of the 13th Working IEEE/IFIP Conference on Software Architecture (WICSA 2016)*, 2016.

[Fiol 85] C. M. Fiol and M. A. Lyles. "Organizational Learning," *Academy of Management Review* 10, no. 4 (1985):. 803.

[Fonseca 19] A. Fonseca, R. Kazman, and P. Lago. "A Manifesto for Energy-Aware Software," *IEEE Software* 36 (November/December 2019): 79 – 82.

[Fowler 09] Martin Fowler. "TechnicalDebtQuadrant," https://martinfowler.com/bliki/TechnicalDebtQuadrant.html, 2009.

[Fowler 10] Martin Fowler. "Blue Green Deployment," https://martinfowler.com/bliki/BlueGreenDeployment.html, 2010.

[Freeman 09] Steve Freeman and Nat Pryce. *Growing Object-Oriented Software, Guided by Tests*. Addison-Wesley, 2009.

[Gacek 95] Cristina Gacek, Ahmed Abd-Allah, Bradford Clark, and Barry Boehm. "On the Definition of Software System Architecture," USC/CSE-95-TR-500, April 1995.

[Gagliardi 09] M. Gagliardi, W. Wood, J. Klein, and J. Morley. "A Uniform Approach for System of Systems Architecture Evaluation," *Crosstalk* 22, no. 3 (March/April 2009): 12–15.

[Gajjarby 17] Manish J. Gajjarby. *Mobile Sensors and Context-Aware Computing*. Morgan Kaufman, 2017.

[Gamma 94] E. Gamma, R. Helm, R. Johnson, and J. Vlissides. *Design Patterns: Elements of Reusable Object-Oriented Software*. Addison-Wesley, 1994.

[Garlan 93] D. Garlan and M. Shaw. "An Introduction to Software Architecture," in Ambriola and Tortola, eds., *Advances in Software Engineering & Knowledge Engineering, Vol. II*. World Scientific Pub., 1993, pp. 1–39.

[Garlan 95] David Garlan, Robert Allen, and John Ockerbloom. "Architectural Mismatch or Why It's Hard to Build Systems out of Existing Parts," 17th International Conference on Software Engineering, April 1995.

[Gilbert 07] T. Gilbert. *Human Competence: Engineering Worthy Performance*. Pfeiffer, Tribute Edition, 2007.

[Gokhale 05] S. Gokhale, J. Crigler, W. Farr, and D. Wallace. "System Availability Analysis Considering Hardware/Software Failure Severities," *Proceedings of the 29th Annual IEEE/NASA Software Engineering Workshop (SEW '05)*, Greenbelt, MD, April 2005. IEEE, 2005.

[Gorton 10] Ian Gorton. *Essential Software Architecture*, 2nd ed. Springer, 2010.

[Graham 07] T. C. N. Graham, R. Kazman, and C. Walmsley. "Agility and Experimentation: Practical Techniques for Resolving Architectural Tradeoffs," *Proceedings of the 29th International Conference on Software Engineering (ICSE 29)*, Minneapolis, MN, May 2007.

[Gray 93] Jim Gray and Andreas Reuter. *Distributed Transaction Processing: Concepts and*

Techniques. Morgan Kaufmann, 1993.

[Grinter 99]   Rebecca E. Grinter. "Systems Architecture: Product Designing and Social Engineering," in *Proceedings of the International Joint Conference on Work Activities Coordination and Collaboration (WACC '99)*, Dimitrios Georgakopoulos, Wolfgang Prinz, and Alexander L. Wolf, eds. ACM, 1999, pp. 11 – 18.

[Hamm 04]   "Linus Torvalds' Benevolent Dictatorship," *BusinessWeek*, August 18, 2004, businessweek.com/technology/content/aug2004/tc20040818_1593.htm.

[Hamming 80]   R. W. Hamming. *Coding and Information Theory*. Prentice Hall, 1980.

[Hanmer 13]   Robert S. Hanmer. *Patterns for Fault Tolerant Software*, Wiley Software Patterns Series, 2013.

[Harms 10]   R. Harms and M. Yamartino. "The Economics of the Cloud," http://economics.uchicago.edu/pdf/Harms_110111.pdf.

[Hartman 10]   Gregory Hartman. "Attentiveness: Reactivity at Scale," CMU-ISR-10-111, 2010.

[Hiltzik 00]   M. Hiltzik. *Dealers of Lightning: Xerox PARC and the Dawn of the Computer Age*. Harper Business, 2000.

[Hoare 85]   C. A. R. Hoare. *Communicating Sequential Processes*. Prentice Hall International Series in Computer Science, 1985.

[Hoffman 00]   Daniel M. Hoffman and David M. Weiss. *Software Fundamentals: Collected Papers by David L. Parnas*. Addison-Wesley, 2000.

[Hofmeister 00]   Christine Hofmeister, Robert Nord, and Dilip Soni. *Applied Software Architecture*. Addison-Wesley, 2000.

[Hofmeister 07]   Christine Hofmeister, Philippe Kruchten, Robert L. Nord, Henk Obbink, Alexander Ran, and Pierre America. "A General Model of Software Architecture Design Derived from Five Industrial Approaches," *Journal of Systems and Software* 80, no. 1 (January 2007): 106 – 126.

[Hohpe 20]   Gregor Hohpe. *The Software Architect Elevator: Redefining the Architect's Role in the Digital Enterprise*. O'Reilly, 2020.

[Howard 04]   Michael Howard. "Mitigate Security Risks by Minimizing the Code You Expose to Untrusted Users," *MSDN Magazine*, http://msdn.microsoft.com/en-us/magazine/cc163882.aspx.

[Hubbard 14] D. Hubbard. *How to Measure Anything: Finding the Value of Intangibles in Business*. Wiley, 2014.

[Humble 10] Jez Humble and David Farley. *Continuous Delivery: Reliable Software Releases through Build, Test, and Deployment Automation*, Addison-Wesley, 2010.

[IEEE 94] "IEEE Standard for Software Safety Plans," STD-1228-1994, http://standards.ieee.org/findstds/standard/1228-1994.html.

[IEEE 17] "IEEE Guide: Adoption of the Project Management Institute (PMI) Standard: A Guide to the Project Management Body of Knowledge (PMBOK Guide), Sixth Edition," projectsmart.co.uk/pmbok.html.

[IETF 04] Internet Engineering Task Force. "RFC 3746, Forwarding and Control Element Separation (ForCES) Framework," 2004.

[IETF 05] Internet Engineering Task Force. "RFC 4090, Fast Reroute Extensions to RSVP-TE for LSP Tunnels," 2005.

[IETF 06a] Internet Engineering Task Force. "RFC 4443, Internet Control Message Protocol (ICMPv6) for the Internet Protocol Version 6 (IPv6) Specification," 2006.

[IETF 06b] Internet Engineering Task Force. "RFC 4379, Detecting Multi-Protocol Label Switched (MPLS) Data Plane Failures," 2006.

[INCOSE 05] International Council on Systems Engineering. "System Engineering Competency Framework 2010 – 0205," incose.org/ProductsPubs/products/competenciesframework.aspx.

[INCOSE 19] International Council on Systems Engineering, "Feature-Based Systems and Software Product Line Engineering: A Primer," Technical Product INCOSE-TP-2019-002-03-0404, https://connect.incose.org/Pages/Product-Details.aspx?ProductCode=PLE_Primer_2019.

[Ingeno 18] Joseph Ingeno. *Software Architect's Handbook*. Packt Publishing, 2018.

[ISO 11] International Organization for Standardization. "ISO/IEC 25010: 2011 Systems and Software Engineering—Systems and Software Quality Requirements and Evaluation (SQuaRE)—System and Software Quality Models."

[Jacobson 97] I. Jacobson, M. Griss, and P. Jonsson. *Software Reuse: Architecture, Process, and Organization for Business Success*. Addison-Wesley, 1997.

[Johnston 19] Eric Johnston, Nic Harrigan, and Mercedes Gimeno-Segovia, *Programming*

Quantum Computers. O'Reilly, 2019.

[Kanwal 10] F. Kanwal, K. Junaid, and M.A. Fahiem. "A Hybrid Software Architecture Evaluation Method for FDD: An Agile Process Mode," 2010 International Conference on Computational Intelligence and Software Engineering (CiSE), December 2010, pp. 1–5.

[Kaplan 92] R. Kaplan and D. Norton. "The Balanced Scorecard: Measures That Drive Performance," *Harvard Business Review* (January/February 1992): 71–79.

[Karat 94] Claire Marie Karat. "A Business Case Approach to Usability Cost Justification," in *Cost-Justifying Usability*, R. Bias and D. Mayhew, eds. Academic Press, 1994.

[Kazman 94] Rick Kazman, Len Bass, Mike Webb, and Gregory Abowd. "SAAM: A Method for Analyzing the Properties of Software Architectures," in *Proceedings of the 16th International Conference on Software Engineering (ICSE '94)*. Los Alamitos, CA. IEEE Computer Society Press, 1994, pp. 81–90.

[Kazman 99] R. Kazman and S. J. Carriere. "Playing Detective: Reconstructing Software Architecture from Available Evidence," *Automated Software Engineering* 6, no 2 (April 1999): 107–138.

[Kazman 01] R. Kazman, J. Asundi, and M. Klein. "Quantifying the Costs and Benefits of Architectural Decisions," *Proceedings of the 23rd International Conference on Software Engineering (ICSE 23)*, Toronto, Canada, May 2001, pp. 297–306.

[Kazman 02] R. Kazman, L. O'Brien, and C. Verhoef. "Architecture Reconstruction Guidelines, Third Edition," CMU/SEI Technical Report, CMU/SEI-2002-TR-034, 2002.

[Kazman 04] R. Kazman, P. Kruchten, R. Nord, and J. Tomayko. "Integrating Software-Architecture-Centric Methods into the Rational Unified Process," Technical Report CMU/SEI-2004-TR-011, July 2004, sei.cmu.edu/library/abstracts/reports/04tr011.cfm.

[Kazman 05] Rick Kazman and Len Bass. "Categorizing Business Goals for Software Architectures," CMU/SEI-2005-TR-021, December 2005.

[Kazman 09] R. Kazman and H.-M. Chen. "The Metropolis Model: A New Logic for the Development of Crowdsourced Systems," *Communications of the ACM* (July 2009): 76–84.

[Kazman 15] R. Kazman, Y. Cai, R. Mo, Q. Feng, L. Xiao, S. Haziyev, V. Fedak, and A. Shapochka. "A Case Study in Locating the Architectural Roots of Technical Debt," in *Proceedings of the International Conference on Software Engineering (ICSE) 2015*, 2015.

[Kazman 18]　R. Kazman, S. Haziyev, A. Yakuba, and D. Tamburri. "Managing Energy Consumption as an Architectural Quality Attribute," *IEEE Software* 35, no. 5 (2018).

[Kazman 20a]　R. Kazman, P. Bianco, J. Ivers, and J. Klein. "Integrability," CMU/SEI-2020-TR-001, 2020.

[Kazman 20b]　R. Kazman, P. Bianco, J. Ivers, and J. Klein. "Maintainability," CMU/SEI-2020-TR-006, 2020.

[Kircher 03]　Michael Kircher and Prashant Jain. *Pattern-Oriented Software Architecture Volume 3: Patterns for Resource Management*. Wiley, 2003.

[Klein 10]　J. Klein and M. Gagliardi. "A Workshop on Analysis and Evaluation of Enterprise Architectures," CMU/SEI-2010-TN-023, sei.cmu.edu/reports/10tn023.pdf.

[Klein 93]　M. Klein, T. Ralya, B. Pollak, R. Obenza, and M. Gonzalez Harbour. *A Practitioner's Handbook for Real-Time Systems Analysis*. Kluwer Academic, 1993.

[Koopman 10]　Phil Koopman. *Better Embedded System Software*. Drumnadrochit Education, 2010.

[Koziolet 10]　H. Koziolek. "Performance Evaluation of Component-Based Software Systems: A Survey," *Performance Evaluation* 67, no. 8 (August 2010).

[Kruchten 95]　P. B. Kruchten. "The 4+1 View Model of Architecture," *IEEE Software* 12, no. 6 (November 1995): 42–50.

[Kruchten 03]　Philippe Kruchten. *The Rational Unified Process: An Introduction*, 3rd ed. Addison-Wesley, 2003.

[Kruchten 04]　Philippe Kruchten. "An Ontology of Architectural Design Decisions," in Jan Bosch, ed., *Proceedings of the 2nd Workshop on Software Variability Management*, Groningen, Netherlands, December 3–4, 2004.

[Kruchten 19]　P. Kruchten, R. Nord, and I. Ozkaya. *Managing Technical Debt: Reducing Friction in Software Development*. Addison-Wesley, 2019.

[Kumar 10a]　K. Kumar and T. V. Prabhakar. "Pattern-Oriented Knowledge Model for Architecture Design," in *Pattern Languages of Programs Conference 2010*, Reno/Tahoe, NV: October 15–18, 2010.

[Kumar 10b]　Kiran Kumar and T. V. Prabhakar. "Design Decision Topology Model for Pattern Relationship Analysis," *Asian Conference on Pattern Languages of Programs 2010*, Tokyo, Japan, March 15–17, 2010.

[Ladas 09]   Corey Ladas. *Scrumban: Essays on Kanban Systems for Lean Software Development.* Modus Cooperandi Press, 2009.

[Lamport 98]   Leslie Lamport. "The Part-Time Parliament," *ACM Transactions on Computer Systems* 16, no. 2 (May 1998): 133–169.

[Lampson 11]   Butler Lampson, "Hints and Principles for Computer System Design," https://arxiv.org/pdf/2011.02455.pdf.

[Lattanze 08]   Tony Lattanze. *Architecting Software Intensive Systems: A Practitioner's Guide.* Auerbach Publications, 2008.

[Le Traon 97]   Y. Le Traon and C. Robach. "Testability Measurements for Data Flow Designs," *Proceedings of the 4th International Symposium on Software Metrics (METRICS '97).* Washington, DC: November 1997, pp. 91–98.

[Leveson 04]   Nancy G. Leveson. "The Role of Software in Spacecraft Accidents," *Journal of Spacecraft and Rockets* 41, no. 4 (July 2004): 564–575.

[Leveson 11]   Nancy G. Leveson. *Engineering a Safer World: Systems Thinking Applied to Safety.* MIT Press, 2011.

[Levitt 88]   B. Levitt and J. March. "Organizational Learning," *Annual Review of Sociology* 14 (1988): 319–340.

[Lewis 14]   J. Lewis and M. Fowler. "Microservices," https://martinfowler.com/articles/microservices.html, 2014.

[Liu 00]   Jane Liu. *Real-Time Systems.* Prentice Hall, 2000.

[Liu 09]   Henry Liu. *Software Performance and Scalability: A Quantitative Approach.* Wiley, 2009.

[Luftman 00]   J. Luftman. "Assessing Business Alignment Maturity," *Communications of AIS* 4, no. 14 (2000).

[Lyons 62]   R. E. Lyons and W. Vanderkulk. "The Use of Triple-Modular Redundancy to Improve Computer Reliability," *IBM Journal of Research and Development* 6, no. 2 (April 1962): 200–209.

[MacCormack 06]   A. MacCormack, J. Rusnak, and C. Baldwin. "Exploring the Structure of Complex Software Designs: An Empirical Study of Open Source and Proprietary Code," *Management Science* 52, no 7 (July 2006): 1015–1030.

[MacCormack 10]   A. MacCormack, C. Baldwin, and J. Rusnak. "The Architecture of Complex

Systems: Do Core-Periphery Structures Dominate?" MIT Sloan Research Paper no. 4770-10, hbs.edu/research/pdf/10-059.pdf.

[Malan 00] Ruth Malan and Dana Bredemeyer. "Creating an Architectural Vision: Collecting Input," July 25, 2000, bredemeyer.com/pdf_files/vision_input.pdf.

[Maranzano 05] Joseph F. Maranzano, Sandra A. Rozsypal, Gus H. Zimmerman, Guy W. Warnken, Patricia E. Wirth, and David M. Weiss. "Architecture Reviews: Practice and Experience," *IEEE Software* (March/April 2005): 34–43.

[Martin 17] Robert C. Martin. *Clean Architecture: A Craftsman's Guide to Software Structure and Design*. Pearson, 2017.

[Mavis 02] D. G. Mavis. "Soft Error Rate Mitigation Techniques for Modern Microcircuits," in *40th Annual Reliability Physics Symposium Proceedings*, April 2002, Dallas, TX. IEEE, 2002.

[McCall 77] J. A. McCall, P. K. Richards, and G. F. Walters. *Factors in Software Quality*. Griffiths Air Force Base, NY: Rome Air Development Center Air Force Systems Command.

[McConnell 07] Steve McConnell. "Technical Debt," construx.com/10x_Software_Development/Technical_Debt/, 2007.

[McGregor 11] John D. McGregor, J. Yates Monteith, and Jie Zhang. "Quantifying Value in Software Product Line Design," in *Proceedings of the 15th International Software Product Line Conference, Volume 2 (SPLC '11)*, Ina Schaefer, Isabel John, and Klaus Schmid, eds.

[Mettler 91] R. Mettler. "Frederick C. Lindvall," in *Memorial Tributes: National Academy of Engineering, Volume 4*. National Academy of Engineering, 1991, pp. 213–216.

[Mo 15] R. Mo, Y. Cai, R. Kazman, and L. Xiao. "Hotspot Patterns: The Formal Definition and Automatic Detection of Architecture Smells," in *Proceedings of the 12th Working IEEE/IFIP Conference on Software Architecture (WICSA 2015)*, 2015.

[Mo 16] R. Mo, Y. Cai, R. Kazman, L. Xiao, and Q. Feng. "Decoupling Level: A New Metric for Architectural Maintenance Complexity," *Proceedings of the International Conference on Software Engineering (ICSE) 2016*, Austin, TX, May 2016.

[Mo 18] R. Mo, W. Snipes, Y. Cai, S. Ramaswamy, R. Kazman, and M. Naedele. "Experiences Applying Automated Architecture Analysis Tool Suites," in *Proceedings of Automated Software Engineering (ASE) 2018*, 2018.

[Moore 03] M. Moore, R. Kazman, M. Klein, and J. Asundi. "Quantifying the Value of Architecture Design Decisions: Lessons from the Field," *Proceedings of the 25th*

International Conference on Software Engineering (ICSE 25), Portland, OR, May 2003, pp. 557–562.

[Morelos-Zaragoza 06] R. H. Morelos-Zaragoza. *The Art of Error Correcting Coding*, 2nd ed. Wiley, 2006.

[Muccini 03] H. Muccini, A. Bertolino, and P. Inverardi. "Using Software Architecture for Code Testing," *IEEE Transactions on Software Engineering* 30, no. 3 (2003): 160–171.

[Muccini 07] H. Muccini. "What Makes Software Architecture-Based Testing Distinguishable," in *Proceedings of the Sixth Working IEEE/IFIP Conference on Software Architecture, WICSA 2007*, Mumbai, India, January 2007.

[Murphy 01] G. Murphy, D. Notkin, and K. Sullivan. "Software Reflexion Models: Bridging the Gap between Design and Implementation," *IEEE Transactions on Software Engineering* 27 (2001): 364–380.

[NASEM 19] National Academies of Sciences, Engineering, and Medicine. *Quantum Computing: Progress and Prospects*. National Academies Press, 2019. https://doi.org/10.17226/25196.

[Newman 15] Sam Newman. *Building Microservices: Designing Fine-Grained Systems*. O'Reilly, 2015.

[Nielsen 08] Jakob Nielsen. "Usability ROI Declining, But Still Strong," useit.com/alertbox/roi.html.

[NIST 02] National Institute of Standards and Technology. "Security Requirements for Cryptographic Modules," FIPS Pub. 140-2, http://csrc.nist.gov/publications/fips/fips140-2/fips1402.pdf.

[NIST 04] National Institute of Standards and Technology. "Standards for Security Categorization of Federal Information Systems," FIPS Pub. 199, http://csrc.nist.gov/publications/fips/fips199/FIPS-PUB-199-final.pdf.

[NIST 06] National Institute of Standards and Technology. "Minimum Security Requirements for Federal Information and Information Systems," FIPS Pub. 200, http://csrc.nist.gov/publications/fips/fips200/FIPS-200-final-march.pdf.

[NIST 09] National Institute of Standards and Technology. "800-53 v3 Recommended Security Controls for Federal Information Systems and Organizations," August 2009, http://csrc.nist.gov/publications/nistpubs/800-53-Rev3/sp800-53-rev3-final.pdf.

[Nord 04] R. Nord, J. Tomayko, and R. Wojcik. "Integrating Software Architecture-Centric

Methods into Extreme Programming (XP)," CMU/SEI-2004-TN-036. Software
Engineering Institute, Carnegie Mellon University, 2004.

[Nygard 18]   Michael T. Nygard. *Release It!: Design and Deploy Production-Ready Software*, 2nd ed.
Pragmatic Programmers, 2018.

[Obbink 02]   H. Obbink, P. Kruchten, W. Kozaczynski, H. Postema, A. Ran, L. Dominic,
R. Kazman, R. Hilliard, W. Tracz, and E. Kahane. "Software Architecture Review and
Assessment (SARA) Report, Version 1.0," 2002, http://pkruchten.wordpress.com/
architecture/SARAv1.pdf/.

[O'Brien 03]   L. O'Brien and C. Stoermer. "Architecture Reconstruction Case Study," CMU/
SEI Technical Note, CMU/SEI-2003-TN-008, 2003.

[ODUSD 08]   Office of the Deputy Under Secretary of Defense for Acquisition and
Technology. "Systems Engineering Guide for Systems of Systems, Version 1.0," 2008,
acq.osd.mil/se/docs/SE-Guide-for-SoS.pdf.

[Oki 88]   Brian Oki and Barbara Liskov. "Viewstamped Replication: A New Primary Copy
Method to Support Highly-Available Distributed Systems," *PODC '88: Proceedings of the
Seventh Annual ACM Symposium on Principles of Distributed Computing*, January 1988, pp.
8 – 17, https://doi.org/10.1145/62546.62549.

[Palmer 02]   Stephen Palmer and John Felsing. *A Practical Guide to Feature-Driven Development*.
Prentice Hall, 2002.

[Pang 16]   C. Pang, A. Hindle, B. Adams, and A. Hassan. "What Do Programmers Know
about Software Energy Consumption?," *IEEE Software* 33, no. 3 (2016): 83 – 89.

[Paradis 21]   C. Paradis, R. Kazman, and D. Tamburri. "Architectural Tactics for Energy
Efficiency: Review of the Literature and Research Roadmap," *Proceedings of the Hawaii
International Conference on System Sciences (HICSS)* 54 (2021).

[Parnas 72]   D. L. Parnas. "On the Criteria to Be Used in Decomposing Systems into
Modules," *Communications of the ACM* 15, no. 12 (December 1972).

[Parnas 74]   D. Parnas. "On a 'Buzzword': Hierarchical Structure," in *Proceedings of IFIP
Congress 74*, pp. 336 – 339. North Holland Publishing Company, 1974.

[Parnas 76]   D. L. Parnas. "On the Design and Development of Program Families," *IEEE
Transactions on Software Engineering*, SE-2, 1 (March 1976): 1 – 9.

[Parnas 79]   D. Parnas. "Designing Software for Ease of Extension and Contraction," *IEEE*

Transactions on Software Engineering, SE-5, 2 (1979): 128–137.

[Parnas 95] David Parnas and Jan Madey. "Functional Documents for Computer Systems," in *Science of Computer Programming*. Elsevier, 1995.

[Paulish 02] Daniel J. Paulish. *Architecture-Centric Software Project Management: A Practical Guide*. Addison-Wesley, 2002.

[Pena 87] William Pena. *Problem Seeking: An Architectural Programming Primer*. AIA Press, 1987.

[Perry 92] Dewayne E. Perry and Alexander L. Wolf. "Foundations for the Study of Software Architecture," *SIGSOFT Software Engineering Notes* 17, no. 4 (October 1992): 40–52.

[Pettichord 02] B. Pettichord. "Design for Testability," Pacific Northwest Software Quality Conference, Portland, Oregon, October 2002.

[Procaccianti 14] G. Procaccianti, P. Lago, and G. Lewis. "A Catalogue of Green Architectural Tactics for the Cloud," in *IEEE 8th International Symposium on the Maintenance and Evolution of Service-Oriented and Cloud-Based Systems*, 2014, pp. 29–36.

[Powel Douglass 99] B. Powel Douglass. *Doing Hard Time: Developing Real-Time Systems with UML, Objects, Frameworks, and Patterns*. Addison-Wesley, 1999.

[Raiffa 00] H. Raiffa & R. Schlaifer. *Applied Statistical Decision Theory*. Wiley, 2000.

[SAE 96] SAE International, "ARP-4761: Guidelines and Methods for Conducting the Safety Assessment Process on Civil Airborne Systems and Equipment," December 1, 1996, sae.org/standards/content/arp4761/.

[Sangwan 08] Raghvinder Sangwan, Colin Neill, Matthew Bass, and Zakaria El Houda. "Integrating a Software Architecture-Centric Method into Object-Oriented Analysis and Design," *Journal of Systems and Software* 81, no. 5 (May 2008): 727–746.

[Sato 14] D. Sato. "Canary Deployment," https://martinfowler.com/bliki/CanaryRelease.html, 2014.

[Schaarschmidt 20] M. Schaarschmidt, M. Uelschen, E. Pulvermuellerm, and C. Westerkamp. "Framework of Software Design Patterns for Energy-Aware Embedded Systems," *Proceedings of the 15th International Conference on Evaluation of Novel Approaches to Software Engineering (ENASE 2020)*, 2020.

[Schmerl 06] B. Schmerl, J. Aldrich, D. Garlan, R. Kazman, and H. Yan. "Discovering Architectures from Running Systems," *IEEE Transactions on Software Engineering* 32, no. 7 (July 2006): 454–466.

[Schmidt 00]   Douglas Schmidt, M. Stal, H. Rohnert, and F. Buschmann. *Pattern-Oriented Software Architecture: Patterns for Concurrent and Networked Objects*. Wiley, 2000.

[Schmidt 10]   Klaus Schmidt. *High Availability and Disaster Recovery: Concepts, Design, Implementation*. Springer, 2010.

[Schneier 96]   B. Schneier. *Applied Cryptography*. Wiley, 1996.

[Schneier 08]   Bruce Schneier. *Schneier on Security*. Wiley, 2008.

[Schwaber 04]   Ken Schwaber. *Agile Project Management with Scrum*. Microsoft Press, 2004.

[Scott 09]   James Scott and Rick Kazman. "Realizing and Refining Architectural Tactics: Availability," Technical Report CMU/SEI-2009-TR-006, August 2009.

[Seacord 13]   Robert Seacord. *Secure Coding in C and C++*. Addison-Wesley, 2013.

[SEI 12]   Software Engineering Institute. "A Framework for Software Product Line Practice, Version 5.0," sei.cmu.edu/productlines/frame_report/ PL.essential.act.htm.

[Shaw 94]   Mary Shaw. "Procedure Calls Are the Assembly Language of Software Interconnections: Connectors Deserve First-Class Status," Carnegie Mellon University Technical Report, 1994, http://repository.cmu.edu/cgi/viewcontent.cgi?article=1234& context=sei.

[Shaw 95]   Mary Shaw. "Beyond Objects: A Software Design Paradigm Based on Process Control," *ACM Software Engineering Notes* 20, no. 1 (January 1995): 27 – 38.

[Smith 01]   Connie U. Smith and Lloyd G. Williams. *Performance Solutions: A Practical Guide to Creating Responsive, Scalable Software*. Addison-Wesley, 2001.

[Soni 95]   Dilip Soni, Robert L. Nord, and Christine Hofmeister. "Software Architecture in Industrial Applications," International Conference on Software Engineering 1995, April 1995, pp. 196 – 207.

[Stonebraker 09]   M. Stonebraker. "The 'NoSQL' Discussion Has Nothing to Do with SQL," http://cacm.acm.org/blogs/blog-cacm/50678-the-nosql-discussion-has-nothing-to-dowith-sql/fulltext.

[Stonebraker 10a]   M. Stonebraker. "SQL Databases v. NoSQL Databases," *Communications of the ACM* 53, no 4 (2010): 10.

[Stonebraker 10b]   M. Stonebraker, D. Abadi, D. J. Dewitt, S. Madden, E. Paulson, A. Pavlo, and A. Rasin. "MapReduce and Parallel DBMSs," *Communications of the ACM* 53 (2010): 6.

[Stonebraker 11] M. Stonebraker. "Stonebraker on NoSQL and Enterprises," *Communications of the ACM* 54, no. 8 (2011): 10.

[Storey 97] M.-A. Storey, K. Wong, and H. Müller. "Rigi: A Visualization Environment for Reverse Engineering (Research Demonstration Summary)," 19th International Conference on Software Engineering (ICSE 97), May 1997, pp. 606–607. IEEE Computer Society Press.

[Svahnberg 00] M. Svahnberg and J. Bosch. "Issues Concerning Variability in Software Product Lines," in *Proceedings of the Third International Workshop on Software Architectures for Product Families*, Las Palmas de Gran Canaria, Spain, March 15–17, 2000, pp. 50–60. Springer, 2000.

[Taylor 09] R. Taylor, N. Medvidovic, and E. Dashofy. *Software Architecture: Foundations, Theory, and Practice*. Wiley, 2009.

[Telcordia 00] Telcordia. "GR-253-CORE, Synchronous Optical Network (SONET) Transport Systems: Common Generic Criteria." 2000.

[Urdangarin 08] R. Urdangarin, P. Fernandes, A. Avritzer, and D. Paulish. "Experiences with Agile Practices in the Global Studio Project," *Proceedings of the IEEE International Conference on Global Software Engineering*, 2008.

[USDOD 12] U.S. Department of Defense, "Standard Practice: System Safety, MIL-STD-882E," May 11, 2012, dau.edu/cop/armyesoh/DAU%20Sponsored%20Documents/MILSTD-882E.pdf.

[Utas 05] G. Utas. *Robust Communications Software: Extreme Availability, Reliability, and Scalability for Carrier-Grade Systems*. Wiley, 2005.

[van der Linden 07] F. van der Linden, K. Schmid, and E. Rommes. *Software Product Lines in Action*. Springer, 2007.

[van Deursen 04] A. van Deursen, C. Hofmeister, R. Koschke, L. Moonen, and C. Riva. "Symphony: View-Driven Software Architecture Reconstruction," *Proceedings of the 4th Working IEEE/IFIP Conference on Software Architecture (WICSA 2004)*, June 2004, Oslo, Norway. IEEE Computer Society.

[van Vliet 05] H. van Vliet. "The GRIFFIN Project: A GRId For inFormatIoN about Architectural Knowledge," http://griffin.cs.vu.nl/, Vrije Universiteit, Amsterdam, April 16, 2005.

[Verizon 12] "Verizon 2012 Data Breach Investigations Report," verizonbusiness.com/

resources/reports/rp_data-breach-investigations-report-2012_en_xg.pdf.

[Vesely 81]   W.E. Vesely, F. F. Goldberg, N. H. Roberts, and D. F. Haasl. "Fault Tree Handbook," nrc.gov/reading-rm/doc-collections/nuregs/staff/sr0492/ sr0492.pdf.

[Vesely 02]   William Vesely, Michael Stamatelatos, Joanne Dugan, Joseph Fragola, Joseph Minarick III, and Jan Railsback. "Fault Tree Handbook with Aerospace Applications," hq.nasa.gov/office/codeq/doctree/fthb.pdf.

[Viega 01]   John Viega and Gary McGraw. *Building Secure Software: How to Avoid Security Problems the Right Way.* Addison-Wesley, 2001.

[Voas 95]   Jeffrey M. Voas and Keith W. Miller. "Software Testability: the New Verification," *IEEE Software* 12, no. 3 (May 1995): 17–28.

[Von Neumann 56]   J. Von Neumann. "Probabilistic Logics and the Synthesis of Reliable Organisms from Unreliable Components," in *Automata Studies*, C. E. Shannon and J. McCarthy, eds. Princeton University Press, 1956.

[Wojcik 06]   R. Wojcik, F. Bachmann, L. Bass, P. Clements, P. Merson, R. Nord, and W. Wood. "Attribute-Driven Design (ADD), Version 2.0," Technical Report CMU/SEI-2006-TR-023, November 2006, sei.cmu.edu/library/abstracts/reports/06tr023.cfm.

[Wood 07]   W. Wood. "A Practical Example of Applying Attribute-Driven Design (ADD), Version 2.0," Technical Report CMU/SEI-2007-TR-005, February 2007, sei.cmu.edu/library/abstracts/reports/07tr005.cfm.

[Woods 11]   E. Woods and N. Rozanski. *Software Systems Architecture: Working with Stakeholders Using Viewpoints and Perspectives*, 2nd ed. Addison-Wesley, 2011.

[Wozniak 07]   J. Wozniak, V. Baggiolini, D. Garcia Quintas, and J. Wenninger. "Software Interlocks System," *Proceedings of ICALEPCS07*, http://ics-web4.sns.ornl.gov/icalepcs07/WPPB03/WPPB03.PDF.

[Wu 04]   W. Wu and T. Kelly, "Safety Tactics for Software Architecture Design," *Proceedings of the 28th Annual International Computer Software and Applications Conference (COMPSAC)*, 2004.

[Wu 06]   W. Wu and T. Kelly. "Deriving Safety Requirements as Part of System Architecture Definition," in *Proceedings of 24th International System Safety Conference*. Albuquerque, NM: System Safety Society, August 2006.

[Xiao 14]   L. Xiao, Y. Cai, and R. Kazman. "Titan: A Toolset That Connects Software

Architecture with Quality Analysis," *Proceedings of the 22nd ACM SIGSOFT International Symposium on the Foundations of Software Engineering (FSE 2014)*, 2014.

[Xiao 16] L. Xiao, Y. Cai, R. Kazman, R. Mo, and Q. Feng. "Identifying and Quantifying Architectural Debts," *Proceedings of the International Conference on Software Engineering (ICSE) 2016*, 2016.

[Yacoub 02] S. Yacoub and H. Ammar. "A Methodology for Architecture-Level Reliability Risk Analysis," *IEEE Transactions on Software Engineering* 28, no. 6 (June 2002).

[Yin 94] James Bieman and Hwei Yin. "Designing for Software Testability Using Automated Oracles," *Proceedings International Test Conference*, September 1992, pp. 900 – 907.

찾아보기

소프트웨어 아키텍처 이론과 실제 4/e
최신 아키텍처 설계의 명확한 지침

발 행 | 2022년 8월 31일

지은이 | 렌 베스 · 폴 클레멘츠 · 릭 캐즈먼
옮긴이 | 김 무 항

펴낸이 | 권 성 준
편집장 | 황 영 주
편 집 | 조 유 나
　　　　김 진 아
디자인 | 윤 서 빈

에이콘출판주식회사
서울특별시 양천구 국회대로 287 (목동)
전화 02-2653-7600, 팩스 02-2653-0433
www.acornpub.co.kr / editor@acornpub.co.kr

한국어판 © 에이콘출판주식회사, 2022, Printed in Korea.
ISBN 979-11-6175-670-7
http://www.acornpub.co.kr/book/swarchitect-4e

책값은 뒤표지에 있습니다.